國家社科基金
GUOJIA SHEKE JIJIN HOUQI ZIZHU XIANGMU
後期資助項目

路史校注

The Collation and Annotation of *Lu Shi*

四

王彦坤　撰

中華書局
ZHONGHUA BOOK COMPANY

路史卷二十四

路史國名紀小序[一]

列土分茅,自有民始矣[二]。秦失其猷,而後世弗復知封建之有大便於君民也[三]。

季氏將伐顓臾,冉有、季路問於孔子,子曰:"求! 亡乃爾是過歟? 夫顓臾,昔者先王以爲東蒙主,且在邦國之中矣,是社稷之臣也。何以伐爲? 丘也聞有國有家者,不患寡而患不均,不患貧而患不安。"[四]讀之至此,泫然流涕,曰:夫子不以是責由而責求,且自名焉,曷其思之?

泌也生今之世,學古之道,矗因祖述而著路史,視帝王之後,世祚衍天下至數千百年,澤未艾也[五],而魯一顓臾,冉氏之子不能容之,顧不謂大哀乎? 嗟乎! 虢之不愛,則其於虞也何有[六]? 聖人之見,豈侗俗所知哉[七]? 社稷之臣,山川之神主也,亡故而伐之,且猶不可,況易之乎? 先王盛時,諸父諸舅星分棋布於神州之內,源源而來,接之以禮,是故秉旄奉幣,夾輔尊獎,不啻子弟之衛父兄,手足之捍頭目者[八]。惟是周旋揖巽,豈不休哉[九]! 因著其有傳者爲國名紀,庶幾來者尚或知其彷彿焉[一〇]。

【校注】

〔一〕此小序不見於四庫本。標題吳本獨有,此采用之,唯改“記”作“紀”。

〔二〕列土分茅:謂分封諸侯。古代天子分封諸侯時,用白茅裹着社壇上的泥土授予被封者,象徵土地和權力,故稱。列,“裂”之古字。

〔三〕秦失其猷:猷,道,法則。漢揚雄法言重黎:“秦失其猷,罷侯置守。”

〔四〕見論語季氏。　求!亡乃爾是過歟:論語“亡”作“無”,“歟”作“與”。何晏集解引孔安國曰:“冉求爲季氏宰,相其室,爲之聚斂,故孔子獨疑求,教之。”　且在邦國之中矣:論語“邦國”作“邦域”。

〔五〕嚮因祖述而著路史,視帝王之後,世祚衍天下至數千百年,澤未艾也:嚮(xiàng),不久以前。祖述,闡述。世祚,國運。衍,延續。澤,恩德,恩惠。艾,盡。

〔六〕虢之不愛,則其於虞也何有:虢、虞,周諸侯國。此虢又稱北虢,地在今河南三門峽市及山西平陸縣南一帶。虞故址在今山西平陸縣張店鎮東南。公元前 655 年(春秋魯僖公五年),晉侯假道於虞以伐虢,滅之。師還,遂襲虞,亦滅之。左傳僖公五年:“晉侯復假道於虞以伐虢。宮之奇諫曰:‘虢,虞之表也;虢亡,虞必從之。’……公曰:‘晉,吾宗也,豈害我哉?’對曰:‘大伯、虞仲,大王之昭也。大伯不從,是以不嗣。虢仲、虢叔,王季之穆也;爲文王卿士,勳在王室,藏於盟府。將虢是滅,何愛於虞?’”彥按:虞、晉之共同祖先爲太伯(周文王之祖),虢、晉之共同祖先爲王季(周文王之父),從血緣論,晉之與虢親於晉之與虞。

〔七〕侗俗:幼稚無知之俗人。

〔八〕源源而來:洪本、吳本“源源”作“原原”。　是故秉旄奉幣,夾輔尊獎,不啻子弟之衛父兄,手足之捍頭目者:秉旄,持握旄旗。借指掌握兵權。奉幣,猶進貢。夾輔,扶持。尊獎,尊崇輔助。不啻,無異於,如同。

〔九〕惟是周旋揖巽,豈不休哉:周旋,古代行禮時進退揖讓的動作。揖巽,揖讓。巽,通“遜”。休,美,美好。

〔一〇〕吳本此下有“盧陵羅泌題”五字落款。　國名紀:吳本如此,今從之。餘本“紀”作“記”。

國名紀一

太昊後風姓國

風　上世貳國于風而爲姓，故帝之後有風后^{〔一〕}。_{佐黃帝威蚩尤}
　　_{者。}堯誅大風，禹訪風后，皆其祚云^{〔二〕}。_{大風，若大夏、大封}
　　然^{〔三〕}。地當汉水^{〔四〕}。_{元和郡縣圖志云：復州竟陵縣城，“本古風城，}
　　_{古之風國，即伏羲，風姓也。南臨汉水。”}^{〔五〕}_{澄水也。}武德中置汉川縣，隸
　　沔；顯德五年隸安^{〔六〕}。_{本魏之汉川郡，出郢州。}

成紀　今天水治^{〔七〕}。漢屬天水，東漢屬漢陽，唐屬秦州^{〔八〕}。
　　州元治上邽，而成紀本治小坑川^{〔九〕}。開元二十二年，地
　　震，州自上邽徙治，治之敬親川，縣亦移入新城^{〔一〇〕}。天
　　寶元年，州還治上邽。_{廣記云：包羲於此生}^{〔一一〕}。

包　帝之潛邦，夏復封之，爲姒姓^{〔一二〕}。_{杜預世族譜有庖國，云夏同}
　　_{姓。}王符云：夏封，伏羲之後。地在襄陽，漢之平樂也^{〔一三〕}。有
　　包義陵_{見水經、世紀}。及庖水焉，東北入沛。亦作“郎”、
　　“庖”、“泡”。_{説文：“泡，出山陽平樂，東北入泗。”音“脬”。集韻包、}
　　_{郎同“庖”、“脬”、“袍”、“褒”四音。}

處　鄆之東一亭有致密鄉，記爲古密，或者其處邪^{〔一四〕}？昔
　　處不齊，世咸作“密”，亦作“宓”，故處子賤碑以爲處羲
　　之後，音爲伏，謂傳誤作“密”^{〔一五〕}。_{黃帝後，自有密。}

陳　今陳治宛丘。攷古字只作“陣”，隸繆爲“陳”^{〔一六〕}。_{車列}
　　_{自傍，所以爲陣}^{〔一七〕}。_{轉爲平聲。古無從東“陳”，後世傳家繆“車”爲}
　　_{“東”，隸遂爲“東”}^{〔一八〕}。_{世不之知，反以“陳”爲正，“陣”爲俗。今難頓}
　　_{革，姑定爲“陳”。亦或用“陸”，出説文、石經及孝經車石碑}^{〔一九〕}。傳云，
　　太昊之虚。許氏謂“從木，申聲”，亦妄^{〔二〇〕}。

任　伯爵。本己姓，帝魁母家。逮黃帝，以封幼子。周之繼

絶也,以居風姓。今濟陽之任城〔二一〕。_{水經注云:亢父故城}

_{西,夏后氏之任國也〔二二〕}。亢父即今任城,唐隸兗州。或曰,仍也。

故晉志以仍與有仍爲二〔二三〕。

密　　男爵。非密侯者。今高密〔二四〕。有密鄉,本密水名。漢,

　　　高密國;隨,高密郡;唐爲密州;春秋之萊夷維邑也〔二五〕。

　　　預云:淳于東北密鄉〔二六〕。淳于,後齊廢,入高密。

宿　　男爵。周武王封,宋人遷之。隱公元年,“及宋人盟于宿”。莊十

　　　年,“宋人遷宿”。不云“宿遷于某”,亡之也。杜預云,東平亡鹽有

　　　故宿城〔二七〕。亡鹽城在今鄆之須城東三十六里,隨宿城

　　　縣也。秦置須昌,在須句城北。開皇十六年,改曰宿城,於宿城西北三十

　　　二里别置須昌。

鄆　　一曰偄,今之須城〔二八〕。秦須昌,後唐以諱改,即須句〔二九〕。按

　　　太康地記,有東西二鄆:西鄆,魯公所居,今濟之鄆

　　　城〔三〇〕;鄆與魯境〔三一〕。舊云莒附庸,以昭元年傳言“季武子伐莒取鄆”

　　　誤之〔三二〕。經二十五年,齊人取鄆而居昭公〔三三〕。不附莒也。莒何得附

　　　庸? 亦非魯地。東鄆,即此。文公十二年城鄆,與成公九年楚人入鄆,

　　　在今沂州〔三四〕。沂水有員亭,即鄆亭城,寰宇以此爲莒、魯所争,亦非〔三五〕。

須句　子爵。成風國〔三六〕。邾伐而魯取之〔三七〕。詳紀中。或云魯

　　　私屬,皆非〔三八〕。經書“伐”“威”,傳曰“來奔”,列國也〔三九〕。一作

　　　“朐”。公羊。地志,朐城在壽昌西北,今須城西北須朐故

　　　城者〔四〇〕。京相璠云:“須朐,一國、二城、兩名〔四一〕。”

　　　非也。蓋鄆歸須城,而朐猶是故所。

顓臾　子爵。沂之費縣西北二旅,有顓臾故城〔四二〕,寰宇記,沂水

　　　西北八十里〔四三〕。今在費縣西。故漢顓臾縣。開皇十八年,以南武

　　　陽爲顓臾〔四四〕。正觀元年,省入費〔四五〕。

巴〔四六〕　海内南經有巴國,所謂巴賨彭濮者〔四七〕。伏羲後,生巴

　　　人。郭璞云,三巴國〔四八〕。今巴縣是也。隸恭州〔四九〕。秦漢

之巴郡本隸渝。有古巴城,在泯江之北,漢水之南,蜀將李嚴修古巴城者^{〔五〇〕}。三巴記云,閬、白二水東南曲折三回如"巴"字,而名^{〔五一〕}。

閬　華陽志:巴子後,理閬中。閬水紆回三面,地在其中,而名。地形志云:閬中居蜀漢之半,東道要衝。今郡城即古之閬中城。

通　巴之邑。郡巴。皆子也。古者遠國雖大,爵不過子。巴,東至魚復,西連僰道,北接漢中,南極牂柯,皆其界^{〔五二〕}。春秋、戰國不改。

郝、辰、巫、武、沅^{〔五三〕}

五州皆巴後分王黔中者^{〔五四〕}。今太原有郝鄉,太昊弟郝骨氏後。一云,右扶風盩厔鄉也^{〔五五〕}。見長安等志。集韻音尺^{〔五六〕}。帝乙時有子期,因封之曰郝云^{〔五七〕}。舒石切,又呼各切^{〔五八〕}。

　傳曰:任、宿、須句、顓臾,風姓也,邑於濟上,寔司大昊與有濟之祀^{〔五九〕}。風姓顓臾,魯親之舊也,故邾人滅須句,成風請封之,言於釐公曰:"崇明祀,保小寡,周禮也。"^{〔六〇〕}公聞之,爰復須句^{〔六一〕}。惡戲!以成風一婦人,不出戶庭,猶存繼絕之心,豈惟先王之澤哉^{〔六二〕}!蓋人情所同然者,不可易也。且伏羲去周幾年矣,而猶國焉,欲世之不厚,不可得矣。此其可知者也。襄王十三年左氏傳:"邾人滅須句。須句子來奔。"^{〔六三〕}十四年,當僖公二十二年,經書公"伐邾,取須句"。傳云:"反其君焉。"至文公七年,當襄王之三十二年,再書"伐邾","取須句",傳乃以爲"實文公子"^{〔六四〕}。劉氏權衡以爲皆無其事^{〔六五〕}。謂其君來奔與反其君,皆義事,當褒^{〔六六〕};實文公子,封叛臣,當貶:而皆不書。夫使邾不滅須句,魯無緣取之。取之而不復,後無緣再伐邾、取須句。蓋邾嘗滅須句而邑之,故魯取之。取之矣,而後復之,故至是而再取。書再取,則知嘗復邾、須句矣。不然,何得二十年而後再書伐取邪^{〔六七〕}?諸侯不得專封,故復其君,雖齊桓於衞,有不書;惟於日後有事,則自見其雖滅而未威矣^{〔六八〕}。若實文公子,何足書哉?詩序云:"攘戎狄而封之。"^{〔六九〕}知其妄也。

【校注】

〔一〕貳國于風：洪本"于"譌"干"。四庫本"貳"作"因"。彥按：論語雍也"不貳過"朱熹集注："貳，復也。"蓋初國不在風，後復立國於風，故稱"貳國于風"。"貳"、"因"形、音、義皆不相近，無由致譌，蓋四庫本不解"貳"義，故妄改作"因"也。

〔二〕堯誅大風：見後紀十一帝堯陶唐氏。　禹訪風后：太平御覽卷八二引黃帝玄女兵法曰："禹問於風后曰：'吾聞黃帝有負勝之圖，六甲陰陽之道，今安在乎？'風后對曰：'黃帝藏會稽之山，下其坎深千丈，廣千尺。鎮以盤石，致難得也。'"　皆其祚云：祚，流裔。

〔三〕大夏：古國名。史記大宛列傳："大夏在大宛西南二千餘里媯水南。"　大封：黃帝時人名。管子五行："昔者，黃帝得蚩尤而明於天道，……得大封而辯於西方。"

〔四〕汉水：即今湖北天門市、漢川市北之天門河。

〔五〕見元和郡縣圖志卷二一復州竟陵縣。　竟陵縣：治所在今湖北天門市。　南臨汉水：洪本、吳本"汉"譌"汉"。下汉川縣、汉川郡之"汉"同。

〔六〕武德中置汉川縣，隸沔；顯德五年隸安：武德，唐高祖李淵年號。沔，州名，治所在今湖北武漢市漢陽區。顯德，後周太祖郭威、世宗柴榮、恭帝柴宗訓年號，公元954—960年。安，州名，治所在今湖北安陸市。

〔七〕天水：縣名，治所在今甘肅天水市西南。

〔八〕漢屬天水：天水，郡名，治所在今甘肅通渭縣。各本均譌"大水"。今據元和郡縣圖志卷三九秦州成紀縣、太平寰宇記卷一五〇秦州成紀縣訂正。　東漢屬漢陽：漢陽，郡名，治所在今甘肅甘谷縣東。

〔九〕小坑川：喬本作"小抗州"，洪本、吳本、備要本作"小抗川"，四庫本作"小杭川"。彥按：諸本並誤，字當作"小坑川"，今訂正。詳見下注。

〔一〇〕敬親川：各本均作"敬視川"。彥按："視"當"親"字形譌。舊唐書地理志三隴右道秦州中都督府："成紀：漢縣，屬天水郡。舊治小坑川。開元二十二年，移治敬親川，成紀亦徙新城。天寶元年，州復移治上邽縣。"即作敬親川，今據以訂正。

〔一一〕廣記：指宋歐陽忞輿地廣記。此所引文見該書卷一五秦州成紀縣,原文作:“上成紀縣,包義氏生於此。”四庫本“廣”譌“唐”。

〔一二〕潛邦:即帝位以前之封國。

〔一三〕地在襄陽,漢之平樂也:彥按:襄陽,郡、縣名,治所在今湖北襄陽市襄城區。平樂,漢侯國名,治所在今山東單縣東。二地相去甚遠。襄陽當“山陽”之誤。山陽,漢郡名,治所在今山東巨野縣南。二地既近,而下文羅苹注引説文:“泡,出山陽平樂。”是平樂在山陽也。又本書後紀一太昊伏戲氏云“葬山陽”,亦與此下云其地“有包義陵”正相契合。

〔一四〕鄆之東一亭有致密鄉:鄆,州名,治所在今山東東平縣。

〔一五〕參見後紀一太昊伏戲氏注〔三四六〕、〔三四七〕。

〔一六〕只作:四庫本無“只”字,蓋脱。

〔一七〕車列𨸏傍:𨸏,喬本、洪本、備要本作“宫”,吳本、四庫本作“官”。彥按:“宫”、“官”皆“𨸏”字形譌。𨸏即“阜”字。“陣”字左旁從此。今訂正。

〔一八〕繆“車”爲“東”:喬本、洪本作“繆‘車’爲‘車’”,誤。今據餘本訂正。　隸遂爲“東”:彥按:“東”疑當作“陳”。

〔一九〕亦或用“墬”,出説文、石經及孝經車石碑:彥按:今本説文未見“墬”字。又,孝經車石碑,本書僅此一見,他書未見,不詳,待考。

〔二〇〕許氏謂“從木,申聲”:説文𨸏部:“陳,……从𨸏,从木,申聲。”

〔二一〕濟陽之任城:濟陽,郡名。任城,縣名,治所在今山東濟寧市任城區。

〔二二〕見水經注卷八濟水。

〔二三〕晉志:指晉書地理志上。

〔二四〕高密:縣名,治所在今山東高密市。

〔二五〕萊夷維邑:萊,古國名,春秋時爲齊靈公所滅。夷維邑,邑名。

〔二六〕預云:淳于東北密鄉:見春秋隱公二年“紀子帛、莒子盟于密”注,原文作:“密,莒邑。城陽淳于縣東北有密鄉。”淳于,縣名,治所在今山東安丘市東北。

〔二七〕杜預云,東平亡鹽有故宿城:見春秋隱公元年“九月,及宋人盟于宿”注,原文作:“宿,小國,東平無鹽縣也。”東平,郡名,治所在無鹽縣(今山東東平縣東南)。

〔二八〕伿:蓋爲"胤"字俗譌。宋代避太祖趙匡胤諱,"胤"字每缺筆作"胤",故又譌"伿"。

〔二九〕秦須昌,後唐以諱改:後唐莊宗李存勖,祖追尊獻祖文景皇帝名國昌,此乃避其諱。

〔三〇〕西鄆,魯公所居:魯公,指春秋魯昭公。春秋昭公二十六年:"三月,公至自齊,居于鄆。"又,"秋,……公至自會,居于鄆。"

〔三一〕鄆與魯境:境,交界。

〔三二〕季武子:春秋魯正卿季孫宿。

〔三三〕春秋昭公二十五年:"十有二月,齊侯取鄆。"杜預注:"取鄆以居公也。"

〔三四〕文公十二年城鄆:春秋文公十二年:"季孫行父帥師城諸及鄆。"成公九年楚人入鄆:春秋成公九年:"冬,十有一月,楚人入鄆。"　沂州:州名,治所在今山東臨沂市。

〔三五〕沂水:縣名。今屬山東。　寰宇以此爲莒、魯所争:見太平寰宇記卷二三沂州沂水縣,文曰:"本漢東莞縣,即春秋莒、魯所争之鄆邑也。文公十二年左氏經:'季孫行父帥師城諸及鄆。'杜注:'鄆,莒、魯所争者,城陽姑幕縣南有員亭,員即鄆也。'俗變其字耳。十三州志曰:'有東西二鄆,魯昭公所居者爲西鄆,在兗州東平郡是也;莒與魯所争爲東鄆,即此縣是也。'"

〔三六〕成風:春秋魯僖公母。

〔三七〕邾伐而魯取之:左傳僖公二十一年:"邾人滅須句。"春秋僖公二十二年:"春,公伐邾,取須句。"

〔三八〕或云魯私屬:春秋僖公二十二年"春,公伐邾,取須句"杜預注:"須句雖別國,而削弱不能自通,爲魯私屬,若顓臾之比。"

〔三九〕經書"伐""威":吳本、四庫本、備要本"威"作"成",誤。彥按:春秋未見"伐須句"、"威須句"文,蓋羅氏誤記。而左傳僖公二十一年則有"滅須句"語。　傳曰"來奔":左傳僖公二十一年:"須句子來奔,因成風也。"

〔四〇〕壽昌:縣名,治所在今山東東平縣東南。

〔四一〕參見後紀一太昊伏羲氏注〔三二九〕。

〔四二〕沂之費縣西北二旅,有顓臾故城:沂,州名。費縣,今屬山東省。二旅,其義費解。彥按:元于欽齊乘卷四:"古費城:費縣西北二十里,古費伯國。……顓臾城在北,所謂'固而近於費'。"疑此"旅"爲"里"字音譌,又前脱一"十"字。

〔四三〕寰宇記,沂水西北八十里:彥按:沂水當作費縣。太平寰宇記卷二三沂州費縣曰:"故顓臾城,在縣西北八十里。"是也。考寰宇記卷二三沂州所載,沂水縣緊靠費縣之前,疑羅氏一時誤引。

〔四四〕南武陽:縣名,治所在今山東平邑縣。

〔四五〕正觀元年,省入費:正觀,四庫本作"貞觀"。彥按:此爲唐太宗年號。原稱貞觀,羅氏因避宋仁宗趙禎嫌名,追改"正觀"。五雜組卷一三云:"宋時避君上之諱最嚴,……仁宗名禎,而貞觀改作正觀。"並非空言。四庫本作"貞觀",當是館臣回改,並非其舊。舊唐書地理志一十道郡國河南道沂州中:"貞觀元年,省顓臾入費縣。"

〔四六〕巴:洪本譌"邑"。

〔四七〕海內南經有巴國:彥按:巴國見於山海經海內經。此作海內南經,衍一"南"字。　巴賨彭濮:四古國名。巴在今四川東部。賨(cóng),在今四川渠縣一帶。彭,在今重慶市忠縣一帶(本書國名紀六商世侯伯彭以爲"在忠之臨江")。濮,在今湖北西南及湘北、湘西的湖沼地區。通典卷一七五州郡五古梁州:"梁州當夏、殷之間,爲蠻夷之國,所謂巴賨彭濮之人也。"

〔四八〕郭璞云,三巴國:見山海經海內經"西南有巴國"注,原文作:"今三巴是。"三巴,巴郡、巴東、巴西的合稱。相當於今四川嘉陵江和綦江流域以東的大部地區。

〔四九〕恭州:治所在今重慶市城區境。

〔五〇〕李嚴:三國蜀漢輔漢將軍。

〔五一〕三巴記:三國蜀漢學者譙周撰。　而名:四庫本作"故名"。

〔五二〕東至魚復,西連僰道,北接漢中,南極牂柯:魚復,縣名,治所在今重慶市奉節縣白帝鎮。僰道,縣名,治所在今四川宜賓市翠屏區。北接,喬本、洪本、吳本、四庫本"北"譌"比",今據備要本訂正。漢中,郡名,治所在今陝西漢中市漢臺區。極,至。牂柯,郡、縣名,治所在今貴州黃平縣西北。

〔五三〕郝:喬本、洪本作"酉",餘本均作"郝"。據下文,當以作"郝"爲是,今訂正。

〔五四〕黔中:古地區名。約當今重慶綦江區、彭水縣、湖北利川市、建始縣以南,湖南沅陵縣、漵浦縣以西,貴州銅仁市碧江區、思南縣、遵義市紅花崗區以北地區。

〔五五〕右扶風盩厔:右扶風,喬本譌"古扶風",今據餘諸本訂正。盩厔(zhōu zhì),縣名,治所在今陝西周至縣終南鎮。

〔五六〕集韻音尺:今查集韻,未見有此,蓋誤。

〔五七〕本書後紀一太昊伏羲氏云:"帝之弟郝骨氏爲帝立制,其裔孫子期,帝乙封之太原之郝。"可參。

〔五八〕呼各切:四庫本作"呼角切"。

〔五九〕見左傳僖公二十一年。原文作:"任、宿、須句、顓臾,風姓也,實司大皞與有濟之祀。"杜預注:"大皞,伏羲。四國,伏羲之後,故主其祀。……四國封近於濟,故世祀之。"又楊伯峻注:"有濟即濟水,有爲詞頭,猶有虞、有夏之有,加字以成雙音節。"　寔司大昊與有濟之祀:四庫本"寔"作"實","大昊"作"太昊",字異而詞同。

〔六〇〕風姓顓臾,魯親之舊也:彥按:顓臾疑當作須句。作顓臾,則與下句不相承接。　故邾人滅須句,成風請封之,言於釐公曰:"崇明祀,保小寡,周禮也":見左傳僖公二十一年。文作:"邾人滅須句,須句子來奔,因成風也。成風爲之言於公曰"云云。杜預注:"明祀,大皞、有濟之祀。保,安也。"釐公,即僖公。釐,讀"僖"。

〔六一〕左傳僖公二十二年:"春,伐邾,取須句,反其君焉,禮也。"

〔六二〕繼絕:繼絕世之略語。謂恢復已滅絕的宗祀,承續已斷絕的後代。

〔六三〕襄王十三年:襄王,喬本、洪本、吳本、備要本並作"襄公"。彥按:事見左傳僖公二十一年,時當周襄王十三年。當以作"襄王"爲是。今據四庫本訂正。

〔六四〕傳乃以爲"實文公子":左傳文公七年:"三月甲戌,取須句,實文公子焉,非禮也。"杜預注:"邾文公子叛在魯,故公使爲守須句大夫也。絕大皞之祀以與鄰國叛臣,故曰'非禮'。"

〔六五〕劉氏權衡:指宋劉敞所撰春秋權衡。

〔六六〕其君來奔:洪本、吳本、四庫本並作"其若來奔",誤。　皆義事:洪本"義"譌"羲"。

〔六七〕再書伐取邪:再,洪本作"冄",吳本、四庫本因譌"兩"。邪,四庫本譌"邾"。

〔六八〕雖齊桓於衛,有不書:齊桓於衛,指春秋齊桓公攘狄封衛事。毛詩鄘風定之方中序:"衛爲狄所滅,東徙渡河,野處漕邑。齊桓公攘戎狄而封之。"

〔六九〕詩序:指毛詩鄘風定之方中序。見上注。

炎帝後姜姓國〔一〕

伊　　蓋亦上世所國。今洛之伊陽縣有伊水。堯之母家伊侯國。

耆〔二〕　侯爵。自伊徙耆,爰曰伊耆。猶陶唐、殷商然。一曰阢,黎也〔三〕。故大傳作"西伯戡耆",史記言文王伐阢〔四〕。

厲列、賴　帝之潛邦。一曰列。是曰列山,亦曰麗山,即厲山。黎見商後國。九域志,厲鄉村有神農廟。今隨縣之北厲鄉,賴鄉也〔五〕。有厲山,在隨縣北百里,神農是生。郡國志云:厲山,神農所生。荊州圖經云:永陽縣西北有厲山,神農所生處〔六〕。春秋之厲國。僖十五年,齊伐厲。通爲"賴"。然厲、賴異。見周世國。

姜　　扶風美陽有姜氏城,南有姜水〔七〕。

封　　封鉅國,黃帝封之,是爲封胡〔八〕。通典云:封丘,古封國也〔九〕。今隸開封。有封父亭、封丘臺,即封父國。魯國都記:衛之延鄉,高祖以爲封丘,封翟母〔一〇〕。

逢〔一一〕龐　伯爵。伯陵之國,黃帝所封〔一二〕。夏有逢蒙。一作"蠭",又作"龐"。穆天子傳逢公,其後也。地今開封蓬池,一曰逢澤〔一三〕。縣東北十四里。九域志逢陂、忌澤,汲冢紀年梁惠王"發逢忌之藪以賜民"者。字當音龐。史音史〔一四〕。秦孝公使公子少官會諸侯於蓬澤〔一五〕。天寶初載,更名福源〔一六〕。

北齊	内傳,齊之先有逢伯陵。蓋伯陵前封逢,後改於齊,故山海經有北齊之國,姜姓[一七]。是兩齊云。
殳[一八]	伯陵之子。堯代有殳戕,即齊地冒淳也[一九]。一作"朱",故傳作"朱戕"。
江水	祝庸之封地,今朱提[二〇]。
吕甫	侯爵,伯夷之封。杜預謂在南陽宛西[二一]。南陽,今隸鄧[二二]。宛,後周併入南陽。而太公乃出東吕;吕,莒也[二三]。博物志,海曲城有東吕鄉、東吕里,太公望所出也[二四]。寰宇記,密之莒縣東百六十,漢海曲城[二五]。霍邑亦曰吕,武德初爲吕州。十七年廢。圖經以新蔡爲古吕國,蓋後來之吕,近申[二六]。在周亦曰甫,一作"郙"。上蔡有郙亭[二七]。
申	伯爵。初爲侯,平王母申姜國,楚靈遷之。今信陽軍之方城内也,唐申州之南陽,漢之苑縣[二八]。詩云:"王命召伯,定申伯之宅","徹申伯土田"[二九]。見崧高。潛夫謂在南陽苑北序山之下,所謂"于邑于序"者[三〇]。
謝	伯爵。荆州記棘陽東北百里謝城是[三一]。有謝水。水經:出謝城,申伯之國[三二]。黍苗箋云:宣王使召伯營謝邑,以定申伯之國[三三]。棘陽城,在唐之湖陽西北[三四]。
汲	太公居,今汲郡治汲縣。有古汲城,在故新鄉東北四十八里[三五]。有太公泉及廟。水經一云"故居"[三六]。
齊	侯爵。伯陵氏之故國,以天齊淵名[三七]。吕尚復封,都營丘,今青之臨菑也[三八]。然營丘故城乃在濰之昌樂,故萊侯與太公争營丘[三九]。齊地記:丘下周三百步,高九丈,北廟下隆一丈五尺[四〇]。後胡公徙薄姑[四一]。地志謂尚封薄姑,非。詳古國中。
許	男爵。文叔之封[四二]。鄭滅之。定六年[四三]。王符云,潁川許縣[四四]。魏文曰許昌[四五]。周靖帝始爲州,今治長

社〔四六〕。一作“鄒”，説文作“邪”〔四七〕。

焦　　許靈公徙葉〔四八〕。成十五年〔四九〕。楚平立，還葉〔五〇〕。至悼公，
　　　遷城父，今都亳〔五一〕。曰焦、夷〔五二〕。昭九年遷于夷者。典略作
　　　“譙、夷”。春秋時爲陳邑，楚併之〔五三〕。襄王十五年，楚伐陳，取
　　　焦、夷〔五四〕。魏爲譙郡，後周爲亳州。今亳治譙縣，有古焦
　　　城〔五五〕。譙、焦，一也。寰宇記：古譙城，下邑城北三十一里。

析　　地即白羽，昭十八年。今鄧之内鄉也。鄭樵以爲淅
　　　川〔五六〕。本南陽析縣〔五七〕。二名，見魯僖廿五年傳〔五八〕。斯蘧遷容
　　　城，今華容〔五九〕。

　　　内傳，齊之先有逢伯陵〔六〇〕。而伯益書，炎帝生器，器生伯
陵〔六一〕。故周語謂天黿之分，我之皇妣太姜之姪伯陵之後逢公之
所憑神〔六二〕。伯陵，太姜之祖。逢公，伯陵之後，爲商侯伯，封於
齊地。而伯益書更有北齊之國，姜姓〔六三〕。是知伯陵，姜姓炎後，
前封于齊，而太公其繼焉者也〔六四〕。

　　　昔者，帝嚳取于有駘氏曰姜嫄，生后稷，而后稷之封亦曰駘，
説者咸謂帝堯以其母國封之。然及泰王，復取于有駘氏曰泰姜，
是姜姓之駘至周猶在，豈得云以是而封稷哉？乃不知稷封之駘在
於武功，而姜姓之駘在於琅邪，固不同也〔六五〕。前事之缺失，可勝
悼哉！

艾　　隱公盟處〔六六〕。六年。今牟縣東南有艾山〔六七〕。齊魯之境，
　　　或曰艾陵〔六八〕。九域志，艾山在下邳。杜預疑爲臨沂東，有
　　　艾亭〔六九〕。

隰　　犂也。一曰犂丘。預謂濟南隰陰縣；或云隰郕，在懷西
　　　南〔七〇〕。懷，貞觀入武陟。西有古懷城。

柯　　齊邑。柯澤在鄆之東阿〔七一〕，莊公會齊侯處〔七二〕。東阿故城在
　　　須城東。與鄭、成公十七年“柯陵”，鄭地〔七三〕。衛之柯異。襄公十

九年豹會處[七四]。杜云,東北故柯城[七五]。内黄今隸大名[七六]。

丙　　邴也。宋之下邑,晉大夫所封,古邴炎國[七七]。穆王北入于邴,乃鄭邑祊也[七八]。

高高氏　故高城。在齊之禹城,漢故縣[七九]。

棠　　大夫棠公邑。襄六年:"晏弱圍棠。"預云:國也[八〇]。今萊之即墨有棠鄉,與魯棠異[八一]。隱公矢魚處,乃罝唐之魚臺[八二]。

檀　　武王時有檀伯達。輿地志,瑕丘檀城,古灌檀也[八三]。瑕丘,今隸兗,有檀鄉,輿地廣記。或作"壇"。

若　　魯賢若士,出于此[八四]。漢河閒王妻若[八五]。齊地,與蜀、若苗意封[八六]。吳興之若異[八七]。吳興記:長城下有若下美酒,曰"上若"、"下若"[八八]。

井　　周有井伯。廣韻云,子牙後[八九]。穆天子臣井利。或云虞公族,非。字書作"邢",誤。正"邢"字[九〇]。

劇　　齊附庸。今甾川劇縣[九一]。

甗　　齊邑。乃齊、宋戰處[九二]。僖公十八年。

崔　　丁公子采[九三]。預云:濟南東朝陽西北有崔氏城[九四]。

盧　　姜姓後封。韻[九五]。今齊之盧城,漢縣[九六],隸濟北[九七]。有盧水。

章　　鄣。東平亡鹽東北有章城,古章國[九八]。齊人降之[九九]。莊公三十年。劉、賈依公羊、穀梁爲紀遺邑,預非之,云附庸如邾、鄟,是也[一〇〇]。

高堂　風俗通云,高傒采[一〇一]。

閭丘　本屬莒,後歸邾。襄公二十一年,邾庶其以閭丘來奔[一〇二]。預云,南陽縣北有顯閭亭[一〇三]。

廩丘　世本,齊大夫廩丘子邑。今濟之鄆城北有廩丘故城。漢廩丘縣屬東郡[一〇四]。晉隸濮,隋併入鄆[一〇五]。襄公二十六年傳:

“齊烏餘以廩丘奔晉^{〔一〇六〕}。”故城在濮之雷澤北。

梁丘　　齊、宋遇處^{〔一〇七〕}。莊公三十二年。穀梁謂曹、邾之間,去齊八百。預云,昌邑西南梁丘鄉^{〔一〇八〕}。今成武有梁丘山^{〔一〇九〕}。隸單^{〔一一〇〕}。昌邑今在濟之金鄉^{〔一一一〕}。

虞丘　　世本又有梁丘、虞丘,皆齊采邑^{〔一一二〕}。

移　　　風俗通,齊公子雝采於移,後爲氏^{〔一一三〕}。後漢移良^{〔一一四〕}。

右齊之分

神農之爲世,謨甄四海,紀地形,經土分域,以與賢者共理之。其所以爲制也,近者地廣而遠彌小,負海之邦多十里與二十里。以大用小,猶幹役指;縣中下外,若居高屋而建瓴水焉。其制可謂得矣。然攷其壃理,遠國廣陜,纔俯後世一附庸爾,斯萬國之制也^{〔一一五〕}。十里一成,外大夫、士之采,如邲、張、鰷、楊之類,亦可謂國^{〔一一六〕}。渾瑊特奏置河東縣,廣輪才一十有四里^{〔一一七〕}。若今海洲堵嶼,十里二十里,亦有至宰世爲業者,不在大也^{〔一一八〕}。雖然神農之國,彌近彌大,彌遠彌小;而唐虞之制,則近小而遠大。甸服之外,親賢所建;百里之内爲采,二百里之内任邦,而餘三百悉封諸侯:必先小而後大^{〔一一九〕}。

神農之使大國處内,則近大,常稟京師之制;而遠小,自微雄大之陵^{〔一二〇〕}。唐虞必使小國居内,則小國易獲神都之蔽,而日圻亦蔑彊摰之迫^{〔一二一〕}。唐虞、神農豈故爲是擾擾殊哉^{〔一二二〕}?晉志:“五百里侯服,百里采,二百里任,三百里侯^{〔一二三〕}。”任即男也,故有任氏爲有男。古今有異時,亡異勢。勢或變易,而存亡安危之幾,或不在乎此^{〔一二四〕}。惟彊大之處内,則尾大之憂自去而上常惕;彊大處外,則僭儗之心易釁而上常怠^{〔一二五〕}。神農之制,故可謂兩盡矣,而況於德處者乎^{〔一二六〕}!

抑又求之,先王之法,亦固有微權其間,而非爲是固也^{〔一二七〕}。周之五服,男列侯外,而晉、鄭、宋、衛棋布近甸,萊、牟、耼、弦星分遠服,固非小必近而大必遠也〔一二八〕。然則,神農之國亦豈必近大而遠小哉? 夫封建之君,於此必有擇矣〔一二九〕。

氏人　　山經云:炎帝孫靈恝生氏人,爲氏國〔一三〇〕。俗作"互",非。

狄歷　　後爲勑勒。通典:鐵勒自西海東,據山谷不絶;僕骨、同羅、韋紇、拔野古、都波、覆羅,並號"俟斤"〔一三一〕。

廥旮〔一三二〕杜例云:赤狄別種〔一三三〕。

皋落　　杜例:赤狄別種。盟會圖疏云,在潞州〔一三四〕。今絳之垣縣西北六十故皋落城是〔一三五〕。世曰倚薄。

玄氏　　乞姓羌也,今文、鳳二竟〔一三六〕。白馬氏者,居仇池,曰氏侯。今興、武、成、階四州地,蓋岐隴而南,漢川以西,皆氏云〔一三七〕。

楊、柜、泉、皋、伊、雒、陸渾九州之戎〔一三八〕

　　　　僖公十一年有楊、柜、泉、皋、伊、雒之戎,二十二年有陸渾九州之戎〔一三九〕。陸渾,河南屬縣〔一四〇〕。楊、柜不見,而泉乃洛陽西南之泉亭。伊、雒之間,則洛陽縣西南之故戎城。皆姜戎也,三十三年〔一四一〕。姜戎在晉南鄙〔一四二〕。秦、晉誘致而城于此。或以爲允姓戎者,非。

赤狄　　隗姓。赤狄潞氏皆隗姓〔一四三〕。故上黨地,杜云,有赤沙城〔一四四〕。今洺州地。鄭樵:地名〔一四五〕。

露　　　參盧之封。茶陵露水鄉有露水山,予訪炎陵,稽其始封。字亦作"潞",蓋商、周間衍于河東北爾〔一四六〕。

路　　　參盧後。春秋之潞子都曲梁〔一四七〕,即雞澤,洺州雞澤縣〔一四八〕。周置潞州〔一四九〕。建德七年〔一五〇〕。今之潞城,漢故縣,亦作"路"。有潞水、并之浸〔一五一〕。潞子廟。

隗氏　　山海經有員神隗氏〔一五二〕。春秋隗氏之地。僖二十四年〔一五三〕。

潞　齊邑,昔鮑子及潞者[一五四]。哀公八年。一云,土軍縣今有地曰露,漢之東露[一五五]。而幽之潞縣亦有潞水[一五六]。即潞河,露河也。知後代之承襲,猶殷商、楚郢,所至以爲名也。

甲氏　潞氏屬,晉滅之。宣公十五年,荀林父滅赤狄潞氏[一五七]。十六年,滅赤狄甲氏及留吁。皆潞之屬。杜云:“上黨。又潞城縣東有古城,潞氏之國也[一五八]。”

留吁　潞氏屬。亦滅于晉。屯留故城南即故留吁國也[一五九]。與潞俱附中國,水經第十卷[一六〇]。一名戎屯,與潞俱附中國[一六一]。爲赤部胡。索隱:春秋地名云,潞氏今曰赤部胡[一六二]。

舟[一六三]　禿姓亦有舟人,明爲國也[一六四]。古罋有舟姜敦,博古圖讀爲“周敦”矣[一六五]。按楚有息舟[一六六],昭十三年傳。齊地亦有舟道。哀公二十一年傳[一六七]。

駘　后稷母有駘氏。後泰王復取于駘。盟會圖疏云:邰,炎帝之後,周弃外家。魯東鄙地,今沂之費縣南故駘亭是,地接齊、邾。亦作“台”。故越使魯還邾田,封境至於駘上[一六八]。哀十七年[一六九]。莒人伐我,圍台。襄十二年:伐我東鄙,圍台[一七〇]。季孫宿救台,遂入鄆[一七一]。泊哀公時齊亂,景公子荼遷于駘,則入齊矣[一七二]。非武功之駘。

淳　是爲淳于。故城在高密之安丘東北[一七三]。故淳于縣屬北海[一七四]。酈元云,本夏之斟灌國,武王以封淳于公[一七五]。杞併之,遂遷江南[一七六]。預云華容,今監利也[一七七]。

戲　驪山之北水名。今新豐有戲亭[一七八],郡縣圖志,昭應東北三十有古戲亭[一七九]。皇甫謐云,新豐東二十[一八〇]。韋昭云,有戲山。幽王死焉。章邯入關至戲,蘇林云:縣南四十里[一八一]。或云,幽、褒戲此而名[一八二]。妄也。兩京道里記等[一八三]。正音希。

怡　一曰默怡。今營之柳城。亦作"台"，即墨台。禹師墨如，或云墨台〔一八四〕。

孤竹　今平之盧龍東有古孤竹城，小白之所至〔一八五〕。地道記，在肥如南十二里〔一八六〕。秦之離支縣，漢令支也〔一八七〕。營州皆其地。一作"觚"。本以孤生之竹可管而名〔一八八〕。

向　向姜國〔一八九〕。今河陽西北三十五有向城〔一九〇〕。酈元云，軹南四十五向城〔一九一〕。軹故城在濟源，地名向上〔一九二〕。寰宇記，在懷之河内西北二十七〔一九三〕。璠、預皆以河内軹西有向而無城，疑爲蘇田〔一九四〕。按紀年："鄭侯使韓辰歸晉陽、向。二月，城陽、向。"〔一九五〕更名陽爲河雝，向爲高平〔一九六〕。故十三州志云：軹縣南山西曲有故向城，即周之向國。然代以爲承之向乃莒邑〔一九七〕。向城在承縣。宣四年"伐莒，取向"者，今密之莒縣南七十二故向城，乃莒邑，非姜國。蓋因傳"姜不安莒"，而以爲近莒爾〔一九八〕。

州　桓公五年，"州公如曹〔一九九〕。"説者爲即淳于。輿地廣記，高密夷安城〔二〇〇〕。淳于，本春秋州國也。今海之東海縣有大、小州山〔二〇一〕。本密州。杞併之。王之三公稱公。云寰内侯者，非也〔二〇二〕。劉敞云寰内侯如祭公者，蓋胡公之類〔二〇三〕。或云懷之武德，非〔二〇四〕。武德，漢故河内州縣，忿生邑，地近共〔二〇五〕。有州氏。晉有州綽〔二〇六〕。水經，漢有州苞，金石録有州輔，皆吉成侯〔二〇七〕。

薄〔二〇八〕　今拱之考城東北有薄城，漢縣，屬山陽，本宋地〔二〇九〕。莊十二年盟薄者〔二一〇〕。預云梁國蒙縣北薄城，即此〔二一一〕。

甘〔二一二〕　京兆鄠西南五里有甘亭〔二一三〕，郡縣志。或云在鄠北〔二一四〕。甘盤之國，啓、扈戰于此〔二一五〕。馬融云：甘，鄠之南郊。穎達云：啓西行，甘當在户東〔二一六〕。

紀　侯爵，姜姓。輿地廣記：紀侯故城，在壽光。寰宇記：紀城，故紀侯國,姜姓[二七]。又濰之昌樂西六十有劇城,内有紀臺,高九尺,紀侯所築。蓋後遷于此。世紀云:周文妃國,姜姓。非也。桓王后季姜也[二八]。孫逖送紀參軍序云:"周公之祚,紀爲之首。"[二九]繆也。

隨　　隨侯,炎裔[二二〇]。得虵珠者[二二一]。故李白云:漢東之國,神農之後,季良爲大賢[二二二]。送倩公序。而世以爲姬姓。詳周後國。

酅　　紀要邑,後爲齊附[二二三]。莊公三年,紀季納之齊[二二四]。預云:故穀城西有地曰巂下[二二五]。濟北。續述征記,安平有酅亭[二二六]。安平,齊廢,今隸臨菑。記云齊國東安平,乃菑川國[二二七]。故穀城在鄆,今東阿東[二二八]。

紀鄣　　杜例,贛榆東北有紀城[二二九]。此紀鄣也。唐併入東海。今懷仁東北七十五有紀鄣城[二三〇]。並海州。莒子所奔[二三一]。近海,周一里餘[二三二]。莊公之三十年,"齊人降鄣"。高、赤俱云紀邑,在密,然時紀亡二十年矣,故啖子攻之[二三三]。

黑齒　　姜姓。山海經:黑齒之國,帝俊生其中[二三四]。宜梁竟[二三五]。

阪泉　　姜姓。其後蚩尤彊霸。周書云,阪泉氏用兵無已而亡[二三六]。僖二十五年傳云:此黃帝戰阪泉之兆[二三七]。指蚩尤。今懷戎涿鹿城東一里阪泉是。

小顓　　參盧命蚩尤宇此[二三八]。今安邑有蚩尤城,宜是。

　　春秋之世亡非亂,春秋之法不亂。

　　魯宣公十五年書"晉師滅赤狄潞氏,以潞子嬰兒歸",明年書"晉人滅赤狄甲氏及留吁",曰"師"、曰"人",晉固罪矣。然在春秋,戎狄舉號,君臣同辭,固未得以名氏爵號書也[二三九]。今書其國,又書其氏,又列其名爵,又別其種族,經之文始異於是,若三傳說爲賢之者,其果然也邪[二四〇]? 潞氏、甲氏,蓋亦先王之世漸流于狄,而非狄之出也。既有爵邑,有名號,則其爲書,固不得而略矣。

伐國者,討其罪人斯已矣。潞子之夫人,晉景公之姊也。據傳之説,豐舒爲政,毁之,則豐舒者罪矣[二四一]。晉之致伐,則執豐舒僇之,立黎侯安潞子,紀其政而還[二四二],則諸戎至矣,而顧滅其國,執其君哉! 踵是以降,伐廥咎如,敗狄于交剛、于太原,一皆晉人[二四三]。有以見晉之不能仁義,禦于爲奪易,絶人之世也[二四四]。

神農之姚在於茶陵,而潞水之鄉,潞水之山,若諸“露”之名,遍於茶陵、攸邑、潭、衡之境,益以是知諸露之始,有在于此;殷、周之代,衍出幽、冀、上黨之郊爾[二四五]。書其爵土,又書其名氏,又別其種族,徒以見盛衰之不常,其重絶先王之世也[二四六]。三五而來,未聞有賢狄也。

【校注】

〔一〕炎帝後姜姓國:炎帝,吳本、備要本作“黄帝”,誤。

〔二〕耆:同“耆”。地在今山西長治市西北。吳本、四庫本、備要本作“耆”。下“耆”字同。

〔三〕阢:同“阢”,通“耆”。

〔四〕故大傳作“西伯戡耆”,史記言文王伐阢:此謂書西伯戡黎,大傳、史記述其事,用字有不同。史記殷本紀原文爲:“及西伯伐飢國,滅之。”集解引徐廣曰:“飢,一作‘阢’,又作‘耆’。”

〔五〕隨縣:治所在今湖北隨州市曾都區。　賴鄉也:四庫本作“即賴鄉也”。

〔六〕荆州圖經:佚書,作者不詳。　永陽縣:治所在今湖北廣水市北。

〔七〕扶風美陽有姜氏城:美陽,縣名,治所在今陝西扶風縣法門鎮。吳本、四庫本、備要本並譌“姜陽”。

〔八〕封鉅:見後紀四炎帝器。

〔九〕封丘:縣名。今屬河南省。

〔一〇〕魯國都記:衛之延鄉,高祖以爲封丘,封翟母:魯國都記,“魯”字疑衍,太平御覽卷一五八引,但作國都記。其文曰:"國都記云:封丘,衛地,故燕之延鄉也。高祖與項羽戰于延鄉,有翟母免其難,故以延鄉封翟母焉。"清王士俊等修纂河南通志卷四九陵墓開封府翟母墓云:"在封邱縣治西保和坊。漢高帝厄於楚,餒甚,母嘗饋食。及帝業成,母已逝,因封其墓。縣之得名,以此。"

〔一一〕逄:同"逄",音 páng。吳本、四庫本、備要本作"逢"。下"逄蒙"、"逄公"、"逄澤"、"逄陂"諸"逄"字同,洪本亦多作"逢"。

〔一二〕伯陵:見後紀四炎帝器。

〔一三〕蓬池:地名。在今河南尉氏縣東北。

〔一四〕史音史:吳本、四庫本、備要本均無此三字。彥按:三字於此費解,若非衍文,則當存在譌脱。

〔一五〕秦孝公使公子少官會諸侯於蓬澤:見史記秦本紀孝公二十年,"蓬澤"作"逢澤",曰:"秦使公子少官率師會諸侯逄澤,朝天子。"

〔一六〕天寶初載,更名福源:彥按:"初載"當"六載"之誤。太平寰宇記卷一開封府開封縣云:"逄澤,在縣東北十四里。今名蓬池。……唐天寶六年改爲福源池。"又唐會要卷四一斷屠釣亦以詔改篷池爲福源池事在天寶六載正月二十九日。

〔一七〕見大荒北經。

〔一八〕殳:即"殳"字俗體,見偏類碑別字。四庫本、備要本作"殳"。彥按:此條與本書國名紀六五帝之世殳條內容大同而分置兩處,顯然欠妥。路史書中此類情況甚多,後不煩一一指出。

〔一九〕堯代有殳戕:殳戕,即殳斨,後爲帝舜臣。見書舜典。　即齊地冒淳也:冒淳,即殳冒淳。左傳哀公六年:"葬諸殳冒淳。"杜預注:"殳冒淳,地名。"

〔二〇〕祝庸:見後紀四炎帝器。

〔二一〕宛:縣名,治所在今河南南陽市。

〔二二〕鄧:州名,治所在今河南鄧州市。

〔二三〕而太公乃出東呂:太公,指周文王師太公望吕尚。東呂,鄉名。吕,莒也:莒,縣名,治所即今山東莒縣。東呂鄉在莒縣境。

〔二四〕海曲城:在今山東日照市西。各本均作"曲海城",乃誤倒,今訂正。下"海曲城"同。

〔二五〕密之莒縣東百六十,漢海曲城:見太平寰宇記卷二四密州莒縣。原文作:"漢海曲縣城在縣東百六十里。"密,州名,治所在今山東諸城市。

〔二六〕申:國名。在今河南南陽市北。

〔二七〕上蔡:縣名。今屬河南省。

〔二八〕今信陽軍之方城内也:信陽軍,治所在今河南信陽市漊河區。方城,縣名,治所即今河南方城縣。　漢之苑縣:彦按:苑縣之"苑",當作"宛"。下"南陽苑"之"苑"同。漢書地理志上南陽郡宛,注云:"故申伯國。"

〔二九〕參見後紀四炎帝器注〔五九〕。

〔三〇〕潛夫謂在南陽苑北序山之下,所謂"于邑于序"者:見潛夫論志氏姓。文曰:"申城在南陽宛北序山之下,故詩云:'亹亹申伯,王薦之事,于邑于序,南國爲式。'"彦按:所引詩見大雅崧高,蓋魯詩。毛詩"薦"作"纘","序"作"謝","爲"作"是"。北序山,在宛縣南,漢書地理志上作北筮山。

〔三一〕棘陽:縣名,治所在今河南南陽市南。

〔三二〕水經注卷二九比水:"比水又西南流,謝水注之。水出謝城北,其源微小,至城漸大,城周迴側水,申伯之都邑,詩所謂'申伯番番,既入于謝'者也。"

〔三三〕見詩小雅黍苗"悠悠南行,召伯勞之"鄭玄箋。

〔三四〕唐之湖陽:唐,州名。湖陽,縣名,治所在今河南唐河縣湖陽鎮。

〔三五〕新鄉:縣名,治所在今河南新鄉市。

〔三六〕水經注卷九清水:"(汲縣)城北三十里有太公泉,泉上又有太公廟,廟側高林秀木,翹楚競茂。相傳云:太公之故居也。"

〔三七〕天齊淵:在今山東淄博市臨淄區東南。

〔三八〕青之臨菑:青,州名。臨菑,縣名,治所在今山東淄博市臨淄區北。四庫本"菑"作"淄"。

〔三九〕濰之昌樂:濰,州名。昌樂,縣名,治所在今山東昌樂縣西北。萊侯與太公爭營丘:史記齊太公世家:"於是武王已平商而王天下,封師尚父於齊營丘。……萊侯來伐,與之爭營丘。營丘邊萊。萊人,夷也,會紂之亂而周初定,未能集遠方,是以與太公争國。”

〔四〇〕北廂:北邊。備要本“北”譌“比”。

〔四一〕後胡公徙薄姑:胡公,指齊太公玄孫之子胡公靖。薄姑,地名。在今山東博興縣東南。

〔四二〕文叔之封:文叔,各本均作“太叔”。彦按:太叔當作“文叔”,“太”蓋“文”字形誤。晉杜預春秋釋例卷九世族譜第四十五之下許云:“許國,姜姓,與齊同祖,堯四嶽伯夷之後也。周武王封其苗裔文叔於許,以爲太嶽胤。今潁川許昌是也。”新唐書宰相世系表三上亦云:“許氏出自姜姓,炎帝裔孫伯夷之後。周武王封其裔孫文叔於許,後以爲太嶽之嗣。”又,本書後紀四炎帝器云:“武王得泰嶽後文叔,紹之許。”均爲明證,今據以訂正。

〔四三〕定六年:時當公元前504年。春秋定公六年:“春,王正月癸亥,鄭游速帥師滅許,以許男斯歸。”

〔四四〕潁川許縣:潁川,郡名。潁,喬本、洪本、吴本作“潁”,備要本作“穎”,非其本字,此改從四庫本。許縣,治所在今河南許昌市魏都區東。

〔四五〕魏文曰許昌:魏文,指三國魏文帝曹丕。彦按:許縣改稱許昌縣,在魏文帝黄初二年(221)。

〔四六〕周靖帝始爲州,今治長社:周靖帝,即周静帝。指北周末帝宇文衍,公元579—581年在位。長社,縣名,治所在今河南長葛市。彦按:今治,疑爲“治今”倒文。太平寰宇記卷七許州云:“北齊高澄於此改立南鄭州。周大定元年改爲許州,治長社焉。”

〔四七〕説文作“邘”:彦按:今本説文作“鄦”不作“邘”。

〔四八〕許靈公徙葉:參見後紀四炎帝器注〔一三八〕。

〔四九〕成十五年:各本“十五”均作“十三”。彦按:“三”當作“五”。春秋成公十五年:“許遷于葉。”是也。今訂正。

〔五〇〕楚平立,遷葉:楚平,春秋楚平王熊居,公元前528—前516年在位。春秋昭公十八年:“冬,許遷于白羽。”杜預注:“自葉遷也。”孔穎達正義:“成十五年許遷于葉,自是以後,許常以葉爲都。九年,許遷于夷,是自葉遷于夷也。十三年傳曰:‘楚之滅蔡也,靈王遷許、胡、沈、道、房、申於荆焉。平王即位,既封陳、蔡,而皆復之,禮也。’注云:‘荆,荆山也。’滅蔡在十一年,許又從

夷遷於荆山。平王復之,復其本國,許又歸於葉也。故知此年遷于白羽,是其
自葉遷也。"

〔五一〕都亳:猶言亳邑。古稱邑之大者爲都。

〔五二〕曰焦、夷:彦按:此"焦"字當爲衍文。参見後紀四炎帝器注〔一
三八〕。

〔五三〕春秋時爲陳邑:洪本"時"作"峕","陳"作"遯",乃俗譌。

〔五四〕襄王十五年:周襄王十五年,時當魯僖公二十三年,即公元前
637 年。

〔五五〕譙縣:治所在今安徽亳州市譙城區。

〔五六〕淅川:縣名,治所在今河南淅川縣南丹江口水庫中。喬本、洪本、
吴本、備要本"淅"均譌"浙",此從四庫本。

〔五七〕南陽析縣:南陽,郡名。析縣,治所在今河南西峽縣。

〔五八〕二名:謂析又稱白羽。　見魯僖廿五年傳:廿,洪本、吴本、備要本
作"廿",四庫本作"二十",同。左傳僖公二十五年:"秦人過析",杜預注:
"析,楚邑,一名白羽,今南鄉析縣。"

〔五九〕斯蓮遷容城:斯,許君名。参見上注〔四三〕。蓮,蓋譌字,依義當
作"遽",遂。春秋定公四年:"六月,……許遷于容城。"楊伯峻注:"容城在今
河南魯山縣南稍東約三十里。"史爲樂中國歷史地名大辭典亦以爲然。　今
華容:彦按:此説當誤。華容,縣名,即今湖南華容縣。路史所據,蓋舊唐書
其地理志三江南西道岳州下曰:"華容:漢孱陵縣地,屬武陵郡。劉表改爲安
南。隋改爲華容。垂拱二年,去'華'字,曰容城。神龍元年,復爲華容。"然彼
之容城,非此之容城也,但同名耳。

〔六〇〕逄伯陵:吴本、四庫本、備要本"逄"作"逢"。下"逄公"之"逄"同。

〔六一〕而伯益書,炎帝生器,器生伯陵:彦按:今考山海經海内經云:"炎
帝之妻,赤水之子聽訞生炎居,炎居生節並,節並生戲器,戲器生祝融。"又云:
"炎帝之孫伯陵。"與羅氏所言,並不相符,不知何由。

〔六二〕故周語謂天黿之分,我之皇妣太姜之姪伯陵之後逄公之所憑神:天
黿,即玄枵,星次名,古人以爲齊之分野。國語周語下原文爲:"我姬氏出自天
黿,及析木者,有建星及牽牛焉,則我皇妣大姜之姪伯陵之後逄公之所憑神

也。”韋昭注:“天黿,即玄枵,齊之分野。周之皇妣王季母太姜者,逢伯陵之後,齊女也,故言出於天黿。”又曰:“皇,君也。生曰母,死曰妣。大姜,大王之妃,王季之母,姜女也。……伯陵,大姜之祖有逢伯陵也。逢公,伯陵之後,大姜之姪,殷之諸侯,封於齊地。齊地屬天黿,故祀天黿,死而配食,爲其神主,故云憑。憑,依也。言天黿乃皇妣家之所憑依也。”

〔六三〕而伯益書更有北齊之國,姜姓:見山海經大荒北經。

〔六四〕伯陵:四庫本譌“伯姜”。

〔六五〕琅邪:在今山東膠南市琅琊鎮。四庫本“邪”作“琊”。

〔六六〕春秋隱公六年:“夏,五月辛酉,公會齊侯,盟于艾。”杜預注:“泰山牟縣東南有艾山。”

〔六七〕牟縣:治所在今山東萊蕪市鋼城區辛莊鎮。

〔六八〕齊魯之境:洪本、吳本“境”作“竟”。

〔六九〕杜預疑爲臨沂東,有艾亭:見春秋釋例卷六土地名第四十四之二齊地。

〔七〇〕預謂濟南隰陰縣:隰陰縣,治所在今山東齊河縣東北。左傳哀公十年“於是乎取犁及轅”杜預注:“犁,一名隰,濟南有隰陰縣。” 或云隰郕,在懷西南:隰郕,地名,又稱隰城。懷,縣名,治所在今河南武陟縣西。

〔七一〕東阿:縣名,治所在今山東平陰縣東阿鎮。

〔七二〕莊公會齊侯處:春秋莊公十三年:“冬,公會齊侯,盟于柯。”杜預注:“此柯,今濟北東阿,齊之阿邑。”

〔七三〕春秋成公十七年:“六月乙酉,同盟于柯陵。”杜預注:“柯陵,鄭西地。”

〔七四〕襄公十九年豹會處:豹,春秋魯大夫叔孫豹。春秋襄公十九年:“叔孫豹會晉士匄于柯。”

〔七五〕杜云,東北故柯城:彥按:“東北”上當有“内黃”二字。今無之,若非脱文,即是下“内黃”字原在於此而誤倒於彼也。杜預注原文作:“魏郡内黃縣東北有柯城。”

〔七六〕大名:府名,治所在今河北大名縣大街鄉。

〔七七〕宋之下邑,晉大夫所封,古邴炎國:下邑,國都以外的城邑。晉大夫,指春秋晉大夫邴豫。元和姓纂卷七梗韻邴云:"晉邴豫食采于邴,因氏焉。"通志卷二七氏族略三以邑爲氏晉邑亦云:"邴氏,亦作丙,晉大夫邴豫食邑于邴,因以爲氏。"邴炎國,不詳,待考。

〔七八〕穆王北入于邶,乃鄭邑祊也:祊(bēng),在今山東臨沂市蘭山區方城鎮北。穆天子傳卷五:"是日也,天子北入于邶。"郭璞注:"邶,鄭邑也。"

〔七九〕齊之禹城:齊,州名。禹城,縣名,治所在今山東禹城市西南。

〔八〇〕預云:國也:彥按:今本杜注未見有此。而後漢書郡國志四青州北海國"即墨侯國,有棠鄉"梁劉昭注云:"左傳襄六年'圍棠',杜預曰:'棠國也。'"蓋即羅氏所本。

〔八一〕萊之即墨:萊,州名。即墨,縣名,治所即今山東即墨市。

〔八二〕隱公矢魚處:矢,陳列。春秋隱公五年:"春,公矢魚于棠。"孔穎達正義:"陳魚者,獸獵之類,謂使捕魚之人陳設取魚之備,觀其取魚以爲戲樂,非謂既取得魚而陳列之也。其實觀魚而書陳魚者,國君爵位尊重,非蒐狩大事則不當親行,公故遣陳魚而觀其捕獲,主譏其陳,故書陳魚,以示非禮也。"　乃單唐之魚臺:單(shàn),州名。吳本譌"軍"。唐之魚臺,即春秋魯國棠邑之魯侯觀魚臺。春秋釋例卷五土地名第四十四之一魯地曰:"唐、棠:二名。高平方與縣北有武唐亭、魯侯觀魚臺。唐即棠,本宋地也。"方與縣,治所在今山東魚臺縣王魯鎮。

〔八三〕興地志:洪本作"□地志",吳本、四庫本作"地志"。　瑕丘檀城:瑕丘,縣名,治所在今山東濟寧市兗州區。四庫本"瑕"譌"瑕"。下"瑕丘"之"瑕"同。檀城,在瑕丘東北。

〔八四〕魯賢若士:彥按:"若士"疑"若氏"音譌。古今姓氏書辯證卷三八藥韻若云:"古有賢人若氏,魯人。"蓋即羅氏所本。

〔八五〕漢河間王:指漢景帝子河間獻王劉德後裔劉元。

〔八六〕若苗意:其人不詳,待考。

〔八七〕吳興:郡名,治所在今浙江湖州市吳興區。

〔八八〕長城下有若下美酒,曰"上若"、"下若":長城,在今浙江長興縣雉城街道,春秋時吳王闔閭弟夫概所築。若,通"箬"。太平寰宇記卷九四江南東道六湖州長興縣引山謙之吳興記云:"上、下二箬村並出美酒。"又初學記卷八引晉張勃吳録:"長城若下酒有名。溪南曰上若,北曰下若,並有村。村人取若下水以釀酒,醇美勝雲陽。"

〔八九〕廣韻云,子牙後:見廣韻静韻丼,其文曰:"今作丼,見經典省。又姓,姜子牙之後也。"

〔九〇〕正"邢"字:各本"邢"均作"邢"。彦按:作"邢"不可解,當是"邢"字形譌。今訂正。説文邑部:"邢,鄭地邢亭。"段玉裁注:"云鄭地恐誤,……疑即二志常山郡之井陘縣,趙地也。邢、井蓋古今字。"又朱駿聲通訓定聲曰:"邢,與'邢'别。按:晉地,後爲趙地。在今山西潞安府。……于漢爲常山郡之井陘縣,井即邢也。"

〔九一〕甾川劇縣:甾川,即淄川,郡名。劇縣,治所在今山東壽光市紀臺鎮。

〔九二〕春秋僖公十八年:"五月戊寅,宋師及齊師戰于甗。"甗地在今山東濟南市附近。

〔九三〕丁公:太公望吕尚子。參見後紀四炎帝器注〔一一五〕。

〔九四〕預云:濟南東朝陽西北有崔氏城:見左傳襄公二十七年注。東朝陽,縣名,治所在今山東鄒平縣碼頭鎮。

〔九五〕韻:彦按:疑當作"廣韻",脱一"廣"字。廣韻模韻:"盧……亦姓。姜姓之後封於盧,以國爲氏,出范陽。"

〔九六〕盧城:在今山東濟南市長清區西南。

〔九七〕濟北:郡名,治所即在盧城。

〔九八〕東平亡鹽:東平,郡名,治所在無鹽縣。亡鹽,即無鹽,縣名,治所在今山東東平縣東南。

〔九九〕春秋莊公三十年:"秋,七月,齊人降鄣。"杜預注:"鄣,紀附庸國。東平無鹽縣東北有鄣城。"降,使降服。

〔一〇〇〕劉、賈依公羊、穀梁爲紀遺邑,預非之,云附庸如邿、鄆:劉,指西漢劉歆。賈,指東漢賈逵。爲,通"謂",以爲。紀,國名。詳後文。邿(shī),又作詩,國名。在今山東微山縣西北。鄆,國名。在今山東郯城縣東北。春秋莊公三十年孔穎達正義曰:"公羊、穀梁傳並云:鄣,紀之遺邑也。釋例曰:劉、賈依二傳,以爲'鄣,紀之遺邑'。計紀侯去國,至此二十七年,紀侯猶不堪齊而去,則邑不得獨存。此蓋附庸小國,若邽、鄆者也。”即羅氏所本。

〔一〇一〕見後紀四炎帝器注〔一二〇〕。

〔一〇二〕邾庶其以闆丘來奔:庶其,邾大夫。闆丘,春秋邾邑,在今山東鄒城市。

〔一〇三〕南陽縣北有顯閭亭:彦按:今考杜注,“南陽縣”原作“南平陽縣”,“北”原作“西北”,此若非誤記,則有脱文。南平陽縣,治所在今山東鄒城市。

〔一〇四〕漢廩丘縣屬東郡:東郡,吴本、四庫本、備要本並作“東都”。彦按:當以作“東郡”爲是,見漢書地理志上。後漢書郡國志三兖州濟陰郡亦曰:“廩丘故屬東郡。”

〔一〇五〕濮:“濮”字俗體。州名,治所在今山東鄄城縣舊城鎮。四庫本、備要本作“濮”。同樣情況,以下不煩一一指出。

〔一〇六〕烏餘:春秋齊大夫。

〔一〇七〕春秋莊公三十二年:“夏,宋公、齊侯遇于梁丘。”杜預注:“梁丘,在高平昌邑縣西南。”

〔一〇八〕昌邑:縣名,治所在今山東巨野縣南。

〔一〇九〕今成武有梁丘山:成武,縣名,今屬山東省。各本均誤倒作“武成”,今訂正。梁丘山在成武縣,見太平寰宇記卷一四單州。

〔一一〇〕單:州名,治所在今山東單縣南。

〔一一一〕濟之金鄉:濟,州名。金鄉,縣名,治所在今山東嘉祥縣南。

〔一一二〕虞丘:其地不詳,待考。　皆齊采邑:采邑,四庫本作“采地”。

〔一一三〕公子雎:後漢書楊震傳李賢注引風俗通,作“公子雍”。　移:其地不詳,待考。

〔一一四〕移良:東漢弘農太守。

〔一一五〕纔俯後世一附庸爾:俯,謂下及。

〔一一六〕外大夫、士之采:外,以外,除了。

〔一一七〕渾瑊特奏置河東縣,廣輪才一十有四里:渾瑊(jiān),唐河中尹。河東縣,疑河西縣之誤。太平寰宇記卷四六蒲州河西縣曰:“本同州舊朝邑縣之地,唐上元元年以朝邑之地置河西縣,屬蒲州。至大曆三年,同州復置朝邑縣,仍析朝邑五鄉,并割河東三鄉,依舊爲河西縣。貞元七年,河中尹渾瑊奏于古安遠府城内置縣理,縣境東西十四里。"廣輪,猶縱橫,指土地面積。東西稱廣,音 guàng;南北稱輪。

〔一一八〕海洲堵嶼:泛稱海中陸地島嶼。　宰世爲業:治理天下成就功業。

〔一一九〕百里之内爲采,二百里之内任邦,而餘三百悉封諸侯:采,卿大夫之封邑。任邦,即男邦,謂男爵小國。任,通"男"。諸侯,此作爲與男邦相對之概念,指大的封國。書禹貢:"五百里侯服:百里采,二百里男邦,三百里諸侯。"

〔一二〇〕常稟京師之制:稟,受。　自微雄大之陵:微,無。

〔一二一〕則小國易獲神都之蔽:神都,謂帝都,京城。蔽,庇護。　而日圻亦蔑彊摯之迫:日圻,京畿。蔑,無。彊摯,强大而凶猛,此指勢力强大、專橫跋扈的諸侯。

〔一二二〕擾擾:紛繁雜亂貌。

〔一二三〕見晉書地理志上。　五百里侯服:晉書原文作:"甸服外五百里侯服"。

〔一二四〕存亡安危之幾:幾,迹象,苗頭。

〔一二五〕彊大之處内,則尾大之憂自去而上常惕:尾大,尾大不掉之省略語。比喻屬下勢强,不聽從指揮調度。惕,驚懼。　彊大處外,則僭儗之心易釁而上常怠:僭儗,僭越,超越本分。釁,通"興",産生。

〔一二六〕神農之制,故可謂兩盡矣,而況於德處者乎:故,本來。兩盡,謂天子、諸侯雙方均至極致。於,與。

〔一二七〕亦固有微權其間,而非爲是固也:權,衡量,變通。固,執着,不知變通。

〔一二八〕晉、鄭、宋、衛棋布近甸:晉、鄭、宋、衛,周代諸侯國名,爲大國。甸,指甸服,鄰近京畿之地區。　萊、牟、耿、弦星分遠服:萊、牟、耿、弦,周代諸侯國名,皆小國。遠服,遠離京畿之地區。

〔一二九〕夫封建之君:喬本、洪本、四庫本"夫"作"大"。此從吳本及備要本。

〔一三〇〕炎帝孫靈恝生氏人,爲氏國:見大荒西經。恝,音 qì。氏,今本山海經譌“互”。

〔一三一〕鐵勒自西海東,據山谷不絶;僕骨、同羅、韋紇、拔野古、都波、覆羅,並號“俟斤”:見通典卷一九九邊防十五北狄六鐵勒。鐵勒,古代北方游牧民族名。即狄歷、勒勒,又稱高車、丁零等,以譯文不同而有多名。西海,即位於哈薩克斯坦西部邊境的里海。僕骨、同羅、韋紇、拔野古、都波、覆羅,並鐵勒部族名。各本“僕骨”均誤倒作“骨僕”,“韋紇”均譌作“韋訖”,今據通典訂正。俟斤,鐵勒族部落首領之稱。

〔一三二〕廧咎:彦按:當作“廧咎如”。左傳僖公二十三年:“狄人伐廧咎如。”杜預注:“廧咎如,赤狄之別種也,隗姓。”

〔一三三〕杜例:指杜預春秋釋例。

〔一三四〕潞州:治所在今山西襄垣縣北。

〔一三五〕絳之垣縣:絳,州名。垣縣,治所在今山西垣曲縣東南。

〔一三六〕今文、鳳二竟:文、鳳,二州名。文州治所在今甘肅文縣。鳳州治所在今陝西鳳縣鳳州鎮。竟,“境”之古字。

〔一三七〕今興、武、成、階四州地,蓋岐隴而南,漢川以西,皆氏云:興州治所在今陝西略陽縣。武州治所在今甘肅平涼市崆峒區四十里鋪。成州治所在今甘肅成縣。階州治所在今甘肅隴南市武都區。岐隴,指岐山、隴水。漢川,即漢水。

〔一三八〕雒:喬本、洪本、吳本、備要本均作“落”,與下文不協,今據四庫本改。

〔一三九〕僖公十一年有楊、柜、泉、皋、伊、雒之戎:見左傳,今本“楊”作“揚”,“柜”作“拒”。 二十二年有陸渾九州之戎:彦按:左傳僖公二十二年但稱“陸渾之戎”。“九州之戎”見於左傳昭公二十二年,然據杜注“九州戎,陸渾戎”,則異稱而同實耳。

〔一四〇〕陸渾,河南屬縣:陸渾縣治所在今河南嵩縣東北。

〔一四一〕春秋僖公三十三年:“夏,四月辛巳,晉人及姜戎敗秦師于殽。”

〔一四二〕鄙:邊境。

〔一四三〕赤狄潞氏皆隗姓:潞氏,春秋國名,赤狄別種。故城在今山西潞城市東北。左傳宣公十五年:“六月癸卯,晉師滅赤狄潞氏。”杜預注:“潞,赤狄之別種。潞氏,國,故稱氏。”

〔一四四〕見春秋釋例卷七土地名第四十四之三四夷。

〔一四五〕鄭樵:地名:見通志卷四一都邑略周夷國都:“赤狄都洛。”注:“今洺州之地。”四庫本“樵”譌“譙”。

〔一四六〕字亦作“潞”:四庫本“潞”作“露”,誤。 衍:繁衍。

〔一四七〕曲梁:在今河北邯鄲市永年區廣府鎮。

〔一四八〕雞澤縣:治所即今河北雞澤縣。

〔一四九〕周:指北周。

〔一五〇〕建德:北周武帝宇文邕年號。

〔一五一〕并之浸:并,州名。浸,泛指河澤湖泊,四庫本譌“侵”。彦按:周禮夏官職方氏云:“河内曰冀州,……其浸汾、潞。”是以潞水爲冀州浸,而此則以爲并州浸,蓋周禮據舊稱,羅氏據後稱也。并州實由古之冀州分出。

〔一五二〕隗氏:見西山經,今本作“磈氏”,曰:“又西二百里,曰長留之山,其神白帝少昊居之,……實惟員神磈氏之宮。”郭璞注:“磈,音‘隗’。”

〔一五三〕僖二十四年:洪本“年”字闌入下潞條之下,吳本乃脱文。彦按:此稱“僖二十四年”,指左傳文:“(甘昭公)又通於隗氏。”杜預注:“隗氏,王所立狄后。”並非地名,引之嫌濫。

〔一五四〕齊邑,昔鮑子及潞者:自此“齊邑”而下至“土軍縣”連注文凡十七字,喬本錯簡闌入其前隗氏條末,今據餘諸本訂正。鮑子,即鮑牧,春秋齊大夫。潞,楊伯峻春秋左傳詞典以爲“齊郊外邑”。左傳哀公八年:“(齊悼)公謂鮑子:‘或譖子,子姑居於潞以察之。若有之,則分室以行;若無之,則反子之所。’出門,使以三分之一行;半道,使以二乘。及潞,麇之以入,遂殺之。”

〔一五五〕土軍縣:治所在今山西石樓縣。 漢之東露:彦按:東露亦水名,蓋即以其地名水者。水經卷三河水“又南過土軍縣西”酈道元注:“河水又南,左合信支水,水發源東露溪,西流入于河。”

〔一五六〕幽之潞縣:幽,州名。潞縣,治所在今北京市通州區。

〔一五七〕荀林父:春秋晉卿。

〔一五八〕見春秋釋例卷七土地名第四十四之三四夷,原文作:“潞,赤狄潞氏,二名,在上黨。又云,潞城縣東有古城,赤狄潞氏國也。” 又潞城縣東有古城:吳本、四庫本、備要本"又"譌"只"。

〔一五九〕屯留:縣名,治所在今山西屯留縣李高鄉。

〔一六〇〕水經注卷一〇濁漳水:"東逕屯留縣故城南,故留吁國也,潞氏之屬。"

〔一六一〕太平寰宇記卷四五潞州屯留縣:"一名戎屯,與潞俱附中國,晉遂滅之。"

〔一六二〕春秋地名云,潞氏今曰赤部胡:見史記匈奴列傳"號曰赤翟"司馬貞索隱。春秋地名,即春秋土地名,晉京相璠撰。赤部胡,今索隱作"赤涉胡"。

〔一六三〕舟:吳本脱文。

〔一六四〕秃姓亦有舟人:國語鄭語:"秃姓舟人,則周滅之矣。"

〔一六五〕舟姜敦:洪本"舟"譌"丹"。敦(duì),古食器,用於盛黍、稷、稻、粱等。　周敦:喬本、洪本"敦"作"寡",非是,此從餘本。

〔一六六〕楚有息舟:息舟,春秋楚邑。左傳昭公十三年:"圍固城,克息舟,城而居之。"

〔一六七〕二十一年:喬本作"二十二年",誤。今據餘本訂正。

〔一六八〕越使魯還邾田,封境至於駘上:駘上,即狐駘。春秋邾地。在今山東滕州市東南。左傳哀公二十七年:"春,越子使舌庸來聘,且言邾田,封于駘上。"杜預注:"欲使魯還邾田,封竟至駘上。"

〔一六九〕十七年:當作"二十七年","十"上脱"二"字。

〔一七〇〕圍台:杜預注:"琅邪費縣南有台亭。"

〔一七一〕季孫宿:春秋魯正卿。　鄆:杜預注:"鄆,莒邑。"

〔一七二〕泪哀公時齊亂,景公子荼遷于駘:泪,至。哀公,指春秋魯哀公。景公,指春秋齊景公。荼,又稱安孺子,齊景公寵妾鬻姒子。齊景公病重,命國惠子、高昭子立少子荼爲太子,而逐羣公子於萊。齊景公卒,荼立爲君。陳乞等發動宮廷政變,另立公子陽生爲君,是爲齊悼公。乃遷荼於駘,隨又殺之。事備載於左傳哀公五年、六年。

〔一七三〕高密之安丘:高密,郡名。安丘,縣名,治所在今山東諸城市西北。

〔一七四〕北海：郡名，治所在今山東昌樂縣東南。

〔一七五〕見水經注卷二六汶水。

〔一七六〕杞併之：春秋隱公四年：“春，王二月，莒人伐杞，取牟婁。”杜預注：“杞國本都陳留雍丘縣。推尋事迹，桓六年淳于公亡國，杞似并之，遷都淳于；僖十四年，又遷緣陵；襄二十九年，晉人城杞之淳于，杞又遷都淳于。”

〔一七七〕預云華容：左傳桓公五年“淳于公如曹”杜預注：“淳于，州國所都，城陽淳于縣也。”又桓公十一年“鄖人軍於蒲騷，將與隨、絞、州、蓼伐楚師”杜預注：“州國在南郡華容縣東南。” 今監利也：監利，縣名。今屬湖北省。

〔一七八〕新豐：縣名，治所在今陝西西安市臨潼區新豐街道。洪本、吳本“豐”作“豊”。下“新豐”之“豐”同。

〔一七九〕郡縣圖志：即元和郡縣圖志。 昭應東北三十有古戲亭：見該書卷一京兆府上昭應縣。昭應，縣名，治所在今陝西西安市臨潼區。

〔一八〇〕新豐東：吳本、四庫本無“東”字。彥按：當有“東”字。毛詩譜王城譜“申侯與犬戎攻宗周，殺幽王於戲”孔穎達疏、左傳昭公二十六年孔穎達正義引皇甫謐云，並作“新豐東”，可證。

〔一八一〕章邯入關至戲，蘇林云：縣南四十里：章邯，秦末名將。彥按：章邯當作周章。周章，秦末農民起義軍將領。“南四十里”疑當作“東南三十里”。史記秦始皇本紀：“二年冬，陳涉所遣周章等將西至戲”，裴駰集解引蘇林曰：“（戲，）邑名，在新豐東南三十里。”同書張耳陳餘列傳：“張耳、陳餘聞周章軍入關，至戲卻。”

〔一八二〕幽、褒：幽，指周幽王。褒，指周幽王寵妃褒姒。

〔一八三〕兩京道里記：唐韋述撰。

〔一八四〕禹師墨如：見潛夫論讚學。

〔一八五〕今平之盧龍東有古孤竹城，小白之所至：平，州名。治盧龍。盧龍，縣名，治所即今河北盧龍縣。史記秦本紀：“齊桓公伐山戎，次于孤竹。”張守節正義引括地志云：“孤竹故城在平州盧龍縣十二里，殷時諸侯竹國也。”

〔一八六〕肥如：縣名，治所在今河北盧龍縣潘莊鎮。

〔一八七〕令支：喬本、四庫本謁“今支”。今據餘本訂正。

〔一八八〕可管：謂可製樂管。

〔一八九〕向姜:春秋向君女,嫁於莒君。左傳隱公二年:"莒子娶于向,向姜不安莒而歸。"

〔一九〇〕今河陽西北三十五有向城:河陽,縣名,治所在今河南孟州市。彦按:水經注卷七濟水"傳曰:向姜不安于莒而歸者矣"楊守敬疏:"按春秋之向有三:隱十一年,王與鄭人之向,爲蘇忿生封邑,杜注在軹縣,此周畿内之向也。隱二年,莒人入向,向姜不安于莒而歸。杜注:'向,小國也。譙國龍亢縣東南有向城。'酈注陰溝水載向國,亦引杜注,又引世本云:'向,姜姓也。'此姜姓國之向也。僖二十六年,公會莒子、衛甯速盟于向,杜注:'向,莒地。'宣四年,公伐莒,取向。杜注:'莒邑。'襄二十年,仲孫速會莒人盟於向。杜無注。寰宇記,莒縣南七十五里有向城。又桓十六年城向,或謂莒地,而魯暫取之,此莒地之向也。酈氏不於陰溝水向縣故城下言'向姜不安於莒',而於此軹縣之向城引之。誠爲混合。全氏不知盟向之向在莒州西,以爲在周畿内,又不知向姜之向在龍亢,而以爲在莒州,皆誤也。"其說當是。楊伯峻春秋左傳詞典亦以爲此姜姓向國地在今山東莒縣南七十里。今路史將向姜國之"向"與蘇忿生封邑之"向"混爲一談,誤。

〔一九一〕軹:縣名,治所在今河南濟源市軹城鎮。

〔一九二〕左傳隱公十一年:"王取鄔、劉、蒍、邘之田于鄭,而與鄭人蘇忿生之田——溫、原、絺、樊、隰郕、欑茅、向、盟、州、陘、隤、懷。"杜預於"向"字下注:"軹縣西有地名向上。"

〔一九三〕在懷之河內西北二十七:見太平寰宇記卷五三懷州河內縣。懷,州名,治河內。河內,縣名,治所在今河南沁陽市。

〔一九四〕璠、預皆以河內軹西有向而無城:璠,指晉京相璠。預,指晉杜預。河內,郡名,治所在河內縣。水經注卷七濟水引京相璠曰:"或云今河內軹西有城名向,今無。杜元凱春秋釋地亦言是矣。蓋相襲之向,故不得以地名而無城也。" 疑爲蘇曰:蘇,指周武王司寇蘇忿生。蘇忿生於周建國有功,武王賜其田産多處,向屬其一。參見上注〔一九二〕。

〔一九五〕見竹書紀年卷下周慎靚王六年。 鄭侯使韓辰歸晉陽、向:鄭侯,指戰國韓宣惠王。戰國韓哀侯二年(前375),滅鄭並遷都於鄭(今河南新鄭市),故韓國之君又稱鄭侯。韓辰,戰國韓相。歸晉陽、向,謂將晉陽及向之地歸於魏國。二地在今河南濟源市西南。竹書紀年周慎靚王六年"鄭侯使韓辰歸晉陽、向。二月，城陽、向"清陳逢衡集解："蓋此地先屬周，後屬晉，故曰晉陽。隱王十二年，'秦拔我晉陽'，即此地也。與趙之晉陽異。蓋自三家分晉之後，此地入韓，今韓又歸此地於魏。統箋以爲'至是復歸之晉'，誤。"

〔一九六〕更名陽爲河雝，向爲高平：見竹書紀年卷下周慎靚王六年。

〔一九七〕承：縣名，治所在今山東棗莊市嶧城區。

〔一九八〕傳"姜不安莒"：見上注〔一八九〕。

〔一九九〕州公：春秋州國國君。

〔二〇〇〕高密夷安城：高密，縣名，治夷安城。夷安城，故夷安縣縣城，在今山東高密市。

〔二〇一〕海之東海縣：海，州名。東海縣，治所在今江蘇連雲港市海州區南城街道。

〔二〇二〕寰内：古謂帝京周圍千里之内。

〔二〇三〕劉敞云寰内侯如祭公者：劉敞，洪本、吳本、四庫本"敞"譌"敝"。祭公，穀梁春秋桓公八年"祭公來"范甯集解："祭公，寰内諸侯爲天子三公者。"敞春秋傳卷二桓公五年曰："'冬，州公如曹。'州公者何？寰内諸侯也。"又卷一隱公元年曰："'冬，十有二月，祭伯來。'祭伯者何？寰内諸侯也。"蓋胡公之類：胡公，周始封陳之祖（見左傳昭公三年杜預注）。

〔二〇四〕或云懷之武德，非：懷，州名。武德，縣名，治所在今河南溫縣武德鎮。非，四庫本譌"北"。

〔二〇五〕河内：郡名。　忿生：指周武王時司寇蘇忿生。　共：地名，在今河南輝縣市。

〔二〇六〕州綽：春秋晉勇士，後奔齊，齊莊公授以勇爵。

〔二〇七〕水經，漢有州苞：水經注卷三一潕水："水南有漢中常侍、長樂太僕、吉成侯州苞冢。"　金石録有州輔：金石録卷一五有漢吉成侯州輔碑。

〔二〇八〕薄：吳本脱。

〔二〇九〕拱之考城：拱，州名。考城，縣名，治所在今河南民權縣東北。

〔二一〇〕莊十二年盟薄者：彦按：春秋、左傳莊十二年均未見有盟薄事。唯春秋僖公二十一年有："十有二月癸丑，公會諸侯盟于薄。"又，左傳襄公十一年：“秋，七月，同盟于亳。”則作“亳”。此當羅氏誤與下引杜注出處相混。

　　〔二一一〕預云梁國蒙縣北薄城：蒙縣，治所在今河南商丘市梁園區李莊街道。漢代屬梁國。左傳莊公十二年“公子御説奔亳”杜預注：“亳，宋邑。蒙縣西北有亳城。”楊伯峻春秋左傳注謂：“亳即僖二十一年與哀十四年之薄，在今河南省商丘市北四五十里。”

　　〔二一二〕甘：吴本脱。

　　〔二一三〕京兆鄠：京兆，府名。鄠（hù），縣名，治所在今陝西户縣。

　　〔二一四〕鄠北：洪本“北”譌“比”。

　　〔二一五〕甘盤之國，啓、扈戰于此：甘盤，殷賢臣。書甘誓序：“啓與有扈戰于甘之野，作甘誓。”

　　〔二一六〕啓西行，甘當在户東：户，通“扈”。書甘誓序孔穎達正義曰：“啓伐有扈，必將至其國，乃出兵與啓戰，故以甘爲有扈之郊地名。……計啓西行伐之，當在東郊。”

　　〔二一七〕見太平寰宇記卷一八青州壽光縣。　紀城：在今山東日照市嵐山區安東衛街道。

　　〔二一八〕桓王：周桓王姬林，公元前719—前697年在位。

　　〔二一九〕孫逖：唐玄宗朝大臣，歷官中書舍人等職。　周公之祚，紀爲之首：祚，傳代，後裔。彦按：文苑英華卷七一九、全蜀藝文志卷三二載逖送遂州紀參軍序，並作：“周公之胤，紀爲其首。”羅氏改“胤”爲“祚”者，蓋避宋太祖趙匡胤諱。

　　〔二二〇〕隨侯，炎裔：隨侯，古隨國國君。炎，炎帝。

　　〔二二一〕藝文類聚卷八四引搜神記曰：“隨侯行，見大蛇傷，救而治之。其後蛇衘珠以報之，徑盈寸，純白而夜光，可以燭堂，故歷世稱焉。”

　　〔二二二〕故李白云：漢東之國，神農之後，季良爲大賢：見李白江夏送倩公歸漢東并序，“季良”作“季梁”。彦按：季梁，隨賢臣，見左傳桓公六年杜預注。路史作“季良”，當由音同誤記。

　　〔二二三〕附：附庸。

　　〔二二四〕見後紀四炎帝參盧注〔九〇〕。

　　〔二二五〕見春秋僖公二十六年“齊人侵我西鄙，公追齊師，至酅，弗及”杜預注。

〔二二六〕續述征記：南朝宋郭緣生撰。　安平：縣名，治所在今山東淄博市臨淄區皇城鎮。

〔二二七〕記云齊國東安平，乃菑川國：東安平，縣名。於三國魏屬齊國，於西漢屬菑川國。至南朝宋，改稱安平縣。

〔二二八〕故穀城在鄆：吴本、四庫本“穀”譌“之”。

〔二二九〕贛榆東北有紀城：見杜預春秋釋例卷六土地名第四十四之二莒地。贛榆，縣名，治所在今連雲港市東雲臺山一帶。

〔二三〇〕懷仁：縣名，治所在今江蘇連雲港市贛榆區西北。

〔二三一〕左傳昭公十九年：“秋，齊高發帥師伐莒，莒子奔紀鄣。”

〔二三二〕周一里餘：周，喬本、備要本作“州”，誤。今據餘本改。一里餘，吴本作“里餘”，四庫本作“十里餘”。彦按：作“一里餘”是。太平寰宇記卷二二海州懷仁縣云：“紀鄣城，在縣東北七十五里平地，近海，周一里餘。”當即羅氏所本。

〔二三三〕高、赤俱云紀邑：高，指戰國公羊高；春秋公羊傳舊題高撰。赤，指戰國穀梁赤；春秋穀梁傳舊題赤撰。春秋莊公三十年“秋七月，齊人降鄣”，公羊傳曰：“鄣者何？紀之遺邑也。”穀梁傳亦曰：“鄣，紀之遺邑也。”　然時紀亡二十年矣，故啖子攻之：啖子，即唐代經學家啖助。攻，洪本、吴本作“攷”，蓋“攷”字之譌。“攷”同“攻”。新唐書助本傳稱助“善爲春秋，考三家短長，縫綻漏闕，號集傳，凡十年乃成，復攝其綱條，爲例統”。唐陸淳春秋集傳辨疑卷四莊三十年有“齊人降鄣”一條，云：“公羊曰：‘鄣者何，紀之遺邑也。’啖子曰：‘紀之全國猶不敢敵齊，豈有一邑之民而能二十餘年獨拒齊乎？故鄣自是小國爾。’”

〔二三四〕黑齒之國，帝俊生其中：見大荒東經。原文作：“有黑齒之國，帝俊生黑齒，姜姓。”郭璞注：“聖人神化無方，故其後世所降育，多有殊類異狀之人。諸言生者，多謂其苗裔，未必是親所產。”

〔二三五〕宜梁竟：梁，疑指梁州（古九州之一）。書禹貢：“華陽黑水惟梁州。”蓋梁州有黑水，居瀕黑水固齒黑，故羅氏曰“宜”。竟，“境”之古字。

〔二三六〕見後紀四附蚩尤傳注〔一〕。

〔二三七〕此黄帝戰阪泉之兆：此，洪本、吴本譌“比”。兆，洪本作“**北**”，吴本、四庫本、備要本乃譌“北”。左傳原文爲：“秦伯師于河上，將納王。……使卜偃卜之,曰:'吉。遇黄帝戰于阪泉之兆。'"

〔二三八〕参盧命蚩尤宇此:宇,居。彦按:逸周書嘗麥解云:"昔天之初,□作二后,乃設建典,命赤帝分正二卿,命蚩尤于宇少昊以臨四方,司□□上天末成之慶。"蓋即羅氏所本。而劉師培周書補正曰:"今考越絶書計倪内經云'臣聞炎帝有天下以傳黄帝,黄帝於是上事天下治地,故少昊治西方,蚩尤佐之'。此言蚩尤佐少昊也。……命蚩尤宇少昊,宇當從陳注訓'隸',斯與佐少昊義符。"以羅氏説爲"不足據"。

〔二三九〕戎狄舉號:舉號,稱號。

〔二四〇〕若三傳説爲賢之者:春秋宣公十五年:"六月癸卯,晉師滅赤狄潞氏,以潞子嬰兒歸。"穀梁傳:"其曰潞子嬰兒,賢也。"

〔二四一〕豐舒爲政,殺之,則豐舒者罪矣:豐舒,左傳"豐"作"酆",洪本、吳本作"豊"。下"豐舒"同。殺,"煞"字俗體,通"殺"。備要本作"煞"。参見後紀十高辛紀下注〔五七一〕。

〔二四二〕紀其政而還:紀,理。

〔二四三〕伐廥咎如:左傳成公三年:"晉郤克、衛孫良夫伐廥咎如,討赤狄之餘焉。" 敗狄于交剛、于太原:交剛,地名,在今山西隰縣南。春秋成公十二年:"秋,晉人敗狄于交剛。"又昭公元年:"晉荀吳帥師敗狄于大鹵。"大鹵,即太原,在今山西太原市西南。

〔二四四〕禦于爲奪易,絶人之世也:禦,强暴,暴虐。奪易,奪取。廣韻昔韻:"易,奪也。"世,後嗣。

〔二四五〕神農之瓩在於茶陵,而潞水之鄉,潞水之山,若諸"露"之名,遍於茶陵、攸邑、潭、衡之境:瓩(zhào),葬地。攸邑,即今湖南攸縣。潭,州名,治所在今湖南長沙市。衡,州名,治所在今湖南衡陽市。

〔二四六〕徒以見盛衰之不常,其重絶先王之世也:喬本、洪本"常""其"二字誤倒,今據餘諸本訂正。

黄帝後姬姓國

少典

有熊　　帝之開國,今鄭之新鄭[一]。輿地廣記云:古有熊國,黄帝所都。云“都”,非。

壽丘　在兗之曲阜東北六里,高三丈。今仙源。廣記云,黃帝所生
　　　之地。此本史記索隱皇甫謐説[二]。在魯東門外[三]。

陳　　今鳳翔寶雞,故陳倉。有陳山,非宛丘。詳紀注[四]。

昌　　昌意後。

若水　昌意國,今越巂之臺登[五]。盟會圖疏以爲都,故世本云
　　　允姓國,昌意降居爲侯。非也。詳高陽紀。

安息　安之後[六]。

党項　悃之後[七]。

江水　玄囂國[八]。若之下流泒水也,今蜀州[九]。

卞　　卞明國[一〇]。湯代有卞隨[一一]。或云即弁,以説文、字
　　　林大、小篆無“卞”[一二]。非也。卞和,卞莊子,自爲姓[一三]。尚
　　　書“率循太卞”,與“弁”不同[一四]。今泗水縣有卞故城,漢屬魯
　　　國[一五]。季武子以自封,姜氏會齊侯處[一六]。

蠻人　龍苗之裔[一七]。今湖南北、桂林等處皆是,辰、澧、沅、湘
　　　之間尤盛[一八]。

清　　少昊父封[一九]。詳見後。

張　　揮之封[二〇]。然黃帝臣自有張,若故河東解有張陽
　　　城──漢之東張、今邢之任縣是[二一]。通典云:“漢張縣
　　　地[二二]。”紀年“齊師逐鄭太子齒,奔城張陽、南鄭”,
　　　是也[二三]。

采　　紀姓,夷彭子[二四]。故左人地,今中山之北平[二五]。王
　　　符以采任姓,非[二六]。

北狄　始均之裔[二七]。

資　　陳留風俗傳云:資姓,黃帝後。姓纂云,益州資中[二八]。
　　　今資州資陽,有資川江[二九]。然古資陽城在簡之陽
　　　安[三〇],祁之无極有資河,衛之北[三一]。而潭之益陽有資

水〔三二〕,出縣北,流入資口,即益水〔三三〕。酈云,即資水之殊目〔三四〕。武岡又有資水,出唐紏山〔三五〕。或其派裔〔三六〕。

郿　潛夫論:詹、資、郿、翟,黃帝後〔三七〕。故玉篇云:郿,故國,黃帝後封〔三八〕。在岐山之陽,所謂"周原膴膴"者〔三九〕。顧伯邨云:昌意後,止於夏、商間。

虔　風俗通,虔氏出黃帝。與陳留傳同。今河東聞喜虔聚〔四○〕。虔,集韻郿,音塞,非〔四一〕。

寇　在鄭〔四二〕。有寇水,北行唐〔四三〕。屬□□,一作"浢"〔四四〕。本出靈丘高氏山〔四五〕。今莫之任丘西一里有寇水枯瀆〔四六〕。陳留傳:寇氏自黃帝出。

酈　故南陽。酈音"尺",今内鄉菊潭鎮也〔四七〕。字一作"隲"〔四八〕。

翟　北地〔四九〕。古翟國,後徙西河〔五○〕。盟會圖云,今慈州〔五一〕。地道記"伐衛懿公"者,賈逵云"處北地,後爲晉所滅",此春秋時隗姓翟,炎帝後,非此也〔五二〕。

詹〔五三〕　周有詹父〔五四〕、莊公十八年傳〔五五〕。詹桓伯〔五六〕。昭公九年。圻内地,與楚詹尹異〔五七〕。

葛　郡國志,高陽有葛城〔五八〕。今鄭西北有葛鄉城,一名依城,漢高陽地〔五九〕。然葛鄉故葛城乃在寧陵北十五、郾城北三十,周四里,去亳城百里,即葛伯國〔六○〕,說文:"鄩,南陽陰鄉。"〔六一〕郾城隸許〔六二〕。寧陵,本屬應天,今隸拱〔六三〕。應邵、杜佑、樂史等並云古葛伯國都〔六四〕。非嬴姓之葛。詳少昊後。

髦民　依姓。山海經髦民國,近積石〔六五〕。

狂犬　黃帝後,任姓分。見潛夫論〔六六〕。

郏〔六七〕　葡也〔六八〕。中絶,武王復繼之。記皆爲祝;祝,堯後〔六九〕。詳後。

橋　僑,即鄩,橋也〔七○〕。葬于橋,因食其地以世祀者〔七一〕。

篇韻："鄗，國名。"〔七二〕皆爲九小切，非。唐表：橋，姬後〔七三〕。云周文帝命去"木"，妄〔七四〕。

余披傳記，見蠻夷之種多帝者之苗矣，若巴人之出於伏戲，玄氏羌、九州戎之出於炎帝，諸蠻、髦民、党項、安息之出黃帝，白民、防風、驩兜、三鰊之出帝鴻，淮夷、允戎、鳩蓼、羣舒之出少昊，昆吾、滇、濮、甌閩、駱越之出高陽，東胡、儋人、暴興、吐渾之出高辛，兇奴、突厥、没鹿、無餘之出夏后，曰：是固有矣〔七五〕。縉雲之子，黃帝之孫，其始不肖，以至不材，幾何而不胥爲夷也〔七六〕？遼東存箕子之仙，大夏有李陵之苗，信矣〔七七〕。然元魏自以出於蒼林，慕容自以出於猒越，赫連自以出於伯禹，而禄山亦謂安息出於昌意之子安，是果信邪〔七八〕？

余常言之：夷蠻之醜，雖有盛彊，苟非先王之後者，皆不足以得志于中國〔七九〕。彼之所傳，亦必有所本矣。且時聞之：春秋用夏變夷者，夷之；夷而進於中國，則中國之〔八〇〕。彼以是心至，斯受之矣〔八一〕。不然，則求之四夷而從鳳嬉，何陋之有〔八二〕？逸論語云："子欲居九夷，從鳳嬉。"

【校注】

〔一〕鄭之新鄭：鄭，州名。新鄭，縣名，治所在今河南新鄭市南。

〔二〕此本史記索隱皇甫謐説：史記索隱，喬本、洪本、吴本、四庫本"索"譌"素"，今據備要本訂正。彦按：史記索隱下宜有"引"字。史記五帝本紀："黃帝者，少典之子，姓公孫，名曰軒轅。"司馬貞索隱："案皇甫謐云：'黃帝生於壽丘，長於姬水'。"

〔三〕在魯東門外：彦按："外"疑"北"字之譌。史記五帝本紀"黃帝者，少典之子"張守節正義："案：黃帝，有熊國君。……母曰附寶，……生黃帝於壽丘。壽丘在魯東門之北，今在兗州曲阜縣東北六里。"

〔四〕紀注：指本書後紀五黃帝有熊氏"乃達四面，廣能賢，稽功務法，秉數乘剛，而都于陳"下羅苹注。

〔五〕越巂之臺登:越巂,郡名。臺登,縣名,治所在今四川冕寧縣瀘沽鎮。

〔六〕安:昌意次子。古今姓氏書辯證卷八寒韻安:"出自姬姓。黃帝生昌意,昌意次子安,居于西方,自號安息國。"

〔七〕悃:昌意第三子。見後紀五黃帝有熊氏。

〔八〕玄囂:黃帝子。

〔九〕若:指若水。　蜀州:治所在今四川崇州市。

〔一〇〕卞明:黃帝曾孫。

〔一一〕湯代有卞隨:吴本、四庫本"代"譌"伐"。卞隨,古隱士。不贊同商湯伐桀。湯勝桀後,欲讓天下,隨以爲受到污辱,投水而死。詳見吕氏春秋離俗。

〔一二〕字林:古字書,晉吕忱撰。

〔一三〕卞和:春秋楚人。相傳曾得玉璞,先後獻與楚厲王及楚武王,皆以之爲欺詐,加刑砍去雙脚。楚文王即位,和抱璞哭於荆山之下,文王使人琢璞,得寶玉,因名"和氏璧"。　卞莊子:春秋魯大夫,著名勇士,食邑於卞,而謚莊。

〔一四〕率循太卞:見書顧命。今書"太"作"大"。云:"臨君周邦,率循大卞。"孔氏傳:"用是道臨君周國,率羣臣循大法。"

〔一五〕泗水縣:治所即今山東泗水縣。

〔一六〕季武子以自封:左傳襄公二十九年:"季武子取卞。"杜預注:"取卞邑以自益。"　姜氏會齊侯處:姜氏,春秋魯僖公夫人聲姜。齊侯,指姜氏父齊桓公。春秋僖公十七年:"秋,夫人姜氏會齊侯于卞。"

〔一七〕龍苗之裔:龍苗,山海經大荒北經作苗龍。參見後紀五黃帝有熊氏注〔六六四〕。

〔一八〕湖南北:謂湖南、湖北。湖,指洞庭湖。　辰、澧、沅、湘:四州名。四庫本"澧"譌"灃"。辰州治所在今湖南沅陵縣,澧州治所在今湖南澧縣,沅州治所在今湖南芷江侗族自治縣,湘州治所在今湖南長沙市。

〔一九〕少昊父:少昊,又作"小昊"。本書後紀七小昊青陽氏曰:"其父曰清,黃帝之第五子,方儡氏之生也。"

〔二〇〕揮:黃帝子。本書後紀五黃帝有熊氏曰:"次妃肜魚氏生揮及夷彭。"

〔二一〕若故河東解有張陽城——漢之東張、今邢之任縣是：河東，郡名。解，縣名，治所在今山西臨猗縣西南。水經注卷六涑水：“涑水又西南逕張陽城東，竹書紀年‘齊師逐鄭太子齒，奔張城、南鄭’者也，漢書之所謂東張矣。”邢，州名。任縣，治所即今河北任縣。

〔二二〕漢張縣地：見通典卷一七八州郡八邢州任縣。

〔二三〕齊師逐鄭太子齒，奔城張陽、南鄭：見竹書紀年卷下周襄王二十二年，“城張陽”作“張城”。南鄭，在今陝西漢中市漢臺區。

〔二四〕夷彭：黃帝子。參見上注〔二〇〕。

〔二五〕故左人地，今中山之北平：左人，吳本、備要本譌“名人”。中山，府名。北平，縣名，治所在今河北順平縣。

〔二六〕王符以采任姓：見潛夫論志氏姓，其文曰：“王季之妃大任，及謝、章、昌、采、祝、結、泉、卑、遇、狂大氏，皆任姓也。”汪繼培箋：“隱十一年左傳疏云：‘世本氏姓篇云：“任姓，謝、章、薛、舒、呂、祝、終、泉、畢、過。”言此十國皆任姓也。’路史後紀五黃帝紀‘謝、章’下‘昌’上有舒、洛二國，又八高陽紀注云：‘舒又自一國，乃黃帝之後任姓，見潛夫論。’國名紀一同。國名紀又云：‘采，紀姓。王符以爲任姓，非。’……今按‘采’即世本‘舒’，‘結’即世本‘終’。……昌、呂、卑、畢、遇、過，皆字形相近，傳本各異。惟‘狂大’不載世本，後紀五、國名紀一併作‘狂犬’，疑即太戎氏。”

〔二七〕始均：黃帝孫。見後紀五黃帝有熊氏。

〔二八〕資中：縣名，治所在今四川資陽市雁江區。

〔二九〕資陽：縣名。北周武成二年（560）於資中縣故城置。

〔三〇〕簡之陽安：簡，州名。陽安，縣名，治所在今四川簡陽市西北。喬本、洪本“陽安”下有一“而”字，餘本“而”字皆在下句正文之首，自以後者爲是，今訂正。

〔三一〕祁之无極有資河：祁，州名。无極，縣名，治所即今河北無極縣。无，喬本、洪本作“旡”，吳本、四庫本作“無”，備要本作“无”。彥按：“旡”當“无”字形譌，“无”同“無”，今訂正。　　衛之北：喬本、吳本、四庫此下有“紏山”二字，洪本、備要本作“糾山”。彥按：衛地無所謂紏山（糾山）或北紏山（北紏山），“紏山”二字原當在下一處注文“出唐”之後而誤闌入此，今訂正。參見下注〔三五〕。

〔三二〕潭之益陽:潭,州名。益陽,縣名,治所在今湖南益陽市資陽區。

〔三三〕資口:資江與湘江二水交匯之處,在今湖南湘陰縣臨資口鎮。

〔三四〕酈云,即資水之殊目:備要本"目"譌"口"。水經注卷三八資水:"應劭曰:'(益陽)縣在益水之陽。'今無益水,亦或資水之殊目矣。"

〔三五〕武岡又有資水:武岡,縣名,治所即今湖南武岡市。　出唐斜山:各本均作"出唐"。彦按:"唐"下當有"斜山"二字。各本前一處注文之末原有"斜山"二字,即此處誤移至彼者,今移回。水經注卷三八資水:"資水出武陵郡無陽縣界唐糺山,蓋路山之別名也。謂之大溪水。東北逕邵陵郡武岡縣南。"糺、斜、糾同。可證。參見上注〔三一〕。

〔三六〕派裔:支流。

〔三七〕詹、資、郂、翟,黃帝後:今本潛夫論未見此文,疑脱。

〔三八〕郂,故國,黃帝後封:見玉篇邑部郂,"後封"作"後所封也"。各本"郂"上有"資"字,乃衍文,今删去。

〔三九〕周原膴膴:詩大雅緜句。周原,鄭玄箋以爲"地在岐山之南"。膴膴(wǔ wǔ),肥沃,膏腴。

〔四〇〕河東聞喜虔聚:河東,郡名。聞喜,縣名,治所即今山西聞喜縣。備要本"聞"譌"間"。虔聚,鄉邑名。

〔四一〕虔:各本均作"旻"。彦按:"旻"字於此突兀費解,當爲"虔"字譌文。今訂正。　集韻郋,音蹇:見集韻獼韻郋。

〔四二〕鄭:今河南新鄭市一帶地區。

〔四三〕有寇水,北行唐:寇水,即滱水。唐,縣名,治所即今河北唐縣。彦按:此上稱"在鄭",下引陳留傳,則寇地宜在今之河南新鄭、開封之間,今中間憑空插入相距絶遠之寇水,殊不可解。

〔四四〕屬□□:吳本、備要本三字並闕;四庫本於"屬"字處注一"闕"字,下更空二字之位。

〔四五〕靈丘:縣名,治所即今山西靈丘縣。水經卷一一滱水:"滱水出代郡靈丘縣高氏山。"

〔四六〕莫之任丘:莫,州名,治所任丘。任丘,縣名,治所即今河北任丘市。

〔四七〕酈音“尺”：今音 zhí。　今内鄉菊潭鎮也：内鄉，縣名。菊潭鎮，在今河南西峽縣東。

〔四八〕字一作“隲”：集韻䓗韻：“酈，縣名，在南陽。或作隲。”

〔四九〕北地：郡名，治所在今寧夏吳忠市西南。轄境相當今寧夏賀蘭山、山水河以東及甘肅環江、馬蓮河流域。

〔五〇〕西河：郡名，治所在今山西汾陽市。

〔五一〕慈州：治所在今山西吉縣。

〔五二〕地道記“伐衛懿公”者：衛懿公，春秋衛國國君姬赤，公元前668—前660年在位。狄人伐衛，見左傳閔公二年。又，後漢書郡國志四樂安國“臨濟，本狄，安帝更名”劉昭注：“地道記曰：‘狄伐衛懿公。’”狄，即翟。　賈逵云“處北地，後爲晉所滅”：古今姓氏書辯證卷三九陌韻翟：“西河翟氏，出自黃帝之後，春秋時世居北地，後徙西河，故賈逵注國語云：‘翟居北地，後爲晉所滅。’”

〔五三〕詹：吴本脱。

〔五四〕詹父：周大夫。

〔五五〕莊公十八年傳：“十八年”當作“十九年”，羅氏誤記。

〔五六〕詹桓伯：備要本“桓”譌“栢”。

〔五七〕與楚詹尹異：喬本、洪本“與”字闕文，今據餘諸本補。詹尹，即戰國楚太卜鄭詹尹（見楚辭卜居）。

〔五八〕高陽：縣名，治所在今河北高陽縣東。

〔五九〕今鄭西北有葛鄉城，一名依城，漢高陽地：彦按：此文當有誤。葛鄉城若在漢高陽（今河北高陽縣）地，則不當在鄭（今河南新鄭市）西北。疑原作：“一名依城，漢高陽地。今鄭西北有葛鄉城。”“今鄭西北有葛鄉城”者，另起話頭，非即漢高陽地之依城也。今因誤倒，遂不可解。葛城一名依城，亦見史記趙世家“與燕會阿”張守節正義引括地志：“故葛城一名依城，又名西阿城，在瀛州高陽縣西北五十里。”

〔六〇〕然葛鄉故葛城乃在寧陵北十五、郾城北三十，周四里，去亳城百里：寧陵，縣名，治所在今河南寧陵縣東南。郾城，縣名，治所在今河南漯河市郾城區。亳城，指亳州城，在今安徽亳州市譙城區。

〔六一〕説文:喬本、洪本“文”譌“汶”,吴本“文”譌“之”。今據四庫本、備要本訂正。 鄬,南陽陰鄉:王筠句讀:“鄬,南陽郡陰縣之鄉名也。”陰縣,治所在今湖北老河口市西北。

〔六二〕許:州名,治所在今河南許昌市魏都區。

〔六三〕寧陵,本屬應天,今隷拱:寧陵,各本均作“寧國”。彦按:寧國上無所承,且亦不屬應天,當爲“寧陵”之誤,今訂正。應天,府名,治所在今河南商丘市睢陽區。拱,州名,治所在今河南睢縣。

〔六四〕應邵:“邵”當作“劭”。

〔六五〕山海經髦民國:見大荒北經,“髦民”作“毛民”,云:“有毛民之國,依姓。” 積石:謂積石山。

〔六六〕今本潛夫論志氏姓作“狂大氏”,疑誤。

〔六七〕郯:“薊”之古字。

〔六八〕薊:字同“薊”。地在今北京城西南隅。

〔六九〕記皆爲祝;祝,堯後:彦按:史記周本紀:“武王追思先聖王,乃褒封……黄帝之後於祝,帝堯之後於薊。”與路史説正好相反。

〔七〇〕鄩:今音jiǎo,在今陝西黄陵縣橋山街道。

〔七一〕葬于橋:史記五帝本紀:“黄帝崩,葬橋山。”

〔七二〕篇韻:玉篇和廣韻的合稱。

〔七三〕唐表:橋,姬後:新唐書宰相世系表五下:“喬氏出自姬姓,本橋氏也。”

〔七四〕云周文帝命去“木”:周文帝,即北周太祖宇文泰,子宇文覺代魏建周,追尊爲文皇帝。木,洪本、吴本、備要本譌“水”。新唐書宰相世系表五下:“後周文帝命橋氏去‘木’,義取高遠也。”

〔七五〕余披傳記:披,翻開,翻閱。 三鐃:即三苗。鐃,讀“苗”。 鳩蓼:謂舒鳩、舒蓼。 昆吾、滇、濮、甌閩、駱越之出高陽:彦按:此甌閩蓋偏指甌。考本書國名紀三高陽氏後,有甌越、甌隃、且甌、西甌,而不見有閩。駱越條下且云:“或云‘甌閩’,誤。”疑其本欲稱“甌越、駱越”,避複而改甌越爲甌閩。 東胡、儋人、暴興、吐渾之出高辛:彦按:考本書國名紀三高辛氏後,未見有儋人及暴興,當誤。今謂儋人見於本卷下文黄帝之宗儋,蓋偶誤而入此。

“暴興”則絶無其地,今考國名紀三高辛氏後國名,慕容與吐渾相鄰,而“慕”字恰與“暴”形相近,頗疑“暴興”乃“慕容”二字淩漫而來。　　兇奴:即匈奴。

〔七六〕縉雲:縉雲氏。本書國名紀二以縉雲爲黄帝子帝鴻後。　　其始不肖,以至不材:不肖,謂子不如父。四庫本“材”作“才”。　　幾何而不胥爲夷也:幾何,如何。胥,跟從,相隨。韓愈原道:“今也舉夷狄之法,而加之先王之教之上,幾何其不胥而爲夷也?”

〔七七〕遼東存箕子之伷:遼東,泛指今遼寧遼河以東地區。參見後紀十二帝舜有虞氏注〔八九八〕。　　大夏有李陵之苗:大夏,國名。東晉十六國之一,匈奴族赫連勃勃所建。參見後紀七小昊青陽氏注〔三六〇〕。

〔七八〕元魏自以出於蒼林:此説不詳,待考。蒼林,黄帝子。見後紀五黄帝有熊氏。　　慕容自以出於獻越:獻越,亦作厭越,帝嚳(高辛氏)子。見後紀十高辛紀下。魏崔鴻十六國春秋前燕録慕容廆云:“昔高辛氏遊於海濱,留少子厭越以君北夷,邑於紫濛之野。世居遼左,號曰東胡。……秦、西漢之際爲匈奴所敗,分保鮮卑山,因復以山爲號也。曾祖莫護跋,魏初率其諸部落入居遼西,從司馬宣王討公孫淵有功,拜率義王,始建國於棘城之北。時燕代少年多冠步摇冠,跋意甚好之,乃斂髮襲冠,諸部因呼之爲步摇,其後音訛爲‘慕容’,遂以慕容爲氏焉。”　　赫連自以出於伯禹:晉書赫連勃勃載記載勃勃謂前來投奔之姚興鎮北參軍王買德曰:“朕大禹之後,世居幽朔。”　　而禄山亦謂安息出於昌意之子安:彦按:新唐書宰相世系表五下云:“武威李氏,本安氏,出自姬姓。黄帝生昌意,昌意次子安,居於西方,自號安息國。”是有“安息出昌意子安”之説矣。然稱“安禄山謂”,似無據。

〔七九〕夷蠻之醜,雖有盛彊:醜,類。彊,洪本、吳本作“疆”,非。　　得志于中國:四庫本無“于”字。

〔八〇〕春秋用夏變夷者,夷之;夷而進於中國,則中國之:韓愈原道:“孔子之作春秋也,諸侯用夷禮則夷之,夷而進於中國則中國之。”

〔八一〕彼以是心至,斯受之矣:孟子盡心下:“夫子之設科也,往者不追,來者不拒。苟以是心至,斯受之而已矣。”此套用孟子語而活用其意。

〔八二〕則求之四夷而從鳳嬉,何陋之有:嬉,戲耍,游玩。陋,偏僻,邊遠。論語子罕:“子欲居九夷。或曰:‘陋,如之何?’子曰:‘君子居之,何陋之有?’”

黃帝之宗

祈　　蘄也〔一〕。歐陽脩祁公銘以祁爲黃帝之子所封，非
　　　也〔二〕。祁，少昊後；祈，黃帝後。

酉　　即酉陽〔三〕。今黔之彭水，漢酉陽也〔四〕。有酉水。

滕　　今徐之西南十四有故滕城〔五〕。古蕃縣，小邾國。開皇六年
　　　古□滕國爲名〔六〕。一作“勝”〔七〕。紀年越王朱句二十
　　　年滅滕，是也〔八〕。司馬貞云滕之祖〔九〕。閔二年“共、滕之民”，乃衛
　　　之下邑〔一〇〕。

箴　　衛有鍼〔一一〕。成公六年。邵氏姓解作“箴”，皆音“針”。

任　　禹陽國〔一二〕。倉頡爲任大夫。晉邑。今邢之任縣。

苟　　戰國有苟變，子思薦之。能將五百乘，薦之衛侯〔一三〕。程氏世
　　　譜以河內多杞，氏焉〔一四〕。妄也。

釐　　僖也，齊國釐城，爲“來”音〔一五〕。簡王十二年，舒庸人
　　　道吳圍巢及釐、虺〔一六〕。

郅〔一七〕佶是〔一八〕。見詩。風俗通云，殷時侯國。一作“吉”。
　　　潛夫論云，郅與姞同而字異〔一九〕。周封女吉氏于南燕，鄧名世
　　　以潛夫爲誤，非也〔二〇〕。説文“佶”爲“正”〔二一〕。

嬛　　與嫙同，音“䏭”，輕也〔二二〕。集韻音“旋”，非。

依　　史伯説十邑，有依、疇、歷、莘〔二三〕。皆鄶邑，後屬
　　　鄭〔二四〕。韋昭云國〔二五〕。

紀劇　劇是。今齊之臨朐東、壽光西南故劇城，漢之劇縣〔二六〕。
　　　紀、劇要爲二國。故寰宇記，古紀城在壽光南，又有劇南
　　　城，云故紀國〔二七〕。鄭樵云：紀後遷劇，所謂朐劇；云紀
　　　劇，聲訛〔二八〕。非也。

　　胥臣曰：“同姓爲兄弟。黃帝之子二十五宗，其得姓者十四，

爲姓十二：姬、紀、祈、酉、滕、箴、任、茍、釐、佶、儇、依^{〔二九〕}。"蓋皆以國而爲氏。余嘗攷之古之得姓者，未有不本乎始封者也；其氏於事者，蓋寡矣^{〔三〇〕}。而姓書氏譜一每爲之曲説，至有弃其祖之所自出，又牽異類而屬之，豈不悲哉？

　　余述路史，又起國名記，而後天下之氏姓始大定矣^{〔三一〕}。且以張、王、李、趙，易是類謀謂皆黃帝之所賜姓，而世莫詳焉^{〔三二〕}。姓書則謂王出靈王，李因老子，張、趙始周之中世；而乃不知商有李徵，夏有趙隱，王倪在唐堯之代，而張若者黃帝之臣，又黃帝子揮亦封于張^{〔三三〕}。西廣洞酋汔今惟此四姓爲雄，易傳之言未爲無本^{〔三四〕}。而姓書之不足證，類蓋若斯。嗟乎^{〔三五〕}！萬姓同本而岐其枝，百川派別而宗于海，君子之欲求其祖之所自出，舍路史、國名記，何以哉^{〔三六〕}？

滑

濟

　　右二國，箴之分^{〔三七〕}。

　　舜受禪，水土平，伯禹於是邸成五服，至于五千。四海會同，爰申錫其土、姓，土以立其國，姓以立其宗^{〔三八〕}。土、姓錫而宗國定矣。公、侯百里，伯七十里，子、男五十里，所以立國也^{〔三九〕}；雒、斷、密、雖、滕、箴、祈、酉、釐、邳、儇、依，此所以立宗也。國立而後氓人有所依，宗立而後族姓有所繫^{〔四〇〕}。人有所依，斯有以君之；族有所繫，斯有以宗之。

　　是故公劉遷邠，有爲致力朝廷而君之者，有爲致力宗廟而宗之者，本於土、姓之有所錫也^{〔四一〕}。傳曰："天子建德，因生以賜姓，胙之土而命之氏^{〔四二〕}。"胙之土，錫土也；命之氏，錫姓也。契封之商，稷與邰，此錫土也；賜之子與姬，此錫姓也。方水未平，諸侯固各有國土，百官亦各有族姓矣。必九州攸同而後錫之者，前乎此惟有所不普,至是而後得以錫之徧爾^{〔四三〕}。

滑、濟二國,名衆地博,有不可而指云。

奚　　鄭樵云,魯奚邑。今徐之滕東南六十青丘村有奚公冢、
　　　奚公山^{〔四四〕}。陽曄徐州記云:仲造車,轍存焉^{〔四五〕}。

薛　　侯爵,莊公三十一年伯者,降^{〔四六〕}。吉光國^{〔四七〕}。今滕東南五
　　　十有故薛城,故漢縣,戰國屬齊,爲徐州;秦爲薛郡。有
　　　仲祠。後魏書,薛縣有奚仲廟^{〔四八〕}。或曰大薛。公孫弘生此,今淄
　　　州南四十里^{〔四九〕}。

伾　　邳也。今淮陽治下邳城,漢下邳國^{〔五○〕},永平十五年^{〔五一〕}。
　　　梁下邳郡,周邳州,唐隸泗^{〔五二〕}。城三重,處泗、沂之
　　　會^{〔五三〕}。有仲虺祠。寰宇記,祠在徐之沛^{〔五四〕}。有仲虺城,見九域
　　　志。鄭樵云:仲虺居在薛魯,奚仲遷邳後,以邳爲薛^{〔五五〕}。妄。

摯^{〔五六〕}　祖己七世孫成封,周文王母太任國。今蔡之平輿有
　　　摯亭^{〔五七〕}。

謝　　歐陽修謝絳銘云:黄帝後,昔周威之,以封申伯,在南陽
　　　之宛,見詩嵩高^{〔五八〕}。其地西甚廣,鄭公友言謝西之九
　　　州者,二千五百家者也^{〔五九〕}。

章　　章與謝,本皆任姓,周始以封太公之支子。

舒　　春秋之留舒,去穀七里^{〔六○〕}。亦曰柳舒。故城在鄆之須
　　　城。許氏作"郤"^{〔六一〕}。郤,邾之下邑^{〔六二〕}。說文。郤在薛
　　　縣^{〔六三〕}。集又音"涂"^{〔六四〕}。

洛　　周書之有洛氏^{〔六五〕}。史伯云北有路、洛、泉、徐、蒲,韋昭
　　　云"皆赤狄",宜與此異^{〔六六〕}。或作"絡"、衛賢者絡疑^{〔六七〕}。
　　　"雒",廣漢屬縣^{〔六八〕}。

昌　　黄臣有昌若^{〔六九〕}。宜昌邑^{〔七○〕}。其東東昌故縣,近滹沱
　　　河,有昌亭;西昌縣^{〔七一〕}。春秋昌間多在河東北。

葡　　縣,今范陽治^{〔七二〕}。地多葡^{〔七三〕}。水經注,葡城西北隅

薊丘爲名[七四]。**班志**云：薊，故**燕**國名[七五]。非今薊城——

南北九里，東西十里，慕容雋造[七六]。

終　商有終古，宜即佟。後有佟氏[七七]。見**廣蒼**[七八]。北燕文人佟

万[七九]。"涨"通，今襄陽有洨水。

泉　洛陽西五十故伊闕縣北有泉亭，周世狄居之，俗呼前

亭[八〇]。伊、拒、泉、皋，是也[八一]。昭二十二年有前城[八二]。

郫　宜晉郫邑，一曰郫邵[八三]。文六年[八四]。絳之垣東九十有

郫邵陌，郫氏所出[八五]。蔡邕胡太傅碑有郫整。非越嶲[八六]。

有郫水[八七]。

遇　禺也，宜即番禺。魯襄公"救成，至遇"[八八]，十五年。魯

邑，近成，然非必禺[八九]。成在泰山鉅平南[九〇]。王符作"卑、

過"，訛[九一]。

儋　**山海經**，儋人，任姓[九二]。今儋州[九三]。周有儋翩[九四]。

牛黎　經云：牛黎之國，儋人之子[九五]。儋今有黎姥山[九六]。

番禺　賁隅也，今清海之屬縣[九七]。有禺山。傳云禺號南海，

故予謂此即禺[九八]。

經文有無腸、繼無之國，皆任姓[九九]。

右一十六國，任之分[一〇〇]。

周人之制，內之天子三公，外則二後之君，曰公[一〇一]。康誥

之周公、召公、畢公，三公也；微子之命之建上公，二後之君

也[一〇二]。然攷諸經，五等之君，通稱曰侯，亦通謂之公。康王之

告羣公，與儀禮同，稱之公；春秋之稱諸侯，與餘經通，稱之侯：皆

兼五等爲言[一〇三]。

蓋公若侯，爵之貴者，代故以是爲稱，聖人亦因而不之奪。乃

若班爵，則固自有差矣，非可紊也。春秋列君平居，必正其爵；至

葬，則從其稱[一〇四]。從其稱，所以副臣下之尊敬；正其爵，所以存

王度於不凋也〔一〇五〕。雖然,正其爵矣,而於會盟,總稱惟曰諸侯;世族所稱,猶曰公子、公孫〔一〇六〕。魯君,侯也,卒以公稱;至于盟會,亦或侯之〔一〇七〕。吳、楚,子也,僭故不葬;然至世族,亦稱公子,惟其爵之貴爾〔一〇八〕。家國之稱,抑又不一。孟子言千乘之家;而王制縣内之采,一皆曰國;周官朝大夫且稱"每國":是國亦謂之家,而邑亦或稱國矣〔一〇九〕。豈非公侯卿佐,謹度以事其上則全於臣,制節以御其下則正於君;自臣道言之雖國亦家,而自君道言則邑亦國邪〔一一〇〕? 采邑曰國,則卿大夫固可謂諸侯矣,所謂内諸侯也〔一一一〕。

南燕　伯爵,伯儵國〔一一二〕。后稷妃,南燕姞氏也。石癸曰:吾聞姞姓,后稷元妃〔一一三〕。今滑之胙城東北,漢南燕縣,隨改曰胙〔一一四〕,桓王二年鄭敗燕師于北制,桓公二年會燕人,説爲南燕〔一一五〕。亦嘗曰東燕云。魯莊十九年衞師、燕師伐周者,史誤以爲北燕也〔一一六〕。

密須　子爵。世本云:商有密須,文王伐之。晉志云,商侯國〔一一七〕。魯有密須之鼓,杜預謂姞姓國,在安定陰密〔一一八〕。今涇之靈臺也〔一一九〕。十道志陰密屬鶉觚,故括地象云:鶉觚密氏,姞姓〔一二〇〕。今陰密城在涇之保定〔一二一〕。郡縣志,在靈臺西。寰宇記,古密國地。史索云是河南密,九域志以爲鄆之致密城,皆非〔一二二〕。

闞　子爵。今鄆之壽張有闞鄉,而闞古城在中都〔一二三〕,桓十一年〔一二四〕。寰宇記云:今屬齊之鉅野〔一二五〕。闞亭又在須昌東南〔一二六〕。即昭公末年取闞者〔一二七〕。郡國志東平陸有闞亭,今壽張也〔一二八〕。齊有闞止〔一二九〕。

允〔一三〇〕　高陽時有允格。或云少昊後,出黄帝〔一三一〕。

蔡　蘄春江中有蔡山,在廣濟縣〔一三二〕。高崇文傳有蔡山〔一三三〕。寰苹云,蘄水縣北〔一三四〕。大龜納錫,故曰蔡〔一三五〕。非姬姓蔡。

光　春秋圖有光國〔一三六〕。今光州〔一三七〕。

敦　鉏任、泠敦之田,許地也,鄭取之〔一三八〕。陳留風俗傳云:

敦氏，姞姓後。

傴　晉襄公母傴姞國〔一三九〕。即周之傴陽國〔一四〇〕。扶目切〔一四一〕。詳高陽後國。

燕　伯爵。宜爲東燕，與南燕比〔一四二〕。昭三年北燕伯款，亦姞姓〔一四三〕。

魯　汝之魯山縣，非兗地〔一四四〕。

雝　伯爵。汴之雝丘，鄭莊夫人雝姞國〔一四五〕。姓纂云：宋之雝氏，本姞姓〔一四六〕。寰宇記：雝氏，黄帝後，姞姓〔一四七〕。是矣。又冀之堂陽東北三十六亦有雝氏城〔一四八〕。寰宇之高堽城，本於隴切，自漢州名、人姓皆於用切〔一四九〕。談苑云，當作平聲〔一五〇〕。昭十四年傳：晉尸雝子〔一五一〕。杜云陽翟東北有雝氏城者非〔一五二〕。

斷　晉地有斷道，即卷楚也〔一五三〕。世本作"段"，寫誤〔一五四〕。

密　河南密縣東四十故密城是。武德三爲密州。與須城比，故説者謂即密須，蓋亦號密須云〔一五五〕。史索云：密須，今河南密縣，與安定姬姓密别〔一五六〕。

雖　開封長垣近須城是〔一五七〕。衛今在澶之衛南二十八里，衛詩所謂"思須與曹"者，繇聲轉也〔一五八〕。

右一十四國，黄帝後結姓分。結，本姓，今多用從女字。

黄帝之子二十五人，爲姓十二：姬、釐俱帝，而任、結二姓爲此二十九國，其它子姓固稱是也〔一五九〕。禮傳曰：舜即位，封黄帝之子孫十有九人爲侯伯〔一六〇〕。蓋不得攷矣。後有見者，當併綴之〔一六一〕。

【校注】

〔一〕蕲：在今安徽宿州市埇橋區蕲縣鎮。

〔二〕歐陽脩祁公銘：祁公銘，即衛尉卿祁公神道碑銘，見文忠集卷六一。　以祁爲黄帝之子所封：四庫本"祁"作"祈"，非是。

〔三〕酉陽:縣名,治所在今湖南永順縣芙蓉鎮。

〔四〕黔之彭水:黔,州名,治彭水。彭水,縣名,治所在今重慶市彭水縣郁山鎮。

〔五〕徐:在今山東滕州市。

〔六〕開皇六年古□滕國爲名:“古□”,四庫本作“古以”。彥按:“開皇六年古□滕國爲名”,疑原爲注文而誤闌入正文者。又“六年”疑當作“十六年”,“古□”疑“以古”闕文兼誤倒。隋書地理志下彭城郡滕:“舊曰蕃,置蕃郡。後齊廢。開皇十六年改曰滕縣。”是也。

〔七〕一作“勝”:史記惠景閒侯者年表“滕”,司馬貞索隱:“勝侯。一作‘滕’。劉氏云作‘勝’,恐誤。今案:滕縣屬沛郡,‘勝’未聞。”蓋即羅氏所本。

〔八〕紀年越王朱句二十年滅滕:史記越王句踐世家“王翁卒”司馬貞索隱引紀年,“越王”作“於粵子”,詞異義同;“二十年”作“三十四年”,未知孰是。

〔九〕司馬貞云滕之祖:史記陳杞世家:“滕、薛、騶,夏、殷、周之閒封也,小,不足齒列,弗論也。”司馬貞索隱:“滕不知本封,蓋軒轅氏子有滕姓,是其祖也。”

〔一〇〕閔二年“共、滕之民”,乃衛之下邑:左傳閔公二年“衛之遺民男女七百有三十人,益之以共、滕之民爲五千人”杜預注:“共及滕,衛別邑。”

〔一一〕鍼:春秋衛邑。在今河南濮陽市華龍區一帶。

〔一二〕禹陽:黃帝少子。新唐書宰相世系表三上:“任姓出自黃帝少子禹陽,受封於任,因以爲姓。”彥按:本書後紀五黃帝有熊氏作“禹陽”,羅苹注曰:“唐表作禹陽,繆。”則此之禹陽似亦當作“禹陽”。

〔一三〕孔叢子居衛:“子思居衛,言苟變於衛君曰:‘其材可將五百乘。君任軍旅,率得此人則無敵於天下矣。’”

〔一四〕程氏世譜以河内多杞,氏焉:程氏世譜,宋程祁撰。杞,枸杞,或作“苟杞”。一種落葉小灌木,果實及根皮皆爲中藥材。

〔一五〕齊國釐城:彥按:疑即戰國策魏策四“昔曹恃齊而輕晉,齊伐釐、莒而晉人亡曹”之釐,蓋後成齊邑矣。若然,則地當在今山東黃縣東南。

〔一六〕簡王十二年:時當魯成公十七年。　舒庸人道吳圍巢及釐、虺:道,引導,誘導。左傳成公十七年:“舒庸人以楚師之敗也,道吳人圍巢,伐駕,圍

鼇、匜。”杜預注:“巢、駕、鼇、匜,楚四邑。”楊伯峻注以爲:“今安徽省巢縣(彥
按:即今巢湖市)東北五里有居巢故城址,當即古巢國”,“(鼇)當在今安徽無
爲縣境。匜則在今安徽廬江縣境”。彥按:路史此條以齊國鼇城與“舒庸人道
吳圍巢及鼇”之鼇爲一地,恐未妥。杜注謂“圍巢及鼇”之鼇爲楚邑,亦不以之
爲齊城也。

〔一七〕郅:音jí。吳本脱文。備要本譌“佶”。

〔一八〕佶是:彥按:下云“見詩”,“佶”似當作“姞”。詩大雅韓奕:“蹶父
孔武,靡國不到。爲韓姞相攸,莫如韓樂。”毛亨傳:“姞,蹶父姓也。”路史所
言,蓋指此“姞”。下文引潛夫論云“郅與姞同而字異”,尤可證也。又集韻質
韻:“姞,説文:‘黄帝之後百(伯)鯈姓,后稷妃家也。’或作‘吉’‘郅’。”

〔一九〕潛夫論志氏姓:“黄帝之子二十五人,班爲十二:姬、酉、祁、己、滕、
葴、任、茍、釐、姞、儇、依是也。……姞氏封於燕,……及漢,河東有郅都,汝南
有郅君章,姓音與古姞同,而書其字異。”

〔二〇〕周封女吉氏于南燕,鄧名世以潛夫爲誤:女吉氏,四庫本作“女姞
氏”。彥按:蓋當作“姞氏”。作“女吉氏”者,“女吉”由“姞”字誤析;因又作
“女姞氏”,則衍一“女”字矣。古今姓氏書辯證卷三六質韻郅:“謹按,潛夫論
曰:周先姞氏封於燕。汝南郅君,郅音與‘吉’同而字則異。又按:周封伯鯈於
南燕,其姓音不與‘郅’同。而前漢音義‘郅’之日反,則王符誤矣。”

〔二一〕説文人部:“佶,正也。从人吉聲。詩曰:‘既佶且閑。’”

〔二二〕音“膻”:字書無“膻”字,疑“暄”字之譌。

〔二三〕史伯説十邑,有依、疇、歷、莘:見國語鄭語,“疇”作“騩”,“莘”作
“華”。徐元誥國語集解云:“依,黄帝後,姬姓。騩,商侯伯國,一作‘畽’,又作
‘疇’。畽爲騩之異體,疇又爲畽之譌字也。歷,商侯伯國。華,周管叔封邑,
即華陽。秦白起攻魏,拔華陽,司馬彪謂‘華陽在密縣’,即此。宋庠本作
‘莘’,今不從。”黄永堂國語全譯則以爲“華”當爲“莘”,“莘,古國名,即有莘,
故址在今河南陳留縣東。”

〔二四〕皆鄶邑:鄶,西周封國,在今河南新密市東。彥按:羅氏以依、疇、
歷、莘皆鄶邑,非是。鄭語云:“(濟、洛、河、潁之間)是其子男之國,虢、鄶爲
大,……若克二邑,鄔、弊、補、舟、依、騩、歷、華,君之土也。”韋昭注:“二邑,虢、

鄶。"又云："言克虢、鄶,此八邑皆可得也。"是史伯所稱十邑,皆子男之國,他邑非鄶有也。

〔二五〕韋昭云國:彦按:依之爲國,鄭語已明言之:十邑者,"是其子男之國"。至韋昭,則但云:"華,華國也。"本未爲依作注。羅氏以張冠戴李頭,頗不嚴謹。

〔二六〕劇城:在今山東壽光市紀臺鎮。

〔二七〕見太平寰宇記卷一八青州壽光縣。

〔二八〕紀後遷劇,所謂朐劇;云紀劇,聲訛:朐劇,指在臨朐縣之劇。云紀劇,謂稱紀爲劇。通志卷四一都邑略一周諸侯都:"紀都紀,遷于劇。"注:"紀本在東海故贛榆縣紀城是。劇在青邱、臨朐縣東,壽光縣西,亦名紀,音訛爲劇。"贛榆縣,即今江蘇連雲港市贛榆區。

〔二九〕胥臣曰:胥臣,春秋晉國司空,字季子,故亦稱司空季子。下所引胥臣語,見國語晉語四。此但意引,文字不盡相同。　黄帝之子二十五宗:宗,指同宗族的支派。　其得姓者十四,爲姓十二:國語原文作:"其得姓者十四人,爲十二姓。"韋昭注:"得姓,以德居官而初賜之姓。謂十四人而内二人爲姬,二人爲己,故十二姓。"　姬、紀、祈、酉、滕、箴、任、苟、釐、佶、儇、依:國語"祈"作"祁","紀"作"己","苟"作"荀","釐"作"僖","佶"作"姞"。參見後紀五黄帝有熊氏注〔六一七〕。

〔三〇〕余嘗攷之古之得姓者:喬本、洪本"余"作"秦",吴本、四庫本、備要本均無"余"字。彦按:"秦"當"余"之譌字。因譌爲"秦"而不可解,後之版本遂删去之。今訂正。

〔三一〕國名記:四庫本"記"作"紀"。

〔三二〕易是類謀謂皆黄帝之所賜姓:易是類謀,漢代緯書,易緯之一種。各本"是類"均誤倒作"類是",今訂正。本書國名紀八國姓衍慶紀原作易是類謀,不誤。黄帝之所賜姓,四庫本無"之"字。

〔三三〕姓書則謂王出靈王:靈王,指周靈王。　李因老子:老子,姓李名耳。　張、趙始周之中世:中世,猶中期。　而乃不知商有李徵:李徵,即理徵,爲老子先人。北史序傳:"李氏之先出自帝顓頊高陽氏。當唐堯之時,高陽氏有才子曰庭堅,爲堯大理,以官命族,爲理氏。歷夏、殷之季,其後理徵字德靈,爲翼隸中吳伯,以直道不容,得罪于紂,其妻契和氏攜子利貞逃隱伊侯之墟,食木子而得全,遂改理爲李氏。”　夏有趙隱:彥按:夏疑當作商。明陳士元名疑卷四曰:“商有牧正趙隱。”明周應賓同姓名録卷一三亦曰:“商趙隱爲牧正。”而本書發揮一同名氏辨稱“趙隱仕商國而嘔舉魏賢”,尤足爲證。　王倪在唐堯之代:王倪,堯時賢人。晉皇甫謐高士傳卷上有傳。　而張若者黃帝之臣:見莊子徐無鬼。　又黃帝子揮亦封于張:見後紀五黃帝有熊氏。

〔三四〕西廣洞酋:西廣,宋代廣南西路的簡稱。轄今廣西及廣東雷州半島、海南省等地。洞酋,部落首領。洞,古代南方少數民族部落單位。　易傳:此指易是類謀。

〔三五〕嗟乎:洪本、吳本“乎”譌“千”。

〔三六〕百川派別而宗于海:派別,指水分道而流。宗,歸往,歸嚮。　何以哉:以,憑藉。

〔三七〕參見後紀五黃帝有熊氏注〔七六三〕。

〔三八〕爰申錫其土、姓:吳本“申”譌“甲”。　姓以立其宗:吳本、四庫本、備要本“以”作“而”。

〔三九〕所以立國也:喬本、洪本“也”字空闕,此從餘本補。

〔四〇〕氓人:人民,百姓。　繫:四庫本作“係”。

〔四一〕公劉遷邠:邠,同豳。史記劉敬傳:“公劉避桀居豳。”

〔四二〕見後紀十二帝舜有虞氏注〔六〕。

〔四三〕必九州攸同而後錫之者:喬本“後”譌“復”。今據餘諸本訂正。書禹貢:“九州攸同,……錫土、姓,祇台德先,不距朕行。”

〔四四〕徐之滕:徐,州名。滕,縣名,治所即今山東滕州市。　奚公冢:四庫本作“奚家冢”。彥按:“家”蓋涉下“冢”字而誤。

〔四五〕陽曄徐州記:陽曄,其人生平不詳。太平寰宇記卷一五徐州滕縣引,作“劉芳”。王文楚等校勘記云:“‘劉芳’,萬本同;太平御覽卷四二作‘楊曄’,庫本作‘陽曄’,‘陽’爲‘楊’之譌,爲有證之事。”　仲造車,轍存焉:仲,奚仲。太平寰宇記卷一五引劉芳徐州記:“(奚公山,)奚仲造車處,山上有軌轍見存。”

〔四六〕莊公三十一年伯者:四庫本“三十一”作“三十二”,非是。春秋莊公三十一年:"夏,四月,薛伯卒。"

〔四七〕吉光:奚仲子。見後紀五黃帝有熊氏。

〔四八〕見魏書地形志中徐州彭城郡。

〔四九〕公孫弘生此:各本"此"作"山"。彥按:"山"當"此"字之譌。"此"字草書或作 $\bigcup$、作 $\bigcup$,形與"山"近,因致譌。今訂正。　　淄州:治所在今山東淄博市淄川區。

〔五〇〕淮陽治下邳城:淮陽,指淮陽軍,治下邳縣。下邳城,在今江蘇睢寧縣古邳鎮。

〔五一〕後漢書孝明皇帝紀永平十五年:"改……臨淮爲下邳國。"

〔五二〕唐隸泗:泗,州名,治所在今江蘇盱眙縣西北。

〔五三〕沂:州名,治所在今山東臨沂市。

〔五四〕徐之沛:徐,州名。沛,縣名,治所即今江蘇沛縣。

〔五五〕見通志卷四一都邑略周諸侯都,文曰:"薛,仲虺之都,本在魯地,奚仲遷于邳。"

〔五六〕摯:四庫本作"摰",誤。下"摯亭"之"摯"同。

〔五七〕蔡之平輿:蔡,州名。平輿,縣名,治所即今河南平輿縣。

〔五八〕謝絳銘:即尚書兵部員外知制誥謝公墓誌銘,見文忠集卷二六。黃帝後,昔周威之,以封申伯,在南陽之宛,見詩嵩高:昔,洪本、吳本、備要本譌"者"。修原文爲:"其先出於黃帝之後,任姓之別爲十族,謝其一也。其國在南陽宛,三代之際,以微不見,至詩嵩高,始言周宣王使召公營謝邑以賜申伯。"

〔五九〕鄭公友言謝西之九州者,二千五百家者也:鄭公,指西周鄭桓公。史記鄭世家:"鄭桓公友者,周厲王少子而宣王庶弟也。"彥按:"二千五百家者也"前宜有"州"字。國語鄭語:"桓公爲司徒,甚得周衆與東土之人。問于史伯,……公曰:'謝西之九州,何如?'"韋昭注:"謝,宣王之舅申伯之國,今在南陽。謝西有九州,二千五百家曰州。"

〔六〇〕春秋之留舒,去穀七里:留舒,春秋時爲齊邑,在今山東平陰縣東阿鎮西。穀,在今山東平陰縣東阿鎮。左傳哀公二十七年:"乃救鄭。及留舒,違穀七里,穀人不知。"

〔六一〕邾:音 tú。

〔六二〕郮,邾之下邑:説文邑部:"郮,邾下邑地。"段玉裁注:"'邾'當作'鄒','地'當作'也'。"

〔六三〕郮在薛縣:吴本、四庫本、備要本"郮"作"邾",誤。

〔六四〕集又音"涂":集,集韻。又,吴本、四庫本、備要本作"文",非是。彦按:集韻"郮"有三音:一詳余切;一通都切;一同都切。同都切者,即音涂。

〔六五〕周書之有洛氏:逸周書史記解:"昔者有洛氏宮室無常,池囿廣大,工功日進,以後更前,民不得休,農失其時,饑饉無食,成湯伐之,有洛以亡。"

〔六六〕史伯云北有路、洛、泉、徐、蒲,韋昭云"皆赤狄":見國語鄭語及韋昭注。今本鄭語"路"作"潞"。

〔六七〕古今姓氏書辯證卷三八鐸韻絡:"衛有賢者絡疑之後。"

〔六八〕廣漢:郡名。東漢曾治雒縣,即今四川廣漢市。

〔六九〕黄:黄帝。

〔七〇〕昌邑:即昌城,地在今河北衡水市冀州區西北。

〔七一〕其東東昌故縣,近漳沱河,有昌亭:其東,各本均無"東"字。彦按:"東昌"上當有"東"字,蓋以兩"東"字相連而誤脱其一。此"其東"與下"西"相對爲文,不可或缺,今訂補。東昌故縣,在今河北武邑縣境。　　西昌縣:彦按:昌縣,疑當作"昌城"。水經注卷一〇濁漳水:"衡漳又逕東昌縣故城北,經所謂昌亭也。……西有昌城,故目是城爲東昌矣。"

〔七二〕范陽:郡名,治所在今北京城西南隅。

〔七三〕薊:多年生草本植物名。全草可入藥,有止血、涼血功用。

〔七四〕水經注卷一三灅水:"昔周武王封堯後于薊,今城内西北隅有薊丘,因丘以名邑也。"

〔七五〕漢書地理志下廣陽國薊縣:"故燕國,召公所封。"

〔七六〕南北九里,東西十里,慕容儁造:十里,疑"七里"之誤。慕容儁,即慕容儁,十六國時前燕景昭帝,公元352—359年在位。太平寰宇記卷六九幽州薊縣:"薊城。郡國志云:'薊城南北九里,東西七里,開十門。慕容儁鑄銅爲馬,因名銅馬門。'"

〔七七〕本書後紀五黄帝有熊氏曰:"終古,夏太史,乘亂歸商,爲佟氏、謝氏。"

〔七八〕廣蒼：三國魏樊恭撰。

〔七九〕佟万：吴本、四庫本、備要本“万”作“萬”。廣韻冬韻佟：“姓也。北燕録有遼東佟萬，以文章知名。”

〔八〇〕故伊闕縣北有泉亭：伊闕縣，治所在今河南伊川縣平等鄉。各本“闕”均作“關”。彦按：縣名無“伊關”。“關”當“闕”字形譌。左傳僖公十一年“揚、拒、泉、皋、伊、雒之戎同伐京師”杜預注：“今伊闕北有泉亭。”今據以訂正。

〔八一〕伊、拒、泉、皋：見左傳僖公十一年。

〔八二〕前城：在今河南洛陽市洛龍區龍門街道南。

〔八三〕邘邑：春秋晉邑。在今河南濟源市邵原鎮。

〔八四〕文六年：各本“六”字作“元”。彦按：文元年未見有相關記載。“元”當“六”字形譌。左傳文公六年：“賈季亦使召公子樂于陳，趙孟使殺諸郫。”楊伯峻注：“郫即襄二十三年傳之郫邵，晉邑，即今河南省濟源縣西一百里之邵源鎮。”今訂正。

〔八五〕絳之垣東九十有郫邵阨：絳，郡名。垣，縣名，治所在今山西垣曲縣古城鎮。郫邵阨，各本“阨”均作“阮”。彦按：“阮”當“阨”之譌字。後漢書郡國志一河東郡垣“有邵亭”劉昭注引博物記曰：“縣東九十里有郫邵之阨”，可證。今訂正。

〔八六〕越寓：郡名，治所在今四川西昌市東南。

〔八七〕卑水：即今四川美姑縣境美姑河。

〔八八〕魯襄公“救成，至遇”：成，春秋魯邑，在今山東寧陽縣東北。遇，楊伯峻春秋左傳注：“遇，魯地，當在曲阜與寧陽之間。”

〔八九〕然非必禺：彦按：此句費解。疑“必”爲“此”字溓漫而譌。

〔九〇〕泰山鉅平：泰山，郡名。鉅平，縣名，治所在今山東泰安市西南。

〔九一〕王符作“卑、過”：見潛夫論志氏姓，四庫全書本、汪繼培箋本“過”作“遇”。彭鐸校正則據姓氏急就篇亦作“過”而疑作“遇”者誤。

〔九二〕山海經大荒北經：“有儋耳之國，任姓。”

〔九三〕今儋州：治所在今海南儋州市中和鎮。彦按：山海經儋耳之國見於大荒北經，其地當在北方。路史之説恐誤。

〔九四〕見左傳定公六年。

〔九五〕牛黎之國，儋人之子：見山海經大荒北經。原文作："有牛黎之國，有人無骨，儋耳之子。"

〔九六〕儋今有黎姥山：儋，儋州。黎姥山，即今海南瓊中黎族苗族自治縣北之黎母嶺。彥按：牛黎之國、儋耳，既見於大荒北經，則皆當爲北方國名，呂氏春秋任數"北懷儋耳"高誘注"北極之國"，是矣。路史以地在海南島之儋州相附會，蓋誤。

〔九七〕賁隅：見文選孫綽遊天臺山賦李善注引山海經："桂林八樹在賁隅東。"今本山海經海內南經作"番隅"。縣名，治所在今廣東廣州市。賁，音pān。　清海：指清海軍，治所廣州。

〔九八〕傳云禹號南海：本書後紀五黃帝有熊氏："（禹）京居北海，（禹）號處南海。"

〔九九〕經文有無腸、繼無之國，皆任姓：山海經大荒北經："又有無腸之國，是任姓，無繼子，食魚。"又："有繼無民，繼無民任姓，無骨子，食氣、魚。"袁珂校注："經文二'繼無'王念孫、郝懿行均校作'無繼'，即上文無繼也。"彥按：王、郝校當是。羅氏所見經文，已屬誤本。

〔一〇〇〕右一十六國：彥按：右自奚、薛而至牛黎、番禺，凡一十七國，此稱"一十六國"，顯然誤計。

〔一〇一〕自此而下至"惟其爵之貴爾"，大抵撮取自宋張大亨春秋五禮例宗卷二凶禮上喪葬公，而稍作增删。　天子三公：三公，周以太師、太傅、太保爲三公。喬本"公"譌"分"，今據餘諸本訂正。　二後之君：二後，指夏、商二王之後。

〔一〇二〕康誥之周公、召公、畢公：彥按："康誥"下疑脫"顧命"二字。康誥但見周公；召公、畢公則見於書顧命。顧命序云："成王將崩，命召公、畢公率諸侯相康王，作顧命。"　微子之命之建上公：喬本、洪本、備要本作"微子之建上公"，吳本作"微子之廷上公"，四庫本則作"微子之之建上公"。彥按：建上公不見於微子篇，原文當作"微子之命之建上公"。書微子之命："王若曰：'猷！殷王元子，惟稽古，崇德象賢。……上帝時歆，下民祇協，庸建爾于上公，尹茲東夏。欽哉！'"即其事。張氏書也作微子之命。今訂正。上公，周制，三公八命,出封時加一命,稱上公。周禮春官典命:"上公九命爲伯。"

〔一〇三〕康王之告羣公,與儀禮同,稱之公:書康王之誥:"羣公既皆聽命,相揖趨出。"孔穎達正義曰:"羣公,揔謂朝臣與諸侯也。"　春秋之稱諸侯,與餘經通,稱之侯:稱諸侯,吳本、備要本"稱"作"以",誤。其例如春秋僖公六年"諸侯遂救許",文公十五年"諸侯盟于扈",襄公十九年"諸侯盟于祝柯"等,均是。

〔一〇四〕平居:平素。

〔一〇五〕所以副臣下之尊敬:副,符合。　所以存王度於不凋也:王度,謂先王法度。凋,衰敗。

〔一〇六〕會盟:古代諸侯相會結盟。

〔一〇七〕魯君,侯也,卒以公稱;至于盟會,亦或侯之:張大亨春秋五禮例宗作:"魯君,侯也,而稱公,則以春秋之義也。然方在會盟,則亦或謂之諸侯矣。"

〔一〇八〕吳、楚,子也,僭故不葬:春秋宣公十八年:"甲戌,楚子旅卒。"公羊傳:"何以不書葬?吳、楚之君不書葬,辟其號也。"何休解詁:"葬從臣子辭當稱王,故絶其葬,明當誅之。"　然至世族,亦稱公子,惟其爵之貴爾:世族,世家大族。張大亨春秋五禮例宗作:"楚,子也,而不書葬,則以稱號之僭也;然方書世族,則亦皆謂之公子。此之謂兩盡。"

〔一〇九〕孟子言千乘之家:孟子梁惠王上:"萬乘之國,弒其君者,必千乘之家。"　而王制縣内之采,一皆曰國:縣,古稱王城周圍千里的地域。禮記王制:"天子之縣内,方百里之國九,七十里之國二十有一,五十里之國六十有三,凡九十三國。"　周官朝大夫且稱"每國":周禮秋官序官:"朝大夫,每國上士二人,下士四人,府一人,史二人,庶子八人,徒二十人。"鄭玄注:"此王之士也,使主都家之國治,而命之朝大夫云。"都家,鄭玄以爲"王子弟、公卿及大夫之采地也"。

〔一一〇〕則全於臣:全,謂完美。　制節以御其下:制節,謂制度合宜。

〔一一一〕内諸侯:畿内諸侯。

〔一一二〕參見後紀五黄帝有熊氏注〔七五七〕。

〔一一三〕石癸:春秋鄭大夫。左傳宣公三年:"石癸曰:吾聞姬、姞耦,其子孫必蕃。姞,吉人也,后稷之元妃也。”

〔一一四〕滑之胙城:滑,州名。胙城,縣名,治所在今河南延津縣東北。

〔一一五〕桓王二年鄭敗燕師于北制:北制,春秋鄭邑。在今河南滎陽市汜水鎮。洪本“北”譌“比”。左傳隱公五年:“六月,鄭二公子以制人敗燕師于北制。”魯隱公五年,時當周桓王二年。　桓公二年會燕人:彥按:“二年”當作“十二年”。此蓋受上“桓王二年”影響而譌。春秋桓公十二年:“秋,七月丁亥,公會宋公、燕人,盟于榖丘。”

〔一一六〕魯莊十九年衛師、燕師伐周者,史誤以爲北燕也:以爲,四庫本作“以之爲”。北燕,吳本“北”譌“比”。彥按:史記燕召公世家:“莊公……十六年,與宋、衛共伐周惠王,惠王出奔温,立惠王弟穨爲周王。”裴駰集解引譙周曰:“按春秋傳,燕與子穨逐周惠王者,乃南燕姞姓也。世家以爲北燕,失之。”蓋即羅氏所本。然司馬貞索隱曰:“譙周云據左氏,燕與衛伐周惠王乃是南燕姞姓,而系家以爲北燕伯,故著史考云‘此燕是姞姓’。今檢左氏莊十九年‘衛師、燕師伐周’,二十年傳云‘執燕仲父’,三十年‘齊伐山戎’,傳曰‘謀山戎,以其病燕故也’。據傳文及此記,元是北燕不疑。杜君妄説仲父是南燕伯,爲伐周故。且燕、衛俱是姬姓,故有伐周納王之事;若是姞燕與衛伐周,則鄭何以獨伐燕而不伐衛乎?”

〔一一七〕晉志云,商侯國:今考晉書諸志,未見有此,或爲佚文。四庫本“云”作“曰”。

〔一一八〕魯有密須之鼓:“魯”當作“晉”,蓋形誤。見左傳昭公十五年。安定陰密:安定,郡名。陰密,縣名,治所在今甘肅靈臺縣百里鄉。

〔一一九〕涇之靈臺:涇,州名。靈臺,縣名,治所即今甘肅靈臺縣。

〔一二〇〕鶉觚:縣名。唐天寶元年(742)改名靈臺。

〔一二一〕涇之保定:涇,州名。保定,縣名,治所在今甘肅涇川縣北。

〔一二二〕史索云是河南密:河南,府名。密,縣名,治所在今河南新密市。史記齊太公世家“伐崇、密須、犬夷”司馬貞索隱:“密須,姞姓,在河南密縣東,故密城是也。與安定姬姓密國別也。”　郞之致密城:在今山東汶上縣汶上鎮西。

〔一二三〕中都:縣名,治所在今山東汶上縣汶上鎮。

〔一二四〕春秋桓公十一年:"冬,十有二月,公會宋公于闞。"

〔一二五〕寰宇記云:今屬齊之鉅野:見太平寰宇記卷一三鄆州中都縣,原文爲:"古闞城,……今屬濟寧鉅野。"彦按:齊當作"濟"。據宋史地理志一京東路西路,鉅野縣隸濟州。又,今本寰宇記"濟寧"之"寧"字疑亦不當有之。據史爲樂中國歷史地名大辭典濟州詞條,濟州升爲濟寧府,乃蒙古至元八年(1271)之事。而寰宇記書中,"濟寧"亦僅此一見也。

〔一二六〕須昌:縣名,治所在今山東東平縣老湖鎮。

〔一二七〕春秋昭公三十二年:"春,王正月,公在乾侯。取闞。"

〔一二八〕郡國志東平陸有闞亭:見後漢書郡國志三。東平陸,縣名,治所在今山東汶上縣北。

〔一二九〕闞止:春秋齊景公子陽生家臣。見左傳哀公六年。

〔一三〇〕允:潛夫論志氏姓"姞氏之別,有闞、尹"汪繼培箋以爲乃"尹"之誤。見後紀五黄帝有熊氏注〔七六一〕。

〔一三一〕少昊:洪本"昊"譌"臭"。

〔一三二〕廣濟縣:治所在今湖北武穴市梅川鎮。

〔一三三〕高崇文傳有蔡山:彦按:今查新、舊唐書高崇文傳,均未見有蔡山。蔡山實見於緊接高崇文傳之伊慎傳。蓋羅氏誤混。

〔一三四〕蘄水縣:治所在今湖北浠水縣。

〔一三五〕大龜納錫,故曰蔡:蔡,古人稱大龜。左傳襄公二十三年"且致大蔡焉"杜預注:"大蔡,大龜。"又漢書食貨志下:"元龜爲蔡。"納錫,入貢。書禹貢:"九江納錫大龜。"九江,指今湖北武穴市、黄梅縣一帶。

〔一三六〕春秋圖:漢嚴彭祖、唐張傑、唐黄敬密、宋楊甲均撰有春秋圖。此所引春秋圖,作者不明,待考。

〔一三七〕光州:治所在今河南潢川縣。

〔一三八〕鉏任、泠敦之田,許地也,鄭取之:鉏任、泠敦,並在今河南許昌縣境。各本"泠"均譌"冷",今訂正。左傳成公四年:"鄭伯伐許,取鉏任、泠敦之田。"

〔一三九〕晉襄公:春秋晉君姬歡,公元前627—前621年在位。

〔一四〇〕偪陽國:春秋東夷小國名。在今山東棗莊市嶧城區南。

〔一四一〕扶目切：四庫本作“扶日切”，誤。

〔一四二〕與南燕比：比，近。吳本、四庫本作“北”，誤。

〔一四三〕昭三年北燕伯款，亦姞姓：彥按：此謂北燕伯姞姓，不知何據。前人多以爲姬姓也。左傳襄公二十八年：“夏，齊侯、陳侯、蔡侯、北燕伯、杞伯、胡子、沈子、白狄朝于晉”，孔穎達正義曰：“譜云：‘北燕，姬姓，召公奭之後也。周武王封之於燕，居漁陽薊縣。’”又，漢書五行志下之下：“北燕伯出奔”，顏師古注引孟康曰：“有南燕，故言北燕，南燕姞姓，北燕姬姓也。”

〔一四四〕汝之魯山縣，非兗地：汝，州名。魯山縣，今屬河南省。兗，州名。

〔一四五〕汴之雝丘：汴，州名。雝丘，縣名，治所在今河南杞縣。　鄭莊：春秋鄭莊公姬寤生，公元前743—前701年在位。

〔一四六〕姓纂云：宋之雝氏，本姞姓：雝，同“雍”。今本元和姓纂卷一鍾韻雍作：“又宋有雍氏，本子姓也。”岑仲勉校記：“國名紀甲引姓纂云：‘宋之雍氏本姞姓。’潛夫論、急就篇顏注及通志亦作‘姞姓’，此作‘子’訛。”

〔一四七〕雝氏，黃帝後，姞姓：見太平寰宇記卷一開封府雍丘縣。原文作：“雍丘縣，古雍國，黃帝之後，姞姓。”洪本“姞”譌“姓”。

〔一四八〕冀之堂陽：冀，州名。堂陽，縣名，治所在今河北新河縣西北。

〔一四九〕寰宇之高垤城，本於隴切，自漢州名、人姓皆於用切：於隴切，四庫本作“于隴切”。於用切，四庫本作“于用切”。彥按：“垤”字不見於字書。今太平寰宇記亦未見有高垤城，疑“高垤”爲“雝”字之誤。“雝”同“雍”，雍既爲州名，亦爲姓氏，雍城又見於太平寰宇記，如卷七許州陽翟縣：“雍城。左傳謂楚蒍子馮率銳師侵雍梁，注云‘河南陽翟縣東北有雍氏城’，是也。”且“雍”既有“於隴切”之音，又有“於用切”之讀（並見於五音集韻），皆與羅氏所述相符。

〔一五○〕談苑：宋孔平仲撰。

〔一五一〕晉尸雝子：尸，陳尸。雝子，今左傳文作“雍子”，同。春秋楚人，奔晉爲臣。

〔一五二〕陽翟東北有雝氏城：見左傳襄公十八年“蒍子馮、公子格率銳師侵費滑、胥靡、獻于、雍梁”杜預注。

〔一五三〕晉地有斷道，即卷楚也：斷道，在今山西沁縣東南。春秋宣公十七年：“己未，公會晉侯、衞侯、曹伯、邾子同盟于斷道。”杜預注：“斷道，晉地。”又左傳宣公十七年：“盟于卷楚”，杜預注：“卷楚，即斷道。”

〔一五四〕世本作“段”：段，喬本、洪本、吳本作“叚”。彥按：“叚”當“段”字形譌。“斷”之作“段”，乃因音近，無由作“叚”也。今從四庫本及備要本。

〔一五五〕與須城比：比，鄰近。

〔一五六〕密須，今河南密縣，與安定姬姓密别：見史記齊太公世家“伐崇、密須”司馬貞索隱。彥按：姬當作姞。河南密縣之密，爲姬姓密（見史爲樂中國歷史地名大辭典詞條密義項②）；安定之密，乃姞姓密（見上文密須條）。司馬氏之説有誤。

〔一五七〕開封長垣：開封，府名。長垣，縣名，治所在今河南長垣縣南蒲街道。

〔一五八〕衞今在澶之衞南二十八里：二十八里，吳本脱“十”字。彥按：前“衞”字蓋衍，此釋雖不釋衞也。　衞詩所謂“思須與曹”者，緜聲轉也：四庫本“緜”作“由”。思須與曹，見詩邶風泉水，毛詩“曹”作“漕”。毛亨傳：“須、漕，衞邑也。”彥按：此謂雖即衞詩之須，因聲轉而異稱。春秋時邶、鄘、衞皆屬衞地，故其後三國詩又稱衞詩。

〔一五九〕而任、結二姓爲此二十九國：上所述，任姓十七國，結姓十四國，二姓凡三十一國。此謂“二十九國”，計算有誤。　其它子姓固稱是也：稱是，與此相當。

〔一六〇〕禮傳曰：舜即位，封黄帝之子孫十有九人爲侯伯：彥按：禮傳蓋詩傳之誤。韓詩外傳卷四：“韶用干戚，非至樂也。舜兼二女，非達禮也。封黄帝之子十九人，非法義也。”

〔一六一〕綴：謂輯録。

路史卷二十五

國名紀二

帝鴻後釐姓國

白民　山海經云銷姓國,而汲冢書言白民之國。今之白州。亦
見博物志[一]。孔晁以爲東南夷,與白州接。

防風　釐姓,守封、禺之間。二山在今湖之武康[二]。吳興記云:吳
興西有風渚山——一曰風山,有風公廟。古防風國也。下有風渚,今在武
康東十八里,天寶改曰防風山。禺山在其東二百步,説文作“嵎”[三]。寰
宇記云:以禁樵采曰封山[四]。山東南二十里有嵎山,禹十二代孫帝嵎所
居[五]。皆妄。今錢塘之金鼇山,郡國志云:防風氏封此,山下有風渚[六]。
然謂古鄞瞞國者,又繆[七]。

汪芒[八]　即汪罔。説苑云:汪芒,釐姓[九]。説文云:封嵎山在吳、
楚間,汪芒之國[一〇]。歷代故以爲防風也。

縉雲　今處州縉雲郡有縉雲山,是爲縉雲堂,縉雲氏之虚
也[一一]。永初山川記永寧縣有縉雲堂,是矣[一二]。舊經
圖記皆以爲黄帝之號、黄帝之蹤,失之。

驩兜　以嬖臣狐攻專權,亡國。荀卿云,堯伐之[一三]。今弘農有地
名兜,志爲驩兜之都[一四]。然意驩爲國,當如魯謹,未必
兜地[一五]。其後竄之崇山,則今澧之慈利也[一六]。有驩
兜墓。然嶺外驩州圖經記以爲其竄所,樂史亦記驩州爲

所放處，則去崇山遠矣[一七]。驩，隨爲州，是爲驩朱國[一八]。山海經云：國人似仙，人面鳥喙，捕魚海島[一九]。郭氏謂：堯臣，有罪放南海；死，帝矜之，使其子居南海祠之[二〇]。而神異經言驩兜民鳥足，仗翼而行，食魚，不畏風雨；有所觸死[二一]。乃已居南荒中，尤異[二二]。

崇山　　在慈利。詳上。潞之涉東南亦有崇山，非也[二三]。

驩朱　　今驩州。詳上。

三苗三[二四]　周景式云：柴桑、彭澤之間，古三苗國[二五]。左洞庭右彭蠡，負固而亡者。今衡、岳、潭之境[二六]。而南海亦有三苗國。山海經：三苗國在西北，赤水之東[二七]。南海三苗之國，記云：禹伐有苗，其餘裔叛，以入南海[二八]。外國圖云：去九疑三萬三千里。神異經云：苗民人形而腋翼不能飛，爲人饕餮淫佚而無度，居西北荒[二九]。

三危　　今戎虜瓜、沙等州是[三〇]。其處有三峯山，俗曰升雨山，在焞皇南三十里[三一]。地道記云：鳥鼠同穴西有三危山，三苗所處[三二]。是也。

重黎[三三]　穆天子觴重黎氏，地在長㻪，近黑水[三四]。其先三苗。

羌　　　今河關西南皆羌地。濱于賜支，至于河首，緜地千里[三五]。

大人　　見西北經[三六]。釐姓。

久遠之事，謂人似狗，蓋有知之者矣。四兇之姦，曰倱伅，曰窮奇，曰檮杌，饕餮而已[三七]。倱伅，俛張之臀；窮奇，離奇之謂；檮杌，幬昇之稱；饕餮，貪叨之號爾[三八]。而言者率過實。傳曰："投之四裔，以禦魑魅[三九]。"又曰：堯竄之，以變四夷[四〇]。計四兇之在堯朝，則爲兇族，蓋有今之君子所不及者。不然，則亦安能禦魑魅、變四夷哉？我之下駟，當彼上駟[四一]。然則四夷之視中國，豈不甚相遼邪？先王於此，蓋有以處之矣。此氐、羌、戎、蠻與夫白民、驩兜、防風、三苗、髦民、狂犬、鮮卑、安息等之所以不去於國名記者,豈惟先王之族哉〔四二〕?亦欲世人知生華之爲幸,而不自弃於禽物之歸而已〔四三〕。

雖然山海經言驩兜、苗民至有甚異,而東方生神異經更以倱伅、窮奇、檮杌、饕餮爲之四獸,人之于獸,遠矣〔四四〕。然檮杌之、饕餮之不已,則去華而夷,化人而禽,不希矣〔四五〕!離仁義,人雖名,固二足無毛爾。是以君子惡居下流〔四六〕。人之爲人,豈惟衣食飽煖而已哉!

【校注】

〔一〕亦見博物志:備要本"見"譌"是"。

〔二〕湖之武康:湖,州名。武康,縣名。

〔三〕説文作"嵎":彦按:大徐本説文作"嵎"。嵎宜視爲嵎字俗體。

〔四〕見太平寰宇記卷九四湖州武康縣。

〔五〕山東南二十里有嵎山:二十里,今本太平寰宇記作"二里"。

〔六〕今錢塘之金鵞山,郡國志云:防風氏封此,山下有風渚:錢塘,縣名,治所即今浙江杭州市。太平寰宇記卷九三杭州錢唐縣:"金鵝山。郡國志云:'金鵝山山鳴,即縣有貴人寓止。古防風氏封此,山下有風渚,即古鄋瞞國也。'"

〔七〕然謂古鄋瞞國者,又繆:吴本、四庫本"瞞"譌"蔄"。四庫本"繆"作"謬"。鄋瞞國,古國名。春秋時狄人的一支。地在今山東境。

〔八〕汪芒:各本"芒"均作"芷"。彦按"芷"當作"芒"。"芒"或作"芢",書稍潦草便與"芷"混,因致誤。芒、罔上古音近,故"汪芒"又作"汪罔";若是"汪芷",芷、罔二音迥異,必無與"汪罔"相通之理。説苑、説文皆作"汪芒",足爲證明。今據以訂正。下"汪芒,釐姓"之"芒"字同。

〔九〕見辨物篇。文曰:"汪芒氏之君,守封嵎之山者也,其神爲釐姓。"

〔一〇〕見説文解字山部嵎。

〔一一〕縉雲郡:治所在今浙江麗水市蓮都區東南。

〔一二〕永寧縣:治所在今浙江温州市鹿城區。

〔一三〕荀子議兵:"是以堯伐驩兜,舜伐有苗,禹伐共工,湯伐有夏,文王伐崇,武王伐紂,此四帝兩王,皆以仁義之兵行於天下也。”

〔一四〕今弘農有地名兜:弘農,縣名,治所在今河南靈寶市。兜,吳本譌“㲍”,四庫本譌“晁”。下“兜地”、“驩兜墓”之“兜”同。

〔一五〕魯讙:四庫本“讙”作“驩”,誤。春秋桓公三年:“九月,齊侯送姜氏于讙。”楊伯峻注:“讙音歡。魯國地名,當在今山東省寧陽縣北而稍西三十餘里。”

〔一六〕其後竄之崇山:竄,猶“放”,放逐。

〔一七〕嶺外驩州圖經:佚書,作者不詳。吳本、四庫本“嶺”作“領”。　樂史亦記驩州爲所放處:驩州,治所在今越南義静省榮市。太平寰宇記卷一七一驩州云:“‘放驩兜于崇山’,即此也。”

〔一八〕隨爲州:隨,通“隋”。　驩朱國:山海經海外南經作讙朱國。

〔一九〕見海外南經。原文爲:“讙頭國在其南,其爲人人面有翼,鳥喙,方捕魚。一曰在畢方東,或曰讙朱國。”

〔二〇〕郭璞注原文作:“讙兜,堯臣,有罪,自投南海而死。帝憐之,使其子居南海而祠之。畫亦似仙人也。”

〔二一〕神異經:漢東方朔撰。

〔二二〕南荒:指南方遥遠荒涼之地。

〔二三〕潞之涉:潞,州名。涉,縣名,治所即今河北涉縣。

〔二四〕三苗:備要本作“三苗國”。　三:備要本無此注文。

〔二五〕周景式:東晉道士。　柴桑、彭澤之間,古三苗國:柴桑,縣名,治所在今江西九江縣南。彭澤,縣名。今屬江西省。太平寰宇記卷一一一江州引周景式廬山記云:“柴桑、彭澤之郊,古三苗國,舊屬廬江地。”

〔二六〕衡、岳、潭:三州名。分別指今湖南衡陽市、岳陽市、長沙市一帶地區。

〔二七〕山海經:三苗國在西北,赤水之東:彦按:“西北”二字疑衍。山海經海外南經曰:“三苗國在赤水東,其爲人相隨。”無“西北”字,且既是海外南經,亦不當在西北也。

〔二八〕禹伐有苗,其餘裔叛,以入南海:山海經海外南經郭璞注:“昔堯以天下讓舜,三苗之君非之,帝殺之,有苗之民叛入南海,爲三苗國。”

〔二九〕四庫全書本神異經文作："西荒中有人焉，面目手足皆人形，而胳下有翼不能飛，名曰苗民。書曰竄三苗于三危西裔；爲人饕餮，淫泆無禮，故竄於此。"

〔三〇〕瓜、沙等州：瓜州，在今甘肅安西縣一帶。沙州，在今甘肅敦煌市一帶。

〔三一〕焞皇：即敦煌。

〔三二〕鳥鼠同穴：山名。在今甘肅渭源縣。

〔三三〕重䂀：䂀，音 xī，穆天子傳作"䣛"。

〔三四〕觴：嚮人敬酒。　地在長球，近黑水：長球，穆天子傳作"長湪（tàn）"。具體地址不詳。黑水，水名。郭璞以爲"水亦出崑崙山西北隅，而東南流"（見穆天子傳卷二"甲申，至於黑水"注）。穆天子傳卷四："秋，癸亥，天子觴重䣛之人鰥鴛。"又："庚寅，至于重䣛氏黑水之阿。"

〔三五〕緜：延續不斷。

〔三六〕見西北經：彥按：西北經爲大荒北經之誤。山海經大荒北經："有大人之國，釐姓，黍食。"當即路史所本。

〔三七〕四兇之姦，曰倱伅，曰窮奇，曰檮杌、饕餮而已：倱伅，即渾敦。左傳文公十八年："舜臣堯，賓于四門，流四凶族渾敦、窮奇、檮杌、饕餮，投諸四裔，以禦魑魅。"

〔三八〕幬戼：備要本"戼"作"戼"。彥按："幬戼"疑當讀爲"檮昧"，愚昧之義。　貪叨：貪婪。叨（tāo），同"饕"。

〔三九〕投之四裔，以禦禠袜：見左傳文公十八年，"之"作"諸"；"禠袜"作"魑魅"，字異而詞同。

〔四〇〕見後紀十三帝禹夏后氏注〔一八〕。

〔四一〕我之下駟，當彼上駟：下駟，劣等馬，比喻下等之人或物。上駟，上等馬，比喻上等之人或物。

〔四二〕狂犬：備要本"犬"譌"大"。

〔四三〕亦欲世人知生華之爲幸，而不自弃於禽物之歸而已：華，華夏。歸，歸屬，類屬。

〔四四〕山海經言：四庫本"言"作"云"，誤。

〔四五〕去華而夷:洪本"華"譌"单"。

〔四六〕君子惡居下流:下流,河流的下游,比喻衆惡所歸之境地。論語子張:"子貢曰:'紂之不善,不如是之甚也。是以君子惡居下流,天下之惡皆歸焉。'"

少昊青陽氏後

清　　帝德攷云,少昊曰清。清地也。一曰青陽。春秋圖清有二,預謂滎陽中牟西清陽亭,是〔一〕。中牟,今隸開封。然攷清地非一:一在鄆,漢封宫中同者,或謂少昊國〔二〕。衛地。今鄆之東阿東北四十有清亭,隱公四年"遇于清"者〔三〕。哀十一年,杜云,亭在濟北盧縣東〔四〕。一在濮〔五〕。臨濮西三十五,乃宣十二年晉、宋盟清丘者〔六〕。其丘高丈〔七〕。又昭十一年一清丘,魯地〔八〕。一在并解〔九〕。本曰清源,在解之聞喜。今在安邑北五十。宣十三年"赤狄伐晉,及清"者〔一〇〕。而并又有青原,亦狄伐晉之路〔一一〕。一作故樂平。成十七年國勝待命于清者〔一二〕。

雲陽　今茶陵有雲陽山,有青陽氏墳,蓋即青陽〔一三〕。今長沙皆是〔一四〕。

青陽　今潭之長沙,昔荆獻青陽以西于秦者〔一五〕。然貝之青陽,漢之舊縣,故城在今縣東三十五〔一六〕。貝,今之恩〔一七〕。而清陽,熙寧四省入清河〔一八〕。而歐公于役志"辛亥,次青陽",乃宿泗間,蓋子孫之散處者〔一九〕。若池之青陽,則特在青山之陽爾〔二〇〕。天聖元年置〔二一〕。

窮桑　宜在梁、雝之域〔二二〕。詳紀中。説咸以爲魯,詳前紀。蓋以傳謂伯禽之封爲少昊之虚〔二三〕。或其後所徙,非始國窮桑也。

兖　　今兖之仙源。輿地廣記云:少昊之裔。

凡人有子,八歲教讓;十三出之俾就外傅,居宿于外,誠欲以尊德性而廣見聞,歷艱難而知疾苦也[二四]。國君有子,獨不知誨之乎? 太子者,天下之本也。其善者非它,在於早教諭而習人事爾[二五]。

子曰:"吾少也賤,故多能鄙事[二六]。"夫世固未有不先賤而多能者。昔文王之卦,乾父西北,坤母西南,中男近父,中女近母,少女介乎父母之間,而長男獨遠居乎父母之外[二七]。遠乎父母,惟以成其德,多其能也。是故一黿出震,向明取離,而天下治矣[二八]。雒陽年少蓋知其一而未悉其二也[二九]。彼知自古聖君少,庸君多,故亂日長而治日短者,在於人主教諭之不早;而不知黿夕閨闈,耳目之所接者盡富貴,無非陷溺其良心正性者也,而能保其終不流乎風霉之中,有奈草蔭覆之[三〇]。下無美樅丹膜之垣,豈固少經綸之材邪[三一]?

佚則生疾,安則忘患,是故洪舒蒲假,從欲敗度,而無不至[三二]。夏之癸、商之受、周之幽厲、秦之二世,與夫漢桓靈、晉惠懷、東昏、叔寶,若夫後代之弈迷菽麥,惑屯毛,繆豬驢,而疑鹿馬者,皆是物也[三三]。

舜居深山之中,與木石俱,與鹿豕游;及其得位,則垂拱無為而天下治[三四]。晉公子十九年在外,險阻備嘗;而楚君蓽路藍縷,以起草莽,——俱霸諸侯[三五]。夏之仲康、少康、商之般庚、祖甲,漢高祖,唐太宗,與夫文帝、光武之所以能恢復境土致太平者,咸繇長於民間,知人疾苦而已矣[三六]。

德惠以疾疢存,聖賢繇忍性達,是故愛子,不可存之膝下[三七]。孟侯元子,生于深宮之中,長於婦人之手,暑至於溫,寒至於涼而已,未嘗知憂,未嘗知懼,何自而知稼穡之艱難哉[三八]? 畀以天下,是何異於俾蟾執鼠,黿捕蠅,其不失之者,無矣[三九]。

予繹路史,見伏羲之出於庖,神農之出於耆,黃帝之出於熊,少昊之出於清,與夫高陽之出若水,帝嚳之出高辛,俱自遠方以陟帝，旋致昭泰，然後知古之有道之君，未有不養成於潛者〔四〇〕。易曰："'潛龍勿用'，陽在下也〔四一〕。""'或躍在淵'，自試也〔四二〕。""'飛龍在天'，上治也〔四三〕。"滄淵者，神龍養神之所；而潛邸者，聖人養德之地也〔四四〕。可不務哉？

坤年神
〇
西 巽女乾
坎中北
男
人之道自西而東　天之道自北而南

【校注】

〔一〕預謂滎陽中牟西清陽亭：滎陽，洪本"滎"字漶漫，喬本、吳本、四庫本譌"榮"，今據備要本訂正。清陽亭，喬本、洪本、四庫本"清"譌"青"，今據吳本、備要本改。參見後紀七小昊青陽氏注〔二一〕。

〔二〕宮中同：窒中同之誤。見後紀七小昊青陽氏注〔一九〕。

〔三〕今鄆之東阿東北四十有清亭：四十，喬本、洪本、吳本、備要本作"西十"，四庫本作"西十里"。彥按："西"當"四"字之譌。水經注卷八濟水："濟水自魚山北逕清亭東。春秋隱公四年'公及宋公遇于清'，京相璠曰：今濟北東阿東北四十里有故清亭，即春秋所謂清者也。"可證。今據以訂正。

〔四〕杜云，亭在濟北盧縣東：見左傳哀公十一年"及清"注，文曰："清，齊地。濟北盧縣東有清亭。"濟北，郡名。盧縣，治所在今山東濟南市長清區。

〔五〕濮：濮州。

〔六〕宣十二年晉、宋盟清丘：是年春秋經曰："晉人、宋人、衛人、曹人同盟于清丘。"

〔七〕其丘:四庫本"丘"作"邱"。

〔八〕昭十一年一清丘:左傳昭公十一年:"盟于清丘之社。"

〔九〕并解:二州名。并州治所在今山西太原市城區。解州治所在今山西運城市鹽湖區解州鎮。

〔一〇〕宣十三年"赤狄伐晉,及清":見是年左傳。

〔一一〕而并又有青原:彦按:青原疑當作清源,此承上文"本曰清源,在解之聞喜"言,故稱"又有"。并州之清源縣,治所在今山西清徐縣清源鎮。

〔一二〕成十七年國勝待命于清者:國勝,春秋齊大夫。左傳成公十七年:"(齊侯)使國勝告難于晉,待命于清。"杜預注:"清,陽平樂平縣是。"

〔一三〕茶陵:洪本作"荼陵",同。

〔一四〕今長沙皆是:皆是,謂皆屬其地。

〔一五〕昔荆獻青陽以西于秦者:荆,楚國舊稱。水經注卷三八湘水:"秦滅楚,立長沙郡,即青陽之地也。秦始皇二十六年令曰:荆王獻青陽以西。"史記秦始皇本紀:"秦王初并天下,令丞相、御史曰:……荆王獻青陽以西,已而畔約,擊我南郡,故發兵誅,得其王,遂定其荆地。"

〔一六〕然貝之青陽,漢之舊縣,故城在今縣東三十五:貝,州名。青陽,當作清陽,路史誤與青陽縣混。清陽縣治所在今河北清河縣。縣東,太平寰宇記卷五八貝州清陽縣作"縣東南",云:"古清陽縣城,在縣東南三十五里。"

〔一七〕恩:州名。

〔一八〕而清陽,熙寧四省入清河:清陽,四庫本作"青陽",非是。清河,縣名,今屬河北省。

〔一九〕歐公:指宋歐陽修。　宿泗間:宿指宿州,治所在今安徽宿州市埇橋區。泗指泗州,治所在今江蘇盱眙縣西北。

〔二〇〕池之青陽:池,州名。青陽,縣名,治所在今安徽青陽縣。

〔二一〕天聖:宋仁宗趙禎年號。

〔二二〕梁、雝之域:今陝西、甘肅一帶地區。梁、雝,二州名。

〔二三〕傳謂伯禽之封爲少昊之虚:見左傳定公四年。

〔二四〕教讓:教育責備。　外傳:古代貴族子弟至一定年齡出外就學,所從之師。

〔二五〕其善者非它：四庫本“它”作“他”。　習人事：習，熟悉，通曉。人事，泛稱人情事理、人世間事。

〔二六〕見論語子罕。　賤：地位卑微。　鄙事：地位卑微者所從事的工作。

〔二七〕昔文王之卦：洪本“昔”字闕文。文王之卦，即所謂“後天八卦”（與伏羲之“先天八卦”相對而言）。　乾父西北，坤母西南：易説卦：“乾，天也，故稱乎父。坤，地也，故稱乎母。”　中男近父，中女近母：中男指坎卦，於文王八卦中方位居北，與乾卦之西北方位相鄰，故稱“近父”。中女指離卦，於文王八卦中方位居南，與坤卦之西南方位相鄰，故稱“近母”。　少女介乎父母之間，而長男獨遠居乎父母之外：少女指兑卦，於文王八卦中方位居西，恰處於乾、坤二卦中間，故稱“介乎父母之間”。長男指震卦，於文王八卦中方位居東，距乾、坤二卦最遠，故稱“獨遠居乎父母之外”。易説卦：“震一索而得男，故謂之長男。巽一索而得女，故謂之長女。坎再索而得男，故謂之中男。離再索而得女，故謂之中女。艮三索而得男，故謂之少男。兑三索而得女，故謂之少女。”高亨今注：“震坎艮皆爲陽卦，故皆爲男。巽離兑皆爲陰卦，故皆爲女。凡陽卦皆一個陽爻，以陽爻爲主爻。凡陰卦皆一個陰爻，以陰爻爲主爻。……震（☳）之第一爻爲陽爻，陽爻象男，故一索而得男。巽（☴）之第一爻爲陰爻，陰爻象女，故一索而得女。坎（☵）之第二爻爲陽爻，故再索而得男。離（☲）之第二爻爲陰爻，故再索而得女。艮（☶）之第三爻爲陽爻，故三索而得男。兑（☱）之第三爻爲陰爻，故三索而得女。”

〔二八〕是故一龗出震，向明取離，而天下治矣：龗（zhāo），通“朝”。下“龗夕”之“龗”同。彦按：震爲長男，即太子，即儲君。出震而向明取離，謂登帝位也。易説卦：“萬物出乎震。震，東方也。齊乎巽。巽，東南也。齊也者，言萬物之絜齊也。離也者，明也，萬物皆相見，南方之卦也。聖人南面而聽天下，嚮明而治，蓋取諸此也。”高亨今注：“説卦認爲帝王南面嚮明以上朝聽政，亦因離爲明爲南方而取象焉。”

〔二九〕雒陽年少：指稱漢賈誼。史記賈生列傳：“賈生名誼，雒陽人也。……孝文帝初即位，謙讓未遑也。諸律令所更定，及列侯悉就國，其説皆自賈生發之。於是天子議以爲賈生任公卿之位。絳、灌、東陽侯、馮敬之屬盡害之,乃短賈生曰:‘雒陽之人,年少初學,專欲擅權,紛亂諸事。’”

〔三〇〕彼知自古聖君少,庸君多,故亂日長而治日短者,在於人主教諭之不早:宋本“教諭”作“諭教”。賈誼新書保傳篇云:“天下之命,縣於太子;太子之善,在於蚤諭教與選左右。” 閨闈:內宮,內庭。 風霿:霿,“雪”字異體。四庫本、備要本作“雪”。 有奈草蔭覆之:奈,蓋“賴”字音譌。

〔三一〕美樅丹臒之垣:樅,木名,即冷杉。樹幹端直,高可達四十米。丹臒(wò),一種紅色礦物質塗飾顔料。丹,喬本、吳本、四庫本作“舟”,宋本、洪本作“舟”,並誤。今據備要本改。臒,赤石脂之類,爲古代上等紅色顔料。喬本、洪本、四庫本作“臒”,吳本作“臒”,皆誤。今據宋本、備要本訂正。 經綸之材:治理國家的人才。

〔三二〕洪舒蒲假:洪舒,太懈怠。洪,大。舒,舒緩,懈怠。書多方:“有夏誕厥逸,不肯感言于民,乃大淫昏,……罔丕惟進之恭,洪舒于民。”孔氏傳:“言桀……大舒惰於治民。”蒲假,疑當讀爲“浮假”,猶虛大,浮夸。 從欲敗度:書太甲中:“予小子不明于德,自底不類,欲敗度,縱敗禮,以速戾于厥躬。”孔氏傳:“言己放縱情欲,毀敗禮儀、法度,以召罪於其身。”

〔三三〕秦之二世:喬本、洪本“二”譌“一”。今據餘本訂正。 漢桓靈:指漢桓帝劉志與漢靈帝劉宏,並東漢末年昏庸之君。 晉惠懷:指晉惠帝司馬衷與晉懷帝司馬熾,並西晉無能之君。 若夫後代之弃迷菽麥:若,與。弃迷菽麥,謂不過問農事、不辨識五穀。弃,遺忘。左傳成公十八年:“周子(晉悼公)有兄而無慧,不能辨菽麥,故不可立。”杜預注:“菽,大豆也。豆、麥殊形易別,故以爲癡者之候。不慧,蓋世所謂白癡。” 惑屯毛:宋宋祁宋景文筆記卷中:“(漢書)儒林傳施讐傳云:‘魯伯授太山毛莫如少路’,師古曰:‘姓毛,名莫如,字少路。’該案風俗通姓氏篇:混屯,太昊之良佐。漢有屯莫如,爲常山太守。……案此莫如,姓非毛,乃應作‘屯’字,音徒本反。今人相承呼爲毛,忽聞爲屯,驚怪者多。但毛、屯相類,容是傳寫誤耳。應劭解漢書,世人皆用,何爲風俗通而不信?” 繆豬驢:太平御覽卷九〇一:“世説曰:(晉)孝武帝未嘗見驢,謝太傅問:‘陛下遙想其形當何所似?’孝武掩口而笑,答曰:‘頭當似豬。’”

疑鹿馬:史記秦始皇本紀:“趙高欲爲亂,恐羣臣不聽,乃先設驗,持鹿獻於二世,曰:'馬也。'二世笑曰:'丞相誤邪？謂鹿爲馬。'問左右,左右或默,或言馬以阿順趙高,或言鹿。高因陰中諸言鹿者以法。後羣臣皆畏高。"

〔三四〕舜居深山之中,與木石俱,與鹿豕游:見孟子盡心上,"居"作"之居","俱"作"居"(四庫本路史亦作"居")。

〔三五〕晉公子十九年在外,險阻備嘗:晉公子,指春秋晉文公重耳。重耳爲公子時,受迫害流亡列國達十九年之久,方借助秦國力量返回晉國,殺懷公而立,終成春秋五霸之一。洪本"十"譌"下"。左傳僖公二十八年載楚子之言曰:"晉侯在外十九年矣,而果得晉國。險阻艱難,備嘗之矣;民之情僞,盡知之矣。" 而楚君蓽路藍縷,以起草莽:左傳宣公十二年載晉欒武子語曰:"楚自克庸以來,其君……在軍,無日不討軍實而申儆之于勝之不可保、紂之百克而卒無後,訓之以若敖、蚡冒蓽路藍縷以啓山林。"杜預注:"若敖、蚡冒,皆楚之先君。蓽路,柴車。藍縷,敝衣。言此二君勤儉以啓土。"又昭公十二年載楚右尹子革對楚靈王曰:"昔我先王熊繹,辟在荆山。蓽路藍縷,以處草莽;跋涉山林,以事天子。"

〔三六〕般庚:四庫本作"盤庚",同。 文帝、光武:指西漢文帝劉恒及東漢光武帝劉秀。 咸繇長於民間:四庫本"繇"作"由"。下"聖賢繇忍性達"之"繇"同。

〔三七〕德惠以疾疢存,聖賢繇忍性達:德惠,德澤恩惠。喬本、吳本、四庫本、備要本"惠"作"慧",此從宋本、洪本改。疾疢,泛指疾苦。忍性,謂堅忍其性,使其性堅忍。孟子告子下:"所以動心忍性,曾益其所不能。"趙岐注:"所以動驚其心,堅忍其性,使不違仁。"達,達到,謂具備。

〔三八〕孟侯元子:孟侯,諸侯之長,方伯。此但泛稱國君。元子,太子。何自而知稼穡之艱難哉:宋本、洪本"稼穡"作"家嗇"。

〔三九〕畀以天下,是何異於俾蟾執鼠,鼉捕蟊:畀,給予,付與。蟾,蟾蜍,即癩蛤蟆。蟊,同"蚤",跳蚤。

〔四〇〕予繹路史:洪本"予"譌"子"。四庫本"路"譌"絡"。 黃帝之出於熊:洪本"熊"作"帬",當爲譌字。 旋致昭泰:昭泰,清明安泰。 養成於潛:謂在民間之時養成道德品質與性格。

〔四一〕"潛龍勿用",陽在下也:見易乾初九象辭。高亨今注:"傳意:爻辭云‘潛龍勿用’,因初九爲陽爻,居一卦之下位也。陽爻象龍,居一卦之下位象潛,故曰‘潛龍’。潛龍比喻君子隱居不出,静處不動,故曰‘勿用’。”

〔四二〕“或躍在淵”,自試也:見易乾文言。高亨今注:“龍‘或躍在淵’比喻君子活動於社會下層,自試其才能,故曰:‘自試也。’”

〔四三〕“飛龍在天”,上治也:見易乾文言。高亨今注:“‘飛龍在天’比喻大人在上位治國臨民,故曰:‘上治也。’”洪本“飛”作“蜚”。

〔四四〕滄淵者,神龍養神之所:滄淵,青蒼色的深水潭。神龍,洪本如此,是,今從之。餘本均作“神農”,蓋由音譌。　　而潛邸者,聖人養德之地也:潛邸,指帝王即位前之住所。聖人,指古之帝王。

少昊後國

倍	倍伐〔一〕。倍宜國。
緡	蔑姓,夏滅之。山陽東緡〔二〕。漢縣。陳留風俗傳云:東緡,故陽武户牖鄉〔三〕。今濟之金鄉有古緡城。鄒衍云:“予登緡城,以望宋都〔四〕。”后緡國也。僖二十齊,二十六年楚,各圍緡,同金鄉,故昌邑〔五〕。賈逵以緡爲有仍之姓,妄〔六〕。
蔑〔七〕	一曰姑蔑。姑,引語,猶于越。今兖之瑕丘有姑蔑故城〔八〕,預:在卞縣〔九〕。邾、魯盟處〔一〇〕。隱元年。或云:魯附庸,嬴姓。
尹	般之封,今汾州〔一一〕。鄭樵説,故尹地,及周爲尹氏采〔一二〕。有吉甫墓〔一三〕。王符云,慶姓〔一四〕。蓋亦作允。允格。
汾	駘封汾川〔一五〕,以處太原,絳州正平之汾水也。故曲沃有駘神〔一六〕。通典,絳州曲沃有臺駘神〔一七〕。元和志,臺駘祠在曲沃西南三十六里〔一八〕。
臺	臺駘,宜以國名。或即汾川。一曰臺駘障〔一九〕。九域志,祠、障並太原。
沈	故國在汾川。晉滅之。沈約説,成八年无之,當是文三年“沈潰”者,然恐其不在此〔二〇〕。與汝南之沈別,約自序失之〔二一〕。

姒　　鄧名世云：“姒乃國名，非姓也。”〔二二〕姓氏辨證〔二三〕。

蓐　　辱、鄏也。所謂郟鄏，俱在河南〔二四〕。有鄏山〔二五〕。後蓋爲蓐收國〔二六〕。風俗通、姓纂云蓐收後，未然。

鄀　　子爵。舊鄀本商密，秦、楚界上小國。商密，楚地，在商之丹水，水經云南鄉丹水縣西密陽鄉〔二七〕。世本云：允姓國。秦入之〔二八〕。文五年。後遷南郡。預之説〔二九〕。按晉志云：南郡鄀縣，鄀子國〔三〇〕。興地廣記云：“楚附庸，楚滅之〔三一〕。”今襄之宜城西南有鄀亭山——上有城險固、鄀鄉、鄀水〔三二〕。鄉居水仄〔三三〕。貞觀嘗爲鄀州。通典皆作若〔三四〕。故諸地書多以爲昌意所封，失之。

戎州　允姓。古戎州己氏之邑，今拱之楚丘己氏城，漢、隨之己氏縣〔三五〕。詳紀〔三六〕。

【校注】

〔一〕倍伐：少昊元妃所生子。見後紀七小昊青陽氏。

〔二〕山陽東緡：山陽，郡名。東緡，縣名，治所在今山東金鄉縣。

〔三〕東緡，故陽武户牖鄉：陽武，縣名，治所在今河南原陽縣東南。户牖鄉，在今河南蘭考縣東北。彥按：東緡乃東昏之誤。史記陳丞相世家：“陳丞相平者，陽武户牖鄉人也。”張守節正義引陳留風俗傳云：“東昏縣，衛地，故陽武之户牖鄉也。”裴駰集解、司馬貞索隱引徐廣云亦均作東昏縣，可證。考東緡治所在今山東金鄉縣地，東昏治所在今河南蘭考縣地，今羅氏既誤以東昏爲東緡，乃附會以注，謬亦甚矣！

〔四〕鄒衍云：“予登緡城，以望宋都”：水經注卷八濟水引，“予”作“余”。

〔五〕僖二十齊，二十六年楚，各圍緡：彥按：二十齊，“二十”當作“二十三”。僖公二十年無圍緡事；而僖公二十三年則春秋經文既載“春，齊侯伐宋，圍緡”，左傳亦曰“春，齊侯伐宋，圍緡，以討其不與盟于齊也”。圍，喬本、洪本、吳本、備要本譌“罔”，今據四庫本訂正。春秋僖公二十六年：“冬，楚人伐宋，圍緡。”　同金鄉，故昌邑：昌邑，喬本、吳本、備要本作“邑昌”，誤。此從洪本及四庫本。春秋僖公二十三年“圍緡”杜預注：“緡，宋邑。高平昌邑縣東南有東緡城。”是緡在昌邑也。

〔六〕賈逵以緡爲有仍之姓：史記吳太伯世家“帝相之妃后緡方娠”裴駰集解引賈逵曰：“緡，有仍之姓也。”

〔七〕蔑：同“蔑”。吳本、四庫本、備要本並作“蔑”。

〔八〕兗之瑕丘：兗，州名。瑕丘，縣名，治所在今山東濟寧市兗州區。

〔九〕預：在卞縣：見春秋隱公元年“公及邾儀父盟于蔑”注，文作：“蔑，姑蔑，魯地。魯國卞縣南有姑蔑城。”卞縣，治所在今山東泗水縣。

〔一〇〕見上注。

〔一一〕般之封，今汾州：般，少昊次妃所生子。見後紀七小昊青陽氏。汾州，治所在今山西汾陽市。

〔一二〕鄭樵説，故尹地，及周爲尹氏采：見通志卷二七氏族略三以邑爲氏周邑尹氏，文曰：“少昊之子封於尹城，因以爲氏。子孫世爲周卿士，食采於尹。今汾州有尹吉甫墓，即其地也。”

〔一三〕吉甫：指尹吉甫，西周時尹國國君，曾輔助周宣王中興周朝。

〔一四〕王符云，慶姓：見潛夫論志氏姓：“慶姓樊、尹、駱。”

〔一五〕駘：臺駘。帝少昊之子。見後紀七小昊青陽氏。

〔一六〕故曲沃有駘神：彦按：據通典，“駘神”當作“臺駘神祠”。詳見下注。

〔一七〕通典，絳州曲沃有臺駘神：彦按：“臺駘神”當作“臺駘神祠”。此“神”下無“祠”字，蓋襲自誤本通典。通典卷一七九州郡九絳州曲沃：“漢絳縣地。春秋時晉曲沃地。臺駘神祠在此。”中華書局1988年版通典王文錦等校勘記：“按：北宋本、傅校本、遞修本、明刻本、王吳本有‘神’脱‘祠’。”

〔一八〕見元和郡縣圖志卷一二絳州曲沃縣臺駘神祠。

〔一九〕臺駘障：堤壩名。相傳臺駘所築。白孔六帖卷六水：“臺駘障澤，帝用嘉之。”

〔二〇〕成八年无之，當是文三年“沈潰”者，然恐其不在此：无，喬本、洪本、備要本作“无”，吳本、四庫本作“無”。“无”當是“无”字之譌。“无”同“無”，爲奇字（見説文）。今訂作“无”。又，洪本“之當”二字誤倒而成“當之”。彦按：左傳成公八年：“楚師之遷也，晉侵沈，獲沈子揖初。”又春秋文公

三年：“春，王正月，叔孫得臣會晉人、宋人、陳人、衛人、鄭人伐沈。沈潰。”或稱
“獲沈子”，或稱“沈潰”，均未言“滅”，故羅氏疑“其不在此”。然沈約宋書自
序已明言：“定公四年，諸侯會召陵伐楚，沈子不會，晉使蔡伐沈，滅之，以沈子
嘉歸。”其説本於春秋定公四年經、傳，未知羅氏何以不見。

〔二一〕與汝南之沈别，約自序失之：汝南，郡名，治所在今河南汝南縣。
沈約宋書自序：“沈子國，今汝南平輿沈亭是也。”

〔二二〕鄧名世云：“姒乃國名，非姓也”：彦按：古今姓氏書辯證卷二止韻
上姒云：“又左傳載少昊子臺駘，‘封諸汾川，沈、姒、蓐、黄，實守其祀’者，姒迺
國名，非姓也。”是鄧氏所謂“姒迺國名，非姓也”，乃針對所引左傳文言。今羅
氏引之，但截取其下半句，則似鄧氏泛泛而言，否認姒之爲姓，極易誤導讀者，
甚是不妥。

〔二三〕姓氏辨證：即鄧名世所撰古今姓氏書辯證。各本均作姓氏辨誤，非
是，今訂正。

〔二四〕所謂郟鄏，俱在河南：彦按：左傳宣公三年：“成王定鼎于郟鄏。”杜
預注：“郟鄏，今河南也。”楊伯峻注：“郟鄏即桓七年傳之郟，周之王城，漢之河
南，在今洛陽市。”郟鄏當爲一地。而此羅氏既稱“俱在”，則以郟、鄏爲兩地，
不知何據。

〔二五〕鄏山：當在今河南洛陽市舊城西。

〔二六〕蓐收：即該，少昊氏弟。見後紀八帝顓頊高陽氏。

〔二七〕商之丹水：商，縣名，治所在今陝西丹鳳縣西。　水經云南鄉丹水
縣西密陽鄉：南鄉，郡名。水經注卷二〇丹水：“丹水又逕丹水縣故城西南，縣
有密陽鄉，古商密之地。”參見國名紀七雜國下注〔六八〕。

〔二八〕秦入之：春秋文公五年：“秦人入鄀。”

〔二九〕左傳僖公二十五年：“秋，秦、晉伐鄀。”杜預注：“鄀本在商密，秦、
楚界上小國，其後遷於南郡鄀縣。”

〔三〇〕見晉書地理志下。

〔三一〕見輿地廣記卷八襄州宜城縣。

〔三二〕襄之宜城：襄，州名。宜城，縣名，治所在今湖北宜城市。通志卷
四一都邑略周諸侯都“（楚）昭王爲吳所滅，又遷于鄀”注：“鄀本鄀國，楚并之，

在<u>襄陽</u><u>宜城縣</u>東。按：今<u>襄州</u>南二百二十里廢<u>樂鄉縣</u>是。其地今有<u>郜鄉</u>，在<u>郜</u>水傍。又云，<u>宜城</u>西南有<u>郜亭山</u>。”

〔三三〕仄：側，邊。

〔三四〕<u>通典</u>皆作若：若，<u>洪</u>本如此，與<u>通典</u>同，餘本皆謁“郜”。今訂正。<u>通典</u>卷一七七州郡七<u>襄州</u><u>樂鄉縣</u>：“春秋<u>若國</u>之地。有<u>若鄉</u>、<u>若水</u>。”

〔三五〕拱之<u>楚丘己氏城</u>：拱，州名。參見後紀七<u>小昊青陽氏</u>注〔一五三〕。

〔三六〕紀：指本書後紀七<u>小昊青陽氏</u>。

少昊後偃姓國〔一〕

皋　　陶之封〔二〕。<u>杜</u>云，偃姓。當與咎同。<u>商</u>有<u>咎單</u>，讀爲“舊”，非。

偃　　匽、郾也。<u>光武</u>曰：郾最大，宛次之〔三〕。<u>楚</u><u>昭陽</u>伐<u>魏</u>取<u>郾</u>者，今<u>許</u>之<u>郾城</u>，有故城〔四〕。而<u>蔡</u>之<u>襃信</u>故<u>郾城</u>，乃<u>漢</u>之<u>匽</u>〔五〕。<u>僖</u>元年有偃，云<u>邢</u>地〔六〕。<u>盟會圖</u>疏云<u>偃城</u>在<u>豫州</u>，泛言之〔七〕。

州　　今<u>荊南</u><u>監利</u>，故<u>華容</u>，古<u>州</u>也〔八〕。昔<u>隨</u>、<u>絞</u>、<u>州</u>、<u>蓼</u>伐<u>楚</u>、敗<u>郧</u>者，皆近<u>楚</u>小國〔九〕。<u>外紀</u>以爲姜姓<u>州</u>，誤〔一〇〕。<u>莊辛</u>言<u>州</u>侯者，非<u>淳于</u>之<u>州</u>〔一一〕。<u>預</u>云<u>華容縣</u>東南地；然謂<u>淳于</u>，<u>杞</u>併<u>州</u>遷于此而名，則非〔一二〕。

絞　　佼也。<u>楚</u>伐取之。<u>桓</u>十二年〔一三〕。<u>邘邑</u>有絞〔一四〕。在<u>隨</u><u>唐</u>之南〔一五〕。<u>漢</u>有<u>佼强</u>，或云<u>原伯佼</u>後〔一六〕。傳云“<u>佼</u>小而輕”，是國也〔一七〕，<u>桓</u>十二年〔一八〕。又曰“日虞四邑”〔一九〕，<u>桓</u>十一年〔二〇〕。顛倒如此！

貳　　在<u>隨州</u>南，昔“<u>屈瑕</u>將盟貳、軫”者〔二一〕。

軫　　<u>左氏傳</u>記<u>軫國</u>，在<u>楚</u>東南〔二二〕。<u>鄭樵</u>三國未詳〔二三〕。<u>姓苑</u>：<u>黃帝</u>造車軫，後賜氏〔二四〕。妄。

遙　　見<u>潛夫論</u>。<u>邳郫</u>傳有<u>繇延</u>，音“遙”〔二五〕，<u>歐陽歙</u>舉督郵<u>繇</u>

延〔二六〕。宜“謠”之訛。皋繇,名也〔二七〕。

皖〔二八〕　伯爵,漢爲侯。論衡云,盧江故皖侯國〔二九〕。續漢志云:盧江,自舒徙屬皖〔三〇〕。舒之懷寧有皖故城、皖公山〔三一〕、諸葛恪所屯〔三二〕。皖伯廟〔三三〕。九域志、宋州郡志云,晉安於舊皖城置懷寧〔三四〕。爲晉熙郡治。方輿記:舊皖城,武德五年王弘讓析置,在古逢龍城内〔三五〕。魏書臧霸討韓當,逆戰逢龍,即此〔三六〕。居皖水之北,因號皖城〔三七〕。史云夏姓,非〔三八〕。地記:皖,偃姓,皋陶後,楚滅之。佑作“皖”,音“患”,同〔三九〕。

參

會

阮　　文王侵阮,是矣〔四〇〕。或云:周中葉阮鄉侯〔四一〕。晉伐秦,圍邧、新城,蓋與“元”同〔四二〕。文四年。而切爲願晚,故説同“阮”〔四三〕。然代之五阮關,乃音通而地異也〔四四〕。邧新城,如言宋彭城爾〔四五〕。説以邧爲秦邑,姓纂謂在岐、渭之間,説文云鄭邑,蓋自別〔四六〕。

棐　　鄭地,文公會鄭伯處〔四七〕,十三年。説即棐林〔四八〕。宣元年、襄三十一年〔四九〕。今開封宛陵有棐林、林鄉〔五〇〕。一作“棐”〔五一〕。集韻:棐,漢侯國,一作“棐”,音肥,在魏郡〔五二〕。宜誤。

舒　　僖三年:“徐人取舒。”杜云,盧江舒縣。今盧之舒城也〔五三〕。一作“郘”〔五四〕。羣舒,子爵。文十二年:“羣舒畔楚,夏,子孔執舒子平〔五五〕。”

止　　今首陽北〔五六〕。故曰止陽。

舒庸　　楚滅之。成十七年。在舒城。與庸別〔五七〕。寰宇記:“舒庸城,與舒鳩城相似〔五八〕。”預云“東夷國”,繆〔五九〕。

舒鳩　　楚滅之。襄二十五年。定公時,吳子使舒鳩民誘楚〔六〇〕。“民”或作“氏”,預云:“楚屬國。”故城在舒城内,寰宇記。離城〔六一〕、襄二十五。荒浦〔六二〕、二十四傳。鳩兹皆其地〔六三〕。

舒蓼 鄝也^{〔六四〕}。集韻一作"鄩"。字當作"鄝"。楚滅之。宣四年^{〔六五〕}。武德四爲蓼州^{〔六六〕}。領霍丘。七年，廢入壽^{〔六七〕}。盟會圖云，在光州。杜以爲二國既非，而通典更以爲湖陽^{〔六八〕}。湖陽乃廖，因預之繆^{〔六九〕}。預云棘陽東南湖陽城是，漢志從之^{〔七〇〕}。

舒龍 預云：六西南有舒城，又西南有龍舒^{〔七一〕}。今舒城西有龍舒故城，去州三百^{〔七二〕}。而舒城、懷寧皆有龍舒鄉、大小龍山，曰"龍"以別羣舒，然境以龍稱。水城，在龍舒水西南，中有池，深仞，無耗^{〔七三〕}。

舒鮑 世本云：小國。寰宇記：舒鮑城在舒城西百、龍舒水南，小於諸城^{〔七四〕}。晉悼公大夫舒鮑無終^{〔七五〕}。

舒龔 兗之龔丘東南二十有古龔丘城^{〔七六〕}。然與羣舒遠，宜別國。

鬲 郡國縣道記：古鬲國，郾姓，皋陶後；漢爲縣，齊天保七併入安德^{〔七七〕}。今隸德州，西北有故鬲城。

酈 今南陽屬縣^{〔七八〕}。

右二十二國，偃姓。

孔子作春秋，凡并國邑，在内皆曰"取"；取田四，取國邑十四。直書"取"，小國根牟、鄟、邿、鄣、郠、鄑、防與闞是也^{〔七九〕}。書"伐某取之"者，本其附屬，如"伐邾，取須句"是也^{〔八〇〕}。公孫歸父"伐邾，取繹"，雖内臣，亦曰"取"^{〔八一〕}。外而書"取"，必其以計，若本有者也^{〔八二〕}。莒伐杞，取牟婁；宋伐鄭，取長葛；鄭伯取戴^{〔八三〕}。必其元屬者，齊人取子糾，魯爲郜取鼎，皆元有者也^{〔八四〕}。僖三十一"取濟西田"，濟西曹田，而我取之；宣四年濟西田以賂齊，故書齊取，十年，而歸于我，如昭元春取鄆田，秋彊鄆田：見非我者^{〔八五〕}。十五年，齊因公出，取鄆以居公，故書"齊侯"，善之也^{〔八六〕}。哀八夏，齊取讙及闡，冬歸之；定十歸鄆、讙、龜陰田：此皆計取者^{〔八七〕}。徐人取舒，何也？僖三。舒昔屬徐，今屬魯，而徐人取之也。外取内邑，不繫國，故代以讙、闡、鄆爲魯邑，不知讙、闡、鄆亦皆昔不屬而今屬^{〔八八〕}。郜者，文之昭也，豈宋屬邪^{〔八九〕}？然罪之宋，則見其今服宋,故伐宋而取之[九〇]。知此,則知舒之所屬矣。据攷,其地宜居徐、魯之間,而非羣舒。哀公十四年有舒州者,正乃齊地,据以舒爲羣舒,江淮雜夷,而徐取之爲夷蠻之自相并,此尤繆矣[九一]。

　　預例以爲:勝國不用大師曰"取",用大師曰"威",抑又大妄[九二]。夫成國重於附庸[九三],附庸重於都邑,春秋必謹于此,惟其罪有輕重淺深也。今顧不然,而反爲不道者,記師行之難易邪[九四]?衞侯威邢,可謂易矣,而不書"取";公以楚師伐齊取穀,用大師矣,而不書"威":不爲難易書亦明矣[九五]。蘇轍以徐稱"人"爲羨,尤疎[九六]。

　　雖然秦、趙、宫、李、黄、徐、甾、費、解、梁諸國,其後盛矣,而臧文仲以爲皋陶不祀,此左氏之妄志也[九七]。謡、枼、參、會、阮、酈、舒、止,皆偃姓也,而王符以爲優;優姓商,出於潛夫之失攷[九八]。且以舒庸、舒龍、舒鮑、舒龔與舒,五也,而佑以爲楚之五舒爲一,唐史遂謂羣舒一國五名,勞乎今之記哉[九九]!

【校注】

　　〔一〕少昊後偃姓國:參見後紀七小昊青陽氏注〔二〇七〕。

　　〔二〕陶之封:陶,皋陶。

　　〔三〕光武曰:酈最大,宛次之:彦按:"大"當作"强"。太平御覽卷二三七引華嶠後漢書曰:"賈復爲執金吾,更始酈王尹尊及諸將反,上召諸將議,以檄叩地曰:'酈最强,宛次之。'復率爾對曰:'臣請擊酈。'上笑曰:'執金吾擊酈,吾復何憂耶?'"

　　〔四〕楚昭陽伐魏取酈:水經注卷二一汝水:"史記楚昭陽伐魏取酈,是也。"彦按:史記楚世家云:"(懷王)六年,楚使柱國昭陽將兵而攻魏,破之於襄陵,得八邑。"然未明言八邑之中有酈也。

　　〔五〕蔡之褒信:蔡,州名。褒信,縣名,治所在今河南息縣包信鎮。

　　〔六〕僖元年有偃,云邾地:春秋僖公元年:"九月,公敗邾師于偃。"杜預注:"偃,邾地。"

　　〔七〕盟會圖疏云偃城在豫州:偃城,洪本"偃"作"隁"。豫州,治所在今河南汝南縣。

〔八〕荆南:方鎮名,治所在今湖北荆州市荆州區。

〔九〕昔隨、絞、州、蓼伐楚、敗鄖者:彦按:"敗鄖"上當更有一"楚"字。左傳桓公十一年:"鄖人軍於蒲騷,將與隨、絞、州、蓼伐楚師。莫敖患之。鬭廉曰:'鄖人軍其郊,必不誠。且日虞四邑之至也。君次於郊郢以禦四邑,我以銳師宵加於鄖。鄖有虞心而恃其城,莫有鬭志。若敗鄖師,四邑必離。'……遂敗鄖師於蒲騷。"是欲伐楚者,鄖、隨諸國;而敗鄖者,楚也。則"伐"之賓語爲楚,"敗"之主語亦爲楚,宜各居其位,不可或闕。

〔一〇〕外紀以爲姜姓州:見資治通鑑外紀卷四周桓王十九年。

〔一一〕莊辛言州侯者:莊辛,戰國楚大夫。州侯,戰國楚襄王佞臣。戰國策楚策四:"莊辛謂楚襄王曰:'君王左州侯,右夏侯,輦從鄢陵君與壽陵君,專淫逸侈靡,不顧國政,郢都必危矣。'" 淳于之州:即本條所言之州。淳于,州國國都。

〔一二〕預云華容縣東南地:見左傳桓公十一年注,文曰:"州國在南郡華容縣東南。" 謂淳于,杞併州遷于此而名:見國名紀一炎帝後姜姓國注〔一七六〕。

〔一三〕彦按:左傳桓公十二年:"楚伐絞,軍其南門。莫敖屈瑕曰:'絞小而輕,輕則寡謀。請無扞采樵者以誘之。'從之。絞人獲三十人。明日,絞人爭出,驅楚役徒於山中。楚人坐其北門,而覆諸山下。大敗之。爲城下之盟而還。"則是年但伐而未取絞。又,據楊伯峻春秋左傳詞典,絞國在湖北鄖縣(彦按:即今十堰市鄖陽區)西北。

〔一四〕邾邑有絞:左傳哀公二年:"春,伐邾,將伐絞。"杜預注:"絞,邾邑。"彦按:此絞在今山東滕州市北,與桓十二年之絞非一地。

〔一五〕在隨唐之南:隨,通"隋"。南,郡名,治所在今湖北江陵縣。彦按:此當承前"楚伐取之"之絞(在今湖北)而言,非指"邾邑有絞"之絞(在今山東)也。通志卷二六氏族略二以國爲氏周不得姓之國絞氏:"左傳絞國,在隨唐之南。"當即路史所本。然而敘述如此,頗爲迂曲,疑今本文字或有譌、倒。

〔一六〕佼强:東漢西防賊帥,山陽人。後漢書作"佼彊",見劉永傳。 原伯佼:左傳作原伯絞,昭公十二年:"周原伯絞虐。"杜預注:"原伯絞,周大夫原公也。”

〔一七〕佼小而輕：左傳桓公十二年“佼”作“絞”，詳上注〔一三〕。

〔一八〕桓十二年：四庫本如此，是也，今從之。餘本均作“桓十八”，誤。

〔一九〕日虞四邑：見左傳桓公十一年。詳上注〔九〕。虞，期待，盼望。

〔二〇〕桓十一年：四庫本如此，是也，今從之。餘本均作“桓十”，與左傳不符。

〔二一〕在隨州南：隨州，治所在今湖北隨州市。通志卷二六氏族略二以國爲氏周不得姓之國貳氏：“貳國，在隨州南。” 昔“屈瑕將盟貳、軫”者：屈瑕，春秋楚武王子，官莫敖。軫，國名。詳見下文。喬本、洪本、吳本譌“較”，今據四庫本、備要本訂正。左傳桓公十一年：“楚屈瑕將盟貳、軫。”

〔二二〕左氏傳記軫國，在楚東南：左氏傳，喬本“左”字譌“在”，此據餘本訂正。通志卷二六氏族略二以國爲氏周不得姓之國軫氏則曰：“左傳軫國，在楚之東。”

〔二三〕鄭樵三國未詳：此謂鄭樵通志於絞、貳、軫三國記載不够詳盡。

〔二四〕車軫：猶車輿，車輛。

〔二五〕郅鄆傳：彥按：“鄆”當作“惲”。郅惲傳見後漢書卷二十九。

〔二六〕歐陽歙舉督郵緜延：歐陽歙，東漢汝南太守。督郵，官名。漢時爲郡重要屬吏，代表太守督察縣鄉，宣達教令，兼行司法。

〔二七〕皋緜，名也：此謂皋緜之“緜”爲人名；至姓氏，宜作“謠”。

〔二八〕皖：音 huǎn。

〔二九〕論衡云，廬江故皖侯國：見論衡驗符，文曰：“廬江皖侯國際有湖。”皖，同“睆”，四庫本作“睆”（同樣情況，下不出校）。洪本“侯”作“俟”，譌。

〔三〇〕廬江，自舒徙屋皖：廬江，郡名。舒，縣名。治所在今安徽廬江縣柯坦鎮。皖，縣名，治所在今安徽潛山縣梅城鎮。太平御覽卷一六九引續漢書郡國志曰：“廬江郡，自舒縣徙居皖。”

〔三一〕舒之懷寧：舒，州名。懷寧，縣名，治所在今安徽潛山縣。

〔三二〕諸葛恪所屯：諸葛恪，三國吳大將軍。洪本“恪”譌“佫”。晉書宣帝紀：“先是，吳遣將諸葛恪屯皖，邊鄙苦之。”

〔三三〕皖伯：周大夫，封於皖。

〔三四〕晉安於舊皖城置懷寧：洪本"皖"作"院"，同。宋書州郡志二南豫州："懷寧令，晉安帝立。"

〔三五〕方輿記：南唐徐鍇撰。 王弘讓析置：王弘讓，唐節度使。析置，太平寰宇記作"祈置"（見下注〔三七〕），謂請求設置，當是。此"析"字蓋"祈"字形譌。 逢龍城：在今安徽潛山縣北。

〔三六〕魏書臧霸討韓當，逆戰逢龍：見三國志魏志臧霸傳。臧霸，三國魏名將。韓當，三國吳將。各本均譌"難當"，今訂正。逆戰，迎戰。

〔三七〕居皖水之北，因號皖城：太平寰宇記卷一二五舒州懷寧縣廢皖城："唐武德五年大使王弘讓祈置，在古逢龍城內。……其城居皖水之北，遂號爲皖城。"

〔三八〕史云夏姓：彦按：今本史記未見其文。而清趙宏恩等監修江南通志卷二九輿地志古都邑亦曰："皖，今安慶府。史記：皖，夏姓，皋陶之後。"或有所本。

〔三九〕佑作"皖"，音"患"：見通志卷四〇地理略一歷代封畛皖城。

〔四〇〕文王侵阮：阮，商代國名。在今甘肅涇川縣東南。彦按：此蓋據詩大雅皇矣鄭箋爲説也。皇矣詩曰："密人不恭，敢距大邦，侵阮徂共。"鄭玄箋："阮也，徂也，共也，三國犯周而文王伐之。"鄭説實誤，"徂"非國名，又侵阮者密人，非文王也。路史本卷下文少昊後李姓國跂語以爲"密須之人，旅拒王命，侵逼阮、共之二小國"，不誤。又云："按馬遷言文王征伐之數甚備，孰有所謂'徂'者，顧亦何嘗伐阮、共哉？"是矣。何此乃謂"文王侵阮"，豈不自相牴牾？參見該節注〔一〇〇〕。

〔四一〕周中葉：洪本"葉"作"枼"，字譌。

〔四二〕晉伐秦，圍邧、新城：邧、新城，春秋秦二邑。邧在今陝西澄城縣南。新城在今陝西澄城縣東北。左傳文公四年："秋，晉侯伐秦，圍邧、新城，以報王官之役。" 蓋與"元"同：此蓋謂"邧"之音如此。

〔四三〕而切爲願晚：左傳文公四年"圍邧、新城"陸德明音義："邧，願晚反，一音元。"

〔四四〕代之五阮關：在今河北易縣西北。說文阜部："阮，代郡五阮關也。"洪本"五"譌"丘"。

〔四五〕邴新城,如言宋彭城爾:宋,指春秋宋國。彭城,春秋宋邑,在今江蘇徐州市。彦按:羅氏視邴與新城爲領屬關係,後世少有從者,恐不可信。

〔四六〕説以邴爲秦邑:左傳文公四年"圍邴、新城"杜預注:"邴、新城,秦邑也。" 姓纂謂在岐、渭之間:岐,喬本、洪本作"峙",乃俗體,此從餘本正體作"岐"。同樣情況,以下不煩一一指出。今中華書局 1994 年版元和姓纂卷六阮韻阮則作"汧",文曰:"殷有阮國,在汧、渭之間。"岑仲勉校記曰:"'汧',庫本及類稿三八、備要一八引均作'岐',新書七作'汧',國名記乙'阮國'注亦云'姓纂謂在岐渭之間'。"彦按:姓纂乃就阮國言,而非針對邴言,二者本自不同。 説文云鄭邑:説文邑部:"邴,鄭邑也。"徐鍇繫傳:"杜預云秦地,此云鄭地,傳寫誤。"

〔四七〕春秋文公十三年:"鄭伯會公于棐。"

〔四八〕棐林:在今河南新鄭市東北。

〔四九〕春秋宣公元年:"宋公、陳侯、衞侯、曹伯會晉師于棐林,伐鄭。"左傳襄公三十一年:"十二月,北宮文子相衞襄公以如楚,……過鄭,印段迋勞于棐林,如聘禮而以勞辭。"

〔五〇〕今開封宛陵有棐林、林鄉:彦按:宛陵,當從水經注作苑陵。苑陵,縣名,治所在今河南新鄭市東北;而宛陵亦縣名,治所在今安徽宣城市宣州區:二地相距甚遠。水經注卷二二渠水:"春秋宣公元年,諸侯會于棐林以伐鄭,楚救鄭,遇于北林。服虔曰:北林,鄭南地也。京相璠曰:今滎陽苑陵縣有故林鄉,在新鄭北,故曰北林也。余按林鄉故城在新鄭東如北七十許里,苑陵故城東南五十許里,不得在新鄭北也。考京、服之説,並爲疎矣。杜預云:滎陽中牟縣西南有林亭,在鄭北。今是亭南去新鄭縣故城四十許里。蓋以南有林鄉亭,故杜預據是爲北林,最爲密矣。又以林鄉爲棐,亦或疑焉。諸侯會棐,楚遇于此,寧得知不在是而更指他處也?積古之傳,事或不謬矣。"

〔五一〕棐:四庫本、備要本作"棐",誤。

〔五二〕裴:各本皆譌"棐",今據集韻微韻訂正。 魏郡:治所在今河南安陽市。

〔五三〕廬之舒城:廬,州名。舒城,縣名,治所即今安徽舒城縣。

〔五四〕一作"鄐":四庫本"鄐"作"舒",誤。

〔五五〕羣舒畔楚:畔,通“叛”。四庫本作“叛”,與今本左傳同。　　子孔執舒子平:子孔,春秋楚令尹。

〔五六〕首陽:山名。在今山西永濟市蒲州鎮。

〔五七〕與庸别:與,喬本、洪本、備要本作“興”,吳本作“**興**”,俱誤。今據四庫本訂正。庸,殷、周國名。在今湖北竹山縣西南。

〔五八〕見太平寰宇記卷一二六廬州舒城縣。　　舒鳩城:在今安徽舒城縣故城内。

〔五九〕預云“東夷國”:見左傳成公十七年注。

〔六〇〕定公時,吳子使舒鳩民誘楚:事見左傳定公二年,今本文爲:“吳子使舒鳩氏誘楚人。”四庫本“定公”譌作“襄公”。

〔六一〕離城:在今安徽舒城縣西。左傳襄公二十五年:“舒鳩人卒叛。楚令尹子木伐之,及離城。”杜預注:“離城,舒鳩城。”

〔六二〕荒浦:在今安徽舒城縣東南。左傳襄公二十四年:“舒鳩人叛楚。楚子師于荒浦,使沈尹壽與師祁犂讓之。”杜預注:“荒浦,舒鳩地。”

〔六三〕鳩兹:在今安徽蕪湖縣六郎鎮。左傳襄公三年:“春,楚子重伐吳,……克鳩兹,至于衡山。”杜預注:“鳩兹,吳邑,在丹陽蕪湖縣東,今皋夷也。”彦按:杜預但言鳩兹“吳邑”,未言爲舒鳩地,路史之説不知何據。

〔六四〕鄝:音 liǎo。

〔六五〕宣四年:彦按:“四”當作“八”。春秋宣公八年:“楚人滅舒蓼。”

〔六六〕蓼州:治所在今安徽霍邱縣。

〔六七〕壽:州名,治所在今安徽壽縣。

〔六八〕杜以爲二國:左傳宣公八年:“楚爲衆舒叛故,伐舒蓼,滅之。”杜預注:“舒、蓼,二國名。”　　通典更以爲湖陽:湖陽,縣名,治所在今河南唐河縣湖陽鎮。彦按:通典卷一七七州郡七唐州湖陽曰:“古之蓼國。”是通典以“古之蓼國”爲湖陽,而非以舒蓼爲湖陽。太平寰宇記卷一四二唐州湖陽縣亦曰:“古蓼國之地。”與通典同。實則,蓼即廖,左傳作“蓼”,漢書則作“廖”,下羅苹注既知之矣(見下注〔七〇〕)。此路史指責無理。

〔六九〕湖陽乃廖:水經注卷二九比水:“其水西南流逕湖陽縣故城南,地理志曰:故廖國也。”　　因預之繆:吳本、四庫本“因”作“曰”,同。

〔七〇〕預云棘陽東南湖陽城:左傳桓公十一年:"鄖人軍於蒲騷,將與隨、絞、州、蓼伐楚師。"杜預注:"蓼國,今義陽棘陽縣東南湖陽城。"　漢志從之:從之,謂與之相同。漢書地理志上南陽郡:"湖陽,故廖國也。"

〔七一〕六西南有舒城,又西南有龍舒:六西南,六爲古國名,在今安徽六安市金安區城北鄉;"西南"當作"南","西"字蓋因下文"又西南有龍舒"而衍。彦按:此引預云,見左傳文公十二年"羣舒叛楚"注,原文爲:"今廬江南有舒城,舒城西南有龍舒。"是"六"杜注原作"廬江"。不過,據春秋文公五年"楚人滅六"杜注"六國,今廬江六縣",更考輿圖,可知路史引文雖未忠於杜注原文,而於地理倒也不誤。

〔七二〕今舒城西有龍舒故城,去州三百:洪本"有"譌"百"。州,指廬州,治所在今安徽合肥市。

〔七三〕龍舒水:即今安徽舒城、廬江二縣境之杭埠河。　耗:通"耗",減少。吳本、四庫本作"耗"。

〔七四〕舒鮑城在舒城西百:見太平寰宇記卷一二六廬州舒城縣,原文作:"舒鮑城,在縣西一百里。"除洪本外,餘本"百"皆譌"北",今訂正。

〔七五〕晉悼公大夫舒鮑無終:彦按:通志卷二六氏族略二以國爲氏周異姓國舒鮑氏:"晉悼公大夫有舒鮑無終。"當即羅氏所本。而元和姓纂卷二魚韻舒鮑則云:"晉悼公子舒鮑無終。"岑仲勉校記:"'子'誤,通志作'大夫',是也。舒鮑,偃姓;晉,姬姓;悼公子不得姓舒鮑也。"

〔七六〕兗之龔丘:兗,州名。龔丘,縣名,治所在今山東寧陽縣。

〔七七〕郡國縣道記:唐賈耽撰。　齊天保七併入安德:天保,北齊文宣帝高洋年號。安德,縣名,治所在今山東平原縣東北。

〔七八〕南陽:郡名,治所在今河南鄧州市。

〔七九〕根牟:各本均作"限牟"。彦按:"限"乃"根"字形譌。春秋宣公九年"秋,取根牟",是也。今據以訂正。　鄫:在今山東蘭陵縣西北。　郜:在今山東成武縣永昌街道。　防:在今山東金鄉縣西南。　闞:在今山東寧陽縣堽城鎮。

〔八〇〕伐邾,取須句:見春秋僖公二十二年。

〔八一〕公孫歸父"伐邾,取繹":公孫歸父,春秋魯國上卿。繹,在今山東鄒城市東南。各本"歸父"作"惲父","繹"作"鐸",並誤。春秋宣公十年:"公孫歸父帥師伐邾,取繹。"杜預注:"繹,邾邑。"今據以訂正。　　內臣:國内臣僚。引申指屬下諸侯、附庸。

〔八二〕若本有者也:若,或者。

〔八三〕莒伐杞,取牟婁:牟婁,春秋杞邑。在今山東諸城市西。春秋隱公四年:"春,王二月,莒人伐杞,取牟婁。"　宋伐鄭,取長葛:長葛,春秋鄭邑。在今河南長葛市東北。春秋隱公五年:"宋人伐鄭,圍長葛。"又六年:"冬,宋人取長葛。"　鄭伯取戴:戴,在今河南民權縣東。春秋隱公十年:"秋,……宋人、蔡人、衛人伐戴,鄭伯伐取之。"彦按:杜預注云:"三國伐戴,鄭伯因其不和,伐而取之。書'伐'用師徒也,書'取'克之易也。"此所謂"必其以計"者。

〔八四〕齊人取子糾:子糾,即公子糾,春秋齊釐公子、齊桓公庶兄。春秋莊公九年:"九月,齊人取子糾,殺之。"　魯爲郜取鼎:彦按:春秋桓公二年:"夏四月,取郜大鼎于宋。"杜預注:"宋以鼎賂公。……始欲平宋之亂,終於受賂,故備書之。"此謂"爲郜取",無據。

〔八五〕僖三十一"取濟西田":濟,指濟水。杜預注:"晉分曹田以賜魯。"宣四年濟西田以賂齊,故書齊取:彦按:"四年"爲"元年"之誤。春秋宣公元年:"六月,齊人取濟西田。"杜預注:"魯以賂齊,齊人不用師徒,故曰'取'。"十年,而歸于我:春秋宣公十年:"齊人歸我濟西田。"　如昭元春取鄆田,秋彊鄆田:彊,通"疆",劃定界域。洪本、四庫本、備要本作"疆"。春秋昭公元年:"三月取鄆。"又:"秋,……叔弓帥師疆鄆田。"杜預注:"春取鄆,今正其封疆。"

〔八六〕十五年:當作"昭二十五年"。春秋昭公二十五年:"十有二月,齊侯取鄆。"杜預注:"取鄆以居公也。"

〔八七〕哀八夏,齊取讙及闡,冬歸之:讙,在今山東肥城市南。春秋哀公八年:"夏,齊人取讙及闡。"又:"冬,……齊人歸讙及闡。"　定十歸鄆、讙、龜陰田:春秋定公十年:"齊人來歸鄆、讙、龜陰田。"杜預注:"三邑,皆汶陽田也。泰山博縣北有龜山,陰,田在其北也。"楊伯峻注:"龜陰,在新泰縣(彦按:今山東新泰市)西南,泗水縣東北處。"

〔八八〕故代以酄、闡、鄆爲魯邑:代,世。酄,四庫本作"讙",與春秋經、傳同。彦按:"酄"蓋古地名"讙"之後起本字。鄆,備要本譌"鄆"。下"不知酄、闞、鄆亦皆昔不屬而今屬”之“鄆”同。

〔八九〕郜者，文之昭也：喬本、洪本“昭”作“招”。彥按：“昭穆”字例作“昭”，今據餘本改。左傳僖公二十四年：“昔周公弔二叔之不咸，故封建親戚以蕃屏周。管、蔡、郕、霍、魯、衞、毛、聃、郜、雍、曹、滕、畢、原、酆、郇，文之昭也。”杜預注：“十六國皆文王子也。”

〔九○〕故伐宋而取之：春秋隱公十年：“夏，翬帥師會齊人、鄭人伐宋。六月壬戌，公敗宋師于菅。辛未，取郜。”

〔九一〕哀公十四年有舒州者：舒州，地名。在今山東滕州市南。春秋哀公十四年：“夏，四月，齊陳恒執其君，寘于舒州。”

〔九二〕預例：指晉杜預春秋釋例。 勝國不用大師曰“取”：春秋釋例卷二滅取入例：“傳例曰：凡克邑不用師徒曰‘取’。” 用大師曰“滅”：春秋釋例卷二滅取入例：“傳例曰：凡書‘取’，言易也。用大師焉，曰‘滅’。”

〔九三〕成國：謂諸侯大國。

〔九四〕不道：不提及。道，説。

〔九五〕衞侯威邢，可謂易矣，而不書“取”：春秋僖公二十五年：“春，王正月丙午，衞侯燬滅邢。” 公以楚師伐齊取穀，用大師矣，而不書“威”：春秋僖公二十六年：“冬，……公以楚師伐齊，取穀。”

〔九六〕蘇轍以徐稱“人”爲羨：蘇轍，四庫本“轍”譌作“輒”。羨，猶“衍”，多餘。春秋僖公三年：“徐人取舒。”蘇轍集解：“舒，附庸之國也。徐取之，以自屬，故不言‘滅’。春秋書徐皆不稱‘人’，以其夷故也；稱‘徐人’，羨文也。”

〔九七〕秦、趙、宮、李、黃、徐、莒、費、解、梁諸國：諸國宜皆皋陶之後，故下有“而臧文仲以爲皋陶不祀，此左氏之妄志也”語。秦，通志氏族略二以國爲氏云：“秦氏：嬴姓少皞之後也，以皋陶爲始祖。”趙，通志氏族略二以國爲氏云：“趙氏：嬴姓，與秦同祖，少皞之後，皆祖皋陶。”宮，彥按：“宮”蓋“莒”之譌。宮氏者，“虞大夫宮之奇後”（見通志氏族略五平聲），本書國名紀五周氏亦云“宮，之奇之先國”，與皋陶無涉。而莒爲皋陶之後，見潛夫論志氏姓（詳下）。李，通志氏族略四以官爲氏云：“李氏：（皋陶）字庭堅，爲堯大理，因官命族爲理氏。夏商之李有理徵，……以直道不容，得罪于紂。其妻契和氏攜子利貞逃于伊侯之墟，食木子而得全，遂改理爲李氏。”黃、徐、梁，潛夫論志氏姓云：“及梁、葛、江、黃、徐、莒、蓼、六、英，皆皋陶之後也。"菖、解，菖即裴。廣韻灰韻裴："又姓。伯益(皋陶子)之後封於菖鄉，因以爲氏。後徙封解邑，乃去'邑'從'衣'。" 而臧文仲以爲皋陶不祀，此左氏之妄志也：喬本、洪本"也"字闕文，今據餘諸本補。左傳文公五年："冬，楚子燮滅蓼。臧文仲聞六與蓼滅，曰：'皋陶庭堅不祀忽諸，德之不建，民之無援，哀哉！'"

〔九八〕謠、茮、參、會、阮、酈、舒、止，皆偃姓也，而王符以爲偃：見潛夫論志氏姓。詳本書後紀七小昊青陽氏注〔二〇七〕。 偃姓商，出於潛夫之失攷：彦按：商，今本潛夫論志氏姓作"高"。汪繼培箋："'高'當爲'鬲'，即漢志平原郡之鬲，國名紀(二)引郡國縣道記云：'古鬲國，偃姓，皋陶後。漢爲縣。'亦見國名紀六。"是則作"商"、作"高"，皆"鬲"字之譌，非關潛夫失攷也。

〔九九〕佑以爲楚之五舒爲一：彦按：今查杜佑通典，並不見此內容。而鄭樵通志卷二六氏族略二以國爲氏周異姓國舒氏則云："或曰舒有五名：一曰舒，二曰羣舒，三曰舒蓼，四曰舒庸，五曰舒鳩。望出鉅鹿。"疑此路史誤記，然鄭氏亦但稱"或曰"，非自以爲如此也。 唐史遂謂羣舒一國五名：新唐書宰相世系表五下："舒氏出自偃姓。皋陶之後封於蓼，安豐蓼縣即其地也。春秋魯文公五年，爲楚所滅，其後更復爲楚屬國，亦名曰舒，又曰羣舒，又曰舒蓼，又曰舒庸，又曰舒鳩，一國而有五名。" 勞乎今之記哉：勞，繁多。

少昊後嬴姓國

六　　中甄國〔一〕。壽之安豐南有故六城〔二〕。漢縣，九江王都〔三〕。元狩二爲六安國，治六，而以蓼爲屬〔四〕。東漢並屬廬江。晉省入安豐。寰宇以蘄之廣濟爲秦、漢之六〔五〕。有皋陶冢在舒城東南六十陂中〔六〕。

英　　楚與國〔七〕。魯僖十七年，齊、徐伐英氏者〔八〕。漢爲黥布國〔九〕。

嬴〔一〇〕　佫也〔一一〕。翳能緐物而封〔一二〕。漢縣，隸泰山；後魏復置於萊蕪；唐入博城，所謂嬴博；今兖之萊蕪〔一三〕。本齊邑。公會齊侯處〔一四〕。

盈	嬴之枝,作雒云"熊、盈以略"者,與熊、郯皆爲周公所劾[一五]。一作"鄍",姓也。或云即嬴者非。
費	翳之封。音"沸"。費仲、費昌國,費州、費水之地[一六]。與魯費、河南費異[一七]。_{河南滑費,禹後,扶未切。魯之費,音"祕"。各見。}
蕭	孟虧封[一八]。徐之蕭[一九]。漢故縣,屬沛[二〇]。北征記云:城週十四里,南臨污水[二一]。
非	蜚也,蜚廉國。龍門縣南七里有蜚廉故城[二二]。非子祖也[二三]。又絳之正平蜚廉城,云事紂所居。
趙	晉之趙城南三十五故趙城,造父封[二四]。_{史注:趙城在河東永安[二五]。隨義寧二置趙城[二六]。}——寰宇記[二七]。今趙州,其地也[二八]。_{趙郡,北齊爲州。}
曲沃	
訾	
豚服[二九]	趙奢豚服君封[三〇]。今海之永年有豚服岡[三一]。
邯鄲	磁之屬縣[三二]。唐隷洺[三三]。風俗通云:邯鄲氏,以國爲姓。
睅	
秦	籛,禾名,隷省爲"秦"[三四]。非子初封秦亭。今隴之汧原隴西鎮有秦亭、秦城[三五]。_{元和郡縣志:城在州東南二十五[三六]。世本云,附庸。}然非子初封實秦谷,在今秦州隴城,漢隴縣[三七]。襄公始侯,有岐豐地[三八]。莊居犬丘[三九];_{今永興興平,漢槐里[四〇]。}文復汧渭;德遷雍[四一];_{今鳳翔天興[四二]。}獻遷櫟陽;孝徙咸陽[四三],並隷永興。遂世處之。伯爵。
鍼	
繞	成六年,晉、楚遇于繞角[四四]。

徵　北徵也。今同之澄城〔四五〕。

梁　伯爵,本少梁,夏陽也〔四六〕。伐曲沃者〔四七〕。秦德公三年,梁伯來朝〔四八〕。索隱云"嬴姓",是矣。秦惠文君更名夏陽,今韓城〔四九〕。今同之韓城有少梁故城。在韓城南二十三。文十年晉伐秦取少梁者〔五○〕。好城而亡〔五一〕。僖十九年,梁亡。今有新里城,梁伯所築〔五二〕。樂史云,在澄城〔五三〕。本華氏邑〔五四〕。有梁山。禹"治梁及岐"者〔五五〕。

梁餘　遼山縣〔五六〕。河東圖,"和順縣,晉大夫梁餘子養邑"云云〔五七〕。

將良　本曰良。今淮陽軍有古良城〔五八〕。預云,下邳良城縣〔五九〕。哀十五年良,地屬吳〔六○〕。史作將梁〔六一〕。

運　京相璠云:稟丘東八十有運城。稟丘,隨併入鄆城,今隸濟。晉人執季文子,還待于鄆,即此〔六二〕。成十六年。

掩　即奄、郼也。兖之仙源,故曲阜,有奄城、奄里,古之弇中〔六三〕。郡國志:奄城,古奄國。茂先云:史記出魯弇中〔六四〕。自運遷掩,故史有運掩氏〔六五〕。魯近淮夷,武王伐之〔六六〕。唐韻:郼,國名,商奄也。祝佗云"因商奄之民,以命伯禽"者〔六七〕。按:將蒲姑、成王政俱云"踐奄",而周官言"威淮夷",大誥言"淮夷叛",而多士乃言"朕來自奄",知爲夷也〔六八〕。襄二十五年弇中,預疑爲泰山萊蕪西甕口谷〔六九〕。

鍾離　子爵,世本云,嬴姓國。徐之別封〔七○〕。上,又九域志〔七一〕。今沂之承有鍾離城,乃晉、吳會處〔七二〕。成十五年。預云,淮南縣〔七三〕。今屬濠州〔七四〕。然時方謀伐楚,豈得會其地? 預之誤也。"遂威偪陽",偪陽去鍾離城六十〔七五〕。應劭云:"鍾離子國〔七六〕。"在九江,蓋其後徙于此〔七七〕。吳威之。昭二十四年傳,吳威巢及鍾離。鍾離不書,疑〔七八〕。光武爲侯國。今濠之治東六里,鍾離故城也。而宣咎之所城,則楚地矣,今漢陽軍〔七九〕。

尋　　　今尋陽〔八〇〕。字一从“水”。

衙　　　漢馮翊屬縣,今同之白水東北六十彭衙故城也〔八一〕。文二年彭衙,杜云:邰陽西北有衙城〔八二〕。馮翊故城亦在白水東北。音魚,如吾。穆公子采〔八三〕。一音牙。或音語、訝,非。

汪　　　秦邑。同之白水有汪城,在臨晉東,後屬晉〔八四〕。文二年,晉伐秦,取汪及彭衙〔八五〕。索隱云不知處,誤〔八六〕。

菟裘　　盟會圖云,兖之泗水縣〔八七〕。預謂菟裘在梁父縣南〔八八〕。梁父,唐入乾封,今之奉符也〔八九〕。

不羹一〔九〇〕　春秋時二不羹:襄城,西不羹;汝之襄城東南古不羹城,在今龍興之南〔九一〕。定陵爲東不羹〔九二〕。在定陵西北。定陵今入潁川舞陽〔九三〕。鄭樵以此爲西不羹,龍興爲東不羹〔九四〕。楚併之。子革云“四國皆足畏”,謂陳、蔡、二不羹也〔九五〕。昭十一楚城之〔九六〕。子晳曰,三國“賦皆千乘”,見非小邑〔九七〕。

東灌　　以有斟灌,故此爲東。

東閭

脩魚〔九八〕即蕭魚,鄭地〔九九〕。襄十一年。杜闕〔一〇〇〕。

樗里　　今渭南陽鄉有樗里〔一〇一〕。

密如　　預云:“費縣北有密如亭〔一〇二〕。”費隷沂。一作“姑”。

高陵　　蓋秦昭弟高陵君封。今縣,屬京兆〔一〇三〕。

裴　　　邳也。河東聞喜邳鄉是〔一〇四〕。

解〔一〇五〕洛陽西南大解城也。又有小解。非河東之解〔一〇六〕。昭二十二年周軍于解者,周地〔一〇七〕。

徐　　　趙孟曰:“周有徐、奄〔一〇八〕。”括地象云,泗州徐城縣北〔一〇九〕。今徐城鎮,在泗之臨淮〔一一〇〕。鎮北三十有故徐城,號大徐城,周十一里,中有偃王廟、徐君墓,去徐州僅五百〔一一一〕。郡國志曰薄薄城〔一一二〕。本下邳僮,即今臨淮〔一一三〕。

取慮　　徐之分。漢屬臨淮。故下邳西南有取慮故城，在虹北百二十，光武以益楚者〔一四〕。以取慮益楚國。十三州志讀如“觜陬”、“邾婁”，野王音“秋閭”〔一五〕。

淮夷　　世本云，嬴姓。蓋非一。成王所伐，其一也〔一六〕。

　　右三十九國皆嬴姓。

　　諸嬴爲少昊後，不待較矣〔一七〕。繇漢而來，士謂伯翳爲伯益，而後始有以諸嬴爲高陽之後〔一八〕。至有知伯翳爲少昊之後者，則不知伯益爲高陽之子。言氏族者，襲僞蹋訛，莫知其繆，文字滋多，大率相紿，求其爲適，不亦譆哉〔一九〕！予嘔矜之，是以論其世也〔二〇〕。後有識者，曷揖損焉〔二一〕！

【校注】

〔一〕中甄：皋陶次子。本書後紀七小昊青陽氏作仲甄。

〔二〕安豐：洪本、吳本“豐”作“豊”。下“安豐”之“豊”同。

〔三〕九江王：秦末漢初名將英布。初屬項羽時封九江王。

〔四〕元狩：漢武帝劉徹年號。

〔五〕寰宇以蘄之廣濟爲秦、漢之六：見太平寰宇記卷一二七蘄州。以，喬本、吳本、四庫本、備要本皆作“記”，今據宋本、洪本改。蘄，州名。廣濟，縣名，治所在今湖北武穴市梅川鎮。

〔六〕皋陶冢：喬本“冢”字作“冢”，吳本、四庫本作“冢”，皆俗譌字。此從洪本及備要本。同樣情況，以下不煩一一指出。　陂：山坡。

〔七〕與國：友邦，盟國。

〔八〕齊、徐伐英氏者：英氏，古國名。在今安徽金寨縣東南。春秋僖公十七年：“春，齊人、徐人伐英氏。”

〔九〕黥布：即英布。因秦時犯法而受黥刑，故稱。布於漢封淮南王。參見上注〔三〕。

〔一〇〕嬴：同“嬴”。四庫本、備要本作“嬴”。同類情況，下不煩一一指出。

〔一一〕羸：備要本作“羡”，蓋誤。彦按：“嬴”字銅器銘文或作（見古文字詁林）。“𥡴”字疑由“嬴”字古文隸化譌變而來。

〔一二〕翳能緐物而封:翳,指皋陶長子伯翳。緐物,謂使人民繁衍。緐,同“繁”,繁殖,繁衍。物,人。

〔一三〕漢縣,隸泰山:泰山,郡名,治所在今山東泰安市泰山區。　唐入博城:博城,縣名,治所在今山東泰安市泰山區東南。　今兗之萊蕪:兗,州名。萊蕪,縣名,治所在今山東萊蕪市萊城區苗山鎮南文字村。

〔一四〕春秋桓公三年:“春,正月,公會齊侯于嬴。”

〔一五〕作雔云“熊、盈以略”者:作雔,逸周書篇名。略,劫掠,擄掠。　與熊、郍皆爲周公所勑:勑,吳本、四庫本、備要本皆作“郟”。彦按:“勑”疑“剓”(音 yǎn)字之譌。“剓”字右旁從“刀”,誤出頭則成“勑”;因不見於字書,故又譌爲“郟”。玉篇刀部:“剓,削也。”說文邑部曰:“郍,周公所誅郍國,在魯。”“周公所誅”與“周公所削”,義相類、近。

〔一六〕費仲、費昌:伯翳後人,費昌爲湯御右,費仲事紂。見後紀七小昊青陽氏。　費州、費水:在今貴州思南、德江二縣地。

〔一七〕魯費:春秋魯邑。在今山東費縣西北。　河南費:春秋滑國國都。在今河南偃師市府店鎮。

〔一八〕孟虧:見後紀七小昊青陽氏。

〔一九〕徐之蕭:徐,州名。蕭,縣名,治所在今安徽蕭縣西北。

〔二〇〕沛:郡名,治所在今安徽淮北市相山區。

〔二一〕北征記云:城週十四里,南臨污水:喬本、宋本、洪本如此。吳本、四庫本、備要本“污水”作“沔水”。彦按:污水在今河北臨漳縣西南,沔水乃漢水古稱,均不經蕭地。水經卷二四睢水曰:“(睢水)又東過相縣南,屈從城北東流,當蕭縣南入于陂。”是蕭縣城南所臨者爲睢水。路史此處引北征記文,中當有誤。水經注卷二八沔水云:“(鄳縣)縣治故城,南臨沔水,謂之鄳頭。漢高帝五年封蕭何爲侯國也。”鄳頭地在今湖北老河口市西北。此豈誤以蕭何封地爲徐之蕭,又或譌“沔”爲“污”邪?然伏滔北征記書已亡佚,究爲北征記誤記,抑爲路史誤引,不可考矣!

〔二二〕龍門縣:治所在今河北赤城縣龍關鎮。

〔二三〕非子:見後紀七小昊青陽氏注〔二二二〕。

〔二四〕造父：趙先祖。參見後紀七小昊青陽氏注〔二三五〕。

〔二五〕河東永安：河東，郡名。永安，縣名，治所在今山西洪洞縣趙城鎮東北。史記秦本紀：“繆王以趙城封造父。”裴駰集解引徐廣曰：“趙城在河東永安縣。”

〔二六〕隨義寧二置趙城：隨，通“隋”。彥按：此稱隋義寧二年置趙城，與歐陽忞説同。歐氏輿地廣記卷一八晉州趙城縣亦曰：“隋義寧二年析霍邑置趙城縣，屬晉州。”而新唐書卷三九地理志三則以爲在義寧元年。

〔二七〕太平寰宇記卷四三晉州趙城縣：“趙城，在縣南三十五里，即造父受封于此。”

〔二八〕今趙州，其地也：彥按：此説當誤。宋代趙州治所在今河北趙縣，距造父封地趙甚遠。疑“其地也”上脱“非”字。

〔二九〕𩡣服：𩡣，古“馬”字。四庫本作“馭”，誤。下“𩡣服君”、“𩡣服岡”之“𩡣”同。

〔三〇〕趙奢：戰國趙國名將，封馬服君。

〔三一〕海之永年：海，當作“洺”，指洺州。永年，縣名，治所在今河北邯鄲市永年區廣府鎮。宋代屬洺州，見宋史卷八六地理志二。

〔三二〕磁：州名，治所在今河北磁縣。

〔三三〕洺：洺州。

〔三四〕明方以智通雅卷二〇姓名姓氏有籛省爲秦一條，云：“轉注古音曰：籛本禾名，隸省爲‘秦’。此説出國名記。”

〔三五〕隴之汧原：隴，州名。汧原，即汧源，縣名，治所在今陝西隴縣。

〔三六〕見元和郡縣圖志卷二隴州汧源縣。

〔三七〕秦州隴城：在今甘肅張家川回族自治縣。

〔三八〕襄公始侯，有岐豐地：襄公，指西周末秦襄公。岐豐地，指今陝西岐山縣至西安市長安區一帶地區。洪本、吳本“豐”作“豐”。史記秦本紀：“周避犬戎難，東徙雒邑，襄公以兵送周平王。平王封襄公爲諸侯，賜之岐以西之地，曰：‘戎無道，侵奪我岐、豐之地。秦能攻逐戎，即有其地。’與誓，封爵之。襄公於是始國。”

〔三九〕莊居犬丘：莊，指秦莊公，爲秦襄公父。犬丘，在今陝西興平市。

喬本、吳本、四庫本、備要本“犬”譌“大”，今據宋本、洪本訂正。史記秦本紀：“秦仲……有子五人，其長者曰莊公。周宣王乃召莊公昆弟五人，與兵七千人，使伐西戎，破之。於是復予秦仲後，及其先大駱地犬丘并有之，爲西垂大夫。莊公居其故西犬丘。”

〔四〇〕永興興平：永興，指永興軍路，治所在今陝西西安市。興平，縣名，治所即今陝西興平市。　　槐里：縣名。

〔四一〕文復汧渭：文，指秦文公，爲秦襄公子。汧渭，指汧水（今稱千河）流入渭河形成的夾角內地域，即今陝西隴縣至千陽縣的汧河河谷、賈村塬一帶。史記秦本紀：“三年，文公以兵七百人東獵。四年，至汧渭之會，曰：‘昔周邑我先秦嬴於此，後卒獲爲諸侯。’乃卜居之，占曰吉，即營邑之。”　　德遷雝：德，指秦德公，爲秦文公曾孫。雝，同“雍”，春秋秦國都，在今陝西鳳翔縣西南。史記秦本紀：“德公元年，初居雍城大鄭宮。”

〔四二〕鳳翔天興：鳳翔府天興縣。四庫本“天興”作“大興”，誤。

〔四三〕獻遷櫟陽：獻，指秦獻公，爲秦德公十四世孫。櫟陽，在今陝西西安市長安區。史記秦本紀：“（獻公）二年，城櫟陽。”裴駰集解引徐廣曰：“徙都之。今萬年是也。”　　孝徙咸陽：孝，指秦孝公，爲秦獻公子。史記秦本紀：“（孝公）十二年，作爲咸陽，築冀闕，秦徙都之。”

〔四四〕成六年，晉、楚遇于繞角：繞角，春秋鄭邑。在今河南魯山縣東南。左傳成公六年：“晉欒書救鄭，與楚師遇於繞角。”

〔四五〕同之澄城：同，州名。澄城，縣名，今屬陝西省。

〔四六〕本少梁，夏陽也：在今陝西韓城市芝川鎮。史記秦本紀惠文君十一年：“更名少梁曰夏陽。”

〔四七〕伐曲沃者：曲沃，喬本、宋本、洪本、吳本、備要本並作“曲屋”，非地名本字，此從四庫本。左傳桓公九年云：“秋，虢仲、芮伯、梁伯、荀侯、賈伯伐曲沃。”所謂“伐曲沃者”，即指此梁伯。

〔四八〕秦德公三年，梁伯來朝：宋本“三年”作“二年”。彥按：當作“元年”。史記秦本紀：“德公元年，……梁伯、芮伯來朝。”

〔四九〕秦惠文君：即秦惠王，秦孝公子。四庫本“君”字作“公”。　　韓城：縣名，治所在今陝西韓城市東南。

〔五〇〕見是年左傳，文作："春，晉人伐秦，取少梁。"

〔五一〕好城而亡：四庫本作"好戰而亡"。彦按：作"城"是，作"戰"誤。左傳僖公十九年："梁亡，不書其主，自取之也。初，梁伯好土功，亟城而弗處。民罷而弗堪，則曰'某寇將至'。乃溝公宮，曰：'秦將襲我。'民懼而潰，秦遂取梁。""好土功，亟城"者，即所謂"好城"也。

〔五二〕今有新里城，梁伯所築：左傳僖公十八年："梁伯益其國而不能實也，命曰新里，秦取之。"楊伯峻注："新里即秦之新城，當在今陝西省澄城縣東北二十里。"

〔五三〕見太平寰宇記卷二八同州澄城縣。

〔五四〕本華氏邑：華氏，春秋宋國大族。左傳昭公二十一年"遂敗華氏于新里"杜預注："新里，華氏所取邑。"楊伯峻注疑新里"爲宋郊外里名"。彦按：楊氏説是。史爲樂中國歷史地名大辭典以其地"在今河南開封市東北"。是此新里與左傳僖公十八年之新里並非一地。羅氏混爲一談，謬矣。

〔五五〕"治梁及岐"者：吳本、四庫本作"治梁及岐山"，誤。書禹貢："既載壺口，治梁及岐。"

〔五六〕遼山縣：治所在今山西左權縣北。

〔五七〕河東圖：佚書。作者不詳。　梁餘子養：見左傳閔公二年，爲晉下軍御。

〔五八〕淮陽軍：治所在今江蘇睢寧縣古邳鎮東。

〔五九〕下邳良城縣：下邳，封國名。良城縣，治所在今江蘇新沂市西南沂水東。左傳昭公十三年"秋，晉侯會吳子于良"杜預注："下邳有良城縣。"

〔六〇〕左傳哀公十五年："夏，楚子西、子期伐吳，及桐汭，陳侯使公孫貞子弔焉，及良而卒。"杜預注："良，吳地。"

〔六一〕史作將梁：宋本、洪本如此。餘諸本將梁均譌"將良"，今訂正。史記秦本紀太史公曰："秦之先爲嬴姓。其後分封，以國爲姓，有徐氏、郯氏、莒氏、終黎氏、運奄氏、菟裘氏、將梁氏，……然秦以其先造父封趙城，爲趙氏。"

〔六二〕晉人執季文子，還待于鄆：季文子，春秋魯國正卿季孫行父，謚文，故史稱季文子。左傳成公十六年："九月，晉人執季文子于苕丘。公還，待于鄆。"

〔六三〕兖之仙源，故曲阜，有奄城、奄里，古之弇中：彦按：弇中見左傳襄公二十五年，杜預注：“弇中，狹道。”楊伯峻注：“據方興紀要，臨淄西南有弇中峪，界兩山間，至萊蕪縣，長三百里。”若然，則弇中與仙源（故曲阜）尚有相當距離，非同地也。

〔六四〕茂先：晉張華字。晉書有傳。

〔六五〕故史有運掩氏：運掩氏，史記作“運奄氏”。見上注〔六一〕。

〔六六〕魯近淮夷，武王伐之：彦按：此句突兀，“魯”字疑不當有。孟子滕文公下：“周公相武王誅紂；伐奄，三年討其君。”又史記周本紀：“召公爲保，周公爲師，東伐淮夷，殘奄，遷其君薄姑。”

〔六七〕祝佗：春秋衛國太祝，字子魚。　因商奄之民，以命伯禽：見左傳定公四年載子魚（即祝佗）語，原文“以命”作“命以”，曰：“昔武王克商，成王定之，選建明德，以藩屏周。……因商奄之民，命以伯禽，而封於少皡之虛。”楊伯峻注引馬宗璉云：“奄本殷諸侯，故曰‘商奄’。”伯禽，即伯禽之命，周書篇名，已逸。

〔六八〕將蒲姑、成王政：並尚書佚篇之名。　而周官言“威淮夷”：彦按：今周禮不見有“威淮夷”語，唯卷首唐賈公彦序周禮廢興引書序有之，作“滅淮夷”。　大誥言“淮夷叛”：大誥，尚書篇名。“淮夷叛”見於大誥之序，非其正文。四庫本“淮”譌“佳”。　而多士乃言“朕來自奄”：多士，尚書篇名。

〔六九〕預疑爲泰山萊蕪西甖口谷：見春秋釋例卷六，其文曰：“或曰泰山萊蕪縣西有甕口谷，疑。”泰山，郡名。萊蕪，縣名，治所在今山東淄博市淄川區太河鎮。“甖”同“甕”。

〔七〇〕徐：國名。詳見下文。

〔七一〕上：謂同上。即出處同前注，見世本。

〔七二〕沂之承：沂，州名。承，亦作丞，縣名，治所在今山東棗莊市嶧城區。　乃晉、吳會處：春秋成公十五年：“冬十有一月，叔孫僑如會晉士燮、齊高無咎、宋華元、衛孫林父、鄭公子鰍、邾人會吳于鍾離。”

〔七三〕淮南：郡名，治所在今安徽壽縣。

〔七四〕濠州：州名，治所在今安徽鳳陽縣東北。

〔七五〕遂威偪陽：語出春秋襄公十年：“夏，五月甲午，遂滅偪陽。”偪陽，春秋東夷小國名。在今山東棗莊市嶧城區南。

〔七六〕見漢書地理志上九江郡鍾離縣顏師古注引應劭曰。

〔七七〕九江：郡名，治所在今安徽壽縣。

〔七八〕鍾離不書，疑：彦按："鍾離不書"上宜有一"經"字。左傳昭公二十四年："吳人踵楚而邊人不備，遂滅巢及鍾離而還。"而同年春秋則但稱"冬，吳滅巢"，不及鍾離。此羅氏所謂"鍾離不書，疑"也。

〔七九〕宜咎：春秋時人，本陳大夫，魯襄公二十四年奔楚，爲蔵尹。左傳昭公四年："蔵尹宜咎城鍾離。"　漢陽軍：治所在今湖北武漢市漢陽區。宋本、洪本此下有注文"昭四年"三字。餘本無，蓋脱。

〔八〇〕尋陽：地名。在今江西九江市潯陽區。

〔八一〕同之白水：同，州名。白水，縣名，今屬陝西省。　彭衙：春秋秦邑。

〔八二〕杜云：郃陽西北有衙城：郃陽，縣名，治所在今陝西合陽縣東南。彦按：衙城當作"彭衙城"。春秋文公二年杜注原文作："馮翊郃陽縣西北有彭衙城。"

〔八三〕穆公：指春秋秦穆公。

〔八四〕臨晉：春秋秦邑。在今陝西大荔縣朝邑鎮。

〔八五〕見是年左傳，文曰："冬，晉先且居、宋公子成、陳轅選、鄭公子歸生伐秦，取汪及彭衙而還。"

〔八六〕索隱云不知處：見史記晉世家"（秦孟明）取晉汪以歸"司馬貞索隱，原文爲："汪不知所在。"

〔八七〕兗之泗水縣：兗，州名。泗水縣，今屬山東省。

〔八八〕預謂菟裘在梁父縣南：見左傳隱公十一年"使營菟裘"注，原文爲："菟裘，魯邑，在泰山梁父縣南。"梁父縣，治所在今山東新泰市羊流鎮。

〔八九〕唐入乾封，今之奉符也：乾封、奉符，皆縣名，治所在今山東泰安市市區地。

〔九〇〕不羹：羹，音 láng。　二：備要本"二"字誤入正文。

〔九一〕汝之襄城：汝，州名。襄城，縣名，今屬河南省。　龍興：縣名，治所在今河南寶豐縣城關鎮。

〔九二〕定陵：縣名，治所在今河南舞陽縣北。

〔九三〕潁川舞陽:潁川,郡名。舞陽,縣名,今屬河南省。

〔九四〕鄭樵以此爲西不羹,龍興爲東不羹:彥按:通志卷四〇地理略四瀙云:"瀙水出汝州魯山縣堯山,東過犨縣故城北魚齒山下,……東過定陵縣西不羹亭,又東入汝。定陵,今許州舞陽。"是鄭氏以在定陵者爲西不羹也。至謂鄭氏以"龍興爲東不羹",未知羅氏所據,待考。

〔九五〕子革云"四國皆足畏":子革,春秋楚靈王右尹鄭丹字。彥按:"皆"當作"專"。左傳昭公十二年:"(楚)王曰:'昔諸侯遠我而畏晉,今我大城陳、蔡、不羹,賦皆千乘,子與有勞焉,諸侯其畏我乎?'(子革)對曰:'畏君王哉!是四國者,專足畏也。'"杜預注:"四國,陳、蔡、二不羹。"楊伯峻注:"專,獨也,單也。謂僅此四國,已足可畏。"

〔九六〕左傳昭公十一年:"十二月,……楚子城陳、蔡、不羹。"

〔九七〕子晳曰,三國"賦皆千乘":子晳,春秋楚靈王弟公子黑肱字。彥按:此非子晳語,乃楚靈王語。見上注〔九五〕。羅氏誤混。三國,備要本作"二國"。彥按:當作"四國"。疑原文"四"作"三",因譌而成"三",又或譌爲"二"。

〔九八〕脩魚:吳本、四庫本作修魚。

〔九九〕蕭魚:春秋鄭邑。在今河南原陽縣西南。

〔一〇〇〕杜闕:彥按:春秋襄公十一年"會於蕭魚"杜預注:"蕭魚,鄭地。"此稱"杜闕",蓋謂杜注未與脩魚相聯繫,或不及具體地址。

〔一〇一〕今渭南陽鄉有樗里:渭南,縣名,治所在今陝西渭南市臨渭區。喬本、洪本、吳本、四庫本、備要本"渭"皆譌"謂",今據宋本訂正。陽鄉,彥按:當爲陰鄉之誤。水經注卷一九渭水:"樗里子名疾,秦惠王異母弟也,……葬于昭王廟西,渭南陰鄉樗里,故俗謂之樗里子。"史記樗里子傳"樗里子者,名疾,秦惠王之弟也"司馬貞索隱,亦作陰鄉。

〔一〇二〕見左傳閔公二年"及密"杜預注。

〔一〇三〕今縣,屬京兆:吳本、四庫本"縣"字脱。彥按:高陵縣即今陝西西安市高陵區。

〔一〇四〕蕫鄉:在今山西聞喜縣東。

〔一〇五〕解:音 xiè。

〔一〇六〕河東之解：指漢河東郡解縣，治所在今山西臨猗縣西南。

〔一〇七〕昭二十二年周軍于解：左傳昭公二十二年：“王師軍于氾，于解，次于任人。”杜預注：“洛陽西南有大解、小解。”

〔一〇八〕趙孟曰：“周有徐、奄”：見左傳昭公元年。

〔一〇九〕徐城縣：治所在今江蘇泗洪縣臨淮鎮。

〔一一〇〕泗之臨淮：泗，州名。臨淮，縣名，治所在今江蘇泗洪縣臨淮鎮。

〔一一一〕周十一里：太平寰宇記卷一六泗州臨淮縣故徐城作“周十二里”。　偃王廟、徐君墓：周穆王時徐國國君徐偃王之廟、墓。

〔一一二〕太平寰宇記卷一六泗州臨淮縣故徐城：“又郡國志云‘薄薄城，即徐偃王權造，故曰薄薄城’，今呼爲故故城。”

〔一一三〕下邳僮：下邳，郡名。僮，縣名，治所在今安徽泗縣東北。

〔一一四〕虹：縣名，治所在今安徽泗縣。　光武以益楚者：後漢書光武十三王列傳楚王英：“（建武）三十年，以臨淮之取慮、須昌二縣益楚國。”

〔一一五〕野王音“秋閭”：彦按：後漢書陶謙傳“過拔取慮”李賢注亦曰：“取慮，音‘秋閭’。”

〔一一六〕成王所伐：成王，洪本“成”字殘闕，喬本、吳本、四庫本、備要本皆作武王，誤。今據宋本訂正。竹書紀年卷下周成王四年：“王師伐淮夷，遂入奄。”是也。

〔一一七〕不待較矣：不待，無須。較，校核。

〔一一八〕縣漢而來，士謂伯翳爲伯益：縣，四庫本作“由”。士，喬本、洪本作“仕”，吳本、四庫本、備要本作“皆”，俱誤。此從宋本。伯翳，路史以爲皋陶長子，見後紀七小昊青陽氏。伯益，路史以爲帝顓頊第三子，見後紀八帝顓頊高陽氏。彦按：國語鄭語：“嬴，伯翳之後也。”韋昭注：“伯翳，舜虞官，少皞之後伯益也。”後漢書蔡邕傳：“昔伯翳綜聲於鳥語。”李賢注：“伯翳即秦之先伯益也，能與鳥語。”此所謂“縣漢而來，士謂伯翳爲伯益”也。

〔一一九〕囏：同“艱”。四庫本作“難”。

〔一二〇〕予亟矜之：亟，極，甚。矜，惋惜。

〔一二一〕曷揖損焉：曷，通“勾”，祈求。揖損，抑損，謂删削。四庫本“揖”作“益”，於義似長。

少昊後李姓國

李　　徐廣云："河内 成皋有李城〔一〕。"李阪,今温縣城是〔二〕。昔李同却秦兵死,封其父李侯,即其地〔三〕。史説,平原君封。

苦　　碩宗封〔四〕。今亳之衛真;漢苦縣,隸淮陽國;晉屬梁國;後魏爲谷陽;唐爲真源〔五〕。有渦水、瀨鄉祠,老子生處〔六〕。

萊

段干〔七〕　蹇叔處干,干國也〔八〕。處干而干亡,之秦而秦伯,非愚於干、智于秦也〔九〕。郡國志衛縣南有干城,詩"出宿于干"者〔一〇〕。今開封有邗溝、段干木廟〔一一〕,九域志。而墓乃在汾之孝義東北二十五〔一二〕。孝義乃漢兹氏〔一三〕。

右四國李姓。

　　段干,李姓邑也。初邑段,後邑干,因邑而氏。魏世家有段干子,田世家有段干朋,而風俗通氏姓注乃以爲姓段,名干木,蓋以吕氏春秋"干木光于德"與魏都賦"干木之德"之言誤之〔一四〕。唐百官表遂以謂封段而爲干木大夫,疎矣〔一五〕。幽通賦云:"木偃息以藩魏","干木"豈其名哉〔一六〕? 姓書或更以爲鄭共叔後,抑又妄云〔一七〕。

江　　晉志汝南陽安江亭也〔一八〕。潁同。按:在信陽縣之東南,新息之西,有陽安故城〔一九〕。寰宇記:陽安故城,江國之地〔二〇〕。

黃　　子爵,楚威之。僖十二年。光之定城西十二有故城〔二一〕。樂史云:黃國故城,"十三州志云:定城置在古黃子國南十二里〔二二〕。"小司馬云:弋陽,故黃國〔二三〕。弋陽,即今定城。其去黃州,四百五十〔二四〕。先儒亦疑其相邈,不知其異。昔黃不事楚,曰"自郢及我九百里",非齊安亦明矣〔二五〕。

耿　伯爵。河中龍門縣十二故耿城,晉獻公滅以賜趙夙,遂曰趙〔二六〕。今晉之趙城〔二七〕。閔二年〔二八〕。都城記:耿,嬴氏國〔二九〕。辨證以爲皮氏東南耿鄉〔三〇〕。

弦　子爵。楚所滅。僖五年。杜云,弋陽軑縣東南〔三一〕。今光之仙居東十里弦亭也〔三二〕。武德三爲弦州。軑故城在仙居北四十〔三三〕。晉志,弦在西陽〔三四〕。西陽,今光山縣,故歐陽忞以光山爲故弦國〔三五〕。

兹二　牟夷以防、兹二邑奔魯〔三六〕。預云:姑幕有兹城〔三七〕。姑幕,後齊併入東莞,今高密有故城〔三八〕。九域志,姑幕城在密。然太原亦有兹氏城。晉志〔三九〕。

蒲　晉志云,隰之蒲子〔四〇〕。今隰川縣北四十五,故蒲城,晉重耳居〔四一〕,通典云,故蒲城縣〔四二〕。長安志云:蒲城縣,本同之蒲城,在縣東三十里〔四三〕。與衛蒲別。衛之蒲在開封長垣東北十里,子路所宰〔四四〕。

時　博昌有時水,春秋之乾時〔四五〕。元凱云:旱則涸,故曰乾時〔四六〕。齊大夫時子〔四七〕。

白　蔡之褒信西南白亭是〔四八〕。楚平滅,以封子建之子勝,曰白公。

郯　子爵。故東海郯縣,唐入下邳〔四九〕。無壃云:"願齊試兵南陽莒地,以聚常、郯之境",則齊、莒之間也〔五〇〕。今淮陽軍治有古郯城,在東北百五十沂、沭二水間,周十餘里,有郯子廟〔五一〕。漢志:"少昊後〔五二〕。"外紀、輿地記云:己姓國〔五三〕。秦爲郯郡。

覆〔五四〕　今覆州,春秋以來楚地〔五五〕。

巴　左氏傳巴師侵鄾,今巴、瀘二州境,宜與太昊後異〔五六〕。

宜〔五七〕　史記作"宜",云嬴後有白宜氏,則以白宜爲一也〔五八〕。宜在陝〔五九〕。詳周後國。

穀　　　詳周後國。

麋　　　詳高陽後國。

邧　　　邧子、邧夫人國也[六〇]。世族譜云,嬴姓。殯太叔、會鄲
　　　　乃衛地[六一],哀十二年。非妘、姬二姓邧[六二]。

葛　　　魯附庸。齊昭公母葛嬴[六三]。在河內[六四]。修武有葛
　　　　伯城、葛伯墓[六五]。九域志:"湯始征者[六六]。"

祁[六七]　太原祁縣,以祁藪名[六八]。自漢不改,其地甚廣。金坡
　　　　遺事係小國,蓋以祁奚邑爾[六九]。祁奚墓在安邑。

譚　　　子爵。齊桓二年滅之[七〇]。魯莊十年。今齊之歷城,武德
　　　　中爲譚州,東南十里有故城[七一]。預云:濟南東平陸西南有古
　　　　譚城[七二]。寰宇云:今齊州東平陵鎮也。輿地記:平陸,唐或作平陵。一
　　　　作"鄲"。與郯異。齊世家作"滅郯",故世以譚、郯爲一,而鉉以作
　　　　"譚"爲非,皆誤[七三]。

　　右一十八國,亦嬴姓[七四]。

　　魯宣公十三年,齊師伐莒,楚子伐宋[七五]。二國之興兵,皆以
晉也。莒從晉,不事齊[七六]。宋與晉,不順楚[七七]。彊大之爲虐,春秋極矣。
方扈之會,鄭會而陳不至,故林父伐陳,以即楚也;楚子伐鄭,以服
晉也[七八]。並宣九年[七九]。夫爲盟主,不務德以聽諸侯之去來,而每
以力勝,豈長久之道哉?沈服楚,晉伐沈;江與晉,楚圍江[八〇]。
同文三年。曾未幾何,沈潰,文三。江威,文四。雖晉、楚亦末如之何
者。故君子務修德;不修德而爭諸侯,徒自悴爾[八一]。兹聖人所
以皆人之歟[八二]!

莒　　　紀姓。興期十一世兹丕,始封都計,後徙莒[八三]。外紀、寰
　　　　宇。樂毅破齊城,莒獨不下[八四]。隨爲莒州,今密之莒縣
　　　　理[八五]。厥後徙鹽官,故世謂南莒[八六]。

計　　　計斤爾[八七]。樂史云:兹興始都,今高密東南四十[八八]。

箸丘

渠丘二　莒子朱居，爲渠丘公，莒邑也〔八九〕，寰宇〔九〇〕。楚子重“伐莒，圍渠丘”者〔九一〕。今莒縣有渠丘故城。風俗通云：晉有渠丘公〔九二〕。乃莒也。與齊邑異。齊渠丘乃雝廩邑，今臨淄西北西安故城也〔九三〕。

安丘　漢縣，隸北海。今隸密，有安丘亭，西南十二有漢安丘城。寰宇記云，即渠丘邑〔九四〕。安丘望之〔九五〕。嵇康高士傳：持老子，不仕〔九六〕。

無婁　即牟婁也。本牟夷國，後屬杞。今密之諸城有婁鄉城〔九七〕。字書：“無婁，微視也〔九八〕。”音牟。

且于、挈比、林閭　凡莒邑皆公稱〔九九〕。

　　右紀姓國。

　　“密人不恭，敢拒大邦，侵阮徂共。王赫斯怒，爰整其旅，以遏徂莒，以篤周祜，以對于天下〔一〇〇〕。”此詩人所言，王治天下，弭禍御患，而以膺夫天眷者也〔一〇一〕。密，密須也。密須之人，旅拒王命，侵逼阮、共之二小國，王始以其不道，赫然奮怒，整治師旅，以遏絕其往莒者〔一〇二〕。蓋將以除禍亂于下，斯天之所爲福也。“以篤周祜，以對于天下”，斯人之所爲悦者，以故孟子援之爲説〔一〇三〕。而鄭氏乃以莒、阮、徂、共爲之四國，蓋惑於前者四國之説，不惟遠失詩人美王去亂之意，而於詩文亦不亂〔一〇四〕。

　　“維此二國，其政不獲；維此四國，爰究爰度〔一〇五〕。”此言天之所以興周者也。“皇矣上帝，臨下有赫”，則“監觀”而下，語可知矣〔一〇六〕。二國者，密人、崇侯也〔一〇七〕。崇、密爲虐政，可謂不獲矣，而公乃以爲之殷、夏，豈其然邪〔一〇八〕？“維此四國，爰究爰度”，此言天以四方君侯付之周王而究度之，故下又云“乃眷西顧”，言其卒與周也，何得以是充四國乎〔一〇九〕？按馬遷言文王征伐之數甚備,孰有所謂"徂"者,顧亦何嘗伐阮、共哉〔一○〕?

　　昔楚人之威江,秦伯爲之降服、出次,大夫諫之,秦伯曰:"同盟之威,雖不能救,敢不矜乎? 吾自懼矣〔一一〕。"故君子曰:"詩云:'維此二國,其政不獲;維此四國,爰究爰度',其秦穆之謂乎〔一二〕?"文三年〔一三〕。惟孟所言"以遏徂莒",而今乃云"以按徂旅",斯則秦之後出于民間,定於講師之口者爾〔一四〕。彼上方言"爰整其旅",而此遽云"徂旅",其不然昭矣。春秋初年,紀子、莒子爲盟于密〔一五〕。莒、杞,密之近也。王之伐密,于以遏其往莒之師,戡亂定禍,理必從其亟,宜莒之爲正云〔一六〕。

【校注】

　　〔一〕河内成皋有李城:見史記平原君傳"李同戰死,封其父爲李侯"裴駰集解引徐廣曰。河内,郡名。成皋,縣名,治所在今河南滎陽市汜水鎮。各本均譌"平皋",今訂正。

　　〔二〕溫縣城:在今河南溫縣溫泉街道。

　　〔三〕李同:戰國時趙國邯鄲傳舍吏子,本名談,司馬遷避父諱追改"同"。參見上注〔一〕。

　　〔四〕碩宗:皋陶後,周康王賜采邑於苦縣。見後紀七小昊青陽氏及新唐書宗室世系表上。

　　〔五〕亳之衛真:亳,州名。衛真,縣名,治所在今河南鹿邑縣。　後魏爲谷陽;唐爲真源:谷陽、真源,並縣名。

　　〔六〕瀨鄉祠:指瀨鄉老子祠。

　　〔七〕段干:喬本、宋本、洪本、吳本"段"皆譌"叚",今據四庫本、備要本訂正。下諸"段"字同。

　　〔八〕蹇叔處干:見韓非子難二。蹇叔,春秋宋鈺邑人,秦穆公迎入秦,任以上大夫。干,通"邗",即虞。故址在今山西平陸縣北。俞樾韓非子平議曰:"干即虞也。莊子刻意篇曰:'夫有干越之劍',釋文引司馬云:'干,吳也。'荀子勸學篇曰:'干越夷貉之子',楊倞注曰:'干越猶言吳越。'淮南子原道篇曰:'干越生葛絺。'高誘注亦曰:'干,吳也。'是吳有干名。而虞與吳古同聲而通用。桓十年左傳正義曰:'譜云:虞,姬姓也。武王克商,封虞仲之庶孫,以爲虞仲之後,處中國爲西吳,後世謂之虞公。'然則虞之始封,本爲西吳,蓋以別於荆蠻之吳。因春秋經傳皆作虞,而西吳之名廢矣。漢書地理志河東郡大陽:'吳山在西,上有吳城,周武王封太伯後於此,是爲虞公。'夫虞之故城謂之吳城,是虞即吳也。吳得稱干,則虞亦得稱干。蹇叔處干,即處虞也。"彦按:俞説甚是。然"蹇叔處干"之干,與詩"出宿于干"即衛縣南之干(見下注〔一〇〕)並非一地,路史强行牽合,謬亦甚矣!　　干國也:備要本"干"譌"于"。

〔九〕之秦而秦伯:伯,通"霸"。韓非子難二:"且蹇叔處干而干亡,處秦而秦霸,非蹇叔愚於干而智於秦也,此有君與無君也。"

〔一〇〕衛縣:治所在今河南清豐縣東南。　　出宿于干:見詩邶風泉水。干,春秋衛邑。在今河南濮陽縣東北。

〔一一〕邗溝:邗,今音hán;廣韻則與"干"同音,並古寒切。喬本、宋本、洪本、吳本、四庫本作"邘",非。今據備要本訂正。　　段干木廟:喬本、宋本、吳本、備要本"段干木廟"上均空一字之位,四庫本作"有"。

〔一二〕汾之孝義:汾,州名。孝義,縣名,治所在今山西孝義市東南。

〔一三〕兹氏:縣名。

〔一四〕魏世家有段干子:魏世家,史記篇名。段干子,戰國魏將。　　田世家有段干朋:田世家,指史記田敬仲完世家。段干朋,戰國齊臣。　　而風俗通氏姓注乃以爲姓段,名干木,蓋以吕氏春秋"干木光于德"與魏都賦"干木之德"之言誤之:干木光于德,今本吕氏春秋期賢作"段干木光乎德"。魏都賦,西晉左思撰。彦按:路史此段文字大抵撮取自史記老子列傳"老子之子名宗,宗爲魏將,封於段干"裴駰集解而略作發揮。駰之文曰:"此云封於段干,段干應是魏邑名也。而魏世家有段干木、段干子,田完世家有段干朋,疑此三人是姓段干也。本蓋因邑爲姓,左傳所謂'邑亦如之'是也。風俗通氏姓注云姓段,名干木,恐或失之矣。天下自别有段姓,何必段干木邪!"

〔一五〕唐百官表遂以謂封段而爲干木大夫:四庫本"謂"作"爲"。彦按:唐百官表,當作唐宗室世系表,蓋羅氏誤記。新唐書宗室世系表上:"生耳,字伯陽,一字聃,周平王時爲太史。其後有李宗,字尊祖,魏封於段,爲干木大夫。"

〔一六〕幽通賦:<u>漢班固</u>撰。　木偃息以藩魏:偃息,謂休兵息民。藩,通
“蕃”,繁衍。<u>文選</u>作“蕃”。<u>李善注</u>曰:“木,<u>段干木</u>也。”

〔一七〕姓書或更以爲<u>鄭共叔</u>後,抑又妄云:<u>鄭共叔</u>,指<u>春秋鄭武公</u>次子<u>共
叔段</u>。<u>彦</u>按:<u>元和姓纂</u>卷九換韻<u>段</u>云:“<u>鄭武公</u>子<u>共叔段</u>之後,以王父字爲氏。
戰國韓相段規</u>。<u>三輔決録</u>云:<u>段</u>氏,<u>李老君</u>之自出,<u>段干木</u>之子<u>隱如</u>入關,去
‘干’爲<u>段</u>氏。”以爲<u>段</u>氏本有二源,當是。<u>古今姓氏書辯證</u>卷三二換韻<u>段</u>亦
曰:“<u>段</u>以字,<u>段干</u>以地,本爲二族,不可合爲一事也。”<u>路史</u>指責,似無道理。

〔一八〕<u>晉志</u>:見<u>晉書地理志</u>上。　汝南陽安江亭:<u>汝南</u>,郡名。<u>陽安</u>,縣
名,治所在今<u>河南碻山縣</u>東北。各本皆誤倒作“安陽”,今訂正。下正文“有<u>陽
安</u>故城”之“<u>陽安</u>”同。

〔一九〕<u>信陽縣</u>:治所在今<u>河南信陽市</u>。　新息:縣名,治所在今<u>河南
息縣</u>。

〔二〇〕<u>陽安</u>故城,<u>江國</u>之地:見<u>太平寰宇記</u>卷一一<u>蔡州新息縣</u>,原文作:
“<u>陽安</u>故城。<u>漢</u>爲縣,即<u>左氏傳江國</u>之地也。”四庫本“<u>陽安</u>”誤倒作“安陽”。
<u>江國</u>,<u>西周</u>封國名。

〔二一〕<u>光</u>之定城:<u>光</u>,州名。<u>定城</u>,縣名,治所在今<u>河南潢川縣</u>。<u>喬</u>本、<u>宋</u>
本、<u>洪</u>本、<u>吴</u>本、<u>備要</u>本“城”皆譌“成”,今據四庫本訂正。

〔二二〕見<u>太平寰宇記</u>卷一二七<u>光州定城縣</u>。

〔二三〕<u>小司馬</u>云:<u>弋陽</u>,故<u>黄國</u>:見<u>史記楚世家成王</u>二十二年“伐<u>黄</u>”索
隱。四庫本“<u>小司馬</u>”作“少司馬”,誤。

〔二四〕<u>黄州</u>:治所在今<u>湖北黄岡市黄州區</u>。

〔二五〕昔<u>黄</u>不事<u>楚</u>,曰“自<u>郢</u>及我九百里”:<u>左傳僖公</u>十二年:“<u>黄</u>人恃諸
侯之睦于<u>齊</u>也,不共<u>楚</u>職,曰:‘自<u>郢</u>及我九百里,焉能害我?’”　非<u>齊安</u>亦明
矣:<u>齊安</u>,郡名,治所在今<u>湖北麻城市</u>西南。<u>彦</u>按:<u>元和郡縣圖志</u>卷二七<u>黄州</u>
曰:“本<u>春秋</u>時<u>邗國</u>之地,後又爲<u>黄國</u>之境。<u>戰國</u>時屬<u>楚</u>,<u>秦</u>屬<u>南郡</u>。……<u>蕭齊</u>
於此置<u>齊安郡</u>,<u>隋開皇</u>三年罷郡置<u>黄州</u>,因古<u>黄國</u>爲名也。”又<u>太平寰宇記</u>卷一
三一<u>黄州</u>曰:“<u>黄州</u>(<u>齊安郡</u>。今理<u>黄岡縣</u>),<u>春秋</u>‘弦子奔<u>黄</u>’,即<u>齊</u>之與國也。
又爲<u>魯</u>附庸<u>邗國</u>之地。今郡東南一百三十里臨<u>江</u>,與<u>武昌</u>相對,有古<u>邗</u>城是
也。……后爲<u>黄國</u>之境,<u>戰國</u>時屬<u>楚</u>。<u>秦</u>併天下置郡,此即<u>南郡</u>之地也。……

晉爲西陽國。宋爲西陽郡。齊又分爲齊安郡。"皆以古黃國在後世齊安郡地，羅氏不以爲然，故有此語。

〔二六〕河中龍門縣：河中，郡名。龍門縣，治所在今山西河津市西。　晉獻公滅以賜趙夙：趙夙，春秋晉國趙氏領袖。左傳閔公元年："趙夙御戎，畢萬爲右，以滅耿、滅霍、滅魏。還，爲大子城曲沃，賜趙夙耿，賜畢萬魏，以爲大夫。"彥按：本條與卷二七國名紀四商氏後耿複出，可互參。

〔二七〕晉之趙城：晉，州名。趙城，縣名，治所在今山西洪洞縣趙城鎮。

〔二八〕閔二年：彥按："二年"乃"元年"之誤。見上注〔二六〕。

〔二九〕都城記：備要本"都"譌"郁"。

〔三〇〕辨證以爲皮氏東南耿鄉：辨證，指宋鄧名世古今姓氏書辯證。各本均譌"辨誤"，今訂正。皮氏，縣名，即後來之龍門縣（北魏太平真君七年改）。治所在今山西河津市西。鄧書卷二七耿韻耿云："出自姬姓，侯伯之國。其地平陽皮氏縣東南耿鄉是也。"

〔三一〕弋陽軑縣：弋陽，郡名。軑縣，治所在今河南光山縣西北。軑，喬本、吳本作"軑"，洪本作"軑"，四庫本、備要本作"軑"，並誤。此從宋本改。

〔三二〕光之仙居：光，州名。仙居，縣名，治所在今河南光山縣仙居鄉。

〔三三〕軑：四庫本作"軑"，餘本皆作"軑"，俱誤。今訂正。

〔三四〕見晉書地理志上豫州弋陽郡西陽縣。

〔三五〕光山縣：今屬河南省。　故歐陽忞以光山爲故弦國：歐陽忞，宋代人，一説爲歐陽修從孫，撰有輿地廣記三十八卷。喬本、吳本、四庫本、備要本"忞"均譌"志"，今據宋本、洪本訂正。輿地廣記卷二一光州光山縣："故弦國，楚人滅之。"

〔三六〕牟夷以防、兹二邑奔魯：牟夷，春秋莒國臣。防，在今山東安丘市西南。春秋昭公五年："夏，莒牟夷以牟婁及防、兹來奔。"

〔三七〕預云：姑幕有兹城：姑幕，縣名，治所在今山東諸城市西北。兹城，杜注原文作兹亭。

〔三八〕東莞：縣名，治所在今山東莒縣。

〔三九〕晉志：彥按：晉書地理志不見"兹氏"字，而匈奴傳曰"其左部都尉所統可萬餘落，居於太原故兹氏縣"，劉元海載記亦曰"太康中，改置都尉，左部居太原茲氏”,是此晉志宜作晉書,蓋因誤記。

〔四〇〕晉志云,隰之蒲子:隰,州名。蒲子,縣名,治所在今山西蒲縣東北。彥按:晉書各志無此。疑乃唐志之誤。舊唐書地理志二河東道隰州下云:“隰川,州所理。漢蒲子縣地,隋爲隰川縣。”蓋即羅氏所本。

〔四一〕隰川縣:治所在今山西隰縣。

〔四二〕見通典卷一七九州郡九隰州隰川縣,原文作:“漢蒲子縣。春秋時蒲城,晉重耳所居。”

〔四三〕本同之蒲城,在縣東三十里:喬本、吳本、四庫本、備要本“本同”誤倒作“同本”,今據宋本、洪本訂正。宋宋敏求長安志卷一八蒲城縣曰:“西魏廢帝三年,改白水爲蒲城縣,以縣東有蒲城,因名之。本屬同州。”又曰:“蒲城在縣東三十里。”

〔四四〕開封長垣:開封,府名。長垣,縣名,今屬河南。　子路所宰:孔子家語致思:“子路爲蒲宰,爲水備,與其民修溝瀆。”又,韓詩外傳卷六:“子路治蒲三年,孔子過之,入境而善之。”

〔四五〕博昌:縣名,治所在今山東博興縣。　乾時:乾音 gān。

〔四六〕元凱:晉杜預字。　旱則涸,故曰乾時:見春秋莊公九年“及齊師戰于乾時”杜預注。

〔四七〕時子:戰國齊臣。見孟子公孫丑下。

〔四八〕蔡之襃信:蔡,州名。襃信,縣名,治所在今河南息縣包信鎮。

〔四九〕東海郯縣:東海,郡名。郯縣,治所在今山東郯城縣。

〔五〇〕無壃:戰國越王,句踐六世孫。史記作“無彊”。　願齊試兵南陽莒地,以聚常、郯之境:見史記越王句踐世家,“齊”下有“之”字。司馬貞索隱:“此南陽在齊之南界,莒之西。常,邑名,蓋田文所封邑。郯,故郯國。二邑皆齊之南地。”

〔五一〕沂、沭二水間:宋本、吳本、四庫本、備要本“沭”皆譌“沐”。

〔五二〕見漢書地理志上東海郡郯。

〔五三〕輿地記:喬本、宋本、洪本、吳本、四庫本“輿”皆作“與”,今從備要本改。

〔五四〕偯:“優”字異體。此用於地名,蓋通“鄾”。

〔五五〕復州：彥按：輿地書不載復州，疑有誤。地當在鄧州（今河南鄧州市）南，鄾城（今湖北襄陽市城區）北。

〔五六〕左氏傳巴師侵鄧：侵，當作“圍”。鄧，西周、春秋時鄧附庸國，地在今湖北襄陽市樊城區西北。左傳桓公九年：“夏，楚使鬬廉帥師及巴師圍鄾。”

巴、瀘二州：巴州，治所在今四川巴中市巴州區。瀘州，治所在今四川瀘州市。

〔五七〕冥：吳本如此，喬本、宋本、洪本、四庫本、備要本皆作“寅”。彥按：據下云“史記……則以白冥爲一也”可知，此與史記不同之處當在於以白、冥爲二（白已見前），而非其它原因，故今從吳本。

〔五八〕史記作“寅”，云嬴後有白寅氏：見史記秦本紀太史公曰。喬本、宋本、洪本、吳本“寅”作“宾”，此據四庫本、備要本改。下諸“寅”字同。彥按：“寅”字同“冥”，“宾”乃“寅”字俗譌。

〔五九〕陝：州名，治所在今河南三門峽市陝州區。

〔六〇〕邘子、邘夫人國也：邘子，春秋邘國國君。邘夫人，邘子妻。見左傳宣公四年。邘國在今湖北安陸市。

〔六一〕殯太叔：殯，吳本作“傅”，餘本皆作“傳”。太叔，春秋衛大夫大叔疾。彥按：“傳”或“傅”當“殯”字之譌，今訂正。左傳哀公十一年載，大叔疾初出奔宋，後衛莊公復之，使處巢。“死焉，殯於鄖，葬於少禘。”殯太叔即指大叔疾“殯於鄖”事。　會鄖：春秋哀公十二年：“秋，公會衛侯、宋皇瑗于鄖。”

〔六二〕非妘、姬二姓邘：宋本如此，今從之。餘諸本“妘”作“邘”。彥按：本書後紀十二帝舜有虞氏“封弃百里之騑，賜姓妘氏”羅苹注：“妘即姬也。故堯本姬姓，傳云妘姓。”又國名紀三高陽氏後云云：“員、邘同，妘也。妘，姓之祖。”是邘出於妘、姬二姓也。

〔六三〕齊昭公：春秋齊國國君呂潘。左傳僖公十七年：“齊侯好内，多内寵，内嬖如夫人者六人。……葛嬴生昭公。”

〔六四〕河内：郡名，治所在今河南沁陽市。

〔六五〕修武：縣名。今屬河南省。

〔六六〕見元豐九域志卷二河北路西路雄懷州河内郡防禦。語出孟子滕文公下：“湯始征，自葛載。”

〔六七〕祁：<u>彦</u>按：清<u>汪繼培</u>以爲此<u>祁國</u>乃承<u>潛夫論</u>誤本之謬。見<u>後紀</u>七<u>小昊青陽氏</u>注〔三八七〕。

〔六八〕太原祁縣：<u>太原</u>，府名。<u>祁縣</u>，今屬<u>山西省</u>。　<u>祁藪</u>：古澤藪名。在今<u>山西祁縣</u>、<u>平遥縣</u>以西，<u>文水縣</u>東南，<u>介休市</u>以北一帶。

〔六九〕金坡遺事：宋<u>錢惟演</u>撰，載<u>宋</u>禁林雜儀式事迹并學士名氏。　<u>祁奚</u>：<u>春秋晉</u>大夫，以“外舉不棄讎，内舉不失親”知名後世。見<u>左傳襄公</u>三年。

〔七〇〕齊桓二年滅之：<u>春秋莊公</u>十年：“冬，十月，<u>齊</u>師滅<u>譚</u>。”<u>彦</u>按：<u>魯莊公</u>十年時當<u>齊桓公</u>二年。

〔七一〕齊之歷城：<u>齊</u>，州名。<u>歷城</u>，縣名，治所在今<u>山東濟南市歷城區</u>。

〔七二〕預云：濟南東平陸西南有古譚城：<u>彦</u>按：<u>東平陸</u>當作“<u>平陵</u>”。<u>春秋莊公</u>十年“<u>齊</u>師滅<u>譚</u>”<u>杜預</u>注：“<u>譚</u>國在<u>濟南平陵縣</u>西南。”<u>西晉平陵縣</u>，即<u>漢東平陵縣</u>，治所在今<u>山東濟南市章丘區</u>西。而<u>東平陸縣</u>治所在今<u>山東汶上縣</u>北，并非一地。

〔七三〕齊世家作“滅郯”：<u>史記齊世家</u>：“（<u>桓公</u>）二年，伐滅<u>郯</u>。”<u>裴駰</u>集解引<u>徐廣</u>曰：“一作‘<u>譚</u>’。”<u>司馬貞</u>索隱：“據<u>春秋魯莊</u>十年‘<u>齊</u>師滅<u>譚</u>’是也。<u>杜預</u>曰‘<u>譚</u>國在<u>濟南平陵縣</u>西南’。然此<u>郯</u>乃<u>東海郯縣</u>，蓋亦不當作‘<u>譚</u>’字也。”
　而<u>鉉</u>以作“<u>譚</u>”爲非：<u>鉉</u>，指<u>宋徐鉉</u>。<u>説文</u>邑部：“<u>鄟</u>，國也。<u>齊桓公</u>之所滅。”<u>徐鉉</u>等曰：“今作‘<u>譚</u>’，非是。<u>説文</u>注義有<u>譚</u>長，疑後人傳寫之誤。”

〔七四〕亦嬴姓：<u>備要</u>本“亦”作“非”，誤。

〔七五〕見<u>春秋</u>經文。

〔七六〕莒從晉，不事齊：<u>左傳宣公</u>十三年：“春，<u>齊</u>師伐<u>莒</u>，<u>莒</u>恃<u>晉</u>而不事<u>齊</u>故也。”

〔七七〕宋與晉，不順楚：與，親近，親附。<u>彦</u>按：<u>左傳宣公</u>十三年：“夏，<u>楚</u>子伐<u>宋</u>，以其救<u>蕭</u>也。”<u>羅</u>氏以爲<u>楚</u>伐<u>宋</u>由“與<u>晉</u>”，不知何據。

〔七八〕方扈之會，鄭會而陳不至，故林父伐陳，以即楚也：<u>扈</u>，<u>春秋鄭</u>邑。在今<u>河南原陽縣</u>西。<u>林父</u>，<u>荀林父</u>，<u>春秋晉</u>國正卿。即，就，親近，依附。<u>左傳宣公</u>九年：“會于<u>扈</u>，討不睦也。<u>陳</u>侯不會，<u>晉荀林父</u>以諸侯之師伐<u>陳</u>。”　<u>楚</u>子伐<u>鄭</u>，以服<u>晉</u>也：<u>左傳成公</u>六年：“<u>楚</u>子重伐<u>鄭</u>，<u>鄭</u>從<u>晉</u>故也。”又<u>襄公</u>九年：“<u>楚</u>子伐<u>鄭</u>。”<u>杜預</u>注：“與<u>晉</u>成故。”

〔七九〕並宣九年：<u>彥</u>按："<u>楚子</u>伐<u>鄭</u>，以服<u>晉</u>也"不見於<u>宣</u>九年。是年<u>左傳</u>但稱："<u>楚子</u>爲<u>厲</u>之役故，伐<u>鄭</u>。"而<u>杜預注</u>："六年，<u>楚</u>伐<u>鄭</u>，取成於<u>厲</u>。既成，<u>鄭伯</u>逃歸。事見十一年。"不言"以服<u>晉</u>"也。其例在<u>成公</u>六年，亦見於<u>襄公</u>九年。

〔八〇〕沈服楚，晉伐沈：<u>春秋文公</u>三年："春，王正月，<u>叔孫得臣</u>會<u>晉人</u>、<u>宋人</u>、<u>陳人</u>、<u>衞人</u>、<u>鄭人</u>伐<u>沈</u>。"<u>左傳</u>釋其因："以其服於<u>楚</u>也。"　江與晉，楚圍江：<u>左傳文公</u>三年："秋，……<u>楚</u>師圍<u>江</u>，<u>晉先僕</u>伐<u>楚</u>以救<u>江</u>。"

〔八一〕悴：勞苦。

〔八二〕兹聖人所以皆人之歟：兹，<u>四庫</u>本作"此"。皆人之，謂將所有的人皆當成自己的子民。人，民，百姓。

〔八三〕興期：指<u>周</u>初<u>莒國</u>國君<u>兹興期</u>。<u>春秋隱公</u>二年"<u>莒人</u>入<u>向</u>"<u>孔穎達正義</u>引<u>譜</u>云，作<u>兹與</u>。　十一世兹丕：十一，各本皆譌"二"，今訂正。詳見後紀七小昊青陽氏注〔三九二〕。

〔八四〕樂毅破齊城，莒獨不下：<u>樂毅</u>，<u>戰國</u><u>燕</u>名將。<u>史記燕召公世家</u>："（<u>燕昭王</u>）二十八年，<u>燕國</u>殷富，士卒<u>樂軼</u>輕戰，於是遂以<u>樂毅</u>爲上將軍，與<u>秦</u>、<u>楚</u>、<u>三晉</u>合謀以伐<u>齊</u>。<u>齊</u>兵敗，<u>湣王</u>出亡於外。<u>燕</u>兵獨追北，入至<u>臨淄</u>，盡取<u>齊</u>寶，燒其宮室宗廟。<u>齊</u>城之不下者，獨唯<u>聊</u>、<u>莒</u>、<u>即墨</u>，其餘皆屬<u>燕</u>。"

〔八五〕今密之莒縣理：理，治，指治所。

〔八六〕厥後徙鹽官，故世謂南莒：<u>彥</u>按：<u>路史</u>此説有誤。<u>水經注</u>卷三〇<u>淮水</u>曰："<u>游水</u>左逕<u>琅邪計斤縣</u>故城之西，<u>地理志</u>曰：<u>莒子</u>始起于此。後徙<u>莒</u>，有鹽官，故世謂之<u>南莒</u>也。"當即<u>路史</u>所本。然<u>酈氏</u>此處引<u>地理志</u>所言"鹽官"，并非地名。<u>南莒</u>又稱<u>莒城</u>，其地在<u>贛榆縣</u>（今屬<u>江蘇省</u>）西，與<u>鹽官</u>（地當在今<u>浙江海寧市鹽官鎮</u>）相去甚遠。或者<u>路史</u>"鹽官"宜作"鹽倉"，則庶幾矣。<u>元和郡縣圖志</u>卷一一<u>海州懷仁縣</u>曰："<u>贛榆</u>故城，一名<u>鹽倉城</u>，在縣東北三十里。"

〔八七〕計斤：<u>漢</u>縣名，治所在今<u>山東膠州市</u>西南。

〔八八〕見<u>太平寰宇記</u>卷二四<u>密州莒縣</u>。　兹興：即<u>兹興期</u>。見後紀七小昊青陽氏注〔三九一〕。

〔八九〕莒子朱居，爲渠丘公：<u>莒子朱</u>，<u>春秋莒國</u>國君，姓<u>己</u>名<u>朱</u>。以封於渠丘,故又稱渠丘公。左傳成公八年:"晉侯使申公巫臣如吳,假道于莒。與渠丘公立於池上。"杜預注:"渠丘公,莒子朱也。"

〔九○〕太平寰宇記卷二四密州安丘縣:"後漢屬北海國,有渠丘亭,故莒渠丘公所居也。"

〔九一〕楚子重"伐莒,圍渠丘":子重,春秋楚穆王子公子嬰齊之字,爲楚左尹。左傳成公九年:"冬,十一月,楚子重自陳伐莒,圍渠丘。"

〔九二〕風俗通云:晉有渠丘公:彦按:"晉"當作"莒"。作"晉"者乃誤本。元和姓纂卷二魚韻渠邱引風俗通,作:"莒有渠邱公,因氏焉。"是也。

〔九三〕齊渠丘乃雝廩邑,今臨淄西北西安故城也:雝廩,即雍廩,春秋齊大夫。臨淄,縣名。即今山東淄博市臨淄區。西安,亦縣名。左傳昭公十一年"齊渠丘實殺無知"杜預注:"渠丘,今齊國西安縣也,齊大夫雍廩邑。"

〔九四〕太平寰宇記卷二四密州安丘縣:"漢安丘縣城,在縣西南十二里。即莒渠丘邑也,漢以爲安丘縣。"

〔九五〕安丘望之:漢成帝時隱士,京兆長陵(今陝西咸陽市)人,治老子,著有老子章句。

〔九六〕嵇康:三國魏文學家,竹林七賢之一。　持老子:持,治,研究。

〔九七〕密之諸城:密,州名。諸城,縣名,治所在今山東諸城市。

〔九八〕無婁,微視也:宋本"無"作"矑"。彦按:字當作"瞴"(音 móu)。說文解字目部瞴:"瞴婁,微視也。"

〔九九〕且于、犂比、林間:皆兹輿期後裔。見後紀七小昊青陽氏。　凡莒邑皆公稱:如渠丘爲莒邑,而封君稱渠丘公。

〔一○○〕見詩大雅皇矣第五章。　密人不恭,敢拒大邦,侵阮徂共:拒,抗拒。今本毛詩作"距",通。侵阮徂共,毛亨傳:"(密須氏)侵阮,遂往侵共。"共,商代國名,在今甘肅涇川縣北。　王赫斯怒,爰整其旅:王,指周文王。赫斯,猶赫然,盛怒貌。旅,軍隊。　以遏徂莒:遏,阻止。今本毛詩作"按",通。莒,今本毛詩作"旅"。孔穎達疏:"以止此密人往旅地之寇。"彦按:"旅"通"莒"。　以篤周祜,以對于天下:篤,鞏固。今本毛詩作"篤于"。祜,福。對,鄭玄箋:"答也。"

〔一○一〕弭禍御患,而以膺夫天眷者也:禍,吳本、四庫本作"禍",通。下

“禍亂”之“禍”同。膺，承受，承蒙。天眷，上天的眷顧。

〔一〇二〕旅拒王命：旅拒，聚衆抗拒。　以遏絕其往莒者：遏絕，阻止。往，宋本、洪本如此，當爲路史原文，今從之。餘本均作“徂”。

〔一〇三〕孟子梁惠王下：“詩云：‘王赫斯怒，爰整其旅，以遏徂莒，以篤周祜，以對于天下。’此文王之勇也。文王一怒而安天下之民。”

〔一〇四〕而鄭氏乃以莒、阮、徂、共爲之四國：彦按：路史此説與事實不符。詩大雅皇矣“密人不恭，敢距大邦，侵阮徂共”鄭玄箋：“阮也，徂也，共也，三國犯周而文王伐之。”又“以按徂旅”鄭玄箋曰：“以却止徂國之兵衆。”其誤在於以“徂”爲國名而釋“旅”爲“兵衆”。然言未及莒也。　蓋惑於前者四國之説：“前者四國之説”，指皇矣詩第一章“維彼四國，爰究爰度”句。毛傳曰：“四國，四方也。”鄭箋則曰：“四國，謂密也、阮也、徂也、共也。”鄭説誤。　不亂：猶“不安”。爾雅釋詁下：“亂，治也。”

〔一〇五〕維此二國，其政不獲；維此四國，爰究爰度：見詩大雅皇矣第一章。今本毛詩“維此四國”作“維彼四國”。程俊英注：“維，通‘惟’，想到。二國，指夏、商。”“獲，得。不獲，指不得民心。”“四國，四方的國家。指殷商時各諸侯國。”“爰，于是。究，謀，考慮。度，估計。”彦按：釋“二國”爲夏、商，乃本毛傳爲説。毛傳曰：“二國，殷、夏也。”度，音 duó，義亦同“謀”。又高亨詩經今注釋“二國”曰：“二國，馬瑞辰毛詩傳箋通釋引或説：‘古文上作二，與一二之二相似，二國當爲上國之誤。’按此説是。上國指殷國。殷未亡時，殷君爲王，別國爲諸侯，所以稱殷爲上國。”義似勝。

〔一〇六〕皇矣上帝，臨下有赫：此爲皇矣詩第一章之首二句。程俊英注：“皇，光明偉大。”“有赫，即赫赫，明亮的樣子。”　則“監觀”而下，語可知矣：“監觀”爲皇矣詩第一章第三句之首二字。“監觀”而下語，指“監觀四方，求民之莫。維此二國，其政不獲；維彼四國，爰究爰度。上帝耆之，憎其式廓。乃眷西顧，此維與宅”云云。

〔一〇七〕二國者，密人、崇侯也：崇侯，商紂王時諸侯，崇國國君，名虎，助紂爲虐，曾告密陷害文王。彦按：此據詩鄭箋爲説也。鄭氏曰：“二國，謂今殷紂及崇侯也。”

〔一〇八〕而公乃以爲之殷、夏：公，指毛公，即漢毛亨。疑“公”字上脱

“毛”字。參見上注〔一〇五〕。

〔一〇九〕此言天以四方君侯付之周王而究度之:究度,謀劃。　故下又云“乃眷西顧”:程俊英詩經譯註:“眷,念,關心。”“西顧,指注意西方的岐周。”言其卒與周也:與,幫助,扶助。

〔一一〇〕按馬遷言文王征伐之數甚備:馬遷,司馬遷。數,情況。

〔一一一〕自此而下至“其秦穆之謂乎”,見左傳文公四年,文字略有異同。昔楚人之威江:江,周封國名。在今河南正陽縣東南。　秦伯爲之降服、出次:秦伯,指春秋秦穆公。降服,謂穿素服。出次,謂避開正寢,出郊外暫住。同盟之威,雖不能救,敢不矜乎:矜,憐憫,同情。

〔一一二〕維此二國:今本毛詩如此,而左傳文公四年引詩作“惟彼二國”。維此四國:今本毛詩作“維彼四國”,而左傳文公四年引詩如此。

〔一一三〕文三年:“三”當作“四”,疑原文作“三”(同“四”),因譌爲“三”。

〔一一四〕惟孟所言“以遏徂莒”:見上注〔一〇三〕。　定於講師之口者爾:吳本、四庫本“爾”作“耳”。

〔一一五〕春秋初年,紀子、莒子爲盟于密:彦按:春秋隱公二年:“紀子帛、莒子盟于密。”杜預注:“子帛,裂繻字也。莒、魯有怨,紀侯既昏于魯,使大夫盟莒以和解之。”是與莒子盟於密者爲紀大夫子帛,而非紀子。路史説誤。

〔一一六〕王之伐密,于以遏其往莒之師:于以,是以。吳本、四庫本“以”作“此”。　戡亂定禍,理必從其亟:戡,平定。定,洪本如此,是,今從之。餘本作“之”,誤。蓋“定”字草書作“冗”,上部之“宀”偶脱,遂成“之”也。禍,吳本、四庫本作“禞”,同。亟,急。　宜莒之爲正云:彦按:此謂今毛詩“以按徂旅”作“旅”不正確,當以作“莒”爲正。今謂“莒”爲正字固是,而“旅”乃借字,亦當讀“莒”,非如鄭箋所釋爲“兵衆”義也。羅氏理解亦有未妥。

路史卷二十六

國名紀三

高陽氏後

高陽三　帝之初封,瀛之高陽縣,扞高水之陽也[一]。至道三割隸順安[二]。然棘城實爲高陽氏之虛,柳城東南一百七十。今浚儀亦有高陽故城,蓋後所都。

濮陽僖三十一[三]　帝後所都。今澶之屬縣,所謂帝丘,有顓帝城[四]。城内帝冢,亦號顓頊之虛。

梁西梁　伯益國。地理風俗傳扶柳西北五十有梁城,故漢西梁縣[五]。西梁故城扞今冀之南宫堂陽鎮[六]。鎮之束鹿南六十[七]。縣道記:西梁故城二三里,一名五梁城,後漢入扶柳。南梁扞汝[八]。詳周後國,以别大梁、少梁云[九]。

斁[一〇]　梁析。傳謂顓頊大斁之後,詩云"薄狩于斁",是也[一一]。今沂之新泰東十一故斁國有斁山,昔堯伐胥斁者[一二]。

安　姬姓,今壽之安豐[一三]。與六近,故漢爲六安[一四]。地書述六失安。

蓼　姬姓,侯爵,淮南子:"陽侯毅蓼侯。"[一五]楚公子燮滅之[一六]。襄王三十年[一七]。今壽之霍丘[一八]杜云,安豐蓼縣[一九]。安豐城扞霍丘南十三[二〇]。有蓼故城。武德四爲蓼州。七年廢[二一]。襄宇：元年立，九年廢〔二二〕。圖疏云，扗光州〔二三〕。廣記云，偃姓〔二四〕。水經：臨水縣西蓼邑，皋陶之封〔二五〕。皆誤。與舒蓼別。

安、蓼皆姬國也〔二六〕。故班志云：安，姬姓國。而世本蓼亦姬姓。則俱庭堅後矣。杜預乃以庭堅爲高陽之字，妄也〔二七〕。按文公五年秋，楚仲歸滅六；冬，公子燮滅蓼，臧文仲曰：“皋陶、庭堅不祀。”夫皋陶乃少昊之後四世，而庭堅則高陽氏之子。六，皋陶之後；而蓼則庭堅之後也。預既誤以庭堅爲皋陶字，乃復以蓼爲皋陶後、偃姓，失之矣。

予嘗攷之，皋陶之後有舒蓼，而非蓼也。舒蓼，偃姓；而蓼則姬姓。蓼滅而舒蓼猶在，至宣公之八年始滅。其地乃壽之霍丘，而蓼乃安豐，地正相遠：舒蓼與蓼，地正爲二〔二八〕。而舒又自一國，黃帝之後，任姓，見潛夫論。預既不知別有舒與蓼，而乃妄分皋陶之後舒蓼以爲二，謂皆偃族，正義遂以爲文公五年蓼滅而復封，楚復滅之。果皆臆見〔二九〕。僖公之三年，舒已滅矣。

己　　　邧、紀也〔三〇〕。故南郡邧縣，己姓之祖〔三一〕。

昆吾昭十二、哀十七　己姓，樊之國，衛是〔三二〕。澶之濮陽，昆吾氏之虚也，隋昆吾縣〔三三〕。開皇十六置，在顓王城内〔三四〕。武惪四復割置濮陽，八年廢〔三五〕。城中有昆吾臺，所謂昆吾之觀。寰宇以昆吾爲解之安邑〔三六〕。夏末遷許。

顧哀十四　己姓子。今濮之范東南二十八有古顧城〔三七〕。人表以爲鼓，師古云：即顧〔三八〕。

温　　　己姓子。今孟之温西南三十有古温城，漢温縣〔三九〕。僖十年，“狄滅温，温子奔衛〔四〇〕。”後襄王以賜晉〔四一〕。忿生邑，亦曰蘇〔四二〕。

蘇　　　己姓子。文十〔四三〕。在夏曰伯。今懷之武德有蘇古城，在濟源西北二里。寰宇云，忿生故邑蘇。温見隱三年〔四四〕。陽樊、温、原十二邑,皆蘇故地〔四五〕。

戶　　己姓,商之崇扈〔四六〕。古文作"㕥",秦改爲鄠,漢隸扶
　　　風〔四七〕。自後魏屬京兆。今永興鄠北二十有故城,周四里,
　　　有戶谷、戶亭〔四八〕。

飂　　己姓,廖也。昭二十九有飂〔四九〕。九域志方救切。今唐之湖陽。
　　　一作"飅"。

董文六〔五○〕己姓伯。聞喜縣東有董池陂,董澤之陂也〔五一〕。竹紀年
　　　晉武公元年,"尚一軍","芮人乘京,荀人、董伯皆叛"
　　　者,非秦川董〔五二〕。舊云臨汾有董亭,是〔五三〕。或云秦川、晉陽、雞
　　　當使兄子保宗鎮董亭者,皆非〔五四〕。

郕　　己姓。説文云:周邑。野王西北〔五五〕。詳周後國〔五六〕。

鬷昭二十九〔五七〕董姓,鬷夷也。今濟陰東北四十九有龍池、鬷亭。即
　　　三鬷亭。在定陶東北二十。蔡墨云:舜封豢龍子於鬷川,鬷夷氏其
　　　後〔五八〕。九州要記云:董父好龍,舜遣豢龍于陶丘,爲豢龍氏。集韻去
　　　聲,非〔五九〕。

豢龍　董姓,在滑之韋城,古城内有豢龍井〔六○〕。然寰宇記,豢
　　　龍城在臨潁〔六一〕。許〔六二〕。今長葛西四十豢龍城,豢龍氏
　　　邑也。許〔六三〕。而汝之龍興東南五十又有豢龍城。韋城
　　　爲古;冢韋邑。故王屋山有龍逄祠〔六四〕,潞縣。長垣有龍逄
　　　居,皆在後〔六五〕。長垣東南二十有龍城、龍逄居,有祠、墓,而靈寶西
　　　南七亦有豢龍墳〔六六〕。城冢記:關龍逄葬龜頭原左脇,高三丈〔六七〕。

祝產　己姓,帝堯時國。

戎州

斟　　己姓,漢之北海斟縣〔六八〕。北海,今濰〔六九〕。去州七里
　　　有斟亭。寰宇記,州東南五十〔七○〕。一作"斗",草繆〔七一〕。

灌　　斟姓,傳謂斟灌。廣記云禹後,誤〔七二〕。今青之壽光東南有
　　　斟灌城、灌亭〔七三〕,舊記高密有灌亭。寰宇記:斟灌城一名東壽

光[七四]。故淳于也。水經:淳于縣本夏后氏斟灌國,武王以封淳于公[七五]。淳于,後齊併高密。

尋三　　斟姓,傳謂斟尋。張勃地記:濟南平壽,古斟尋國[七六]。預謂青之北海[七七]。北海今隸濰。東南五十有斟城、斟亭。一作"斟"、"鄩"。今九江爲尋陽[七八]。一作"鄩"、"潯"。瓚謂河南有尋,蓋周地也[七九]。昭二十三鄩,預謂鞏西南鄩中[八○]。周地。

介　　斟姓,斟介也,傳謂介斟。在東郡衛地[八一]。或云即斟灌,非。若葛廬國,則密之膠西[八二]。東北百里有葛廬墓。

戈　　斟姓,是爲斟戈。左氏、世本皆以爲即斟灌氏,非[八三]。按:宋、鄭間六邑有戈、錫[八四]。後爲獷國。

　　右五斟,本出己姓,形聲轉繆而遂爲姒,故史記以斟戈、尋爲夏禹後,非也[八五]。賈逵更以之爲曹姓,蓋因史伯之言失之。

云　　員、妘同,妘也。妘,姓之祖。亦作"伝"、"偩"、"媆"、"郧",又用"覞"、"雲"。晉志云雲子,古之雲夢[八六]。在江北,今玉沙、監利等縣[八七]。盟會圖云,邧子國在安州[八八]。杜云江夏雲杜東南[八九]。今安州城。春秋:鄖人,楚滅之,封鬪辛爲鄖公[九○]。今安之安陸有鄖鄉、鄖水、鄖城、鄖公廟,周爲鄖州[九一]。

參胡　　妘姓,韓也,惠連國[九二]。

鄅　　妘姓。偩,子爵。景王二十一,邾襲之[九三]。班志云:東海開陽,故鄅國[九四]。開陽故城,今在臨沂北十五里。春秋啓陽[九五]。

彭二　　即大彭,彭姓之祖。舊云徐治彭城,有彭城山,彭祖墓、廟,春秋爲宋邑[九六]。晉、楚滅之,爲魚石采邑[九七]。寰宇記:州理外城,即古大彭國[九八]。攷之初國,當是彭州[九九]。有天彭大澤。垂拱爲州[一○○],二年[一○一]。後迻徐爾。仙傳,歷陽有<u>彭祖宅</u>〔一〇二〕。

<u>韋</u>豕韋　<u>彭</u>姓,<u>商伯</u>,<u>元喆</u>之封,<u>豕韋</u>也〔一〇三〕。<u>國都記</u>:<u>豕韋</u>氏,<u>彭</u>氏之國。<u>劉縶</u>更封之〔一〇四〕。故<u>世本</u>謂<u>豕韋防</u>姓〔一〇五〕。<u>隋</u><u>韋</u>爲城、縣,則<u>白馬</u>南之<u>韋鄉</u>也〔一〇六〕。<u>杜</u>云,<u>東郡</u> <u>白馬</u>東南有<u>韋城</u>〔一〇七〕。今<u>滑</u>之<u>韋城</u>有<u>豢龍井</u>,在<u>韋</u>故城内,有古碑,記云:“左右直<u>殳</u>,上曰泪木,下八十一口。”〔一〇八〕

<u>禿</u>　<u>彭</u>姓。

<u>暨</u>既　<u>彭</u>姓。<u>沂</u>之<u>承</u>有<u>葭亭</u>,即古<u>暨國</u>〔一〇九〕。<u>杜</u>云,<u>鄩縣</u>東北有<u>葭亭</u>〔一一〇〕。今<u>鄩城</u>,在<u>承縣</u>東。其派者爲<u>諸暨</u>,本曰<u>餘暨</u>,有<u>暨浦</u>、<u>諸山</u>,隸<u>越</u>〔一一一〕。一作“既”,則<u>江陰</u>也〔一一二〕。<u>嘗</u>之<u>江陰</u>,<u>晉</u>曰<u>既陽</u>〔一一三〕。

<u>諸</u>莊二十九〔一一四〕<u>彭</u>姓。<u>密</u>之<u>諸城</u>西北三十,春秋之<u>諸國</u>。<u>漢</u> <u>諸縣</u>故城在西南,本<u>魯</u>邑〔一一五〕。正奢切,或如字。

<u>稽</u>　<u>彭</u>姓。<u>亳</u>之<u>譙</u>有<u>稽山</u>。

<u>舟人</u>　<u>禿</u>姓。<u>楚</u>地,昔<u>常壽過</u>克<u>息舟</u>,城而居之者〔一一六〕。昭十三年,<u>越</u>大夫。

<u>僧</u>　<u>妘</u>姓。一曰<u>會人</u>,<u>鄶</u>也〔一一七〕。<u>詩</u>之<u>檜國</u>,在<u>溱</u>、<u>洧</u>之間。今<u>新鄭</u>東北三十五有古<u>鄶城</u>〔一一八〕。<u>詩譜</u>,<u>重黎</u>後<u>妘</u>姓國〔一一九〕。<u>武公</u>滅之〔一二〇〕。然謂<u>澮</u>以水名,——按春秋之<u>汾</u>、<u>澮</u>,乃在<u>絳</u>,故<u>伯邧</u>以爲<u>澮</u>之誤,——妄矣〔一二一〕。

<u>傿</u>　<u>妘</u>姓。今<u>襄</u>之<u>宜城</u>,<u>楚</u>之<u>鄢都</u>。一曰<u>郢</u>。昭四“遷<u>賴</u>于<u>鄢</u>”者〔一二二〕。<u>漢惠</u>三曰<u>宜城</u>〔一二三〕。與<u>莒鄢</u>、<u>鄭鄢</u>異。<u>穆叔</u>如<u>莒</u>,及<u>鄢陵</u>,登<u>鄢陵城</u>,今<u>沂</u>之<u>安陵</u>也〔一二四〕。<u>鄭</u>克<u>段</u>于<u>鄢</u>,則<u>開封</u>之<u>鄢陵</u>,<u>漢</u>之故縣〔一二五〕。<u>晉</u>、<u>鄭</u>戰<u>鄢陵</u>,則<u>鄭</u>地,故城在今<u>鄢陵</u>西北十八里〔一二六〕。有<u>傿</u>、<u>鄢</u>、<u>鄢</u>氏。地名、人姓宜有定音,<u>陸</u>氏兼平、上、去三聲,非是〔一二七〕。按<u>韓世家</u> <u>徐</u>音于乾切,而今<u>鄢陵</u>人皆平聲呼之,與姓同〔一二八〕。今定<u>鄭鄢</u>、<u>楚鄢</u>上聲,餘爲平。

<u>路</u>　<u>妘</u>姓,<u>漢</u>屬<u>漁陽</u>〔一二九〕。

鄔二　邘姓。春秋二鄔：一在晉，司馬彌牟爲大夫者，太原鄔縣〔一三〇〕。一鄭地。隱十一“王取鄔”，今在懷〔一三一〕。杜云，緱氏西南有鄔聚〔一三二〕。緱氏，熙寧爲鎮，入偃師〔一三三〕。上聲，集音烏〔一三四〕。

偪陽　邘姓子，晉滅之〔一三五〕。襄十〔一三六〕。楚爲傅陽〔一三七〕。漢縣，春秋偪陽國。杜云，彭城偪陽縣〔一三八〕。扶目切。今沂之承有故偪陽城。

夷　邘姓，詭諸邑，楚滅之〔一三九〕。今亳之城父，陳之夷邑。

曹二　侯爵，曹姓之始。儶輩也〔一四〇〕。今興仁之濟陰，漢之定陶，東北三十七有定陶故城，即古曹國，有曹南山、髦山——曹人之葬〔一四一〕。髦山廟，定陶西五層阜之上，連十五里，曹國葬地，髦犀于山也〔一四二〕。自振鐸至伯陽二十五世皆葬焉〔一四三〕。而曹城在禹城〔一四四〕。若衛之曹，則下邑也，一曰漕，在滑之白馬〔一四五〕。俱祖侯切。

朱邾三　曹姓子，邾也。周封挾，後遷婁，是爲邾婁〔一四六〕。今濟之任城南二十有邾婁城。吳芮都邾，毛寶守邾城，在是〔一四七〕。非江夏〔一四八〕，説文，江夏邾縣〔一四九〕。玉云，魯附庸〔一五〇〕。地隔。亦在黃〔一五一〕。黃岡東南百三十，邾縣故城〔一五二〕。楚宣滅邾，徙之此〔一五三〕。

騶二　曹姓子，繹也。兖之鄒縣有繹山〔一五四〕。邾文公遷繹〔一五五〕。後曰騶，戰國滅于楚。劉薈騶山記云：鄒山即古繹山〔一五六〕。邾文公所卜鄒縣，本邾國，魯穆改曰鄒，而山從邑變〔一五七〕。邾城杜山南。通典云：周四十里，在鄒縣東南〔一五八〕。故或謂騶即邾。内傳邾伐魯，史作“騶”也〔一五九〕。趙岐云：鄒本春秋邾子之國，至孟子時改曰鄒，後爲魯所併〔一六〇〕。又言楚併者，非〔一六一〕。然邾、鄒本二，近而移，非改也。邾爲楚併，而鄒爲魯併〔一六二〕。古騶則今之鄒平〔一六三〕，廣記〔一六四〕。武德爲州，則今臨濟〔一六五〕，元年，鄒州。非扶風。玉篇〔一六六〕：“鄒，古扶風，附庸國。”

兒郳[一六七]　曹姓，倪、郳也。從齊勤王，命爲小邾子[一六八]。公羊即小邾子[一六九]。郳黎字擧[一七〇]，儋云，小國無爵名[一七一]。高厚定郳田[一七二]。今承縣，滕東南有郳故城[一七三]。本滕邑，宋人伐兒者[一七四]。或云宋附庸[一七五]。

莒　　曹姓。周滅以封少昊之後。或云周邑，昭二十六陰忌奔莒者，非[一七六]。

小邾　曹姓，倪之分，滕縣是。晉志：蕃縣，古小邾國[一七七]。隨曰滕，今隸沂[一七八]。劭云：蕃即小邾國，魯附庸，漢蕃縣[一七九]。一云仙源，故曲阜東南四十古邾城。或以此爲邾婁，非。

棍牟[一八〇]　曹姓子，魯宣取之。定王七[一八一]。預謂琅邪陽都東之牟鄉城[一八二]。樵云：琅邪，今沂之陽都[一八三]。故莘云，在沂[一八四]。樂史云：棍牟國即密之安丘，隨之牟山縣[一八五]。或云“牟人”，非[一八六]。

閭丘漆[一八七]　從征記：高平南平陽東北有漆鄉，漆鄉東北十里有閭丘鄉[一八八]。

鬻　　楚先封鬻，夏、商間因爲姓[一八九]。文王師鬻[一九〇]。後隸省爲“粥”。不成字。

荊楚　芈姓，子爵，季連封[一九一]。漫其處，周初復之[一九二]。荊、楚一木，故春秋初猶書“荊”[一九三]。僖公后始書“楚”。或謂孔子狄之，非也[一九四]。秦莊襄以母諱，復曰“荊”[一九五]。

楚　　子爵，芈姓後熊繹初封，居丹陽，今之秭歸縣，本曰西楚[一九六]。縣東南有故丹陽城。璞云：今秭歸縣南[一九七]。成王以封熊摯，今熊姓猶百家[一九八]。故晉志云：“秭歸，故楚子國[一九九]。”武徙枝江，亦曰丹陽[二〇〇]，丹山之陽。佑云：楚自丹陽徙枝江，亦曰丹陽[二〇一]。記多徙丹陽，非。是爲南楚。枝江隸荊南[二〇二]。漢志，丹陽郡丹陽縣爲繹所封[二〇三]。秦之鄣郡，元封二年爲丹陽郡；而丹陽縣乃潤州境[二〇四]。蕪湖縣東二十有石城山，志爲楚始封地，陳宣詔云，楚繹南城〔二〇五〕。

郢　　楚文庇是〔二〇六〕。徙在江之南，爲南郢〔二〇七〕。孫奇父雜
題:余知古渚宫故事:"楚文王都郢;後九世，昭王避敵遷都;惠王因亂遷
鄀，既立復歸〔二〇八〕。而舊史闕見〔二〇九〕。按惠王末，墨翟重繭趨郢，班子
折謀;宣王之時，王宫遇盗，郢宰見黜;懷王入秦，齊人使郢中立王，因與王
市:皆昭、惠後莫不于焉根本，則知鄀、郢之遷，權道，非久都者〔二一〇〕。襄
王末，郢爲白起所拔，北遷陳城，其地遂入邑于秦〔二一一〕。自文王至襄大去
凡十九世，以遷云郢居八世，爲矣〔二一二〕!"今江陵北十二有召軫紀南城，東
一小城名曰南郢，非郢州〔二一三〕。徙都，今宜城，爲北郢。云今郢州
爲北郢。昔楚莊使公子爕、子儀守羣舒，二子作亂，城郢〔二一四〕。襄十四
年，子囊遺言:"必城郢!"〔二一五〕太史公云:楚都郢，至平王，更城郢〔二一六〕。
杜以爲州北紀南城〔二一七〕。盛氏記:昭王十秊，吳通漳水灌紀南城，入赤
湖，進灌郢城，遂破楚〔二一八〕。則前破紀南後破郢也，郢破乃徙都尒〔二一九〕。
惠遷鄀，桓十三。在宜城〔二二〇〕。頃襄徙陳〔二二一〕，號西楚。寰宇
記:陳州城，楚惠所築〔二二二〕。考烈爰徙壽春，亦曰郢〔二二三〕。今
壽之羅城〔二二四〕。伏滔正淮論云，考烈所築〔二二五〕。字一作
"邔"〔二二六〕。皆緣先代威名冠之也。

東楚西楚、南楚　　東楚，海州;南楚，廣陵;西楚爲陳，其後乃以彭城。
自楚惠滅陳，至頃襄爲秦所伐，自郢徙之，號西楚〔二二七〕。
今灄水西三〔二二八〕。有章華臺。懷王都彭城〔二二九〕，自盱眙
徙〔二三〇〕。羽遷之郴而都之，號西楚;至懷王孫都彭城，則
屬東楚〔二三一〕。故厲王胥都廣陵，爲南楚;元王交都彭
城，爲東楚〔二三二〕。而唐復以楚州爲東楚郡〔二三三〕。

句亶　　熊渠長子康封之，今江陵〔二三四〕。夷王時。

鄂東　　熊渠中子紅封之〔二三五〕。世本。今興國軍永興有故鄂
城〔二三六〕。寰宇記:州西北百八十鄂王城，鄂人事鄂王神〔二三七〕。漢鄂
縣，本隷武昌，故九州記云:鄂國，今之武昌〔二三八〕。東
鄂也。

越章　　熊渠少子執庇封之〔二三九〕。皆江上〔二四○〕。或云即句章〔二四一〕。

諸梁　　楚文子采。

馮　　　周地。定六。

屈　　　武子瑕邑，號屈侯〔二四二〕。姓書：後爲氏。風俗通：魏賢屈侯跗〔二四三〕。

利　　　邵姓録云，楚公子采爲氏〔二四四〕。爲今利州〔二四五〕。

閻　　　西固安有閻安固城〔二四六〕。

苗　　　賁皇邑〔二四七〕。河内軹縣有苗亭〔二四八〕。

互

寑宣十二　敖邑，沈也〔二四九〕。徐云，寑國〔二五○〕。續志云，固始有寑丘〔二五一〕。集寑，子朕切〔二五二〕。秦滅楚，"蒙恬攻寑"者，潁之汝陰，今沈丘南百步，與沈國近〔二五三〕。漢沈丘縣，開皇爲沈州，今有叔敖祠。

堂　　　棠也。伍尚封號棠君〔二五四〕。今揚之六合，秦、漢之棠邑，陳嬰侯國〔二五五〕。

蔿三蔿〔二五六〕　蔿是。楚地，子玉治兵處〔二五七〕，僮二十七。蔿澨也。昭二十三，蔿越緃于蔿澨〔二五八〕。一周、鄭地。隱十一隖，鄭地〔二五九〕。鄭處誨云，魯山地名〔二六○〕。亦作"隖"、"鄔"。襄七楚子會鄔，杜云"鄭地"〔二六一〕。説居爲，玉于彼切〔二六二〕。

卷圈二　即圈。陳留傳云，圈氏本出其國。南陽葉縣南有卷城，非鄭卷〔二六三〕。今鄭之原武西北七里有卷故城，周十里，故漢縣，曹大家東征賦"歷滎陽而過卷"者〔二六四〕。姓辨竝上聲。

蕩　　　舊記蕩侯國，楚地〔二六五〕。

蒙　　　姓纂云高陽後封，以爲蒙雙〔二六六〕。云有雙氏。預云東莞蒙陰有蒙陰城〔二六七〕。蒙陰，後齊入新泰，隸沂，有小蒙城[二六八]。六國楚爲蒙縣,莊十五年蒙澤也[二六九]。昔莊周爲漆園吏,今宋之考城,古蒙城,東魏爲蒙郡[二七〇]。今興仁之冤亭有莊子漆園,漢之冤句,亦蒙地也[二七一]。

麻　棘、櫟、麻,俱楚邑[二七二]。按:陽城縣乃故麻城,今黃之麻城[二七三]。而辰有麻陽[二七四]。又碭山西北故麻城,漢之麻鄉[二七五]。風俗通:麻氏,齊大夫麻嬰後[二七六]。

郟　汝之襄城有郟城。九域志云,令尹郟敖邑[二七七]。

白　邵陽有白公城,即白公邑[二七八]。子西召使處吳境爲巢大夫,曰白公[二七九]。

慎二　吳伐慎,白公敗之[二八〇]。哀十六。今廬之屬縣[二八一]。西北四十一有故慎城、慎水。通典漢慎故城在今潁州潁上西北[二八二]。九域志:楚縣,白公之邑[二八三]。故白公救慎。

匡　邔也。本衛邑,中屬晉。文元年,鄭伐匡,今扶溝;有匡城鄉、匡亭[二八四]。而匡故城在滑之城西,僖十五“次于匡”者,漢之長垣[二八五]。地道記:長垣南十里有衛故匡城,孔子所厄[二八六]。淮南子注:襄邑西匡亭、承匡[二八七]。今拱州故襄邑,近有匡水、承匡山[二八八]。在任城東七十五[二八九]。璠云:襄邑西二十有承匡山[二九〇]。

訾　鄭地,成十三[二九一]。亦楚地,昭十三[二九二]。始齊大夫采,今濰之都昌西有訾故城[二九三]。國本屬紀,一作鄑,西訾也,齊遷之[二九四]。莊元。昭公時,楚遷訾人[二九五]。二十五。樵以爲楚東訾枝[二九六],哀六[二九七]。非訾母[二九八]、襄十,宋[二九九]。訾婁云[三〇〇]。僖十八。長垣西十六[三〇一]。

棘　棘名所在有之,楚有棘櫟[三〇二],今城父東北十八有棘城[三〇三]。唐有棘陽[三〇四],唐之湖陽北有故城、棘水。漢縣。趙有平棘[三〇五],今州治平棘南有古平棘城,春秋之棘邑[三〇六]。十三州志云,戰國改。宋有大棘[三〇七]、鄭破宋師處[三〇八]。范志陳留有大棘鄉,杜在襄邑縣南〔三〇九〕。今南京柘城西北三十有大棘城〔三一〇〕。有曲棘，昭二十五。外黄有曲棘里，杜云城中〔三一一〕。鄭有上棘〔三一二〕、襄十八。陽翟有上棘城。棘澤〔三一三〕，襄二十四〔三一四〕。衛有棘津〔三一五〕，冀之棗强東北二十七有棘津城，吕望賣食於此，有賣漿臺〔三一六〕。太公泉、廟，汲南十里〔三一七〕。而齊、魯皆有棘矣。昭十棘，杜在西安東南，有戟里亭、城〔三一八〕。輿忘云，有戟里郭〔三一九〕。魯棘在汶水北，杜云：蛇丘北棘亭，又龔鄉縣東北七十五有棘鄉〔三二〇〕。蛇丘，今鉅野。又魯城内有棘下〔三二一〕。

芈〔三二二〕

艾　今隆興分寧西百里有艾城，春秋吳慶忌居之，漢艾縣，開皇廢入建昌〔三二三〕。九年。十二真傳云，今查田〔三二四〕。

鑪〔三二五〕

穰　楚別邑，今鄧治〔三二六〕。秦宣太后弟穰侯魏冄〔三二七〕。皆芈姓，楚後〔三二八〕。

聶三　楚屬。邢有聶，本衛大夫菜〔三二九〕。僖元：聶北，邢地〔三三〇〕。或疑後屬楚，又云即攝，俱非，楚攝叔〔三三一〕。當別自楚地。又博之博平有聶城〔三三二〕。

析　楚有析公邑〔三三三〕。襄二十四〔三三四〕。

蔓　今鄧也。今廣漢有鄧鄉〔三三五〕。

廬　春秋有廬戢黎〔三三六〕。國語注：廬，楚邑；戢黎爲廬大夫〔三三七〕。

養　繇基先鄧大夫有養甥〔三三八〕。楚地。璠云：襄城郟縣西南有養水、繇基之邑〔三三九〕。郟城今隸汝〔三四〇〕。

葉

商　子西爲商公〔三四一〕。今商之商洛之地，志屬弘農，裴駰謂在順陽，魏、晉始分，時隸之〔三四二〕。

椒

櫟陽　　櫟也。預云,新蔡東北有櫟亭〔三四三〕。昭四年,吳入櫟。有故櫟城在新蔡故城西北,半淪江水〔三四四〕。

魯陽　　今鄧之向城〔三四五〕。

苞丘　　或云荷丘。楚有荷丘子〔三四六〕。

虞丘　　吳丘也。楚相虞丘子邑〔三四七〕。吾丘壽王,説苑作“虞”〔三四八〕。

軒丘　　楚文庶子菜邑〔三四九〕

期思　　楚下邑。漢縣,屬汝南。故蔣國,入楚大夫復遂,遂爲期思公〔三五〇〕。今壽之霍丘有廢期思〔三五一〕。梁書,天監四於期思置期思州,蓋移弋陽期思名徠〔三五二〕。有故城,在固始西北七十〔三五三〕。漢賁赫告布反,封期思侯〔三五四〕。

睽〔三五五〕　　楚地。

　　右楚之分。四六〔三五六〕。

　　春秋襃貶乎?曰:“無之。”有進退乎?曰:“無之。”無則奚以勸〔三五七〕?曰:“善善惡惡。善其善,惡其惡,直書其事,而人自勸矣。”進者不得不進,因其進而進之,于何襃?退者不得不退,因其退而退之,于何貶?

　　曷嘗求,夫經之所以書者乎!夷之日盛,華之日微,豈人所願哉?徐之初也稱“戎”〔三五八〕,隱元以徠。盛而稱“徐”,莊二十六秋〔三五九〕。又盛而“人”之,僖三〔三六〇〕。又盛而“子”之。昭四〔三六一〕。楚之初也稱“荊”,莊十以徠〔三六二〕。盛而稱“人”,二十三〔三六三〕。既而“楚”矣,又盛而“人”之,僖元〔三六四〕。又盛而“子”之,二十一秋〔三六五〕。已而有使通矣,已而有大夫矣。聖人豈有心於進之哉?因其進而進之,至于此也。蓋王道衰,諸侯僭,一再降而政逮於大夫,又再降而制歸于夷狄〔三六六〕。聖人豈有心於退之哉?因其退而退之,至于此也。春秋徐初稱“戎”,自稱“徐”;不復見稱“戎”者,山戎、北戎皆種別之。蘇文定以爲徐不稱“人”,“人”者羨文,妄〔三六七〕。“人”與“子”,何羨文之多哉!

五年一朝，諸侯之於天子禮也。天子於諸侯，有聘而已[三六八]。諸侯而相朝聘，講信修睦，豈有大小强弱之分哉？周室東，王政不綱，於是大國聘而不朝，小國朝而不聘，故春秋書徠朝者三十有六，皆邾、杞、曹、滕之君，未有一大國也；徠聘者三十有一，皆晉、宋、齊、秦之人，無一小國也。二百四十二年之間，魯之朝楚者屢；而楚未始一朝魯，其徠聘也偃然[三六九]。既以大國自居，而聖人亦因以大國書之矣。晉、宋、齊、秦亦然。始其來聘，進而人矣，未名通也；其再至也，進而名矣，未氏通也[三七〇]；文六[三七一]。又至而名氏通，襄三十一，蓮罷[三七二]。於是始與中國諸臣儕無別矣。聖人之意，豈不欲中國之盛而夷鎮之復郤哉[三七三]？不得已也。鄭與楚盟，又復與晉，故楚伐之。鄭窮告哀，楚師退舍；而鄭不服，修其城郭，故再克之。鄭祖牽羊，而楚復舍之[三七四]。始欲縣陳，申叔時一言而楚亦遽止[三七五]。已而伐蕭[三七六]。蕭囚宜僚，楚命勿殺，蕭人殺之，即復滅蕭，則不爲大悖道也[三七七]。且春秋之于夷，非不齒也，徒以彼陋僭擬，蔑朝享，而陵中夏爾[三七八]。至于伐衞、救齊，有以排羣難而安諸夏者，亦所不掩，因其進而進之，固將以恥諸夏而罪齊、晉也[三七九]。向使諸侯知所自殆，進賢退不肖，節用而愛人，懷仁義以事其君，撫邦交，定諸夏，聖人何訛焉[三八〇]？

或曰：慕義徠也，故進之[三八一]。不然。慕義，周公明堂之盛舉也[三八二]。荆之聘三：成之元，穆之八，與郊敖之二載，俱其熾盛之日[三八三]。時魯方弱，有無禮而加我爾[三八四]。其徠聘也，固自謂大國，而將責備於我者。齊桓死，晉文未起，方僖公之盛際，且甘心委質之，孟之會，至不出而受其捷，未遽而乞師伐齊取穀，則魯之附是久矣，孰有慕義於莊公哉[三八五]！閟宮頌頌僖公：“荆舒是懲，則莫我敢承。”[三八六]説者謂公與齊桓舉義，懲艾之[三八七]。

濮　　熊姓。書，“彭、濮”[三八八]。彭、濮人皆峽外爲楚害，楚滅之[三八九]。文十六：麇人率百濮伐楚[三九〇]。昭十九：楚子爲舟師伐濮[三九一]。預云，建寧郡南[三九二]。濮夷地建。建，故縣，今

爲鎮，隸石首〔三九三〕。以多曰“百濮”。一作“陝”、
“隣”。集:彭隣，蠻國。一作“碟”〔三九四〕。非衞濮〔三九五〕。

羅　　熊姓，羅君也。初封在襄之宜城；故信陽有羅山〔三九六〕。九域
　　志:羅國城在襄，春秋時附庸〔三九七〕。後徙江陵之枝江〔三九八〕；故佑
　　云:岳州，古羅國地〔三九九〕。桓王二十一，楚伐羅，羅敗之〔四〇〇〕。宜在此。
　　桓公十三〔四〇一〕。周東，乃定長沙。今潭之湘陰東北六十有
　　羅故城，秦之羅縣，梁爲羅州〔四〇二〕。太清四年。大業十三，羅
　　縣令蕭銑起兵，說爲岳之巴陵〔四〇三〕。岳陽志隋煬元年始爲羅
　　州，非〔四〇四〕。有羅水，所謂羅汭〔四〇五〕。汨水注湘處。汨羅
　　在縣東北〔四〇六〕。

夔歸　熊姓，子爵，歸是。楚滅之〔四〇七〕。僖二十六。寰宇記:夔
　　之巫山縣，夔子熊摯治，多熊姓〔四〇八〕。今秭歸城東二
　　十有故夔子城〔四〇九〕。荆州記秭歸西有楊城，即繹孫
　　所居〔四一〇〕。

賨宗　芈姓子，宗也〔四一一〕。頃王四年，拘執宗子，遂圍
　　巢〔四一二〕。十六國春秋、常璩志云:宕渠，古賨國〔四一三〕。
　　寰宇:故賨城，流江縣東北八十四，古賨國都〔四一四〕。又
　　廣安軍渠江縣北十二〔四一五〕，即始安城〔四一六〕。宕渠，今入伏
　　虞，賨城見存〔四一七〕。蓬州。中興書云廪君後，非〔四一八〕。

滇　　滇王國。今洮州與夜郎以西蠻，皆云莊蹻後〔四一九〕。

廬　　廩同，所謂廩庸，即麇也〔四二〇〕。今之房陵〔四二一〕。楚
　　饑，與濮伐楚；楚子再敗麇師于房渚者〔四二二〕。桓王
　　三〔四二三〕。荆州記引釋例，在當陽，非也〔四二四〕。當陽乃
　　麇〔四二五〕。岳志以岳之巴陵爲麇子國〔四二六〕。地有兩，城址尚存，相去十
　　里所。楚昭奔隨，王使王孫由于城麇者〔四二七〕。有麇川〔四二八〕。

麇文十一，又定五〔四二九〕　芈姓子，今荆之當陽〔四三〇〕。舊云均之鄖鄉，
　　非也〔四三一〕。乃古錫穴〔四三二〕，鄖鄉乃漢錫縣，太康五爲鄖

鄉^{〔四三三〕}。**潘崇伐麇至錫穴者**^{〔四三四〕}。地形志：漢中郡之東界，古之錫穴^{〔四三五〕}。

右高陽後濮、**羅**、**夔**、**越等國**^{〔四三六〕}。

諸侯以保社稷爲孝，是故國君去國，止之曰："奈何去社稷？"大夫以守宗廟爲孝，是故大夫去國^{〔四三七〕}，止之曰："奈何去宗廟？"士以守墳墓爲孝，故士去國，止之曰："奈何去墳？"^{〔四三八〕}諸侯失國曰喪，大夫、士之失位亦曰喪，以不孝處之也。孟軻曰："世守也，非身之所能爲也，效死不去^{〔四三九〕}。"此重去社稷之義也。顏淵曰："去國，則哭於墓而後行^{〔四四〇〕}。"此重去墳墓之義也。

土地、人民，諸侯之寶也^{〔四四一〕}，是故春秋於外取滅必書，所以見不能保其土地與人民也。卿大夫死衆，士死制^{〔四四二〕}。是故，國君死社稷謂之義，大夫死宗廟謂之變^{〔四四三〕}。四郊多壘，大夫以爲辱；而謀人之軍師，敗則死之，則大夫不可以不死衆矣^{〔四四四〕}。奉命以出，有死無霣^{〔四四五〕}。士大夫死行列，百吏死職，則士不可以不死制矣^{〔四四六〕}。

雖然，國君死社稷而泰王去邠，大夫死衆、士死制而管仲不死子糾^{〔四四七〕}。蓋死社稷以爲民也，去邠以爲民，無死可也；死衆、死制以爲君也，死非爲君，無死可也。故君子之謀國，勇足以制敵，智足以謀，必以死爲尚哉^{〔四四八〕}？所守然爾。是故國滅君死之，正也，聖人猶不必其死也^{〔四四九〕}。其見滅焉，猶以取滅之道書之。蔡獻舞、潞嬰兒、沈嘉、許斯、頓牂、胡豹、曹陽、邾益之名，所以見不能修德保社稷而之威爾^{〔四五〇〕}。諸侯失國，而后託于諸侯，孟子以爲禮^{〔四五一〕}。若譚子在莒，弦子在黃，溫子在衛，雖奔失國，不名，非其不道自抵滅也^{〔四五二〕}。楚子滅夔，"以夔子歸"，不名，非其所取滅也^{〔四五三〕}；楚人謂夔不祀祝融、粥熊，夔子不伏，楚人疾之，遂滅之^{〔四五四〕}。書"楚人"，罪專滅也^{〔四五五〕}。杜謂夔不祀，故楚不譏滅同姓^{〔四五六〕}。妄也。衛祖康叔，不敢及稷；魯祖周，不及公劉〔四五七〕。夒不祝融，非所以爲罪也，況楚得專滅乎〔四五八〕？以歸，録實也。

或曰：“以蔡侯獻舞歸”，明蔡之已滅。蔡何嘗滅哉？趙説誤〔四五九〕。

越　　　芈姓，古南越〔四六〇〕。盟會圖疏云：南越，廣州〔四六一〕。按：南海、桂林、象郡皆是，非芈姓之越〔四六二〕。十道志云：禺州，古百粵，婺女之分，秦爲象郡〔四六三〕。而容、邕等州本皆越〔四六四〕。東、南二越，諸儒皆一之，疎矣〔四六五〕。

越常　　今驩之越裳縣〔四六六〕。吴置〔四六七〕。

駱越　　今貴治鬱平〔四六八〕，通典：貴州，古西甌、駱越〔四六九〕。蓋古甌駱〔四七〇〕。周書。載言云：潘州，古甌、駱越之地；而史記亦有西甌、駱、交止、九真之域〔四七一〕。十道記。號駱侯，姚姓，李奇説〔四七二〕。故九真有駱田〔四七三〕，益州記：交止有駱田，仰潮水〔四七四〕。人爲駱人，有駱侯，或自名“駱將”。漢代蜀王子將兵徉討駱侯，自稱安陽王。尉佗滅之〔四七五〕。邕有駱越水〔四七六〕。即驩水。其散居襄，通典：襄陽縣，漢之中廬，駱越人徙此〔四七七〕。或云“甌閩”，誤。駱姓，史記作翳，誤〔四七八〕。

甌越　　梁四公記：合浦落黎縣，甌越也〔四七九〕。董逌謂於越又訛爲甌越，妄〔四八〇〕。

甌隘〔四八一〕太平御覽引周書。五來切。

且甌

西甌　　郭璞以建安爲西甌，非此〔四八二〕。集韻音“嘔”。駱越别種。郡國志：鬱林，西越也〔四八三〕。故杜佑云：西甌，即言西以别東爾〔四八四〕。寰宇記：鬱林，廢黨州，經善勞縣，即古西甌居〔四八五〕。

供人　　或云，文朗民也〔四八六〕。今之峯州〔四八七〕。

目深　　又大荒北經：深目之國，盼姓〔四八八〕。近南地。

摧扶〔四八九〕

禽人　　或云,羽氏。

蒼吾　　梧之蒼吾縣〔四九〇〕。元始六年開蒼吾郡,地廣東至
　　　　湘潭〔四九一〕。

揚咢〔四九二〕吳起爲楚收揚越者〔四九三〕。國事。揚州之分,漢南咢傳“秦略
　　　　定揚咢”注〔四九四〕。宜即蠻揚。見王會解。或云:蠻,婺州也,本屬會
　　　　稽〔四九五〕。郡國志云:東越之地,爲東揚州,人俗輕狡,少信行〔四九六〕。

桂國　　見伊尹四方令〔四九七〕。經云:八桂在賁禺東〔四九八〕。今番
　　　　禺。蓋桂陽也〔四九九〕。

損子　　百濮、九菌、産里,並四方令〔五〇〇〕。

産里　　一云,語兒也。或作“陸童”,誤。

九菌　　四方令,在正南。今九江之菌江〔五〇一〕。

海葵

稽余

北帶

僕句

區吳　　蒙之東區,漢之荔浦也〔五〇二〕。

　　　右高陽後越之分。

　　　余讀地書、王會解等,知所謂百越矣,是芈姓之越也〔五〇三〕。
至於會稽之越,伯禹之苗,又不在是。自嶺而南,唐、虞、三代爲百越之國,
亦謂南越〔五〇四〕。彫題之重,隨畜轉居,非先王封建職方之限〔五〇五〕。自交至於會稽七
千里内,百越攸處,各有種姓,非盡少康之後〔五〇六〕。甌越、閩越,亦非南越之種也。若
夫中盧之駱,衛地之越,則又昔之進於中華者,桓元年,越近垂上〔五〇七〕。
亦如鉤町〔五〇八〕、鉤,一用“句”。集韻音劬。西戎之君。然字書作“呴町”〔五〇九〕。
同竝〔五一〇〕、皆今牂柯屬縣。故同竝、勾町,二侯國。義渠、今慶州義渠縣〔五一一〕。
秦昭滅〔五一二〕。義渠君封之此〔五一三〕。九域志:邠州古義渠城,義渠之國〔五一四〕。大
荔、地志:臨晉,故大荔國。今同州朝邑〔五一五〕。貞王八年,秦厲公滅而居之洛

川〔五一六〕。漏臥、牂柯漏臥縣，故漏卧侯國〔五一七〕。陸渾、在河南。枹罕〔五一八〕、河州枹罕縣〔五一九〕。漢屬金城〔五二〇〕。劭云，罕羌侯國〔五二一〕。朐衍〔五二二〕、秦穆得繇余，西戎八國來服〔五二三〕。涇、漆之北，如義渠、大荔、烏氏、朐衍皆是〔五二四〕。温宿〔五二五〕今醴泉縣有温宿領，漢世温宿國人居之，隨書之温秀也〔五二六〕。之名縣也。

烏乎，周之全也，五服衣冠，侯伯合沓，曾何有於夷哉〔五二七〕！東遷而後，彊豪攻併，禮廢樂壞，然後諸夷得以沿隙而入，赤體白窒更踞，泰半於中原矣〔五二八〕：吴、越、楚、蜀，偏爲蠻境；今荆、湖、川、廣、松、茂、姚、保、横、賓、邕、梧等處皆是，其類甚多〔五二九〕。通、渠、涪、渝、逢、壁、充、畢等，皆巴人之境〔五三〇〕。秦、隴、晉、魏，悉成戎地〔五三一〕。如岐有犬戎，趙有代戎，渭南有允戎、驪戎，河南、山北有陰戎，伏羌有冀戎，河、蘭、廓、會、鄯、鳳、文、宕皆西羌、氐人，疊、拓、松、恭、静、維、當亦悉羌戎之地〔五三二〕。河南爲蠻，河南陸渾、新成，故蠻子國，惠帝四年置，蠻中〔五三三〕。河西爲狄。杜謂白狄〔五三四〕。故河西郡鄜、延、坊、銀、綏、丹之間，皆古白狄地，故云白狄與秦同州〔五三五〕。淮有羣舒，魏有諸隗，在在充滿〔五三六〕。河北有赤狄甲氏、留吁、鐸辰、潞子，皆隗姓〔五三七〕。洛州亦有赤狄遺地〔五三八〕。狄、貐、邽、冀，往往徧於渭首〔五三九〕。雖洛陽一王城，而楊、拒、泉、皋、陸渾、伊、洛之戎，亦且雜然分處其中；爲冠俗者，蓋無幾也〔五四〇〕。悲哉！甲族將頽，子弟卑舊制而聘新尖〔五四一〕。衛侯啓，代王胡服，咸失其死〔五四二〕。杞居雝丘，郳處魯甸，乃用夷禮；淮、徐、介、莒、牟、萊之國在今京東，而亦俱有夷名，——可勝歎邪〔五四三〕！卯金而下，典午之際，齊州左衽，言侏離矣；被髮野祭，誰其哀之〔五四四〕？仙李、石晉而徠，兹禍尤酷〔五四五〕。此許翰所以歸過謀國者之不知學春秋，寧不紡乎〔五四六〕！

若此族者，猶先王之類也，是故列之〔五四七〕。

牟　　子爵，祝融後。續志云：泰山牟縣，故牟國〔五四八〕。今文登〔五四九〕。輿地廣記云：奉符，春秋牟子之國〔五五〇〕。

堣夷　堯命羲仲宅堣夷,在遼西,即青之堣夷〔五五一〕。今文書及帝命驗作"禺鐵",一作"嵎銕",故即郁夷〔五五二〕。故武后時,福順富爲嵎夷公〔五五三〕。

南交　羲叔所宅,今交州,故交阯郡也〔五五四〕。

西　　和仲所宅,今興元西縣,漢故西縣,古來田西〔五五五〕。而閩之晉安有西水,上原縣京兆水西自西水縣界流入〔五五六〕。

幽都　和叔所宅;幽也,一曰北幽,今之幽州;居山之上〔五五七〕。有幽都山,以陰幽名〔五五八〕。非宋地之幽。莊十六〔五五九〕。

易　　所謂朔易,古有易之地,商上甲微伐有易者〔五六〇〕。今之易州。北終東始,有代易意,故邇于代〔五六一〕。世不知有易,——朔易之地,或謂冬收藏交易,爲言"東作"、"西成"、"南爲"、"朔易"皆以民事言,非也〔五六二〕。謂歲改易者,亦非。有易水,出固安〔五六三〕。故固安爲北易,即安國河。出故安閻鄉西山〔五六四〕。故安圖經云,故安謂之北易〔五六五〕。作"故",通。復有南易。燕趙記有三易,漳爲南易〔五六六〕。班固、闞駰以呼沱爲南易〔五六七〕。史云燕與趙易,以龍兌、汾門與燕者〔五六八〕。而臨洺爲漢易陽〔五六九〕。昔燕文公徙易,則漢之易縣也,有故城在〔五七〇〕。城西五里有故易京城,在涿之歸義南十八里〔五七一〕。公孫瓚害劉虞于薊下,謠云:"燕南垂,趙北際,惟有此中可避世",瓚以易地當之,築城臨易河,徙都曰易京,鐵門樓櫓千重〔五七二〕。袁紹破之〔五七三〕。石虎自遼徙此,惡其固,毀之〔五七四〕。寰宇記,歸義東南十五有大城,燕桓侯之別都,指此〔五七五〕。

程〔五七六〕　商封吳回後,今咸陽,故安陵城,周程邑也〔五七七〕。地志,安陵隸扶風〔五七八〕。闞駰云,古程邑〔五七九〕。一云:洛陽上程聚,程伯休父卿士之采〔五八〇〕。

黃七〔五八一〕　桓公再會黃人爾〔五八二〕。登之黃縣東南二十五里,故有黃城,本紀邑,後入齊〔五八三〕。黃亦多矣,如內黃,縣隸相〔五八四〕。**外黄**,雍丘東六里有故**外黄城**〔五八五〕。**小黄**,陳留東北有小黄園,東北漢故小黄城〔五八六〕。**上黄**〔五八七〕,晉縣,割臨沮立,今襄之南漳〔五八八〕。**與封丘**、隱元年宋敗處,有黄池〔五八九〕。**涪陵**等皆有之〔五九〇〕。岑彭破侯丹于黄,今涪〔五九一〕。一作"鄚"。玉篇:古國〔五九二〕。

　　太昊宅東,**少昊**宅西,**炎帝**居南,**顓帝**居北,予嘗證之矣。**南交**、**北幽**、**東堨**、**西柳**,處乎四方,此不遷之次也〔五九三〕。

　　己酉冬,**周益公**退舍歸首,以**炎陵**事來訪,謂三皇五帝並居中原,**炎帝**之墓無因南方,即疑爲偏據者〔五九四〕。予曰:不然〔五九五〕。古之聖人,惟與天地合,必於我者,無一毫之不盡,則示之後,斯攸久而不渝〔五九六〕。後世聖人,取之於古,必其所履能合於天地,動靜曲盡而無媿者,然後執之,視以爲則〔五九七〕。苟在我者,一毫之不盡,則推之於彼者,將猷弃而不繼矣〔五九八〕。盛德在火,不刊之祀,其帝炎帝,其神祝融,此實司南方者〔五九九〕。是故炎墓茶鄉,而祝融墓於衡山〔六〇〇〕。地道記誌顓頊之虚,實在幽州。遠遊章句、寶櫝等記,**西皇**所居,乃在西海之津,——斯未得信〔六〇一〕。然秦、漢來大祀**雲陽甘泉**〔六〇二〕,則雲陽固在**咸陽**之區,而姓氏書譜,皞、顓等姓亦皆出于西方。**魯**爲少昊之虚,**衛**爲顓頊之虚,固**左氏**説也〔六〇三〕。**開元**揆天下景,**林邑**、**驩**、**愛**所至悉繆,而獨**交州**之暑分寸不詭〔六〇四〕。予以是知聖人之所以爲萬世法,豈苟然邪〔六〇五〕?而**孔子國**猶以爲夏與春交,果何義歟〔六〇六〕?

　　嗟乎!隨室攺嘗,夭枉相繼而後姓〔六〇七〕。神農本經,句字不可變,三十餘曆,昏旦悉異〔六〇八〕。而後信**放勳**之典,中星不可違〔六〇九〕。不登高山,不知天之高。既登高山,而猶未得其所以高,悲夫〔六一〇〕!安國字子國。

【**校注**】

〔一〕瀛之高陽縣，扗高水之陽也：瀛，州名。高陽縣，今屬河北省。扗，同“在”。洪本如此，吳本、四庫本作“在”。喬本、備要本作“北”，當由“扗”字形譌，今訂正。

〔二〕至道三割隸順安：至道，宋太宗趙光義年號。順安，指順安軍。

〔三〕三十一：洪本作“卅一”，同；吳本作“州一”，誤。

〔四〕帝丘：洪本、吳本“丘”譌“丠”。彦按：丘字依説文“从北从一”作北，字之上部“北”爲二人相背，丠字上部“从”則二人同嚮，兩者極相近，故致譌。

〔五〕地理風俗傳扶柳西北五十有梁城：地理風俗傳，“傳”當作“記”，該書爲漢應劭所撰，他書時有轉引。清沈炳巽水經注集釋訂譌卷一〇濁漳水引此文，正作地理風俗記。扶柳，縣名，治所在今河北衡水市冀州區小寨鄉扶柳城村。北，喬本作“伯”，當屬音譌，今據餘諸本訂正。

〔六〕西梁故城扗今冀之南宮堂陽鎮：扗，洪本如此，今從之。喬本譌“北”，餘本作“在”。冀，州名。南宮，縣名，治所在今河北南宮市西北。堂陽鎮，在今河北新河縣西北。

〔七〕鎮之束鹿南六十：之，疑當作“在”。束鹿，縣名，治所在今河北辛集市舊城鎮。各本均作“東鹿”。彦按：“東”乃“束”字之譌。太平寰宇記卷六一鎮州束鹿縣云：“本漢西梁縣地，屬鉅鹿郡。按：今縣南六十里有西梁城尚存。”當即路史所本。今據以訂正。

〔八〕南梁扗汝：扗，洪本如此，今從之。喬本譌“北”，餘本作“在”。汝，汝州。治所在今河南汝州市。

〔九〕大梁：見國名紀五周氏。　少梁：見國名紀二少昊後嬴姓國梁。

〔一〇〕敫：“敖”字俗體。

〔一一〕傳謂顓頊大敫之後：彦按：“顓頊”下當有“師”字。宋章定名賢氏族言行類稿卷二〇“敖，顓頊師大敖之後”，可證。漢書古今人表云：“大款，顓頊師。”“款”字疑“敖”之誤。　詩云“薄狩于敫”：見詩小雅車攻。薄狩，搏獸，打獵。今本毛詩作“搏獸”。

〔一二〕沂之新泰：沂，州名。新泰，縣名，治所在今山東新泰市。　昔堯伐胥敫者：伐，喬本譌“代”，今據餘本訂正。莊子齊物論：“故昔者堯問於舜曰：‘我欲伐宗、膾、胥敖，南面而不釋然。其故何也？’”又人間世：“昔者堯攻叢枝、胥敖。”

〔一三〕安豐：洪本、吳本“豐”作“豐”。

〔一四〕參見國名紀二少昊後嬴姓國六。

〔一五〕陽侯毅蓼侯：見淮南子氾論篇，“毅”作“殺”。高誘注：“陽侯，陽陵國侯也。蓼侯，皋陶之後，偃姓之國侯也，今在廬江。”吳本、四庫本、備要本“毅”作“煞”，通“殺”。

〔一六〕公子燮：左傳文公五年：“冬，楚公子燮滅蓼。”

〔一七〕襄王三十年：周襄王三十年，時當魯文公五年。

〔一八〕霍丘：洪本、吳本“丘”譌“從”。下羅苹注“霍丘”同。

〔一九〕杜云，安豐蓼縣：見左傳文公五年“楚公子燮滅蓼”注。洪本、吳本“豐”作“豐”。下“安豐城”之“豐”同。蓼縣，治所在今河南固始縣東北。

〔二〇〕安豐城扡霍丘南十三：扡，洪本如此，今從之。喬本譌“北”，餘本作“在”。

〔二一〕舊唐書地理志三淮南道壽州中霍丘：“霍丘，漢松滋縣地，屬廬江郡。武德四年，置蓼州，領霍丘一縣。七年，蓼州廢，霍丘屬壽州。”

〔二二〕見太平寰宇記卷一二九壽州霍丘縣。

〔二三〕圖疏云，扡光州：圖疏，指盟會圖疏。扡，洪本如此，今從之。喬本譌“北”，餘本作“在”。光州，吳本、備要本作“炎州”，誤。

〔二四〕廣記：指輿地廣記。　偃姓：喬本“偃”作“嬹”，與輿地廣記（見該書卷二一淮南西路安豐縣）不合，此改從餘本。

〔二五〕水經：臨水縣西蓼邑，皋陶之封：臨水縣，治所在今安徽霍邱縣臨水鎮。彥按：今本水經注查無此文。而太平寰宇記卷一二九壽州霍丘縣云：“廢決口縣，在縣西一百五十五里。梁普通七年於古城内立決口縣，大通三年改爲臨水縣。水經注云縣西‘蓼邑即皋陶之封邑’，其縣即古之陽泉縣。”蓋即羅氏所本。

〔二六〕自此而下至“僖公之三年，舒已滅矣”一段文字，爲本書後紀八帝顓頊高陽氏“後俱威于楚，猶以國氏”下羅苹注所具引，可參考彼處注文。

〔二七〕杜預乃以庭堅爲高陽之字：彥按：“高陽”當作“皋陶”。左傳文公十八年：“昔高陽氏有才子八人：蒼舒、隤敳、檮戭、大臨、尨降、庭堅、仲容、叔達、齊、聖、廣、淵、明、允、篤、誠，天下之民謂之八愷。"杜預注："庭堅，即皋陶字。"是也。本書後紀八帝顓頊高陽氏"後俱咸于楚，猶以國氏"下羅苹注"杜預以庭堅爲皋陶之字，妄也"，不誤。

〔二八〕而蓼乃安豐，地正相遠：洪本、吳本"豐"作"豐"。彥按："遠"疑當作"邇"。本書後紀八帝顓頊高陽氏"後俱咸于楚，猶以國氏"下羅苹注作"其地相邇也"，是。霍丘與安豐二縣相鄰，稱"相遠"顯然不妥。又，此"正"字可釋爲"但，秖是"。

〔二九〕果皆臆見：果，終究。

〔三〇〕邔：音 qǐ。

〔三一〕邔縣：治所在今湖北宜城市北。

〔三二〕己姓，樊之國，衛是：古今姓氏書辯證卷七魂韻昆吾："出自己姓。高陽氏孫陸終生樊，封於昆吾。夏時昆吾爲伯，因以國氏。"左傳哀公十七年"衛侯夢于北宮，見人登昆吾之觀"杜預注："衛有觀在於昆吾氏之虛，今濮陽城中。"

〔三三〕隋：洪本、吳本、四庫本作"隨"。

〔三四〕顓王城：故址在今河南濮陽縣西南。四庫本如此，是，今從之。喬本、備要本作"顓玉城"，洪本、吳本作"顓王城"，俱誤。

〔三五〕武惪四復割置濮陽：洪本、吳本"置濮陽"作"濮陽置"，當由誤倒。

〔三六〕見太平寰宇記卷四六解州安邑縣。

〔三七〕濮之范：濮，州名。范，縣名，治所在今河南范縣張莊鄉舊城村。

〔三八〕即顧：漢書古今人表顏注原文作"即顧國"。

〔三九〕孟之溫：孟，州名。溫，縣名。今屬河南省。

〔四〇〕狄滅溫，溫子奔衛：見春秋僖公十年。各本"狄"均譌"秋"，今據春秋訂正。

〔四一〕後襄王以賜晉：左傳僖公二十五年："（四月）戊午，晉侯朝王。……與之陽樊、溫、原、欑茅之田。"彥按：魯僖公二十五年，時當周襄王十七年。

〔四二〕忿生：即蘇忿生。見後紀五黃帝有熊氏注〔七七四〕。左傳成公十一年："昔周克商，使諸侯撫封，蘇忿生以溫爲司寇，與檀伯達封于河。"又參見國名紀一炎帝後姜姓國注〔一九二〕。

〔四三〕文十:"文十"二字,各本皆作"忟"字而入正文。彦按:"忟"當"文十"二字誤合,而由注文闌入者。春秋文公十年有"及蘇子盟于女栗"語,所謂"文十",指此,謂蘇子見於春秋文公十年也。今訂正。

〔四四〕左傳隱公三年:"四月,鄭祭足帥師取溫之麥。"

〔四五〕陽樊、溫、原十二邑:指周桓王於公元前712年賜予蘇忿生十二邑之田,即溫、原、絺、樊(陽樊)、隰郕、欑茅、向、盟、州、陘、隤、懷。見左傳隱公十一年。陽樊在今河南濟源市西南,原在今河南濟源市西北。

〔四六〕己姓,商之崇扈:己姓,疑當作"姒姓"。見後紀十四帝啓注〔一〇〕。

〔四七〕古文作"岉":岉,四庫本如此,與説文邑部扈字古文相符,今從之。喬本、洪本、吳本作"屴",備要本作"屺",俱誤。

〔四八〕永興鄠:永興,指永興軍路。鄠,縣名,治所在今陝西户縣。

〔四九〕左傳昭公二十九年:"昔有飂叔安",杜預注:"飂,古國也。叔安,其君名。"

〔五〇〕左傳文公六年:"改蒐于董。"杜預注:"河東汾陰縣有董亭。"

〔五一〕聞喜縣東:洪本作"聞喜東□",吳本、四庫本作"聞喜東"。

〔五二〕竹紀年晉武公元年,"尚一軍","芮人乘京,荀人、董伯皆叛"者:見竹書紀年卷下周桓王四年、五年。原文爲:"四年,曲沃莊伯卒,子稱立,是爲武公,尚一軍。五年(原注:曲沃武公元年),芮人乘京,荀人、董伯皆叛曲沃。"竹紀年,洪本、吳本、四庫本"年"作"季"。同樣情況,以下不煩一一指出。晉武公,春秋晉國國君姬稱。初繼父位爲曲沃封君,稱曲沃武公。後吞併晉國而爲晉君,稱晉武公。尚,通"掌",主持,掌管。芮,周代國名,在今陝西大荔縣東南。喬本譌"芮",今據餘本訂正。乘,侵犯。京,地名,確切地址不詳。荀,周封國名。在今山西新絳縣。備要本譌"苟"。 非秦川董:秦川,指今甘肅清水縣境內後川河谷地。

〔五三〕舊云臨汾有董亭:後漢書郡國志一河東郡:"臨汾:有董亭。"

〔五四〕或云秦川、晉陽、難當使兄子保宗鎮董亭者:晉陽,在今山西太原市晉源區。難當,楊難當,南北朝時仇池首領,氐族。自封大秦王,而稱臣於劉宋、北魏。董亭,又稱秦亭,在今甘肅清水縣東。魏書氐傳:"難當後釋保宗,遣鎮董亭。"

〔五五〕野王西北：野王，縣名，治所在今河南沁陽市。西北，彥按：據本書國名紀五周氏緒引杜預説當在西南，此作“西北”似誤。

〔五六〕詳周後國：四庫本“周後”作“後周”，當屬誤倒。

〔五七〕左傳昭公二十九年：“昔有飂叔安，有裔子曰董父，實甚好龍，能求其耆欲以飲食之，龍多歸之，乃擾畜龍，以服事帝舜。帝賜之姓曰董，氏曰豢龍，封諸鬷川，鬷夷氏其後也。”

〔五八〕豢龍子：即董甫（亦作董父）。本書後紀八帝顓頊高陽氏云：“董甫以豢龍事虞，封于鬷川，別爲鬷夷。”

〔五九〕集韻去聲：彥按：鬷於集韻有平、上、去聲三讀，其釋“一曰漢侯國名”者固音作弄切，爲去聲（送韻）；而其釋“又姓”者，則音祖叢切，爲平聲（東韻）。

〔六〇〕滑之韋城：滑，州名。韋城，縣名，治所在今河南滑縣東南。

〔六一〕然寰宇記，豢龍城在臨潁：見太平寰宇記卷七許州臨潁縣。臨潁，縣名。今屬河南省。

〔六二〕許：謂許州。臨潁屬之。吳本、四庫本無此注文。

〔六三〕許：謂許州。長葛屬之。吳本、四庫本、備要本無此注文。

〔六四〕故王屋山有龍逄祠：龍逄，指關龍逄。吳本、四庫本“逄”作“逢”。下“龍逄居”之“逄”同。彥按：王屋山疑當作大王山。王屋山在今河南濟源市西北與山西陽城縣交界處，與下羅苹注“潞縣”不合。潞縣爲漢晉縣名，隋後稱潞城縣，地在今山西潞城市，與王屋山相距甚遠。然路史所述，實本太平寰宇記。該書卷四五潞州潞城縣載：“關龍逄祠。上黨記云：‘王屋山有關龍逄祠。’”則已誤矣。清儲大文等纂山西通志卷一九山川三潞安府壺關縣云：“大王山在縣東南二十三里，……地形志：‘屯留有大王山，上有關龍逄祠。’”疑即此山。考譚其驤中國歷史地圖集北宋輿圖，潞城、屯留、壺關三縣鼎足相鄰，蓋大王山即在三縣之交界處，故寰宇記于潞城縣載及之，山西通志于壺關縣載及之，而所引地形志又歸之屯留縣也。王屋山因列子湯問愚公移山之寓言而盡人皆知，大王山則少有知者，故或張冠而李戴之。

〔六五〕皆在後：洪本“在”作“扗”，同。同樣情況，下不煩一一指出。

〔六六〕而靈寶西南七亦有豢龍墳：自此而下至“高三丈”，見太平寰宇記卷六陝州靈寶縣,文字略有異同。靈寶,縣名,治所在今河南靈寶市東北。

〔六七〕左脇:東側。

〔六八〕北海斟縣:北海,郡名。斟縣,治所在今山東濰坊市東南。

〔六九〕濰:州名,治所即今山東濰坊市濰城區。

〔七○〕見太平寰宇記卷一八濰州北海縣。　寰宇記:洪本、吴本、四庫本無"記"字。

〔七一〕草:謂草書。

〔七二〕廣記云禹後:輿地廣記卷六青州壽光縣云:"有灌亭,禹後斟灌氏之國。"

〔七三〕青之壽光:青,州名。壽光,縣名,治所在今山東壽光市。

〔七四〕見太平寰宇記卷一八青州壽光縣。　寰宇記:洪本、吴本、四庫本無"記"字。

〔七五〕見水經注卷二六汶水。

〔七六〕張勃:晉人。撰有吴錄。　濟南平壽:濟南,郡名。平壽,縣名,治所在今山東濰坊市西南。

〔七七〕見春秋釋例卷七附盟會圖疏斟尋故城。　青之北海:青,州名。北海,縣名,治所在今山東濰坊市濰城區。

〔七八〕今九江爲尋陽:九江,地名。指今江西九江市一帶。尋陽,古縣名。

〔七九〕瓚謂河南有尋:見後紀十四帝太康注〔二一〕。

〔八○〕昭二十三鄩,預謂鞏西南鄩中:鞏,縣名,治所在今河南鞏義市西南。左傳昭公二十三年:"癸卯,郊、鄩潰。"杜預注:"河南鞏縣西南有地名鄩中。"

〔八一〕東郡衛地:衛,縣名,治所在今河南清豐縣東南。

〔八二〕若葛廬國,則密之膠西:葛廬國,即介國。葛廬,即葛盧,春秋時東夷介國國君。密,州名。膠西,縣名,治所在今山東膠州市。春秋僖公二十九年:"春,介葛盧來。"杜預注:"介,東夷國也,在城陽黔陬縣。葛盧,介君名也。"

〔八三〕左氏、世本皆以爲即斟灌氏:史記夏本紀太史公曰:"禹爲姒姓,其後分封,用國爲姓,故有夏后氏、……斟戈氏。"司馬貞索隱:"斟戈氏,按左傳、系本皆云斟灌氏。”

〔八四〕宋、鄭間六邑有戈、錫：左傳哀公十二年：“宋、鄭之間有隙地焉，曰彌作、頃丘、玉暢、嵒、戈、錫。”杜預注：“凡六邑。”楊伯峻注以爲戈、錫“或皆在今（河南）杞縣、通許縣與陳留鎮（彦按：今屬開封市祥符區）三角地區”。

〔八五〕史記以斟戈、尋爲夏禹後：參見後紀八帝顓頊高陽氏注〔二九一〕。

〔八六〕晉志云雲子：晉書地理志下荆州江夏郡：“雲杜，故雲子國。”　雲夢：古澤藪名。在今湖北江陵縣以東，江漢之間。

〔八七〕玉沙：縣名，治所在今湖北監利縣東北。吳本、四庫本“玉”譌“王”。

〔八八〕安州：治所在今湖北安陸市。

〔八九〕杜云江夏雲杜東南：見左傳桓公十一年“鄖人軍於蒲騷”杜預注，原文作：“鄖國在江夏雲杜縣。東南有鄖城。”江夏，郡名。雲杜，縣名，治所在今湖北仙桃市西北。吳本、四庫本、備要本“杜”譌“在”。

〔九〇〕封鬭辛爲鄖公：鬭辛，春秋楚臣。各本“鬭”均作“閻”。彦按：“閻辛”當作“鬭辛”。左傳昭公十四年：“使鬭辛居鄖，以無忘舊勳。”杜預注：“辛，子旗之子鄖公辛。”今據以訂正。

〔九一〕安之安陸：安，州名。安陸，縣名，治所在今湖北安陸市。

〔九二〕參見後紀八帝顓頊高陽氏。

〔九三〕景王二十一，邾襲之：春秋昭公十八年：“六月，邾人入鄅。”彦按：魯昭公十八年，時當周景王二十一年，亦即公元前524年。

〔九四〕東海開陽：東海，郡名。開陽，縣名，治所在今山東臨沂市蘭山區柳青街道。漢書地理志上東海郡：“開陽，故鄅國。”

〔九五〕曺秋啓陽：春秋哀公三年：“季孫斯、叔孫州仇帥師城啓陽。”杜預注：“今琅邪開陽縣。”

〔九六〕徐治彭城：徐，州名。彭城，縣名，治所即今江蘇徐州市。　春秋爲宋邑：春秋成公十八年：“夏，楚子、鄭伯伐宋。宋魚石復入于彭城。”杜預注：“彭城，宋邑，今彭城縣。”

〔九七〕晉、楚滅之：彦按：左傳成公十八年載，是年六月，楚、鄭同伐彭城，而納逃亡楚國之宋臣魚石等，“以三百乘戍之而還”。此蓋所謂“楚滅之”也。

又左傳襄公元年載,諸侯"圍宋彭城","彭城降晉。晉人以宋五大夫在彭城者歸"。此蓋所謂"晉滅之"也。　爲魚石采邑:魚石,春秋宋國左師,後出奔楚,楚人伐宋彭城以納之。

〔九八〕州理外城,即古大彭國:見太平寰宇記卷一五徐州彭城縣,原文作:"州理城。唐貞觀五年築。其外城即古大彭國。"州理,州治。吳本、四庫本作"州里",誤。

〔九九〕彭州:治所在今四川彭州市。

〔一〇〇〕垂拱:唐則天后武曌年號。

〔一〇一〕二年:吳本、四庫本無此二字,蓋脱文。舊唐書地理志四劍南道彭州:"垂拱二年,分益州四縣置彭州。"

〔一〇二〕仙傳:指舊題漢劉向列仙傳。　歷陽有彭祖宅:今本列仙傳卷上彭祖作:"歷陽有彭祖仙室。"王叔岷校箋:"案御覽一百八十引室作宅。"歷陽,縣名,治所在今安徽和縣。

〔一〇三〕彭姓,商伯,元喆之封,豕韋也:元喆,即元哲,"喆"同"哲"。參見後紀八帝顓頊高陽氏注〔三〇二〕。

〔一〇四〕劉絫更封之:劉絫,即劉纍,"絫"同"纍"。見後紀八帝顓頊高陽氏注〔三一四〕。

〔一〇五〕故世本謂豕韋防姓:本書國名紀四陶唐氏後豕韋亦曰:"防姓,韋也。見世本。或云劉氏,非。"

〔一〇六〕隋:洪本、吳本、四庫本作"隨"。　白馬:縣名,治所在今河南滑縣城關鎮。

〔一〇七〕見左傳襄公二十四年"在商爲豕韋氏"注。

〔一〇八〕有古碑:喬本、洪本"碑"字闕文,今據吳本、四庫本、備要本補。　上曰汨木:吳本、四庫本、備要本"木"作"水"。明一統志卷四大名府山川搴龍井注引古記,作"工口白丁"。　下八十一口:四庫本"八"作"人"。

〔一〇九〕蒵亭:在今山東蘭陵縣西北。蒵,音 xì。

〔一一〇〕杜云,鄆縣東北有蒵亭:見春秋莊公九年"公及齊大夫盟于蒵"注。鄆縣,今杜注作"繒縣",當以作"繒"爲是。繒縣治所在今山東蘭陵縣西北。東北,今杜注但作"北","東"字衍。

〔一一一〕其派者爲諸暨:派,宗族的分支。諸暨,縣名,治所在今浙江諸暨市。 本曰餘暨:彦按:此説疑誤。漢書地理志上、後漢書郡國志四,於會稽郡均餘暨與諸暨二縣並立,則當不同地矣。元和郡縣圖志卷二六越州則諸暨與蕭山二縣並立,而曰:"蕭山縣,本曰餘暨,吳王弟夫㮣邑。吳大帝改曰蕭山,以縣西一里蕭山爲名。"則"本曰餘暨"者,乃蕭山縣,而非諸暨。又太平寰宇記卷九六越州蕭山縣曰:"漢書應劭注云:'漢分諸暨、山陰地爲下諸暨,後易名餘暨。'"則餘暨本下諸暨,亦非"諸暨本曰餘暨"也。 有暨浦、諸山,隸越:元和郡縣圖志卷二六越州諸暨縣云:"秦舊縣也。界有暨浦、諸山,因以爲名。越王允常所居。"

〔一一二〕江陰:縣名,治所在今江蘇江陰市。

〔一一三〕常之江陰,晉曰既陽:常,州名。既陽,縣名,治所在今江蘇江陰市周莊鎮。

〔一一四〕春秋莊公二十九年:"城諸及防。"杜預注:"諸、防,皆魯邑。……諸,今城陽諸縣。"

〔一一五〕諸縣:治所在今山東諸城市西南。

〔一一六〕昔常壽過克息舟,城而居之者:息舟,楚邑,具體地址不詳。喬本、備要本作"昔舟",當由音譌。此從洪本、吳本及四庫本。左傳昭公十三年:"故薳氏之族及薳居、許圍、蔡洧、蔓成然,皆王所不禮也,因羣喪職之族啓越大夫常壽過作亂,圍固城,克息舟,城而居之。"

〔一一七〕一曰會人,鄶也:史記楚世家:"陸終生子六人,……四曰會人。"司馬貞索隱:"系本云:'四曰求言,是爲鄶人。鄶人者,鄭是。'宋忠曰:'求言,名也,妘姓所出鄶國也。'"

〔一一八〕參見前紀八祝誦氏注〔二四〕。

〔一一九〕詩譜,重黎後邧姓國:邧,今詩譜檜譜作"妘",文云:"祝融氏名黎,其後八姓,唯妘姓檜者處其地焉。"

〔一二〇〕武公:指春秋鄭武公姬掘突。

〔一二一〕謂澮以水名:彦按:今詩譜未見有此。又疑"澮以水名"宜作"以澮水名","澮以"二字倒置。澮水,汾水支流。源出今山西翼城縣東南,流經絳縣、曲沃、侯馬、新絳等縣市而入汾水。 按春秋之汾、澮,乃在絳:絳,指今山西侯馬市、絳縣一帶地區。左傳成公六年："不如新田,土厚水深,居之不疾,有汾、澮以流其惡。"杜預注："汾水出太原,經絳北,西南入河。澮水出平陽絳縣南,西入汾。"　伯邨:即顧伯邨。

〔一二二〕昭四"遷賴于鄢":見是年左傳。賴,周代國名。在今湖北隨州市曾都區東北。

〔一二三〕漢書地理志上南郡："宜城,故鄢,惠帝三年更名。"

〔一二四〕穆叔如莒,及鄢陵,登鄢陵城:穆叔,當作穆伯,春秋魯卿。鄢陵,在今山東臨沭縣境。左傳文公七年:"穆伯娶于莒,曰戴己,生文伯;其娣聲己生惠叔。戴己卒,又聘於莒,莒人以聲己辭,則爲襄仲聘焉。冬,徐伐莒,莒人來請盟,穆伯如莒涖盟,且爲仲逆。及鄢陵,登城見之,美,自爲娶之。"　今沂之安陵也:沂,州名,治所在今山東臨沂市。安陵,指安陵鎮,在今山東菏澤市牡丹區大黃集鎮安陵村一帶。

〔一二五〕鄭克段于鄢:鄭,指春秋鄭莊公姬寤生。段,鄭莊公弟。洪本、吳本、四庫本譌"叚"。鄢,同"鄢"。春秋隱公元年:"夏,五月,鄭伯克段于鄢。"　則開封之傿陵:開封,府名。傿陵,縣名,治所在今河南鄢陵縣西北。

〔一二六〕晉、鄭戰鄢陵:春秋成公十六年:"甲午晦,晉侯及楚子、鄭伯戰于鄢陵。"

〔一二七〕陸氏兼平、上、去三聲:陸氏,指唐陸德明。春秋隱公元年"鄭伯克段于鄢"陸德明音義:"鄢,於晚反,又於建反,又於然反。"於晚反爲上聲,於建反爲去聲,於然反爲平聲。

〔一二八〕韓世家徐音于乾切:彥按:"于"當作"於"。史記韓世家宣惠王十四年"秦伐敗我鄢"裴駰集解引徐廣曰:"潁川鄢陵縣。音於乾反。"

〔一二九〕漁陽:縣名,治所在今北京市密雲區西南。

〔一三〇〕司馬彌牟爲大夫者,太原鄔縣:大夫,喬本、洪本、吳本、備要本皆作"太夫",今據四庫本改。太原,郡名。鄔縣,治所在今山西介休市連福鎮。左傳昭公二十八年:"司馬彌牟爲鄔大夫。"杜預注:"太原鄔縣。"

〔一三一〕懷:州名,治所在今河南沁陽市。

〔一三二〕杜云,緱氏西南有鄔聚:見左傳隱公十一"王取鄔"注。緱氏,縣名,治所在今河南偃師市府店鎮北。

〔一三三〕偃師:縣名,治所在今河南偃師市東南。

〔一三四〕集:指集韻。

〔一三五〕春秋襄公十年:"夏,五月甲午,遂滅偪陽。"杜預注:"偪陽,妘姓國,今彭城傅陽縣也。"

〔一三六〕襄十:洪本"十"字漶漫。

〔一三七〕楚爲傅陽:楚,指西漢時楚國。傅陽,縣名,治所在今山東棗莊市嶧城區南。

〔一三八〕杜云,彭城偪陽縣:彭城,東漢封國名。偪陽縣,杜注原文作"傅陽縣"。詳上注〔一三五〕。

〔一三九〕詭諸邑:詭諸,周大夫。左傳莊公十六年"初,晉武公伐夷,執夷詭諸"杜預注:"夷詭諸,周大夫。夷,采地名。"　楚滅之:彦按:詭諸之夷,當爲晉滅。魯莊公十六年晉武公既"執夷詭諸",蓋滅之矣。故文公六年傳"晉蒐于夷"杜預注:"夷,晉地。"楚滅(準確地說,應是取)之夷,當別一地。左傳僖公二十三年"楚成得臣帥師伐陳,討其貳于宋也。遂取焦、夷"杜預注:"焦,今譙縣也;夷,一名城父。今譙郡、城父二地皆陳邑。"此爲楚取之夷,其地在陳。路史混爲一談,謬矣。

〔一四〇〕儕輩:猶曹輩,同輩,同夥。

〔一四一〕今興仁之濟陰,漢之定陶,東北三十七有定陶故城,即古曹國:興仁,府名。吳本、四庫本作"興亡",誤。濟陰,縣名,治所在今山東曹縣西北。三十七,本書國名紀五周氏曹作"四十七"。彦按:兩處説法不同,疑緣於太平寰宇記。寰宇記卷一三曹州云:"曹州,濟陰郡,今理濟陰縣。……按:曹國在州東北三十七里濟陰縣界故定陶城是也。"又云:"按:此前濟陰理在今州東北四十七里定陶故城,宋移理城陽。"關於定陶故城在曹州東北之距離,前後説法並不一致。蓋路史兩處各取其一端,故不同也。　髣山——曹人之葬:太平寰宇記卷一三廣濟軍定陶縣:"髣山廟,在縣西北五里層阜之上。按髣山,古曹國葬地,連屬十五里,髣髴似山,因名。自曹叔振鐸至伯陽二十五代,皆葬于此。"

〔一四二〕定陶西五層阜之上:西,吳本、四庫本作"四",誤。太平寰宇記作"西北",疑此脱"北"字。見上注。　髣髴于山也:喬本、備要本"于"作"下"誤,此從餘本。

〔一四三〕振鐸:周文王子曹叔名,爲周代曹國始封君。 伯陽:即曹伯陽。春秋曹國末代國君。魯哀公八年(前487),國亡於宋而被殺。

〔一四四〕曹城在禹城:禹城,縣名。即今山東禹城市。太平寰宇記卷一九齊州禹城縣:"曹城,在縣南百里。"

〔一四五〕衛之曹:衛,春秋國名。 滑之白馬:滑,州名。白馬,縣名,治所在今河南滑縣城關鎮。

〔一四六〕周封挾:挾,曹挾,顓頊後裔。新唐書宰相世系表五下曹氏:"曹姓出自顓頊。五世孫陸終第五子安,爲曹姓,至曹挾,封之於邾,爲楚所滅,復爲曹姓。"

〔一四七〕吳芮都邾:吳芮,秦末鄱陽令。各本"芮"皆誤"苪",今訂正。史記項羽本紀:"鄱君吳芮率百越佐諸侯,又從入關,故立芮爲衡山王,都邾。"毛寶守邾城:毛寶,東晉將領。晉書毛寶傳:"於是詔以寶監揚州之江西諸軍事、豫州刺史,將軍如故,與西陽太守樊峻以萬人守邾城。"

〔一四八〕江夏:郡名,治所即今湖北武漢市江夏區。

〔一四九〕邾縣:治所在今湖北黃岡市黃州區禹王街道。説文邑部:"邾,江夏縣。"

〔一五〇〕玉篇邑部:"邾,江夏縣名,魯附庸國。"

〔一五一〕黃:州名,治所在今湖北黃岡市黃州區。

〔一五二〕黃岡:縣名,爲黃州治所。

〔一五三〕楚宣:指戰國楚宣王。水經注卷三五江水:"江水又東逕邾縣故城南,楚宣王滅邾,徙居于此,故曰邾也。"

〔一五四〕兗之鄒縣:兗,州名。鄒縣,治所在今山東鄒城市東南。

〔一五五〕邾文公:春秋時邾國國君曹蘧蒢。左傳文公十三年:"邾文公卜遷于繹。"杜預注:"繹,邾邑。魯國鄒縣北有繹山。"

〔一五六〕劉薈:南朝宋寧國令。 鄒山:洪本"鄒"字作"邹"。下羅苹注諸"鄒"字同。

〔一五七〕魯穆:指戰國魯穆公。史記秦始皇本紀:"二十八年,始皇東行郡縣,上鄒嶧山。"張守節正義引國系云:"邾嶧山亦名鄒山,在兗州鄒縣南三十二里。魯穆公改'邾'作'鄒',其山遂從邑變。"

〔一五八〕通典云：周四十里，在鄒縣東南：見通典卷一八〇州郡十兗州鄒縣，原文作：“故邾國城在縣東南，周迴四十里。”四十里，一本作“十四里”。

〔一五九〕内傳邾伐魯：彦按：實非邾伐魯，乃吳爲邾伐魯。左傳哀公八年：“吳爲邾故，將伐魯。……三月，吳伐我。”即其事。　史作“驕”也：史記吳太伯世家：“（王夫差）九年，爲騶伐魯。”司馬貞索隱：“左傳‘騶’作‘邾’，聲相近自亂耳。杜預注左傳亦曰‘邾，今魯國騶縣’，是也。騶，宜音‘邾’。”

〔一六〇〕見孟子注疏題辭解。　趙岐：東漢經學家。世傳十三經注疏中之孟子注，即其所作。

〔一六一〕又言楚併者，非：彦按：此非趙氏本意。岐原文爲：“又言邾爲楚所并，非魯也。”但舉又一説耳。今删去“魯也”二字，意大不同，甚是不妥。

〔一六二〕邾爲楚併，而鄒爲魯併：各本均作“邾爲魯併，而鄒爲楚併”。彦按：上條朱（邾）稱“楚宣滅邾”，則邾爲楚併；此條謂“（鄒）後爲魯所併”，則併鄒者非楚。是必今本羅注“魯”、“楚”二字誤倒，今訂正。

〔一六三〕鄒平：縣名，治所在今山東鄒平縣孫鎮。

〔一六四〕廣記：指宋歐陽忞輿地廣記。吳本、四庫本、備要本作廣輿記，非是。

〔一六五〕武德爲州，則今臨濟：備要本自此而下另起一條，條首上方標詞目處作一空圍“□”，非。臨濟，縣名，治所在今山東濟南市章丘區黃河鎮臨濟村。舊唐書地理志一河南道齊州上：“臨濟，……武德元年，於縣置鄒州。”

〔一六六〕玉篇：洪本“玉”譌“王”。

〔一六七〕兒：音 ní。

〔一六八〕從齊勤王，命爲小邾子：小邾，春秋封國名。左傳莊公五年：“秋，郳犁來來朝。名，未王命也。”杜預注：“未受爵命爲諸侯。傳發附庸稱名例也。其後數從齊桓以尊周室，王命以爲小邾子。”又春秋僖公七年“夏，小邾子來朝”杜預注：“邾之别封，故曰小邾。”

〔一六九〕公羊即小邾子：小邾子，喬本、備要本“小”作“少”，此從餘本。彦按：小邾子疑當作小邾婁子，今本脱一“婁”字。公羊春秋經僖公七年：“夏，小邾婁子來朝。”

〔一七〇〕郳黎字犂：備要本自此而下另起一條，條首上方標詞目處作一空圍“□”，非。邾黎，即邾犁來，春秋魯附庸邾國君名。字犂，以名字稱，即稱名。參見上注〔一六八〕。

〔一七一〕儋：老儋，即老子。吳本、備要本譌“澹”。

〔一七二〕高厚定郠田：高厚，春秋齊大夫。左傳襄公六年：“十一月，齊侯滅萊。……遷萊于郳，高厚、崔杼定其田。”杜預注：“定其疆界。”說文解字邑部郠引春秋傳曰：“齊高厚定郠田。”

〔一七三〕承縣：治所在今山東棗莊市嶧城區。　滕：縣名，治所在今山東滕州市。

〔一七四〕宋人伐兒者：兒，即郳。春秋莊公十五年：“秋，宋人、齊人、邾人伐郳。”

〔一七五〕或云宋附庸：左傳莊公十五年：“秋，諸侯爲宋伐郳。”杜預注：“郳，附庸，屬宋而叛，故齊桓爲之伐郳。”

〔一七六〕或云周邑，昭二十六陰忌奔莒者：陰忌，周敬王時大夫。左傳昭公二十六年：“陰忌奔莒以叛。”杜預注：“莒，周邑。”

〔一七七〕見晉書地理志上。

〔一七八〕隨曰滕，今隸沂：隨，通“隋”。滕，滕縣。沂，沂州。彥按：據宋史地理志一及太平寰宇記卷一五，滕縣隸徐州，不隸沂州。羅氏說蓋誤。

〔一七九〕劭：指東漢應劭。吳本、備要本作“邵”，四庫本作“卲”，均非本字。

〔一八〇〕桹：同“根”。

〔一八一〕定王七：洪本、吳本、四庫本如此，喬本、備要本“七”作“志”。彥按：當以作“七”爲是。春秋宣公九年：“秋，取根牟。”魯宣公九年，時當周定王七年。今訂正。

〔一八二〕預謂琅邪陽都東之牟鄉城：見春秋宣公九年“秋取根牟”注，原文爲：“根牟，東夷國也。今琅邪陽都縣東有牟鄉。”琅邪，郡、國名。陽都縣，治所在今山東沂南縣磚埠鎮。

〔一八三〕樵：指南宋鄭樵。

〔一八四〕莘：指北宋寶莘。

〔一八五〕見太平寰宇記卷二四密州安丘縣。　安丘：洪本、吳本“丘”譌

"从"。

〔一八六〕或云"牟人",非:"牟人"見春秋桓公十五年。杜預注:"牟國,今泰山牟縣。"地在今山東萊蕪市萊城區,與根牟别,故羅氏曰"非"。

〔一八七〕閭丘:洪本、吴本"丘"譌"从"。　漆:吴本譌"**漆**"。

〔一八八〕從征記:晉伍緝之撰。　高平南平陽東北有漆鄉:高平,晉侯國名。南平陽,縣名,治所在今山東鄒城市。各本均作"東陽"。彦按:本書國名紀六周世侯伯漆引作"南平陽",與春秋襄公二十一年"邾庶其以漆、閭丘來奔"杜注説同,當是;此作"東陽"誤,今訂正。漆鄉,四庫本作"漆縣",非。漆鄉東北十里有閭丘鄉:洪本、吴本、四庫本"閭丘鄉"譌"閭从鄉"。

〔一八九〕楚先封鬻:其説不詳,鬻之所在亦所未聞,姑存疑。

〔一九〇〕史記楚世家載楚武王熊通曰:"吾先鬻熊,文王之師也。"又鬻子序:"鬻子名熊,楚人,周文王之師也。"

〔一九一〕芈姓:喬本、洪本、吴本"芈"譌"芊"。今據餘諸本改。下條"芈姓"之"芈"同。　季連:見後紀八帝顓頊高陽氏。

〔一九二〕漫其處:漫,水淹没。

〔一九三〕荆、楚一木:木,吴本、四庫本、備要本作"本"。彦按:作"本"誤。此謂荆、楚原爲同一樹木之異稱。

〔一九四〕或謂孔子狄之:春秋莊公十年:"秋,九月,荆敗蔡師于莘。"穀梁傳:"荆者,楚也。何爲謂之荆?狄之也。"

〔一九五〕秦莊襄以母諱,復曰"荆":秦莊襄,秦莊襄王嬴子楚,戰國秦君。彦按:説者多以"秦號楚爲荆者,以莊襄王名子楚,諱之,故言荆也"(見史記秦始皇本紀"二十三年,秦王復召王翦,彊起之,使將擊荆"張守節正義),未有謂避莊襄王母諱者。史記秦始皇本紀:"秦始皇帝者,秦莊襄王子也。"司馬貞索隱:"莊襄王者,孝文王之中子,昭襄王之孫也,名子楚。按戰國策,本名子異,後爲華陽夫人嗣,夫人楚人,因改名子楚也。"疑羅氏誤解"夫人楚人,因改名子楚也"意。

〔一九六〕熊繹:西周楚國始封君。　居丹陽,今之秭歸縣:秭歸縣,治所在今湖北秭歸縣歸州鎮。各本均作"秭縣"。彦按:宋無秭縣,當是秭歸縣誤奪"歸"字。太平寰宇記卷一四八歸州秭歸縣云:"夔子城,在縣東二十里。……郡國志云：‘昔周成王封楚熊繹，初都丹陽，後移枝江，即此地，亦曰丹陽。’”可證。今訂正。

〔一九七〕璞云：今秭歸縣南：彦按：此所引璞云不詳所出。而山海經海內南經“丹山在丹陽南”郭璞注曰：“今建平郡丹陽城，秭歸縣東七里，即孟涂所居也。”則“南”當作“東”矣。

〔一九八〕熊摯：熊繹五世孫。摯，吳本作“摯”，四庫本作“摯”，並誤。

〔一九九〕見晉書地理志下。

〔二〇〇〕武徙枝江：武，指春秋楚武王熊通。彦按：此謂徙都枝江者爲楚武王，而杜佑通典則以爲楚文王（見下注），左傳桓公二年孔穎達正義以爲“此時當楚武王也”。

〔二〇一〕見通典卷一八三州郡十三荆州枝江縣，原文爲：“古之羅國。漢舊縣。楚文王自丹陽徙都，亦曰丹陽。其舊丹陽，在今巴東郡。”　楚自丹陽徙枝江：洪本“徙”譌“徒”。

〔二〇二〕荆南：唐、五代方鎮名，治所在今湖北荆州市荆州區。

〔二〇三〕漢志，丹陽郡丹陽縣爲繹所封：見漢書地理志上。今本漢書，郡名作“丹揚”。丹陽縣，治所在今安徽馬鞍山市博望區丹陽鎮。

〔二〇四〕秦之鄣郡，元封二年爲丹陽郡：漢書地理志上丹揚郡：“故鄣郡。屬江都。武帝元封二年更名丹揚。屬揚州。”　而丹陽縣乃潤州境：彦按：漢志丹揚郡之丹陽縣，地見上注。潤州之丹陽縣，治所在今江蘇丹陽市。同名而異地。

〔二〇五〕蕪湖縣：治所在今安徽蕪湖市。　陳宣詔云，楚繹南城：陳宣，指南朝陳宣帝。楚繹，指楚始封君熊繹。清趙宏恩等監修江南通志卷二〇〇雜類志辨訛當塗之小丹陽曰：“括地志，丹陽故城在江寧縣東南五十里。九域志當塗縣有丹陽鎮，即故縣也。而班固地理志丹陽郡丹陽縣，注曰：楚之先熊繹所封。陳宣帝詔亦曰‘邁熊繹之遺封’。”

〔二〇六〕楚文庇是：庇，寄託。四庫本如此，是，今從之。餘諸本均譌“庇”。

〔二〇七〕徙在江之南，爲南郢：洪本、吳本“徙”譌“徒”。南郢，春秋、戰國時楚國都城，又稱紀南城，在今湖北荆州市荆州區境。

〔二〇八〕孫奇父：南宋名士孫偉（字奇父）。　余知古渚宮故事：余知古，唐文宗時人，曾任將仕郎，守太子校書。各本"余"均譌"予"，今訂正。渚宮故事，亦作渚宮舊事。　昭王避敵遷郢：昭王，指春秋楚昭王熊珍，公元前515—前489年在位。　惠王因亂遷鄢：惠王，指春秋楚惠王熊章，公元前488—前432年在位。鄢，庫本渚宮舊事作"郾"，注："今宜城是。"彥按：依義字當作"鄢"。史記楚世家："於是王乘舟將欲入鄢。"裴駰集解："服虔曰：'鄢，楚別都也。'杜預曰：'襄陽宜城縣。'"可爲佐證。　既立復歸：各本"既"譌"玩"。今據渚宮舊事訂正。

〔二〇九〕而舊史闕見：喬本"闕"譌"閟"。今據餘諸本改。

〔二一〇〕按惠王末，墨翟重繭趨郢，班子折謀：墨翟，即墨子。重繭，手脚上長出厚繭，謂跋涉辛苦。各本"繭"均譌"璽"，今訂正。班子，即公輸般，春秋戰國之際魯國巧匠，又稱魯班。折謀，謂圖謀受挫。淮南子脩務："昔者，楚欲攻宋，墨子聞而悼之，自魯趄而十日十夜，足重繭而不休息，裂衣裳裹足，至於郢見楚王。……墨子曰：'臣見大王之必傷義而不得宋。'王曰：'公輸，天下之巧士，作雲梯之械設以攻宋，曷爲弗取？'墨子曰：'令公輸設攻，臣請守之。'於是公輸般設攻宋之械，墨子設守宋之備，九攻而墨子九却之，弗能入。於是乃偃兵，輟不攻宋。"　宣王之時，王宮遇盜，郢宰見黜：宣王，指戰國楚宣王熊良夫，公元前369—前340年在位。郢宰，各本"宰"均譌"軍"，今訂正。列女傳辯通傳楚江乙母："當(恭)[宣]王之時，乙爲郢大夫。有入王宮中盜者，令尹以罪乙，請於王而紬之。"　懷王入秦，齊人使郢中立王，因與王市：懷王，指戰國楚懷王熊槐，公元前328—前299年在位。市，做交易。各本均譌"弟"，今訂正。彥按：此説不確。史記楚世家云："（楚懷王）於是往會秦昭王。……秦因留楚王，……楚大臣患之，乃相與謀曰：'吾王在秦不得還，要以割地，而太子爲質於齊，齊、秦合謀，則楚無國矣。'乃欲立懷王子在國者。昭雎曰：'王與太子俱困於諸侯，而今又倍王命而立其庶子，不宜。'乃詐赴於齊，齊湣王謂其相曰：'不若留太子以求楚之淮北。'相曰：'不可，郢中立王，是吾抱空質而行不義於天下也。'或曰：不然。郢中立王，因與其新王市曰'予我下東國，吾爲王殺太子，不然，將與三國共立之'，然則東國必可得矣。齊王卒用其相計而歸楚太子。太子橫至，立爲王，是爲頃襄王。"是"郢中立王，因與其新王市"之謀未爲齊王所取也。　皆昭、惠後莫不于焉根本，則知鄀、郢之遷，權道，非久都者：于焉，于此。根本，謂根基之地，指郢。權道，變通之法，臨時措施。各本"道"譌"週"，今訂正。

〔二一一〕襄王末，郢爲白起所拔，北遷陳城：襄王，指戰國楚頃襄王熊橫，公元前 298—前 263 年在位。白起，洪本"白"譌"自"。陳城，在今河南淮陽縣。

〔二一二〕自文王至襄大去凡十九世：至襄大去，各本均作"襄大夫"。彥按：此句文有譌奪。"襄"上當有"至"字，"大夫"當作"大去"，婉稱死亡。渚宮舊事原文"自文王是宅，至襄王大去，凡十九王"，今據以訂正。　以遷云郢居八世，爲矣：遷，指司馬遷。爲，宜讀爲"譌"。渚宮舊事原文作："而太史遷云郢居八代，失之遠矣。"

〔二一三〕今江陵北十二有召軫紀南城：軫，指戰國縱橫家、齊人陳軫。紀南城，即南郢。見上注〔二〇七〕。彥按：戰國策韓策一："韓王……乃儆公仲之行，將西講於秦。楚王聞之大恐，召陳軫而告之。"此蓋羅氏所謂"召軫"。又夢溪筆談樂律一、事實類苑典禮音律歌曲、說略典述下並曰："今江陵北十二里有紀南城，即古之郢都也，又謂之南郢。"明董說七國攷楚都邑郢文字大體相同。明王世貞弇州四部稿說部宛委餘編五亦曰："郢本楚都，在江陵北十二里紀南城，所謂南郢也。"

〔二一四〕昔楚莊使公子燮、子儀守羣舒，二子作亂，城郢：公子燮、子儀，楚二臣。燮，喬本作"變"，洪本、吳本作"变"，並誤。今據四庫本、備要本訂正。彥按：此謂"守羣舒"誤。左傳文公十四年載："楚莊王立，子孔、潘崇將襲羣舒，使公子燮與子儀守，而伐舒蓼。二子作亂。城郢，而使賊殺子孔，不克而還。"是楚莊使二子守者，郢都也。"守"下"羣舒"二字實不當有。

〔二一五〕子囊：春秋楚莊王子，官令尹。喬本、洪本、吳本、備要本"囊"作"戀"，今據四庫本及左傳改。左傳襄公十四年："楚子囊還自伐吳，卒。將死，遺言謂子庚：'必城郢！'"

〔二一六〕史記楚世家："（楚武王）子文王熊貲立，始都郢。"又云："（楚平王）十年，楚太子建母在居巢，開吳。吳使公子光伐楚，遂敗陳、蔡，取太子建母而去。楚恐，城郢。"

〔二一七〕杜以爲州北紀南城：杜，指晉杜預。州，指郢州。左傳桓公二年“蔡侯、鄭伯會于鄧，始懼楚也”杜注：“楚國，今南郡江陵縣北紀南城也。”

〔二一八〕盛氏記：昭王十季，吳通漳水灌紀南城，入赤湖，進灌郢城，遂破楚：盛氏，指南朝宋地理學家盛弘之。記，指盛氏所撰荆州記中所記。吳本奪“氏記”二字。昭王十季，時當公元前506年。吳本作“昭王進灌十年”，中衍“進灌”二字。洪本“季”譌“季”。漳水，即今湖北中部之漳河。各本“漳”均作“郢”。彦按：清夏力恕等纂修湖廣通志卷九荆州府江陵縣赤湖引盛弘之云，作“漳水”。宋吳曾能改齋漫録卷九地理紀南城、宋郭茂倩樂府詩集卷七二劉禹錫紀南歌序引十道志，内容大同，亦作“漳水”。今據以訂正。赤湖，在今湖北荆州市荆州區西北。郢城，洪本、吳本、四庫本作“郜城”。彦按：據下文云“則前破紀南後破郢也”，當以作“郢城”爲是。

〔二一九〕郢破乃徙都尒：尒，喬本、洪本譌“余”，備要本作“爾”，此從吳本及四庫本。

〔二二〇〕宜城：四庫本作宣城。彦按：“宣”當“宜”字形譌。春秋釋例卷六土地名第四十四之二楚地桓十三年鄢曰：“襄陽宜城縣。”是也。

〔二二一〕頃襄徙陳：洪本“頃”譌“頃”，喬本、吳本、四庫本又譌“項”，今據備要本改。史記春申君列傳：“楚頃襄王東徙治於陳縣。”

〔二二二〕寰宇記：陳州城，楚惠所築：各本“記”作“及”。彦按：“及”當“記”字音譌，今訂正。陳州城，在今河南淮陽縣。

〔二二三〕考烈爰徙壽春，亦曰郢：考烈，戰國楚考烈王熊完，公元前262—前238年在位。史記楚世家：“（考烈王）二十二年，與諸侯共伐秦，不利而去。楚東徙都壽春，命曰郢。”

〔二二四〕今壽之羅城：壽，州名，治所在今安徽壽縣。羅城，城外的大城。

〔二二五〕伏滔正淮論：各本“伏”均作“尖”。彦按：“尖”當“伏”字之誤。伏滔正淮論，太平御覽卷一六九、玉海卷二三均曾引之。

〔二二六〕字一作“邘”：説文邑部：“邘，郢或省。”

〔二二七〕頃襄：喬本、吳本、四庫本“頃”譌“項”，此從洪本及備要本。

〔二二八〕灈水：今河南登封市西北潁水三源中之中源。

〔二二九〕懷王：指秦末項梁所立楚懷王熊心。

〔二三〇〕自盱眙徙：盱眙，即盱台，在今江蘇盱眙縣。喬本“盱”譌“盰”。洪本“盱”字闕文。吳本、四庫四字並脱。此從備要本。史記高祖本紀：“秦二世三年，楚懷王見項梁軍破，恐，徙盱台都彭城。”

〔二三一〕羽遷之郴而都之，號西楚：羽，指西楚霸王項羽。郴，縣名，治所在今湖南郴州市。史記項羽本紀：“（項王）乃尊懷王爲義帝。……漢之元年四月，諸侯罷戲下，各就國。項王出之國，使人徙義帝，……乃使使徙義帝長沙郴縣。”　至懷王孫都彭城，則屬東楚：孫都，指舊都。孫，通“遜”，退避。各本“孫都彭城，則屬東楚”均作“孫都東楚，則屬彭城”。彦按：此必彭城、東楚二詞誤倒，義既費解，亦與上下文不相呼應。今訂正。

〔二三二〕故屬王胥都廣陵，爲南楚；元王交都彭城，爲東楚：屬王胥，漢武帝子劉胥，封廣陵王，諡屬。元王交，漢高祖劉邦異母弟劉交，封楚王，諡元。彦按：蓋戰國時，以江陵、吳、彭城爲三楚，江陵爲南楚，而彭城在吳之西，故吳爲東楚，彭城爲西楚，此即如史記項羽本紀“都彭城”裴駰集解引孟康語所言：“舊名江陵爲南楚，吳爲東楚，彭城爲西楚。”然至漢之際，則以江陵（路史則以郴）、彭城、廣陵爲三楚，廣陵爲南楚，彭城在江陵（或郴）之東，故江陵（或郴）爲西楚，彭城爲東楚，即如太平寰宇記卷一二七淮南道五蘄州所言：“故江陵，是爲西楚；漢封元王交于彭城，是爲東楚；又封屬王胥于廣陵，是爲南楚。”

〔二三三〕而唐復以楚州爲東楚郡：彦按：東楚郡，唐代無此郡名，當東楚州之誤。舊唐書地理志三：“楚州中，隋江都郡之山陽縣。武德四年，臧君相歸附，立東楚州。”是也。東楚州治所在今江蘇淮安市淮安區。

〔二三四〕熊渠長子康封之：熊渠，見後紀十高辛紀下注〔三二二〕。康，史記楚世家又作毋康。

〔二三五〕紅：史記楚世家又作摯紅。

〔二三六〕永興：縣名。宋爲興國軍治，治所在今湖北陽新縣東。

〔二三七〕州西北百八十鄂王城，鄂人事鄂王神：見太平寰宇記卷一一二鄂州武昌縣鄂王城。州，指鄂州，治所在今湖北武漢市武昌區。

〔二三八〕武昌：郡名。　九州記：晉荀綽撰。

〔二三九〕執疵：史記楚世家“疵”作“疵”。

〔二四〇〕江上：謂長江邊。史記楚世家：“熊渠……乃立其長子康爲句亶王,中子紅爲鄂王,少子執疵爲越章王,皆在江上楚蠻之地。”

〔二四一〕句章:在今浙江餘姚市東南。句,音 gōu。

〔二四二〕元和姓纂卷一〇物韻屈:“楚武王子瑕食采於屈,因氏焉。”

〔二四三〕屈侯跗:戰國魏賢士。史記魏世家、説苑臣術“跗”字作“鮒”。

〔二四四〕邵姓録云,楚公子采爲氏:邵,指宋邵思。姓録,當爲姓解之誤。此所引見邵思姓解卷二刀五十七利,原文爲:“左傳:楚公子食菜於利,後以爲氏。”彦按:今左傳無此内容。疑誤記,或“左傳”二字爲衍文。

〔二四五〕利州:治所在今四川廣元市利州區。

〔二四六〕西固安有閻安固城:西固安,彦按:固安爲北魏縣名,治所在今河北易縣東南西貫城。縣原稱故安,治所在今易縣東南東貫城,北魏改稱固安並移治至西貫城。此不當有“西”字,城有東、西兩個,縣則一個而已,蓋不明水經注意而誤套用。閻安固城,當閻鄉城之誤。水經注卷一一易水:“其水又東逕西故安城南,即閻鄉城也。”熊會貞疏:“此本閻鄉城而稱西故安城,蓋亦故安縣之別城矣。”

〔二四七〕賁皇:春秋楚令尹鬬椒子。楚滅鬬氏而奔晉,食邑於苗地。見左傳宣公十七年“苗賁皇使”杜預注。

〔二四八〕河内軹縣:河内,郡名。軹縣,治所在今河南濟源市軹城鎮。

〔二四九〕敖:指春秋楚莊王時令尹孫叔敖。喬本、洪本作“放□”,餘本均作“放”。彦按:“放”當“敖”字形誤。下文云:“今有叔敖祠。”又本書國名紀四夏后氏後沈(寢)曰:“沈,……潁之沈丘縣。亦謂之寢(楚地),叔敖之封,在縣南百步。”皆可爲證。今據以訂作“敖”。

〔二五〇〕徐云,寢國:出處不詳。徐,疑指東晉史學家徐廣。

〔二五一〕續志云,固始有寢丘:續志,指晉司馬彪續漢書郡國志。固始,東漢侯國名,治所在今安徽臨泉縣。

〔二五二〕集寁:謂集韻作“寁”。備要本“寁”作“寝”,一字異體。集韻寢韻:“寁,地名,孫叔敖邑。”

〔二五三〕蒙恬攻寢:見史記王翦傳。　潁之汝陰:潁,州名。汝陰,縣名,治所在今安徽阜陽市。　今沈丘南百步:沈丘,縣名,治所在今安徽臨泉縣。沈丘縣縣治之南百步,有丘稱沈丘。太平寰宇記卷一一潁州沈丘縣:“沈丘,在縣南一百步。春秋或作寢丘。因丘立縣。”

〔二五四〕伍尚：春秋楚棠邑大夫，伍子胥兄。

〔二五五〕今揚之六合，秦、漢之棠邑，陳嬰侯國：揚，州名。六合，縣名，治所在今江蘇南京市六合區。棠邑，即堂邑，西漢初爲侯國，後爲縣。陳嬰，列女傳卷八續列女傳陳嬰之母：“始嬰爲東陽令史，居縣素信，爲長者。秦二世之時，東陽少年殺縣令，相聚數千人，欲立長帥，未有所用，乃請陳嬰。嬰謝不能，遂強立之。縣中從之得一萬人，欲立嬰爲王。嬰母曰：‘我爲子家婦，聞先故不甚貴，今暴得大名，不祥。不如以兵有所屬，事成猶得封侯，敗則易以亡，可無爲人所指名也。’嬰從其言，以兵屬項梁。梁以爲上柱國。後項氏敗，嬰歸漢，以功封棠邑侯。”

〔二五六〕蔿：四庫本作“蓮”，通。

〔二五七〕子玉：春秋楚令尹。左傳僖公二十七年：“子玉復治兵於蔿，終日而畢，鞭七人，貫三人耳。”

〔二五八〕蔿越縊于蔿澨：蔿越，春秋楚平王時司馬。左傳昭公二十三年：“楚大子建之母在郹，召吳人而啓之。冬十月甲申，吳大子諸樊入郹，取楚夫人與其寶器以歸。楚司馬蔿越追之，不及。……蔿越曰：‘再敗君師，死且有罪。亡君夫人，不可以莫之死也。’乃縊於蔿澨。”楊伯峻注：“據彙纂，蔿澨在今湖北京山縣西百餘里漢水東岸。”

〔二五九〕隱十一隔，鄭地：今左傳隱公十一年“隔”作“蔿”，曰：“王取鄥、劉、蔿、邘之田于鄭。”

〔二六〇〕鄭處誨云，魯山地名：鄭處誨，唐宣武節度使。新唐書稱其“文辭秀拔”，撰有明皇雜録。魯山，縣名。今屬河南省。彦按：路史此説不知何據。今考鄭氏明皇雜録卷下有一條云：“唐玄宗在東洛，大酺於五鳳樓下，命三百里内縣令、刺史率其聲樂來赴闕者，或謂令較其勝負而賞罰焉。……時元魯山遣樂工數十人，聯袂歌于蔿。于蔿，魯山之文也。”元魯山即唐詩人元德秀，曾官魯山令，世稱元魯山。頗疑路史誤解此文之意。

〔二六一〕襄七楚子會鄍：彦按：此説大謬。春秋襄公七年：“楚公子貞帥師圍陳。十有二月，公會晉侯、宋公、陳侯、衛侯、曹伯、莒子、邾子于鄍。”左傳云：“楚子囊圍陳，會于鄍以救之。”是襄七年會鄍者既非楚人，更無楚子。羅氏之孟浪粗率,亦甚矣!

〔二六二〕説居爲,玉于彼切:説,説文。居爲,指徐鉉爲"郖"字注之反切。玉,玉篇。

〔二六三〕南陽葉縣:南陽,郡名。葉縣,今屬河南省。

〔二六四〕鄭之原武:鄭,州名。原武,縣名,治所在今河南原陽縣原武鎮。曹大家:即漢史學家班固之妹班昭。博學高才,嫁曹世叔,早寡,和帝數召入宫,令皇后諸貴人師事之,號曰大家。家,通"姑"。　榮陽:縣名,治所在今河南榮陽市。

〔二六五〕蕩侯:春秋楚大夫。見左傳昭公十二年。

〔二六六〕姓纂云高陽後封,以爲蒙雙:彦按:今考元和姓纂卷一江韻雙云:"顓頊之後,封於[雙]蒙城,因以命氏。"("雙"字原無,今據理校及通志卷二六氏族略二雙氏補。)則當是雙氏,而非蒙氏;亦非蒙雙,而是雙蒙。而清張澍輯風俗通姓氏篇引姓纂,亦作"蒙氏,高陽後,封以爲蒙雙",與路史同。岑仲勉批評曰:"大抵張澍氏未比勘姓纂,所據皆類書轉引之文,故與今本常不同也。"(見元和姓纂卷一江韻雙條校記)岑氏之説似是。然晉張華博物志卷二異人有蒙雙民條,云:"昔高陽氏有同産而爲夫婦,帝放之北垈,相抱而死。神鳥以不死草覆之,七年,男女皆活,同頸二頭,四手,是爲蒙雙民。"則路史之説似亦非無據者。今姑存疑待考。

〔二六七〕預云東莞蒙陰有蒙陰城:見左傳哀公十七年"公會齊侯盟于蒙"注,文作:"蒙在東莞蒙陰縣西故蒙陰城也。"東莞,郡名。蒙陰,縣名。今屬山東省。

〔二六八〕隋書地理志下徐州琅邪郡新泰縣:"後齊廢蒙陰縣入焉。"

〔二六九〕莊十五年蒙澤也:彦按:春秋、左傳莊十五年均未見有蒙澤。"十五"當作"十二"。左傳莊公十二年:"秋,宋萬弑閔公于蒙澤。"

〔二七○〕宋之考城:宋,州名。考城,縣名,治所在今河南民權縣東北。東魏爲蒙郡:蒙郡,各本均作"蒙部"。彦按:"部"當"郡"字形譌。輿地廣記卷二○亳州蒙城縣云:"望蒙城縣,……東魏改爲蒙郡。"可證。今據以訂正。

〔二七一〕今興仁之冤亭有莊子漆園:興仁,府名。吴本作"興仕",四庫本、備要本作"興化",並誤。冤亭,即宛亭,縣名,治所在今山東曹縣西北。莊周漆園在宋興仁府冤亭縣,見興地廣記卷七。 冤句:即宛朐,縣名。北宋改宛亭。

〔二七二〕棘、櫟、麻,俱楚邑:棘,見下文棘條。櫟,見下文櫟陽條。各本均作"酈"。彥按:"酈"當"櫟"字音譌。此本左傳昭公四年之文爲説也(見下注〔三〇二〕)。今訂正。

〔二七三〕陽城縣乃故麻城:陽城縣,治所在今湖北麻城市西。各本均作"襄城縣"。彥按:襄城乃陽城之誤。舊唐書地理志三淮南道黃州下云:"隋永安郡。武德三年,改爲黃州。……黃州領黃岡、木蘭、麻城、黃陂四縣。其年,省木蘭縣,分黃岡置堡城縣,分麻城置陽城縣。"太平寰宇記卷一三一黃州所述大同。彼所謂"分麻城置陽城縣",即此所謂"陽城縣乃故麻城"也。今據以訂正。 今黃之麻城:黃,州名。麻城,縣名,治所在今湖北麻城市東。舊唐書地理志三淮南道黃州下:"麻城(縣),……武德三年,於縣置亭州,領麻城、陽城二縣。八年,州廢,仍省陽城入麻城,縣屬黃州。"

〔二七四〕辰有麻陽:辰,州名。麻陽,縣名,治所在今湖南麻陽苗族自治縣錦和鎮。

〔二七五〕碭山:縣名。今屬安徽省。太平寰宇記卷一四單州碭山縣:"故麻城,漢爲麻鄉,今故城在縣西北。"

〔二七六〕齊大夫麻嬰:見於左傳襄公二十八年。

〔二七七〕令尹郟敖:彥按:左傳襄公二十九年"楚郟敖即位"杜預注:"郟敖,康王子熊麇也。"乃春秋楚國君。此稱郟敖爲令尹,不知何據。

〔二七八〕邵陽:縣名,治所在今湖南邵陽市。

〔二七九〕子西召使處吳境爲巢大夫,曰白公:子西,春秋楚司馬。召,各本均譌"莒",今據史記訂正。吳,喬本、備要本作"此",今訂從洪本、吳本及四庫本。巢,四庫本譌"曹"。彥按:史記楚世家:"惠王二年,子西召故平王太子建之子勝於吳,以爲巢大夫,號曰白公。"又左傳哀公十六年:"(子西)召之,使處吳竟,爲白公。"當即羅氏所本。

〔二八〇〕慎:春秋楚邑。在今安徽潁上縣江口鎮。

〔二八一〕廬:廬州,治所在今安徽合肥市。

〔二八二〕通典漢慎故城在今潁州潁上西北:見通典卷一七七州郡七潁州

潁上，文曰：“漢置慎縣地。故城在今縣西北。”潁州，各本“潁”均作“穎”，今訂作“潁”。潁上，縣名，今屬安徽省。洪本、吳本、四庫本、備要本“潁”作“穎”。

〔二八三〕楚縣，白公之邑：彥按：“縣”字疑爲衍文。元豐九域志卷五：“古慎城，楚白公勝邑也。”無“縣”字。

〔二八四〕文元年，鄭伐匡：彥按：文元年伐匡者，爲衛而非鄭。是年左傳文爲：“晉文公之季年，諸侯朝晉，衛成公不朝，使孔達侵鄭，伐緜、訾及匡。”蓋羅氏誤讀傳文爲“鄭伐緜、訾及匡”矣。此匡乃春秋鄭邑，在今河南扶溝縣西南，與衛邑之匡別。　扶溝：縣名。今屬河南省。

〔二八五〕而匡故城在滑之城西：滑，滑州。滑州城在今河南滑縣城關鎮。城西，洪本作“□城西”，喬本、備要本作“任城西”。彥按：任城，宋屬濟州，唐屬兗州，與滑州不相統屬，“任”字當爲衍文。今據吳本、四庫本删。又，此匡方爲衛邑之匡。　僖十五“次于匡”者：春秋僖公十五年：“三月，公會齊侯、宋公、陳侯、衛侯、鄭伯、許男、曹伯，盟于牡丘，遂次于匡。”杜預注：“匡，衛地，在陳留長垣縣西南。”　長垣：縣名，治所在今河南長垣縣滿村鎮。

〔二八六〕孔子所厄：論語子罕：“子畏於匡。”何晏集解：“包曰：‘匡人誤圍夫子，以爲陽虎。陽虎曾暴於匡。’”

〔二八七〕淮南子注：襄邑西匡亭、承匡：彥按：今考淮南子及注，均未見以上地名，疑其爲水經注之誤。水經注卷二二沙水云：“今陳留長垣縣南有匡城，即平丘之匡亭也。襄邑又有承匡城。然匡居陳、衛之間，亦往往有異邑矣。”又卷二三陰溝水引京相璠曰：“今陳留襄邑西三十里有故承匡城。”路史蓋撮合其文也。襄邑，縣名，治所在今河南睢縣。

〔二八八〕今拱州故襄邑：襄邑於北宋崇寧四年（1105）爲拱州治。　近有匡水、承匡山：彥按：此謂“近有匡水”，不詳所據，疑想當然。至承匡山，則當爲承匡城之誤。承匡山在任城（今山東鄒城市西南）；在襄邑（今河南睢縣）者，承匡城也：兩地相去甚遠。水經注引京相璠説，正作承匡城（見上注）。

〔二八九〕在任城東七十五：彥按：路史作“承匡山”已誤，此注將錯就錯，蓋不明就裏也。又，“東”疑當作“東南”。參見後紀二女皇氏注〔一三〕。

〔二九〇〕襄邑西二十有承匡山：“二十”當作“三十”，承匡山當作承匡城。見上注〔二八七〕。

〔二九一〕左傳成公十三年："六月丁卯夜,鄭公子班自訾求入于大宫。"杜預注:"訾,鄭地。"

〔二九二〕左傳昭公十三年："葬子干于訾。"楊伯峻注:"顧棟高大事表謂訾在河南信陽縣(彦按:即今信陽市平橋區)境。"

〔二九三〕今濰之都昌:濰,州名。都昌,舊縣名,治所在今山東昌邑市西。

〔二九四〕國本屬紀,一作鄑,西訾也,齊遷之:春秋莊公元年:"齊師遷紀邢、鄑、郚。"杜預注:"齊欲滅紀,故徙其三邑之民而取其地。……北海都昌縣西有訾城。"楊伯峻注:"鄑音貲,故城當在今山東省昌邑縣(彦按:今稱昌邑市)西北二十里。"又,本書國名紀五周氏云:"訾,有二:西訾在濰;東訾在鞏西。"可以互參。

〔二九五〕左傳昭公二十五年："楚子使蒍射城州屈,復茄人焉;城丘皇,遷訾人焉。"杜預注:"移訾人於丘皇。"

〔二九六〕訾枝:左傳文公十六年"以侵訾枝"楊伯峻注:"沈欽韓地名補注謂當在今枝江縣(彦按:今稱枝江市,屬湖北省)。……沈説近是。"

〔二九七〕哀六:彦按:哀公六年未見訾枝,當爲"文十六"之誤。見上注。

〔二九八〕訾母:春秋宋地。在今河南鹿邑縣南。左傳作"訾毋",同。"母"爲"毋"之古字,音 wú。

〔二九九〕襄十,宋:此謂訾母見於魯襄公十年,爲宋地。洪本、吳本如此,是也,今從之。喬本、四庫本、備要本"宋"作"八"非,疑因涉下"訾婁云"注文"僖十八"之"十八"而誤。襄十年左傳云:"六月,楚子囊、鄭子耳伐宋師于訾毋。"

〔三〇〇〕訾婁:春秋衛邑。在今河南滑縣南。

〔三〇一〕長垣西十六:彦按:"西"疑當作"西北"。太平寰宇記卷二東京下長垣縣云:"訾樓城,在縣西北十六里。"訾樓城,即訾婁城。元和郡縣圖志卷八滑州匡城縣亦曰:"訾婁故城,在縣西北一十六里。"唐匡城縣,即宋長垣縣。

〔三〇二〕楚有棘櫟:棘櫟,楚二邑名。左傳昭公四年:"冬,吳伐楚,入棘、櫟、麻。"杜預注:"棘、櫟、麻,皆楚東鄙邑。"孔穎達正義:"吳來伐楚,入此三邑。"楊伯峻注:"棘,今河南永城縣(彦按:今稱永城市)南。"

〔三〇三〕城父:縣名,治所在今安徽亳州市譙城區城父鎮。

〔三〇四〕唐有棘陽:唐,州名。棘陽,縣名,治所在今河南新野縣前高廟鄉。

〔三〇五〕趙有平棘:趙,州名。平棘,縣名,治所在今河北趙縣。

〔三〇六〕春秋之棘邑:春秋,喬本作"皆狄",洪本上一字作"皆",下一字漶漫。彦按:"皆狄"乃"春秋"譌字。蓋"春"字舊本作"旾",形近而譌爲"皆",因"秋"又譌作"狄"矣。今據餘諸本訂正。

〔三〇七〕大棘:春秋宋邑。在今河南睢縣南。

〔三〇八〕春秋宣公二年:"春,王二月壬子,宋華元帥師及鄭公子歸生帥師,戰于大棘。宋師敗績,獲宋華元。"

〔三〇九〕范志陳留有大棘鄉:見後漢書郡國志三陳留郡。　杜在襄邑縣南:喬本作"在杜襄邑西南";洪本"杜在"二字漶漫,"縣南"亦作"西南";吳本、四庫本、備要本則作"乃在襄邑西南"。彦按:原文當作"杜在襄邑縣南",蓋"杜""在"誤倒,或以"在杜"不辭而改"乃在",而"縣"又譌"西"。春秋宣公二年"戰于大棘"杜預注:"大棘在陳留襄邑縣南。"羅氏所言指此。今訂正。

〔三一〇〕南京柘城:宋代南京,治所在今河南商丘市睢陽區。柘城,縣名。今屬河南省。吳本、四庫本作"括城"誤。

〔三一一〕外黃有曲棘里,杜云城中:外黃,縣名,治所在今河南民權縣人和鎮。春秋昭公二十五年"宋公佐卒于曲棘"杜預注:"陳留外黃縣城中有曲棘里,宋地。"

〔三一二〕上棘:春秋鄭邑。在今河南禹州市西北。

〔三一三〕棘澤:春秋鄭邑。在今河南長葛市東北、雙洎河南岸。

〔三一四〕襄二十四:各本均作"襄十四"。彦按:襄十四年春秋經、傳均未見棘澤。"十四"當作"二十四",今本上脱"二"字。左傳襄公二十四年云:"冬,楚子伐鄭以救齊,門于東門,次于棘澤。"是也。今據以訂正。

〔三一五〕棘津:古黃河渡口名。在今河南滑縣西南古黃河畔。

〔三一六〕冀之棗强東北二十七有棘津城:冀,州名。棗强,縣名,治所在今河北棗强縣東南。各本均作"棗陽"。彦按:棗陽乃棗强之譌。元和郡縣圖志卷一七、太平寰宇記卷六三冀州棗强縣並云:"棘津故城,在縣東北二十七里。"今據以訂正。二十七,洪本"十"字闕文。　吕望賣食於此:吕望,又稱太公望，即周文王太師吕尚。賣食，喬本、洪本"賣"字闕文。吴本、四庫本、備要本作"乞"。彦按：韓詩外傳卷七云："吕望行年五十，賣食棘津，年七十屠於朝歌，九十乃爲天子師，則遇文王也。"尉繚子武議載其事，則云："太公望年七十，屠牛朝歌，賣食盟津。"雖有棘津、盟津之異，而皆稱"賣食"，當是。下文云"有賣漿臺"，亦不該爲乞食也。蓋路史舊本闕文，後之刻家憑己意補以"乞"字，誤矣。今訂作"賣"。　有賣漿臺：太平寰宇記卷六三冀州棗强縣引隋圖經云："城北一古臺，俗傳爲太公賣漿臺。"

〔三一七〕太公泉、廟，汲南十里：汲，縣名，治所在今河南衛輝市。十里，洪本、四庫本作"七里"，吴本作"士里"。彦按："士"當"七"或"十"字之譌。水經注卷九清水云："（汲縣）城東門北側有太公廟，……城北三十里有太公泉，泉上又有太公廟。"而太平寰宇記卷五六衛州汲縣則曰："太公廟，在縣西南二十五里。"所言方位、里數各不相同，姑存疑待考。

〔三一八〕昭十棘，杜在西安東南，有戟里亭、城：西安，縣名，治所在今山東淄博市臨淄區西北。城，備要本譌"地"。彦按：此謂齊之棘。左傳昭公十年"桓子召子山，……而反棘焉"杜預注："棘，子山故邑，齊國西安縣東，有戟里亭。"又春秋釋例卷六土地名第四十四之二齊地昭十年棘曰："齊國西安縣東有戟里亭、城。"此云"杜在西安東南"，不確。

〔三一九〕興忞：四庫本、備要本作"興志"。彦按：興指興地廣記，忞指興地廣記作者歐陽忞，羅氏引書每極簡率，類多如此。四庫本蓋未得其解，因改"忞"爲"志"，以"興志"連讀，而實誤。備要本又沿其誤。

〔三二〇〕魯棘在汶水北：洪本"在"譌"杜"。汶水，又稱大汶河，發源於山東萊蕪市北，原西流經東平縣而至梁山東南，流入濟水。　杜云：蛇丘北棘亭，又龔鄉縣東北七十五有棘鄉：蛇丘，縣名，治所在今山東肥城市東南。洪本"丘"譌"叢"，又"北"譌"比"。龔鄉縣，龔丘縣之誤。龔丘縣治所在今山東寧陽縣。春秋釋例卷五土地名第四十四之一汶陽之田棘云："汶水北地也，濟北蛇丘縣北棘亭。又云兖州龔鄉縣東北七十五里有棘鄉。"庫本注云："案晉書地理志，兖州所屬無龔鄉縣。又案：隋書地理志魯郡下云：'舊兖州'，龔丘屬焉，'後齊曰平原縣，開皇十六年改'。舊唐書地理志云：兖州，隋郡。'武德五年平徐圓朗，置兖州。''龔丘，北齊平原縣，隋改爲龔丘。'則龔丘乃隋縣，'又云’以下,蓋後人所增,非杜氏本文也。”

〔三二一〕魯城:魯縣縣城。在今山東曲阜市魯城街道。

〔三二二〕芈:各本均作“芋”。彦按:考古今國、姓,未見有稱“芋”者,當爲“芈”字之譌。本書“芈”字每誤作“芊”或“芋”,又下穰條云“皆芈姓”,乃總上數國言,尤爲明證。今訂正。

〔三二三〕今隆興分寧西百里有艾城:隆興,府名。分寧,縣名,治所在今江西修水縣。西,喬本爲墨丁,洪本筆劃殘缺,此從餘諸本。百里,各本皆作“北里”。彦按:“北”當“百”字音譌。清秦蕙田五禮通考卷二一〇嘉禮八三體國經野、高士奇春秋地名考略卷一一吳並曰:“艾,……今江西南昌府寧州西一百里龍平岡有古艾城。”寧州治所即羅氏所言之分寧。今據以訂正。　春秋吳慶忌居之:慶忌,春秋吳王僚子,勇士。左傳哀公二十年:“吳公子慶忌驟諫吳子,……弗聽。出居于艾。”　開皇廢入建昌:建昌,縣名,治所在今江西永修縣艾城鎮。

〔三二四〕十二真傳:即十二真君傳。宋余卞撰。書已佚。　今查田:查田,鎮名。元豐九域志卷六江南西路分寧縣有查田一鎮。四庫本此下有“即今之寧州也”六字。

〔三二五〕鑪:備要本作“鑪”。

〔三二六〕鄧:州名,治所在今河南鄧州市。

〔三二七〕秦宣太后弟穰侯魏冉:秦宣太后,戰國秦昭襄王母。冉,各本皆作“拜”。彦按:“拜”當“冉”字形譌。史記秦本紀有穰侯魏冉,今據以訂正。

〔三二八〕芈:喬本作“芊”,洪本、吳本、四庫本作“芋”,並誤。此從備要本。史記秦本紀:“昭襄母楚人,姓芈氏,號宣太后。”

〔三二九〕邢有聶:邢,同“邢”,春秋國名,地在今山東聊城市東昌府區。備要本譌“邢”。下羅苹注“邢地”之“邢”同。

〔三三〇〕春秋僖公元年“齊師、宋師、曹師次于聶北,救邢”杜預注:“聶北,邢地。”

〔三三一〕攝叔:春秋楚臣。見左傳宣公十二年。

〔三三二〕博之博平:博,州名。博平,縣名,治所在今山東茌平縣博平鎮。

〔三三三〕析公:春秋楚臣。後仕晉。

〔三三四〕襄二十四：彥按：是年春秋、左傳皆未見有析公。析公見於左傳襄公二十六年。此蓋誤記。

〔三三五〕廣漢：縣名，治所在今四川射洪縣沱牌鎮。

〔三三六〕廬戢犁：春秋廬國大夫。左傳文公十六年作廬戢黎，國語楚語上作廬戢黎。

〔三三七〕廬，楚邑：廬，在今湖北襄陽市襄州區西南。彥按：廬本國名。後滅於楚，方爲楚邑。

〔三三八〕繇基先鄧大夫有養甥：繇基，即養由基，春秋楚大夫，以善射稱。鄧，春秋國名。地在今湖北襄陽市襄州區西北。公元前 678 年爲楚所滅。養甥，見左傳桓公九年及莊公六年。

〔三三九〕璠云：襄城郟縣西南有養水、繇基之邑：襄城，郡名。郟縣，今屬河南省。繇基，四庫本作“由基”。水經注卷二一汝水：“司馬彪郡國志曰：襄城有養陰里。京相璠曰：在襄城郟縣西南；養，水名也。”

〔三四〇〕郟城今隸汝：郟城，縣名。古之郟縣，隋、唐、宋代稱郟城縣。汝，州名。

〔三四一〕子西爲商公：子西，春秋楚司馬鬭宜申字。公元前 632 年，楚、晉城濮之戰，楚師潰敗，子西引咎自縊未遂，楚成王貶以爲商公。事詳左傳文公十年。

〔三四二〕今商之商洛之地，志屬弘農：商，州名。商洛，縣名，治所在今陝西丹鳳縣商鎮。弘農，郡名，治所在今河南靈寶市。　裴駰謂在順陽，魏、晉始分，時隸之：裴駰，南朝宋訓詁學家，撰有史記集解。順陽，郡名，治所在今湖北老河口市西北。史記楚世家“今使使者從儀西取故秦所分楚商於之地方六百里”裴駰集解：“商於之地在今順陽郡南鄉、丹水二縣，有商城在於中，故謂之商於。”司馬貞索隱：“案：地理志丹水及商屬弘農，今言順陽者，是魏晉始分置順陽郡，商城、丹水俱隸之。”

〔三四三〕預云，新蔡東北有櫟亭：見左傳昭公四年“冬，吳伐楚，入棘、櫟、麻”注。新蔡，縣名，治所即今河南新蔡縣。

〔三四四〕水經注卷二一汝水：“杜預曰：‘汝陰新蔡縣東北有櫟亭。’今城在新蔡故城西北，城北半淪水。”

〔三四五〕鄧之向城：鄧，州名。向城，縣名，治所在今河南南召縣皇路店鎮。

〔三四六〕荀丘子：戰國思想家荀況弟子。鹽鐵論毀學“昔李斯與包丘子俱事荀卿”之包丘子，即其人。

〔三四七〕虞丘子：春秋楚莊王時令尹。

〔三四八〕吾丘壽王：西漢詞賦家。

〔三四九〕菜邑：吳本、四庫本、備要本作“采邑”，同。

〔三五〇〕蔣國：春秋國名，爲楚所滅。在今河南淮濱縣期思鎮。

〔三五一〕壽之霍丘有廢期思：洪本、吳本“丘”譌“丛”。太平寰宇記卷一二九壽州霍丘縣：“廢期思縣，在縣百八十里。”

〔三五二〕梁書，天監四於期思置期思州：見太平寰宇記卷一二九壽州霍丘縣。今本梁書未見有此。　蓋移弋陽期思名倈：弋陽，郡名。四庫本如此，是，今從之。餘本“弋”譌“戈”。期思，縣名。即春秋蔣國之地。倈，來。

〔三五三〕在固始西北七十：在，喬本譌“北”。今據餘諸本訂正。固始，縣名，治所即今河南固始縣。

〔三五四〕漢賁赫告布反，封期思侯：事載史記黥布列傳。賁赫，漢高祖時中大夫。賁音féi。各本均譌“賁開”，今訂正。布，漢淮南王英布。反，備要本譌“及”。

〔三五五〕暌：四庫本、備要本作“暌”。

〔三五六〕四六：謂以上自荆至暌，凡四十六國。

〔三五七〕無則奚以勸：無，喬本、洪本作“曲”，於文不通，今據餘諸本訂正。

〔三五八〕徐之初也稱“戎”：彥按：此説可疑。春秋未見“徐戎”之語，何以知莊公二十六年以前所稱之“戎”指徐或包括徐？

〔三五九〕春秋莊公二十六年：“秋，公會宋人、齊人伐徐。”

〔三六〇〕春秋僖公三年：“徐人取舒。”

〔三六一〕春秋昭公四年：“夏，楚子、蔡侯、陳侯、鄭伯、許男、徐子、滕子、頓子、胡子、沈子、小邾子、宋世子佐、淮夷會于申。”

〔三六二〕春秋莊公十年：“秋九月，荆敗蔡師于莘。”杜預注：“荆，楚本號，後改爲楚。”

〔三六三〕春秋莊公二十三年：“荆人來聘。”

〔三六四〕春秋僖公元年：“楚人伐鄭。”杜預注：“荆始改號曰楚。”

〔三六五〕春秋僖公二十一年：“秋，宋公、楚子、陳侯、蔡侯、鄭伯、許男、曹伯會于盂。”

〔三六六〕蓋王道衰：“蓋”字喬本爲墨丁，洪本爲闕文，今據餘諸本訂補。

〔三六七〕蘇文定：北宋文學家蘇轍（謚文定）。　羨文：衍文。蘇氏撰有春秋集解，其卷五春秋僖公三年“徐人取舒”注云：“春秋書徐皆不稱‘人’，以其夷故也。稱‘徐人’，羨文也。”

〔三六八〕聘：聘問。專指天子與諸侯或諸侯與諸侯間的遣使通問。

〔三六九〕二百四十二年：春秋所載歷史，自魯隱公元年（前722年）至魯哀公十四年（前481年），凡242年。　優然：驕傲自得貌。

〔三七〇〕始其來聘，進而人矣，未名通也：春秋莊公二十三年：“荆人來聘。”杜預注：“不書‘荆子使某來聘’，君臣同辭者，蓋楚之始通，未成其禮。”其再至也，進而名矣，未氏通也：未氏通，吳本、備要本作“未通氏”。春秋文公九年：“冬，楚子使椒來聘。”彦按：杜預注云：“稱君以使大夫，其禮辭與中國同。椒不書氏，史略文。”又孔穎達疏云：“莊二十三年‘荆人來聘’，不稱楚子使某至，此稱君以使大夫，其禮與中國同。其禮既同，椒亦宜書其氏，今不書氏，傳無貶文，知是史辭自略，無義例也。”其説可從。路史求之過深，反爲穿鑿。

〔三七一〕文六：“六”當作“九”。見上注。

〔三七二〕襄三十一，蒍罷：蒍罷（pí），春秋楚臣，後爲令尹。彦按：“三十一”當作“三十”。春秋襄公三十年：“春，王正月，楚子使蒍罷來聘。”

〔三七三〕夷鎮之復郤：鎮，謂鎮守之地。郤，“卻”字俗體，退卻。洪本、備要本作“卻”。

〔三七四〕春秋宣公十二年：“楚子圍鄭。”杜預注：“前年盟辰陵而又徼事晉故。”同年左傳：“春，楚子圍鄭，旬有七日。鄭……國人大臨，守陴者皆哭。楚子退師。鄭人脩城。進復圍之，三月，克之。入自皇門，至于逵路。鄭伯肉袒牽羊以逆。……退三十里，而許之平。”杜預注：“肉袒牽羊，示服爲臣僕。”

〔三七五〕始欲縣陳,申叔時一言而楚亦遽止:申叔時,春秋楚大夫。左傳宣公十一年:"冬,楚子爲陳夏氏亂故,伐陳。……遂入陳,殺夏徵舒,轘諸栗門。因縣陳。陳侯在晉。申叔時使於齊,反,復命而退。王使讓之,曰:'夏徵舒爲不道,弑其君,寡人以諸侯討而戮之,諸侯、縣公皆慶寡人,女獨不慶寡人,何故?'對曰:'猶可辭乎?'王曰:'可哉!'曰:'夏徵舒弑其君,其罪大矣,討而戮之,君之義也。抑人亦有言曰:"牽牛以蹊人之田,而奪之牛。"牽牛以蹊者,信有罪矣;而奪之牛,罰已重矣。諸侯之從也,曰討有罪也。今縣陳,貪其富也。以討召諸侯,而以貪歸之,無乃不可乎?'王曰:'善哉! 吾未之聞也。反之,可乎?'曰:'吾儕小人所謂"取諸其懷而與之"也。'乃復封陳。"

〔三七六〕蕭:春秋國名。地在今安徽蕭縣西北。

〔三七七〕宜僚:即熊相宜僚,春秋楚大夫。左傳宣公十二年:"冬,楚子伐蕭,宋華椒以蔡人救蕭,蕭人囚熊相宜僚及公子丙,王曰:'勿殺! 吾退。'蕭人殺之。王怒,遂圍蕭。蕭潰。"

〔三七八〕不齒:因鄙視而不願提及。　陋僭擬,蔑朝享:陋,猶猥,隨便。僭擬,越分妄比。蔑,蔑視。朝享,朝貢。

〔三七九〕伐衛、救齊:事見春秋僖公十八年:"春,王正月,宋公、曹伯、衛人、邾人伐齊。夏,師救齊。五月戊寅,宋師及齊師戰于甗。齊師敗績。狄救齊。……冬,邢人、狄人伐衛。"彥按:穀梁傳云:"(狄救齊,)善救齊也。"又云:"狄其稱人,何也? 善累而後進之。伐衛,所以救齊也,功近而德遠矣。"晉范甯集解:"伐衛,功近耳。夷狄而憂中國,其德遠也。"漢何休公羊傳解詁亦曰:"狄稱人者,善能救齊,雖拒義兵,猶有憂中國之心,故進之。"蓋即羅氏所本。然其說極牽強。楊伯峻以爲:"經於狄,或單言狄,或稱狄人,蓋由于行文之便。……以狄與他國並舉,他國皆不單稱,則於狄亦不得不從同。若惟狄而已,則不稱人。"甚是。詳見楊氏春秋左傳注。

〔三八〇〕向使諸侯知所自殆:殆,敗壞。廣雅釋詁一:"殆,壞也。"又釋詁三:"殆,敗也。"　撫邦交,定諸夏,聖人何訕焉:撫,安定。訕,指責。喬本作"耻",於義不通。此從洪本、吳本及備要本。四庫本作"訾",同。

〔三八一〕春秋莊公二十三年"荊人來聘"公羊傳:"荊何以稱人? 始能聘也。"何休解詁:"春秋王魯,因其始來聘,明夷狄能慕王化,脩聘禮,受正朔者,當進之,故使稱人也。”

〔三八二〕禮記明堂位:“昔者周公朝諸侯于明堂之位,天子負斧依,南鄉而立。三公,中階之前,北面東上。諸侯之位,阼階之東,西面北上。諸伯之國,西階之西,東面北上。諸子之國,門東,北面東上。諸男之國,門西,北面東上。九夷之國,東門之外,西面北上。八蠻之國,南門之外,北面東上。六戎之國,西門之外,東面南上。五狄之國,北門之外,南面東上。九采之國,應門之外,北面東上。四塞,世告至。此周公明堂之位也。”

〔三八三〕成之元:春秋楚成王元年,時當魯莊公二十三年,亦即公元前671年。春秋莊公二十三年:“荆人來聘。” 穆之八:春秋楚穆王八年,時當魯文公九年,亦即公元前618年。春秋文公九年:“冬,楚子使椒來聘。” 郟敖之二載:時當魯襄公三十年,亦即公元前543年。春秋襄公三十年:“春,王正月,楚子使薳罷來聘。”

〔三八四〕時魯方弱:“弱”字喬本爲墨丁,洪本爲闕文。此據餘諸本訂補。

〔三八五〕方僖公之盛際,且甘心委質之:委質,即委贄,猶進貢,引申謂臣服。 盂之會,至不出而受其捷:盂,春秋宋地。在今河南睢縣西北。出,指出兵。捷,戰利品。春秋僖公二十一年:“秋,宋公、楚子、陳侯、蔡侯、鄭伯、許男、曹伯會于盂。執宋公以伐宋。冬,……楚人使宜申來獻捷。”杜預注:“獻宋捷也。” 未遄而乞師伐齊取穀:遄,同“幾”,四庫本、備要本作“幾”。伐,洪本、吳本、備要本譌“代”。穀,春秋齊邑。在今山東平陰縣東阿鎮。春秋僖公二十六年:“冬,……公以楚師伐齊,取穀。” 慕義於莊公:參見上注〔三八一〕。

〔三八六〕閟宮頌頌僖公:自此而下至“懲艾之”二十七字,吳本、四庫本所無。閟宮頌,指詩魯頌閟宮。毛詩序:“閟宮,頌僖公能復周公之宇也。” 荆舒是懲,則莫我敢承:荆舒,楚國和舒國。承,抵擋。鄭玄箋云:“懲,艾也。僖公與齊桓舉義兵,北當戎與狄,南艾荆及羣舒,天下無敢禦之。”

〔三八七〕説者謂公與齊桓舉義,懲艾之:“齊桓舉”三字原爲闕文,今據鄭玄毛詩箋(見上注)補。懲艾,懲治,懲辦。

〔三八八〕書,“彭、濮”:見書牧誓。

〔三八九〕彭、濮人皆峽外爲楚害:峽外,指今重慶市奉節縣東至湖北宜昌市西間之長江三峽以西之地。

〔三九〇〕麇人率百濮伐楚：麇，國名。在今湖北十堰市隕陽區。各本均誤"麋"，今訂正。率，喬本、洪本、吳本、四庫本誤"卒"，今據備要本訂正。左傳文公十六年："麇人率百濮聚於選，將伐楚。"

〔三九一〕見左傳。

〔三九二〕預云，建寧郡南：左傳昭公元年"吳、濮有釁"杜預注："今建寧郡南有濮夷。"彥按：西晉建寧郡治所在今雲南曲靖市麒麟區西北。其地與下文"濮夷地建。建，故縣，今爲鎮，隸石首"相去甚遠，疑兩者之中其一有誤。

〔三九三〕建，故縣，今爲鎮，隸石首：石首，縣名，治所在今湖北石首市綉林街道。彥按：建，當作建寧。治所在今湖北石首市調關鎮。宋史地理志四荆湖北路江陵府建寧縣云："熙寧六年，省建寧入石首，元祐元年復。南渡後，省。"

〔三九四〕見集韻屋韻濮。原文作："彭濮，蠻夷國名。或作濮，通作濮。"

〔三九五〕衛濮：今河南濮陽市一帶，春秋時地屬衛國。

〔三九六〕故信陽有羅山：信陽，指信陽軍。羅山，縣名，今屬河南省。

〔三九七〕襄：州名，治所在今湖北襄陽市襄州區。

〔三九八〕江陵之枝江：江陵，府名。枝江，縣名，即今湖北枝江市。

〔三九九〕見通典卷一八三州郡十三岳州。　岳州：治所在今湖南岳陽市。

〔四〇〇〕桓王二十一，楚伐羅，羅敗之：見左傳桓公十三年。桓王，周桓王。桓王二十一，即魯桓公十三年。吳本、四庫本、備要本無"王"字，誤。

〔四〇一〕桓公十三：十三，各本均誤"十一"。今訂正。參見上注。

〔四〇二〕潭之湘陰：潭，州名。湘陰，縣名。今屬湖南省。　梁爲羅州：梁，指南朝梁。

〔四〇三〕大業十三，羅縣令蕭銑起兵，説爲岳之巴陵：大業，隋煬帝年號。蕭銑，各本"銑"均誤"鋭"，今訂正。隋書煬帝紀下大業十三年："丙申，羅令蕭銑以縣反。"又通典卷一八三州郡十三岳州、文獻通考卷三一九輿地考五古荆州並曰："岳州，……煬帝初改爲羅州，尋爲巴陵郡。郡人董景珍等以羅縣令蕭銑爲主，起兵於此。"

〔四〇四〕岳陽志：有甲、乙集。其甲集，宋馬莊父撰；乙集，宋張聲之撰。

〔四〇五〕羅水：發源於湖南岳陽縣張谷英鎮，西南流至汨羅市大丘灣與汨水匯合，稱汨羅江。

〔四〇六〕汨羅：指汨羅江。

〔四〇七〕春秋僖公二十六年：“秋，楚人滅夔，以夔子歸。”

〔四〇八〕見太平寰宇記卷一四八夔州巫山縣。參見後紀八帝顓頊高陽氏。

〔四〇九〕今秭歸城東二十有故夔子城：見太平寰宇記卷一四八歸州秭歸縣。秭歸，喬本、洪本“秭”譌“秭”。今據餘諸本訂正。下“秭歸”之“秭”同。

〔四一〇〕繹：楚始封君熊繹。

〔四一一〕芈姓子：芈，喬本、洪本、四庫本譌“芊”。今據吳本、備要本訂正。

〔四一二〕頃王四年，拘執宗子，遂圍巢：頃王，周頃王姬壬臣，公元前618—前613年在位。喬本“頃”譌“項”，今據餘諸本訂正。拘，各本均作“居”。彥按：“居”當“拘”字音譌。清徐文靖管城碩記卷一〇春秋二引路史，作“拘”，是，今據以訂正。左傳文公十二年：“羣舒叛楚。夏，子孔執舒子平及宗子，遂圍巢。”魯文公十二年，時當周頃王四年。

〔四一三〕十六國春秋：北魏崔鴻撰。　　常璩志：指華陽國志。　　宕渠：縣名，治所在今四川渠縣土溪鎮。

〔四一四〕見太平寰宇記卷一三八渠州流江縣。　　流江縣東北八十四：流江縣，治所在今四川渠縣。各本均誤倒作“江流縣”，今據寰宇記訂正。八十四，今本寰宇記作“七十四”。

〔四一五〕渠江縣：治所在今四川廣安市。

〔四一六〕始安城：始安縣縣城。

〔四一七〕伏虞：縣名，治所在今四川儀隴縣義路鎮。太平寰宇記卷一三八廣安軍渠江縣：“本漢宕渠縣地，後漢又爲宕城縣地，今縣北十二里有古廢宕城在焉，一名始安城。”

〔四一八〕虞君：見後紀一太昊伏戲氏。

〔四一九〕洮州：治所在今甘肅臨潭縣。　　莊蹻：見後紀八帝顓頊高陽氏。

〔四二〇〕麋庸：殷、周時二國名。庸在今湖北竹山縣西南。

〔四二一〕房陵:縣名,治所即今湖北房縣。

〔四二二〕楚饑,與濮伐楚:左傳文公十六年:"楚大饑,……麇人率百濮聚於選,將伐楚。" 楚子再敗麇師于房渚者:房渚,左傳作"防渚",在今湖北房縣。左傳文公十一年:"春,楚子伐麇。成大心敗麇師於防渚。潘崇復伐麇,至于錫穴。"

〔四二三〕桓王三:彦按:"桓王"當作"頃王"。魯文公十一年,時當周頃王三年。

〔四二四〕當陽:縣名,治所在今湖北荆門市西南。

〔四二五〕麇:見下文麇條。

〔四二六〕岳志以岳之巴陵爲麇子國:岳志,蓋即岳陽志,備要本"岳"譌"兵"。見上注〔四〇四〕。麇子,各本均作"麋子"。彦按:"麋子"當作"麇子",蓋"麋"、"麇"形近而誤。宋范致明岳陽風土記曰:"岳州南鄰蒼梧之野,古三苗國地,又爲麇子國。春秋文公十一年楚子伐麇,即此地也。"今據以訂正。

〔四二七〕楚昭奔隨,王使王孫由于城麇者:王,即楚昭王。王孫由于,春秋楚臣。麇,各本均作"麋"。彦按:"麋"爲"麇"字之誤。左傳定公五年:"(楚)王之奔隨也,……王使由于城麇。"今據以訂正。

〔四二八〕麇川:四庫本作"麇州"誤。

〔四二九〕文十一,又定五:喬本、洪本此六字注文錯位於下列之首,即"乃古錫穴"之前。備要本亦入"乃古錫穴"前,蓋沿喬本之誤。今據吴本、四庫本訂正。彦按:左氏春秋魯文公十一年及魯定公五年經、傳所見,乃麇而非麋,羅氏以爲麋,誤。

〔四三〇〕芈:喬本、洪本、吴本譌"芊"。此從四庫本及備要本。

〔四三一〕均之鄖鄉:均,州名。鄖鄉,縣名,治所在今湖北十堰市隕陽區。

〔四三二〕錫穴:春秋麇國國都。地在今陝西白河縣東南。洪本、四庫本"錫"作"鍚"。左傳文公十一年亦作"錫穴",釋文云:"錫,音羊。或作'鍚',星歷反。"阮元校勘記云:"石經、岳本、纂圖本'錫'作'鍚',與釋文合。案漢書地理志,錫縣屬漢中郡。應劭曰:'音陽。'師古曰:'即春秋所謂錫穴。'而後漢書郡國志又云'沔陽有鐵,安陽有錫,春秋時曰錫穴',釋文又曰'錫本或作鍚,星歷反’,劉昭郡國志補注引傳文亦作‘錫穴’,似作‘錫’字爲當。”

〔四三三〕錫縣:洪本、四庫本作“錫縣”誤。　鄖鄉:喬本“鄉”字原缺,今據餘諸本補。

〔四三四〕潘崇伐麇至錫穴者:錫穴,洪本、四庫本作“錫穴”誤。事見左傳文公十一年。傳文“麇”作“麇”。路史作“麇”,非。

〔四三五〕地形志:漢中郡之東界,古之錫穴:漢中郡,治所在今陝西漢中市東。彦按:太平寰宇記卷一四三均州鄖鄉縣云:“按地記云:‘漢中郡之東界有錫縣,即古之錫穴也。’”當即羅氏所本。唯變地記爲地形志,不知何因。

〔四三六〕右高陽後濮、羅、夔、越等國:彦按:越宜作實。越見於下(左),不見於上(右)也。

〔四三七〕大夫去國:喬本、洪本作“大夫曰去國”,“曰”字衍,今據餘本删。

〔四三八〕禮記曲禮下:“國君去其國,止之曰:‘奈何去社稷也?’大夫,曰:‘奈何去宗廟也?’士,曰:‘奈何去墳墓也?’”

〔四三九〕世守也,非身之所能爲也,效死不去:見孟子梁惠王下,“不去”作“勿去”。效死,獻身,捨命。

〔四四〇〕見禮記檀弓下。

〔四四一〕土地、人民,諸侯之寶也:孟子盡心下:“孟子曰:‘諸侯之寶三:土地,人民,政事。’”

〔四四二〕禮記曲禮下:“大夫死衆,士死制。”

〔四四三〕禮記禮運:“故國有患,君死社稷謂之義,大夫死宗廟謂之變。”鄭玄注:“變,當爲‘辯’,聲之誤也。辯,猶正也。”

〔四四四〕四郊多壘,大夫以爲辱:禮記曲禮上:“四郊多壘,此卿大夫之辱也。”鄭玄注:“辱其謀人之國,不能安也。壘,軍壁也。數見侵伐則多壘。”謀人之軍師,敗則死之:禮記檀弓上:“君子曰:‘謀人之軍師,敗則死之;謀人之邦邑,危則亡之。’”

〔四四五〕左傳宣公十五年:“受命以出,有死無實,又可賂乎?”杜預注:“實,廢隊也。”廢隊即廢墜,謂因懈怠而中止。

〔四四六〕士大夫死行列,百吏死職:行列,軍隊,戰陣。荀子議兵:“孫卿子曰:‘將死鼓,馭死轡,百吏死職,士大夫死行列。’”

〔四四七〕泰王去邠：泰王，周文王祖父古公亶父之尊號。吳本、四庫本、備要本作“太王”，同。古書中又常作“大王”。孟子梁惠王下：“昔者大王居邠，狄人侵之。事之以皮幣，不得免焉；事之以犬馬，不得免焉；事之以珠玉，不得免焉。乃屬其耆老而告之曰：‘狄人之所欲者，吾土地也。吾聞之也：君子不以其所以養人者害人。二三子何患乎無君？我將去之。’去邠，踰梁山，邑于岐山之下居焉。邠人曰：‘仁人也，不可失也。’從之者如歸市。”　管仲不死子糾：子糾，春秋齊襄公弟、齊桓公兄。論語憲問：“子貢曰：‘管仲非仁者與？桓公殺公子糾，不能死，又相之。’子曰：‘管仲相桓公，霸諸侯，一匡天下，民到于今受其賜。微管仲，吾其被髮左衽矣！’”參見後紀二共工氏傳注〔四四〕。

〔四四八〕故君子之謀國，勇足以制敵，智足以謀，必以死爲尚哉：謀國，洪本、吳本“國”作“固”非。尚，通“上”。彥按：“必”上宜有“何”字。

〔四四九〕國滅君死之，正也：見公羊傳襄公六年。

〔四五〇〕蔡獻舞：春秋莊公十年：“秋，九月，荆敗蔡師于莘，以蔡侯獻舞歸。”　潞嬰兒：春秋宣公十五年：“六月癸卯，晉師滅赤狄潞氏，以潞子嬰兒歸。”　沈嘉：春秋定公四年：“夏，四月庚辰，蔡公孫姓帥師滅沈，以沈子嘉歸，殺之。”　許斯：春秋定公六年：“春，王正月癸亥，鄭游速帥師滅許，以許男斯歸。”　頓牂：春秋定公十四年：“二月辛巳，楚公子結、陳公孫佗人帥師滅頓，以頓子牂歸。”　胡豹：春秋定公十五年：“二月辛丑，楚子滅胡，以胡子豹歸。”
曹陽：春秋哀公八年：“春，王正月，宋公入曹，以曹伯陽歸。”　邾益：春秋哀公七年：“秋，公伐邾。八月己酉，入邾，以邾子益來。”

〔四五一〕孟子萬章下，孟子曰：“諸侯失國，而後託於諸侯，禮也。”

〔四五二〕譚子在莒：春秋莊公十年：“冬，十月，齊師滅譚。譚子奔莒。”弦子在黃：春秋僖公五年：“楚人滅弦，弦子奔黃。”　溫子在衛：春秋僖公十年：“狄滅溫，溫子奔衛。”

〔四五三〕楚子滅夔，“以夔子歸”：見春秋僖公二十六年。

〔四五四〕楚人謂夔不祀祝融、粥熊，夔子不伏，楚人疾之，遂滅之：粥熊，即鬻熊。左傳僖公二十六年：“夔子不祀祝融與鬻熊。楚人讓之，對曰：‘我先王熊摯有疾，鬼神弗赦而自竄于夔。吾是以失楚，又何祀焉？’秋，楚成得臣、鬬宜申帥師滅夔，以夔子歸。”杜預注：“祝融，高辛氏之火正，楚之遠祖也。鬻熊，祝融之十二世孫。夔,楚之別封,故亦世紹其祀。"

〔四五五〕罪專滅也:罪,怪罪,指責。專滅,擅自滅人之國。

〔四五六〕杜謂夔不祀,故楚不譏滅同姓:見春秋僖公二十六年"楚人滅夔,以夔子歸"注,文曰:"夔,楚同姓國。……夔有不祀之罪,故不譏楚滅同姓。"此"楚不譏"疑爲"不譏楚"之倒文。

〔四五七〕衛祖康叔,不敢及稷;魯祖周,不及公劉:稷,即后稷。周,謂周公旦。

〔四五八〕夔不祝融,非所以爲罪也,況楚得專滅乎:夔不祝融,"不"下宜有"祀"字,蓋脫文。彥按:宋劉敞春秋權衡卷四僖公二十六年云:"'楚人滅夔',杜云:'夔有不祀之罪,故不譏楚滅同姓。'非也。夔雖有罪,楚亦非得專滅也。如此,是征伐自諸侯出,乃可矣。……且夔不祀祝融、鬻熊,禮也,非所以爲罪也。衛祖康叔,不敢祀后稷;魯祖周公,不敢祀公劉;祝融猶后稷,鬻熊猶公劉矣,寧可復責此二國邪?"當即羅氏所本。

〔四五九〕趙:蓋指唐趙匡。趙氏有春秋闡微纂類義統十卷(見宋史藝文志一),已佚。

〔四六〇〕芈:喬本、洪本、四庫本譌"芊",吳本譌"羊",此從備要本。

〔四六一〕廣州:治所即今廣東廣州市。轄境相當今廣東、廣西兩省除廣東廉江市以西,廣西桂江中上游、容縣、北流市以南,宜州市西北以外的大部分地區。

〔四六二〕姒姓之越:見國名紀四夏后氏後。

〔四六三〕禺州,古百粵,婺女之分:禺州,治所在今廣西北流市東南。婺女,二十八星宿之一,玄武七宿之第三宿,有星四顆。漢書地理志下:"粵地,牽牛、婺女之分壄也。"

〔四六四〕容、邕等州:容州,治所在今廣西北流市。邕州,治所在今廣西南寧市。

〔四六五〕東、南二越:東越,見國名紀四夏后氏後。

〔四六六〕驩:州名,治所在今越南義靜省安城。吳本、四庫本、備要本譌"灌"。

〔四六七〕吳:指三國時之吳國。

〔四六八〕今貴治鬱平:貴,州名。各本均譌"潰"。今據清汪森粵西叢載卷一六駱越引路史改。鬱平,縣名,治所即今廣西貴港市。

〔四六九〕見通典卷一八四州郡十四貴州。原文作:"貴州(今理鬱平縣),古西甌、駱越之地。"

〔四七〇〕甌駱:古族名。百越之一支,分布在今兩廣、貴州及越南北部。

〔四七一〕潘州,古甌、駱越之地:潘州,治所在今廣東高州市。甌,即甌駱。　而史記亦有西甌、駱、交止、九真之域:駱,即駱越。交止,即交阯。九真,郡名,治所在今越南清化省東山縣。各本均作"九員"。彥按:"員"當"真"字形譌。清汪森粵西叢載卷一六駱越引路史作"九真",不誤,今據以訂正。下"九真"同。

〔四七二〕李奇:東漢訓詁學家。

〔四七三〕駱田:在沼澤中以木爲架,鋪上泥土及水生植物而成的浮於水面的農田。於上種植穀物,可隨水高下,不致浸淹。駱,音jià。

〔四七四〕益州記:交止有駱田,仰潮水:仰潮水,謂朝上浮於潮水之上。彥按:自此"交止有駱田"至下"尉佗滅之",出自廣州記,此稱益州記誤。益州在蜀,無緣記交阯事。史記南越列傳"(南越王尉)佗因此以兵威邊,財物賂遺閩越、西甌、駱",司馬貞索隱引姚氏語,稱廣州記云:"交阯有駱田,仰潮水上下,人食其田,名爲'駱人'。有駱王、駱侯。諸縣自名爲'駱將',銅印青綬,即今之令長也。後蜀王子將兵討駱侯,自稱爲安陽王,治封溪縣。後南越王尉他攻破安陽王,令二使典主交阯、九真二郡人。"當即羅氏所本,而事出自廣州記,可證。

〔四七五〕尉佗:即漢時南越王趙佗。以曾任秦南海郡尉,故稱。

〔四七六〕邕:謂邕州。

〔四七七〕襄陽縣,漢之中廬,駱越人徙此:見通典卷一七七州郡七襄州襄陽縣,"駱越"作"貉越",同。襄陽縣,治所在今湖北襄陽市襄城區。中廬,縣名,治所在今湖北襄陽市襄州區西南。

〔四七八〕駱姓,史記作騶,誤:史記東越列傳"閩越王無諸及越東海王搖者,其先皆越王句踐之後也,姓騶氏。"裴駰集解引徐廣曰:"騶,一作'駱'。"司馬貞索隱曰:"徐廣云一作'駱',是。上云'歐駱',不姓騶。"蓋即羅氏所本。

彥按:此謂彼東越之甌閩爲駱姓,非謂此之駱越爲駱姓。駱越姓姚,上已言之矣。

〔四七九〕梁四公記:舊題唐張説撰。一説梁沈約撰。一説唐梁載言撰。

合浦落黎縣:合浦,郡名,治所在今廣西浦北縣泉水鎮。落黎縣,其地不詳。彥按:宋陳振孫直齋書録解題卷七稱梁四公記"其所記多誕妄,而四公名姓尤怪異無稽,不足深辯",則未必真有此縣也。

〔四八〇〕於越:春秋時之越國,地在今浙江省一帶。四庫本作"于越"。

〔四八一〕隑:音ái。

〔四八二〕郭璞以建安爲西甌:建安,郡名,治所在今福建建甌市南。山海經海内南經"閩在海中"郭璞注:"閩越即西甌,今建安郡是也。"

〔四八三〕鬱林:郡名,治所在今廣西桂平市西南。四庫本"鬱"作"欝",同。下"鬱林"同。

〔四八四〕杜佑云:西甌,即言西以别東爾:見通典卷一八八邊防四嶺南序略嶺南蠻獠"西甌駱越役屬焉"注,原文作:"西甌即駱越也,言西者,以别東甌耳。"

〔四八五〕經善勞縣:經,治。善勞縣,治所在今廣西玉林市西北。太平寰宇記卷一六五嶺南道九鬱林州:"廢黨州,本寧仁郡,理善勞縣,即古西甌所居。"

〔四八六〕文朗:洪本"朗"缺筆作"朗",喬本因譌"郎"。此從餘諸本。通典卷一八四州郡十四古南越、輿地廣記卷三八峯州並曰:"峯州,古文朗國。"

〔四八七〕峯州:治所在今越南永富省白鶴縣南。

〔四八八〕又大荒北經:深目之國,盼姓:大荒北經,各本均作"大荒北海"。盼,音fēn。喬本、洪本、備要本作"盼",吳本、四庫本作"眄"。彥按:"大荒北海"乃"大荒北經"之誤,"盼"、"眄"則爲"盼"字之譌,今並訂正。山海經大荒北經原文爲:"有人方食魚,名曰深目民之國,盼姓,食魚。"

〔四八九〕攜扶:本書後紀八帝顓頊高陽氏作"扶攜"。

〔四九〇〕梧之蒼吾縣:梧,州名。蒼吾縣,即蒼梧縣。治所在今廣西梧州市。

〔四九一〕元始六年開蒼吾郡:元始,漢平帝劉衍年號。蒼吾郡,即蒼梧

郡,治所在今廣西梧州市。彥按:元始當作元鼎。漢書地理志下:"蒼梧郡,武
帝元鼎六年開。"　地廣東至湘潭:廣東,謂廣東路,治所在今廣東廣州市。湘
潭,縣名,治所在今湖南湘潭市雨湖區。

〔四九二〕揚骨:骨,同"粵"。

〔四九三〕吳起爲楚收揚越者:揚越,亦作楊越,古族名,百越之一支。戰國
時散布於古揚州(約今之江淮及以南地區),故稱。戰國策秦策三:"吳起爲楚
悼罷無能,廢無用,損不急之官,塞私門之請,壹楚國之俗,南攻楊越,北并
陳、蔡。"

〔四九四〕漢南骨傳"秦略定揚骨"注:各本"秦"均作"奏"。彥按:"奏"乃
"秦"字形近而譌,今訂正。略定,攻克平定。漢書南粵傳原文作:"秦并天下,
略定揚粵。"顏師古注:"本揚州之分,故云揚粵。"

〔四九五〕蠻,婺州也,本屬會稽:婺州,治所在今浙江金華市婺城區。會
稽,郡名。

〔四九六〕人俗輕狡,少信行:人俗,民俗。輕狡,輕佻而狡詐。信行,誠實
守信之品行。太平御覽卷一七一引郡國志,作:"婺州正得東越之地。漢時其
地屬會稽,爲東揚州。人俗輕躁,少信行,好淫祀。"

〔四九七〕伊尹四方令:逸周書王會解:"伊尹受命,於是爲四方令曰:'臣
請……正南甌鄧、桂國、損子、產里、百濮、九菌,請令以珠璣、瑇瑁、象齒、文犀、
翠羽、菌鶴、短狗爲獻。'"孔晁注:"六者(彥晁:指甌鄧等),南蠻之別名。"

〔四九八〕八桂在貴禺東:見山海經海內南經,文作:"桂林八樹,在番隅
東。"八桂,即桂林,以相傳其地有八株巨大桂樹集合成林,故稱。貴禺,即番
隅。郭濮山海經注:"番隅,今番隅縣。"則地在今廣東廣州市。而清吳任臣山
海經廣注云:"任臣案:百粵風土記云:'桂林八樹,山海經在番隅東。番隅即桂
州。今粵西地最宜桂,大者十圍,終年葱蒨;秋風時起,四遠聞香;至冬枝端結
子纍纍如小蓮子,中空有漿。'魏禹卿西事珥曰:'海內南經載,桂林八樹在番
隅東。番隅即今桂州。則番隅東在何處?予讀路史,桂國引伊尹四方令,蓋桂
陽也。然則八桂乃桂陽,以桂林爲八桂者誤。'兹以二書証之地理,則番禺古屬
南海,今在粵東,而二書皆以爲桂州地,誠所不解也。又臨桂今有桂山,三峯鼎
峙,山多桂樹。丹鉛録云:'桂林之山,玉笋瑶篸,森列無際,經之所指必此。然

當云在番隅西,而云在其東者,豈亦有誤文耶?'"彦按:吴氏所引丹鉛録説似在理。所稱桂林,指桂林府(治臨桂縣),即今廣西之桂林市。

〔四九九〕桂陽:縣名,治所在今廣東連州市。

〔五○○〕見上注〔四九七〕。

〔五○一〕九江之菌江:九江,古長江在今湖北武穴市、黄梅縣一帶派分九大支流,合稱九江。菌江,即箘江,九江支流之一。史記夏本紀"九江甚中"裴駰集解:"孔安國曰:'江於此州界,分爲九道,甚得地勢之中。'鄭玄曰:'地理志九江在尋陽南,皆東合爲大江。'"又司馬貞索隱:"按尋陽記,九江者,烏江、蚌江、烏白江、嘉靡江、沙江、畎江、廩江、隄江、箘江。"

〔五○二〕蒙之東區:蒙,州名。東區,縣名,治所在今廣西蒙山縣陳塘鎮。荔浦:縣名,治所在今廣西荔浦縣青山鎮。

〔五○三〕芈:喬本、洪本、吴本、四庫本譌"芊",此從備要本。

〔五○四〕自嶺而南:嶺,指五嶺(大庾嶺、越城嶺、騎田嶺、萌渚嶺、都龐嶺的總稱),位於江西、湖南、廣東、廣西四省之間,是長江與珠江流域的分水嶺。

〔五○五〕彫題之重,隨畜轉居,非先王封建職方之限:彫題,古代南方部落名。因額(題)上刺有花紋,故稱。封建,四庫本作"建封"。職方,古指主管一個地方軍政要職之官。

〔五○六〕自交至於會稽七千里内,百越攸處:交,指交阯。攸,所。處,居。

〔五○七〕垂:春秋衛邑。在今山東曹縣北。春秋桓公元年:"三月,公會鄭伯于垂。……夏,四月丁未,公及鄭伯盟于越。"杜預注:"垂,犬丘,衛地也。越,近垂地名。"

〔五○八〕鉤町:也作句町,音 qú dīng。在今雲南通海縣。

〔五○九〕昫町:備要本"昫"譌"朐"。

〔五一○〕同竝:在今雲南彌勒市。

〔五一一〕義渠縣:治所在今甘肅慶陽市西峯區東。

〔五一二〕秦昭滅:漢書匈奴傳上:"秦昭王時,義渠戎王與宣太后亂,有二子。宣太后詐而殺義渠戎王於甘泉,遂起兵伐滅義渠。"

〔五一三〕義渠君:戰國時義渠國君。事迹見於史記張儀列傳及戰國策秦策。

〔五一四〕邠州古義渠城：邠州，治所在今陝西彬縣。義渠城，在今甘肅慶陽市西峯區附近。

〔五一五〕朝邑：縣名，治所在今陝西大荔縣朝邑鎮。

〔五一六〕貞王八年，秦厲公滅而居之洛川：貞王，即周貞定王姬介，公元前468—前441年在位。彦按：後漢書西羌傳云：“洛川有大荔之戎。”又云：“至周貞王八年，秦厲公滅大荔，取其地。”是大荔之戎滅前即居洛川，非秦厲公滅而使居洛川也。羅氏此説不確。

〔五一七〕漏臥縣：治所在今雲南羅平縣境。

〔五一八〕枹罕：罕，同“䍐”。吴本、四庫本、備要本作“䍐”。下“枹罕縣”、“罕羌侯”之“罕”同。

〔五一九〕枹罕縣：治所在今甘肅臨夏市。喬本、洪本、四庫本“枹”譌“抱”，今訂正。

〔五二〇〕金城：郡名，治所在今青海民和縣古鄯鎮北。

〔五二一〕漢書地理志下金城郡枹罕顔師古注：“應劭曰：‘故罕羌侯邑也。’”

〔五二二〕朐衍：春秋西戎國名。在今寧夏鹽池縣一帶。朐，音 xū。

〔五二三〕繇余：四庫本作“由余”，同。史記匈奴列傳：“秦穆公得由余，西戎八國服於秦，故自……岐、梁山、涇、漆之北有義渠、大荔、烏氏、朐衍之戎。”

〔五二四〕涇、漆：二水名。涇水爲渭河支流，在今陝西省中部。漆水亦渭河支流，在今陝西麟游縣西。　烏氏：春秋西戎國名。在今寧夏固原縣東南。

〔五二五〕温宿：漢西域三十六國之一。都城在今新疆烏什縣。

〔五二六〕醴泉縣有温宿領，漢世温宿國人居之：醴泉縣，治所在今陝西醴泉縣東南。領，“嶺”之古字，四庫本作“嶺”。漢書西域傳下：“温宿國，王治温宿城。”顔師古注：“今雍州醴泉縣北有山名温宿領者，本因漢時得温宿國人令居此地田牧，因以爲名。”　隨書之温秀也：隋書地理志上雍州京兆郡醴泉縣有温秀嶺。

〔五二七〕五服衣冠，侯伯合沓：五服，本指古代王畿外圍，以五百里爲一區劃，由近及遠所分出來之五區。此泛稱天下封國。衣冠，謂穿戴禮服，借指執持禮教。合沓，紛至沓來，謂紛紛來朝於王庭。

〔五二八〕泝隙而入：泝隙，乘機。泝，同“沿”，備要本作“沿”。　　赤體白窒更踞：白窒原指白翟，太平御覽卷一六四引隋圖經集記曰：“義州孟，春秋時白翟也。其俗語云‘丹州白窒’，即白翟，語訛耳。”而此與“赤體”相對，蓋活用取“白膚”義。赤體、白窒，泛指不同膚色之異族。　　泰半於中原矣：泰半，大半，過半。

〔五二九〕荆、湖、川、廣、松、茂、姚、保、橫、賓、邕、梧：川爲地名，指今四川、重慶一帶。餘皆州名。湖州治所在今浙江湖州市吴興區。松州治所在今四川松潘縣。茂州治所在今四川茂縣。姚州治所在今雲南姚安縣西北。保州治所在今四川理縣西北。橫州治所在今廣西橫縣。賓州治所在今廣西賓陽縣賓州鎮。邕州治所在今廣西南寧市。

〔五三〇〕通、渠、涪、渝、逢、壁、充、畢等，皆巴人之境：通等皆州名。通州治所在今四川達州市通川區。渠州治所在今四川渠縣。涪州治所在今重慶市涪陵區。渝州治所在今重慶市渝中區。逢州，當作蓬州，治所在今四川蓬安縣。吴本、四庫本“逢”作“逢”。壁州治所在今四川通江縣。充州治所在今四川南充市。畢，不詳。查無是州，疑爲“果”字之譌。果、畢二字上部相同，或因下部潦草、漶漫而致誤。太平寰宇記卷八六果州云：“春秋及戰國時爲巴子國。”義亦與此所稱“皆巴人之境”相符。唯果州與充州乃同地異時之稱（唐大曆六年改果州置充州，十年復爲果州），猶有可疑耳。

〔五三一〕秦、隴、晉、魏：秦，秦嶺，借指今陝西地區。隴，隴山，借指今甘肅地區。晉、魏，西周二封國名，晉在今山西西南部，魏在今山西芮城縣一帶，合以泛稱今山西地區。

〔五三二〕岐：指今陝西岐山縣一帶。以境内有岐山，故稱。　　趙：指今河北西南部、山西中部及陝西東北隅一帶地區。其地於戰國爲趙國。　　渭南有允戎、麗戎：渭南，指今陝西渭南市一帶渭河以南地區。麗戎，即驪戎。　　河南、山北：河，指黄河。山，指華山。　　伏羌：指今甘肅甘谷縣一帶。其地於唐爲伏羌縣。　　河、蘭、廓、會、鄯、鳳、文、宕：皆州名。河州治所在今甘肅臨夏市。蘭州治所即今甘肅蘭州市。廓，當“廓”字省文。廓州治所在今青海化隆回族自治縣。會州治所在今甘肅靖遠縣東北。鄯州治所在今青海西寧市。鳳州治所在今陝西鳳縣鳳州鎮。文州治所在今甘肅文縣。宕州治所在今甘肅舟曲縣西北。　　疊、拓、松、恭、静、維、當：皆州名。疊州治所在今甘肅迭部縣。拓州治所在今湖北宜昌市西北。松州見上注〔五二九〕。静州治所在今四川茂縣東。維州治所在今四川理縣薛城鎮。當州治所在今四川茂縣西北。

〔五三三〕河南陸渾、新成，故蠻子國，惠帝四年置，蠻中：河南，郡名。陸渾，縣名，治所在今河南嵩縣東北。新成，縣名，治所在今河南伊川縣西南。吴本、四庫本、備要本作“新域”。彦按：“域”爲“城”字形譌，新城即新成。惠帝，指漢惠帝。彦按：漢惠帝四年所置者，乃新成縣。蠻中，則東漢時名。羅氏敍述頗爲混亂。晉書地理志上河南郡陸渾縣云：“故蠻子國，楚莊王伐陸渾是也。”又漢書地理志上河南郡新成縣云：“惠帝四年置。蠻中，故戎蠻子國。”後漢書郡國志一河南尹：“新城（彦按：即新成）……有鄤聚，古鄤氏，今名蠻中。”

〔五三四〕左傳僖公三十三年“郤缺獲白狄子”杜預注：“白狄，狄別種也。故西河郡有白部胡。”西河郡，治所在今山西吕梁市離石區。

〔五三五〕故河西郡鄜、延、坊、銀、綏、丹之間，皆古白狄地：河西郡，舊郡名，一作西河郡，戰國魏置。轄境相當今陝西東部黄河西岸地區。鄜、延、坊、銀、綏、丹，皆州名。鄜（fū）同“廊”，備要本作“廊”。鄜州治所在今陝西富縣。延州治所在今陝西延安市寶塔區。銀州治所在今陝西横山縣黨岔鎮。綏州治所在今陝西綏德縣。丹州治所在今陝西宜川縣。　　白狄與秦同州：左傳成公十三年載晉侯使吕相絶秦，曰：“白狄及君同州。”

〔五三六〕淮有羣舒，魏有諸隗，在在充滿：淮，指淮河流域。魏，指原戰國魏國之地，約當今之河南北部及山西西南部。在在，到處，處處。

〔五三七〕河北有赤狄甲氏、留吁、鐸辰、潞子：河北，指今黄河以北地區。鐸辰，吴本“鐸”譌“鐸”；各本“辰”作“屈”。彦按：此當作“鐸辰”，“屈”爲“辰”之譌字。本書後紀四炎帝參盧羅苹注稱赤狄隗氏，“當時見傳者五：曰東山皋落氏，曰廧皋如，曰甲氏，曰潞氏，曰留吁、鐸辰”，作鐸辰，不誤，今據以訂正。參見彼處注〔四二〕。

〔五三八〕洛州亦有赤狄遺地：洛州，治所在今河南洛陽市。四庫本作“洛川”，則爲縣名，治所在今陝西洛川縣舊縣鎮。彦按：洛州疑爲洺州之誤，洺、洛字形相近。太平御覽卷一六一引十道志曰：“洺州廣平郡屬禹貢冀州之域，春秋時爲赤狄之地，後屬晉。”影宋本如此，今文淵閣四庫全書本亦譌“洛州”（廣平郡在洺州不在洛州,故知其誤)。洺州治所在今河北邯鄲市永年區廣府鎮。

〔五三九〕狄、貉、邽、冀,往往徧於渭首:見後紀四炎帝參盧注〔一九〕。

〔五四〇〕雖洛陽一王城,而楊、拒、泉、皋、陸渾、伊、洛之戎,亦且雜然分處其中:王城,吳本“王”譌“工”。參見國名紀一炎帝後姜姓國。　爲冠俗者,蓋無幾也:爲冠俗者,指舉行冠禮禮俗之華夏族人。古之時,夷狄不冠,故韓詩外傳卷八云:“越王勾踐使廉稽獻民於荆王。荆王使者曰:‘越,夷狄之國也。臣請欺其使者。’荆王曰:‘越王,賢人也,其使者亦賢,子其慎之。’使者出見廉稽,曰:‘冠則得以俗見。不冠,不得見。’廉稽曰:‘夫越亦周室之列封也,不得處於大國而處江海之陂,與魭鱣魚鼈爲伍,文身翦髮而後處焉。今來至上國,必曰冠得俗見,不冠不得見,如此,則上國使適越,亦將劗墨文身翦髮而後得以俗見,可乎?’荆王聞之,披衣出謝。”

〔五四一〕甲族將頹,子弟卑舊制而聘新尖:甲族,指世家大族。喬本、洪本、吳本“族”譌“犺”,今據四庫本、備要本改。聘,尋求。新尖,指時髦新穎的事物。

〔五四二〕衛侯㕛,代王胡服,咸失其死:衛侯,指春秋衛出公姬輒。㕛,同“言”。代王,指戰國趙武靈王趙雍。失其死,謂不得善終。失,失常,不正常。彥按:左傳哀公十二年:“秋,衛侯會吳于鄖。公及衛侯、宋皇瑗盟,而卒辭吳盟。吳人藩衛侯之舍。子服景伯謂子貢曰:‘夫諸侯之會,事既畢矣,侯伯致禮,地主歸餼,以相辭也。今吳不行禮於衛,而藩其君舍以難之,子盍見大宰?’乃請束錦以行。語及衛故,……大宰嚭說,乃舍衛侯。衛侯歸,效夷言。子之尚幼,曰:‘君必不免,其死於夷乎! 執焉而又說其言,從之固矣。’”杜預注:“出公輒後卒死於越。”又,史記趙世家載:趙簡子出,有人當道,謂簡子曰:“主君之子且必有代。及主君之後嗣,且有革政而胡服,并二國於翟。”後至武靈王十九年,“王北略中山之地,至於房子,遂之代,北至無窮,西至河,登黃華之上。召樓緩謀曰:‘……吾欲胡服。’……於是遂胡服矣。”又載:主父(即武靈王),因公子章等作亂被圍,“欲出不得,又不得食,探爵鷇而食之,三月餘而餓死沙丘宮。”皆爲羅氏之說所本。

〔五四三〕杞居雝丘,邾處魯甸,乃用夷禮:雝丘,即雍丘,春秋杞國國都,在今河南杞縣。邾,魯附庸國。甸,都城郊外的地方。春秋僖公二十七年:

“春,杞子來朝。”左傳曰:“春,杞桓公來朝。用夷禮,故曰子。”杜預注:“杞,先
代之後,而迫於東夷,風俗雜壞,言語衣服有時而夷,故杞子卒,傳言其夷也。”
又左傳僖公二十一年:“邾人滅須句,須句子來奔,因成風也。成風爲之言於公
曰:‘……蠻夷猾夏,周禍也。’”杜預注:“此邾滅須句而曰蠻夷。昭二十三年,
叔孫(豹)〔婼〕曰:‘邾又夷也。’然則,邾雖曹姓之國,迫近諸戎,雜用夷禮,故極
言之。”　淮、徐、介、莒、牟、萊之國在今京東,而亦俱有夷名:京東,指京東路。
北宋至道三年(997)置。治所在今河南商丘市睢陽區南。轄境相當今山東徒
駭河東南,山東東明縣、河南寧陵縣、柘城縣以東地區和江蘇西北角。淮夷見
於尚書費誓及春秋經傳。徐夷見於國語齊語。介爲東夷國,見於春秋僖公二
十九年杜注。莒夷見於左傳僖公二十六年、文公十八年杜注。牟,蓋指根牟。
根牟爲東夷國,見於春秋宣公九年杜注。萊夷見於尚書禹貢。

〔五四四〕卯金而下,典午之際,齊州左衽,言侏離矣:卯金謂劉姓,借指漢
朝。漢書王莽傳中:“夫‘劉’之爲字,卯、金、刀也。”省略則但稱“卯金”。故後
漢書光武帝紀上:“讖記曰:‘劉秀發兵捕不道,卯金修德爲天子。’”李賢注:
“卯金,‘劉’字也。”各本“卯”均譌“夘”,今訂正。典午爲司馬隱語,借指晉
朝。明胡應麟少室山房筆叢史書占畢四:“當塗爲魏,典午爲晉,世率知之,而
意義出處,或未明了。案……典,司也;午,馬也。”齊州,猶言中州、中國。爾雅
釋地“岠齊州以南,戴日爲丹穴”郭璞注:“岠,去也;齊,中也。”邢昺疏:“中州,
猶言中國也。”左衽,衣服的前襟鄉左掩,是我國古代少數民族服裝的一個重要
特點。侏離,形容異族語言之怪異。後漢書南蠻傳:“槃瓠死後,……其母後
歸,以狀白帝,於是使迎致諸子。衣裳班蘭,語言侏離。”李賢注:“侏離,蠻夷語
聲也。”　被髮野祭:唐會要卷三四雜録:“景雲三年,右拾遺韓朝宗諫曰:‘傳
曰:“辛有適伊川,見被髮野祭者,曰:不及百年,此其戎乎? 其禮先亡矣。”後
秦、晉遷陸渾之戎于伊川。以其中國之人,習戎狄之事。一言以貫,百代
可知。’”

〔五四五〕仙李、石晉而徠:仙李,原指春秋道家學派創始人老子。太平廣
記卷一引神仙傳曰:“老子之母適至李樹下而生老子,生而能言,指李樹曰:‘以
此爲我姓。’”李唐統治者自稱爲老子之後,因曰仙李。此則指李存勗創立之後
唐王朝。石晉,指五代時期由石敬瑭建立的晉王朝(史稱後晉)。徠,吳本、四

庫本作"徠",蓋由筆劃誤衍。

〔五四六〕此許翰所以歸過謀國者之不知學春秋,寧不劾乎:許翰,北宋拱州襄邑(今河南睢縣)人,歷官尚書右丞兼權門下侍郎、資政殿學士等職。通經術,所著書有論語解、春秋傳。劾,通"核",真實,確鑿。

〔五四七〕猶先王之類也:類,族類,種族。

〔五四八〕泰山牟縣:泰山,郡名。牟縣,治所在今山東萊蕪市東。

〔五四九〕今文登:洪本、吳本"今文"二字誤合爲一字作"仝"。文登,縣名,治所在今山東威海市文登區。彥按:本書國名紀六周世侯伯牟以泰山牟縣爲"今奉符",此以泰山牟縣爲"今文登"。今謂泰山牟縣在今山東萊蕪市境,奉符在今山東泰安市境,兩地毗鄰,當以作奉符爲是,文登則距牟縣甚遠,蓋非。下羅苹注文引輿地廣記,實主奉符之説。

〔五五〇〕奉符,春秋牟子之國:見輿地廣記卷七兗州奉符縣。其文云:"漢梁父、牟二縣,並屬泰山郡。牟,故國,春秋'牟人來朝'是也。"奉符,縣名,治所在今山東泰安市泰山區。春秋,喬本、洪本、吳本、備要本"春"字作"皆"。彥按:字蓋本作"旾",即"春"字,形近而譌爲"皆"。此從四庫本。

〔五五一〕參見後紀十一帝堯陶唐氏注〔二六八〕。

〔五五二〕今文書:即今文尚書。尚書版本之一。漢初秦博士伏勝所傳,二十八篇,因用漢隸書寫,與當時所見用六國古文書寫的尚書版本不同,故稱今文尚書。 故即郁夷:書堯典之嵎夷,史記五帝本紀作郁夷。

〔五五三〕福順富爲嵎夷公:福順富,武周時將軍。古今姓氏書辯證卷三五屋韻福亦作福順富,新唐書突厥傳上作福富順。

〔五五四〕故交阯郡也:各本均作"故交阯交郡也"。彥按:"阯"後"郡"前之"交"字當衍。本書後紀十一帝堯陶唐氏"命羲叔宅南交"羅苹注:"南交,故交阯郡。"是也。今據以訂正。

〔五五五〕今興元西縣:興元,府名。西縣,治所在今陝西勉縣新鋪鎮。漢故西縣:治所在今甘肅天水市西南。 來田:其地未聞,疑有誤,待考。

〔五五六〕而閬之晉安有西水:閬,州名。晉安,縣名,治所在今四川南部縣升鍾鎮。 上原縣京兆水西自西水縣界流入:原,"源"之古字。縣,四庫本作"由"。西水縣,治所在今四川南部縣西河鄉。"自"字各本原無。彥按:太平寰宇記卷八六閬州晉安縣云："西水，上源由京兆水西自西水縣界流入，東南入新井縣界。"當即路史所本，則二"西"字間宜有"自"字，今補。

〔五五七〕參見後紀十一帝堯陶唐氏。

〔五五八〕幽都山：在今北京市昌平區西北。

〔五五九〕春秋莊公十六年："冬，十有二月，會齊侯、宋公、陳侯、衛侯、鄭伯、許男、滑伯、滕子同盟于幽。"杜預注："幽，宋地。"楊伯峻春秋左傳詞典："或云在今河南蘭考縣境。"

〔五六〇〕商上甲微伐有易者：上甲微，殷契八世孫，商朝開國君主成湯的六世祖。竹書紀年稱殷侯微。竹書紀年卷上夏帝泄十六年："殷侯微以河伯之師伐有易，殺其君綿臣。"

〔五六一〕代：地名。指今河北蔚縣一帶。

〔五六二〕"東作"、"西成"、"南爲"、"朔易"：見書堯典。爲，通"訛"，今堯典作"訛"。參見後紀十一帝堯陶唐氏。

〔五六三〕固安：縣名，治所在今河北易縣東南。

〔五六四〕出故安閻鄉西山：故安，縣名，即固安（北魏改）。西山，吳本、四庫本作"西川"，備要本作"西易"，並誤。水經卷一一易水："易水出涿郡故安縣閻鄉西山。"當即羅氏所本。

〔五六五〕故安圖經：即固安圖經。四庫本"圖"譌"國"。太平御覽卷六四引固安圖經曰："易水又名安國河，亦名北易水。"

〔五六六〕燕趙記有三易，漳爲南易：燕趙記，佚書，作者不詳。漳，漳水，流經今河北邯鄲市之臨漳、肥鄉、曲周等縣地。

〔五六七〕闞駰：北魏地理學家，著有十三州志。　呼沱：即滹沱河。

〔五六八〕史云燕與趙易，以龍兌、汾門與燕者：龍兌，在今河北滿城縣東北。各本均譌"龍亢"，今訂正。汾門，在今河北保定市徐水區西。史記趙世家："（孝成王）十九年，趙與燕易土：以龍兌、汾門、臨樂與燕；燕以葛、武陽、平舒與趙。"

〔五六九〕而臨洺爲漢易陽：臨洺，縣名，治所在今河北邯鄲市永年區。易陽，縣名。

〔五七〇〕昔燕文公徙易，則漢之易縣也：燕文公，春秋燕國國君，公元前

554—前549年在位，其名不詳。漢之易縣，治所在今河北雄縣西北。水經注卷一一易水：“易水又東逕易縣故城南，昔燕文公徙易，即此城也。”

〔五七一〕城西五里有故易京城：易京城，東漢末割據幽州一帶的軍閥公孫瓚所建城。水經注卷一一易水：“易水又東逕易京南。漢末，公孫瓚害劉虞于薊下，時童謠云：‘燕南垂，趙北際，惟有此中可避世。’瓚以易地當之，故自薊徙臨易水，謂之易京城，在易城西四五里。”　在涿之歸義南十八里：涿，州名。歸義，縣名，治所在今河北雄縣。各本均譌“歸德”，今訂正。太平寰宇記卷七〇涿州歸義縣：“易京城，在縣南十八里。”又資治通鑑卷六一漢獻帝興平二年胡三省注亦曰：“瓚所居易京故城，在今幽州歸義縣南十八里。”

〔五七二〕公孫瓚害劉虞于薊下：劉虞，東漢末幽州刺史。薊下，今北京城西南隅一帶。　燕南垂，趙北際，惟有此中可避世：後漢書公孫瓚傳作：“燕南垂，趙北際，中央不合大如礪，唯有此中可避世。”垂，“陲”之古字，謂邊地。徙都曰易京：都，四庫本如此，餘本均作“篤”。彥按：“徙篤”費解，作“篤”蓋音譌，今從四庫本。　鐵門樓櫓千重：樓櫓，古代軍中築以瞭望、固守的無頂蓋高臺。各本均作“樓榜”。彥按：“榜”當“櫓”字之誤。太平寰宇記卷七〇涿州歸義縣云：“瓚……乃築京城以自固，曰易京。按瓚修營壘、樓觀，臨易河，通遼海，以鐵爲門。乃曰：‘兵法，百樓不攻，今吾壘樓櫓千重，積穀三百萬斛，足以待天下之變。’”後漢書公孫瓚傳則作：“今吾諸營，樓楄千里。”李賢注：“‘楄’即‘櫓’字，見説文。”今據以訂正。

〔五七三〕袁紹：東漢末割據冀州一帶的軍閥。

〔五七四〕石虎自遼徙此，惡其固，毀之：遼，今遼寧遼陽市、義縣一帶地區。太平寰宇記卷七〇涿州歸義縣則云：“後石季龍（彥按：石虎字季龍）征慕容儁回而惡其固，因毀之，即此城也。”

〔五七五〕歸義東南十五有大城，燕桓侯之別都：大城，太平寰宇記卷七〇涿州歸義縣作“大易故城”。燕桓侯，春秋燕國國君，公元前697—前691年在位，其名不詳。

〔五七六〕程：吴本此字闕文。

〔五七七〕吴回：帝嚳火正，或謂即祝融，見吕氏春秋孟夏“其帝炎帝，其神祝融”高誘注；或謂祝融弟，見山海經大荒西經“有人名吴回”郭璞注。路史取後一説,見後紀八帝顓頊高陽氏。　程邑:在今陝西咸陽市渭城區東北。

〔五七八〕安陵:縣名。

〔五七九〕古程邑:洪本"古"譌"占"。

〔五八〇〕上程聚:在今河南洛陽市東。　程伯休父:周宣王司馬。國語楚語下韋昭注:"程,國也。伯,爵也。休父,名也。"

〔五八一〕七:吴本、四庫本、備要本作"桓七年"。彦按:春秋、左傳桓公七年均無涉黄記載,此"七"字蓋表示稱"黄"之地凡七處。諸作"桓七年"者,當非羅氏原文。

〔五八二〕桓公再會黄人爾:桓公,指春秋齊桓公。春秋記與黄人盟會之事有二,一爲魯僖公二年:"秋,九月,齊侯、宋公、江人、黄人盟于貫。"一爲魯僖公三年:"秋,齊侯、宋公、江人、黄人會于陽穀。"所稱齊侯,指齊桓公。

〔五八三〕登之黄縣:登,州名。黄縣,治所在今山東龍口市東萊街道。

〔五八四〕相:州名,治所在今河南安陽市。

〔五八五〕雍丘:即離丘。見上注〔五四三〕。

〔五八六〕陳留東北有小黄園,東北漢故小黄城:陳留東北,吴本、備要本"東北"作"山北"誤。彦按:太平寰宇記卷一開封府陳留縣曰:"小黄城,漢縣名,屬陳留。故城在今縣東北三十三里。亦曰小黄園。"又輿地廣記卷五開封府陳留縣曰:"畿陳留縣,……唐屬汴州小黄縣。漢高帝於此兵敗,母時兵死,後招魂葬,號昭靈后。其處曰小黄園,漢亦曰小黄縣,故城在縣東北。"是小黄園爲漢小黄縣縣城。此乃稱小黄城位小黄園之東北,不確,疑文有錯謬。

〔五八七〕上黄:縣名,治所在今湖北南漳縣東南。各本"上"均作"土"。彦按:"土"當爲"上"字之誤。舊唐書地理志二山南東道襄州南漳曰:"漢臨沮縣,屬南郡。晉立上黄縣,後魏改爲重陽縣,隋改爲南漳。"與下羅苹注正相合。又太平寰宇記卷一四五襄州南漳縣引郭仲産南雍州記亦云:"晉平吴,割臨沮之北鄉立上黄縣。"今據以訂正。

〔五八八〕襄之南漳:襄,州名。南漳,縣名。今屬湖北省。

〔五八九〕隱元年宋敗處,有黄池:彦按:左傳隱公元年:"惠公之季年,敗宋師于黄。"杜預注:"黄,宋邑。陳留外黄縣東有黄城。"又春秋哀公十三年:"公會晉侯及吴子于黄池。"杜預注:"陳留封丘縣南,有黄亭,近濟水。"是則隱元年宋敗處之<u>黃</u>,非<u>封丘</u>之<u>黃池</u>,<u>哀</u>十三年<u>魯公</u>與<u>晉侯</u>、<u>吳子</u>會處,方爲其地。<u>羅</u>氏誤混。

〔五九〇〕涪陵:縣名,治所在今<u>重慶市涪陵區</u>。<u>喬</u>本“涪”譌“漳”,今據餘諸本訂正。

〔五九一〕岑彭破侯丹于黃:<u>岑彭</u>,<u>東漢</u>初名將,歷官廷尉、征南大將軍等職。<u>侯丹</u>,<u>東漢</u>初割據軍閥<u>公孫述</u>部將。<u>彦</u>按:“黃”當作“黃石”。<u>後漢書光武帝紀</u>下建武十一年:“八月,<u>岑彭</u>破<u>公孫述</u>將<u>侯丹</u>於<u>黃石</u>。”<u>李賢</u>注:“即<u>黃石灘</u>也。……在今<u>涪州涪陵縣</u>。”

〔五九二〕玉篇:古國:見<u>玉篇邑部鄭</u>,原文作“古國名”。<u>洪</u>本“玉”譌“王”。

〔五九三〕東堣:即<u>嵎夷</u>。以地在東,故稱。堣,通“嵎”。　西柳:即<u>柳谷</u>(亦作柳穀),爲日入之處。以地在西,故稱。

〔五九四〕己酉冬,周益公退舍歸首,以炎陵事來訪,謂三皇五帝並居中原,炎帝之墓無因南方,即疑爲偏據者:己酉,指公元1189年。<u>彦</u>按:世以<u>羅泌</u>卒於是年,疑非。<u>周益公</u>,指<u>南宋</u>丞相、<u>益國公周必大</u>。退舍歸首,謂返回家鄉。首,首丘之省稱,指故鄉。<u>周必大</u>與<u>羅泌</u>均<u>廬陵</u>(今<u>江西吉安市</u>)人。偏據,占據一隅之地,割據一方。<u>洪</u>本“據”作“攄”,同。同樣情況,以下不煩一一指出。

〔五九五〕予曰:<u>喬</u>本、<u>洪</u>本“予”譌“子”,今據餘諸本訂正。

〔五九六〕斯攸久而不渝:攸,通“悠”。四庫本作“悠”。

〔五九七〕動靜曲盡而無媿者:曲盡,周至,完全。

〔五九八〕將猒弃而不繼矣:猒,“厭”之古字。吳本、四庫本、備要本作“厭”。不繼,不從。繼,跟隨。

〔五九九〕不刊之祀:古代文書書於竹簡,有誤即削除,稱刊。不刊,謂不容更改,永久不變。

〔六〇〇〕茶鄉:吳本、四庫本、備要本“茶”作“荼”。　祝融:<u>洪</u>本“祝”譌“祀”。

〔六〇一〕參見<u>前紀三空桑氏</u>注〔一八〕。

〔六〇二〕然秦、漢來大祀雲陽甘泉:祀,吳本、四庫本譌“祝”。甘泉,吳本、備要本譌“一泉”。參見前紀三雲陽氏。

〔六〇三〕魯爲少昊之虛：左傳定公四年：“昔武王克商，成王定之，選建明德，以蕃屏周。……命以伯禽而封於少皞之虛。”　衛爲顓頊之虛：顓頊，洪本“頊”作“王”。左傳昭公十七年：“衛，顓頊之虛也。”

〔六〇四〕開元揆天下景，林邑、驩、愛所至悉繆，而獨交州之晷分寸不訛：揆，測量。景，“影”之古字，日影。揆景之目的在定方位。林邑，縣名，治所在今越南義静省榮市南。驩，州名，治所在今越南義静省榮市。愛，州名，治所在今越南清化省清化市。繆，四庫本作“謬”。晷，日影。

〔六〇五〕予：洪本譌“子”。

〔六〇六〕而孔子國猶以爲夏與春交：孔子國，即孔安國。孔子家語後序曰：“孔安國，字子國，孔子十二世孫也。”書堯典：“申命羲叔，宅南交。”舊題孔安國傳：“南交，言夏與春交。舉一隅以見之。”

〔六〇七〕隨室攷嘗，夭枉相繼而後姓：彥按：自此而下至“悲夫”整段文字，與上文完全脫節，頗疑由他處錯簡至此者。又，“室”疑“草”字之誤。“而後姓”疑當作“而後盡其性”。此蓋以伏羲、神農之嚐百草爲喻。本書後紀一太昊伏戲氏云：“於是嘗草治砭，以制民疾，而人滋信。”羅苹注曰：“世謂神農嘗百草。而孔叢子、世紀皆以爲伏羲。蓋不有其始，曷善其終？伯禹治水，猶資鯀九載之功；黄帝制宫，亦藉古茅簷之制。羲炎二聖既盡其性，而後世猶有攷嘗之患，——咀蟲蛆，齧草木，而宫嬪多致死者，——况不爲之度邪？世紀云：‘太昊制九針以拯夭枉。’”可以參較。

〔六〇八〕神農本經，句字不可變，三十餘曆，昏旦悉異：神農本經，亦稱神農本草經，現存最早中藥學著作，舊傳神農氏撰，實後世託名耳。“三十餘曆，昏旦悉異”，其事不詳，待考。

〔六〇九〕放勳之典：指書堯典。　中星不可違：書堯典“曆象日月星辰”孔氏傳：“星，四方中星。”參見後紀五黄帝有熊氏注〔二六〇〕。

〔六一〇〕既登高山：四庫本無此四字，當爲脱文。

高辛氏後

高辛　　高陽封之。今南京穀熟高辛鎮也[一]。梁載言云，襄邑

有高辛城[二]。襄邑今隸東京，而高辛故城在穀熟西南
四十五[三]。地理志，在梁國穀熟西南[四]。

釐　黧、嫠、台、邰[五]　　稷封。作“黧”、“嫠”、“斄”、“厗”，亦作“台”、
“駘”、“邰”。今永興武功西南二十二有故斄城，有后
稷、姜嫄祠[六]。祠在武功西南二[七]。隨爲稷州[八]，恭帝[九]。
武德三，分武功、好畤四縣置稷州，蓋唐再置[一〇]。本曰周[一一]，漢志，
斄屬右扶風[一二]。本曰周，故後曰周。與姜台異。見炎後國[一三]。許
云：邰，姜姓，炎帝後[一四]。后稷廟記云：武功本名邰，後改曰斄城[一五]。
失之。

豳　邠　　邠也。諸記，開元十三年，以豳似“幽”，改邠[一六]。按：魏太和十四已爲
邠，二十年乃爲豳，豳先一年爲班州[一七]。本谷名。班云，扶風栒
邑豳鄉[一八]。公劉邑。詩云：“于豳斯館。”[一九]邠之三水西南三
十有故豳城[二〇]。徐廣云，新平漆縣東北有豳亭[二一]。九域志：大王
都[二二]。今豳亭、栒故城皆在三水東北，龐川水西[二三]。
有姜嫄、公劉廟。按：渭水南一里故郇城，武德元爲郇州，三年廢，故
城今在鄜[二四]。

尉季[二五]　不窋居[二六]。今慶之安化有尉季城，在州東三里[二七]。
作“尉李”誤[二八]。

不窋　　今安化有不窋城、不窋墓。州東三里，故順化也[二九]。周地圖
之郁郅城，在白馬嶺兩川交水口[三〇]。水經：尉季一曰不窋，
疑郁郅之訛[三一]。周語：不窋竄戎、狄間。韋昭以爲居豳[三二]。故詩正義
謂徙來于豳、邰[三三]。

亶父　　古公亶父[三四]。或云亶地。呂氏云，宓子治亶父[三五]。
然宓子治乃單父也[三六]。

魏　　景王之十二年[三七]，昭九。使詹伯辭于晉曰：“我自夏王
之代，以后稷之功故，受魏、駘、芮、岐、畢爲吾西土。武
王克商，蒲姑、商奄爲吾東土；巴、濮、楚、鄧爲吾南土；肅

慎、燕、亳爲吾北土。"〔三八〕則周之先嘗受魏矣。平陸,乃故河東之河北縣,春秋屬晉〔三九〕。今陝之平陸有魏城〔四○〕。

岐　古有岐伯。至古公,避狄遷岐之陽〔四一〕。今鳳翔岐山縣西北有岐城故址〔四二〕。後魏爲岐州。以山之岐而名。即箭筶嶺〔四三〕。文王初爲岐侯。琴操。在邠西北不百里。而豳又在邠西北四百〔四四〕。南有周原。而乾之永壽亦爲豳地〔四五〕。故傳謂自稷至武,五遷不出所封,以此〔四六〕。一作"邠"、"犫"。地志,文王徙邠。非。縣道記:隴州吳山縣東四十五即岐山縣,西南界有一故城,彼人謂之文王城〔四七〕。寰宇記:攷文王都酆,不合於此有城,疑是漢杜陽縣〔四八〕。又岐山縣東十九有杜陽谷,内亦有杜陽故城〔四九〕。二縣俱屬扶風,據十三州志郡縣道里數,即隴州杜陽故城近之;据漢志注"杜水南入渭",即普潤界文王城近之〔五○〕。

周　黃帝臣有周昌,商有周任,千姓編云,商太史。周國久矣。預謂扶風雝東北有周城〔五一〕,雝,唐爲天興〔五二〕。蓋即周原,岐之小地名,泰王遷之,在美陽南〔五三〕。故説文謂文王封岐,在美陽中水鄉;而漢志謂美陽西北中水鄉,周泰王邑〔五四〕。或謂太王徙岐下之周原,號國曰周〔五五〕。非。

程　王季之居。周書,王季宅程〔五六〕。世紀云:王季徙于程。在今咸陽,故安陵。亦在岐,南與畢陌接,所謂畢程〔五七〕。吕十八:"武王嘗窮于畢程。"〔五八〕長安志:孟子言,文王卒于畢郢〔五九〕。今作"郢"〔六○〕。

豐〔六一〕　文王作豐,武王作鎬。豐,豐宮;鎬,鎬宮。豐在豐水之西,鎬在豐水之東,皆宗周地,本小男國〔六二〕。武王伐紂,乃收虞師、芮師、豐師、鎬師者〔六三〕。亦作"酆"〔六四〕。寰宇記,文王酆宮在鄠〔六五〕。盟會圖云,豐、鎬相去二十五里。

鎬鄗　在長安之靈臺鄉〔六六〕。鎬京，宗周。元和志，鎬京在長安，有武王宫。漢穿昆明，鎬之遺址淪焉〔六七〕。今永興昆明北之鎬陂〔六八〕。即京周。昭元〔六九〕。或作"鄗"，非是。世本、荀子皆作"鄗"；六韜"酆師、鄗師"；史鄗池君，亦見春秋後傳〔七〇〕。然本只"高"字〔七一〕。光武起鄗邑者，若常山鄗邑，在河北，自音郝〔七二〕。一作"隔"，集亦音鎬，非。

王城洛二，東、西周　武王遷鼎郟鄏，成王定之，作東都洛，曰王城，今河南縣皇城也〔七三〕。澗水東，瀍水西〔七四〕。亦曰郟〔七五〕。今縣西有郟鄏陌，有郟山。至平王，遂居之，曰東周，而以豐鎬爲西周〔七六〕。子朝復居之〔七七〕。二周分理，此爲東周〔七八〕。赧王遷之，而此爲西周矣〔七九〕。公羊云：咸陽，東周；王城，西周〔八〇〕。與秦之王城異。杜云：臨晉東有古王城，今名武鄉城〔八一〕。秦城之王城，乃昭十五陰飴生會秦伯處，即大荔城，在今同州〔八二〕。

東周三　西桓公孫惠公封少子于鞏，號東周〔八三〕。

西周三　經，姬姓叔均國〔八四〕。蓋别一國。

宗周三　周公既營洛，又卜瀍水東作下都，遷商頑焉，曰成周〔八五〕。今河南洛陽故城是。洛陽，熙寧省入河南〔八六〕。城中有翟泉。翟泉詳樵〔八七〕，周地水。及子朝入王城，敬王居成周曰東周，周衰爲二，而此爲西周〔八八〕。桓公居，考王封〔八九〕。自武以鎬爲西，豐爲宗周〔九〇〕。後更鎬爲宗周。正月注〔九一〕。雨無正曰周宗〔九二〕。忞云：宗周，京兆〔九三〕。宗周、成周、王城、東西周不一，學者宜詳。

罣狐聚〔九四〕秦以處東周君〔九五〕。

陽人聚　秦以處西周君〔九六〕。今汝州之西〔九七〕。

承休　光武封姬常〔九八〕。今汝東有承休故城〔九九〕。

商蕃　契封,在華陰之鄭〔一〇〇〕。鄭縣有㶏都城及故潘邑,故世
　　　本謂契居蕃〔一〇一〕。闞駰云:蕃,鄭西。今之巒城是矣。
　　　地有商山。魯連子云,在太華之陽〔一〇二〕。世紀謂在商
　　　洛;故世謂上洛,漢商縣〔一〇三〕。非也。括地象云,商州。闞
　　　云,商州上洛。九域志、輿地記云,契始封。通典云:商之商洛,古商邑,乃
　　　商君封〔一〇四〕。檢地志:蓋南陽界,古商于,漢之商縣〔一〇五〕。

砥石　昭明居〔一〇六〕。

鄴　上甲微居,即桐也〔一〇七〕。世紀云,鄴西南有上司馬太甲
　　　之居〔一〇八〕。今湯陰有司馬泊、司馬村〔一〇九〕,或云太甲,
　　　蓋以鄴西桐有離宮、商之墓地,而繆以上甲爲太甲爾。

參大夏　實沈封太夏,是爲參〔一一〇〕。今太原陽曲,舊晉陽
　　　城也〔一一一〕。

商隱元〔一一二〕商丘。閼伯封,相土因之,宋是〔一一三〕。今南京理宋城,
　　　漢之睢陽〔一一四〕。或以爲漳水之南商虚,失之〔一一五〕。

相　虹之西北有故相城〔一一六〕。寰宇記云,即相土居〔一一七〕。

龍　晏龍國〔一一八〕。夔龍,皆以名爲國〔一一九〕。王符云,優姓〔一二〇〕。
　　　魯之北鄙。成二年,“齊伐我北鄙,圍龍”,世家作“隆”〔一二一〕。預云,
　　　太山博縣西南〔一二二〕。後爲博城,今奉符。有龍山,漢
　　　陳署爲龍侯者〔一二三〕,唐乾封〔一二四〕。非長垣之龍。蕭縣東三
　　　十有龍城,水經獲水所經,開皇曰龍城〔一二五〕。今長垣有龍城。

續　續牙國〔一二六〕。晉邑也,狐鞫居采〔一二七〕。

巫人　今之巫山,歸之巴東,故漢巫縣〔一二八〕。利州,其北境。

戴民〔一二九〕經有巫人戴民〔一三〇〕。戴民盼姓,帝俊後〔一三一〕。廣韻
　　　有戴國〔一三二〕。集音替〔一三三〕。

司幽　一曰思幽,見經〔一三四〕。列子曰:思幽之國,思士不妻而
　　　感,思女不夫而孕〔一三五〕。

蜀　支子封蜀,侯國〔一三六〕。自益昌西南至蜀,皆其地〔一三七〕。

張儀滅之。蜀王八戰不勝而滅。赧王元年,秦惠文封公子通爲蜀王〔一三八〕。

苴　　蜀王封其弟葭萌于漢中,爲苴侯。後命其邑曰葭萌,今利州縣,一曰吐費城〔一三九〕。

搖氏　　經云,帝嚳子國〔一四〇〕。即搖民。

東胡　　猷越國,後曰鮮卑,盧綰所居〔一四一〕。鮮卑山在柳城東南二百里〔一四二〕。伊尹四方令,東胡,正北〔一四三〕。

吐渾

慕容

柔僕　　一曰羸土之國〔一四四〕。

赤烏　　穆傳,赤烏之國在舂山西三百〔一四五〕。與周同祖。

中路　　玄元國〔一四六〕。

　　帝嚳之子孫何其盛歟〔一四七〕! 傳曰:昔帝嚳卜四妃之子,皆有天下〔一四八〕。常儀之子爲帝摯,慶都之子爲帝堯〔一四九〕。契之後爲商,而稷之後爲周。商、周之後,盛莫京矣〔一五〇〕。

　　予嘗求之帝嚳之治天下,其迹之聞于代者,初無赫赫之功〔一五一〕。是何邪? 得非有功者不如無過之難,而作陰德者弗若絕陽刑之惠大乎〔一五二〕? 體嚳之政,亦惟仁柔無苛而已,而其裔之昌如此也,不亦姣乎〔一五三〕!

　　其若商、周之後國,別著于篇。

虞　　仲雝後〔一五四〕。陝之平陸吳山有故虞城、虞井。虞城在平陸東北六十。本帝舜之後國,所謂西虞。

互吳〔一五五〕伯爵。外傳云:"命圭有命,固曰吳伯〔一五六〕。"吳,大也;即泰伯居句吳也〔一五七〕。句吳故城在無錫梅里平虛〔一五八〕。城在無錫東三十,梅里在蓋閭城北五十〔一五九〕。寰宇:太伯城西去縣四十,平地數丈,輿地志"吳築城梅里平虛",即此〔一六〇〕。城内有泰伯宅及泰伯之墓。墓在無錫縣東三十九里。冢墓記在會稽吳縣北梅里[一六一]。輿地記：宅東五里，乃太伯葬梅山也[一六二]。姑蘇、吳興、丹陽爲三吳[一六三]。句吳即今蘇治吳縣，哀公十三，越滅之[一六四]。

棠谿[一六五] 夫槩奔楚，封之[一六六]。世家、吳春秋云：昭王封之，爲棠谿氏[一六七]。定五[一六八]。姓。寰宇云唐陵，書又爲唐谿氏，繆[一六九]。在汝南吳房[一七〇]。房爲丹朱封，夫槩封吳，因曰吳房[一七一]。今蔡之遂平有棠谿亭、吳房城[一七二]。潛夫論云，在汝南西平[一七三]。通典在郾城[一七四]。彪云，亭在吳房[一七五]。吳房，元和十爲遂平[一七六]。盟會圖作“堂谿”。云在豫之郾城[一七七]。今西平有棠溪村，郾城西界[一七八]。

延陵西[一七九] 延陵五：一在代，一在綏[一八〇]，後魏延陵縣，今綏之延福[一八一]。一在丹徒[一八二]，隨延陵縣[一八三]。皆非季子之居；一作金陵，然亦非古[一八四]；今潤州延陵縣，太康二分曲阿延陵鎮置[一八五]。古延陵在今常之晉陵[一八六]，故漢毗陵[一八七]。退耕在是，地志：會稽毗陵，季札居[一八八]。公羊云，札退居延陵終身[一八九]。蓋因封此。今江陰芙蓉湖西馬鞍山，札所耕處[一九〇]。有札墓，孔父所至[一九一]。今墓在縣北七十申浦之西，江陰西三十五[一九二]。

州來二 古國。楚滅之。吳取之，封季子。成七，吳入州來；昭十三，滅之；又二十三年，伐、封之[一九三]。釋例地闕[一九四]。地志在沛，今壽治下蔡[一九五]。夫差遷昭侯于此[一九六]。自延陵徙，故曰延州來[一九七]。今延陵東北九有季子廟。太康地志云：“吳封季札州來，而居延陵，故曰延州。”[一九八]野王云：吳自有延州來地，先已封季子，非楚州來邑。未詳。

朱方襄廿八[一九九] 潤之丹徒東二十，地曰朱方，吳邑也。故慶封入吳，與之朱方；昭四年，楚圍朱方者[二〇〇]。

郁閬 郁久閭也。或曰：郁，國；久閭，其名。一作“鄭”。今單之魚臺，故方與縣，東南有郁郎城[二〇一]。或云禺夷，一曰郁夷〔二〇二〕。有郁氏。國語,魯相郁貢〔二〇三〕。

鳩茲　預云:蕪湖縣東,今皋夷也〔二〇四〕。今太平蕪湖縣東四十員鄉〔二〇五〕。吳地記云,有鳩茲城。按:輿地志以爲皋茲。今蕪湖之德政鄉有句茲社、句茲港,爲古鳩茲〔二〇六〕。樂史以爲松滋,失之〔二〇七〕。寰宇記壽之霍丘東十五有松滋故城,蓋本古今地記"松滋古鳩茲,漢屬江陵,魏屬廬江,一名祝滋"誤之〔二〇八〕。松滋,楚地。楚伐吳,及鳩茲,無因在江陵〔二〇九〕。乃咸康三年,以松滋流户在荆土立松滋縣,隷河東,乃荆之松滋〔二一〇〕。

䢵　一作"鄖"。吳地發陽也〔二一一〕,杜云:"䢵,發陽也。"〔二一二〕桓王十二,䢵將與隨,楚敗之〔二一三〕。今海陵〔二一四〕。今泰州治〔二一五〕。縣東南有發繇口〔二一六〕。

西吳　一曰虞。離支子封〔二一七〕。今陝之平陸東北六十里故虞城也,漢大陽地〔二一八〕。本帝舜後封,即西虞。有吳山、虞井。

樊三,鄶、鄭仲山甫采〔二一九〕,宣王封之。鄶也。今京兆杜陵有鄶鄉、樊川,昔惠王使虢公伐樊執仲皮者〔二二〇〕。記,漢祖賜樊噲邑,因號樊川〔二二一〕。妄。王符以爲封南陽〔二二二〕。在南離州記、荊州圖副、摯虞等,皆以爲襄之鄧城〔二二三〕。然兗之瑕丘亦云樊仲皮國。寰宇記:瑕丘西南樊故城,漢縣,郡國志云樊仲皮國〔二二四〕。吉甫之墓,則在南皮〔二二五〕。西三十。高三丈。上二木,自有墓來不老,曰長年樹〔二二六〕。亦作"鄹"。

安陽　周章次子〔二二七〕。風土記:武王封周章小子斌於無錫安陽鄉〔二二八〕。今常之無錫有安陽山〔二二九〕。莽,有錫〔二三〇〕。

閻有閻　仲弈國〔二三一〕。閻、虢三公,晉之閻縣;成王封康叔以有閻之土者〔二三二〕。定四。爲衛之朝宿邑〔二三三〕。地近洛,與甘縣接境〔二三四〕。昭九年,"周甘人與晉閻嘉争閻田",預闕之〔二三五〕。樂史在河陽有閻坎;一爲閻田,解縣也〔二三六〕。

非鬼閻。宋地。杜云，潁川長平西北有鬼閻亭[二三七]。潁川，今許[二三八]。長平，未詳。

邗哀九[二三九]廣陵東南有邗江，即邗溝。

太鹵　　大原[二四○]。穀梁云：中國曰太原，狄曰大鹵[二四一]。地與狄境，今陽曲。

發繇　　海陵東南有發繇口，哀十二年之發揚也[二四二]。

右泰伯、仲雝後。

子曰：“泰伯其可謂至德也已矣！三以天下讓，民無得而稱焉[二四三]。”禮讓，爲國之本也。昔者，虞帝一讓而九官皆讓，范宣子一讓而其臣皆讓，下之視傚，茢草偃風，況始國之君哉[二四四]！詩云：“受爵不讓，至于己斯亡[二四五]。”少康以克艱興，而句踐亦以克艱興[二四六]。泰伯以天下讓，而季札亦以吳國讓[二四七]。惟其有之，下必有甚焉者[二四八]。故能禮讓，則知禮而敬上矣。知禮敬上，於爲國乎何有？

古公之時，周家之業蓋已形矣，其所以當得之者，泰伯也，乃不受而三辭之。其不受也，非爲名也，非爲其弟也，以天下故。以天下故，豈其心之有是哉[二四九]？心無是，是故天下莫之知；天下莫之知，何從而稱之哉[二五○]？范曄亦言泰伯、伯夷未始有讓[二五一]。若許由者，能逃天下而不能逃名，迹不泯也[二五二]。鄉使泰伯遷延退辟不能堅決，則民得而稱之矣，豈至德邪[二五三]？泰伯無子弟，至德不爲雝[二五四]。

文王者，天之所命也，伯惟知此，是故致國不屑[二五五]。夫以君之元子而棄宗國以逃，形身本中夏而冒先王之大禁以從狄，安行獨復，又曷嘗以讓爲美而爲之哉[二五六]？以爲也[二五七]。符子曰：泰伯將讓其國于季歷，謂其傅曰：“泰王欲以一國之事屬我，我其羞之。吾聞至人不君一世，而萬世以之君；不貴一代，而萬代之貴。吾焉能貴乎一國而賤乎萬代哉？”乃去其國。夫泰伯以國讓而云以天下讓者，非用天下讓，爲天下而讓也。方古公時，邑于梁山之下,何嘗有天下[二五八]?"禹、稷躬稼,而有天下","文王一怒而安天下",稷、文王何嘗有天下[二五九]?爲天下讓,故民無得而稱;若以天下畀,何無得而稱哉[二六○]? 三讓之說,亦推見至隱,而知周之所以得天下之本云爾。太史公云:伯知古公欲立季歷,亡之蠻荊,斷髮文身[二六一]。何嘗見其三讓,如所謂"南鄉讓天下者三"哉[二六二]? 方泰王時以與王季,王季以與文王,文王以與武王,皆泰伯啓之也[二六三]。論衡云:泰伯見王季有聖子,知泰王意欲立之,乃入吳采藥,斷髮文身以隨俗[二六四]。泰王薨,泰伯還,王季避位,泰伯再遜[二六五]。王季不聽,三遜,曰:"吾之吳越,吳越之俗,斷髮文身。吾,刑餘之人,不可爲宗廟主。"王季乃權受之。古今樂錄云:泰伯與虞仲俱去,被髮文身變形,託爲王采藥。及聞古公卒,乃還發喪,哭于門外,示夷狄之人不得入王庭[二六六]。于是季歷謂泰伯長當立,伯曰:"吾生不供養,死不含飯,哭不臨喪,猶不孝之子也,何得繼? 又斷髮文身,則刑餘之人也,戎狄之民也。三者不除,何得爲君[二六七]?"委而去之[二六八]。故孫盛三讓論曰:鄭玄以託采藥而行、不與發喪、斷髮文身爲三者之美,隱蔽不著;而王肅則以謂其讓隱,故民無得而稱[二六九]。玄既失之,肅亦未爲得也。如玄所云,天下共見,何云隱而未著? 且逃去與不發喪,本止一事;而斷髮文身,文與左氏明文不合[二七○]。子言"三以天下讓",如季札、子臧之倫者[二七一]。

　　按王充書:古公三子,其季曰歷[二七二]。季歷生昌,在褓瑞見,古公曰[二七三]:"吾世當有興者,其不在昌乎!"泰伯知之,乃去之吳。夫泰伯蓋知天命之在昌,不去則惑,惑且亂,是故翩然有不俟駕[二七四]。此其去之爲天下者,明也。真父云:自竄荊吳,以讓季歷也[二七五]。讓季歷者,以有昌也。所貴昌者,以有發也[二七六]。伯見季歷仁人者,文、武又聖,知天意方啓周室,故默焉而退[二七七]。讓仁人者一,讓聖人者二,故云"三以天下讓"[二七八]。夫以爲伯知文、武之聖當得之而後遜,則武之牧野無是心也,而況於泰伯乎[二七九]!

　　時平則先嫡,國難則先功,此憲之所以爲讓太子也[二八○]。若齊景公篡其君兄之位,雖有千駟,死之日曾何足爲稱哉[二八一]? 秦王世民功既高矣,而建成、元吉猶不之寤,卒以自斃,則知爲己而已,夫又安能以天下哉[二八二]? 泰伯可謂至德也已矣!

【校注】

　　[一]穀熟高辛鎮:穀熟,縣名,治所在今河南虞城縣穀熟鎮。高辛鎮,即

今商丘市睢陽區高辛鎮。

〔二〕梁載咅:唐懷州刺史,撰有十道志十六卷。咅,同"言"。喬本、洪本、備要本譌"音",今據吳本、四庫本改。

〔三〕東京:在今河南開封市。

〔四〕梁國:漢侯國名,治所在今河南商丘市。

〔五〕漦:吳本作"釐",與下注文之"釐"重複,非。四庫本作"𣸣",一字異體。　釐:吳本作"𧩙"。　釐:四庫本作"漦",與詞目之"漦"重複,非。

〔六〕今永興武功西南二十二有故漦城:永興,指永興軍路。武功,縣名,治所在今陝西武功縣武功鎮。漦,吳本作"𣸣"。

〔七〕祠在武功西南二:洪本"功"字闕文。吳本、四庫本上注文脱。

〔八〕隨:通"隋"。四庫本作"隋"。

〔九〕恭帝:隋恭帝楊侑,公元617—618年在位。

〔一〇〕好畤:縣名,治所在今陝西乾縣漠西社區。

〔一一〕本曰周:洪本"曰"字闕文。

〔一二〕右扶風:喬本、備要本"右"作"古",吳本"扶"作"抉",並誤。今據洪本、四庫本訂正。

〔一三〕炎後國:指本書國名紀一炎帝後姜姓國。

〔一四〕許云:邰,姜姓,炎帝後:許,指許慎。後,各本均作"稷"。彦按:"稷"當作"後",形近且涉下"后稷"字而誤。今訂正。説文邑部:"邰,炎帝之後,姜姓所封。"

〔一五〕武功本名邰,後改曰漦城:名,吳本譌"多"。漦,備要本如此,喬本、洪本、四庫本作"𣸣",蓋即"漦"譌字。今從備要本。

〔一六〕開元十三年,以豳似"幽",改邠:幽,喬本、洪本譌"豳",吳本作"凼",此從四庫本及備要本。元和郡縣圖志卷三邠州云:"開元十三年,以'豳'與'幽'字相涉,詔曰:'魚、魯變文,荆、并誤聽。欲求辨惑,必也正名,改爲"邠"字。'"

〔一七〕魏太和十四已爲邠,二十年乃爲豳,豳先一年爲班州:太和,洪本、吳本作"人和",誤;四庫本作"大和","大"宜讀"太"。豳先一年爲班州,彦按:當作"邠先三年爲班州"。魏書地形志下豳州云:"皇興二年爲華州,延興二年爲三縣鎮,太和十一年改爲班州,十四年爲邠州,二十年改焉。”

〔一八〕班云,扶風栒邑豳鄉:扶風,洪本“扶”譌“扶”。栒邑,縣名,治所在今陝西旬邑縣職田鎮。漢書地理志上右扶風栒邑注:“有豳鄉,詩豳國,公劉所都。”

〔一九〕于豳斯館:見詩大雅公劉。“篤公劉,于豳斯館。”毛亨傳:“館,舍也。”喬本、洪本、吳本、四庫本“館”並譌“語”,今據備要本訂正。

〔二〇〕邠之三水:邠,州名。三水,縣名,治所在今陝西旬邑縣北。

〔二一〕徐廣云,新平漆縣東北有豳亭:見史記周本紀“公劉卒,子慶節立,國於豳”裴駰集解。新平,郡名。洪本“平”字闕文,餘本則脱字,今訂補。漆縣,治所在今陝西彬縣。四庫本“豳亭”上有“故”字,乃衍文。

〔二二〕大王:即太王,周文王祖古公亶父。吳本、四庫本作“太王”。

〔二三〕隴川水:彥按:據中華書局2007年版王文楚點校本太平寰宇記卷三四邠州三水縣:“古豳城,地在縣西南三十里,有古豳城,在隴川水西,蓋古公劉之邑,即此城也。”則當作隴川水。然文淵閣四庫全書本太平寰宇記亦作龐川水,遽難定論,姑存疑待考。

〔二四〕武德元爲鄜州,三年廢,故城今在郿:元,各本均譌“三”,今訂正。元和郡縣圖志卷二鳳翔府郿縣云:“本秦縣,右輔都尉理所,在今縣東一十五里有故城。今縣,周天和元年築,置雲州,建德三年廢。武德元年,又於故城置鄜州;三年,廢州,郿縣屬稷州。”舊唐書地理志一關内道鳳翔府云:“郿,隋縣。義寧二年,於縣界置郿城郡,領郿、鳳泉二縣。武德元年,罷郡,置鄜州,領郿縣。三年,廢鄜州,改屬稷州。”太平寰宇記卷三〇鳳翔府郿縣亦云:“斜城,在渭水南一里。周武帝天和元年築,置雲州于此,建德三年廢。唐武德元年又于此置鄜州,三年又廢。故此城存。”皆以鄜州之置在武德元年,是也。郿,縣名,治所在今陝西眉縣。

〔二五〕尉季:尉音yù。

〔二六〕不窋:見後紀九帝嚳高辛氏。

〔二七〕慶之安化:慶,州名。安化,縣名,治所在今甘肅慶城縣。

〔二八〕作“尉李”誤:尉李,各本均作“尉季”。誤,洪本譌“誤”。彥按:“尉季”當作“尉李”,今訂正。太平寰宇記卷三三慶州曰:“今郡城亦名尉李城。”又同卷慶州安化縣另有三處，亦皆稱尉李城。羅氏蓋針對此言。而太平御覽卷一六四引周地圖記曰：“郁郅城，今名尉季城，在白馬嶺兩川交口。水經曰，尉季亦曰不窋。疑郁郅之訛也。”“尉季”與郁郅音近，作“尉李”則相遠，故羅氏以爲誤。

〔二九〕順化：縣名。據史爲樂中國歷史地名大辭典“安化”條，唐至德元年（756）改安化縣爲順化縣，宋乾德二年（964）復名安化縣。

〔三〇〕周地圖之郁郅城，在白馬嶺兩川交水口：周地圖，即周地圖記，佚書，作者不詳。郁郅城，在今甘肅慶城縣慶城鎮。白馬嶺，各本均作“白馬馬嶺”。彥按：此當衍一“馬”字。太平御覽卷一六四、太平寰宇記卷三三慶州安化縣引周地圖記，並作白馬嶺，今據以刪一“馬”字。

〔三一〕尉季一曰不窋，疑郁郅之訛：太平御覽卷一六四引水經，作：“尉季亦曰不窋，疑郁郅之訛也。”今本水經注無此文。

〔三二〕韋昭以爲居豳：今本韋昭國語注，“豳”作“邠”，同。

〔三三〕故詩正義謂徃來于豳、邠：徃，各本均作“生”。彥按：“生”當作“徃”。徃，同“往”。蓋偶脱左旁“彳”耳。詩大雅緜孔穎達正義：“外傳、史記皆言不窋奔於戎狄，蓋不窋之時已嘗失官逃竄豳地，猶尚往來邠國，未即定居於豳。”

〔三四〕古公亶父：周文王祖父。

〔三五〕宓子治亶父：見吕氏春秋具備，“宓子”作“宓子賤”。高誘注：“子賤，孔子弟子宓不齊。”陳奇猷校釋引蔣維喬等曰：“御覽三百六十九引‘亶’作‘單’。按察賢篇作‘單父’，説苑政理、孔子家語亦作‘單父’，淮南泰族篇又作‘亶父’。蓋單、亶古音相通。漢書地理志山陽郡有亶父。書盤庚‘誕告用亶’，釋文：‘馬本亶作單’，此其證也。”又曰：“奇猷案：韓非子外儲説左上、史記弟子傳亦作‘單父’，蓋音同通假也。”

〔三六〕單父：春秋魯邑。在今山東單縣南。

〔三七〕景王：周景王。

〔三八〕使詹伯辭于晉曰：此下見左傳昭公九年，文字不盡相同。詹伯，詹桓伯。辭，責讓，責備。　我自夏王之代，以后稷之功故，受魏、駘、芮、岐、畢爲吾西土：代，喬本、洪本譌“伐”，今據餘諸本訂正。駘，即黎，詳上文。芮，喬本、洪本、吴本訛“芮”，此從四庫本及備要本。参見後紀九帝嚳高辛氏注〔一九九〕。　武王克商，蒲姑、商奄爲吾東土：蒲姑，在今山東博興縣東南。商奄，在今山東曲阜市東。　巴、濮、楚、鄧爲吾南土：楊伯峻春秋左傳注：“巴，疑即巴人之巴，或云今四川重慶市（彦按：即今重慶直轄市）。濮，即文十六年傳之百濮，今湖北石首縣（彦按：今稱石首市）一帶。楚，即楚都，今湖北江陵縣。鄧，今河南鄧縣（彦按：即今之鄧州市）。”　肅慎、燕、亳爲吾北土：肅慎，見後紀十二帝舜有虞氏注〔八〇五〕。喬本、洪本、吴本“慎”訛“真”，此從四庫本及備要本。燕，在今北京市一帶。亳，在今河北望都縣西北。

〔三九〕平陸，乃故河東之河北縣：平陸，縣名。今屬山西省。河東，郡名。

〔四〇〕陝：指陝州。

〔四一〕古公：即古公亶父。

〔四二〕鳳翔岐山縣：鳳翔，府名。岐山縣，治所在今陝西岐山縣。

〔四三〕箭筈嶺：筈（kǔ），竹名，即苦竹。

〔四四〕邲：同“岐”。

〔四五〕乾之永壽：乾，州名。永壽，縣名，治所在今陝西永壽縣永平鎮。

〔四六〕自稷至武：稷，后稷。武，周武王。

〔四七〕隴州吴山縣：隴州，治所在今陝西隴縣。吴山縣，治所在今陝西寶雞市陳倉區縣功鎮。

〔四八〕攷文王都酆，不合於此有城，疑是漢杜陽縣：自此而下至“即普潤界文王城近之”，見太平寰宇記卷三〇鳳翔府普潤縣，文字略有出入。酆，在今陝西户縣東。洪本、吴本作“鄷”，同。

〔四九〕杜陽谷：各本“谷”字皆訛作“爲”。今據寰宇記訂正。

〔五〇〕据漢志注“杜水南入渭”，即普潤界文王城近之：洪本“据”作“挶”，同。杜水南入渭，見漢書地理志上右扶風“杜陽”注。杜水，又稱杜陽川，即今陝西渭河支流漆水河。普潤，縣名，治所在今陝西麟游縣西北。

〔五一〕預謂扶風雝東北有周城：見左傳隱公六年“我周之東遷”杜預注，原文爲：“周，采地。扶風雍縣東北有周城。”扶風，郡名。雝，通“雍”，縣名，治所在今陝西鳳翔縣西南。周城，喬本、備要本作“周州”，誤。今據洪本、吴本、四庫本改。

〔五二〕天興:縣名。

〔五三〕美陽:縣名,治所在今陝西扶風縣法門鎮。

〔五四〕故説文謂文王封岐,在美陽中水鄉:見説文邑部郊篆説解。　而漢志謂美陽西北中水鄉,周泰王邑:漢書地理志上右扶風美陽(縣)云:“禹貢岐山在西北。中水鄉,周大王所邑。”

〔五五〕或謂太王徙岐下之周原,號國曰周:太王,各本均作“太公”。彦按:“太公”當“太王”之誤。太王徙岐,見諸載籍,而太公則否,今訂正。太平御覽卷一五五引帝王世紀曰:“至太王避狄,循漆水,踰梁山,徙邑於岐山之陽,西北岐城舊址是也。故詩稱‘率西水滸,至於岐下’。南有周原,故始改號曰周。”

〔五六〕周書,王季宅程:今本逸周書大匡解作“維周王宅程”。孔晁注:“程,地名,在岐州左右,後以爲國。初,王季之子文王因焉,而遭饑饉,後乃徙豐焉。”

〔五七〕畢陌:即畢原,在今陝西咸陽市東北、西安市長安區西北。

〔五八〕吕十八:謂吕氏春秋卷十八。　武王嘗窮于畢程:見吕氏春秋具備;“畢程”作“畢裎”,同。窮,困窘,窘迫。

〔五九〕孟子離婁下:“文王生於岐周,卒於畢郢。”

〔六〇〕今作“郢”:洪本、吴本“作”譌“估”。

〔六一〕豐:洪本、吴本作“豊”。下諸“豐”字同。

〔六二〕豐水:亦作灃水,即今陝西西安市長安區和咸陽市境内之灃河。宗周:泛稱周代王都所在地,豐、鎬、洛邑均稱宗周。

〔六三〕乃收虞師、芮師、豐師、鎬師:收,聚集。師,衆。芮,喬本、吴本譌“芮”,今據餘本訂正。

〔六四〕酆:洪本、吴本作“鄷”。下“酆宫”之“酆”同。

〔六五〕鄠:縣名,治所在今陝西户縣。

〔六六〕靈臺鄉:在今陝西西安市長安區西北。

〔六七〕昆明:指昆明池。　鎬之遺址淪焉:喬本、洪本“淪”譌“論”,今據餘諸本訂正。元和郡縣圖志卷一京兆府長安縣:“周武王宫,即鎬京也,在縣西北十八里。自漢武帝穿昆明池于此,鎬京遺址淪陷焉。”當即羅氏所本。

〔六八〕今永興昆明北之鎬陂：永興，指永興軍路，治所在今陝西西安市。昆明，指昆明池。太平寰宇記卷二五雍州一長安縣：“武王理鎬，今昆明池北鎬陂是也。”

〔六九〕昭元：彥按：今春秋、左傳均未見有京周，遑論昭元。然杜預春秋釋例卷五土地名第四十四之一周地昭元年有之，文曰：“京周，長安縣西有鎬京邑。”羅氏當本此。今考昭公元年左傳，有“詩曰：‘赫赫宗周，褒姒滅之’”語，疑杜氏所見左傳，“宗周”作“京周”，而今本則後人據詩改過也。

〔七〇〕六韜“酆師、鄗師”：洪本、吳本“酆”作“鄷”。　史鄗池君：今考史記秦始皇本紀“爲吾遺滈池君”，字乃作“滈”。裴駰集解引服虔曰：“水神也。”

春秋後傳：晉著作郎樂資撰。

〔七一〕然本只“高”字：杜預春秋釋例卷六土地名第四十四之二哀公四年鄗曰：“趙國高邑縣。”

〔七二〕光武起鄗邑者：後漢書光武帝紀上建武元年：“行至鄗，……光武於是命有司設壇場於鄗南千秋亭五成陌。六月己未，即皇帝位。”　若常山鄗邑：若，與。常山，郡名。鄗邑，指西漢鄗縣縣城，在今河北柏鄉縣固城店鎮。

〔七三〕河南縣：治所在今河南洛陽市。

〔七四〕書洛誥：“我乃卜澗水東，瀍水西，惟洛食。”

〔七五〕亦曰郟：吳本“曰”字譌“口”。

〔七六〕豐鎬：洪本、吳本“豐”作“豊”。

〔七七〕子朝：見後紀九帝嚳高辛氏注〔二九二〕。喬本、洪本、吳本、備要本“子”譌“予”，今據四庫本訂正。

〔七八〕見後紀十高辛紀下。

〔七九〕赧王遷之，而此爲西周矣：赧王，亦作“赮王”。彥按：史記周本紀：“王赧徙都西周。”張守節正義曰：“敬王從王城東徙成周，十世至王赧，從成周西徙王城，西周武公居焉。”是王城對豐鎬言，位於東，爲東周；而對成周言，則位於西，爲西周。

〔八〇〕咸陽，東周：彥按：咸陽當作成周（地在今洛陽市東北），作“咸陽”誤。此見公羊傳昭公二十六年，原文爲：“成周者何？東周也。”　王城，西周：見公羊傳昭公二十二年，原文爲：“王城者何？西周也。”

〔八一〕杜云：臨晉東有古王城，今名武鄉城：見左傳僖公十五年“晉陰飴甥會秦伯盟于王城”注，原文作：“王城，秦地，馮翊臨晉縣東有王城，今名武鄉。”古王城，喬本“王”譌“玉”，今據餘本訂正。

〔八二〕昭十五：“昭”當作“僖”，蓋羅氏誤記。 陰飴生：亦作陰飴甥，春秋晉大夫。左傳作“陰飴甥”。

〔八三〕西桓公孫惠公封少子于鞏：西桓公，周考王弟揭。鞏，在今河南鞏義市東北。史記周本紀：“考王封其弟于河南，是爲桓公，以續周公之官職。桓公卒，子威公代立。威公卒，子惠公代立，乃封其少子於鞏以奉王，號東周惠公。”張守節正義曰：“帝王世紀云：‘考哲王封弟揭於河南，續周公之官，是爲西周桓公。’按：自敬王遷都成周，號東周也。桓公都王城，號西周桓公。”

〔八四〕經，姬姓叔均國：經，指山海經。叔均，后稷孫，一說后稷從子。山海經海內經曰：“稷之孫曰叔均，是始作牛耕。”又大荒西經曰：“有西周之國，姬姓，食穀。有人方耕，名曰叔均。帝俊生后稷，稷降以百穀。稷之弟曰台璽，生叔均。”

〔八五〕又卜瀍水東作下都，遷商頑焉：喬本“卜”譌“于”，今據餘諸本訂正。瀍水，源出今河南洛陽市西北，東南流經洛陽舊城東而入洛水。下都，陪都。書洛誥：“我又卜瀍水東，亦惟洛食。”孔氏傳：“將定下都，遷殷頑民，故并卜之。”

〔八六〕洛陽，熙寧省入河南：洛陽、河南，並縣名。

〔八七〕翟泉詳樵：不詳，待考。樵，疑指宋鄭樵。

〔八八〕及子朝入王城，敬王居成周曰東周：太平寰宇記卷三西京一河南府：“平王後十三葉，敬王避王子朝之亂，東居成周。”

〔八九〕桓公：指西周桓公。見上注〔八三〕。

〔九〇〕自武以鎬爲西，豐爲宗周：武，指周武王。西，謂西都。洪本譌“而”。豐，洪本、吳本作“豐”。彥按：書周官：“惟周王……歸于宗周，董正治官。”孔穎達疏：“自滅淮夷而歸於宗周豐邑，乃督正治理職司之百官。”是稱豐爲宗周。

〔九一〕詩小雅正月“赫赫宗周，褒姒威之”毛亨傳：“宗周，鎬京也。”

〔九二〕詩小雅雨無正：“周宗既滅，靡所止戾。”鄭玄箋：“周宗，鎬京也。”

〔九三〕見輿地廣記卷一三京兆府:“次府京兆府,本周室所居,謂之宗周。”

〔九四〕黑狐聚:見後紀十高辛紀下注〔四〇八〕。各本“狐”均譌“孤”,今訂正。

〔九五〕秦以處東周君:彦按:東周君當作西周公。史記周本紀:“周君、王赧卒,周民遂東亡。秦取九鼎寶器,而遷西周公於黑狐。”參見後紀十高辛紀下注〔四一一〕。

〔九六〕秦以處西周君:彦按:西周君當作東周君。參見後紀十高辛紀下注〔四一〇〕。

〔九七〕汝州:治所在今河南汝州市。

〔九八〕後漢書光武帝紀上建武二年:“五月庚辰,封……周後姬常爲周承休公。”

〔九九〕太平寰宇記卷八汝州梁縣:“承休故城,在今郡東。”

〔一〇〇〕契封,在華陰之鄭:契,即殷契。帝嚳子,舜封之于商,爲商始祖。華陰,郡名。鄭,縣名,治所在今陝西渭南市華州區。

〔一〇一〕鄭縣有樂都城及故潘邑:潘邑,吳本、四庫本、備要本作“藩邑”。見後紀十高辛紀下注〔四六一〕。

〔一〇二〕太華:太華山,即今陝西華陰市南之華山。

〔一〇三〕商洛:漢晉時爲商縣(治今陝西丹鳳縣西)和上洛縣(漢作上雒。治今陝西商洛市商州區)之合稱。

〔一〇四〕通典云:商之商洛,古商邑,乃商君封:自此“商之商洛”至下“漢之商縣”,見於通典卷一七五州郡五商州商洛,文字不盡相同。云,吳本、備要本譌“故”。商,州名。商洛,縣名。隋開皇四年(584)改商縣置。乃商君封,通典原文作“卨所封也”。

〔一〇五〕檢地志:蓋南陽界,古商于,漢之商縣:彦按:商于,當作商於。此“於”字不作“于”。通典原文:“檢地志云:商、於中,蓋今南陽郡界。所謂商於地,亦漢商縣地。”王文錦等校勘記:“按:檢地志蓋即指括地志,通典避德宗諱而改作‘檢’,猶禮典‘括髮’諱改爲‘斂髮’也。”

〔一〇六〕昭明:殷契子。見後紀十高辛紀下。

〔一〇七〕桐：在今河北臨漳縣。

〔一〇八〕郞：在今河北臨漳縣香菜營鄉。　　太甲：湯嫡長孫。

〔一〇九〕湯陰：縣名。今屬河南省。

〔一一〇〕實沈封太夏，是爲參：實沈，帝嚳次子。太夏，即大夏。見後紀十高辛紀下。彥按：史記鄭世家載鄭子産對晉平公曰：“高辛氏有二子，長曰閼伯，季曰實沈，居曠林，不相能也，日操干戈以相征伐。后帝弗臧，……遷實沈于大夏，主參，唐人是因。”裴駰集解引服虔曰：“大夏在汾、澮之閒，主祀參星。”則“參”非地名，羅氏説無據。

〔一一一〕太原陽曲：太原，府名。陽曲，縣名，治所在今山西太原市。

〔一一二〕隱元：彥按：春秋、左傳隱公元年並無相關記載，疑爲“襄九”之誤。襄公九年左傳載士弱對晉侯曰：“陶唐氏之火正閼伯居商丘，祀大火，而火紀時焉。相土因之，故商主大火。”正與此合。

〔一一三〕閼伯封，相土因之：閼伯，帝嚳長子。相土，殷契孫。因，因襲，繼承。備要本譌“困”。

〔一一四〕今南京理宋城：理，猶“治”。宋城，在今河南商丘市睢陽區。

〔一一五〕商虛：即殷墟，在今河南安陽市殷都區。

〔一一六〕虹：縣名，治所在今安徽泗縣。

〔一一七〕見太平寰宇記卷一七宿州虹縣，文曰：“故相城，蓋即相土所居，後因名之。”

〔一一八〕晏龍：彥按：山海經大荒東經及海内經並曰：“帝俊生晏龍。”然山海經之帝俊竟爲何人，或以爲舜，或以爲帝嚳。羅氏以晏龍爲帝嚳子，故列之於高辛氏後下。

〔一一九〕夒龍，皆以名爲國：蓋謂夒龍之龍與晏龍同，亦以名爲國。書舜典：“伯拜稽首，讓于夒、龍。”孔氏傳：“夒、龍，二臣名。”

〔一二〇〕王符云，優姓：彥按：潛夫論志氏姓云，“優姓舒唐、鳩、舒龍、舒其、止龍”，舊本如此，或即路史所據。然清汪繼培以爲其文有誤，並據路史後紀七注引文訂作“偃姓舒庸、舒鳩、舒龍、舒共、止龍”，似是。

〔一二一〕齊伐我北鄙，圍龍：見左傳，“齊”作“齊侯”。　　世家作“隆”：史記魯周公世家：“成公二年春，齊伐取我隆。”

〔一二二〕太山博縣西南：太山，即泰山，郡名。杜注原文作"泰山"。博縣，治所在今山東泰安市東南。

〔一二三〕漢陳署爲龍侯者：據漢書高惠高后文功臣表，陳署封號爲龍陽敬侯。

〔一二四〕乾封：縣名。

〔一二五〕蕭縣：今屬安徽省。 開皇曰龍城：隋書地理志下徐州彭城郡蕭縣云："舊置沛郡，後齊廢爲承高縣。開皇六年改爲龍城，十八年改爲臨沛，大業初改曰蕭。"

〔一二六〕續牙：帝嚳子，舜七賢友之一。參見後紀十高辛紀下。

〔一二七〕狐鞠居：見後紀七小昊青陽氏注〔四一四〕。

〔一二八〕歸之巴東：歸，州名。巴東，縣名。今屬湖北省。

〔一二九〕裁民：裁，今本山海經大荒南經作"载"，段玉裁以爲字當作"哉"，今本山海經作"载"者譌（見説文戈部哉注）。蓋"裁"則"哉"字俗體。

〔一三〇〕巫人裁民：今本山海經大荒南經作"巫载民"，云："帝舜生無淫，降载處，是謂巫载民。"

〔一三一〕裁民肦姓：四庫本"肦"譌"彤"。 帝俊後：彦按：山海經大荒南經以裁民爲帝舜子（見上注），而本書後紀十高辛紀下則以裁民爲巫人（帝嚳子）子。

〔一三二〕廣韻有裁國：見廣韻屑韻，字作"哉"。

〔一三三〕集音替：見集韻霽韻，字作"载"。

〔一三四〕山海經大荒東經："有司幽之國。帝俊生晏龍，晏龍生司幽。"

〔一三五〕思幽之國，思士不妻而感，思女不夫而孕：見列子天瑞篇。彦按：今本列子無"思幽之國"四字，遂成泛指，不合事理。疑其脱文，似可據此訂補。

〔一三六〕支子封蜀：備要本"子"譌"于"。

〔一三七〕自益昌西南至蜀：益昌，縣名，治所在今四川廣元市昭化區昭化鎮。蜀，縣名，治所在今四川成都市舊城東偏。

〔一三八〕赧王元年，秦惠文封公子通爲蜀王：赧王，洪本、吴本"赧"作"赦"。彦按：公子通，當作公子通國。華陽國志卷三蜀志："周赧王元年，秦惠王封子通國爲蜀侯，以陳壯爲相。……六年，陳壯反，殺蜀侯通國。"是蜀王名通國，非名通也。

〔一三九〕後命其邑曰葭萌，今利州縣：葭萌縣治所在今四川廣元市南。

〔一四〇〕經云，帝嚳子國：彥按：山海經大荒東經曰："帝舜生戲，戲生搖民。"是以搖民爲帝舜孫。清吳任臣山海經廣注據路史文，以爲帝舜當作帝嚳。又本書後紀十高辛紀下亦稱"叔戲生搖民"，而以叔戲爲帝嚳子，若然，則宜改"帝嚳子國"爲"帝嚳孫國"矣。

〔一四一〕猒越：帝嚳子。見後紀十高辛紀下。四庫本"猒"作"厭"，"猒"、"厭"古今字。　盧綰：漢初名將，封燕王，後叛逃匈奴，匈奴以爲東胡盧王。

〔一四二〕柳城：縣名，治所在今遼寧朝陽市。

〔一四三〕見逸周書王會解。

〔一四四〕一曰嬴土之國：山海經大荒東經"嬴"作"嬴"，曰："有柔僕民，是維嬴土之國。"郭璞注："嬴猶沃衍也，音'盈'。"

〔一四五〕穆傳：指穆天子傳。　赤烏之國在舂山西三百：見穆天子傳卷四古文，原文作："自舂山以西，至于赤烏氏（舂山），三百里。"舂山，喬本"舂"譌"春"，今據餘本訂正。

〔一四六〕玄元：帝嚳孫，帝堯子。見後紀十高辛紀下。

〔一四七〕帝嚳之子孫何其盛歟：洪本如此，餘諸本"子孫"作"孫子"。

〔一四八〕昔帝嚳卜四妃之子，皆有天下：洪本、吳本"昔"譌"晉"，備要本"卜"譌"十"。大戴禮記帝繫："帝嚳卜其四妃之子，而皆有天下。"

〔一四九〕帝摯：洪本、吳本、四庫本"摯"譌"摰"。

〔一五〇〕盛莫京矣：京，大。

〔一五一〕其迹之聞于代者：代，世。喬本、洪本譌"伐"，今據餘諸本訂正。

〔一五二〕而作陰德者弗若絕陽刑之惠大乎：洪本"刑"作"荆"，喬本又作"荊"。彥按："荆"當"刑"字之譌，"荆"同"刑"。而"荊"又"荆"字之譌。今據餘諸本改。

〔一五三〕仁柔：仁愛温和。　姣：美好。

〔一五四〕仲雝：古公亶父次子，周文王伯父。見後紀九帝嚳高辛氏。

〔一五五〕互吴：彦按：古書中未見有國名或地名稱“互吴”者，疑其爲“三吴”之譌。三吴，即下文所云“姑蘇、吴興、丹陽爲三吴”也。蓋草書“三”或作“彡”，遂與“互”混而譌。

〔一五六〕命圭有命，固曰吴伯：見國語吴語，文曰：“夫命圭有命，固曰吴伯，不曰吴王。”韋昭注：“命圭，受錫圭之策命。周禮：‘伯執躬圭。’吴本稱伯，故曰吴伯。”曰，猶稱。

〔一五七〕泰伯：古公亶父長子。見後紀九帝嚳高辛氏。

〔一五八〕無錫：縣名，治所在今江蘇無錫市。

〔一五九〕蓋闔城：即闔閭城，在今江蘇無錫市濱湖區馬山街道。蓋，通“闔”。此城因吴王闔閭（亦作闔廬）得名。

〔一六〇〕見太平寰宇記卷九二常州無錫縣，文字不盡相同。　平地數丈：寰宇記原文作“平地高三丈”。

〔一六一〕會稽吴縣北梅里：會稽，郡名。吴縣，治所在今江蘇蘇州市。梅里，太平寰宇記卷九二常州無錫縣引冢墓記，作“梅里聚”。

〔一六二〕興地記：宅東五里，乃太伯塋梅山也：吴本、四庫本“太伯”作“泰伯”，同。太平寰宇記卷九二常州無錫縣引興地記（文淵閣四庫全書本如此，中華書局 2007 年版王文楚等點校本作興地志），作：“宅東九里有皇山，太伯葬梅里山是也。”

〔一六三〕姑蘇：今江蘇蘇州市地。　吴興：郡名，治所在今浙江湖州市吴興區。　丹陽：郡名，治所在今江蘇鎮江市。

〔一六四〕句吴即今蘇治吴縣：句吴，各本均作“句踐”。彦按：依上下文義，“句踐”當“句吴”之誤，今訂正。即，洪本、吴本譌“所”。蘇，州名。吴縣，治所在今江蘇蘇州市吴中區。興地廣記卷二二平江府吴縣：“望吴縣，本曰句吴。”　哀公十三，越滅之：彦按：哀公十三年，越未嘗滅吴。越之滅吴，時至周元王四年（前 473 年），春秋不及載。此“越滅之”似宜作“越入之”，方與春秋哀公十三年所載“於越入吴”相符。

〔一六五〕棠谿：吴本此二字脱。

〔一六六〕夫槩：春秋吴王闔廬弟。史記吴太伯世家：“十年春，越聞吴王之在郢，國空，乃伐吴。吴使別兵擊越。楚告急秦，秦遣兵救楚擊吴，吴師敗。

闔廬弟夫槩見秦、越交敗吳,吳王留楚不去,夫槩亡歸吳而自立爲吳王。闔廬聞之,乃引兵歸,攻夫槩。夫槩敗奔楚。楚昭王乃得以九月復入郢,而封夫槩於堂谿,爲堂谿氏。"

〔一六七〕世家:指史記吳太伯世家。參見上注。 吳春秋:此指吳越春秋闔閭内傳,其文云:"(夫槩)奔楚,昭王封夫槩於棠溪。"

〔一六八〕左傳定公五年:"九月,夫槩王歸,自立也。以與王戰而敗,奔楚,爲堂谿氏。"

〔一六九〕寰宇云唐陵:太平寰宇記卷七許州郾城縣:"夫槩奔楚,封之于唐陵。" 書又爲唐谿氏:古今姓氏書辯證卷一五唐韻棠谿云:"吳王之弟夫槩王奔楚,爲棠谿氏。其後字訛,爲唐谿氏。"

〔一七〇〕汝南吳房:汝南,郡名。吳房,縣名,治所在今河南遂平縣。

〔一七一〕房爲丹朱封:見後紀十一帝堯陶唐氏注〔五七〇〕。

〔一七二〕蔡之遂平:蔡,州名。遂平,縣名,治所即今河南遂平縣。

〔一七三〕在汝南西平:見潛夫論志氏姓。原文爲:"堂谿,谿谷名也,在汝南西平。"汝南,郡名。西平,縣名。今屬河南省。

〔一七四〕見通典卷一七七州郡七荆河州郾城。 郾城:縣名,治所在今河南漯河市郾城區。

〔一七五〕彪云,亭在吳房:彪,指晉司馬彪。彪語見所著續漢書郡國志二汝南郡:"吳房有棠谿亭。"

〔一七六〕元和十爲遂平:喬本"元和"譌"元初",今據餘諸本訂正。彦按:"十"當作"十二"。舊唐書憲宗紀下元和十二年:"敕改蔡州吳房縣爲遂平縣,移置於文城柵南新城内。"同書地理志一河南道蔡州上:"遂平:隋吳房縣。元和十二年,討吳元濟於文城柵,置行吳房縣,權隸溵州。賊平,改爲遂平縣,隸唐州。"又,新唐書地理志二河南道河南採訪使亦以吳房縣之改遂平,在元和十二年。皆可爲證。

〔一七七〕豫:指豫州。

〔一七八〕今西平有棠溪村:吳本、四庫本無"今西平"三字。又,棠溪村,吳本作"棠谿村",四庫本作"堂谿村"。

〔一七九〕西:洪本此字漶漫。彦按:"西"字費解,疑"五"字之譌,謂地名延陵者凡五處也,下文即逐一指出五處延陵所在。

〔一八〇〕一在代,一在綏:代,郡名。綏,州名。彥按:在代之延陵爲西漢縣名,治所在今山西天鎮縣新平堡鎮。在綏之延陵爲西魏縣名,治所在今陝西吳堡縣寇家塬鎮。

〔一八一〕延福:縣名。

〔一八二〕丹徒:縣名,治所在今江蘇鎮江市京口區。

〔一八三〕隨:通“隋”。

〔一八四〕皆非季子之居:季子,即季札,春秋吳王壽夢少子,封於延陵。見史記吳太伯世家。　一作金陵:彥按:金陵未嘗有延陵,“金陵”二字當誤,蓋本作“今延陵”。“今”、“金”同音混誤,又脱“延”字,遂成“金陵”。今延陵者,宋之延陵鎮,熙寧五年(1072)廢潤州延陵縣置,其地屬丹陽縣,即今江蘇丹陽市延陵鎮。以此解之,正與下羅苹注“今潤州延陵縣”云云吻合。又疑“一作”原作“一在”,蓋延陵既誤“金陵”,或見金陵其地不協,因改“在”爲“作”以彌縫之,意謂此但版本異文,非關實地,然又與上言“延陵五”之説不相符矣。清儲大文等纂山西通志卷五八引路史曰:“延陵有五:一在代,一在丹徒,一在晉陵,一在綏,一闕。”若非誤信今本路史,即雖知其誤而不明其所以誤。

〔一八五〕太康二分曲阿延陵鎮置:曲阿,縣名,治所即今江蘇丹陽市。延陵鎮,疑當作延陵鄉。宋書州郡志一南徐州:“延陵令,晉武帝太康二年,分曲阿之延陵鄉立。”

〔一八六〕常之晉陵:常,州名。晉陵,縣名,治所在今江蘇常州市。

〔一八七〕毗陵:縣名。

〔一八八〕會稽毗陵:即正文所稱“今常之晉陵”。會稽,郡名。

〔一八九〕公羊傳襄公二十九年:“季子……去之延陵,終身不入吳國。”

〔一九〇〕芙蓉湖:又稱無錫湖。故址在今江蘇常州市東,江陰市南,無錫市西北。太平寰宇記卷九二江陰軍江陰縣馬鞍山引郡國志云:“芙蓉湖西馬鞍山,季札讓位耕于此。”

〔一九一〕有札墓,孔父所至:孔父,指孔子。太平寰宇記卷九二江陰軍江陰縣曰:“延陵季子祠,在縣西三十五里申浦。按史記太伯世家注云:季子冢在暨陽西,孔子過之,題曰‘延陵季子之墓’。”

〔一九二〕今墓在縣北七十申浦之西:縣,指晉陵縣。

〔一九三〕成七,吳入州來:春秋成公七年:“吳入州來。”　昭十三,滅之:春秋昭公十三年:“吳滅州來。”　又二十三年,伐、封之:左傳昭公二十三年:“吳人伐州來。”史記吳太伯世家“季札封於延陵”司馬貞索隱:“昭十三年傳‘吳伐州來’,二十三年傳“吳滅州來”。則州來本爲楚邑,吳光伐滅,遂以封季子也。”

〔一九四〕釋例地闕:左傳襄公三十一年“延州來”,杜預春秋釋例:“闕。”(見卷六土地名第四十四之二)

〔一九五〕地志在沛,今壽治下蔡:沛,郡名。壽,州名。下蔡,縣名,治所在今安徽鳳臺縣。

〔一九六〕夫差遷昭侯于此:昭侯,指春秋蔡昭侯。史記管蔡世家蔡昭侯二十六年:“楚昭王伐蔡,蔡恐,告急於吳。吳爲蔡遠,約遷以自近,易以相救;昭侯私許,不與大夫計。吳人來救蔡,因遷蔡于州來。”

〔一九七〕自延陵徙,故曰延州來:左傳昭公二十七年“吳子……使延州來季子聘于上國”杜預注:“季子本封延陵,後復封州來,故曰延州來。”

〔一九八〕太康地志:佚書,蓋晉人撰,作者不詳。　故曰延州:彥按:“延州”疑當作“延州來”,前後正文均稱“延州來”,此作“延州”,似不合契。然今所見太平寰宇記卷八九潤州延陵縣引太康地志,亦作“延州”,則其誤由來久矣。

〔一九九〕廿八:喬本作“廿十八”,吳本作“念八”,四庫本作“二十八”,此從洪本及備要本。

〔二〇〇〕故慶封入吳,與之朱方:慶封,春秋齊大夫。左傳襄公二十八年:“(慶封)奔吳。吳句餘予之朱方。”　昭四年,楚圍朱方者:左傳昭公四年:“秋七月,楚子以諸侯伐吳,……使屈申圍朱方。”

〔二〇一〕單之魚臺:單,州名。魚臺,縣名,治所在今山東魚臺縣西。

〔二〇二〕一曰郁夷:四庫本“郁夷”作“郁都”。

〔二〇三〕國語,魯相郁貢:彥按:今國語未見此文,羅氏蓋襲取元和姓纂之説。姓纂卷一〇屋韻郁云:“國語,魯相郁貢,子孫氏焉。”

〔二〇四〕見<u>左傳襄公</u>三年“克<u>鳩兹</u>”注。

〔二〇五〕今<u>太平蕪湖縣</u>東四十<u>員</u>鄉：<u>太平</u>，州名。<u>蕪湖縣</u>，治所在今<u>安徽</u><u>蕪湖市鏡湖區</u>。<u>員</u>鄉，<u>洪</u>本、<u>吳</u>本、<u>四庫</u>本“鄉”譌“卿”。

〔二〇六〕<u>句兹</u>社、<u>句兹</u>港：句並音 gōu。

〔二〇七〕<u>樂史</u>以爲<u>松滋</u>：<u>松滋</u>，縣名，治所在今<u>安徽霍邱縣</u>東。<u>太平寰宇記</u>卷一二九<u>壽州霍丘縣</u>：“按<u>古今地名記</u>云：‘<u>松滋</u>，一名<u>祝松</u>，古<u>鳩兹</u>地也。’”

〔二〇八〕<u>古今地記</u>：當作<u>古今地名記</u>（佚書，作者不詳）。見上注。　<u>松滋</u>古<u>鳩兹</u>：<u>松滋</u>，<u>四庫</u>本“滋”作“兹”，下“松滋”同。　<u>漢屬江陵</u>：<u>彦</u>按：<u>江陵</u>爲郡或府名，始自<u>唐</u>代，治所則在今<u>湖北荆州市荆州區</u>，地既不符，又稱“<u>漢</u>屬”，當有誤。故下<u>羅苹</u>曰：“無因在<u>江陵</u>。”　<u>魏屬廬江</u>：<u>廬江</u>，郡名。　一名<u>祝滋</u>：<u>祝滋</u>，<u>四庫</u>本“滋”作“兹”。　誤之：<u>吳</u>本、<u>四庫</u>本、<u>備要</u>本均無“之”字，蓋脱文。

〔二〇九〕<u>楚</u>伐<u>吳</u>，及<u>鳩兹</u>：<u>彦</u>按：“及”疑當作“克”。<u>左傳襄公</u>三年：“春，<u>楚子重</u>伐<u>吳</u>，……克<u>鳩兹</u>。”　無因在<u>江陵</u>：自此而下至“乃<u>荆</u>之<u>松滋</u>”一段注文，<u>吳</u>本所無，當由脱奪。因，各本均譌“囚”，今訂正。

〔二一〇〕乃<u>咸康</u>三年：<u>四庫</u>本無“乃”字。　以<u>松滋</u>流户在<u>荆</u>土立<u>松滋</u>縣，隸<u>河東</u>：流户，流落他鄉的民户。<u>荆</u>土，猶言<u>楚</u>地。<u>四庫</u>本“土”譌“上”。<u>松滋縣</u>，治所在今<u>安徽宿松縣</u>西北。<u>河東</u>，郡名。

〔二一一〕<u>發陽</u>：地名。在今<u>江蘇如皋市</u>東。<u>吳</u>本、<u>四庫</u>本作“<u>發揚</u>”，非。下“<u>發陽</u>”同。

〔二一二〕<u>杜</u>云：“<u>鄖</u>，<u>發陽</u>也”：見<u>春秋哀公</u>十二年“公會<u>衛侯</u>、<u>宋皇瑗</u>于<u>鄖</u>”注。

〔二一三〕<u>桓王</u>十二，<u>鄖</u>將與<u>隨</u>，<u>楚</u>敗之：<u>隨</u>，<u>吳</u>本、<u>四庫</u>本譌“趙”。<u>彦</u>按：“<u>桓王</u>十二”當作“<u>桓王</u>十九”。<u>左傳桓公</u>十一年：“<u>鄖</u>人軍於<u>蒲騒</u>，將與<u>隨</u>、<u>絞</u>、<u>州</u>、<u>蓼</u>伐<u>楚</u>師。<u>莫敖</u>患之。……遂敗<u>鄖</u>師於<u>蒲騒</u>。”此所謂“<u>鄖</u>將與<u>隨</u>”，乃割斷<u>左</u>氏文而言之。然<u>魯桓公</u>十一年，時當<u>周桓王</u>十九年也。

〔二一四〕<u>海陵</u>：縣名，治所在今<u>江蘇泰州市海陵區</u>。

〔二一五〕<u>泰州</u>：<u>洪</u>本、<u>吳</u>本作“<u>秦州</u>”，誤。

〔二一六〕縣東南有<u>發繇口</u>：東南，<u>吳</u>本、<u>四庫</u>本、<u>備要</u>本作“西南”非。<u>發</u>

鯀口,春秋哀公十二年"公會衛侯、宋皇瑗于鄖"杜預注作發鯀亭。疑此"口"爲"亭"字之誤。路史下文發鯀條曰"海陵東南有發鯀口",誤與此同。

〔二一七〕雝:即仲雝。見上注〔一五四〕。

〔二一八〕大陽:縣名,治所在今山西平陸縣西南。

〔二一九〕仲山甫:周宣王卿士。

〔二二〇〕京兆杜陵:在今陝西西安市長安區。　　昔惠王使虢公伐樊執仲皮者:仲皮,又稱樊皮,周大夫,食采於樊;以叛,故惠王使虢公伐之。左傳莊公三十年:"春,王命虢公討樊皮。夏,四月丙辰,虢公入樊,執樊仲皮歸于京師。"彦按:魯莊公三十年,時當周惠王十三年。

〔二二一〕記,漢祖賜樊噲邑,因號樊川:漢祖,漢高祖劉邦。四庫本"祖"譌"祖"。樊噲,西漢開國元勛,劉邦心腹猛將。太平寰宇記卷二五雍州一萬年縣云:"樊川,一名後寬川,在縣南三十五里。其地即杜陵之樊鄉。漢高至櫟陽,以將軍樊噲灌廢丘功最,賜噲食邑于此,故曰樊川。"

〔二二二〕王符以爲封南陽:潛夫論志氏姓:"昔仲山甫亦姓樊,謚穆仲,封於南陽。"

〔二二三〕南雝州記:南朝宋郭仲産撰。　　荆州圖副:佚書,作者不詳。襄之鄧城:襄,州名。鄧城,縣名,治所在今湖北襄陽市高新區團山鎮。

〔二二四〕見太平寰宇記卷二一兖州瑕丘縣。原文爲:"樊縣故城,漢縣,廢城在今縣西南。按郡國志云:'卿士樊仲皮國也。'"

〔二二五〕吉甫:指周宣王卿士尹吉甫。　　南皮:縣名。今屬河北省。

〔二二六〕太平寰宇記卷六五滄州南皮縣:"尹吉甫墓,在縣西三十里,高三丈。又耆老傳云:'吉甫墓上有樹二株,有墓以來即有此樹,柯條鬱茂,不覺其老,俗云年長樹。'"

〔二二七〕周章:仲雝曾孫。見史記吳太伯世家。

〔二二八〕武王封周章小子斌於無錫安陽鄉:四庫本如此,是,今從之。餘本"子"譌"予"。參見後紀九帝嚳高辛氏注〔二六八〕。

〔二二九〕常:常州。

〔二三〇〕莽,有錫:莽,指王莽。漢書地理志上會稽郡無錫注:"莽曰有錫。"

〔二三一〕仲弈：周文王伯父太伯（古公亶父長子）曾孫。四庫本"弈"作"奕"，通。

〔二三二〕閣、虢三公：虢，喬本作"號"，洪本、吳本作"虢"，四庫本作"虢"，宜皆"號"字俗寫譌體，此從備要本。彦按：此句費解，義所不詳，姑存疑待考。　晉之閣縣：晉，指春秋時晉國。　成王封康叔以有閻之土者：左傳定公四年："昔武王克商，成王定之，選建明德，以藩屏周。……分康叔以大路、少帛、綪茷、旃旌、大呂，殷民七族，陶氏、施氏、繁氏、錡氏、樊氏、饑氏、終葵氏；封畛土略，自武父以南及圃田之北竟，取於有閻之土以共王職。"楊伯峻注："江永考實謂'昭九年周甘人與晉閻嘉爭閻田，是閻地近甘，則有閻之土亦當近其地'。當在今河南洛陽市附近。"

〔二三三〕爲衛之朝宿邑：朝宿邑，周天子賜予有功諸侯之京畿居邑，來朝則宿其處，故稱。左傳定公四年"取於有閻之土以共王職"杜預注："有閻，衛所受朝宿邑，蓋近京畿。"

〔二三四〕甘縣：在今河南洛陽市西南。

〔二三五〕昭九年，"周甘人與晉閻嘉爭閻田"：見是年左傳。喬本、洪本、備要本"田"譌"由"，此從吳本及四庫本。杜預注："甘人，甘大夫襄也。閻嘉，晉閻縣大夫。"　預闕之：杜預春秋釋例卷五土地名第四十四之一于昭九年之閻未釋而書"闕"字。

〔二三六〕樂史在河陽有閻坎；一爲閻田，解縣也：河陽，縣名，治所在今河南孟州市。爲，通"謂"。解縣，治所在今山西運城市鹽湖區解州鎮。太平寰宇記卷五二孟州河陽縣："閻坎。左傳：'周甘人與晉閻嘉爭閻田。'一名閻坎，今解縣是也。"

〔二三七〕潁川長平西北有鬼閻亭：見左傳昭公二十年"其徒與華氏戰于鬼閻"注，"鬼閻亭"作"閻亭"。潁川，郡名。長平，縣名，治所在今河南西華縣東北。吳本、四庫本作"太平"，誤。

〔二三八〕許：州名，治所在今河南許昌市魏都區。

〔二三九〕邗：洪本、吳本、四庫本作"邘"，誤。下"邗江"、"邗溝"之"邗"同。左傳哀公九年："秋，吳城邗。"

〔二四〇〕大原：洪本、吳本、四庫本作"太原"，同。"大"、"太"古今字，

“大”讀“太”。

〔二四一〕中國曰太原，狄曰大鹵：見昭公元年穀梁傳，“太原”作“大原”，“狄”作“夷狄”。大鹵，洪本、吳本、四庫本作“太鹵”。

〔二四二〕海陵東南有發繇口：參見上注〔二一六〕。　哀十二年之發揚也：彥按：哀十二年春秋經、傳文均未見有發揚，而實見之杜注，作“發陽”。參見上注〔二一二〕。

〔二四三〕見論語泰伯。宋邢昺正義引鄭玄注云：“泰伯，周太王之長子。次子仲雍，次子季歷。太王見季歷賢，又生文王有聖人表，故欲立之而未有命。太王疾，泰伯因適吳、越採藥，太王歿而不返，季歷爲喪主，一讓也。季歷赴之，不來奔喪，二讓也。免喪之後，遂斷髮文身，三讓也。”又史記周本紀曰：“古公有長子曰太伯，次曰虞仲。太姜生少子季歷，季歷娶太任，皆賢婦人，生昌，有聖瑞。古公曰：‘我世當有興者，其在昌乎？’長子太伯、虞仲知古公欲立季歷以傳昌，乃二人亡如荊蠻，文身斷髮，以讓季歷。”

〔二四四〕虞帝一讓而九官皆讓：彥按：書舜典：“帝（堯）曰：‘格汝舜！詢事考言，乃言厎可績，三載！汝陟帝位。’舜讓于德，弗嗣。”此所謂“虞帝一讓”也。同篇又有：“帝（舜）曰：‘俞咨！禹，汝平水土，惟時懋哉！’禹拜稽首，讓于稷、契暨皋陶。”“帝（舜）曰：‘俞咨！垂，汝共工。’垂拜稽首，讓于殳斨暨伯與。”“帝（舜）曰：‘俞咨！益，汝作朕虞。’益拜稽首，讓于朱虎、熊羆。”“帝（舜）曰：‘俞咨！伯，汝作秩宗。夙夜惟寅，直哉惟清。’伯拜稽首，讓于夔、龍。”此所謂“九官皆讓”之類也。　范宣子一讓而其臣皆讓：范宣子，春秋晉大夫士匄。左傳襄公十三年：“晉侯蒐于緜上以治兵。使士匄將中軍，辭曰：‘伯游長。昔臣習於知伯，是以佐之，非能賢也。請從伯游。’荀偃將中軍，士匄佐之。使韓起將上軍，辭以趙武。又使欒黶，辭曰：‘臣不如韓起，韓起願上趙武，君其聽之。’使趙武將上軍，韓起佐之；欒黶將下軍，魏絳佐之。……君子曰：讓，禮之主也。范宣子讓，其下皆讓，欒黶爲汰，弗敢違也。晉國以平，數世賴之，刑善也夫！一人刑善，百姓休和，可不務乎！書曰：‘一人有慶，兆民賴之，其寧惟永’，其是之謂乎！”　下之視傚，苃草偃風：視傚，視而仿效。苃草，泛稱草。苃，音 rèng。廣韻證韻：“苃，草不翦。”偃風，謂隨風而倒。論語顏淵：“君子之德風，小人之德草，草上之風，必偃。”

〔二四五〕見詩小雅角弓。毛亨傳:"爵禄不以相讓,故怨禍及之。"

〔二四六〕少康以克艱興:克艱,克服艱難。見後紀十四夏帝少康。　句踐亦以克艱興:詳見史記越王句踐世家。

〔二四七〕而季札亦以吳國讓:史記吳太伯世家:"(吳王)壽夢有子四人,長曰諸樊,次曰餘祭,次曰餘眛,次曰季札。……季札賢,而壽夢欲立之,季札讓不可,於是乃立長子諸樊,攝行事當國。王諸樊元年,諸樊已除喪,讓位季札。季札謝,……吳人固立季札,季札弃其室而耕,乃舍之。……十三年,王諸樊卒。有命授弟餘祭,欲傳以次,必致國於季札而止,以稱先王壽夢之意,且嘉季札之義,兄弟皆欲致國,令以漸至焉。……(王餘祭)十七年,王餘祭卒,弟餘眛立。……(王餘眛)四年,王餘眛卒,欲授弟季札。季札讓,逃去。"

〔二四八〕惟其有之,下必有甚焉者:詩小雅裳裳者華:"左之左之,君子宜之;右之右之,君子有之。維其有之,是以似之。"孟子滕文公上:"上有好者,下必有甚焉者矣。"

〔二四九〕以天下故,豈其心之有是哉:四庫本脱"以天下故"四字。

〔二五〇〕心無是,是故天下莫之知;天下莫之知,何從而稱之哉:彦按:羅氏蓋因誤解論語"民無得而稱焉"而有是語。所謂"民無得而稱焉"者,楊伯峻譯注譯爲:"老百姓簡直找不出恰當的詞語來稱贊他。"極爲準確。而何晏集解乃謂"其讓隱,故無得而稱言之者",謬矣。路史則襲何氏之誤。下文羅苹注稱"爲天下讓,故民無得而稱;若以天下畀,何無得而稱哉",誤與此同。

〔二五一〕范曄亦言泰伯、伯夷未始有讓:四庫本"范曄"作"范煜"。彦按:此四庫館臣避康熙帝玄燁諱也。後漢書丁鴻傳論曰:"孔子曰:'太伯三以天下讓,民無得而稱焉。'孟子曰:'聞伯夷之風者,貪夫廉,懦夫有立志。'若乃太伯以天下而違周,伯夷率絜情以去國,並未始有其讓也。故太伯稱至德,伯夷稱賢人。後世聞其讓而慕其風,徇其名而昧其致,所以激詭行生而取與妄矣。"

〔二五二〕若許由者,能逃天下而不能逃名:史記伯夷列傳張守節正義引皇甫謐高士傳云:"許由字武仲。堯聞致天下而讓焉,乃退而遁於中嶽潁水之陽,箕山之下隱。堯又召爲九州長,由不欲聞之,洗耳於潁水濱。時有巢父牽犢欲飲之,見由洗耳,問其故。對曰:'堯欲召我爲九州長,惡聞其聲,是故洗耳。'巢父曰:'子若處高岸深谷,人道不通,誰能見子? 子故浮游欲聞,求其名譽。污吾犢口。'牽犢上流飲之。"　迹不泯也：泯，四庫本作"泯"，同。

〔二五三〕鄉使泰伯遷延退辟：遷延，猶豫，徘徊。喬本、洪本、吳本、備要本"延"字作"辺"。彥按："辺"當"延"字之誤。蓋"延"字草書作圥，刻工楷書之而奪其末筆，遂譌而成"辺"。今據四庫本改。退辟，"辟"爲"避"之古字。

〔二五四〕泰伯無子弟，至德不爲雛：泰伯，備要本作"伯泰"。彥按：此句文不成義，當有誤。史記吳太伯世家云："太伯卒，無子，弟仲雍立，是爲吳仲雍。"又，左傳哀公七年杜預注云："大伯卒，無子。仲雍嗣立，不能行禮致化，故效吳俗。"蓋即羅氏所本。疑羅注原文爲"泰伯無子，弟立，不爲禮"。今"立"譌"至"，又因正文"至德"而衍"德"字，"禮"又譌"雛"，遂致扞格。

〔二五五〕致國不屑：致國，讓國。致，讓與。不屑，不介意，不在乎。

〔二五六〕安行獨復：彥按：易復六四："中行獨復。"象曰："'中行獨復'，以從道也。"高亨今注："行，道也。……'中行獨復'，謂與他人同有所往，而行至中道，己一人獨返。此乃獨行其是之意。"此易"中行"爲"安行"，乃師易意而變通之。安行，謂安心而行，從容而行。

〔二五七〕以爲也：喬本、洪本有此，餘本均未見。彥按：此蓋釋"以讓爲美而爲之"之"而爲"。然而未免蛇足，故後之版本乃删去之。

〔二五八〕梁山：在今陝西乾縣西北。

〔二五九〕禹、稷躬稼，而有天下：論語憲問："羿善射，奡蕩舟，俱不得其死然；禹、稷躬稼，而有天下。"　文王一怒而安天下：孟子梁惠王下："文王一怒而安天下之民。"

〔二六〇〕巽："巽"字異體。通"遜"，讓。吳本、四庫本、備要本作"䷸"，同。

〔二六一〕太史公云：伯知古公欲立季歷，亡之蠻荊，斷髮文身：見史記周本紀，原文作："（古公）長子太伯、虞仲知古公欲立季歷以傳昌，乃二人亡如荊蠻，文身斷髮，以讓季歷。"蠻荊，四庫本作"荊蠻"。

〔二六二〕如所謂"南鄉讓天下者三"哉：四庫本無"者"字。彥按：史記孝文本紀載羣臣迎立文帝事云："羣臣皆伏固請。代王（彥按：即後之文帝）西鄉讓者三，南鄉讓者再。"路史于此，仿其語而推用之。

〔二六三〕方泰王時：吳本、四庫本"泰"作"太"。下"泰王"之"泰"同。

王季以與文王：吳本、四庫本作“而王季以與文王”。

〔二六四〕泰伯見王季有聖子：自此而下至“王季乃權受之”，見論衡四諱篇。

〔二六五〕王季避位：避位，四庫本作“避世”，誤。　泰伯再遜：吳本“泰”作“太”。

〔二六六〕發喪：辦理喪事。

〔二六七〕死不含飯，哭不臨喪：含飯，即飯含，爲古喪禮：以珠、玉、貝、米等物納於死者之口。臨喪，面對遺體。

〔二六八〕委而去之：委，舍棄。

〔二六九〕故孫盛三讓論曰：吳本“孫”譌“遜”。下自“鄭玄以託采藥而行”而至“如季札、子臧之倫者”，皆撮引自晉孫盛周泰伯三讓論。

〔二七〇〕而斷髮文身，文與左氏明文不合：彥按：左傳哀公七年云：“大伯端委以治周禮，仲雍嗣之，斷髮文身，臝以爲飾，豈禮也哉？有由然也。”是斷髮文身者乃仲雍，非泰伯也。

〔二七一〕子言“三以天下讓”，如季札、子臧之倫者：季札，見上注〔二四七〕。子臧，春秋曹宣公庶子。史記吳太伯世家載季札曰：“曹宣公之卒也，諸侯與曹人不義曹君，將立子臧，子臧去之，以成曹君。君子曰：‘能守節矣。’”又左傳成公十五年：“諸侯將見子臧於王而立之。子臧辭曰：‘前志有之曰：聖達節，次守節，下失節。爲君非吾節也。雖不能聖，敢失守乎？’遂逃，奔宋。”彥按：此句羅氏引文不全，有失本意。據藝文類聚卷二一引孫氏周泰伯三讓論，其原文爲：“故孔子曰‘三以天下讓’，言非其常讓，若臧、札之倫者也。”太平御覽卷四二四引，作：“故孔子曰‘三以天下讓’，言非直常讓若札、臧之倫者。”是孫氏本謂泰伯之讓，與札、臧之倫不同，今羅氏引文若此，可謂大相徑庭矣！

〔二七二〕古公三子，其季曰歷：自此而下至“乃去之吳”，見論衡初稟篇。古公，喬本、洪本“古”譌“故”，今據餘諸本改。

〔二七三〕古公曰：四庫本如此，今從之。餘諸本“古”作“故”非。

〔二七四〕不去則惑，惑且亂，是故翩然有不俟駕：惑，糊塗，不明智。翩然，輕疾貌。不俟駕，狀其去之迫不及待。典出論語鄉黨：“君命召，不俟駕行矣。”

〔二七五〕真父：宋張震字，歷官高宗、孝宗二朝，累官至敷文閣待制。

荆吴：此偏指吴。

〔二七六〕發：周文王子周武王名。

〔二七七〕文、武又聖：吴本“又”譌“人”。　故默焉而退：默焉，默然。吴本“默”作“黑”，誤。退，喬本、洪本作“進”，非是。今據餘諸本改。

〔二七八〕讓仁人者一：喬本、洪本“者”作“有”。餘諸本作“者”，於文法爲長，今從之。　故云“三以天下讓”：吴本“云”譌“一”。

〔二七九〕夫以爲伯知文、武之聖當得之而後遜：伯，洪本爲闕文；喬本、備要本作“讓”，非是；此從吴本及四庫本。文，四庫本譌“大”。後，吴本、四庫本作“后”。　武之牧野：之，於。公元前1046（？）年，周武王率反殷諸侯誓師於商郊牧野，紂之大敗紂軍於此而滅商。

〔二八〇〕此憲之所以爲讓太子也：憲，法令。爲，有。四庫本無“爲”字。

〔二八一〕若齊景公篡其君兄之位，雖有千駟，死之日曾何足爲稱哉：齊景公，春秋齊國君吕杵臼，公元前547—前490年在位。彥按：據史記齊太公世家，齊莊公六年五月，大夫崔杼弑其君，“丁丑，崔杼立莊公異母弟杵臼，是爲景公。……景公立，以崔杼爲右相，慶封爲左相。”羅氏稱“齊景公篡其君兄之位”，與事實不甚相符。又論語季氏載孔子曰：“齊景公有馬千駟，死之日，民無德而稱焉。”即羅氏“雖有千駟”云云所本。

〔二八二〕秦王世民功既高矣，而建成、元吉猶不之寤，卒以自斃：秦王世民，唐高祖李淵次子，即唐太宗，初封秦王。建成，唐高祖李淵嫡長子，初立爲皇太子。元吉，唐高祖李淵第四子，初封齊王。新唐書太宗皇帝本紀：“初，高祖起太原，非其本意，而事出太宗。及取天下，破宋金剛、王世充、竇建德等，太宗功益高，而高祖屢許以爲太子。太子建成懼廢，與齊王元吉謀害太宗，未發。（武德）九年六月，太宗以兵入玄武門，殺太子建成及齊王元吉。高祖大驚，乃以太宗爲皇太子。八月甲子，即皇帝位于東宮顯德殿。”

路史卷二十七

國名紀四

陶唐氏後

陶　高辛封之。今廣濟軍治,古定陶城,有陶丘。范蠡變姓名,間行止陶〔一〕。今鄆之平陰有陶山〔二〕。

唐　國,即中山。今定之新樂與唐縣俱是〔三〕。即漢唐縣。有堯山、唐水。望都故城望都里東北有廣唐城〔四〕,即中山故城,張曜記之中人城〔五〕。東有堯故城。俗訛爲堯姑,猶故州爲瓜州〔六〕。後都平陽、安邑,亦皆曰唐〔七〕。平陽亦丹朱封也。

楚　許氏叔重謂堯以楚伯受命〔八〕。今之唐州,故湖陽,有西唐山。宣十二年之唐,乃唐成公之國,記云"成王滅唐,徙其後于許、郢之間"者也〔九〕。

丹　朱之國〔一〇〕。今朱虛有丹山。丹水出焉,東丹、西丹二水。近有長阪遠峻,謂之破車坡,記爲丹朱弄兵之處〔一一〕。又鄧之内鄉亦有丹水,漢之丹水縣,荆州記云"丹川,堯子封"者。九域志云,在鄧有丹朱冢。然丹朱陵乃在相之永和鎮。

房防　朱封,防也。昭王取房后,今蔡之遂平西南四十吳房故城〔一二〕。孟康云,本房子國〔一三〕。輿地志云:房子國,楚靈滅之,遷房于楚。夫槩奔楚,封之,因曰吳房〔一四〕。元濟平,因曰遂平〔一五〕。

即西魏之光遷國,周爲遷州〔一六〕。水經云:陽武有房故城,非趙之房也〔一七〕。秦之防陵〔一八〕,昭二十二〔一九〕。吳房亦作防。有唐王墓。宇未詳〔二〇〕。武德初爲房州。與趙房異。詳周後世國〔二一〕。

傅　大縣國〔二二〕,唐表云,黃帝後。夏封之,在虞、虢之間。在河東大陽北十里,有顛軨阪,説版築之所〔二三〕。有傅虛、傅岩、傅説之祠。古之北虞,今隷平陸,地多傅姓〔二四〕。尸子云傅岩在北海之洲,妄也〔二五〕。

鎦留、劉　長子之後,妘姓,留也〔二六〕。丘中有麻"彼留子國"者〔二七〕。漢隷彭城〔二八〕,酈云:"留縣故城,翼佩泗、濟〔二九〕。"張良遇高祖處〔三〇〕。縣至隨猶在〔三一〕。今在沛縣,泗水縣東南二十五〔三二〕。或以爲襄元年宋呂、留在彭城也〔三三〕。子房之封,有廟、墓〔三四〕。蘇鶚云滕縣有留城,是〔三五〕。鄭留邑,陳併之,曰陳留〔三六〕。今陳留有子房廟,陳留圖經云靈墓,非也〔三七〕。乃此緱氏之劉亭,隱十一年傳之劉也〔三八〕。今徐之留城鎮有留鄉、留故城〔三九〕。繁休伯避地賦:"朝余發乎泗州,夕余宿乎留鄉。"〔四〇〕世作"卯金刀",繆也〔四一〕。説文無"劉"字,春秋劉康公故只作"鎦",篆古亦作"鎦"〔四二〕。鍇疑"刀"曲轉爲"田",未攷乎古〔四三〕。

豕韋　防姓,韋也。見世本。或云劉氏,非。

鑄祝　侯爵,祝也。兗之蕊丘治,故蚮丘,屬濟北,有鑄鄉〔四四〕。廣記云:蕊丘,春秋鑄、遂二國地〔四五〕。然記:齊之歷城爲祝國,春秋之祝阿〔四六〕。寰宇記爲古祝國,黃帝後,故城在今豐齊東北二、長清東北四十五〔四七〕。記云黃帝後封,因禮記誤〔四八〕。

唐二　桀伐有唐。堯帝後,洛陽之唐聚〔四九〕。昭二十三〔五〇〕。注或云洛陽東南有唐亭〔五一〕。若邲之戰,唐侯爲楚左拒,預謂楚之小國;定五年,秦子期滅唐者:隨之唐城、唐鄉也〔五二〕。

魯　御龍邑〔五三〕,左傳云:懼而遷于魯〔五四〕。魯陽國,夏魯陽縣,亦號<u>唐侯</u>,漢屬<u>南陽</u>。_{固云:南陽魯縣,御龍氏所遷}^{〔五五〕}。今<u>汝</u>之<u>魯山</u>有<u>魯陽關</u>,有<u>大龍山</u>——<u>堯山</u>,今曰<u>大陌山</u>,因<u>絫</u>立<u>堯祠</u>^{〔五六〕}。_{水經注:絫祠,堯山上}^{〔五七〕}。<u>忞</u>:<u>後魏魯州</u>^{〔五八〕}。_{王世充魯州也}^{〔五九〕}。有<u>魯陽公墓</u>、<u>絫龍城</u>。<u>汝</u>之<u>龍興</u>。_{九域志魯陽關城在鄧,有松嶺,即古魯陽關}^{〔六〇〕}。

<u>杜屠</u>　一曰<u>屠</u>。<u>括地志</u>云,<u>杜伯國</u>^{〔六一〕}。今<u>永興長安縣</u>南十五有<u>下杜</u>,<u>伯冢廟記</u>云,<u>杜伯</u>所築^{〔六二〕}。漢之<u>杜陵</u>,今<u>萬年</u>^{〔六三〕}。_{杜縣}^{〔六四〕}。<u>秦</u>有<u>周右將軍杜主祠</u>^{〔六五〕}。_{通典:城在萬年東二十四}^{〔六六〕}。<u>杜陵</u>,<u>後魏</u>爲<u>杜城</u>,在<u>下杜</u>東,城今在<u>萬年</u>東十五,非<u>杜伯國</u>^{〔六七〕}。<u>唐杜</u>,兩國也^{〔六八〕}。_{郡國志云:雍州杜城在安仙門南七里,范氏云唐杜氏,此也}^{〔六九〕}。

<u>隨</u>　<u>士會</u>邑,<u>晉</u>地,<u>晉</u>人逆<u>晉侯</u>于<u>隨</u>者^{〔七〇〕}。非<u>隨州</u>^{〔七一〕}。然按<u>類林</u>,<u>隨侯</u>祝姓,則亦<u>陶唐氏</u>之後。

<u>范</u>三^{〔七二〕}　<u>士匄</u>封^{〔七三〕}。今<u>濮</u>之<u>范</u>,漢故縣,有故<u>范城</u>。<u>武德</u>二爲<u>范州</u>,領<u>范</u>一縣。與<u>范陽</u>、<u>壽張</u>異^{〔七四〕}。_{鄆之壽張有范城}。

<u>郇櫟</u>^{〔七五〕}

<u>彘</u>二^{〔七六〕}　<u>河東永安</u>東北故<u>彘縣</u>也^{〔七七〕}。今<u>晉</u>之<u>霍邑</u>^{〔七八〕}。<u>晉</u>先<u>縠</u>爲<u>彘子</u>,<u>宣</u>十二年"<u>彘子</u>尸之"者^{〔七九〕}。有<u>彘水</u>。_{霍邑即漢彘縣。非周彘。昭二十九年傳彘,周地}^{〔八〇〕}。

<u>函與</u>

右五邑皆<u>士氏</u>。

<u>冀</u>　<u>冀氏</u>也,併于<u>晉</u>。<u>郤芮</u>封之^{〔八一〕}。昔<u>臼季</u>過<u>冀</u>者^{〔八二〕}。_{僖三十三}。漢之<u>陭縣</u>,今隸<u>晉</u>^{〔八三〕}。有<u>冀亭</u>,在<u>皮氏</u>東北,傳云"<u>冀</u>爲不道"者,非<u>冀州</u>^{〔八四〕}。

<u>高唐</u>　<u>博</u>之屬縣,<u>漯</u>所出^{〔八五〕}。<u>桑欽地理志</u>云:<u>漯</u>出<u>高唐</u>^{〔八六〕}。今<u>濟南</u>之<u>祝柯</u>,<u>預</u>云祝<u>阿</u>西北<u>高唐城</u>^{〔八七〕}。

<u>上唐</u>^{〔八八〕}　<u>唐</u>之名非一。若<u>帝堯</u>伐<u>有唐</u>,則爲<u>上唐</u>,故<u>蔡陽上唐鄉</u>,

晉後爲縣〔八九〕，晉上唐縣。今隨之唐城，有故唐城〔九〇〕。劉累之封，則南唐也〔九一〕。見前。復有廣唐、北唐之類，冒其名爾〔九二〕。高唐，齊邑。今齊之章丘，則故高唐〔九三〕。闞駰云：漢縣，平原郡南五十〔九四〕。宋高唐縣〔九五〕，開皇以博有高唐，改爲章丘〔九六〕。高唐故城在齊之禹城南五十。昔夙沙衛以高唐叛，後使盼子治高唐地者〔九七〕。

　　堯之子十。其長考監明先死而不得立，故堯有毁長之誣〔九八〕。監明之嗣式，封于劉，其後有劉累〔九九〕。事存漢紀〔一〇〇〕。唐表云：陶唐子孫生子有文在手曰“鄮絫”〔一〇一〕。按左傳，有文在手曰“劉”〔一〇二〕。朱又不肖〔一〇三〕，肖，克也〔一〇四〕。禮云“簡不肖”，謂不似其父母，非〔一〇五〕。而弗獲嗣〔一〇六〕；然亦弗絶于世，其代之封者可得而知矣。

【校注】

〔一〕范蠡變姓名，間行止陶：間行，潛行。間，音 jiàn。史記越王句踐世家：“范蠡事越王句踐，既苦身戮力，與句踐深謀二十餘年，竟滅吳，報會稽之恥，北渡兵於淮以臨齊、晉，號令中國，以尊周室，句踐以霸，而范蠡稱上將軍。還反國，范蠡以爲大名之下，難以久居，且句踐爲人可與同患，難與處安，爲書辭句踐。……乃裝其輕寶珠玉，自與其私徒屬乘舟浮海以行，終不反。……范蠡浮海出齊，變姓名，自謂鴟夷子皮，耕于海畔，苦身戮力，父子治産。居無幾何，致産數千萬。齊人聞其賢，以爲相。范蠡喟然嘆曰：‘居家則致千金，居官則至卿相，此布衣之極也。久受尊名，不祥。’乃歸相印，盡散其財以分與知友鄉黨，而懷其重寶，間行以去，止于陶。”

〔二〕今鄆之平陰：洪本“今鄆”二字闌入注文。鄆，州名。平陰，縣名。今屬山東省。

〔三〕定之新樂與唐縣：定，州名。新樂，縣名，治所在今河北新樂市承安鎮。唐縣，治所在今河北唐縣西南。

〔四〕望都：縣名，治所在今河北唐縣高昌鎮。

〔五〕張曜記：指西晉張曜所撰中山記。

〔六〕猶故州爲瓜州：瓜州，地在今甘肅敦煌市。洪本作“派州”，吳本、四庫本作“泒州”，誤。

〔七〕參見後紀十一帝堯陶唐氏。

〔八〕許氏叔重謂堯以楚伯受命：見後紀十一帝堯陶唐氏注〔八四〕。

〔九〕宣十二年之唐，乃唐成公之國：唐成公，春秋唐國國君。彦按：宣十二年左傳明言爲唐惠侯，此稱唐成公國，未妥。唐成公見於左傳定公三年，據杜預注，唐成公爲唐惠侯之後。　記云“成王滅唐，徙其後于許、鄖之間”者也：許，許州，治所在今河南許昌市。鄖，鄖州，治所在今湖北鍾祥市。史記晉世家司馬貞索隱：“唐本堯後，封在夏墟，而都於鄂。鄂，今在大夏是也。及成王滅唐之後，乃分徙之於許、鄖之間，故春秋有唐成公是也，即今之唐州也。”

〔一〇〕朱：即丹朱。彦按：本條内容多見於後紀十一帝堯陶唐氏及羅注，可與合參。

〔一一〕破車坡：各本均作“破軍坡”，今訂作破車坡，以與此前一致。參見後紀十一帝堯陶唐氏注〔五六五〕。

〔一二〕見後紀十一帝堯陶唐氏注〔五七二〕。

〔一三〕孟康云，本房子國：見漢書地理志上汝南郡吳房縣顏師古注引孟康曰。孟康，三國魏訓詁學家，撰有漢書音義等著作。

〔一四〕參見國名紀三高辛氏後棠谿條。

〔一五〕元濟：指吳元濟，唐憲宗時叛藩首領，兵敗被誅。備要本“濟”譌“齊”。舊唐書地理志一河南道蔡州上：“遂平：隋吳房縣，元和十二年討吳元濟於文城柵，置行吳房縣，權隸溵州。賊平，改爲遂平縣，隸唐州。”

〔一六〕即西魏之光遷國：光遷國，各本“光”均作“先”。彦按：“先”當“光”字形譌。太平寰宇記卷一四三山南東道房州曰：“（房州）春秋爲房子國，……後漢末以爲房陵郡。……歷晉、宋、齊爲新城、上庸二郡。梁天監末立岐州，與郡同理房陵。侯景之亂，地入後魏。廢帝二年，改新城郡爲光遷國。漢中記云：‘光遷國，昔傳此地古有三百人于州西南房山中學道得仙，因名其地爲廣仙。後人語訛爲光遷。’後周武帝保定三年，廢國爲遷州，改房陵爲光遷縣。”今據以訂正。

〔一七〕水經云：陽武有房故城，非趙之房也：陽武，縣名，治所在今河南原陽縣東南。趙之房，指趙郡房子縣，治所在今河北高邑縣西南。水經注卷七濟水:"(濟水)又東逕房城北。穆天子傳曰:天子里甫田之路,東至于房。疑即斯城也。郭注以爲趙郡房子也。余謂穆王里鄭甫,而郭以趙之房邑爲疆,更爲非矣。"

〔一八〕防陵:即房陵。縣名,治所即今湖北房縣。

〔一九〕昭二十二:春秋、左傳昭二十二年未見有相關内容,疑此有誤。

〔二〇〕宇未詳:吴本、四庫本無此三字。宇蓋指太平寰宇記,備要本作"字"非。

〔二一〕詳周後世國:見國名紀六周世侯伯房條。

〔二二〕大繇:新唐書宰相世系表四上作大由。參見後紀十一帝堯陶唐氏。

〔二三〕在河東大陽北十里,有顛軨阪:河東,郡名。大陽,縣名,治所在今山西平陸縣西南。顛軨阪,各本均作"顛軨阪"。彦按:"軨"當"軨"字形譌。左傳僖公二年,晉荀息假道於虞曰:"冀爲不道,入自顛軨,伐鄍三門。"杜預注:"河東大陽縣東北有顛軨坂。"今據以訂正。　説版築之所:説,傅説。版,各本均作"阪",當涉上"顛軨阪"之"阪"而譌,非其義也。今訂正作"版"。參見後紀十一帝堯陶唐氏注〔六八〇〕。

〔二四〕地多傅姓:各本皆作"尸地多傅姓"。彦按:"尸"字原當位於"姓"字之後,且屬下句,與"子"連讀,作爲書名。誤倒於上,前後文皆不通矣。今訂正。

〔二五〕北海:即今渤海。

〔二六〕長子:指帝堯長子考監明。

〔二七〕丘中有麻"彼留子國"者:丘中有麻,詩王風篇名。留,姓氏。子國,周賢大夫。彦按:毛亨傳云:"留,大夫氏。""子國,子嗟父。"路史似以"留子之國"視詩,無據。

〔二八〕彭城:郡名。

〔二九〕留縣故城,翼佩泗、濟:見水經注卷八濟水二。留縣,治所在今江蘇沛縣東南。翼,謂兩側。佩,猶帶。泗、濟,二水名。

〔三〇〕太平寰宇記卷一五徐州沛縣:"留城,在縣東南五十五里。昔張良遇高祖之處,後平天下,高祖欲封之,曰:'臣昔遇陛下于彭城東南留地,願陛下封臣于此。'高祖許之,遂封留侯。"

〔三一〕隨:通"隋",四庫本作"隋"。

〔三二〕沛縣:治所即今江蘇沛縣。

〔三三〕或以爲襄元年宋吕、留在彭城也:吕,四庫本如此,是,今從之。餘諸本均譌"昌"。留,洪本、吴本作"畱",乃俗體。左傳襄公元年:"秋,楚子辛救鄭,侵宋吕、留。"杜預注:"吕、留,二縣名,屬彭城郡。"

〔三四〕子房:漢張良字。

〔三五〕蘇鶚云滕縣有留城:滕縣,治所即今山東滕州市。各本"滕"均譌"騰",今訂正。鶚蘇氏演義卷上曰:"陳留圖經云:'漢封張良爲留侯,陳留是也。今縣遂置留侯廟。'此乃誤耳。漢祖與功臣起豐沛間,所封多不忘于舊地,即今滕縣東有留侯廟,是舊留地,封子房之處。漢紀云高祖遇張良于留,即是此也。"

〔三六〕漢書地理志上陳留郡陳留縣顏師古注:"孟康曰:'留,鄭邑也,後爲陳所并,故曰陳留。'臣瓚曰:'宋亦有留,彭城留是也。留屬陳,故稱陳留也。'師古曰:'瓚説是也。'"

〔三七〕陳留圖經云靈臺:陳留圖經,佚書,撰者不詳。臺,喬本、洪本作"甚",四庫本、備要本作"臺",此從吴本。"臺"、"臺"一字異體,"甚"則"臺"字形譌。

〔三八〕左傳隱公十一年"王取郱、劉"杜預注:"二邑在河南緱氏縣。西南有郱聚,西北有劉亭。"

〔三九〕徐之留城鎮:徐,州名。留城鎮,在徐州沛縣(今之江蘇沛縣)。

〔四〇〕繁休伯:東漢文士繁欽,字休伯。　　泗州:泗水之洲。州,"洲"之古字。水經注卷八濟水引繁休伯避地賦,作"泗洲"。

〔四一〕卯金刀:"劉"之拆字。

〔四二〕春秋劉康公:分別見左傳宣公十年、十五年、成公元年、十一年、十三年。

〔四三〕鍇疑"刀"曲轉爲"田":吴本、四庫本無"鍇疑"而下十一字,蓋脱文。鍇,指南唐文字學家、説文解字繫傳作者徐鍇,備要本譌"錯"。刀,備要本譌"方"。説文金部"鐂,殺也"徐鉉注引徐鍇曰:"説文無劉字,偏旁有之,此字又史傳所不見,疑此即劉字也。从金,从刅,刀字屈曲傳寫誤作田尔。”

〔四四〕故蚰丘,屬濟北:蚰丘,縣名,治所在今山東肥城市東南。濟北,東漢、晉封國名。

〔四五〕見輿地廣記卷七兗州龔丘縣。

〔四六〕然記:齊之歷城爲祝國,春秋之祝阿:齊,州名。歷城,縣名,治所在今山東濟南市歷城區。彥按:歷城當作禹城(治所在今山東禹城市)。太平寰宇記卷一九齊州禹城縣云:“本春秋齊邑,謂祝柯,猶東柯也,古祝國,黃帝之後。”是也。春秋之祝阿,即左氏春秋襄公十九年“諸侯盟于祝柯”之祝柯,穀梁春秋亦作祝柯,而公羊春秋則作祝阿,通。

〔四七〕寰宇記爲古祝國,黃帝後,故城在今豐齊東北二、長清東北四十五:見太平寰宇記卷一九齊州禹城縣。爲,通“謂”。在,洪本作“杜”,當“扗”(同“在”)字之譌。豐齊,縣名,治所在今山東濟南市西南。吳本“豐”作“豐”。長清,縣名,治所即今山東濟南市長清區。

〔四八〕記云黃帝後封,因禮記誤:彥按:禮記樂記云:“武王克殷反商,未及下車而封黃帝之後於薊,封帝堯之後於祝。”是以祝爲帝堯後封,當亦路史置之於陶唐氏後所本。今乃謂“記云黃帝後封,因禮記誤”,令人費解,疑此中文字有誤。

〔四九〕後漢書郡國志一河南尹雒陽云:“有唐聚。”

〔五〇〕左傳昭公二十三年:“尹辛敗劉師于唐。”

〔五一〕春秋釋例卷五土地名第四十四之一周地昭公二十三年唐云:“或曰河南洛陽縣東南有唐亭,疑。”

〔五二〕邲之戰:邲,春秋鄭地,於今河南鄭州市西北。春秋宣公十二年(前597),“夏六月乙卯,晉荀林父帥師及楚子戰于邲,晉師敗績。” 唐侯爲楚左拒:唐侯,指春秋唐國國君唐惠侯。左拒,布於左翼之方形軍陣。左傳宣公十二年:“楚子……使潘黨率游闕四十乘,從唐侯以爲左拒。” 預謂楚之小國:左傳宣公十二年“楚子使唐狡與蔡鳩居告唐惠侯”杜預注:“唐,屬楚之小國。”

定五年,秦子期滅唐者:秦子期,彥按:秦當作楚。子期爲楚令尹,即左傳昭公十三年“令尹子期請伐吳”之子期也,此作秦誤。左傳定公五年(前505):“秋七月,子期、子蒲滅唐。” 隨之唐城、唐鄉也:隨,州名。唐城,縣名,治所在今湖北隨縣唐縣鎮。唐鄉,在今湖北棗陽市東南。

〔五三〕御龍:堯後劉累之氏,此指劉累。參見後紀八帝顓頊高陽氏注〔三一四〕。

〔五四〕懼而遷于魯:魯,魯縣,古邑名,在今河南魯山縣。左傳昭公二十九年:"(劉累)學擾龍于豢龍氏,以事孔甲,能飲食之。……龍一雌死,潛醢以食夏后。夏后饗之,既而使求之。懼而遷于魯縣。"

〔五五〕見漢書地理志上南陽郡魯陽縣。

〔五六〕今曰大陌山,因絫立堯祠:大陌山,洪本作"犬陌山"誤。絫,"累"之古字,指劉累。太平寰宇記卷八汝州魯山縣曰:"堯山,俗名大陌山。水經注云:'堯孫劉累遷此,故立堯祠于西山焉。'今山亦號大龍山,因擾龍見稱。"

〔五七〕水經注卷三一滍水:"堯之末孫劉累,以龍食帝孔甲。孔甲又求之,不得,累懼而遷于魯縣,立堯祠于西山,謂之堯山。"

〔五八〕忞:後魏魯州:忞,指宋歐陽忞。各本"忞後魏"均作"後忞魏"。彥按:"後忞魏"意不可通,當是前二字誤倒,今訂正。忞輿地廣記卷九汝州魯山縣曰:"漢爲魯陽,屬南陽郡。後漢及晉皆因之。後魏置荆州,尋廢,立魯陽郡,後置魯州。"

〔五九〕王世充魯州也:王世充,隋煬帝幸臣。煬帝死,擁越王楊侗爲帝。後廢侗自立,國號鄭,年號開明。四年,戰敗降唐,爲仇所殺。唐會要卷七〇州縣改置上河南道汝州云:"魯山縣,王世充置魯州。"

〔六〇〕九域志魯陽關城在鄧,有松嶺,即古魯陽關:見元豐九域志卷一鄧州。鄧,州名,治所在今河南鄧州市。

〔六一〕杜伯:見後紀十一帝堯陶唐氏注〔六一八〕。

〔六二〕今永興長安縣南十五有下杜:永興,指永興軍路。長安縣,治所在今陝西西安市西北。下杜,城名。宋宋敏求長安志卷一二長安縣下杜城云:"漢宣帝時修杜之東原爲陵,曰杜陵縣,更名此爲下杜城。廟記曰:'下杜城,杜伯所築。'"

〔六三〕漢之杜陵,今萬年:杜陵,縣名,治所在今陝西西安市雁塔區曲江街道。萬年,縣名。

〔六四〕杜縣:史記秦本紀武公十一年(前687):"初縣杜。"張守節正義引括地志云:"下杜故城在雍州長安縣東南九里,古杜伯國。"

〔六五〕秦有周右將軍杜主祠:杜主祠,喬本、洪本、吳本、四庫本作"三杜主祠",備要本作"二杜主祠"。彦按:"三"或"二"字當衍,輿地廣記卷一三京兆府萬年縣曰:"宣王以無罪殺杜伯,杜伯之神射王于鎬,故有周右將軍杜主祠",今據以删去。

〔六六〕通典:城在萬年東二十四:見通典卷一七三州郡三京兆府萬年縣,"東"作"東南",云:"漢南陵縣城,在今縣東南二十四里。又有漢杜城,則周之杜伯國地。"

〔六七〕杜陵,後魏爲杜城:彦按:後魏當作晉。魏書地形志下京兆郡杜縣云:"二漢曰杜陵,晉曰杜城,後改。"

〔六八〕唐杜,兩國也:左傳襄公二十四年范宣子曰:"昔匄之祖,自虞以上爲陶唐氏,在夏爲御龍氏,在商爲豕韋氏,在周爲唐杜氏。"杜預注:"唐杜,二國名。殷末豕韋國於唐,周成王滅唐,遷之於杜,爲杜伯。……杜,今京兆杜縣。"孫詒讓籀高述林唐杜氏考、楊伯峻春秋左傳注並斥其誤。楊氏曰:"實一國名,一曰杜,一曰唐杜,猶楚之稱荆楚。"彦按:孫、楊説當是,路史乃沿杜注之誤。

〔六九〕郡國志云:各本"郡"均作"即"。彦按:"即國志"文不成義。"即"當"郡"字形譌,今訂正。 雝州杜城在安仙門南七里,范氏云唐杜氏,此也:雝州,即雍州,治所在今陝西西安市西北。安仙門南,喬本、洪本作"安仙國",吳本、四庫本、備要本作"安山國"。范氏,指春秋晉國正卿范匄,亦稱范宣子。彦按:安仙(山)國當作"安仙門南"。太平御覽卷一九三引郡國志,作:"雍州杜城在安仙門南七里,春秋范宣子云'在周爲唐杜氏',即是此也。"太平寰宇記卷二五雍州一長安縣下杜城亦曰"在安僊門南七里",可以爲證。蓋"門"譌爲"國",又脱"南"字。今訂正。

〔七〇〕士會:即春秋晉卿大夫范武子,爲范匄祖。 晉人逆晉侯于隨:逆,迎。隨,春秋晉邑,在今山西介休市東南。左傳隱公六年:"翼九宗五正頃父之子嘉父逆晉侯于隨。"

〔七一〕隨州:治所即今湖北隨州市曾都區,周代爲隨國國都。

〔七二〕范:喬本、洪本、吳本、備要本均譌"苑",今據四庫本訂正。

〔七三〕士匄：即范匄。見上注〔六九〕。匄，洪本作“匈”，喬本作“匂”，譌；吳本作“匄”，與“匄”同。此從四庫本及備要本。

〔七四〕范陽：縣名，治所在今河北涿州市。

〔七五〕郇櫟：喬本、洪本“櫟”作“擽”，此從餘諸本。彥按：“郇櫟”見國語晉語八，韋昭注：“郇、櫟，晉二邑。”今路史立之爲國名紀詞目，似無據。

〔七六〕二：四庫本作“一”，非。

〔七七〕黃縣：治所在今山西霍州市。

〔七八〕晉之霍邑：晉，州名。霍邑，縣名。

〔七九〕晉先縠爲黃子：先縠，春秋晉大夫。食采於黃，故又稱黃子。　宣十二年“黃子尸之”者：尸，主，謂承擔。左傳宣公十二年：“不行之謂臨，有帥而不從，臨孰甚焉？此之謂矣。果遇，必敗，黃子尸之。”杜預注：“主此禍。”

〔八〇〕昭二十九年傳黃，周地：彥按：昭二十九年傳未見“黃”字。“二十九年”蓋“二十六年”之誤。左傳昭公二十六年：“至于厲王，王心戾虐，萬民弗忍，居王于黃。”又，學者多以“居王于黃”之黃，即所謂“今晉之霍邑”。至先縠采邑之黃，多未言及。疑即一地，唯厲王時爲周地，先縠時屬晉地，路史之説並不可信。

〔八一〕郤芮：春秋晉國大夫，左傳“郤”作“郤”，同。喬本、洪本、備要本“郤”作“郗”誤，此從吳本及四庫本。

〔八二〕昔臼季過冀者：臼季，春秋晉國大夫。冀，地在今山西河津市東北。左傳僖公三十三年：“初，臼季使，過冀，見冀缺耨，其妻饁之，敬，相待如賓。”

〔八三〕漢之猗縣，今隸晉：猗縣，治所在今山西安澤縣冀氏鎮。猗，音yī。晉，州名。通典卷一七九州郡九晉州冀氏縣云：“漢猗縣地。後魏置冀氏縣。”

〔八四〕傳云“冀爲不道”：見左傳僖公二年。　冀州：治所在今河北衡水市冀州區。

〔八五〕博之屬縣，漯所出：博，州名，治所在今山東聊城市東昌府區。漯，指漯水，古代黃河下游支流，河道經流大致與今山東徒駭河相合。各本“漯”均作“纆”。彥按：“纆”當“漯”字形譌。水經注卷五河水引桑欽地理志曰：“漯水出高唐。”正作“漯”，今據以訂正。下“漯出高唐”之“漯”同。

〔八六〕桑欽地理志:桑欽,東漢著名地理學家。四庫本"理"作"里",誤。

〔八七〕今濟南之祝柯:濟南,府名。祝柯,即祝阿,縣名,治所在今山東濟南市西南。　預云祝阿西北高唐城:高唐城,各本均作"上堂城"。彥按:"上堂城"與上文不相應,當高唐城之誤。蓋涉下文"上唐"加之音譌而來。杜預春秋釋例卷六土地名第四十四之二襄十九年高唐曰:"濟南祝阿縣西北高唐城。"又水經注卷五河水云:"春秋左傳哀公十年:'趙鞅帥師伐齊,取犁及轅,毀高唐之郭。'杜預曰:轅即援也。祝阿縣西北有高唐城。"皆可爲證。今據以訂正。

〔八八〕上唐:洪本"上"作"丄",乃古文"上"。

〔八九〕帝堯伐有唐:鶡冠子世兵:"堯伐有唐。"陸佃解曰:"傳云:'堯佐帝摯,受封於唐,二十而登帝位。'今此云堯伐有唐,未詳聞也。'伐'或作'代'。"吳世拱注曰:"唐,古國名。在今直隸唐縣。案堯伐唐有功,故帝摯封爲唐侯。"　蔡陽上唐鄉:蔡陽,縣名,治所在今湖北棗陽市西。上唐鄉,在今湖北隨縣唐縣鎮。　晉後爲縣:各本原作"晉、楚之戰後爲縣"。彥按:所謂晉、楚之戰,蓋指魯宣公十二年邲之戰。是年春秋經曰:"夏六月乙卯,晉荀林父帥師及楚子戰于邲。"又是年左傳曰:"楚子使唐狡與蔡鳩居告唐惠侯",杜預注:"唐,屬楚之小國。義陽安昌縣東南有上唐鄉。"然並未言晉、楚戰後上唐有由鄉改縣事,他書亦未見記載。考宋王應麟通鑑地理通釋卷六周形執攷曰:"唐,姬姓,隨州唐城縣。故唐國;漢爲上唐鄉,屬春陵;晉置上唐縣;隋改唐城。"宋歐陽忞輿地廣記卷八隨州唐城縣亦曰:"故唐國,屬楚。漢爲上唐鄉,屬春陵縣。晉屬安昌縣,後置上唐縣。"並以上唐縣之置在魏晉之晉時,則此"楚之戰"三字實不當有。至於羅氏原誤,抑或傳抄翻刻而衍文,則未可知也。今訂正。

〔九〇〕隨之唐城:隨,州名。唐城,縣名。

〔九一〕劉累之封:彥按:當指劉累裔孫之封。新唐書宰相世系表四下:"帝堯初封唐侯,其地中山唐縣是也。舜封堯子丹朱爲唐侯。至夏時,丹朱裔孫劉累遷于魯縣,累孫猶守故地,至商,更號豕韋氏,周復改爲唐公。成王滅唐,以封弟叔虞,其後更封劉累裔孫在魯縣者爲唐侯,以奉堯嗣,其地唐州方城是也。"唐州方城,即今河南方城縣。

〔九二〕北唐:西周方國名。在今山西太原市西南。　冒其名爾:四庫本

“爾”作“耳”。

〔九三〕章丘：四庫本“丘”字作“邱”。彦按：作“邱”者，清人避孔子名諱。

〔九四〕平原郡：治所在今山東聊城市東昌府區東北。

〔九五〕宋高唐縣：宋，指南朝宋。彦按：太平寰宇記卷一九齊州禹城縣曰：“漢地理志云平原郡有高唐，則漢縣也，即齊威王使盼子治高唐之地。闞駰十三州記以爲漢古縣，在平原郡南五十里。宋置高唐縣。”當即羅氏所本。

〔九六〕改爲章丘：各本“章丘”均作“章巫”。彦按：“巫”當“丘”字之譌。丘字説文小篆作𠀌，遂與“巫”字形近誤混。元和郡縣圖志卷一〇齊州章丘縣云：“本漢陽丘縣也，屬濟南郡。高齊文宣帝天保七年自高唐故城移高唐縣理于此。隋開皇十八年以博州亦有高唐縣，改爲章丘縣，屬齊州，取縣南章丘山爲名也。”又隋書地理志中齊郡章丘縣注：“舊曰高唐，開皇十六年改焉。”雖改名之年份不同，而並作“章丘”，今據以訂正。

〔九七〕昔夙沙衛以高唐叛：夙沙衛，見後紀四炎帝魁注〔一二〕。左傳襄公十九年：“齊靈公卒，莊公即位，……以夙沙衛易己，衛奔高唐以叛。”　後使盼子治高唐地者：盼子，春秋齊臣。四庫本“盼”作“昐”，同。韓詩外傳卷一〇載齊宣王對魏惠王曰：“吾臣有盼子者，使之守高唐，則趙人不敢東漁於河。”史記田敬仲完世家則以爲齊威王對魏王語，又“盼子”作“盼子”。

〔九八〕堯有殽長之誣：殽，同“煞”，通“殺”。備要本作“煞”。莊子盜跖：“滿苟得曰：‘堯殺長子，舜流母弟，疏戚有倫乎？’”

〔九九〕監明之嗣式，封于劉：嗣，後裔，此指子。劉，在今河南偃師市西南。

〔一〇〇〕荀悦漢紀高祖一：“在昔陶唐之後，有劉累者，以御龍事孔甲，爲御龍氏。在商爲豕韋氏，在周爲唐杜氏，其適晉國者爲范氏，別處秦者爲劉氏。當戰國時，劉氏徙于魏，遷于沛之豐邑，處中陽里，而高祖興焉。”

〔一〇一〕見新唐書宰相世系表一上，文曰：“劉氏出自祁姓。帝堯陶唐氏子孫生子有文在手曰‘劉累’，因以爲名。”　𥬰𥬰：即“劉累”俗體。吴本、四庫本、備要本作“劉累”。

〔一〇二〕按左傳，有文在手曰“劉”：彦按：今考左傳無此。羅氏蓋誤記。

〔一〇三〕朱：謂丹朱。

〔一〇四〕克：能。

〔一〇五〕禮云"簡不肖"：簡，挑出，剔除。禮記王制："司徒……上賢以崇德，簡不肖以絀惡。"

〔一〇六〕而弗獲嗣：史記五帝本紀："堯知子丹朱之不肖，不足授天下，於是乃權授舜。"

有虞氏後

虞三　帝先世所封，河東虞阪，所謂"嬪于虞"者，今解之虞鄉[一]。一曰吳，在虞城北十三[二]。志云：平陸吳山，上有虞城，舜始封是[三]。故虞城在陝之平陸東北六十。穆天子"登薄山寶輅之隥，宿于虞"，是也[四]。薄山即首山。預在河東太陽[五]。陝之夏縣有太陽故關[六]。樂史以爲安邑[七]，恣同。故武德爲虞州[八]，元年。乃都也。

嬀六　本作"潙"，因水。嬴也。"嬀"同。見説文、古書、賈昌朝音辨[九]。柱所都蒲阪，今之河東[一〇]。有潙水逕首山，下復一水曰汭。潙南汭北，西注河。河東舜廟記云：二泉在首山東北山中[一一]。寰宇記：出河東縣南三十首山，南流潙，北流汭[一二]。孔安國、馬季長、吕忱、王肅、杜預、皇甫謐以爲潙水之曲，非也[一三]。有帝廟。宇文護造[一四]。然潘城、饒汭皆有嬀名[一五]，並見下。而泗水亦有嬀亭[一六]，嬀亭山在兗之泗水源陶虚，乃謝息所遷桃虚也[一七]。長沙有嬀水，皆有祠，去都遠矣。又安息去代二萬千五百，亦有嬀水[一八]。

商　　義鈞國，今商之商洛，漢商縣[一九]。有堯女墓。見劉氏嘉話[二〇]。盛弘之云，武關西北百二十商城是[二一]。

緡　　季釐國[二二]，見山海經[二三]。今濟之金鄉。詳少昊後國[二四]。

虞　　公爵，虞思國[二五]。少康所依商均後[二六]。寰宇記：後爲少康邑[二七]。非。宋之虞城，漢虞縣，伯禹所封，即有虞。哀元。君專于樂，臣爭于權，民盡于刑，而亡[二八]。

圭　　鄭穆妃圭嬀國[二九]。後爲邽，秦武公“伐邽，縣之”
者[三〇]。武公十年，伐邽戎，置下邽[三一]。今華陰有下邽；天水
有上邽，故城在成紀，有邽山[三二]。

胡　　古胡子國，歸姓。范史：“汝陰本胡國。”[三三]汝陰，今潁
治[三四]。西二里有胡故城。九域志，開封有陳胡公
廟[三五]。胡公，嬀姓。而盟會圖，胡在豫之郾城；此姬姓
胡，楚所滅之。昭二十三年[三六]。越世家云：“析、酈、宗
胡”，索隱：宗胡，邑也，爲胡姓之宗[三七]。

負負黍　　世紀：舜遷于負黍。按：少室一曰黍室，負黍城在其
南[三八]。定六年之負黍也[三九]。杜云，陽城西南有負黍亭[四〇]。
今在登封。

遂　　虞後，商人實之遂。見風俗通。杜云，商封虞邑[四一]。瓚云，在
蚳丘東北十里[四二]。字書作“隧”。今兗之龔丘有蚳丘
城。西北十里有隧鄉，漢隧縣。齊滅之[四三]。莊十三年。

廬　　國故楚地，今襄之宜城，漢中廬，春秋時廬戢黎者[四四]。
縣北有漢黎丘城。應氏謂在廬江，非[四五]。郡國志、寰宇
記、應劭：廬江，故廬子國[四六]。故通典以爲廬州[四七]。蓋古“廬”、“盧”亦
或通言，故盧潘辨載籍無廬國，而左傳盧戎亦曰廬[四八]。在宜城西山
中[四九]。劭以後因以廬江爲廬戎國。

蒲　　蒲衣之故國，河中之河東西二里蒲津關也[五〇]。寰宇記爲
子路問津之所，而又以爲開封長垣西南之蒲城，又以爲在黄城山，亦自不
一[五一]。今長垣東北十故蒲城有子路祠。即蒲邑，秦昭襄之蒲
阪[五二]，四年。後周、唐爲蒲州。亦祁之蒲陰[五三]。中山
記：蒲陰昌安郭東有舜氏甘泉及舜二妃祠[五四]。寰宇記同之[五五]。郜陽
有故蒲城[五六]。

衛　　郡國志云：東郡衛公國，姚姓，本觀國也[五七]。有河牧
城。亦見水經[五八]。今鎮之靈壽西北[五九]。

潘　　故縣，屬上谷，左傳潘，“獲潘子”者[六〇]。本北燕州，貞
　　　　觀改曰嬀州，今嬀之懷戎，亦曰嬀虛。魏土地記：下雒城西南
　　　　故潘城也[六一]。

饒[六二]　金之西城有姚方、嬀虛[六三]。世紀謂之姚虛[六四]。佑云，本
　　　　曰饒汭[六五]。有舜祠。或謂舜生于此。世本云：嬀虛在
　　　　西城西舜居。而潁容釋例亦謂舜居西城西，本曰嬀
　　　　汭[六六]。非也。

傅　　河東，商滅之。

鄒　　桑欽水經云：濕水逕鄒平故城[六七]。酈元云：古鄒侯國，
　　　　舜後，姚姓。今在濟南。

息　　今新息，楚文妃息嬀國，後周之息州[六八]。隨志：周於新息置
　　　　息州，大業中廢[六九]。集古錄有息州刺史梁洋碑[七〇]。非姬姓之
　　　　息[七一]。杜以爲姬姓，非也[七二]。按：字書“郎”，齊附庸，今齊
　　　　南鄙[七三]。

母胡母　衛地，在曹、衛之間，田世家“伐衛取母”者[七四]。田氏
　　　　取之，以封胡之支子。遠本胡公，爲胡母氏[七五]。春秋舊
　　　　圖云[七六]：母邑在曹、衛間。說者以爲“貫”之缺，妄[七七]。漢劉楚爲
　　　　胡母侯，屬泰山[七八]。

轅袁　齊之禹城西有故轅城。寰宇記作瑗城，禹城南百里[七九]。哀十
　　　　年趙鞅取轅，宜非此[八〇]。漢有袁良，食遺鄉[八一]。按良
　　　　碑云：滿爲陳侯，至陳濤塗以字立姓曰袁[八二]。漢有關內侯，亦食
　　　　遺鄉[八三]。

餘姚　風土記云，舜支庶所封。今縣，隸會稽，在餘姚山之西。
　　　　以河東有姚，故曰餘姚[八四]。武德爲姚州。

上虞　今縣，隸會稽，拒餘姚七十，酈道元所謂虞濱[八五]。西三
　　　　十有虞山。以有宋之虞，曰上虞[八六]。上虞故城則在餘
　　　　姚。太康地記謂帝避丹朱于此，故縣北有百官橋，一曰舜橋。郡國志云：

禹與諸儒會事于此,相虞樂而名[八七]。尤妄。

西虞　齊桓公收西虞者[八八]。

餘虞　即虞吳[八九]。今長興東北四十二有餘虞浦[九○],陽羨之東
　　　鄉[九一]。周處云:諸漁浦,一名餘吳溪,虞舜時人化之徠
　　　居[九二]。故記每作"餘漁",非也[九三]。

巴陵　古巴丘,今岳州。有黃陵。舜妃登北氏墓。詳路史舜冢辨[九四]。

長沙　今岳之沅江、潭之益陽,梁之重華縣[九五]。有重華城,一
　　　號虞帝城。記爲帝都,非。

濮　　帝子散封者,今濮州有歷山、靁澤,故衛有曲濮[九六]、定
　　　八。城濮[九七]、宣十二[九八]。宛濮[九九]、僖二十八[一○○]。濮水。
　　　在曹之南華,莊子釣處[一○一]。

箕四　箕子之先箕伯之封,小國也。春秋猶有箕、崇之
　　　國[一○二]。姓纂云,商之圻内。今太原,晉"敗狄于箕"
　　　者[一○三]。僖三十三。預謂太原陽邑有箕城,是[一○四]。陽
　　　邑,隨之大谷,後爲骨打都[一○五]。今遼之榆社東南三
　　　十古箕城,在遼山[一○六],又地形志。與琅邪、漢箕國屬琅邪。
　　　宣帝封城陽荒之子文爲箕侯[一○七]。今莒縣有箕山。益都、青之益都有
　　　箕山。襄邑異[一○八]。石勒破州郡,必東衣冠,號君子城;其平幽州,
　　　擢荀綽等還襄邑,今訛爲箕子城矣[一○九]。

朝鮮　箕子後封,遼之樂浪[一一○]。今平之盧龍有朝鮮城,故武
　　　德以遼爲箕州[一一一],八年。而高麗亦其地[一一二]。

鮮于　箕子之支子仲國[一一三]。顏真卿云:武王封之鮮,子仲食
　　　邑於于[一一四]。一云朝鮮,後入海者爲鮮國。

直　　直柄國[一一五]。昭二十三年直人,周地[一一六]。

潙[一一七]　長沙縣有潙水。水經云,東入臨湘[一一八]。

陳　　嬀滿之封[一一九]。本商侯,武王伐而封之。今陳治宛丘
　　　苑城。城記云,胡公所築[一二○]。楚初滅陳,頃襄後都

之〔一二一〕。昭八。漢初淮陽國，章和爲陳國〔一二二〕，二年。後魏爲陳郡，隨爲州〔一二三〕。

陸

番　　邾國也。漢縣，屬魯國〔一二四〕。今滕縣移蕃城中，去古滕二十里〔一二五〕。一作“鄱”。劲音“皮”〔一二六〕。白褒魯國記云：陳子游爲魯相，太尉陳番子也，國人爲諱，改曰皮〔一二七〕。

罕羌　　燒當後〔一二八〕。

有庳　　象國〔一二九〕。今道州。孟子作“鼻”〔一三〇〕。

象城　　漢縣，屬鉅鹿〔一三一〕。今趙之臨城昭慶鎮西北，古象城〔一三二〕。趙記：舜弟象居〔一三三〕。九域、圖經同。故仁壽以廣阿爲象城，樂史引左傳：舜弟所封〔一三四〕。二國附。

君必不道，而後國不祥。國不祥，而後國幾亡〔一三五〕。陳殺洩冶〔一三六〕，宣九年。明年而夏舒弒其君〔一三七〕。十年。夏舒弒其君，而後楚入陳〔一三八〕。十一年。楚莊殺夏舒〔一三九〕。陳招殺世子〔一四〇〕，昭八年春。未幾而陳侯卒；陳侯卒，而後楚滅陳〔一四一〕。十月。楚靈殺招〔一四二〕。

楚莊欲縣陳，已而復之，故楚靈滅之〔一四三〕。凡四十八年〔一四四〕。楚靈滅陳已而陳吴復歸〔一四五〕，昭十三年。故楚惠復滅之〔一四六〕。哀十七。凡五十二年〔一四七〕。凡楚三滅陳矣〔一四八〕。昭八年滅陳，九年書“陳災”，劉向謂“已滅而猶書陳者，不與楚滅中國”，蓋不知暫滅而猶存也〔一四九〕。前書“叔弓會楚子于陳”，見楚子已在陳〔一五〇〕。繼書“陳災”，所以災楚，且存滅國，若陳之未滅者。傳言裨竈謂災五年當復封，封五十二年而遂亡，亦左氏之妄〔一五一〕。方其欲縣陳也，以申叔時之一言復之〔一五二〕。既而納其致亂之二臣，故聖人書曰“納公孫寧、儀行父于陳”〔一五三〕。夫復人之國而乃納其致亂之臣，則是制人之國而使之不得其君臣之道也。昔者晉人以幣如鄭，詗駟乞之立者，子產辭曰：“以寡君之二三臣而晉國之大夫專制其位，是晉之縣鄙也，何國之爲〔一五四〕？”辭之幣而報之。晉人舍之。四國有王,它國非所當與也〔一五五〕。今也納其致亂之臣,則是私利之而制之國矣。存亡繼絶,顧若是邪〔一五六〕?納者,莫之受而强焉者也〔一五七〕。然則爲楚也,如之何豬夏舒之宮,封洩冶之墓,施孔寧、儀行父于朝,而後謀諸宛丘耆德,定其君而去〔一五八〕。其誰不可?何至納其致亂之臣哉!經明先毀夏舒而後入陳,左氏毀之在入陳後,非也〔一五九〕。

太史公曰:舜重童子,項羽亦重童子,豈其苗裔邪〔一六〇〕?何其興之暴也〔一六一〕!朝鮮、罕羗,固亦聖後。然有虞氏之明德,不以天下私其子而傳禹。彼區區之爭殘者,其何以承之哉〔一六二〕?方楚滅陳,史趙曰:“盛德必百世祀。虞之世數未也〔一六三〕。”陳氏得政于齊,而後陳卒亡田氏之取,論者猶以爲虞帝之羞,而況彼之爭殘者乎〔一六四〕!

【校注】

〔一〕河東虞阪:虞阪,亦作虞坂,即顛軨阪。見本卷上文陶唐氏後注〔二三〕。 所謂“嬪于虞”者:書堯典:“(帝)釐降二女于嬀汭,嬪于虞。” 今解之虞鄉:解,州名。虞鄉,縣名,治所在今山西永濟市虞鄉鎮。

〔二〕虞城:在今山西平陸縣北。

〔三〕輿地廣記卷一三陝州平陸縣云:“本虞、虢之地。吳山在西,上有虞城,舜始封于此。”

〔四〕穆天子“登薄山寶軨之隥,宿于虞”:見穆天子傳卷六,今本文作:“己丑,天子南登于薄山寶軨之隥,乃宿于虞。”薄山,即雷首山,在今山西永濟市蒲州鎮。寶軨,即顛軨。各本“寶”均譌“寶”,今訂正。隥,猶“阪”。

〔五〕預在河東太陽:太陽,亦作大陽。左傳桓公十年“虢公出奔虞”杜預注:“虞國在河東大陽縣。”

〔六〕太陽故關:吳本、四庫本“關”作“門”,誤。

〔七〕太平寰宇記卷四六解州安邑縣:“晉太康地記云:‘舜受禪安邑,或云蒲坂。’又帝王世紀:‘禹或營安邑。’即虞、夏之兩都也。”

〔八〕新唐書地理志三河中府河東郡安邑云:“義寧元年以安邑、虞鄉、夏置安邑郡。武德元年曰虞州。"

〔九〕古書:指古文尚書。　　賈昌朝音辨:賈昌朝,北宋宰相。音辨,全稱羣經音辨。

〔一〇〕柱:指神農子炎帝柱。見後紀四炎帝柱。　　河東:縣名,治所在今山西永濟市蒲州鎮。

〔一一〕河東舜廟記:作者不詳,待考。

〔一二〕見太平寰宇記卷四六蒲州河東縣。其文曰:"媯汭水,源出縣南三十里首山。此二泉,南流者曰媯,北流者曰汭,異源同歸,渾流西注而入于河。"南流潙:喬本、洪本"潙"譌"爲",今據餘諸本改。

〔一三〕馬季長:即東漢經學家馬融(字季長)。　　吕忱:西晉文字學家,著作有字林。　　皇甫謐:洪本、吴本"謐"譌"謐"。

〔一四〕宇文護:見後紀十四夏帝相注〔三〇〕。

〔一五〕潘城、饒汭皆有媯名:潘城,謂潘縣縣城,在今河北涿鹿縣西南。饒汭,地名可疑。見下注〔六五〕。

〔一六〕泗水亦有媯亭:泗水,水名。源出今山東泗水縣東。

〔一七〕媯亭山在兖之泗水源陶虛,乃謝息所遷桃虛也:陶虛,四庫本如此,是,今從之。餘諸本"虛"均譌"噓"。虛,古"墟"字。謝息,春秋魯大夫孟僖子家臣。左傳昭公七年:"乃遷于桃。"杜預注:"謝息遷也。"彥按:水經注卷二五泗水:"水出卞縣故城東南桃墟西北。春秋昭公七年,謝息納季孫之言,以孟氏成邑與晉而遷于桃。杜預曰:魯國卞縣東南有桃墟,世謂之曰陶墟,舜所陶處也。井曰舜井,皆爲非也。墟有漏澤,方十五里,渌水澂渟,三丈如減,澤西際阜,俗謂之媯亭山。"蓋即羅氏所本。

〔一八〕安息去代二萬千五百:代,郡名,治所在今山西大同市東北。北魏曾都於此。魏書西域傳:"安息國,……去代二萬一千五百里。"

〔一九〕義鈞:帝舜子。參見後紀十二帝舜有虞氏。

〔二〇〕見劉氏嘉話:吴本、四庫本無此五字注文。劉氏嘉話,即劉公嘉話,又稱劉賓客嘉話録。唐韋絢撰。

〔二一〕盛弘之:南朝宋地理學家。　　武關:在今陝西商南縣西南。

〔二二〕季釐:帝舜子,義鈞弟。

〔二三〕在大荒南經。

〔二四〕少昊後國：見國名紀二。

〔二五〕虞思：帝舜子義鈞後。

〔二六〕商均：即義鈞。義鈞封於商，故又稱商均，“均”、“鈞”字通。

〔二七〕太平寰宇記卷一二宋州虞城縣：“舜禪禹，封長子商均于有虞，左氏傳謂‘少康奔有虞’，後即爲少康之邑焉。”

〔二八〕君專于樂，臣争于權，民盡于刑，而亡：刑，各本均作“利”。彦按：“利”當“刑”字形誤。逸周書史記解云：“樂專於君者，權專於臣。權專於臣，則刑專於民。君娱於樂，臣争於權，民盡於刑，有虞氏以亡。”當即路史所本，而字作“刑”，今據以訂正。

〔二九〕鄭穆：春秋鄭穆公姬蘭，公元前 627—前 606 年在位。

〔三〇〕秦武公“伐邽，縣之”者：秦武公，春秋秦國國君，名不詳，公元前 697—前 678 年在位。邽，春秋戎邑。在今甘肅天水市。史記秦本紀：“武公……十年，伐邽、冀戎，初縣之。”

〔三一〕下邽：縣名，治所在今陕西渭南市臨渭區故市鎮。元和郡縣圖志卷二華州下邽縣：“本秦舊縣，地理志屬京兆，注‘下邽，秦武公伐邽戎置’，以隴西有上邽，故此加‘下’也。”

〔三二〕華陰：郡名，治所在今陕西渭南市華州區。　邽山：在今甘肅清水縣。

〔三三〕范史：“汝陰本胡國”：彦按：“汝陰本胡國”見後漢書郡國志二豫州汝南郡。今本後漢書中八志實爲晉司馬彪所撰，路史稱之“范史”，未妥。

〔三四〕今穎治：今，吴本誤“令”。

〔三五〕陳胡公：即周代陳國始封君胡公滿。

〔三六〕彦按：昭二十三年無楚滅胡事，唯有吴獲胡子髡事。楚之滅胡，在魯定公十五年。是年春秋經曰：“二月辛丑，楚子滅胡，以胡子豹歸。”

〔三七〕析、酈、宗胡：析，在今河南西峽縣治。各本皆誤“折”，今據史記越王句踐世家訂正。酈，在今河南南陽市臥龍區西北。宗胡，在今安徽阜陽市潁州區。

〔三八〕少室：山名。在今河南登封市西北嵩山南麓。

〔三九〕左傳定公六年：“周儋翩率王子朝之徒因鄭人將以作亂于周，鄭於是乎伐馮、滑、胥靡、負黍、狐人、闕外。”

〔四〇〕陽城：縣名，治所在今河南登封市告成鎮。

〔四一〕杜云，商封虞邑：虞，舜之先人及其後裔均封於虞，此指舜後之虞君。左傳昭公八年“舜重之以明德，寘德於遂”杜預注：“遂，舜後。蓋殷之興，存舜之後而封遂，言舜德乃至於遂。”

〔四二〕瑶云，在蚰丘東北十里：見水經注卷二四汶水引京相瑶曰。

〔四三〕春秋莊公十三年：“夏六月，齊人滅遂。”

〔四四〕春秋時盧戢黎者：盧戢黎，盧大夫。各本均作“盧子戢黎”。彥按：“盧子戢黎”當“盧戢黎”之誤。蓋戢黎既誤“戢黎”，“盧”下又衍“子”字，遂盡失本來面目。左傳文公十四年云：“盧戢黎及叔麇誘之，遂殺鬬克及公子燮。”又國語楚語上云：“盧戢黎殺二子而復王。”即其人。今據以訂正。

〔四五〕應氏謂在盧江：應氏，指漢應劭。盧江，郡名，治所在今安徽盧江縣柯坦鎮。漢書地理志上盧江郡顏師古注引應劭曰：“故盧子國。”

〔四六〕郡國志、寰宇記、應劭：盧江，故盧子國：彥按：郡國志，今查無此內容，疑當作郡縣志，即元和郡縣志也。太平御覽卷一六九云：“元和郡縣志曰：‘盧江郡，古盧子國也，春秋舒國之地。’”宋王應麟通鑑地理通釋卷一一引郡縣志，作：“盧州本盧子國，春秋舒國之地。”寰宇記，見卷一二六盧州。

〔四七〕通典卷一八一州郡十一盧州：“盧州，古盧子國也。”

〔四八〕蓋古“廬”、“盧”亦或通言：盧，喬本、洪本作“廬”，餘諸本皆作“庐”。彥按：“庐”同“廬”，均不可通。下一字意當作“盧”，今姑據意訂改。
故盧潘辨載籍無廬國：盧潘，唐廬州刺史。盧，喬本、洪本作“廬”，餘諸本作“庐”，俱誤，今據宋王象之興地碑記目卷二盧州碑記唐盧潘四辯訂改。　　而左傳盧戎亦曰廬：盧戎，南蠻國，在今湖北襄陽市襄州區西南。盧，喬本、洪本、備要本作“廬”，吳本、四庫本作“庐”。彥按：盧戎見左傳桓公十三年，今據以訂正。陸德明音義：“盧，如字，本或作廬，音同。”

〔四九〕宜城：各本均作“宣城”。彥按：“宣”當“宜”字形譌，襄陽無宣城，今從路史正文改作“宜城”。

〔五〇〕蒲衣：見前紀七昆連氏注〔六〕。　　河中之河東：河中，府名。河東,縣名,治所在今山西永濟市蒲州鎮。

〔五一〕寰宇記爲子路問津之所,而又以爲開封長垣西南之蒲城:彦按:太平寰宇記卷二東京下長垣縣云:"又名蒲邑。家語云:'仲由爲蒲宰,人爲立祠焉。子路隨夫子于此問津。'即蒲邑之津也。朱梁與晉割屬開封。至皇朝爲長垣縣。"又云:"蒲城,在縣東北十里。春秋云:'齊侯、衞侯胥命于蒲。'杜預注云:'蒲,衞地,在陳留長垣縣西南。'"則是杜預以蒲在長垣縣西南,而樂史以蒲城在長垣縣東北。此稱寰宇記而作"西南",誤。　又以爲在黃城山:黃城山,在今河南葉縣北。太平寰宇記卷八汝州葉縣云:"黃城山。聖賢冢墓記云:'南陽葉縣方城邑西有黃城山,即長沮、桀溺耦耕處。下有東流水,即子路問津之所。'"

〔五二〕秦昭襄之蒲阪:蒲阪,各本均譌"蒲子",今訂正。此即史記秦本紀昭襄王四年"取蒲阪"之蒲阪也。

〔五三〕祁之蒲陰:祁,州名。蒲陰,縣名,宋爲祁州治,治所即今河北安國市。彦按:此別一地,路史牽合於此,不妥。

〔五四〕見後紀十二帝舜有虞氏注〔四四一〕。　舜氏甘泉:各本"甘泉"均譌"昔泉",今據水經注卷一一滱水及清儲大文等纂山西通志卷二四引中山記訂正。

〔五五〕寰宇記同之:今並不見其説,蓋佚文。

〔五六〕郃陽有故蒲城:郃陽,縣名,治所在今陝西合陽縣。四庫本"郃"譌"邰"。

〔五七〕見後漢書郡國志三。

〔五八〕見水經注卷五河水。

〔五九〕鎮之靈壽:鎮,州名。靈壽,縣名。今屬河北省。

〔六〇〕上谷:郡名,治所在今河北懷來縣東南。備要本"上"譌"土"。左傳潘,"獲潘子"者:彦按:左傳定公六年曰:"四月己丑,吳大子終纍敗楚舟師,獲潘子臣、小惟子及大夫七人。"杜預注:"二子,楚舟師之帥。"羅氏引此,但稱"獲潘子"而不連"臣"讀,蓋以潘子爲封君,臣爲潘子名,不知何據。

〔六一〕下雒城西南故潘城也:下雒城,即下洛城,在今河北涿鹿縣城。水經注卷一三㶟水引魏土地記曰:"下洛城西南四十里有潘城。"

〔六二〕饒:此條可疑。見下注〔六五〕。

〔六三〕金之西城:金,州名。吳本、四庫本作“今”,非是。西城,縣名,治所在今陝西安康市漢濱區。

〔六四〕太平寰宇記卷一四一金州云:“金州,禹貢梁州之域。昔虞舜嘗居之,謂之媯墟,帝王世紀謂之姚墟,即此也。”

〔六五〕佑云,本曰饒汭:彥按:此見通典卷一七五州郡五金州,今本均作媯汭,不作饒汭,且饒汭不見於前史,路史説蓋誤。

〔六六〕穎容:東漢經學家。

〔六七〕濕水逕鄥平故城:見水經注卷五河水。原文作:“漯水又東逕鄥平縣故城北。”舊刻爲經文,戴震校本改爲注文。濕,同“漯”。

〔六八〕新息:縣名,治所在今河南息縣。

〔六九〕見隋書地理志中汝南郡。　大業中廢:隋志原文作“大業初州廢”。

〔七〇〕集古録有息州刺史梁洋碑:集古録,宋歐陽修撰。息州刺史梁洋碑,即隋梁洋德政碑,見集古録卷五。

〔七一〕姬姓之息:見國名紀五周氏息。

〔七二〕杜以爲姬姓:左傳隱公十一年“君子是以知息之將亡也”杜預注:“鄭、息,同姓之國。”彥按:鄭,姬姓國。

〔七三〕字書“郞”,齊附庸,今齊南鄙:鄙,各本均作“郡”。彥按:“郡”當“鄙”之譌字。左傳哀公十年:“公會吳子、邾子、郯子伐齊南鄙,師于郞。”楊伯峻注:“郞,齊南鄙邑。”今據以訂正。又,此稱“字書‘郞’,齊附庸,今齊南鄙”,不知何據。説文邑部:“郞,姬姓之國。在淮北。……今汝南新郞。”玉篇邑部:“郞,汝南新郞縣。”廣韻職韻:“郞,新郞縣,在豫州。”等等,皆未言“齊附庸”、“齊南鄙”也。蓋郞地有二,一即“今新息”之息,二爲“齊南鄙”之郞,唯字書不作“齊南鄙”釋。

〔七四〕田世家“伐衛取母”者:彥按:此所謂“伐衛取母”,中華書局1959年版史記田敬仲完世家作“伐衛,取毌丘”。司馬貞索隱曰:“毌音‘貫’,古國名,衛之邑。今作‘毌’者,字殘缺耳。”而文學古籍刊行社1955年版日人瀧川資言史記會注考證諸“毌”字作“母”,考證曰:“古鈔本無‘丘’字。愚按:索隱、正義亦無‘丘’字,蓋因下文衍。”正與路史此説相符。

〔七五〕胡公:見後紀三炎帝神農氏注〔三一四〕。

〔七六〕春秋舊圖:蓋指漢嚴彭祖撰春秋圖(見通志卷六三藝文略第一經類第一春秋)。因唐張傑亦撰有春秋圖(見同上),故稱嚴氏所撰者爲舊圖。

〔七七〕説者以爲“貫”之缺,妄:吴本、四庫本無此八字注文。缺,洪本作“鈌”,通。參見上注〔七四〕。

〔七八〕見漢書王子侯表上。　泰山:指泰山郡。治所在今山東泰安市東北。彦按:胡毋侯劉楚封地既屬泰山,則當與曹、衛間之母邑異地。

〔七九〕寰宇記作瑗城,禹城南百里:見太平寰宇記卷一九齊州禹城縣。瑗城,路史諸本均譌“瑗池”,今據太平寰宇記訂正。

〔八〇〕哀十年趙鞅取轅:趙鞅,即趙簡子,春秋晉卿大夫。左傳哀公十年:“夏,趙鞅帥師伐齊,……於是乎取犁及轅。”杜預注:“祝阿縣西有轅城。”祝阿縣治所在今山東濟南市西南。

〔八一〕漢有袁良,食遺鄉:袁良,國三老。遺鄉,地不詳,待考。

〔八二〕滿爲陳侯,至陳濤塗以字立姓曰袁:滿,胡公名。陳濤塗,胡公滿玄孫。字,各本均譌“宅”,今據隸釋卷六所載國三老袁良碑訂正。彦按:下半句袁良碑原文作:“至玄孫濤塗初氏父字,立姓曰袁。”是濤塗之姓得自父字,羅氏但稱“以字”,並不準確。

〔八三〕漢有關内侯,亦食遺鄉:亦,各本均作“良”。彦按:“良”當“亦”譌字。此所言關内侯、食遺鄉者,漢武帝時一小史也。以捕賊功,賜爵關内侯,食遺鄉六百户。事載漢書田廣明傳,而不及其名。此作“良”非,今據意訂正。

〔八四〕河東有姚:河東,郡名。姚,其地不詳,待考。

〔八五〕酈道元所謂虞濱:見水經注卷四〇漸江水,“虞濱”作“虞賓”。

〔八六〕宋之虞:宋,州名。虞,縣名,治所在今河南虞城縣北。

〔八七〕郡國志云:禹與諸儒會事于此,相虞樂而名:虞樂,娱樂。虞,通“娱”。彦按:“諸儒”當作“諸侯”。此稱“郡國志云”,蓋襲自太平寰宇記卷九六越州餘姚縣:“郡國志云:‘上虞縣,即禹與諸侯會稽事至此,因相虞樂,以爲名。’”然頗可疑。今考後漢書郡國志,未見有此。而水經注卷四十漸江水云:“晉太康地記曰:舜避丹朱于此,故以名縣;百官從之,故縣北有百官橋。亦云:

禹與諸侯會事訖，因相虞樂，故曰上虞。"並未言出郡國志。

〔八八〕齊桓公收西虞者：參見前紀九無懷氏注〔七八〕。

〔八九〕即虞吳：彥按：據下文餘虞浦一名餘吳溪，疑此虞吳當作餘吳。

〔九〇〕長興：縣名。今屬浙江省。

〔九一〕陽羨：縣名，治所在今江蘇宜興市。

〔九二〕周處云：諸漁浦，一名餘吳溪，虞舜時人化之徠居：虞舜，各本均作"舜虞"。彥按："舜虞"當虞舜倒文。史記五帝本紀"虞舜者，名曰重華"司馬貞索隱："虞，國名；……舜，謚也。"理當先國後謚，今訂正。化之，謂爲之感化。太平寰宇記卷九四湖州長興縣引周處風土記，作："餘漁浦，一名餘吾溪，即陽羨之東鄉也。吳、越之間，漁、吾同音。舜漁于大小雷，此鄉之人舜時化之。昔捕魚之人來居此浦，名之。"彥按：路史諸漁浦，寰宇記金陵書局本同，中華書局2007年版王文楚等據萬本、庫本、嘉泰吳興志卷五引寰宇記改餘漁浦，似是。路史餘吳溪，寰宇記作餘吾溪，據周處風土記稱"吳、越之間，漁、吾同音"，亦當以作餘吾溪爲是。

〔九三〕故記每作"餘漁"，非也：彥按：此恐是執誤本寰宇記以非他書，不足取。詳上注。

〔九四〕見發揮五辯帝舜冢。

〔九五〕今岳之沅江：岳，州名。沅江，縣名，治所即今湖南沅江市。各本均作"沂江"。彥按："沂江"不見諸地理書，當爲沅江之誤。本書餘論七歷山曰："然今潭之益陽、岳之沅江，故梁之重華縣。有虞帝城，記亦謂是所都。"內容與此大同，而作沅江，是也。今據以訂正。　潭之益陽：見國名紀一黃帝後姬姓國注〔三二〕。　梁之重華縣：梁，指南朝梁。重華縣，治所在今湖南沅江市東北。元和郡縣圖志卷二七岳州沅江縣曰："本漢益陽縣地，梁元帝分置重華縣。"

〔九六〕濮州：治所在今山東鄄城縣舊城鎮。　故衛有曲濮：衛，指春秋衛國。曲濮，見於春秋定公八年，楊伯峻注疑其在今河南滑縣與延津縣境。

〔九七〕城濮：在今山東鄄城縣臨濮鎮。

〔九八〕宣十二：宣，各本均作"桓"。彥按：桓公十二年春秋經、傳均未見有城濮，"桓"當"宣"字之誤，左傳宣公十二年有"城濮之役，晉師三日穀，文公猶有憂色”語。今訂正。

〔九九〕宛濮：在今河南長垣縣西南。

〔一〇〇〕僖二十八：二十八，各本均作“十八”。彥按：春秋僖十八年經、傳均未見有宛濮。“十八”上當脱“二”字，左傳僖公二十八年有“甯武子與衛人盟于宛濮”語。今訂正。

〔一〇一〕在曹之南華：曹，州名。南華，縣名，治所在今山東菏澤市牡丹區李村鎮。　莊子釣處：莊子秋水：“莊子釣於濮水。”

〔一〇二〕崇：見本卷下文夏后氏後注〔四〕。

〔一〇三〕晉“敗狄于箕”者：春秋僖公三十三年：“晉人敗狄于箕。”

〔一〇四〕預謂太原陽邑有箕城：見春秋僖公三十三年“晉人敗狄于箕”注，“陽邑”作“陽邑縣南”。太原，郡名。陽邑，縣名，治所在今山西太谷縣陽邑鄉。

〔一〇五〕隨之大谷，後爲骨打都：隨，通“隋”。大谷，即太谷，縣名。骨打，指金太祖阿骨打。

〔一〇六〕遼之榆社：遼，州名。榆社，縣名，今屬山西省。　遼山：縣名，治所在今山西左權縣。

〔一〇七〕宣帝封城陽荒之子文爲箕侯：城陽荒，指漢城陽荒王劉順，漢高祖庶長子劉肥之後。見漢書王子侯表下。

〔一〇八〕襄邑：即襄國，後趙國都，在今河北邢臺市。

〔一〇九〕石勒破州郡，必柬衣冠，號君子城；其平幽州，擢荀綽等還襄邑，今訛爲箕子城矣：柬，挑選，選拔。衣冠，借代縉紳、士大夫。荀綽，西晉末學者，没於石勒，勒以爲參軍。太平寰宇記卷六九幽州薊縣引郡國志云：“箕子城，石勒每破一城，必簡別衣冠，號君子城。洎平幽州，擢荀綽、裴憲等還襄國，經此。後俗訛爲箕子城。”

〔一一〇〕遼之樂浪：遼，區域名。樂浪，舊郡名，治所在今朝鮮平壤市大同江南岸。

〔一一一〕故武德以遼爲箕州：遼，遼州。治所在今山西左權縣。

〔一一二〕高麗：古國名。漢時都今吉林集安市境。四世紀時南占樂浪郡地。南朝宋元嘉四年（427）遷都今朝鮮平壤市。

〔一一三〕支子：喬本“支”譌“攴”，今據餘諸本訂正。

〔一一四〕顏真卿云：武王封之鮮，子仲食邑於于：見顏魯公集卷六中散大夫京兆尹漢陽郡太守贈太子少保鮮于公神道碑銘，文曰：“其先出于殷太師。周武王封于朝鮮，子仲食邑於于，因而受氏。”于，在今朝鮮忠清北道清州郡清州邑。

〔一一五〕直柄：舜後，陳氏之先。見左傳昭公三年“箕伯、直柄、虞遂、伯戲”杜預注。

〔一一六〕昭二十三年直人：二十三，喬本、洪本、吳本、備要本皆作“三十三”，誤；此從四庫本。左傳昭公二十三年：“劉子取墻人、直人。”

〔一一七〕潙：喬本、洪本、備要本作“嬀”。彥按：嬀已見上，不當重出，且下云“長沙縣有潙水”，亦作“潙”不作“嬀”，今據吳本、四庫本改。

〔一一八〕東入臨湘：見水經注卷三八湘水。臨湘，縣名，治所在今湖南長沙市。

〔一一九〕嬀滿：即胡公滿，亦稱陳胡公。參見後紀三炎帝神農氏注〔三一四〕。

〔一二〇〕城記：疑即南北朝（？）徐才宗撰國都城記。元豐九域志卷一陳州：“苑城，城記云：陳胡公所築。”

〔一二一〕楚初滅陳：春秋昭公八年：“冬，十月壬午，楚師滅陳。”頃襄後都之：頃襄，戰國楚頃襄王熊橫，公元前298—前263年在位。洪本“頃”作“頋”，餘本均作“項”。彥按：楚無項襄王，祇有頃襄王，蓋洪本先譌“頃”爲“頋”，“頋”既不見于字書，餘本乃誤以爲“項”。今訂正。

〔一二二〕章和爲陳國：後漢書和帝紀章和二年：“三月丁酉，改淮陽爲陳國。”

〔一二三〕隨：通“隋”。

〔一二四〕漢縣：彥按：據漢書地理志下，漢縣名作“蕃”，非作“番”。

〔一二五〕蕃城：蕃縣縣城，在今山東滕州市。

〔一二六〕劭音“皮”：見漢書地理志下魯國蕃縣顏師古注引應劭曰。劭，吳本作“邵”，四庫本作“郃”，並誤。

〔一二七〕白褒魯國記云：陳子游爲魯相，太尉陳番子也，國人爲諱，改曰皮：白褎，晉武帝時左丞。陳子游，名逸，字子游。陳番，“番”當作“蕃”。後漢書卷六六有陳蕃傳。漢書地理志下魯國蕃縣顏師古注：“師古曰：白裒云陳蕃之子爲魯相，國人爲諱，改曰皮。此説非也。郡縣之名，土俗各有別稱，不必皆依本字。”彥按：“改曰皮”者，改讀蕃縣之“蕃”爲“皮”之音。清周廣業云：“蕃本有皮音，逸爲相於此，不忍斥父名而避改，國人因之，此自然之理。白褎説是，顏駁非也。”（見經史避名匯考卷三五）

〔一二八〕燒當：帝舜後。詳本書後紀十二帝舜有虞氏。

〔一二九〕象：帝舜弟。參見後紀十二帝舜有虞氏注〔四九一〕。

〔一三〇〕孟子作“鼻”：彥按：今本孟子萬章上作“庳”，而漢書昌邑哀王髆傳載豫章太守廖奏言“舜封象於有鼻”，則作“鼻”，此或羅氏誤記。

〔一三一〕鉅鹿：郡名，治所在今河北寧晉縣西南。

〔一三二〕趙之臨城昭慶鎮：趙，州名。臨城，縣名，今屬河北省。昭慶鎮，在今河北隆堯縣牛家橋鄉。

〔一三三〕趙記：北齊李公緒撰。　舜弟象居：喬本“弟”譌“帝”，今據餘諸本訂正。

〔一三四〕故仁壽以廣阿爲象城：仁壽，隋文帝楊堅年號。廣阿，縣名，治所在今河北隆堯縣牛家橋鄉。　樂史引左傳：舜弟所封：見太平寰宇記卷六〇趙州昭慶縣，其文曰：“古象城，在縣西北三十里。故左氏傳云‘舜弟所封之邑’。”彥按：今本左傳未見有相關之文。

〔一三五〕幾：將近，差不多。

〔一三六〕春秋宣公九年：“陳殺其大夫洩冶。”杜預注：“洩冶直諫於淫亂之朝以取死，故不爲春秋所貴而書名。”

〔一三七〕夏舒：即夏徵舒。春秋宣公十年：“癸巳，陳夏徵舒弑其君平國。”杜預注：“徵舒，陳大夫也。”

〔一三八〕春秋宣公十一年：“冬，十月，楚人殺陳夏徵舒。丁亥，楚子入陳。”

〔一三九〕楚莊殺夏舒：見上注。

〔一四〇〕春秋昭公八年：“春，陳侯之弟招殺陳世子偃師。”

〔一四一〕未幾而陳侯卒：春秋昭公八年：“夏，四月，辛丑，陳侯溺卒。”

陳侯卒,而後楚滅陳:春秋昭公八年:“冬,十月壬午,楚師滅陳。”

〔一四二〕楚靈殺招:招,即陳招。吳本、四庫本譌“昭”。彦按:春秋昭公八年但言“十月壬午,……執陳公子招,放之于越”,羅氏此言“殺招”,非是。

〔一四三〕楚莊欲縣陳,已而復之:見左傳宣公十一年。

〔一四四〕凡四十八年:彦按:“楚莊欲縣陳,已而復之”在魯宣公十一年,時當公元前598年;而楚靈滅陳則在魯昭公八年,時當公元前534年:兩者相距64年,而非48年。

〔一四五〕陳吳:陳侯吳。春秋昭公十三年:“陳侯吳歸于陳。”

〔一四六〕左傳哀公十七年:“秋七月己卯,楚公孫朝帥師滅陳。”

〔一四七〕凡五十二年:彦按:自魯昭公十三年(時當公元前529年)至魯哀公十七年(時當公元前478年),歷時五十一年,若首尾並計,則爲五十二年。

〔一四八〕凡楚三滅陳矣:彦按:一入而二滅,此言“三滅”,不確。

〔一四九〕不與楚滅中國:與,支持,贊同。

〔一五〇〕叔弓會楚子于陳:見春秋昭公九年。叔弓,春秋魯大夫。

〔一五一〕傳言裨竈謂災五年當復封,封五十二年而遂亡:裨竈,春秋鄭大夫。五十二年,喬本、四庫本、備要本均作“五十三年”,誤,今據吳本改。左傳昭公九年:“夏四月,陳災。鄭裨竈曰:‘五年陳將復封,封五十二年而遂亡。’”

〔一五二〕見國名紀三高陽氏後注〔三七五〕。

〔一五三〕既而納其致亂之二臣:致亂之二臣,指陳二卿公孫寧(又稱孔寧)、儀行父。左傳宣公九年:“陳靈公與孔寧、儀行父通於夏姬,皆衷其衵服,以戲于朝。洩冶諫曰:‘公卿宣淫,民無效焉,且聞不令。君其納之!’公曰:‘吾能改矣。’公告二子。二子請殺之,公弗禁,遂殺洩冶。”又十年:“陳靈公與孔寧、儀行父飲酒於夏氏。公謂行父曰:‘徵舒似女。’對曰:‘亦似君。’徵舒病之。公出,自其廐射而殺之。二子奔楚。”　故聖人書曰“納公孫寧、儀行父于陳”:見春秋宣公十一年。公孫寧,各本均脱“孫”字,今據春秋訂補。

〔一五四〕昔者晉人以幣如鄭,詗駟乞之立者:以幣,帶着繒帛(作禮品用)。如,往。詗(xiòng),打探。吳本、四庫本作“駉”,蓋涉下“駟”字而譌。駟乞,字子瑕,春秋鄭國卿大夫駟偃(字子游)弟。左傳昭公十九年:“鄭駟偃卒。子游娶於晉大夫,生絲,弱,其父兄立子瑕。……他日,絲以告其舅。冬,

晉人使以幣如鄭,問駟乞之立故。” 以寡君之二三臣而晉國之大夫專制其位,
是晉之縣鄙也,何國之爲:縣鄙,縣與鄙,均古代行政區劃名。周禮地官遂人:
“五家爲鄰,五鄰爲里,四里爲酇,五酇爲鄙,五鄙爲縣。”左傳昭公十九年作:
“若寡君之二三臣,其即世者,晉大夫而專制其位,是晉之縣鄙也,何國之爲?”

〔一五五〕四國有王,它國非所當與也:四國,謂四方諸侯國。與(yù),
干預。

〔一五六〕存亡繼絶:即所謂“存亡國,繼絶世”(史記太史公自序中語)。
絶,喬本、備要本譌“紀”,此從餘諸本。 顧若是邪:四庫本“邪”作“耶”。

〔一五七〕納者,莫之受而强焉者也:自此而下至“定其君而去”,大抵撮取
自宋胡安國春秋傳。

〔一五八〕如之何豬夏舒之宫,封洩冶之墓,施孔寧、儀行父于朝,而後謀諸
宛丘耆德,定其君而去:如之何,猶言“還不如”。豬,“瀦”之古字,謂水淹。
宫,室,屋舍。封(墓),增土修高(墳墓)。施,通“尸”,謂陳尸示衆。孔寧,即
公孫寧。宛丘,陳都。耆德,年高而德厚者。耆,吳本、四庫本、備要本作“耆”,
同。春秋宣公十一年“納公孫寧、儀行父于陳”胡安國傳:“此二臣者,從君于
昏,宣淫于朝,誅殺諫臣,使其君見弑,蓋致亂之臣也;肆諸市朝,與衆同棄,然
後快於人心。今乃詭辭奔楚,託於討賊復讎,以自脱其罪,而楚莊不能察其反
覆,又使陳人用之。是猶人有飲毒而死者,幸而復生,又彊以毒飲之,可乎? 故
聖人外此二人於陳,而特書曰‘納’。納者,不受而强納之者也。爲楚莊者,宜
柰何瀦徵舒之宫,封洩冶之墓,尸孔寧、儀行父于朝,謀於陳衆,定其君而去,其
庶幾乎!”

〔一五九〕經明先毁夏舒而後入陳:毁,通“殺”。備要本作“煞”,同。下
“毁”字同。見上注〔一三八〕。 左氏毁之在入陳後:左傳宣公十一年:“冬,
楚子爲陳夏氏亂故,伐陳。……遂入陳,殺夏徵舒,轘諸栗門。”

〔一六〇〕舜重童子:自此而下至“何其興之暴也”爲太史公語,意引自史
記項羽本紀。童,即後“瞳”字。吳本、四庫本作“瞳”。下“童子”之“童”,四
庫本亦作“瞳”。 豈其苗裔邪:四庫本“邪”作“耶”。

〔一六一〕何其興之暴也:興,興起。暴,急疾,快速。

〔一六二〕區區之爭殘者:爲小小利益而相爭相殘者。區區,形容微不

足道。

〔一六三〕見左傳昭公八年。　史趙:春秋晉太史。

〔一六四〕陳氏得政于齊:春秋陳宣公二十一年(前 672),陳國内亂,陳厲
公(一説爲陳廢公)之子陳完懼禍奔齊,改姓田氏。齊桓公使爲工正。完後世
子孫壯大,至八世孫田和,終篡奪姜齊政權,史稱田齊。　而後陳卒亡田氏之
取:公元前 221 年,田齊最後一位國君齊王建兵敗降秦,田齊滅亡。

夏后氏後

駱　　　縣父之國。王符云:駱,慶姓〔一〕。今京兆宜壽有駱關、
　　　　駱谷,故蟄屋地〔二〕。

崇　　　縣國,伯爵。昔文王伐崇,命無毀人民、壞宮室,崇人歸
　　　　之如父母〔三〕。而趙穿且侵崇〔四〕。宣元。今永興鄠東故
　　　　酆宫是〔五〕。鄠,扈也,故扈一曰崇扈〔六〕。

虹　　　堯封之。今縣,隸宿〔七〕。輿地志云:堯封禹爲夏伯,邑
　　　　於此〔八〕。有廟。九域志同。張來南遷録云,當作“紅”,以爲紅陽侯
　　　　國,訛爲“虹”〔九〕。誤。

高密　　今洛之密縣〔一〇〕。然高密縣乃隸密〔一一〕。

陽翟　　櫟也。今許之陽翟縣。本曰夏,故後曰有夏,本此。世
　　　　紀云“夏,今陽翟”,是也。

夏　　　今陝之夏縣,唐隸絳〔一二〕。周成王封夏公在此。本侯
　　　　爵,莊辛云〔一三〕。堯時漢安邑之地。故安邑城在夏縣北十五。
　　　　蓋冒陽翟之名。

辛　　　帝支子封。韻或云莘之轉,非也〔一四〕。一作“駩”、
　　　　“豽”、“𡺄”也。今陳留有辛城、辛虛〔一五〕。周語作莘
　　　　墟〔一六〕。地記:莘城,辛之轉。

長子　　紂太史辛甲國〔一七〕。今潞之長子縣,紀年之尚子
　　　　也〔一八〕。梁惠成十二年,鄭取屯留、尚子〔一九〕。

西翟〔二〇〕　辛縣麋之子,周封之〔二一〕。

觀〔二二〕　后啓五庶俱封于衛,是爲五觀〔二三〕。外傳云:啓有觀〔二四〕。注:太康弟〔二五〕。封夏,相滅之〔二六〕。潛夫論、水經云:兄弟五人,是爲五觀〔二七〕。故頓丘,杜預:觀國,夏同姓,在頓丘〔二八〕。頓丘,今熙寧省入清豐〔二九〕。澶之觀城〔三〇〕,陳氏禮論觀爲姚姓,誤〔三一〕。寰宇記:古頓丘縣,在清豐東南十五,後移澶〔三二〕。河決之地,平準書:"河決觀。"元和志云:觀城,漢之觀縣,古之觀國,後漢爲衛國縣〔三三〕。漢之畔觀,故屬趙〔三四〕。竹紀年梁惠成二年:齊田壽帥師伐趙,圍觀,觀降〔三五〕。記、志皆以爲灌,説者又謂斟灌,俱繆〔三六〕。諸斟接爾〔三七〕。

扈　觀、扈,二國。昭元〔三八〕。榮陽原武西北有扈城、扈亭〔三九〕,莊二十三〔四〇〕。故卷縣地,後齊省,入洛陽〔四一〕。汲紀年晉出公二十二年"河絶于扈"者,非己姓之扈〔四二〕。

莘八、㜪　姒姓,世本。文王妃母家。今同之夏陽,漢郃陽,有太姒冢、城、祠廟〔四三〕。詩云"纘汝維莘","在郃之陽"〔四四〕。十道志在同之河西〔四五〕。河西即郃陽。郡國志云:郃陽南二十有城,古莘國〔四六〕。昔散宜生求有莘氏美女獻紂,周代有神降之,本號地,陝石鎮西十五莘原也〔四七〕。在陝州陝縣〔四八〕。然大名之莘縣有莘亭〔四九〕,桓十六:衛盜待諸莘〔五〇〕。廣記,莘縣爲毁伋處〔五一〕。京相云:平陽陽平北十里有莘亭,伋、壽没焉〔五二〕。亦國也,隨爲莘州〔五三〕。而齊、成二"從齊師于莘",即宣十八年㜪也〔五四〕。注:魯境外〔五五〕。此齊地。杜例:博州武水西北有故莘城〔五六〕。蔡、莊十"荆敗蔡師于莘",乃蔡地〔五七〕。濟陰〔五八〕、元和志:古莘仲國,濟陰縣東南三十古莘國,伊摯耕處〔五九〕。管城〔六〇〕、史伯云:"歷、莘",昭云國〔六一〕。在管城,有莘城〔六二〕。陳留俱有莘〔六三〕。字作"㜪"、"甡"、"㜪"、"侁"同。集韵〔六四〕。

巢

鄧　仲康子國。楚之北境,史云"阻之以鄧林"者,今之南陽〔六五〕。故杜佑以鄧爲禹都〔六六〕。

綸　少康居虞邑。今宋之虞城西三十五有綸城，秦、楚伐鄭圍綸氏者〔六七〕。汲紀年三〔六八〕。山海經：狂水逕綸氏城〔三九〕。注，在陽城〔七〇〕。然漢綸氏故城在今登封西南。盟會圖疏云：虞邑在洛之嵩陽，漢輪縣，屬潁川〔七一〕。十道志：臨武縣，夏之綸邑〔七二〕。魏孝文於綸氏置潁陽縣，故寰宇記：潁陽，夏之綸邑〔七三〕。博物志以汾陰爲古綸，今汾陰北九汾陰城〔七四〕。

繒二　子爵，昭公取鄫也，曲列國〔七五〕。一曰繒衍〔七六〕。今沂之承縣東八十故繒城〔七七〕。莒滅之〔七八〕。襄六。漢鄫國屬東海，開皇爲鄫州〔七九〕。大業廢。武德四復置。非鄭鄫〔八〇〕。按滎陽有鄫水城、有鄫水，水經云：出鄫城西北雞絡塢下，入洧；乃溱也〔八一〕。襄元年次鄫者，城在拱之襄邑東南〔八二〕。

越　季杼國，姒姓，羋也〔八三〕。一曰於越。杜云：發語聲〔八四〕。王會解有於越〔八五〕。墨子：“游公尚過於越〔八六〕。”蘇軾云：“於，嘆聲。”繆矣。處埤中，號無餘〔八七〕。今會稽，越州治，謂之句踐城，與南越異〔八八〕。越絕書云：句踐小城，山陰是〔八九〕。爵不過子。定十四、哀十一、十三、十七傳皆稱子。

會稽　王會解有會稽。或云即越，蓋自一國。

姑越　今處州〔九〇〕。通典云，本甌越之地〔九一〕。

姑蔑　一曰姑妹。大末也，晉之龍丘〔九二〕。今衢之龍游有姑蔑城〔九三〕，在穀水南三里，東門臨薄溪〔九四〕。昔彌庸見姑蔑之旗者〔九五〕。漢之大末，即東陽之太蔑縣〔九六〕。而瑕丘，其析也〔九七〕。隱元年盟邾之處〔九八〕。今兖之瑕丘有姑蔑城。

于越　越之別。漢書、荀子、吕覽明作“于”，昭云是餘干〔九九〕。今隸饒，漢之餘汗，杜佑謂“句踐之西界，所謂于越”、淮南云“越人有變，必先守餘干”者〔一〇〇〕。韻作“邘”，爲

盂音,非[一〇一]。_{董逌以爲"亐",云即于越,因杜以"於"爲發語}
_{介[一〇二]。漢音云"南方越名",誤[一〇三]。}

句餘　周書有句餘,蓋句越也,亢倉子言"句越之幹"者[一〇四]。
山經有句餘之山,郭云:在句章之北,餘姚之南,取二縣
以名[一〇五]。不然。

甌餘　今烏程東二十有歐餘山。一曰烏山;一曰甌亭山;以王
逸少昇之,曰昇山[一〇六]。

顧余　興地志:漢文封東海搖之子期視爲顧余侯[一〇七]。侯今
昇山東十八有西余山[一〇八]。

閩越　海内南經云:"閩在海中。"許説文云:閩越,虵種[一〇九]。
郭氏以爲西甌[一一〇]。_{今建安,非鬱林。}乃今福之閩縣,即
東冶,亡諸之封[一一一]。_{冶後分爲會稽[一一二]。故冶城今在永}
嘉[一一三]。_{亦曰西越。}_{郡國志:西越,建安郡;東甌,永寧郡[一一四]。今}
_{福州南九里南臺江有亡諸釣龍臺。州南二百步越王山,乃亡諸舊城,中有}
_{越王井。其中金雞,有聞之者。有閩山,在州南一里二百步[一一五]。}有五
姓,黄、林等是。或云東越者,非[一一六]。_{開元録云:"閩州,越}
_{地,即古東甌。今建州亦其地。皆虵種。有五姓。謂黄、林等是其}
_{裔。"[一一七]無諸封閩越王,乃秦之閩中[一一八]。或云即東越,非也。建元三}
_{年,閩越發兵擊東甌;六年,擊南越:不得爲一[一一九]。}

黄林

餘不[一二〇]_{烏程有餘不鄉。扶鳩切。}今湖之德清東百步,武康東二十
四里,有餘不溪[一二一]。溪水絶清,與餘溪不類。晉孔
愉放龜于此[一二二]。_{愉,餘不亭侯[一二三]。沈氏家傳,後漢沈戎居烏}
_{程餘不溪[一二四]。}

姑於　見王會解[一二五]。説云"顧"[一二六],見下。然在漢世[一二七]。
一云姑熟,於、孰音轉也[一二八]。

海陽　見王會解。漢之揭陽,——亡餘復封是——,今潮之海

陽縣〔一二九〕。潮舊謂南越地,二越之間尒〔一三〇〕。

琅邪〔一三一〕　漢縣。故城在密之諸城東。句踐圖霸徙此,起觀臺山上,徙三萬户于下〔一三二〕。

秣陵　上元西南七里有故越城,越絕書云東甌越王所立,元王四年范蠡築〔一三三〕。寰宇記在今瓦官門東南〔一三四〕。曹氏記云:在秣陵西十五,句踐平吳,成之而築,去建康宫八里〔一三五〕。

東甌　王摇王東甌,今温之永嘉也〔一三六〕。郡國志云:"永嘉爲東甌。"漢之冶縣〔一三七〕。有甌水〔一三八〕。永嘉記:甌水出永寧山〔一三九〕。郭氏以臨海永寧爲東甌〔一四〇〕。有東甌王都城,有亭,積石爲道,今猶在,故章安之東甌鄉也〔一四一〕。地有回浦,浦東乃漢候官都尉理〔一四二〕。閩越圍東甌,告急,遣嚴助救之〔一四三〕。未至,止〔一四四〕。東甌爲徙國于江淮間。而遺人漸出,乃以東甌地爲回浦〔一四五〕。光武以回浦爲章安。

東越　越之分封顧余者,號東越。郡國志云:婺州正得東越之地〔一四六〕。

越漚　四方令,越漚在正東越之分〔一四七〕。或云即甌人。"漚""歐""甌""區"通。

句章　故城在明之鄞縣西〔一四八〕。圖經鄞縣東有甬東及句章故城〔一四九〕。郡國志:句章本是平山〔一五〇〕。

甬東甬　史記:句踐平吳,徙夫差于甬東〔一五一〕。韋昭云:甬東即句章東溪口外洲〔一五二〕。句踐都〔一五三〕。即哀二十二年之甬也〔一五四〕。預云:甬東乃句章東海中洲,窮地也〔一五五〕。

甌人　王會解云:"甌人鯤蛇"〔一五六〕,鮀字〔一五七〕。注云:東越甌人。海内南經:"甌居海中",注:岐海,今臨海永寧縣,即云東甌〔一五八〕。

甌鄧

諸暨　　秦縣。界有諸山、暨浦，允常之都[一五九]。

武城　　隨區宇圖云，夏禹七代孫芒封公子武於此建國[一六〇]。
　　　　今貝之武城北十里有故城[一六一]。

没鹿回[一六二]

　　經之無，勿説之而有；經之直，勿煩之而紆[一六三]。魯僖公十
九年：“夏六月，宋公、曹人、邾人會于曹南。鄫子會盟于邾。己
酉，邾人執鄫子，用之[一六四]。”會盟者，彼自爲盟，而己往會之也。
用之者，亦猶易之用牲云尒[一六五]。或以饗，或用享，所不得而知
矣[一六六]。聖人惡其詳，而書之曰“用”，則其惡已具矣，焉用
究[一六七]？然執鄫子，固邾人，而左氏者乃以爲宋公使邾文公執而
用之次睢之社，説者復有叩鼻血社之説[一六八]。蓋因上文曹南之
會相屬而爲之言，兹大妄矣[一六九]。夫經文之曹南，乃別自一會
也。于時雖有邾人，而非文公[一七〇]。其會盟于邾也，乃是邾國自
爲盟事，而鄫子徃參之。鄫子參之，因以見執，非復向者曹南之會
也。曹南者，曹之南；而邾者，直邾國也。若以同爲曹南，則經之
書必曰“如會”，不得云“會盟于邾”矣。

　　即按：曹南在濟陰東二十里[一七一]。邾在濟任城南二十里，
西南去曹三百一十[一七二]。次睢在宋城南，其東北一百八十至單，
又一百八十而至濟；其西北，至曹南二百八十，道路越絶，——不
知何爲而有是説[一七三]。且曹南之會，實非爲盟，亦何得謂之會
盟[一七四]？而辨疑更以謂“用爲牲，而歃之以盟”，不知鄫子已用，
則復誰與盟邪[一七五]？以爲盟曹南之人，則非惟壤隔，而己酉後曹
南抑又遠矣。宋公亦當代之盟主也，而今爲會，乃遽制使邾子執
用鄫君，則罪正在宋不在邾矣，春秋胡得越宋而理邾哉[一七六]？設
以宋公果使邾子執鄫君而用之，則春秋必曰“宋公使邾子執鄫子

莱用之"〔一七七〕。宋公主使國君戕一國君,理無不書。不書宋公,是宋公未嘗使邾人執鄫子。書"邾人執鄫子",見執鄫子者乃邾人,宋無豫也。夫以季姬之使鄫子俫朝,猶切書之,況使它國之君執國君而賊之乎〔一七八〕?果以宋君使之,則宣之十八年邾人之戕鄫子,又誰使邪〔一七九〕?

昭公十一年,"四月丁巳,楚子虔誘蔡侯般殺之于申","冬,十有一月丁酉,楚師滅蔡,執蔡世子友以歸,用之"〔一八○〕。時之,月之,日且地之,又名其二君,曰"誘",曰"殺",曰"執",曰"戕",曰"用",其辭之曲盡如此,宋果使邾,度得而不書乎〔一八一〕?蔡友之用,左氏以爲用祭岡山,而公羊則以爲用其頭以築,深戒小人之不能順事者,果聖意乎〔一八二〕?

然春秋之諸侯,死不以其道,名;鄫子不名,其所以放乎死,惟自取也〔一八三〕。季姬許嫁邾,鄫子請,强委禽焉,既歸鄫矣,而鄫子者復徃而參其會,——其取死者,固非以其道也〔一八四〕。

胡文定云〔一八五〕:"用爲臣僕。"用爲臣僕,固不足乎書也。

巢二　　南巢氏,桀之封。秦爲居巢〔一八六〕。亦作"鄛"。羽傳,范增居鄛人〔一八七〕。今無爲之屬,鄛縣也〔一八八〕。古巢伯國〔一八九〕,見書〔一九○〕。亦爲子,入楚爲巢公〔一九一〕。吳威之〔一九二〕。昭二十四。寰宇記楚威,非〔一九三〕。既爲羣舒邑,故楚圍之〔一九四〕。故巢城在皖北六東〔一九五〕,同安志,巢城在桐城〔一九六〕。寰宇:在縣南六十五,號古重城〔一九七〕。城有三重,南北川澤,左右陂湖。故有夏水,合肥巢湖,云居巢陷者〔一九八〕。九域志謂之焦。吳志作"勳",同〔一九九〕。吕交切〔二○○〕。非衛巢〔二○一〕。杜云"吳、楚間小國",是〔二○二〕。至云"楚邑",邑無書"滅"〔二○三〕。

杞　　　定妷國,商封之〔二○四〕。今汴之雝丘有古杞城。武德初爲杞州。又開皇初杞州,今滑之白馬。僖十四遷緣陵〔二○五〕,邵謂營陵〔二○六〕。地志云,北海營陵〔二○七〕。亦謂營丘。唐省入北海〔二○八〕。

今維治,有禹廟[二〇九]。後復遷淳于[二一〇]。今高密。瓚云:即緣陵[二一一]。文公遷之[二一二]。桓六,淳于公亡[二一三]。貞定二十四,楚威之[二一四]。微,不紀[二一五]。公羊僖十四,莒威之[二一六]。古作"郒"。衛宏説。

婁五,樓、牟婁　樓也。本作"僂"。商所封,即牟婁,隱四莒伐杞取之者[二一七]。曹東之地[二一八]。一曰無婁。密之諸城有婁鄉,牟夷國也[二一九]。説謂封杞而號東樓,繆[二二〇]。東樓與晉婁、穰鄭異。僖二十四傳婁,晉地[二二一]。而南陽穰鄉,乃鄭也[二二二]。漢祖云:"婁者,劉也。"[二二三]故吳瞜縣,漢改爲婁;姑蘇瞜門,後亦爲婁[二二四]。世不愧[二二五]。

陽[二二六]　即陽樊,在濟源,晉文公曰"陽,夏、商之典祀,樊仲之官守焉"者[二二七]。

沛[二二八]

泊　見潛夫論。或云即鮑。然自有鮑。

弗費、郫　費也。一作郫。扶味切。今河南緱氏[二二九]。滑都也,與魯費異[二三〇]。魯費,音祕。陸氏一之,誤[二三一]。姓纂有郫氏,別爲郫,"並"音,非也。玉篇以郫爲季氏之鄪,亦非[二三二]。

冥郒三[二三三]郒也。陝之平陸東北二十有郒城,冀伐之者,後爲虞氏邑[二三四]。又哀六有冥,陳地[二三五]。與哀十九越冥異[二三六]。

褒二　夏有褒君,褒姒祖也[二三七]。盟會圖云:梁州褒城縣,漢之褒中,義熙之苞中[二三八]。有褒水、褒谷。褒國故城爲褒水所壞。寰宇記:褒中,古褒國,都尉理,在興元西三十三[二三九]。樵謂蔡之褒信[二四〇]。

沈寢　沈、姒國,子爵,蔡威之[二四一]。定四。潁之沈丘縣[二四二]。亦謂之寢,楚地。叔敖之封,在縣南百步[二四三]。隨爲沈州[二四四]。

男南　世本之有男氏,潛夫作"南",周書之有南也。二臣勢

　　均,爭權而分,楚地記云“漢江之北爲南陽,漢江之南爲南郡”者是〔二四五〕。

彤　　　　商有彤伯,地即彤城〔二四六〕。

鬻　　　　齊公子荼母鬻姒國〔二四七〕。昭二十六〔二四八〕。

鮑四　　　齊之歷城。歷下城東三十四有鮑城,三齊記:鮑叔牙之食邑〔二四九〕。而漁陽有鮑丘之水,潞水也〔二五〇〕。亳之城父,亦有鮑溪水〔二五一〕。非舒鮑〔二五二〕。

流黄　　　辛姓,在三巴之東〔二五三〕。山海經云,廣三百里〔二五四〕。亦見鴻烈等書〔二五五〕。

葷育　　　熏粥也〔二五六〕。後爲玁允、凶奴〔二五七〕。

大夏　　　後爲党項、宕昌、白狼羌。

　　書云:“成湯放桀于南巢〔二五八〕。”即据典牒,成湯放桀,芮伯命巢,蓋建之也〔二五九〕。辭曰“放”,爲放象,放兜,顧有以處之矣〔二六〇〕。雖然,尹放太甲,晉放其大夫胥甲父于衛,蔡放其大夫公孫獵于吳〔二六一〕,哀三。楚執陳公子招,放之于越,昭八〔二六二〕。穀梁子曰“放,猶屏也”,豈建之云乎〔二六三〕?曰:不然。辭固有同而辨〔二六四〕。然則,桀非不仁歟?曰:桀雖不仁,君也。湯雖仁,臣也。以臣而建其君,置其天下之大,而小之一國,非放而何哉〔二六五〕?

　　太史公曰:禹之後分封,以國爲氏〔二六六〕。然有有扈氏、斟尋氏、斟氏、戈氏,則失之矣〔二六七〕。扈出昆吾,斟、戈出於己姓,蓋緜世、史誤以己爲姒尒,非其後云〔二六八〕。

【校注】

　　〔一〕潛夫論志氏姓:“慶姓樊、尹、駱。”

　　〔二〕京兆宜壽:京兆,府名。宜壽,縣名,治所即今陝西周至縣。　　墊屋:四庫本“墊”作“蓺”,同。洪本“屋”作“屋”,誤。

〔三〕命無毀人民：毀，同“煞”，通“殺”。四庫本作“殺”，備要本作“煞”。

〔四〕趙穿且侵崇：趙穿，春秋晉大夫。春秋宣公元年：“冬，晉趙穿帥師侵崇。”楊伯峻注：“殷商有崇國，崇侯虎是也，爲文王所滅。……此崇國當與文王所滅之崇國有別，江永考實謂爲別封，或是也。其地不能確指，……王夫之稗疏謂‘此崇國必在渭北河湄，雖與秦，而地則近晉’，言頗有理。”

〔五〕酆宫：洪本、吳本“酆”作“鄷”。

〔六〕鄠，扈也：元和郡縣圖志卷二京兆府下鄠縣云：“本夏之扈國。”太平寰宇記卷二六雍州二鄠縣亦曰：“本夏有扈國也。”　故扈一曰崇扈：通志卷二六氏族略二以國爲氏夏商以前國扈氏曰：“夏爲扈，商爲崇扈，秦改爲鄠。”

〔七〕今縣，隸宿：今，四庫本譌“命”。宿，州名。虹縣治所在今安徽泗縣。

〔八〕堯封禹爲夏伯：四庫本“封”作“時”，誤。

〔九〕張來南遷録：張來，洪本、吳本、四庫本作“張耒”。彦按：他書未見張來或張耒有南遷録之記載。而宋人張舜民（字芸叟，自號浮休居士）則確乎有南遷録。是否同一書，是否羅氏誤記撰人，且存疑待考。　紅陽侯：漢元帝皇后王政君弟、漢成帝舅父王立。

〔一〇〕洛之密縣：洛，州名。密縣，治所在今河南新密市。

〔一一〕高密縣乃隸密：高密縣，治所在今山東高密市。密，州名。

〔一二〕絳：州名。

〔一三〕本侯爵，莊辛云：莊辛，戰國楚頃襄王臣。戰國策楚策四：“莊辛謂楚襄王曰：‘君王左州侯，右夏侯。’”

〔一四〕韻或云莘之轉：彦按：“韻”指韻書，下宜有“書”字。廣韻真韻莘：“又姓。夏啓封支子于莘。莘、辛聲相近，遂爲辛氏。”

〔一五〕今陳留有辛城、辛虚：陳留，縣名，治所在今河南開封市祥符區陳留鎮。辛城、辛虚，元和郡縣圖志卷七汴州陳留縣作莘城、莘墟，云：“故莘城，在縣東北三十五里。古莘國地也，國語湯伐桀，桀與韋、顧之君拒湯於莘之墟。”彦按：今國語未見有此，蓋佚文。

〔一六〕周語作莘墟：周語，元和郡縣圖志但作國語，見上注。又太平寰宇記卷一開封府陳留縣云：“本古莘城，國語謂之莘墟。”亦但稱國語。

〔一七〕紂太史辛甲國：太史，備要本“太”作“大”。辛甲，各本均作“辛申”。彦按：“申”乃“甲”字形譌。本書後紀十三帝禹夏后氏、國名紀六商世侯伯長子並作辛甲不誤，今據以訂正。

〔一八〕今潞之長子縣，紀年之尚子也：潞，州名。紀年，指竹書紀年。

〔一九〕梁惠成十二年：梁惠成，梁惠成王，亦稱梁惠王或魏惠王，戰國魏國國君，公元前369—前319年在位。水經注卷一〇濁漳水引竹書紀年曰：“梁惠成王十二年，鄭取屯留、尚子。”

〔二〇〕西翟：喬本、洪本二字脱文。此從餘諸本。

〔二一〕辛繇靡：他書或作辛餘靡，周昭王車右。本書後紀十三帝禹夏后氏曰：“昭王南征，辛繇靡爲御右，拯王而俱溺，封其子西翟。”

〔二二〕觀：洪本自此之“觀”而下至“越”，凡八國名標目，皆闕文。

〔二三〕后啓：即夏后啓。

〔二四〕外傳云：啓有觀：彦按：“觀”當作“五觀”。外傳，指國語。國語楚語上：“啓有五觀。”

〔二五〕注：太康弟：太康，洪本、吳本“太”作“大”。韋昭國語注原文作：“五觀，啓子，太康昆弟也。”

〔二六〕相滅之：謂至相而滅也。相，啓孫。各本均作“襄”。彦按：“襄”蓋“相”字音譌。潛夫論五德志：“啓子太康、仲康更立。兄弟五人，皆有昏德，不堪帝事，降須洛汭，是謂五觀。孫相嗣位，夏道浸衰。於是后羿自鉏遷於窮石，因夏民以代夏政，滅相。”今據以訂正。

〔二七〕潛夫論、水經云：兄弟五人，是爲五觀：潛夫論云，見上注。水經云，見水經注卷九淇水，文作：“古文尚書以爲觀地矣。蓋太康弟五君之號曰五觀者也。”

〔二八〕杜預：觀國，夏同姓，在頓丘：見左傳昭公元年“夏有觀、扈”注，原文但作：“觀國，今頓丘衛縣。”

〔二九〕頓丘，今熙寧省入清豐：清豐，縣名，今屬河南省。洪本、吳本“豐”作“豊”。下“清豐”之“豐”同。宋史地理志二開德府清豐縣云：“熙寧六年，省頓丘縣入清豐。”

〔三〇〕澶之觀城：澶，州名。觀城，縣名，治所在今河南清豐縣東南。

〔三一〕陳氏禮論觀爲姚姓：陳氏禮論，作者不詳，待考。而後漢書郡國志三兗州東郡亦曰："衞公國,本觀故國,姚姓。"

〔三二〕見太平寰宇記卷五七澶州清豐縣。

〔三三〕後漢爲衞國縣:衞國縣,各本均作"魏田縣"。彥按:古今無所謂魏田縣。魏田縣當作衞國縣。蓋"衞"音譌而爲"魏","國"漶漫而成"田"。此所引元和志見該書卷一六澶州觀城縣,文曰:"漢觀縣,古之觀國。……漢以爲縣,屬東郡。後漢改觀縣爲衞國縣,屬東郡。"今據以訂正。

〔三四〕漢之畔觀:彥按:舊本漢書地理志上東郡縣二十二,中有畔觀。段玉裁曰:"地理志畔、觀本二縣名,自宋刻已聯綴不分。近人著述,如顧祖禹、閻伯詩、惠定宇、高淡人、全謝山,皆爲一縣,莫之諟正也。久尋所由,蓋東郡下本二十三縣,因畔觀不分,遂改爲二十二縣,以數計之,今本適合,不復疑故也。"(見經韻樓集卷五地理志觀縣考)其説甚是。而中華書局標點本漢書則以"畔"字爲衍文。然縣名本不以"畔觀"稱,是羅氏據誤本而誤説也。　故屬趙:趙,宜作魏。見下注。

〔三五〕齊田壽帥師伐趙,圍觀,觀降:彥按:水經注卷五河水引竹書紀年,"伐趙"作"伐我"。我者,魏自稱也。此作"趙"誤。

〔三六〕記、志皆以爲灌:灌,見國名紀三高陽氏後灌。

〔三七〕諸斟接爾:諸斟,指斟、灌、尋、介、戈等斟姓國,見國名紀三高陽氏後。接,鄰接。

〔三八〕左傳昭公元年:"夏有觀、扈。"

〔三九〕滎陽原武:滎陽,郡名。原武,縣名,治所在今河南原陽縣原武鎮。各本均作"武原"。彥按:滎陽無武原縣,"武原"當"原武"倒文,本書國名紀六古之亡國扈氏正作原武。今訂正。

〔四〇〕春秋莊公二十三年:"十有二月甲寅,公會齊侯盟于扈。"杜預注:"扈,鄭地,在滎陽卷縣西北。"又春秋釋例曰:"滎陽卷縣西北有扈亭。"彥按:此之所謂卷縣,與羅氏所稱之原武縣,屬一地異時別稱。太平寰宇記卷九鄭州原武縣云:"故卷城,漢爲縣。……北齊天保七年省縣,而城在今縣西北七里。"

〔四一〕後齊省,入洛陽:後齊,即北齊。彥按:洛陽,當是滎陽之誤。隋書地理志中滎陽郡滎陽縣云:"舊置滎陽郡。後齊省卷、京二縣入,改曰成皋郡。"

〔四二〕汲紀年晉出公二十二年"河絶于扈"者:二十二年,四庫本作"三十二年"。彦按:二本俱誤,當作"十二年"。水經注卷五河水:"竹書紀年:晉出公十二年,河絶于扈。即于是也。"四庫全書本"十二年"下有注:"案:近刻訛作'二十二年'。"蓋其誤由來已久,路史即沿襲之。　己姓之扈:由帝顓頊玄孫樊之後而來。參見後紀八帝顓頊高陽氏。

〔四三〕同之夏陽:同,州名。夏陽,縣名,治所在今陝西合陽縣東南。太姒:周文王正妃,周武王生母。

〔四四〕詩云"纘汝維莘":見詩大雅大明。毛詩"汝"作"女"。傳曰:"纘,繼也。莘,大姒國也。"　在郃之陽:郃,水名,即今陝西合陽縣西金水溝。四庫本作"洽",通。說文邑部:"郃,左馮翊郃陽縣,从邑合聲。詩曰:'在郃之陽。'"段玉裁注:"大雅文。今詩'郃'作'洽',水經注引亦作'郃'。按魏世家,文侯時西攻秦,築雒陰合陽,字作'合'。蓋合者水名,毛詩本作'在合之陽'。……今詩作'洽'者,後人意加水旁,許引詩作'郃'者,後人所改。"

〔四五〕河西:縣名,治所在今陝西合陽縣東南。

〔四六〕郡國志云:郃陽南二十有城,古莘國:太平寰宇記卷二八同州郃陽縣亦曰:"按郡國志云:'今縣南二十里有城,即古莘國地也。'"今後漢書郡國志未見此文,蓋佚。

〔四七〕昔散宜生求有莘氏美女獻紂:散宜生,西周開國功臣,文王四友之一。尚書大傳曰:"西伯既戡黎,紂囚之羑里。……散宜生遂之犬戎氏取美馬駮身朱鬣雞目,之西海之濱取白狐、青翰,之於陵氏取怪獸——尾倍其身,名曰騶虞,之有參氏取美女,之江淮之浦取大貝如車渠,陳於紂之廷。紂出見之,還而觀之,曰:'此何人也?'散宜生遂趨而進曰:'吾西蕃之臣昌之使者。'紂大悦,曰:'非子罪也,崇侯也。'遂遣西伯伐崇。"彦按:有參氏即有莘氏,"參"宜讀"莘"。　周代有神降之,本虢地:左傳莊公三十二年:"秋,七月,有神降于莘。"杜預注:"莘,虢地。"　陝石鎮西十五莘原也:陝,同"陜"。清顧棟高春秋大事表卷六上陝州、秦蕙田五禮通考卷二一○嘉禮八三體國經野虢地莘注、高士奇春秋地名攷略卷一二虢莘注並作陜石鎮。又楊伯峻春秋左傳注云:"莘,虢地。今河南省三門峽市西有峽石鎮,峽石鎮西十五里有莘原。"彦按:峽石鎮,即今三門峽市陝州區硤石鄉。

〔四八〕陝縣:治所在今河南三門峽市陝州區。

〔四九〕大名之莘縣:大名,府名。莘縣,今屬山東省。

〔五〇〕桓十六:衛盜待諸莘:見是年左傳。

〔五一〕廣記,莘縣爲毁伋處:毁,四庫本作"殺",備要本作"煞"。伋,春秋衛宣公太子。輿地廣記卷五大名府莘縣:"春秋衛宣公使盜殺公子伋于莘,即此。"

〔五二〕京相云:平陽陽平北十里有莘亭,伋、壽没焉:京相,指京相璠。平陽,乃陽平之倒文,此爲郡名。陽平,縣名,治所即今山東莘縣。壽,伋之同父異母弟。水經注卷五河水:"(陽平縣故)城之西北有莘亭。春秋桓公十六年,衛宣公使伋使諸齊,令盜待于莘,伋、壽繼殞于此亭。京相璠曰:今陽平陽平縣北一十里有故莘亭。"楊守敬疏曰:"(今陽平,)朱訛作'今平陽'。趙'陽'改'原',云:漢志陽平縣屬平原郡。戴改同。守敬按:陽平縣,兩漢志屬東郡。元和志,魏屬陽平郡。晉志、地形志同。京相璠,晉人,當云今陽平陽平縣。舊本誤倒作平陽耳。趙乃以漢陽平當之,而又誤謂屬平原。戴亦貿然依改,此猶得謂戴非襲趙耶?"彥按:楊説是。羅氏引文所據,蓋即誤本。

〔五三〕隨:通"隋"。

〔五四〕成二"從齊師于莘",即宣十八年笙也:春秋宣公十八年:"歸父還自晉,至笙。"楊伯峻注:"笙地無考,江永考實謂即莊九年傳之生竇,在今山東省曹縣東北,亦只推測之辭。羅泌路史國名紀注以笙與成二年傳之莘爲一地,亦不可信。"

〔五五〕注:魯境外:見春秋宣公十八年"笙"杜預注。"外"或本作"也"。

〔五六〕博州武水西北有故莘城:武水,縣名,治所在今山東聊城市東昌府區沙鎮。各本均譌"武壯",今訂正。

〔五七〕莊十"荆敗蔡師于莘":莊十,各本均譌作"莊十八",蓋涉上文"宣十八年"之"十八"而誤。今訂正。敗,喬本、洪本、吳本、四庫本譌"縣",今據備要本訂正。莘,春秋蔡地,在今安徽界首市北。

〔五八〕濟陰:縣名,治所在今山東曹縣西北。

〔五九〕古莘仲國,濟陰縣東南三十古莘國,伊摯耕處:見元和郡縣圖志卷十一曹州濟陰縣。原文作:“莘仲故城,在縣東南三十里。蓋古之莘國也。伊尹耕於莘野,湯聞其賢,聘以爲相,即此地。”莘仲,夏時有莘國君主。濟陰縣,備要本“濟”譌“齊”。伊摯,即伊尹。

〔六〇〕管城:縣名,治所即今河南鄭州市管城區。

〔六一〕史伯云:“歷、莘”,昭云國:見國名紀一黄帝之宗注〔二三〕、〔二五〕。

〔六二〕太平寰宇記卷九鄭州管城縣:“莘城。國語謂史伯對鄭桓公,虢、鄶有十邑,莘其一也。又云:‘前莘後河,右洛左濟。’韋昭曰:‘莘,國也。十邑謂虢、鄶、鄢、蔽、補、丹、依、㽥、歷、莘也。’”

〔六三〕陳留俱有莘:喬本、四庫本、備要本“有”作“用”,誤。此從洪本及吳本。本書前紀三空桑氏跋語云:“伊尹,莘人,故吕春秋、古史攷等俱言尹産空桑。空桑故城在今陳留。”是陳留亦有稱莘之地。

〔六四〕集韵:謂集韵“莘”字作“䢒”(見平聲臻韵)。各本“䢒”均譌“辟”,今訂正。

〔六五〕阻之以鄧林:見史記禮書。

〔六六〕杜佑以鄧爲禹都:見通典卷一七七州郡七鄧州,原文作:“鄧州,本夏禹之國。”路史之説並不準確。

〔六七〕宋之虞城:宋,州名。虞城,縣名,治所在今河南虞城縣利民鎮西南。　秦、楚伐鄭圍綸氏者:秦,喬本譌“泰”。今據餘諸本訂正。竹書紀年卷下周顯王三十五年:“楚吾得帥師及秦伐鄭,圍綸氏。”

〔六八〕汲紀年三:“三”字疑衍或誤。參見上注。

〔六九〕山海經:狂水逕綸氏城:彦按:山海經,當作水經注。水經注卷一五伊水:“山海經曰:大䓣之山多㻬琈之玉,其陽,狂水出焉,西南流,其中多三足龜,人食之者無大疾,可以已腫。狂水又西逕綸氏縣故城南,竹書紀年曰‘楚吾得帥師及秦伐鄭圍綸氏’者也。”此水經注所引山海經文,撮取自中山經,但至“可以已腫”而止。羅氏誤將其下酈文亦視爲山海經文,未免粗疏。

〔七〇〕注,在陽城:注,指水經注。陽城,縣名,治所在今河南登封市告成鎮。彦按:水經注卷一五伊水云:“伊水又北逕當階城西,大狂水入焉。水東出陽城縣之大䓣山。……狂水又西逕綸氏縣故城南。”羅氏蓋據此言。

〔七一〕洛之嵩陽：洛，州名。嵩陽，縣名，治所在今河南登封市。　漢輪縣，屬潁川：彥按：輪縣，當作輪氏縣，疑脫“氏”字。後漢書郡國志二，潁川郡有輪氏縣（前志作綸氏縣），而無輪縣。

〔七二〕十道志：臨武縣，夏之綸邑：彥按：唐代臨武屬郴州桂陽郡（見新唐書地理志五江南道西道採訪使郴州桂陽郡），與綸邑之地不合，其誤無疑。今謂“臨武”乃“武林”之音譌倒文。元和郡縣圖志卷五河南府潁陽縣曰：“古綸氏縣，本夏之綸國也。少康之邑在焉。漢屬潁川。晉省。後魏太和中，於綸氏縣城置潁陽縣，屬河南尹；又分潁陽置堙陽縣。隋開皇六年，改堙陽爲武林；十八年，又改爲綸氏。大業元年，改爲嵩陽。載初元年，又改爲武林。開元十五年，復爲潁陽。”可以爲證。

〔七三〕魏孝文於綸氏置潁陽縣：見上注。　故寰宇記：潁陽，夏之綸邑：見太平寰宇記卷五西京三，原文作：“潁陽縣，本夏之綸國。”

〔七四〕今汾陰北：汾陰，縣名，治所在今山西萬榮縣榮河鎮寶井村。

〔七五〕昭公取鄫也：春秋昭公四年：“九月，取鄫。”鄫，在今山東蘭陵縣向城鎮西北。　曲列：夏帝少康次子。

〔七六〕繒衍：左傳作鄫衍。哀公七年傳：“若夏盟於鄫衍”，杜預注：“鄫衍即鄫也。”

〔七七〕沂之承縣：沂，州名。承縣，治所在今山東棗莊市嶧城區西北。繒城：即鄫城。“繒”通“鄫”。

〔七八〕春秋襄公六年：“莒人滅鄫。”

〔七九〕漢鄫國屬東海：鄫國，吳本、四庫本“鄫”作“繒”，通。元和郡縣圖志卷一一沂州承縣曰：“本漢之承縣，春秋時鄫國也。屬東海郡。”

〔八〇〕鄭鄫：見國名紀六周世侯伯鄫。

〔八一〕按滎陽有鄶水城、有鄶水：鄶水城，蓋鄶城別稱。鄶水，即溈水。水經云：出鄶城西北雞絡塢下，入洧：見水經注卷二二溈水，“鄶城”作“鄶城”，云：“溈水出鄶城西北雞絡塢下，……又南注于洧。”鄶城在今河南新密市東。

〔八二〕襄元年次鄫者：春秋襄公元年：“仲孫蔑會齊崔杼、曹人、邾人、杞人次于鄫。”

〔八三〕季杼：各本均作“季杼”，今訂作季杼。説見後紀十四夏帝少康注

〔一二〕。 罕:同"粤"。備要本作"罕",誤。

〔八四〕杜云:發語聲:見春秋定公五年"於越入吳"注,原文爲:"於,發聲也。"

〔八五〕王會解:吳本、四庫本"解"作"觧",同。

〔八六〕游公尚過於越:見墨子魯問。游,游説。此屬使動用法,謂"使(公尚過)游説"。公尚過,墨子弟子。彦按:此"於"爲介詞,"於越"爲詞組,與逸周書王會解之於越異。羅氏混爲一談,非是。

〔八七〕參見後紀十四夏帝杼注〔一八〕。

〔八八〕南越:見國名紀三高陽氏後越。

〔八九〕越絶書云:句踐小城,山陰是:見越絶書外傳記地傳,原文爲:"句踐小城,山陰城也。"山陰,縣名,治所在今浙江紹興市。

〔九〇〕處州:治所在今浙江麗水市蓮都區西。

〔九一〕通典卷一八二州郡十二處州:"處州,春秋、戰國時並屬越。秦漢屬會稽郡,亦甌越之地。"

〔九二〕晉之龍丘:晉,朝代名。司馬氏代魏所建。龍丘,縣名,治所在今浙江龍游縣。

〔九三〕衢之龍游:衢,州名。龍游,縣名。今屬浙江省。

〔九四〕穀水:即今浙江錢塘江支流衢江。洪本"穀"字漶漫,吳本、四庫本作"穀"誤。 薄溪:元豐九域志卷五兩浙路上衢州信安郡軍事古迹作薄里溪。

〔九五〕昔彌庸見姑蔑之旗者:彌庸,春秋吳臣。旗,洪本、吳本、四庫本作"撗",乃譌字。左傳哀公十三年:"彌庸見姑蔑之旗,曰:'吾父之旗也。不可以見讎而弗殺也。'"杜預注:"彌庸父爲越所獲,故姑蔑人得其旌旗。"

〔九六〕漢之大末,即東陽之太蔑縣:大末,縣名。東陽,郡名。太蔑縣,即太末縣。三國吳改大末縣置,治所在今浙江龍游縣。

〔九七〕而瑕丘,其析也:析,分支。彦按:瑕丘亦有姑蔑,詳見國名紀二少昊後國蔑。

〔九八〕隱元年盟邾之處:春秋隱公元年:"三月,公及邾儀父盟于蔑。"楊伯峻注:"儀父,邾君之字。"

〔九九〕昭云是餘干：餘干，縣名。今屬江西省。各本均作"餘于"。彥按：當作"餘干"。太平御覽卷一七〇："漢書貨殖傳曰：'譬猶戎狄之與于越，不相入明矣。'韋昭注曰：'于越，今餘干縣，越之別名。'"今據以訂正。下"必先守餘干"之餘干同。

〔一〇〇〕今隸饒：饒，州名。　漢之餘汗：漢，喬本譌"溪"。今據餘諸本改。餘汗，縣名。　杜佑謂"句踐之西界，所謂于越"：見通典卷一八二州郡十二饒州餘干縣，"于越"作"干越"。　淮南云"越人有變，必先守餘干"者：淮南，指漢淮南王劉安。漢書嚴助傳載淮南王安上書諫曰："越人欲爲變，必先田餘干界中。"太平御覽卷一七〇引漢書，作："越人欲爲變，必先守餘干。"

〔一〇一〕韻作"邗"，爲盂音：韻，指廣韻。邗，各本均譌"邗"；盂（gān），各本均譌"盂"。今並據廣韻訂正。廣韻寒韻："邗，越別名"，讀與"盂"同音。

〔一〇二〕于越：喬本、洪本、吳本、備要本作"於越"，此從四庫本。　因杜以"於"爲發語尒：見上注〔八四〕。

〔一〇三〕漢音：指三國魏孟康撰漢書音義。

〔一〇四〕句越之幹：幹，通"斡"，箭桿。庫本亢倉子政道篇作"勾粵之斡"。

〔一〇五〕山經有句餘之山：見山海經南山經。　郭云：在句章之北，餘姚之南，取二縣以名：句章、餘姚，二縣名。句章治所在今浙江餘姚市東南。彥按：郭注原文作："今在會稽餘姚縣南，句章縣北，故此二縣因此爲名云。"是郭氏本意二縣得名於是山，今路史乃竄改成是山得名於二縣，可謂本末顛倒矣。

〔一〇六〕以王逸少昇之，曰昇山：王逸少，即東晉書法家王羲之。羲之字逸少。昇，登。太平寰宇記卷九四湖州烏程縣："昇山，在縣東二十里。一名烏山，一名歐餘山，一名歐亭山。吳均入東記云：王羲之爲太守，常遊踐，嘗升此山，顧謂賓客曰：'百年之後，誰知王逸少與諸卿遊此乎！'因有昇山之號。"

〔一〇七〕東海搖：指秦末漢初東海王歐陽搖。搖，喬本作"摇"，乃俗體，今改從餘本作"搖"。同樣情況，以下不煩一一指出。

〔一〇八〕侯今昇山東十八有西余山：彥按：昇山當作烏程，又"有"字疑衍。太平寰宇記卷九四湖州烏程縣云："西余山，在烏程縣東一十八里。興地志云：'漢文帝封東海王搖之子期視爲顧余侯，……即此地也。'"

〔一〇九〕説文虫部："閩，東、南越，蛇種。"

〔一一〇〕郭氏以爲西甌：見山海經海内南經"閩在海中"注，文曰："閩越即西甌，今建安郡是也。"

〔一一一〕亡諸：即無諸，漢閩越王。見後紀十四夏帝杼。

〔一一二〕冶後分爲會稽：彦按：此句費解。考通典卷一八二州郡十二福州云："福州，亦閩越地。……漢高帝立無諸爲閩越王，都於此。及武帝時，閩越反，滅之，徙其人於江淮間，盡虚其地。後有遁逃山谷者頗出，立爲冶縣地，屬會稽郡，又名其地爲東冶縣。後漢改爲侯官都尉，屬會稽郡。後分冶地爲會稽東、南二部都尉。此爲南部都尉。"太平寰宇記卷一〇〇福州所載大同。羅氏此所謂"冶後分爲會稽"，蓋欲傳彼"後分冶地爲會稽東、南二部都尉"之意而未能也。

〔一一三〕永嘉：縣名，治所即今浙江温州市。

〔一一四〕西越，建安郡；東甌，永寧郡：建安郡，治所在今福建建甌市。永寧郡，治所在今浙江温州市。太平寰宇記卷一〇〇福州侯官縣："按郡國志云：閩越之地，東閩，在岐海中；西越，今建安郡是也；東甌，今永寧郡是也。"

〔一一五〕在州南一里二百步：備要本"在"譌"有"。

〔一一六〕或云東越者：史記東越列傳即以閩越即東越，裴駰集解引韋昭曰亦稱："閩，……東越之别名。"當代學者則以爲東越包括東甌與閩越（見鄭天挺等主編中國歷史大辭典東越詞條，上海辭書出版社，2007 年）。

〔一一七〕開元録：佚書，作者不詳。　閩州：治所在今福建福州市。　建州：治所在今福建建甌市。　謂黄、林等是其裔：太平寰宇記卷一〇〇福州引開元録，作"謂林、黄是其裔"。

〔一一八〕閩中：郡名，治所在今福建福州市。

〔一一九〕史記東越列傳："至建元三年，閩越發兵圍東甌。……至建元六年，閩越擊南越。"

〔一二〇〕餘不：不，音 fú。

〔一二一〕湖之德清：湖，州名。德清，縣名，今屬浙江省。

〔一二二〕孔愉：晉士大夫，歷官至會稽内史，封餘不亭侯。晉書孔愉傳："愉嘗行經餘不亭，見籠龜於路者，愉買而放之溪中，龜中流左顧者數四。"

〔一二三〕愉：備要本如此，是，今從之。餘諸本均譌“楡”。

〔一二四〕沈氏家傳：指南朝宋沈約宋書自序。　沈戎：東漢時人，初爲九江從事。以説降劇賊尹良功，封海昏縣侯。乃辭不就，徙家居會稽烏程縣餘不鄉。

〔一二五〕彦按：逸周書王會解：“姑於越納，曰姑妹珍。”學者多“於越”連讀，以爲即越（見黃懷信等逸周書彙校集注）。羅氏“姑於”連讀，以爲即姑熟，恐誤。

〔一二六〕説云“顧”：謂説者以“顧”釋“姑”，即以姑於爲顧於。

〔一二七〕然在漢世：彦按：漢書鄒陽傳云：“城陽顧於盧博。”顏師古注引孟康曰：“城陽，王喜也。喜父章與弟興居討諸吕有功，本當盡以趙地王章，梁地王興居。文帝聞其欲立齊王，更以二郡王之。章失職，歲餘薨。興居誅死。盧博，濟北王治處，喜顧念而怨也。”蓋羅氏誤以“顧於”爲地名，故有此語。

〔一二八〕姑熟：亦作姑孰。在今安徽當塗縣姑孰鎮。　於、孰音轉也：彦按：於、孰二字聲韻相去甚遠，恐無音轉之理。

〔一二九〕揭陽：縣名，治所在今廣東揭陽市榕城區西北。　亡餘：它書或作“毋餘”、“母餘”，同。即史記高祖功臣侯者年表之齊信侯搖毋餘，亦即漢書高惠高后文功臣表之海陽齊信侯搖母餘。　今潮之海陽縣：潮，州名。海陽縣，治所在今廣東潮州市潮安區。

〔一三〇〕二越之間介：二越，指南越與閩越。

〔一三一〕琅邪：四庫本“琅”作“瑯”。

〔一三二〕句踐圖霸徙此，起觀臺山上：吳越春秋勾踐伐吳外傳曰：“越王既已誅忠臣，霸於關東，（從）〔徙〕瑯邪，起觀臺，周七里，以望東海。”越絶書外傳記地傳亦曰：“句踐伐吳，霸關東，（從）〔徙〕瑯琊，起觀臺，臺周七里，以望東海。”　徙三萬户于下：彦按：他書未見有句踐徙三萬户於琅邪山下之記載。而據史記秦始皇本紀，始皇則有“南登琅邪，大樂之，留三月。乃徙黔首三萬户琅邪臺下”之事。此必羅氏誤栽秦皇事於句踐之身矣。

〔一三三〕此條内容大抵撮取自太平寰宇記卷九〇昇州上元縣。　上元：縣名，治所在今江蘇南京市。　元王：周元王姬仁，公元前476—前469年在位。

〔一三四〕寰宇記在今瓦官門東南：瓦官門，中華書局 2007 年版太平寰宇記王文楚等校勘記據宋版、嘉慶重修一統志卷七四江寧府引本書及景定建康志卷二〇、至正金陵新志卷一二改訂作瓦官寺，是。寺建於東晉興寧二年（364），在今南京市西南秦淮河畔鳳凰臺西花露崗上。

〔一三五〕曹氏記：作者不詳。　秣陵：縣名，治所在今南京市中華門外故報恩寺附近。　建康宮：宮殿名，東晉建，故址在今南京市玄武區成賢街舊牌樓一帶。

〔一三六〕王搖：即東海王歐陽搖。　溫之永嘉：溫，州名。永嘉，縣名。

〔一三七〕漢之冶縣：冶縣，各本“冶”均訛“治”。彦按：漢無治縣，“治”當“冶”訛字。太平寰宇記卷九九溫州永嘉縣：“永嘉縣，漢冶縣之地。”正作冶縣。今據以訂正。

〔一三八〕甌水：喬本“水”訛“木”，今從餘諸本改。

〔一三九〕永嘉記：又稱永嘉郡記。南朝宋鄭緝之撰。　永寧山：在今浙江永嘉縣南甌江北岸。

〔一四〇〕郭氏以臨海永寧爲東甌：見山海經海內南經“甌居海中”注，原文爲：“今臨海永寧縣。即東甌。”臨海，郡名。永寧，縣名，治所在今浙江溫州市。

〔一四一〕章安：縣名，治所在今浙江臺州市椒江區章安街道。

〔一四二〕地有回浦：回浦，鄉名。　浦東乃漢俟官都尉理：俟，備要本作“候”，同；四庫本作“侯”，通。都尉，本官名，爲主管一郡或一部軍事之長官。引申爲軍事行政區劃名，猶後世之省軍區、分軍區。理，治，此指治所。舊唐書地理志三江南東道福州中都督府閩縣：“漢冶縣，屬會稽郡。秦時爲閩中郡。漢高立閩越王，都於此。武帝誅東越，徙其人於江淮，空其地。其逃亡者，自立爲冶縣，後更名東冶縣。後漢改爲侯官都尉，屬會稽郡。”

〔一四三〕閩越圍東甌，告急，遣嚴助救之：圍，各本均訛“王”，今訂正。漢書武帝紀：“閩越圍東甌，東甌告急。遣中大夫嚴助持節發會稽兵，浮海救之。”

〔一四四〕未至，止：漢書武帝紀作：“未至，閩越走，兵還。”

〔一四五〕而遺人漸出，乃以東甌地爲回浦：遺人，遺民，指劫後幸存者。回浦,縣名,治所在今浙江臺州市椒江區章安街道。

〔一四六〕婺州:治所在今浙江金華市婺城區。

〔一四七〕越漚在正東越之分:分,分域,地域。逸周書王會解:“伊尹受命,於是爲四方令曰:‘臣請正東符婁、仇州、伊慮、漚深、九夷十蠻、越漚、鬋髮文身,請令以魚皮之鞞,烏鰂之醬,鮫瞂、利劍爲獻。’”

〔一四八〕明之鄞縣:明,州名。鄞縣,治所在今浙江寧波市海曙區。

〔一四九〕鄞縣:治所在今浙江寧波市海曙區鄞江鎮。　甬東:地名,即今浙江東部舟山島。

〔一五〇〕郡國志:句章本是平山:平山,各本均作“華平山”。彦按:太平寰宇記卷九八明州鄞縣句章故城引郡國志,作“句章縣本是平山”,無“華”字,當是,今據刪。

〔一五一〕史記:句踐平吳,徙夫差于甬東:見於史記吳太伯世家吳王夫差二十三年,文曰:“十一月丁卯,越敗吳。越王句踐欲遷吳王夫差於甬東,予百家居之。吳王曰:‘孤老矣,不能事君王也。吾悔不用子胥之言,自令陷此。’遂自剄死。”

〔一五二〕韋昭云:甬東即句章東溪口外洲:見國語吳語“寡人其達王於甬句東”注,今本“溪口”作“海口”,黄丕烈引段玉裁據困學紀聞説,以爲當作浹口。彦按:浹口在今浙江寧波市東甬江河口處。

〔一五三〕都:猶邑。

〔一五四〕即哀二十二年之甬也:彦按:甬,當作甬東。左傳哀公二十二年:“冬,十一月丁卯,越滅吳,請使吳王居甬東。”

〔一五五〕預云:甬東乃句章東海中洲,窮地也:彦按:左傳襄公四年“夏訓有之曰:‘有窮后羿——’”楊伯峻注:“有窮,部落名,今河南洛陽市西。”又同年傳“后羿自鉏遷于窮石”楊伯峻注:“窮石,即窮谷,在洛陽市南。”據此,則甬東不在窮地。羅氏之謬,當由誤讀杜預春秋釋例所致。今考釋例卷六土地名第四十四之二越地,下有“(哀)二十二年甬東”一條,釋曰:“會稽句章縣東海中洲。”該條實爲越地之最末一條。其後緊跟者爲有窮地,首條則是“襄四年有窮、窮石”,釋曰:“二名。闕。”羅氏必是誤將“有窮地”與前連讀也。

〔一五六〕甌人鰆蛇:鰆蛇,鱔魚。鰆,同“鱔”。今本逸周書文作:“歐人蟬

蛇。蟬蛇順,食之美。”俞樾曰:“蟬即鱓之叚字。一切經音義卷一六引訓纂曰:
‘鱓蛇,魚也。’山海經郭注曰:‘鱓魚如蛇。’蓋以其似蛇而得蛇名,實非蛇
也。……蟬蛇順者,言其性馴善也。雖有蛇名,而實非蛇,故曰馴,明其與蛇異
也。下乃曰‘食之美’。”(見羣經平議卷七周書)

〔一五七〕鮀字:彦按:古書之中,鱓字所記之詞有二:或同“鱔”,即鱔魚;
或同“鼉”,亦作“鮀”,即揚子鰐。此以“鱓”爲“鮀”字,恐非王會解之本意。

〔一五八〕岐海,今臨海永寧縣,即云東甌:郭璞注原文作:“今臨海永寧
縣,即東甌,在岐海中也。”

〔一五九〕界有諸山、暨浦,允常之都:允常,春秋越王句踐之父。各本均
作“元常”。彦按:元常當作允常。今本“允”作“元”者,蓋明刻避明惠帝朱允
炆偏諱所改。今訂正。參見國名紀三高陽氏後注〔一一一〕。

〔一六〇〕隨區宇圖:即隋區宇圖志。隋崔賾、虞世基等撰。吳本、四庫本
作隨寰宇圖,非是。　公子:古稱諸侯之庶子。

〔一六一〕貝之武城:貝,州名。喬本、洪本、吳本作“具”,四庫本、備要本
作“具”。彦按:考諸輿地書,宋代武城屬貝州領縣。此當“貝”先譌“具”,繼而
譌“具”,今訂正。武城,縣名。今屬山東省。

〔一六二〕没鹿回:回,喬本、洪本作“同”,吳本、四庫本、備要本此字均闕。
彦按:“同”當“回”字形譌。元和姓纂卷一〇没韻、通志卷二五氏族略一代北
三字姓均有没鹿回,今據以訂正。

〔一六三〕經之無,勿説之而有;經之直,勿煩之而紆:經,指春秋。直,直
白。煩,謂複雜化。紆,同“紆”,迂曲。

〔一六四〕見是年春秋。　會于曹南:春秋原文作“盟于曹南”。曹南,曹
國南鄙,即今山東曹縣南。　用之:謂殺之以作牲用。

〔一六五〕亦猶易之用牲云尒:易之,用它代替。

〔一六六〕或以饗,或用享:饗,謂宴請賓客。享,謂獻祭鬼神。

〔一六七〕則其惡已具矣:喬本、洪本、吳本“具”作“具”誤,此從四庫本、備
要本。

〔一六八〕而左氏者乃以爲宋公使邾文公執而用之次雎之社:次雎,備要本
譌“次雎”。社,喬本、洪本、吳本譌“杜”,今從四庫本、備要本訂正。下“叩鼻

血社"之"社"同。左傳僖公十九年："夏,宋公使邾文公用鄫子于次睢之社。"
杜預注:"睢水受汴,東經陳留、梁、譙、沛、彭城縣入泗,此水次有妖神,東夷皆
社祠之,蓋殺人而用祭。"楊伯峻注:"(次睢之社,)以地理考之,當在今江蘇省
銅山縣(彥按:今爲徐州市銅山區)附近。"　説者復有叩鼻血社之説:春秋僖
公十九年"己酉,邾婁人執鄫子用之"公羊傳:"惡乎用之? 用之社也。其用之
社奈何? 蓋叩其鼻以血社也。"又穀梁傳:"用之者,叩其鼻以衈社也。"范甯集
解:"衈者,釁也,取鼻血以釁祭社器。"

〔一六九〕相屬:相連。屬(zhǔ),連接。

〔一七〇〕于時雖有邾人:喬本"人"作"尒",誤。今據餘諸本改。

〔一七一〕濟陰:縣名,治所在今山東曹縣西北。

〔一七二〕邾在濟任城南二十里:各本"濟"上有一"東"字。彥按:"東"字
衍。本書國名紀三高陽氏後朱曰:"邾也。周封挾,後遷婁,是爲邾婁。今濟之
任城南二十有邾婁城。"可證。今删去。

〔一七三〕次睢在宋城南,其東北一百八十至單,又一百八十而至濟;其西
北,至曹南二百八十,道路越絶:宋城,縣名,治所在今河南商丘市睢陽區。單
(shàn),州名,治所在今山東單縣南。濟,州名,治所在今山東鉅野縣南。越
絶,遠隔。

〔一七四〕實非爲盟:四庫本"實"作"寔"。

〔一七五〕而辨疑更以謂"用爲牲,而歃之以盟":辨疑,指春秋集傳辨疑,
唐陸淳撰。歃,古人盟會時,或微飲牲血,或以牲血塗口,以示誠意,稱"歃"。
　則復誰與盟邪:四庫本"邪"作"耶"。

〔一七六〕乃遽制使邾子執用鄫君:遽制,匆忙下令。制,帝王之命令。

〔一七七〕鄫子茉:茉,音 hé。彥按:鄫子之名,不見於其他載籍,路史以爲
茉,未知何據。

〔一七八〕夫以季姬之使鄫子倈朝,猶切書之:切,急迫。春秋僖公十四
年:"夏,六月,季姬及鄫子遇于防。使鄫子來朝。"杜預注:"季姬,魯女,鄫夫
人也。鄫子本無朝志,爲季姬所召而來,故言'使鄫子來朝'。"同年左傳:"鄫
季姬來寧,公怒,止之,以鄫子之不朝也。夏,遇于防,而使來朝。"　況使它國
之君執國君而賊之乎:四庫本"它"作"他"。賊,殺害。

〔一七九〕宣之十八年邾人之戕鄫子：春秋宣公十八年："秋，七月，邾人戕
鄫子于鄫。"

〔一八〇〕並見於春秋經文。　殺之于申：申，楚邑，在今河南南陽市宛城
區。　世子友：穀梁春秋如此，左氏、公羊"友"作"有"。

〔一八一〕其辭之曲盡如此，宋果使邾，度得而不書乎：曲盡，周全詳盡。
度，料想。

〔一八二〕蔡友之用，左氏以爲用祭岡山：蔡友，即蔡世子友，又稱隱大子。
岡山，山名，在今河南上蔡縣東。左傳昭公十一年："冬，十一月，楚子滅蔡，用
隱大子于岡山。"　而公羊則以爲用其頭以築：築，搗土使實。公羊傳昭公十一
年："惡乎用之？ 用之防也。其用之防奈何？ 蓋以築防也。"何休注："持其足，
以頭築防。"

〔一八三〕其所以放乎死：放乎，至於。

〔一八四〕季姬許嫁邾，鄫子請，强委禽焉，既歸鄫矣：邾，又稱邾婁，同。委
禽，下聘禮。古代婚禮，納采用鴈，故稱。歸，嫁。"歸鄫"之鄫，各本均作
"邾"。彥按：據文意，此當作鄫，謂季姬"許嫁邾"而終"歸鄫"也。作"歸邾"
誤，今訂正。春秋僖公十九年"鄫子會盟于邾婁"公羊傳："其言會盟何？ 後會
也。"何休解詁："地以邾婁者，起爲邾婁事也。不言君者，爲（宋）襄公諱也。
魯本許嫁季姬於邾婁，季姬淫泆，使鄫子請己而許之，二國交忿，襄公爲此盟，
欲和解之。既在會間，反爲邾婁所欺，執用鄫子。"

〔一八五〕胡文定：即宋代大儒胡安國。文定，其諡號。

〔一八六〕居巢：縣名，治所在今安徽巢湖市東北。

〔一八七〕羽傳：指史記項羽本紀。　范增居鄍人：范增，項羽謀士，羽尊
之爲"亞父"。

〔一八八〕今無爲之屬，鄍縣也：無爲，指無爲軍。鄍縣，即巢縣，治所在今
安徽巢湖市。

〔一八九〕巢伯：殷諸侯，伯爵。

〔一九〇〕書旅巢命序："巢伯來朝，芮伯作旅巢命。"

〔一九一〕入楚爲巢公：此謂巢入楚後成爲大夫之封邑。史記楚世家裴駰
集解引服虔曰："楚邑大夫皆稱公。"彥按：文公十二年（前615）春秋云："夏，楚

人圍巢。”杜預注:“巢,吳、楚間小國。”則時巢尚未入楚。至成公十七年(前574)左傳云:“舒庸人以楚師之敗也,道吳人圍巢,伐駕,圍釐、虺。”杜預注:“巢、駕、釐、虺,楚四邑。”則碻乎楚邑矣。其始入楚之時,自當在兩者之間。

〔一九二〕春秋昭公二十四年:“冬,吳滅巢。”

〔一九三〕寰宇記楚威,非:彦按:太平寰宇記卷一二八濠州:“昭公二十四年,楚子爲舟師以略吳疆。吳人踵楚,遂滅巢及鍾離而還。”是亦謂巢爲吳所滅。羅氏之説,不知何據。豈匆遽誤斷作“楚遂滅巢及鍾離而還”邪?

〔一九四〕既爲羣舒邑,故楚圍之:左傳文公十二年:“夏,(楚令尹)子孔執舒子平及宗子,遂圍巢。”杜預注:“宗、巢二國,羣舒之屬。”輿地廣記卷二一無爲軍巢縣云:“古曰南巢,成湯放桀於此。周初巢伯來朝。春秋爲羣舒邑,叛楚,故楚人圍巢。”

〔一九五〕皖北六東:皖,縣名,治所在今安徽潛山縣。六,縣名,治所在今安徽六安市金安區城北鄉。

〔一九六〕同安志:宋錢紳撰。　巢城在桐城:桐城,縣名,治所即今安徽桐城市。

〔一九七〕寰宇:四庫本作“寰宇記”。　在縣南六十五,號古重城:自此而下至“左右陂湖”,撮引自太平寰宇記卷一二五舒州桐城縣。

〔一九八〕合肥巢湖,云居巢陷者:合肥,縣名,治所在今安徽合肥市廬陽區。巢湖,湖名。各本“湖”字均失落水旁作“胡”,今訂正。太平寰宇記卷一二六廬州合肥縣:“巢湖,在今縣東南六十里。……耆老相傳云:居巢縣地,昔有一巫嫗,豫知未然,所説吉凶咸有徵驗。居巢縣門有石龜,巫云‘若龜出血,此地當陷爲湖’。未幾,鄉邑祀祭,有人以豬血置龜口中。巫嫗見之,南走。回顧其地,已陷爲湖。”

〔一九九〕吳志:指三國志吳志。

〔二〇〇〕吕交切:書旅巢命序“巢伯來朝”陸德明音義:“巢,仕交反,徐(邈)吕交反。”

〔二〇一〕衛巢:春秋衛邑。在今河南睢縣南。

〔二〇二〕杜云“吳、楚間小國”:見上注〔一九一〕。

〔二〇三〕至云“楚邑”:至,各本均作“左”。彦按:作“左”費解,當爲“至”

字之譌,今訂正。春秋昭公二十四年“冬,吳滅巢”杜預注:“楚邑也。”

〔二〇四〕定姒:見後紀十四帝履癸注〔二四七〕。

〔二〇五〕僖十四遷緣陵:春秋僖公十四年:“春,諸侯城緣陵。”杜預注:“緣陵,杞邑。辟淮夷,遷都於緣陵。”同年左傳:“春,諸侯城緣陵而遷杞焉。”參見後紀十四帝履癸注〔二一九〕。

〔二〇六〕邵謂營陵:邵,字當作“劭”,指東漢應劭。

〔二〇七〕漢書地理志上,營陵縣屬北海郡。

〔二〇八〕北海:縣名,治所在今山東濰坊市濰城區。

〔二〇九〕今維治:維,州名。

〔二一〇〕參見國名紀一炎帝後姜姓國注〔一七六〕。

〔二一一〕瓚云:即緣陵:漢書地理志上北海郡營陵縣,顏師古注引臣瓚曰:“營陵,春秋謂之緣陵。”

〔二一二〕文公:指杞文公姒益姑,春秋杞國國君。

〔二一三〕桓六,淳于公亡:淳于公,春秋州國國君,又稱州公。亡,逃亡。春秋桓公五年:“冬,州公如曹。”六年:“春正月,寔來。”又左傳桓公五年:“冬,淳于公如曹。度其國危,遂不復。”六年:“春,自曹來朝。書曰‘寔來’,不復其國也。”

〔二一四〕貞定二十四,楚威之:貞定,指周貞定王姬介。史記陳杞世家:“楚惠王之四十四年,滅杞。”彥按:周貞定王二十四年,即楚惠王四十四年,亦即公元前445年。

〔二一五〕微,不紀:史記陳杞世家:“杞小微,其事不足稱述。”

〔二一六〕公羊僖十四,莒威之:春秋僖公十四年:“春,諸侯城緣陵。”公羊傳:“城杞也。曷爲城杞? 滅也。孰滅之? 蓋徐、莒脅之。”

〔二一七〕春秋隱公四年:“春,王二月,莒人伐杞,取牟婁。”

〔二一八〕參見後紀十四帝履癸注〔二一三〕。

〔二一九〕參見國名紀二少昊後李姓國無婁。

〔二二〇〕説謂封杞而號東樓:杜預春秋釋例卷九世族譜第四十五之下杞云:“杞國,姒姓,夏禹之苗裔。武王克紂,求禹後,得東樓公而封之于杞,今陳留雍丘縣是也。”

〔二二一〕僖二十四傳嫂：彦按：僖公二十四年左傳未見有“嫂”字。唯有：
“（晉）文公妻趙衰，生原同、屏括、樓嬰。”杜預注：“原、屏、樓，三子之邑。”蓋即
指此“樓”。

〔二二二〕而南陽穰鄉，乃酀也：南陽，郡名。穰，縣名，治所在今河南鄧州
市。酀，鄉名，在今鄧州市城區東南隅。吳本、四庫本作“嫂”，非。説文邑部：
“酀，南陽穰鄉。”

〔二二三〕漢祖云：“婁者，劉也”：漢書婁敬傳：“於是上曰：‘本言都秦地者
婁敬；婁者，劉也。’賜姓劉氏。”

〔二二四〕故吳婁縣，漢改爲婁，姑蘇嫠門，後亦爲婁：吳，古地區名，泛指我
國東南一帶地方。婁，縣名，治所在今江蘇崑山市東北。嫠門，城門名，即今江
蘇蘇州市舊城東門。唐陸廣微吳地記：“婁門，本號嫠門。東南，秦時有古婁
縣。至漢王莽改爲婁縣。”

〔二二五〕世不悮：吳本、四庫本、備要本無此三字。悮（wù），疑。洪本譌
“惧”。

〔二二六〕陽：洪本字迹磨滅，喬本脱文，今據餘諸本補。

〔二二七〕濟源：縣名，治所在今河南濟源市。　晉文公曰“陽，夏、商之典
祀，樊仲之官守焉”者：樊仲，即周宣王重臣仲山甫。以食采於樊，故稱。彦按：
“曰”下之語乃陽樊人倉葛所言，非出自晉文公，路史誤記。文見國語晉語四，
“典祀”作“嗣典”：“倉葛呼曰：‘……陽人有夏、商之嗣典，有周室之師旅，樊仲
之官守焉。’”韋昭注：“言有夏、商之後嗣及其遺法，與周室之師衆。”

〔二二八〕沛：洪本字迹磨滅。

〔二二九〕河南緱氏：河南，郡名。緱氏，縣名，治所在今河南偃師市緱
氏鎮。

〔二三〇〕滑都也，與魯費異：滑，春秋國名。魯費，春秋魯邑，在今山東費
縣西北。參見國名紀五周氏費。

〔二三一〕陸氏一之：陸氏，指唐陸德明。彦按：羅氏此一指責與事實不
符。左傳成公十三年：“殄滅我費滑。”陸氏音義：“費，扶味反。”此滑都之費
也。又左傳僖公元年：“公賜季友汶陽之田及費。”陸氏音義：“費，音祕。”此魯
邑之費也。

〔二三二〕玉篇以鄪爲季氏之鄪：季氏之鄪，即魯僖公賜叔父季友之費（見上注）。玉篇邑部：“鄪，彼冀切，魯季氏邑。論語作費，或作鄪。”

〔二三三〕三：吳本、四庫本作“二”，誤。

〔二三四〕冀伐之者，後爲虞氏邑：冀，春秋國名。在今山西河津市東北。左傳僖公二年：“冀爲不道，入自顛軨，伐鄍三門。”杜預注：“鄍，虞邑。”

〔二三五〕左傳哀公六年：“庚寅，昭王攻大冥。”杜預注：“大冥，陳地。”

〔二三六〕與哀十九越冥異：洪本“異”字闌入下褒條“夏有褒君”之前。左傳哀公十九年：“夏，楚公子慶、公孫寬追越師，至冥，不及，乃還。”杜預注：“冥，越地。”

〔二三七〕褒姒：周幽王寵妃。劉向新序雜事一：“幽王之亡也，以褒姒。”

〔二三八〕褒城縣：治所在今陝西漢中市漢臺區宗營鎮。　義熙：東晉安帝年號。義熙九年，改褒中縣爲苞中縣。

〔二三九〕見太平寰宇記卷一三三興元府南鄭縣。　興元：府名，治所在今陝西漢中市漢臺區東。

〔二四〇〕樵謂蔡之褒信：見通志卷四一都邑略一夏商之際諸侯都，文曰：“褒，褒姒之國。疑蔡州褒信是。”褒信，縣名，治所在今河南息縣包信鎮。

〔二四一〕本條可與本書國名紀三高陽氏後寢互參。　沈、姒國：彥按：沈、姒爲二國名。左傳昭公元年：“沈、姒、蓐、黃實守其祀。”杜預注：“四國，臺駘之後。”　蔡威之：春秋定公四年：“夏，四月庚辰，蔡公孫姓帥師滅沈，以沈子嘉歸，殺之。”

〔二四二〕潁之沈丘縣：潁，州名。沈丘縣，治所在今安徽臨泉縣。

〔二四三〕叔敖之封，在縣南百步：叔敖，指春秋楚令尹孫叔敖。呂氏春秋異寶：“孫叔敖疾，將死，戒其子曰：‘王數封我矣，吾不受也。爲我死，王則封汝，必無受利地。楚、越之間有寢之丘者，此其地不利，而名甚惡。荆人畏鬼，而越人信禨。可長有者，其唯此也。’孫叔敖死，王果以美地封其子，而子辭，請寢之丘，故至今不失。”

〔二四四〕隨：通“隋”。四庫本作“隋”。

〔二四五〕二臣勢均，爭權而分：逸周書史記解：“昔有南氏有二臣，貴寵，力鈞勢敵，竞進爭權，下爭朋黨，君弗禁，南氏以分。”　楚地記云“漢江之北爲南陽,漢江之南爲南郡"者是:楚地記,佚書,作者不詳。南陽,郡名,治所在今河南南陽市。南郡,治所在今湖北荆州市。彥按:路史引此,蓋喻二臣分裂有南,劃漢江以治而已,非坐實南陽、南郡二郡也。

〔二四六〕商有肜伯,地即肜城:彥按:肜伯、肜城之"肜",疑當作"肜"。史記夏本紀太史公曰"肜城氏"司馬貞索隱:"按:周有肜伯,蓋肜城氏之後。"又,肜伯亦見於書顧命。肜城,在今陝西華縣西南。參見後紀十四帝履癸注〔二六八〕。

〔二四七〕公子荼:春秋齊景公庶子。

〔二四八〕昭二十六:彥按:春秋、左傳昭二十六年均未見有公子荼或鬻姒,而哀五年傳則曰:"齊燕姬生子,不成而死。諸子鬻姒之子荼嬖。"羅氏蓋誤記其年。

〔二四九〕歷下城:在今山東濟南市歷下區西。　　鮑叔牙:春秋齊大夫。是推薦管仲任齊相、輔助齊桓公成就霸業之有功之臣。

〔二五○〕漁陽:縣名,治所在今天津市薊州區。

〔二五一〕亳之城父:亳,州名。城父,縣名,治所在今安徽亳州市譙城區城父鎮。

〔二五二〕舒鮑:參見國名紀二少昊後偃姓國舒鮑。

〔二五三〕三巴:見後紀十三帝禹夏后氏注〔二六○〕。

〔二五四〕山海經海内經:"有國名曰流黄,辛氏,其域中方三百里。"

〔二五五〕鴻烈:即淮南鴻烈,淮南子之別稱。喬本、洪本、吳本、備要本"烈"作"列"非,今據四庫本訂正。

〔二五六〕熏粥:即熏鬻。粥,音 yù。

〔二五七〕後爲玁允、凶奴:玁允,即玁狁,亦作獫狁。玁,音 xiǎn。凶奴,即匈奴。吳本、四庫本、備要本作"匈奴"。彥按:此皆本同一族,而隨世異名,因地殊號者。

〔二五八〕見書仲虺之誥。

〔二五九〕即据典牒,成湯放桀,芮伯命巢,蓋建之也:典牒,典籍譜牒。芮伯,喬本、洪本、吳本、備要本"芮"字譌"芮",今據四庫本訂正。書旅巢命序:"巢伯來朝,芮伯作旅巢命。"孔氏傳:"芮伯,周同姓,圻内之國,爲卿大夫,陳威德以命巢。”建,封立。

〔二六〇〕辭曰“放”,爲放象,放兜,顧有以處之矣:爲,通“謂”。兜,即驩兜。顧,通“固”。孟子萬章上:“萬章問曰:‘象日以殺舜爲事,立爲天子,則放之,何也?’孟子曰:‘封之也。或曰放焉。’……‘敢問“或曰放”者,何謂也?’曰:‘象不得有爲於其國,天子使吏治其國,而納其貢税焉,故謂之放。’”書舜典:“放驩兜于崇山。”

〔二六一〕尹放太甲:尹,伊尹。左傳襄公二十一年:“伊尹放太甲而相之。”杜預注:“太甲,湯孫也,荒淫失度,伊尹放之桐宮。三年,改悔,而復之。”

晉放其大夫胥甲父于衛:見春秋宣公元年。　蔡放其大夫公孫獵于吴:見春秋哀公三年,“蔡”作“蔡人”。

〔二六二〕見是年春秋。

〔二六三〕穀梁子曰“放,猶屏也”:見春秋宣公元年“晉放其大夫胥甲父于衛”穀梁傳。屏,摒棄。

〔二六四〕辨:别,不同。

〔二六五〕置其天下之大:置,放棄,割捨。　非放而何哉:“哉”字喬本爲墨丁,洪本爲闕文,今據餘本訂補。

〔二六六〕見史記夏本紀。原文作:“太史公曰:禹爲姒姓,其後分封,用國爲姓,故有夏后氏、有扈氏、有男氏、斟尋氏、彤城氏、褒氏、費氏、杞氏、繒氏、辛氏、冥氏、斟戈氏。”

〔二六七〕然有有扈氏、斟尋氏、斟氏、戈氏,則失之矣:然有,吴本、四庫本“有”譌“自”。斟氏、戈氏,四庫全書本史記夏本紀作斟戈氏,中華書局 1959年版史記亦以舊本“斟”下“氏”字爲衍文;若然,則但爲一氏,而非二氏。

〔二六八〕扈出昆吾,斟、戈出於己姓:昆吾、己姓,並出高陽氏後。參見國名紀三高陽氏後。　蓋繇世、史誤以己爲姒尒:繇,四庫本作“由”。世,指世本。史,指史記。

商氏後

亳五　　湯都南亳,今南京穀熟,高辛之都,與葛鄰[一]。葛,今寧陵葛鄉。亳有五:一在杜南,先世之居[二]。長安杜南有亳亭,有潳水〔三〕。**一偃師**，**西亳**。屬西京。或以此爲湯都，蓋以詩言商邑"四方之極"誤之〔四〕。偃師去葛八百，亳衆安能徃耕而童子餽食哉〔五〕？水注：梁國二亳〔六〕。是矣。**而考城爲北亳**〔七〕。屬開封。後隷拱〔八〕。**景亳，薄是**，漢薄縣，隷山陽〔九〕。**有景山、亳城、湯亭**，宋宗廟、墓所〔一〇〕。九域志，景山在澶〔一一〕。**湯受命，都之。**古亳城在考城東北五十三。有湯葬，亦有潳水。**盤庚徙治**〔一二〕。**一鄭地。**襄十一盟處〔一三〕。**而譙弗豫**〔一四〕。亳縣本濟陰〔一五〕。故亳今亳州譙縣，近南亳〔一六〕。**南、北亳亦皆曰商。**後代襲威名。**或以實"三亳、阪尹"者，妄**〔一七〕。謂南、西、北亳。或以考城爲南亳，安陽爲北亳。穎達不能辨〔一八〕。杜謂景亳乃周地，故今鞏縣西南湯亭〔一九〕。亭而降之，原有景垣，記爲湯誓師處〔二〇〕。按：三阪，則東成皋、南轘轅、西降谷，分亳民于此三所尒〔二一〕。

郼 **殷也。讀如衣。**見呂春秋〔二二〕。**蓋本杜亳，契都，故不韋曰"湯嘗約於郼薄"**〔二三〕。十八。然考城、穀孰、安陽俱有殷名；穀孰，湯都，古之商丘，昭明、相土之居〔二四〕。所謂"從先王居"〔二五〕。**殷者，亳之内地。**鄭云："始於亳之殷地〔二六〕。"劉恕以爲盤庚始號，非也〔二七〕。云始號曰殷，已前皆追記〔二八〕。

嚻敖 **仲丁居，敖也，在陳留浚儀**〔二九〕。**秦之敖倉**〔三〇〕。今鄭之滎澤西十五有敖山，有敖城〔三一〕。**穆傳"嚻氏之隧"，即詩"薄狩于敖"者**〔三二〕。**字書"隞"，猲**〔三三〕。

相二〔三四〕 **元和志内黄東南十三故殷城，亶甲居**〔三五〕。寰宇同。今相州有畿城、商亭〔三六〕。亶甲故城在安陽西北五里，寰宇，安陽爲紂都〔三七〕。亶甲冢在城外西北隅洹水南岸。元豐七年水毀；民夷之，有銅器，冶之〔三八〕。又有黄堆者，后墓〔三九〕。**魏始名州**，後魏書：道武幸鄴，訪立州名，崔先取亶甲居名之〔四〇〕。**非鄭相**〔四一〕。昭元年相，鄭也〔四二〕。

庇〔四三〕 **祖乙勝即居之**〔四四〕，紀年。**沃甲、祖丁因居之**〔四五〕。

奄二　南庚更自庇遷奄〔四六〕,紀年。後陽甲居之,商奄也〔四七〕。晉志奄、商奄二國〔四八〕。奄君附禄父,周公踐伐之〔四九〕。伏書周公三年踐奄,奄君勸禄父叛也〔五〇〕。世皆以爲魯奄,然與禄父封相遠,或此是〔五一〕。

耿邢　今河中龍門〔五二〕。故皮氏東有耿鄉城,爲河所毁。晉威耿,賜趙夙者。開皇之耿州。十六年改定陽爲耿州,以州南祖乙城〔五三〕。今慈州若隰之吉鄉〔五四〕。即爲邢,故通典云:祖乙遷邢〔五五〕。佳韻。邢音耿,通〔五六〕。史記云,先“耿”後“邢”,正義從之,失之〔五七〕。

蒙　紀年:盤庚旬自奄遷於北冢,曰殷虛〔五八〕。“北冢”,“蒙”字尒。即景亳,湯都。今亳之蒙城,漢之山桑〔五九〕,屬沛〔六〇〕。後漢屬汝南。天寶二改〔六一〕。縣北八十有南北二蒙城。魏孝文築,相拒四十步〔六二〕。光武幸處,今宋城南十五小蒙故城,六國之蒙縣;復有大蒙城,縣北四十一里〔六三〕。或云河北,非也。地形志,北梁有北蒙城〔六四〕。索隱:殷虛南去鄴三十,是殷虛南地舊曰北蒙〔六五〕。夫亶甲、祖乙居河北不利,盤庚涉河以民遷矣,豈復在河北邪?

沬〔六六〕　武丁遷之。在朝歌故城南,詩“沬之鄉”者,近紂都〔六七〕。水經:“紂都在冀州大陸之野〔六八〕。”

北殷　庚丁徙河北,號北殷〔六九〕。地即殷虛,在相之安陽。西有澱水;北去朝歌百三十里,南去鄴三十〔七〇〕。史項羽傳洹水南殷虛,是河北地〔七一〕。有殷城〔七二〕。述征記,河内懷有殷城〔七三〕。元和志在武陟東南十里,司馬卬都〔七四〕。按紀年:秦伐鄭,次于懷,城殷〔七五〕。殷城久矣。晉之殷州,劉聰以郭默爲殷州刺史〔七六〕。建中復爲澱州〔七七〕。二年以陳之澱水置,真元二廢,元和十二復立〔七八〕。故史商後有北殷氏〔七九〕。或云北冢〔八〇〕。

朝歌　武乙徙之〔八一〕。世紀。今衛之黎陽衛鎮西二十二有朝歌城〔八二〕，<u>唐衛縣</u>，今<u>通利軍黎陽</u>故<u>東離城</u>，紂蒐處〔八三〕。有<u>鹿臺</u>、<u>衛</u>西二十。大三里，高千仞。七年成〔八四〕。<u>沙丘臺</u>。紂自<u>朝歌</u>北築之。今<u>沙丘</u>在<u>巨鹿</u>東七十、故<u>衛</u>北四十〔八五〕。寰宇記：<u>平鄉</u>東北二十，稱<u>妲己臺</u>〔八六〕。莽曰<u>雅歌</u>〔八七〕。寰宇，酒池、糟丘、斮涉處，並在<u>衛縣</u>〔八八〕。<u>冀圖經</u>，丘、池故<u>朝歌</u>南一里；<u>巨橋倉</u>在<u>洺</u>之<u>曲周</u>，即<u>邸閣城</u>〔八九〕。

大陸

牧野　<u>衛</u>之<u>汲</u>，<u>輿地廣記</u>“故<u>商</u>都<u>牧野</u>之邑”〔九〇〕。寰宇記：<u>汲</u>近郊三十〔九一〕。

　　<u>商</u>之王，蓋屢遷矣。書：“自<u>契</u>至<u>成湯</u>八遷，<u>湯</u>始居<u>亳</u>”；“<u>盤庚</u>五遷”〔九二〕。八遷自<u>湯</u>之前，而五遷在<u>盤庚</u>之前。故<u>班固</u>曰：“<u>商</u>今屢遷，前八後五。”〔九三〕蓋十三也。自<u>盤庚</u>至<u>紂</u>，蓋復五遷，世不知矣。<u>盤庚</u>遷<u>蒙</u>；<u>武丁</u>遷<u>沫</u>，自<u>沫</u>徂<u>亳</u>；<u>庚丁</u>徙<u>河北</u>；<u>武乙</u>徙<u>朝歌</u>，至<u>紂</u>居之〔九四〕。

　　八遷之可攷者六：<u>契</u>居<u>番</u>；<u>昭明</u>居<u>砥石</u>，復遷于<u>商</u>；<u>相土</u>處<u>商丘</u>；<u>上甲</u>居<u>鄴</u>；而<u>湯</u>居<u>亳</u>〔九五〕。此世所謂不可得而知者。至於五遷，則<u>囂</u>、<u>相</u>、<u>庇</u>、<u>奄</u>、<u>耿</u>也。<u>庇</u>、<u>奄</u>書所不載，而世儒輒以<u>湯</u>、<u>盤庚</u>之兩都足之，已失之矣；而或者更以五遷俱出<u>盤庚</u>，尤爲妄亂。夫<u>盤庚</u>之遷，本於洪水、都國墊溺爲之，是豈得已而不已者哉〔九六〕？<u>益</u>六四曰：“<u>中行</u>告公，從，利用爲依遷國〔九七〕。”勢或不利，固有不得而不然者。<u>盤庚</u>之告民曰：先王不恒厥邑，于今五邦〔九八〕。是則所謂五遷者，非指<u>盤庚</u>；而今之遷，爲有所不得已矣。且其遷也，涉<u>河</u>南渡，而說者猶以爲<u>盤庚</u>之遷在於<u>河北</u>，儒學荒疎之惑世也如此〔九九〕！<u>鄭</u>云：<u>祖乙</u>去<u>相</u>居<u>耿</u>，爲水所圮，脩德禦之，不復徙〔一〇〇〕。其後奢侈逾禮，土地迫近山川，圮焉。至<u>陽甲</u>立，<u>盤庚</u>爲臣，乃謀徙<u>湯</u>舊都。民居<u>耿</u>久，奢侈成俗，故不樂徙〔一〇一〕。<u>王肅</u>云：自<u>祖乙</u>五世至<u>盤庚</u>元兄<u>陽甲</u>，宮室奢侈，下民邑居墊壞，水泉瀉鹵，不可行政教，故徙都<u>殷</u>〔一〇二〕。<u>士安</u>亦云：自<u>祖辛</u>來，民皆奢侈，故<u>盤庚</u>遷<u>殷</u>〔一〇三〕。云“我民用蕩析離居”，事可見矣〔一〇四〕。<u>穎達</u>以爲久居水變，非必奢侈

也[一〇五]。以盤庚名篇，則鄭云爲臣之時事，宜有據[一〇六]。

予記國名[一〇七]，而商氏之都不一，學者不之能悉，庸復著之。應氏地理風俗傳曰：河内，殷國也，周名曰南陽[一〇八]。故相州圖經云：安陽，紂都也，在淇、洹之間，所謂北蒙[一〇九]。戰國策言紂兵左飲淇右飲洹者，束皙謂盤庚遷處，正義以爲盤庚後餘王遷之[一一〇]。烏呼！商之屢遷，亦可謂不幸矣！貧氓月徙閭，窶士日更名，其與庸王之嫚爲政而歲遷都、年改號者何異[一一一]？自湯至於盤庚將二十世，都始五遷，而民胥怨不安。方且誥諭大臣、諸侯，惟恐或怫，豈將以其勢毆哉[一一二]？鄉非北都圮廢，則劫之以愛子，吾知盤庚之不遷矣。

太室、三塗，洞庭、盟門，天下之險，而國之者不一姓，是地利固不足恃也[一一三]。然則，爲國者必有道矣，奚至朝河而莫隴哉[一一四]？春秋之書，以國遷者凡七：邶、衛、蔡各居一，而許處其四，悉譏其輕動而不能自反也[一一五]。然則爲國者，亦必有道矣。

邶[一一六]　鄁，武庚之封，漕是[一一七]。一作“曹”[一一八]。今滑之白馬有鄁水，即妹之邦，紂所城[一一九]。一作“旬”。晉有智督[一二〇]。霍叔尹之[一二一]。見詩譜。邶，霍叔尹之；鄘，管叔尹之；衛，蔡叔尹之：曰三監[一二二]。孔氏以管、蔡、商爲三監，霍有不預，班固從之，非也，武庚不得爲監[一二三]。以蔡仲之命攷之，鄭爲是[一二四]。武庚之封，乃紂之都，在邶境也。東衛，南鄘，北邶[一二五]。邶、鄘亡於春秋前，故有詩。樵云中衛、南鄘、東邶，伯邶云南邶、東鄘、北衛，俱非[一二六]。史：周公誅三監，盡以其地封康叔[一二七]。譜謂康叔子孫强，兼二國，亦妄[一二八]。邶詩言“亦流其流”，則在北也[一二九]。

鄘[一三〇]　楚丘城是[一三一]。今衛之汲東北十三有故鄘城，新鄉鎮西南三十二[一三二]。或云楚丘城在澶之衛南西北七里。有溲水[一三三]。出宜蘇山[一三四]。其後東徙，野處漕邑[一三五]。而云“在彼中河”，則衛東矣[一三六]。

衛[一三七]　曰曹曰衛，以在畿域；分曹遮衛，馮翊、扶風之義也[一三八]。

三國以淇爲分〔一三九〕。鄘云"送我于淇"，衞云"送子涉淇"，而邶云"亦流于淇"，地俗異也〔一四〇〕。

蘇文忠曰：武王非聖人也〔一四一〕。夫手鉞其君而國其子，使三叔監之，是豈得已邪〔一四二〕？ 使武庚而非人也，則必不叛；假二叔忞而非親也，亦豈至於助逆〔一四三〕？ 乃一嘔而悉誅之〔一四四〕！ 子瞻之言，劉知幾之説也〔一四五〕。鄭厚本此，而學者誹之〔一四六〕。知幾曰：武庚合謀二叔，狥節三監，君親之怨不忘，臣子之心可察，稽之名教，生死無慙〔一四七〕。而論者以其無成，即以頑民爲目〔一四八〕。若少康、子胥不幸而敗，則亦隸迹醜徒，竄名逆息邪〔一四九〕？ 武庚，紂之長子也，武王又已國之，而大誥乃曰"殷小腆，誕敢紀其序，曰：'予復'"〔一五〇〕，則庚之事可知矣。詎可以此爲之罪哉？ 或以春秋之法"君弒而賊不討，則深責其國之無臣子"論庚，尤非類〔一五一〕。

方武王之誅紂也，三年，毆蜚廉於海隅而僇之，滅國者五十〔一五二〕。此皆助紂者也。紂雖不善，然猶有助國與若林之旅如此〔一五三〕。而乃死之南單之臺，而分天之明〔一五四〕。知微子之賢不立，乃貪於武庚之不肖而立之，復疑於此而以三叔監之，是誠何心哉？ 夫以洶洶之商，而輔之以三忞，此武王之失策也〔一五五〕。鄉使克商之後，舍武庚，求微子以世祀，雖無三監，吾知商人之不反矣。立微子於商，退即諸臣之位，以聽天命之所屬〔一五六〕。彼天下之勢既一去而不可反，人心已離而不可挽，則雖以玄德之賢，決不能挾區區之商以令我〔一五七〕。夫然後之中國，踐金匹，而朝諸侯，俾天下後世知吾心之不利商，則雖三聖之授受，不是過矣〔一五八〕。惜乎，武王之志荒也〔一五九〕！ 書曰：武王勝商殺紂〔一六〇〕。淮南子云：武王殺紂於宣室〔一六一〕。或曰：殺紂非周人。荀子云"武王伐紂，選馬而進，厭旦散之，而紂卒易鄉，遂乘商人而進誅紂"，是以爲商人毀之，是聖人不信也〔一六二〕。不知乘商人者誰歟，乃周人也。易鄉者，前徒之攻于後者也。荀子曰：武王誅紂，斷其首，懸之赤斾〔一六三〕。周人尚赤，所謂大赤〔一六四〕。太史徒見書言"右秉白旄"，因謂懸之太白尒〔一六五〕。孔氏欲明武王不殺紂，謂紂之自焚也〔一六六〕。史遷本紀謂武王以戎車馳商師，商師大崩〔一六七〕。帝辛奔内，登廩臺，屏遮自燔于火〔一六八〕。武王手太白麾，諸侯進拜，王揖之〔一六九〕。入王所，射之三發，下車，擊以輕劍，折之，懸之太白〔一七〇〕。其事本見汲書。故穎達以爲死而斬之；且死而斬之，則生必不釋之矣〔一七一〕。殷紂有三説：或曰罪浮于桀；或曰不共戴天；或曰紂多智，不殺則必有扶之以叛如武庚者〔一七二〕。尸子云："武王親射惡來之目，斬商紂之頭，手汙於血，不温而食。當此之時，猶猛獸者〔一七三〕。"湯不殺桀也，故邵雝云："下放一等，則至於殺。"〔一七四〕其説如是。君子曰：武未盡善〔一七五〕。又曰：義士猶或誹之〔一七六〕。謂之義士，則不義有所尸矣〔一七七〕。或曰：孔子，殷人也，於武王猶有憾，然而居周也，故於夷齊數致意焉〔一七八〕。曰：否。是無義、無命也〔一七九〕。

　　漢武帝時，既封周子南君，求殷之後，絕不能紀〔一八〇〕。丞相衡曰：王者存二後，所以尊先王、通三統也〔一八一〕。其罪絕者，更封它親以承其始〔一八二〕。今宋已失統，宜立殷後，非當繼宋〔一八三〕。乞以孔子世爲湯後〔一八四〕。不幸事廢。逮孝成時，九江梅福更以爲言，始以諸經相明，録其後世爲殷紹嘉公〔一八五〕。

微三，郿　子爵，本扶風郿陽〔一八六〕。今岐之郿縣有郿鄉〔一八七〕。紂徙畿内，則在聊城〔一八八〕。十道志。今故城在潞東北〔一八九〕。寰宇記，微子城在潞東北三十里〔一九〇〕。九域志，博州有微子城〔一九一〕。或云在魯，今徐沛東南微山有微子冢，非也〔一九二〕。亦曰郿。莊築郿，公羊作"微"，杜云"魯下邑"，璠云：微子國，東平壽張西北三十有微鄉〔一九三〕。

宋　　古商丘，火正遏伯之虚，相土因之〔一九四〕。漢睢陽，隨爲宋城，今南京治。縣西南十二有微子冢廟、五隕石〔一九五〕。

目夷　今徐之滕東有目夷亭。

木門　今滄之清池西北四十六有木門故城，衛鱄所託〔一九六〕。襄二十七奔晉，託於木門〔一九七〕。輿地志云：中有大木，因名。

桐門　樂大心采〔一九八〕。

不其　今祕之即墨西有漢不其故城〔一九九〕。

祝其　今海之懷仁，故祝其也〔二〇〇〕。

長勺　宋之汋陵城，今在寧陵東南二十五〔二〇一〕。後隸魯。

坎氏　宋附庸，英賢録。鞏縣東坎窞聚〔二〇二〕。服云，鞏東邑〔二〇三〕。

向二　許之長社東北有向城、向岡、向鄉，鄭地〔二〇四〕。襄十一："師于向〔二〇五〕。"一云，尉氏西五十向城〔二〇六〕。

鍾　今亳之臨渙，漢之鍾縣〔二〇七〕。

鍾離　州墊采，楚地〔二〇八〕。

樂氏　鄭地，津名。襄二十六〔二〇九〕。

華　華子國〔二一〇〕。鄭十邑有華〔二一一〕。

鄎　皇瑗之子般邑鄎，曰鄎般〔二一二〕。

戴甾〔二一三〕　甾也〔二一四〕。博雅："稵，耕也〔二一五〕。"或作"載"、"戜"、"稻"、"蓲"〔二一六〕。今拱之考城有故戴城。考城今隸開封〔二一七〕。初併于鄭；隱十鄭伐取之〔二一八〕。劉傳云：附庸，故曰取〔二一九〕。楚威宋，曰穀〔二二〇〕；廣記：秦謂之穀〔二二一〕。漢之甾縣〔二二二〕；應氏甾、戴聲近，故詩箋以"俶載"爲"熾甾"〔二二三〕。廣記云：楚漢兵起，邑多災而名〔二二四〕。妄。章帝爲考城〔二二五〕；東巡詔，取光烈考之義〔二二六〕。隨爲戴州〔二二七〕。有戴水。國都城記：考城西南有戴水——今戴陂，戴國〔二二八〕。

褚昭二十六〔二二九〕子段采〔二三〇〕。共公子〔二三一〕。今洛縣南有褚氏亭、褚氏聚〔二三二〕。

合　向氏邑，向戌曰合左師〔二三三〕。郃也，今同之郃陽〔二三四〕。徐史音郃陽國，近龍川〔二三五〕。

鞍　向讎邑〔二三六〕。成二〔二三七〕。穀梁云：去齊五百里〔二三八〕。樵云：不得如許遠，大言也〔二三九〕。

防　今單州有古西防城〔二四〇〕。隱九"取防"，杜云"高平昌邑西南有西防城"者〔二四一〕。漢西防縣城在單父北〔二四二〕。魯防，臧氏邑〔二四三〕。

郰襄四〔二四四〕魯下邑，今兗之魯縣〔二四五〕。預云：魯縣東南垞城
是〔二四六〕。樵未詳孔子之生處與孟軻之鄒異〔二四七〕。或作
“鄒”，非。

武王既勝商毅紂，即武庚而立之〔二四八〕。夫弔其民，誅其君，
而乃立其子，獨不以其它日之將不利而廢之，此周之至德
也〔二四九〕。至於周公謖使管、蔡二叔監商，監之云者，所以制止其
沈湎淫奔之俗而納之道尒〔二五〇〕。土地人民，皆我之有，固非利其
國而欲之，如宇文之於蕭氏也〔二五一〕。

及武庚之作難，三監、淮夷並起應之，當此之時，周之事亦洶
矣〔二五二〕。周公於是濯征龕伐，至久而後克之〔二五三〕。兹宜深監武
庚之事，而乃更立商王之元子微子啟〔二五四〕。夫以微子之賢，吾君
之子，而商人父師之，顧乃使之代商後而邦之宋——宋為故亳，商
之舊都——，民之被其澤者，固未忘也。使微子而非人，少異其
志，則全商之地，亦非周矣〔二五五〕。而成王、周公方且晏然命之統
承先王，脩其禮物，不少為疑，而宋之臣人卒以按堵，非聖人之盛
德，能如是乎〔二五六〕？

予以是知立國惟在於賢，而不在於疑之多也〔二五七〕。秦、漢而
下，不原仁義而徒汲汲以防虞天下為心，豈不大可愍哉〔二五八〕！

曼蔓、鄤　鄭邑，曼伯國〔二五九〕，昭十一：“鄭京、櫟實毅曼伯〔二六〇〕。”為曼姓。
一作“蔓”，王符作“曼”〔二六一〕。鄤也。成三〔二六二〕。集音“瞞”。鄉
在廣漢〔二六三〕。蔓、鄤，訛〔二六四〕。穆傳蔓柏，一出蔓〔二六五〕。集
鄤音吻，鄉在廣漢〔二六六〕。又音萬，作“鄤”〔二六七〕。

鄧　　曼姓，侯爵。鄭莊娶鄧曼。今襄之鄧城，二漢鄧縣，古鳳林
也。是為鄧林。秦昭使左更錯伐楚，取鄧，置南陽郡〔二六八〕。
十六年。封公子悝〔二六九〕。今鄧故城在鄾城西北十餘里〔二七〇〕。
而蔡、鄭盟處則蔡地，乃今鄧州，與鄧城接〔二七一〕。桓二年。

優　鄧之分，曼姓。子爵，鄾也。寰宇記：鄾子國。巴人圍之[二七二]，哀十八[二七三]。楚併之[二七四]。傳云鄧之南鄙鄾人，是已[二七五]。今鄧城有鄾城。沔水之北。光武言“宛最彊，鄾次之”者，范謂“安養有鄾聚”是[二七六]。

苑　武丁子文封苑城，爲苑侯。今鄧之南陽，漢宛縣也。爲平、去二聲，非[二七七]。

權[二七八]　今荊門當陽東南有權城，臨權水口[二七九]。當陽古屬南郡。楚武滅之，遷之那處[二八〇]。鬭緡尹焉[二八一]。非定之權[二八二]。今真定北二十有故權城，古犍鄉也[二八三]。

御襄二十二　後爲御叔之邑[二八四]。

蕩　御姓，湯也。潛夫作“湯”。今相之湯陰，漢蕩陰也[二八五]。桓王十六年，秦寧公伐蕩氏，取之[二八六]。

陽　御姓，侯爵。淮南子[二八七]。

番鄱　御姓，鄱也。史夫差取番者[二八八]。今饒之番陽，漢之番[二八九]。陳勝傳“番盜”[二九〇]。有番江。今縣東有番故城。

錫　御姓，錫時子之先[二九一]。今均之鄖鄉有錫穴，漢之中錫[二九二]。

署　御姓。

堂陽　侯爵。漢縣，今在冀[二九三]。

時郲　春秋之時來[二九四]。鄭地，子姓。世本子姓有時氏、蕭氏。預以爲滎陽之釐城，璠云“滎陽東四十釐城”，是[二九五]。

荼廬　廬也。王符云：“皆殷氏舊姓。”[二九六]郜陽廬城是[二九七]。

共恭　恭也。世族譜云，附庸國。今朝之共城，文王侵阮徂恭者[二九八]。即共伯國，漢之共縣[二九九]。共故城，縣東百步。非叔段邑[三〇〇]。詳路史發揮共和辨[三〇一]。

梅　伯爵，寰宇記云，梅伯國[三〇二]。九域志云，段伯[三〇三]。紂所滅。今譙南四十有故梅城，河南密縣有梅山[三〇四]。集韻音每。

稚　　史記商後有稚氏，以國爲姓[三〇五]。

定　　渭水有定城是[三〇六]。郭述征云：定城去潼關三十[三〇七]。
夫人定子，世以爲謚，失之[三〇八]。

巢三酇　子姓。一作“鄛”。南陽棘陽有鄛鄉，吳人伐巢克棘
者[三〇九]。有巢亭，在襄邑南二十，與衛巢異[三一〇]。大叔
疾處巢[三一一]。哀十一。或云居巢，非也。

郅

同　　一作“郇”。春秋地圖謂今同州爲同國[三一二]。

黎　　黎氏故國。或黎山氏。子姓國，服虔氏云[三一三]。侯爵。宣十
五，酆舒奪黎氏地，後荀林父滅潞，立黎侯而還[三一四]。一作“鳌”、
“鄝”。玉篇。文王所戡者，與紂都接[三一五]。今潞城東十
八有故黎侯城、黎亭[三一六]。即黎陽故城，一曰黎侯城。水經，黎
陽故城在黎山東北[三一七]。班志上黨壺關東北有黎亭[三一八]。九域志，亭
在黎侯嶺上[三一九]。衛地，故黎侯寓衛[三二〇]。今通利之黎陽，漢
黎縣，有黎陽山。古今山川記云：衛黎陽國也[三二一]。黎侯寓衛，以中路、
泥中二邑處之[三二二]。

比泚　比干國，馬融、鄭玄、王肅云，紂諸父[三二三]。今唐之比陽[三二四]。
有泚水。後魏爲殷州[三二五]。而比干墓乃在偃師西北十
五。寰宇記：在汲北十里有石銘云“殷大夫比干之
墓”[三二六]。魏孝文吊之[三二七]。黎陽西北三十枉人山，云比干煞于此，
即名上陽三山[三二八]。有廟在滑[三二九]。唐太宗謚太師[三三〇]。又
汾之西河縣北百二十有比干山[三三一]。九域志，石州有比干山
比干祠，禱驗[三三二]。

髦旄　見世本。一作“旄”。姓書複姓有比旄，重誤[三三三]。

朸　　漢平原有朸縣，音“勒”[三三四]。世本朸[三三五]。劉辟彊爲侯
國者[三三六]。

段[三三七]　段干也。芮城東北十五有段干木墓，高三丈，貞觀禁

樵采〔三三八〕。

瓦　郇也,衛地〔三三九〕。定八會處〔三四〇〕。有郇亭,在胙城。杜云,亭在東郡燕縣東北〔三四一〕。燕即今胙城。非成紀之瓦亭也〔三四二〕。成紀有瓦亭水、瓦亭山,在秦之隴城東北二百〔三四三〕。

鐵　衛地。哀二〔三四四〕。今衛州有鐵丘〔三四五〕。預云:"在戚城南。"〔三四六〕

七國並出世本。

萊　子爵,來也,登之黃縣東南二十五故黃城是。樂史云,即萊子國〔三四七〕。古之萊夷,今文登東北八十不夜城也〔三四八〕。元和志。齊人遷之郳,曰東萊〔三四九〕。漢故東萊郡。昔晏弱城東陽以逼萊,乃齊境上,青之臨朐〔三五〇〕。隨立萊州〔三五一〕。亦作"郲"。宣七〔三五二〕。又襄七:"齊人以郲寄衛侯。"〔三五三〕云時來、鄧名世以爲鄭之時來,非。萊蕪,俱非〔三五四〕。萊蕪乃魯萊、柞之地〔三五五〕。竇苹云"萊人流播,邑落荒蕪而名",妄〔三五六〕。萊蕪故城,今淄川東南〔三五七〕。

桐二桐鄉三空桐也。世本云:商後國。宋之虞城南五里,有桐亭,故空桐地,今尚曰空桐。哀二十六:景公卒,大尹奉公以入空桐〔三五八〕。寰宇"崆峒",俗。非桐鄉。桐鄉有三:一在舒城,詳三皇時國〔三五九〕。一在扶溝,即開封之桐,本鄭地〔三六〇〕。一曲沃西南;聞喜西南八里桐,有桐鄉故城〔三六一〕。隨圖經云:俗以此城爲桐宮,皆云放太甲處〔三六二〕。按湯葬在今尸鄉,乃放處在偃,非此〔三六三〕。

向五　皇甫作都,沛國之向〔三六四〕。漢屬龍亢,今入穀孰〔三六五〕。西南五十有龍亢城。附庸國。世族譜。非河內、詳炎後〔三六六〕。尉氏、西南五十見有向城〔三六七〕。沂〔三六八〕、承縣。亦見炎後。許之向〔三六九〕。襄十年向,鄭地〔三七〇〕。今許之長社有向鄉、向岡。

沛　徐也。有沛氏。商人六族有條氏、徐氏〔三七一〕。王符云,殷氏姓也〔三七二〕。

繁二〔三七三〕　澶之清豐有繁淵、繁陽故城，而臨河有繁泉〔三七四〕。郡國
志云：繁陽城，漢之外黃〔三七五〕。有繁陽亭〔三七六〕。通典，城在内黃西
北〔三七七〕。應云：“在繁水之陽〔三七八〕。”漢强占爲繁侯者〔三七九〕。
亦音“鄱”。一在汝陰。杜云，繁陽亭在汝陰鮦陽南〔三八〇〕。今潁
州也〔三八一〕。

施　　本嬉國〔三八二〕。紂伐有施，有施以嬉進〔三八三〕。今施州〔三八四〕。

樊　　慶姓。瀸夫。今襄之鄧城，有樊城鎮。漢之樊縣，有樊古
城、樊陂，樊侯國也〔三八五〕。寰宇記，樊陂在南陽西南〔三八六〕。南
雝州記、荆州圖副、摯虞等皆以爲仲山父之封〔三八七〕。荆州
圖云：樊城，仲山甫所封。記、志皆然。詳泰伯後國〔三八八〕。樊村鎮在宜
城，皆其地〔三八九〕。魏孝文帥十萬攻樊城不下者〔三九〇〕。曹
虎鎮之〔三九一〕。齊書。或云樊噲所食采。

薄　　姓書：宋大夫食邑，爲氏。

饊

條　　蓨是。周亞夫封條，今冀之蓨縣〔三九二〕。樂史云：即條
國，晉改條〔三九三〕。桓二年，晉地〔三九四〕。

索　　鄭之索氏。昭五年鄭勞叔向處〔三九五〕。故成皋東有大索城。
成皋，開皇爲汜水〔三九六〕。屬孟〔三九七〕。今鄭之滎陽有
索水〔三九八〕。

鮮虞　續志云：子姓國，鮮虞子，中山新市也〔三九九〕。有鮮虞故
城，白狄別居，種最大。晉伐之。昭十五，定四，哀六〔四〇〇〕。
今定之新樂〔四〇一〕，通典〔四〇二〕。漢盧奴，故鮮虞縣，後周鮮
虞郡，唐鎮州〔四〇三〕。應氏地理記，左人城西北四十左人亭，鮮虞故
邑〔四〇四〕。左人即今定之唐縣。

姚　　春秋姚子國，子姓〔四〇五〕。或云嬀姓，非。

蕭　　子姓，附庸。莊十二大心毅南宫牛，始封爲附庸〔四〇六〕。本宋邑，寰
宇記，周封子宋之別爲庸，後并爲邑〔四〇七〕。非也，先爲邑矣。故有封

人。<u>宋高哀</u>爲<u>蕭</u>封人,云仕於附庸,非〔四〇八〕。<u>楚</u>滅之〔四〇九〕。<u>宣</u>十二,<u>定王</u>十〔四一〇〕。今<u>徐</u>之<u>蕭</u>,故<u>漢</u>縣,屬<u>沛</u>。<u>北征記</u>云:城週十四里,南臨<u>汅水</u>〔四一一〕。

虞城
梁丘

楹書待子,櫝硯貽孫;有田禄,思以貽其子孫,——人情所同然也〔四一二〕。是故,諸侯有國,以處其子孫;大夫有采,以處其子孫〔四一三〕。采者,服事之稱也〔四一四〕。所謂亮采〔四一五〕。一作“寀”。<u>爾雅</u>云:“尸,寀也。寀、寮,官也。”<u>郭璞</u>云:“官地爲寀,同官爲寮。”義亦同“采”,取以奉君子。故亦用“菜”,猶備食菜〔四一六〕。字書又作“採”,<u>集韻</u>音“菜”,云“臣食邑”,俗〔四一七〕。内諸侯禄,有采者也;外諸侯嗣,有國者也〔四一八〕。圻外之侯,惟嫌紛變,是故必世子而世禄〔四一九〕。圻内之侯,入爲王官,必選賢德,是故異於外侯,有禄而不必世。然有大功,亦有采地以嗣其子,所謂“官有世功,有官族者,邑亦如之”,所以處子孫也〔四二〇〕。

<u>書大傳</u>曰:古者,諸侯始受封則有采地:百里諸侯以三十里,七十里諸侯以二十里,五十里諸侯以十五里〔四二一〕。其後子孫,雖有罪黜,其采地不黜,使其子孫賢者守之,世世以祠其始受封之人。此之謂“興滅國,繼絶世”〔四二二〕。書曰:“兹予大享于先王,爾祖其從與享之”,此之謂也〔四二三〕。亦見<u>韓詩外傳</u>。

若古封建,惟以其功。德於民者,則與民共封之,所以繫民心也。至於後嗣弗能遵守,廢祀失國,則民望於是絶,故必興而繼之,使歸心焉。<u>漢</u>追<u>何</u>後,<u>魏</u>録<u>繇</u>世,縱其不肖,猶當十世宥,以勸能者〔四二四〕。後世不知乎此,見功臣之子孫有無功而受禄,則思所以削而奪之,而不知其乃祖乃父固嘗功於爾民,功于我矣。吾之有天下,亦猶是也〔四二五〕。<u>孟軻</u>曰:“所謂故國者,非謂有喬木之

謂,有世臣之謂也〔四二六〕。"成季之勳,宣孟之烈,而訖無後,則爲善者懼矣〔四二七〕。韓厥云〔四二八〕。苟有先祀,何廢二勳〔四二九〕?臧武仲云。若子文而無後,奚以勸善〔四三〇〕?楚王。官人以世,雖紂之粃政;然賞延于世者,皋陶之訓;仕者世禄,亦文王所緜興也〔四三一〕。所主惟賢,豈其不必嗣歟?句龍、共工、皋陶、伯夷、昭明、伯益、相土、伊陟,三五之時,禄不免世,春秋胡爲譏世卿哉〔四三二〕?八元八凱,世濟其美;尹、單、甘、劉,代食厥地:豈非繼世象賢則以興,鮮克緜禮者以亡,而非縶於世不世乎〔四三三〕?公羊以爲春秋譏世卿,漢許伯、張敞、何休之徒每持此論,非是〔四三四〕。詳官制中。左氏説者知其不然,故又云公卿大夫世禄而不世位:父死,子食其邑而不繼,賢則復之〔四三五〕。

　　烏戲!以人情爲天下,則天下莫能破。昔蘇軾論夏,以爲:人之愛子,天下之通義;有得焉而欲與其子孫,人情之所皆然〔四三六〕。聖人以是爲不可易也,故從而聽之,使之父子相繼而無相陵〔四三七〕。是封建之理也,事情深盡,今古無二〔四三八〕。然至海外之説,乃大不然,豈非以蚌異於蛤,而二五之非十者乎〔四三九〕?宋景文傳宗室,謂李百藥"帝王之興,自有天命。歷祚之短長,不緣封建"爲臆論,及十一宗諸子之傳,乃以爲"歷數短長,自有底止。漢七國、晉八王,不皆常得其效"〔四四〇〕。以此見其非好惡之不同,特知識之未昭爾〔四四一〕。若蘇子者,蓋亦習於百藥、宗元衆楚之咻而未晰其致者歟〔四四二〕!

　　土蕃設官,父死子代;非其種類,汔不相伏〔四四三〕。屈茨之法,國酋首領,相承不絶;它姓別系,決不得而處之〔四四四〕。燕、吳禪亂,蒓、白爭滅〔四四五〕。古之君子,豈顧自爲膠擾,而欲民之定哉〔四四六〕!明賢於斯,亦有所決擇矣〔四四七〕。

【校注】

　　〔一〕今南京穀熟,高辛之都,與葛鄰:穀熟,縣名,治所在今河南虞城縣穀熟鎮。高辛,高辛氏,即帝嚳。葛,夏諸侯國。見國名紀一黄帝後姬姓國葛。

孟子滕文公下:"湯居亳,與葛爲鄰。"

〔二〕杜:縣名,治所在今陝西西安市鴈塔區杜陵遺址公園南。

〔三〕潡水:四庫本"潡"譌"激"。

〔四〕蓋以詩言商邑"四方之極"誤之:詩商頌殷武:"商邑翼翼,四方之極。"毛亨傳:"商邑,京師也。"鄭玄箋:"極,中也。"

〔五〕偃師去葛八百,亳衆安能徃耕而童子餽食哉:彥按:羅氏此語,實撮取水經注卷二三汳水引皇甫謐意。孟子滕文公下:"葛伯放而不祀,湯使人問之曰:'何爲不祀?'曰:'無以供犧牲也。'湯使遺之牛羊。葛伯食之,又不以祀。湯又使人問之曰:'何爲不祀?'曰:'無以供粢盛也。'湯使亳衆往爲之耕,老弱饋食。葛伯率其民,要其有酒食黍稻者奪之,不授者殺之。有童子以黍肉餉,殺而奪之。書曰:'葛伯仇餉',此之謂也。"

〔六〕水注:梁國二亳:水注,謂水經注。梁國,晉封國,都今河南商丘市睢陽區。水經注卷二三汳水:"今梁國自有二亳:南亳在穀熟;北亳在蒙,非偃師也。"

〔七〕考城:縣名,治所在今河南民權縣東北。

〔八〕拱:拱州。

〔九〕漢薄縣,隸山陽:薄縣,治所在今山東曹縣南。山陽,郡名。

〔一〇〕宋:周代諸侯國名。

〔一一〕澶:澶州,治所在今河南濮陽縣。

〔一二〕盤庚徙治:書盤庚序:"盤庚五遷,將治亳殷。"又書盤庚上:"盤庚遷于殷。"孔氏傳:"亳之別名。"

〔一三〕襄十一盟處:春秋襄公十一年:"秋,七月己未,同盟于亳城北。"杜預注:"亳城,鄭地。"

〔一四〕而譙弗豫:譙,譙縣,治所在今安徽亳州市譙城區。弗豫,無關,不相干。豫,通"與"。

〔一五〕亳縣本濟陰:見前紀八尊盧氏注〔二三〕。

〔一六〕故亳今亳州譙縣:譙縣,各本均作譙郡。彥按:譙郡即亳州,爲異時之稱,不當並出。"郡"當"縣"之誤,今訂正。

〔一七〕三亳、阪尹:見書立政。周秉鈞易解引王船山曰:"三亳者,殷之舊都也。阪者,安邑之阪,夏之故都也。武王初定天下,於二代之墟立王官以尹之,所以安輯之也。"

〔一八〕潁達不能辨:喬本、吳本"潁"譌"穎",今據餘本改。書立政"三亳、阪尹"孔穎達疏:"亳是湯之舊都,此言'三亳',必是亳民分爲三處。此篇説立官之意,明是分爲三亳,必是三所各爲立監也。……皇甫謐以爲'三亳,三處之地皆名爲亳:蒙爲北亳,穀熟爲南亳,偃師爲西亳'。古書亡滅,既無要證,未知誰得旨矣。"

〔一九〕杜謂景亳乃周地,故今鞏縣西南湯亭:鞏縣,治所在今河南鞏義市西南。左傳昭公四年"商湯有景亳之命"杜預注:"河南鞏縣西南有湯亭。"又於春秋釋例卷五將此景亳歸屬周地。

〔二〇〕亭而降之:喬本、洪本、備要本"降"作"絳"非,此從吳本及四庫本。　原有景垣:景垣,大牆。各本均作"垣有景原"。彦按:垣有景原,義不可通。此當"垣""原"二字因音近而誤易其位,今正之。

〔二一〕三阪,則東成皋、南轘轅、西降谷,分亳民于此三所尒:成皋,在今河南滎陽市汜水鎮。轘轅,在今河南偃師市府店鎮。降谷,即函谷,在今河南靈寶市東北。彦按:此説實出鄭玄。書立政"三亳、阪尹"孔穎達疏:"鄭玄以'三亳阪尹'者共爲一事,云:'湯舊都之民服文王者,分爲三邑,其長居險,故言阪尹。蓋東成皋,南轘轅,西降谷也。'"清吳玉搢曰:"降谷,函谷也。……梁鴻適吳詩:'遊舊邦兮遐征,將遥集兮東南。心惙怛兮傷悴,志菲菲兮升降。欲乘策兮縱邁,疾吾俗兮作讒。'以'降'與'南''讒'相叶,是'降'有'函'音矣。故康成用降谷爲函谷,亦以其音之同而假借用之也。"(見別雅卷二)

〔二二〕吕氏春秋慎大:"湯立爲天子,夏民大説,……親郼如夏。"高誘注:"郼,讀如衣。"

〔二三〕杜亳:即上亳條所稱杜南之亳。　不韋曰"湯嘗約於郼薄":見吕氏春秋卷一八具備。約,貧困。郼薄,即殷亳,指殷都亳。

〔二四〕穀埶:即穀熟。四庫本"埶"作"熟",下"穀埶"之"埶"同。　昭明、相土之居:昭明,各本均但作"昭"。彦按:"昭"當作"昭明",下脱一"明"字。昭明爲商契子,相土爲昭明子,見後紀十高辛紀下。今訂補。

〔二五〕所謂"從先王居":書帝告釐沃序:"湯始居亳,從先王居。"

〔二六〕始於亳之殷地：見詩商頌玄鳥“天命玄鳥，降而生商，宅殷土芒芒”鄭玄箋，原文“於”作“居”。

〔二七〕劉恕以爲盤庚始號：資治通鑑外紀卷二商紀盤庚云：“遂渡河南，復居湯之故居，治亳殷。自此改號曰殷。”下自注曰：“湯以來言殷者，史臣追書也。”

〔二八〕已前皆追記：四庫本“記”作“號”非。

〔二九〕仲丁：商湯五代孫，商朝第十任君主。　陳留浚儀：陳留，郡名。浚儀，縣名，治所在今河南開封市。

〔三〇〕敖倉：秦所建糧倉名。

〔三一〕今鄭之滎澤西十五有敖山：鄭，州名。滎澤，縣名，治所在今鄭州市惠濟區古滎鎮。喬本、洪本“滎”字譌“榮”，今據餘諸本改。敖山，喬本、洪本作“敖上”，吳本、四庫本、備要本作“敖土”。彥按：原文當作“敖山”。元和郡縣圖志卷八鄭州滎澤縣：“敖山，縣西十五里。”是也。蓋“山”先音譌而爲“上”，再形譌而成“土”。今訂正。

〔三二〕囂氏之隧：見穆天子傳卷六古文。隧，道路。今本穆天子傳作“遂”。　薄狩于敖：見水經注卷七濟水引詩。今本毛詩小雅車攻作“搏獸于敖”。

〔三三〕字書“隞”：集韻豪韻有“隞”，云：“地名。通作敖、囂。”　猥：謬，誤。

〔三四〕相二：洪本字迹磨滅。

〔三五〕元和志内黃東南十三故殷城，亶甲居：見元和郡縣圖志卷一六相州内黃縣。十三，今本元和志作“十里”，然太平寰宇記卷五四魏州内黃縣亦作“十三里”。亶甲，即河亶甲，仲丁弟。見書河亶甲序。

〔三六〕畿城：猶都城。

〔三七〕寰宇，安陽爲紂都：見太平寰宇記卷五五相州安陽縣，文云：“地即紂之都。”

〔三八〕元豐：宋神宗年號。洪本、吳本“豐”作“豊”。　夷：鏟平。　冶：熔煉。

〔三九〕又有黃堆者，后墓：元納新河朔訪古記卷中魏郡部：“黃堆塚，在河亶甲塚西南,世傳乃河亶甲后之塚也。”

〔四〇〕道武幸鄴,訪立州名,崔先取亶甲居名之:道武,指北魏道武帝拓跋珪。崔先,彦按:“先”疑“光”字形譌。太平御覽卷一六一引後魏書曰:“道武幸鄴,訪立州名,尚書崔光對曰:‘昔河亶甲居相,宜曰相州。’道武從之。”太平寰宇記卷五五相州載其事,亦作崔光。然今雖謂路史舊本蓋作“崔光”,作崔光卻未必合乎史實。王文楚等於寰宇記該處有校勘記曰:“崔光,……按魏書卷六七崔光傳,光於孝文帝、宣武帝、孝明帝爲官,不在道武帝。魏書卷二四崔玄伯傳:‘太祖幸鄴,歷問故事於玄伯,應對若流,太祖善之。’遷吏部尚書。北史卷二一崔宏傳:‘崔宏字玄伯。’正值太祖道武帝,此‘崔光’疑爲‘崔宏’之誤。”所疑有理。又元和郡縣圖志爲彌縫崔光與道武時代不合,乃以相州之立爲魏孝文帝時事,是書卷十六相州曰:“後魏孝文帝於鄴立相州。初,孝文帝幸鄴,訪立州名,尚書崔光對曰:‘昔河亶甲居相。聖皇天命所相,宜曰相州。’孝文帝從之,蓋取内黄東南故殷王河亶甲居相所築之城爲名也。”清張駒賢攷證曰:“孝文,宜作‘道武’。地形志相州,太祖天興四年置。崔光,宜作‘崔宏’,事見魏書崔元伯傳、北史宏本傳。”其説甚辯。

〔四一〕鄭相:其地不詳,待考。

〔四二〕昭元年相,鄭也:彦按:春秋、左傳昭公元年均未見地名相者,羅氏説不知所據。

〔四三〕庇:故址在今山東鄆城縣東北境。

〔四四〕祖乙勝即居之:祖乙勝,河亶甲子。彦按:“即”下疑脱“位”字。太平御覽卷八三引紀年曰:“祖乙勝即位,是爲中宗。”

〔四五〕沃甲:祖乙勝子。　祖丁:沃甲兄祖辛子。並見史記殷本紀。

〔四六〕南庚更自庇遷奄:南庚更,沃甲子。奄,故址在今山東曲阜市舊城東。竹書紀年卷上南庚云:“名更。元年丙辰,王即位,居庇。三年,遷于奄。”

〔四七〕陽甲:殷王,祖丁子,盤庚兄。見史記殷本紀。

〔四八〕晉書地理志上總敍將奄、商奄作爲二國並列。

〔四九〕奄君附禄父,周公踐伐之:禄父,即武庚,殷紂子。踐伐,誅伐。踐,通“翦”,殺戮。尚書大傳曰:“武王死,成王幼,周公盛養成王,使召公奭爲傅。周公身居位,聽天下爲政。管叔疑周公,流言於國曰:‘公將不利於王。’奄君薄姑謂禄父曰：‘武王既死矣，成王尚幼矣，周公見疑矣，此世之將亂也。請舉事！’然后禄父三監叛也。周公以成王之命，殺禄父。遂踐奄。踐之云者，謂殺其身，執其家，潴其宫。”

〔五〇〕伏書周公三年踐奄：隋書李德林傳：“謹案大傳，周公攝政，一年救亂，二年伐殷，三年踐奄。”

〔五一〕世皆以爲魯奄，然與禄父封相遠，或此是：魯奄，魯地之奄，在今山東曲阜市。禄父封，禄父封邶，在今河南湯陰縣東南。史記周本紀：“武王爲殷初定未集，乃使其弟管叔鮮、蔡叔度相禄父治殷。”張守節正義：“地理志云：河内，殷之舊都。周既滅殷，分其畿内爲三國，詩邶、鄘、衛是。邶以封紂子武庚。”彦按：羅苹此注以爲商奄與魯奄異地，恐非。奄亦作郁，説文邑部：“郁，周公所誅郁國，在魯。”此即魯奄。又玉篇邑部：“郁，周公所誅叛國商奄是也。”可知所謂魯奄，亦稱商奄，名異而實同。

〔五二〕本條與卷二五國名紀二少昊後李姓國耿複出，可互參。

〔五三〕十六年改定陽爲耿州，以州南祖乙城：定陽，郡名。耿州，治所在今山西吉縣。祖乙城，即耿城。太平寰宇記卷四八慈州云：“隋開皇元年，改定陽郡爲吉陽郡；三年，罷郡爲縣；十六年，改爲耿州，以州南舊祖乙城爲名。”

〔五四〕今慈州若隰之吉鄉：若，或者。隰，隰州。吉鄉，縣名，治所即今山西吉縣。彦按：吉鄉於五代爲慈州治，北宋熙寧五年（1072）改屬隰州，元祐元年（1086）復爲慈州治所，故有此語。

〔五五〕通典卷一七八州郡八邢州：“古祖乙遷於邢，即此地。”

〔五六〕邢音耿，通：史記殷本紀“祖乙遷于邢”司馬貞索隱：“邢音‘耿’。近代本亦作‘耿’。”

〔五七〕史記云，先“耿”後“邢”，正義從之：此謂史記殷本紀所云，初作“祖乙遷于耿”，後之版本又作“祖乙遷于邢”，而正義本從後作“邢”也。

〔五八〕紀年：盤庚旬自奄遷於北冢，曰殷虚：北冢，即北蒙。冢，“蒙”之古字。喬本、四庫本作“冢”，洪本、備要本作“冢”，吴本作“冢”，俱誤。今訂正。下北冢之“冢”同。竹書紀年卷上盤庚曰：“名旬。”又曰：“十四年，自奄遷于北蒙，曰殷。”

〔五九〕今亳之蒙城：亳，州名。蒙城，縣名，今屬安徽省。

〔六〇〕沛：沛郡。

〔六一〕天寶二改：彥按："二"當作"元"。舊唐書地理志一河南道亳州望、新唐書地理志二河南採訪使，並以山桑之改稱蒙城，在天寶元年。

〔六二〕太平寰宇記卷一二亳州蒙城縣："南蒙城、北蒙城，並在縣北八十里，相去四十步。皆自後魏孝文太和七年築之。"

〔六三〕光武幸處，今宋城南十五小蒙故城，六國之蒙縣；復有大蒙城，縣北四十一里：宋城，縣名，治所在今河南商丘市睢陽區。後漢書光武帝紀上建武五年："帝時幸蒙。"李賢注："縣名，屬梁國，故城在今宋州北。"太平寰宇記卷一二宋州宋城縣："小蒙故城，在縣南十五里。六國時，楚有蒙縣，俗爲小蒙城，即莊周之本邑。今復有大蒙城，在縣北四十一里。"彥按：光武幸處之蒙，與盤庚遷都之蒙，並非一地，羅氏此注東拉西扯，祇令讀者目眩。好掉書袋而又不知化裁，莫此爲甚。

〔六四〕地形志，北梁有北蒙城：北梁，郡名。北蒙城，即北蒙縣城，當在今河南商丘市梁園區境。魏書地形志中合州，北蒙屬北梁郡所領二縣之一。

〔六五〕索隱：殷虚南去鄴三十，是殷虚南地舊曰北蒙：見史記項羽本紀"項羽乃與期洹水南殷虚上"索隱。原文作："汲冢古文云'盤庚自奄遷于北蒙，曰殷虚，南去鄴州三十里'，是殷虚南舊地名號北蒙也。"北蒙之"蒙"，吳本作"冢"，同；洪本作"冢"，四庫本作"冢"，誤。

〔六六〕沬：音 mèi。

〔六七〕朝歌：商代帝乙、帝辛（紂）別都。在今河南淇縣。　詩"沬之鄉"者：見詩鄘風桑中。

〔六八〕紂都在冀州大陸之野：見水經注卷九淇水。其文曰："其水南流東屈，逕朝歌城南。晉書地道記曰：本沬邑也。詩云：'爰采唐矣，沬之鄉矣。'殷王武丁，始遷居之，爲殷都也。禹貢，紂都在冀州大陸之野，即此矣。"楊守敬疏云："考御覽一百五十五引帝王世紀曰：武丁徙朝歌，于周爲衞，今河內縣是也。紂自朝歌北築沙邱臺。地理志，沙邱在鉅鹿東北七十里，邯鄲國屬趙，于禹貢在冀州大陸之野。是'在冀州大陸之野'句，指沙邱，與朝歌不相涉。此注'殷王武丁'二語，本世紀，第言殷都朝歌，不得贅在'大陸之野'句。觀下文詳敍紂都朝歌之事，此但當作'紂都即此矣'，蓋校者見上二句爲世紀文，率錄世紀'大陸'句于旁,後遂混入正文也。"彥按:楊説可從。羅氏此注,自是以訛傳訛。大陸之野,即大陸澤,又稱鉅鹿澤,故址在今河北任縣、鉅鹿、隆堯三縣之間。

〔六九〕庚丁:殷王,武丁孫。見史記殷本紀。

〔七〇〕三十:吳本作"二十"。

〔七一〕史項羽傳洹水南殷虛:史記項羽本紀:"項羽乃與期洹水南殷虛上。"

〔七二〕殷城:吳本"殷"訛"敫"。

〔七三〕河内懷:河内,郡名。懷,縣名,治所在今河南武陟縣西。

〔七四〕元和志在武陟東南十里,司馬卬都:見元和郡縣圖志卷一六懷州武陟縣。武陟,縣名,今屬河南省。各本均訛"武涉",今訂正。司馬卬,楚、漢之際項羽所封十八諸侯王之一,爲殷王。吳本"卬"字不誤,今從之。餘諸本均訛"卬"。彥按:元和志此説有誤。史記項羽本紀曰:"趙將司馬卬定河内,數有功,故立卬爲殷王,王河内,都朝歌。"是司馬卬都朝歌,不都武陟東南(亦即述征記所謂河内懷)之殷城也。故水經注卷九沁水云:"郭緣生述征記曰:河之北岸河内懷縣有殷城。或謂楚、漢之際殷王卬治之,非也。"羅氏本段注文,顯然襲取自水經注,卻割裂其文,失酈氏本意,甚是不妥。

〔七五〕見竹書紀年卷下周顯王九年。

〔七六〕劉聰以郭默爲殷州刺史:郭默,吳本、四庫本"默"作"嘿",同。彥按:此説出水經注卷九沁水,其文曰:"昔劉聰以郭默爲殷州刺史,督緣河諸軍事,治此。"楊守敬、熊會貞水經注疏本改劉聰作劉琨,疏云:"朱作劉聰,全、趙謂郭默嘗附劉曜,非劉聰,戴改曜。守敬按:晉書郭默傳,遣使謁劉琨,琨加默河内太守。劉曜圍之,默送妻子爲質,且請糴;糴畢,設守。前趙録亦同。是默未嘗附曜,而附劉琨有明文。然亦未嘗爲殷州刺史,或以河内太守假殷州刺史也,則當作劉琨,今訂。"

〔七七〕建中:唐德宗李适年號。

〔七八〕陳之溵水:陳,州名。溵水,縣名,治所在今河南漯河市郾城區東。吳本"溵"訛"激"。　真元:即唐德宗年號貞元,此羅氏因避宋仁宗趙禎嫌名而追改。

〔七九〕見史記殷本紀太史公曰。

〔八〇〕北冢:冢,喬本、四庫本作"家",洪本、吳本、備要本作"家",並誤。今訂正。

〔八一〕武乙:殷王,庚丁子。見史記殷本紀。

〔八二〕衛之黎陽衛鎮:衛,州名。黎陽,縣名。衛鎮,即今河南濬縣衛賢鎮。

〔八三〕紂蒐處:蒐,打獵。左傳昭公四年:"商紂爲黎之蒐,東夷叛之。"

〔八四〕七年成:洪本、吳本、四庫本"成"作"城",誤。元和郡縣圖志卷一六衛州衛縣曰:"鹿臺,在縣西。殷紂營之,七年乃成。大三里,高千尺。"太平寰宇記卷五六衛州衛縣曰:"鹿臺,在縣西二十里。帝王世紀云:'紂造,飾以美玉,七年乃成。大三里,高千仞。'"又通志卷三上三王紀第三上商紂曰:"造鹿臺而爲瓊室玉門,臺三里,高千尺,七年乃成。"

〔八五〕今沙丘在巨鹿東七十:沙丘,洪本"丘"譌"在"。巨鹿,縣名,今屬河北省。四庫本"巨"作"鉅",通。

〔八六〕平鄉:縣名,今屬河北省。太平寰宇記卷五九邢州平鄉縣:"沙丘臺,在縣東北二十里。"又卷五六衛州衛縣:"苑城,在縣北四十里。有沙丘臺,俗稱妲己臺。"

〔八七〕莽曰雅歌:漢書地理志上河内郡朝歌縣:"紂所都。周武王弟康叔所封,更名衛。莽曰雅歌。"

〔八八〕寰宇,酒池、糟丘、斮涉處,並在衛縣:見太平寰宇記卷五六衛州衛縣。斮(zhuó),斬,砍。韓非子喻老:"紂爲肉圃,設炮烙,登糟丘,臨酒池,紂遂以亡。"書泰誓下:"今商王受狎侮五常,荒怠弗敬。自絶于天,結怨于民,斮朝涉之脛,剖賢人之心。"孔氏傳:"冬月見朝涉水者,謂其脛耐寒,斬而視之。"

〔八九〕冀圖經:即冀州圖經。　巨橋倉在洺之曲周,即邸閣城:巨橋倉,糧倉名。相傳爲殷紂聚斂糧食之所,周武王克殷後,散其粟賑民。洺,州名。各本均作"洛"。彦按:曲周屬洺州而不在洛地,"洛"當"洺"字形譌,今訂正。曲周,縣名。今屬河北省。邸閣城,各本"閣"均作"閤"。彦按:"閤"當"閣"字之譌。太平寰宇記卷五八洺州曲周縣、元豐九域志卷二河北西路洺州古迹並作邸閣城。又水經注卷一〇濁漳水云:"衡漳又北逕巨橋邸閣西,舊有大梁横水,故有巨橋之稱。昔武王伐紂,發巨橋之粟以賑殷之饑民。”亦作邸閣。今據以訂正。

〔九〇〕衛之汲:衛,州名。汲,縣名,治所在今河南衛輝市。　故商都牧野之邑:見輿地廣記卷一一衛州汲縣。

〔九一〕汲近郊三十:彥按:今本太平寰宇記卷五六衛州汲縣“三十”作“十三”,疑爲倒文。書牧誓“王朝至于商郊牧野”孔氏傳:“紂近郊三十里,地名牧。”亦作“三十”。

〔九二〕自契至成湯八遷,湯始居亳:見書帝告釐沃序,“至”作“至于”。盤庚五遷:見書盤庚序。

〔九三〕故班固曰:“商今屢遷,前八後五”:彥按:班固乃張衡之誤,又“今”字當作“人”。張衡西京賦曰:“此何與於殷人屢遷,前八而後五?”羅氏蓋將張衡西京賦誤記爲班固東都賦矣。

〔九四〕武乙徙朝歌:洪本“武乙”之上有一墨丁,喬本則似挖去一字,吳本、備要本作“武武乙”,四庫本作“武乙丁”。彥按:當但作“武乙”。洪本、喬本之墨丁或疑似挖字,原未必有字,而餘本則顯然存在衍文。

〔九五〕契居番:彥按:番疑當作“蕃”。本書國名紀三高辛氏後商(蕃)曰:“契封,在華陰之鄭。鄭縣有褮都城及故潘邑,故世本謂契居蕃。”　昭明居砥石:見後紀十高辛紀下注〔四六三〕。

〔九六〕都國墊溺:都國,國都。墊溺,洪本、吳本“墊”譌“塾”。

〔九七〕中行告公,從,利用爲依遷國:高亨曰:“中行似爲人名,似即微子之弟仲衍。”又曰:“依讀爲殷,即殷商也。遷國,遷都也。爻辭所言亦是古代故事。中行以凶災之事告某公,公從之,于是助殷遷國,其事順利。”(見周易大傳今注)

〔九八〕先王不恒厥邑,于今五邦:見書盤庚上,“恒”作“常”。

〔九九〕且其遷也,涉河南渡:史記殷本紀:“帝盤庚之時,殷已都河北,盤庚渡河南,復居成湯之故居。”　而説者猶以爲盤庚之遷在於河北:見下注〔一一〇〕。

〔一〇〇〕鄭云:祖乙去相居耿,爲水所圯,脩德禦之,不復徙:相,各本均譌“朝”,今訂正。此所引鄭玄説見書祖乙序“祖乙圯于耿”孔穎達疏。其文曰:

“鄭玄云：‘祖乙又去相居耿，而國爲水所毀，於是修德以禦之，不復徙也。’”

〔一〇一〕自上“其後奢侈逾禮”至“故不樂徙”，見書盤庚序“民咨胥怨，作盤庚三篇”孔穎達疏。其文曰：“鄭玄云：‘祖乙居耿後，奢侈踰禮，土地迫近山川，嘗圮焉。至陽甲立，盤庚爲之臣，乃謀徙居湯舊都。’又序注云：‘民居耿久，奢淫成俗，故不樂徙。’”

〔一〇二〕此所引王肅云，見同上注。 自祖乙五世至盤庚元兄陽甲：吳本、四庫本“兄”謁“見”。 宮室奢侈：四庫本“奢侈”作“侈奢”。 下民邑居墊壞，水泉瀉鹵，不可行政教，故徙都殷：墊壞，下陷毀壞。吳本“墊”謁“墊”。瀉鹵，謂含有過多鹽鹼成分。瀉，通“瀉”。孔疏原文作：“下民邑居墊隘，水泉瀉鹵，不可以行政化，故徙都於殷。”

〔一〇三〕此所引士安（皇甫謐）云，見同上注。 祖辛：殷王，祖乙子，沃甲兄。

〔一〇四〕我民用蕩析離居：見書盤庚下。蕩析，動蕩離散。

〔一〇五〕穎達以爲久居水變，非必奢侈也：見書盤庚序“民咨胥怨，作盤庚三篇”疏。彥按：孔疏原文爲：“（盤庚）下篇云‘今我民用蕩析離居，罔有定極’，傳云：‘水泉沉溺，故蕩析離居，無安定之極，徙以爲之極。’孔意蓋以地勢洿下，又久居水變，水泉瀉鹵，不可行化，故欲遷都，不必爲奢侈也。”是“久居水變”云云，乃推闡傳意，非穎達自道也；稱“穎達以爲”，不妥。

〔一〇六〕以盤庚名篇，則鄭云爲臣之時事，宜有據：彥按：書盤庚序孔穎達正義曰：“此以君名名篇，必是爲君時事，而鄭玄以爲上篇是盤庚爲臣時事，何得專輒謬妄也！”在理。羅氏反贊同鄭説，無據。

〔一〇七〕予記國名：備要本“予”謁“子”。

〔一〇八〕應氏地理風俗傳：即應劭地理風俗記。水經注卷九清水引此文，作“應劭地理風俗記”。各本“理”均謁“里”，今訂正。 河内：郡名，治所在今河南武陟縣西南。

〔一〇九〕相州圖經：佚書，作者不詳。 在淇、洹之間，所謂北蒙：淇、洹，二水名。“北蒙”之“蒙”，洪本作“冢”，吳本、四庫本作“冢”。

〔一一〇〕戰國策言紂兵左飲淇右飲洹者：戰國策秦策一：“昔者紂爲天子，帥天下將甲百萬，左飲於淇谷，右飲於洹水。淇水竭，而洹水不流。” 束晳

謂盤庚遷處,正義以爲盤庚後餘王遷之:束皙,喬本作"東皙",洪本作"東晳",
俱誤。今據餘諸本訂正。書盤庚序孔穎達疏:"束皙云:'尚書序"盤庚五遷,
將治亳殷",舊説以爲居亳,亳殷在河南。孔子壁中尚書云"將始宅殷",是與
古文不同也。漢書項羽傳云"洹水南殷墟上",今安陽西有殷。'束皙以殷在河
北,與亳異也。……束皙不見壁内之書,妄爲説耳。若洹水南有殷墟,或當餘
王居之,非盤庚也。盤庚治於亳殷,紂滅在於朝歌,則盤庚以後遷於河北,蓋盤
庚後王有從河南亳地遷於洹水之南,後又遷于朝歌。"彥按:後世安陽小屯村
殷墟遺址之考古發掘,已證明束皙之説爲是,孔氏之説爲非。前人關於盤庚遷
殷之殷地説,多可商榷。

〔一一一〕貧氓月徙閌,竄士日更名,其與庸王之嫚爲政而歲遷都、年改號
者何異:貧氓,貧民。徙閌(bēng),搬家。閌,玉篇:"巷門。"吳本、四庫本、備
要本誤"閌"。竄士,窮士。吳本、四庫本、備要本"竄"作"竄",同。庸王,洪本
作"庸主"。嫚,懈怠。

〔一一二〕惟恐或怫,豈將以其勢毆哉:怫,通"悖",違反,悖逆。毆,同
"驅",驅使,驅趕。

〔一一三〕太室、三塗:太室,山名,在今河南登封市北。三塗,山名,在今
河南嵩縣西南。左傳昭公四年:"四嶽、三塗、陽城、大室、荆山、中南,九州之險
也。"　洞庭、盟門:洞庭,即今湖南北部之洞庭湖。盟門,即孟門,山名,當在今
河南濬縣西。史記吳起傳:"昔三苗氏,左洞庭右彭蠡,德義不修,禹滅
之。……殷紂之國,左孟門右太行,常山在其北,大河經其南,修政不德,武王
殺之。由此觀之,在德不在險。"

〔一一四〕朝河而莫隴:河,黃河。莫,"暮"之古字。隴,隴山,綿延於今陝
西、甘肅交界處。

〔一一五〕邢、衛、蔡各居一:四庫本"邢"作"邢",同。同樣情況,以下不煩
一一指出。春秋僖公元年:"夏,六月,邢遷于夷儀。"又三十一年:"十有二月,
衛遷于帝丘。"又哀公二年:"十有一月,蔡遷于州來。"　許處其四:春秋成公
十五年:"許遷于葉。"又昭公九年:"許遷于夷。"又十八年:"冬,許遷于白羽。"
又定公四年:"許遷于容城。"　自反:自我反省。

〔一一六〕邶:洪本闕;吳本、備要本作"鄁",四庫本作"邖",字同"邶"。

〔一一七〕漕:在今河南滑縣東。

〔一一八〕一作"曹":曹,喬本、洪本、四庫本作"漕",吳本、備要本作"嘈"。彦按:作"漕"與正文同字,固謬,作"嘈"恐亦非是。字蓋作"曹",正與卷二六國名紀三高陽氏後曹"一曰漕"相類,今姑訂作"曹"。

〔一一九〕妹之邦:即妹國。書酒誥:"王若曰:'明大命于妹邦。'"孔氏傳:"周公以成王命誥康叔,順其事而言之,欲令明施大教命於妹國。妹,地名,紂所都朝歌以北是。"

〔一二〇〕匐督:晉十六國時胡人部落首領,姓張,名匐督。

〔一二一〕尹:充任主管官,治理。

〔一二二〕鄘:在今河南新鄉縣西南。　衛:在今河南淇縣。

〔一二三〕孔氏以管、蔡、商爲三監:書大誥序:"武王崩,三監及淮夷叛。"孔氏傳:"三監,管、蔡、商。"　班固從之:漢書地理志下魏地:"河内本殷之舊都,周既滅殷,分其畿内爲三國,詩風邶、庸、衛國是也。邶,以封紂子武庚;庸,管叔尹之;衛,蔡叔尹之:以監殷民,謂之三監。"　武庚不得爲監:各本並脱"不"字,今據元梁益詩傳旁通卷二國風邶邶鄘不詳始封引路史補。

〔一二四〕書蔡仲之命曰:"羣叔流言,乃致辟管叔于商;囚蔡叔于郭鄰,以車七乘;降霍叔于庶人,三年不齒。"

〔一二五〕東衛,南鄘,北邶:鄭玄毛詩譜邶鄘衛譜:"自紂城而北謂之邶,南謂之鄘,東謂之衛。"

〔一二六〕樵云中衛、南鄘、東邶:通志卷二六氏族略二以國爲氏夏商以前國曰:"鄘氏,即商都之地。武王伐紂,分其地爲三監,自紂城而南謂之鄘。"是所謂"南鄘"。又曰:"邶氏,亦作'郶',亦作'背',即商都也。武王伐紂,分其地爲三監,自紂城而東謂之邶。"是所謂"東邶"。至"中衛",不詳。

〔一二七〕史記周本紀:"周公奉成王命,伐誅武庚、管叔,放蔡叔。……頗收殷餘民,以封武王少弟封爲衛康叔。"

〔一二八〕譜謂康叔子孫强,兼二國:康叔,各本並誤"庸叔",今訂正。鄭玄毛詩譜邶鄘衛譜曰:"成王既黜殷命,殺武庚,復伐三監,更於此三國建諸侯,以殷餘民封康叔於衛,使爲之長。後世子孫稍并彼二國,混而名之。"

〔一二九〕邶詩言"亦從其流",則在北也:吳本、備要本"北"作"比"非。

彥按:詩邶風諸篇並無"亦從其流"語,唯柏舟一詩有"亦汎其流"之句,然無論"亦從其流"抑或"亦汎其流",均得不出"則在北也"之結論,此必有誤。今考鄭玄毛詩譜邶鄘衛譜云:"自紂城而北謂之邶,南謂之鄘,東謂之衛。"孔穎達正義:"此無文也,以詩人之作自歌土風,驗其水土之名,知其國之所在。衛曰'送子涉淇,至于頓丘',頓丘今爲(郡)[縣]名,在朝歌紂都之東也。紂都河北,而鄘曰'在彼中河',鄘境在南明矣。都既近西,明不分國,故以爲邶在北。三國之境地相連接,故邶曰'亦流于淇',鄘曰'送我乎淇之上矣',衛曰'瞻彼淇奧',是以三國皆言淇也。"蓋即羅氏所本而引用失旨。

〔一三〇〕鄘:洪本闕文。

〔一三一〕楚丘城:在今河南滑縣東北。備要本"丘"作"邱"。

〔一三二〕新鄉鎮:治所在今河南新鄉市。

〔一三三〕潚水:吳本、四庫本"潚"譌"鄘"。

〔一三四〕宜蘇山:在今河南孟津縣橫水鎮。

〔一三五〕其後東徙,野處漕邑:詩序鄘風定之方中:"衛爲狄所滅,東徙渡河,野處漕邑。"毛詩譜邶鄘衛譜孔穎達正義:"戴公東徙渡河,野處漕邑,則漕地在鄘也。"

〔一三六〕而云"在彼中河",則衛東矣:詩鄘風柏舟:"汎彼柏舟,在彼中河。"彥按:"衛東"當作"鄘南"。見上注〔一二九〕。

〔一三七〕衛:洪本闕文。

〔一三八〕曰曹曰衛,以在畿域:曹,指邶。上邶條云:"漕是。"注:"一作'曹'。"畿域,京畿地區。　分曹遮衛,馮翊、扶風之義也:分曹,分官署,分部門。遮衛,保衛。馮翊、扶風,漢代分治京畿三行政區(三輔)的三職官之二,亦以指其所轄地區。漢史游急就篇第二十七章"馮翊、京兆執治民"顏師古注:"漢武帝始分京師爲三輔。京都爲京兆,左則爲馮翊,右則爲扶風。……馮翊,言輔贊政教也。馮,輔也;翊,贊也。扶風者,言扶助風化也。"

〔一三九〕三國以淇爲分:三國,指邶、鄘、衛。淇,指淇水。

〔一四〇〕送我于淇:見詩鄘風桑中,原文爲:"期我乎桑中,要我乎上宮,送我乎淇之上矣。"　送子涉淇:見詩衛風氓。　亦流于淇:見詩邶風泉水。

〔一四一〕蘇文忠:即蘇軾(諡文忠)。　武王非聖人也:見蘇軾志林論古。

〔一四二〕夫手戕其君而國其子，使三叔監之，是豈得已邪：得已，謂得以了結。史記周本紀："（武王）遂入，至紂死所。武王自射之，三發而後下車，以輕劍擊之，以黃鉞斬紂頭，縣大白之旗。……封商紂子祿父殷之餘民。武王爲殷初定未集，乃使其弟管叔鮮、蔡叔度相祿父治殷。"張守節正義："地理志云：'河內，殷之舊都。周既滅殷，分其畿內爲三國，詩邶、鄘、衞是。邶，以封紂子武庚；鄘，管叔尹之；衞，蔡叔尹之：以監殷民，謂之三監。'帝王世紀云：'自殷都以東爲衞，管叔監之；殷都以西爲鄘，蔡叔監之；殷都以北爲邶，霍叔監之：是爲三監。'按：二說各異，未詳也。"志林論古："武王之封（武庚），蓋亦有不得已焉耳。殷有天下六百年，賢聖之君六七作，紂雖無道，其故家遺民未盡滅也，三分天下有其二。殷不伐周而周伐之，誅其君，夷其社稷，諸侯必有不悅者，故封武庚以慰之。"

〔一四三〕使武庚而非人也，則必不叛：志林論古："武王親以黃鉞誅紂，使武庚受封而不叛，豈復人也哉！故武庚之必叛，不待智者而後知也。" 假二叔惷而非親也，亦豈至於助逆：惷，騷動。彥按：史記管蔡世家云："武王既崩，成王少，周公旦專王室。管叔、蔡叔疑周公之爲不利於成王，乃挾武庚以作亂。"羅氏以爲管蔡作亂，有維護成王之心存焉，故作此言。

〔一四四〕亟：緊急。

〔一四五〕子瞻：蘇軾字。

〔一四六〕鄭厚：又稱鄭厚叔。宋高宗時泉州觀察推官，撰有藝圃折衷，於孟子多所攻擊。

〔一四七〕自此而下至"竄名逆息邪"，見史通外篇疑古，文字不盡相同。武庚合謀二叔，狥節三監：二叔，管叔、蔡叔。狥節，即殉節，"狥"通"殉"。四庫本作"徇"，亦通。彥按：狥節三監，謂殉節於三監之位，此"三監"取漢書地理志說（見上注〔一四二〕）。 君親之怨不忘，臣子之心可察：史通原文作："雖君親之怨不除，而臣子之誠可見。"怨，仇恨。

〔一四八〕爲目：猶視之。

〔一四九〕若少康、子胥不幸而敗，則亦隸迹醜徒，竄名逆息邪：若，喬本譌"吾"，今據餘諸本訂正。不幸而敗，喬本、洪本作"不幸垂干而敗"，備要本作"不幸垂于而敗"，文皆不通，或者"垂"下一字爲"成"之譌。今姑從吳本及四

庫本。少康,見後紀十四夏帝少康。子胥,即伍員,見後紀八帝顓頊高陽氏注
〔三三五〕。隸,歸屬。洪本、吳本作"肄",餘本作"肆",文義未安,今據史通訂
改。迹,行迹,行爲。醜徒,叛逆之徒。洪本"徒"譌"徙"。逆息,逆子。史通
原文作:"則有君若夏少康,有臣若伍子胥,向若隕讎雪怨,衆敗身滅,亦當隸迹
醜徒,編名逆黨者邪?"彥按:劉氏以爲,夏少康滅殺父篡位仇人寒浞及澆父子
以復帝位,伍子胥借助吳兵破楚國、掘殺父兄仇人楚平王之墓以鞭屍,事俱與
武庚相類,唯幸而成,故有是語。

〔一五〇〕殷小腆,誕敢紀其序,曰:"予復":小腆,小國。孔穎達疏:"腆是
小貌也。鄭玄云:'腆謂小國也。'"誕,發語詞,無實義。紀,整理。序,今書大
誥作"敍",通。顧頡剛、劉起釪云:"敍——通'緒',指舊有的法統。"又云:"予
復——這是作爲引武庚的話,説:'現在到了我恢復我的國家的時候了。'"(見
尚書校釋譯論)

〔一五一〕春秋之法"君弒而賊不討,則深責其國之無臣子":見新唐書宣
宗紀贊,原文作:"春秋之法,君弒而賊不討,則深責其國,以爲無臣子也。"

〔一五二〕方武王之誅紂也,三年,毆蜚廉於海隅而僇之,威國者五十:毆,
洪本、吳本、四庫本作"敺",同;備要本作"歐",譌。蜚廉,紂臣,善走,以材力
事紂。孟子滕文公下:"周公相武王誅紂,伐奄三年討其君,驅飛廉於海隅而戮
之,滅國者五十。"

〔一五三〕助國:洪本、吳本"助"作"助",譌。

〔一五四〕而乃死之南單之臺,而分天之明:南單之臺,即鹿臺。分,離開,
離別。天之明,謂光明世界,即陽間,人世間。彥按:路史此語當本竹書紀年。
竹書紀年卷下周武王十二年云:"辛卯,王率西夷諸侯伐殷,敗之于坶野。王親
禽受于南單之臺,遂分天之明。"分天之明,蓋謂破曉。清徐文靖竹書統箋云:
"按:分天之明,天尚未明也。"張玉春竹書紀年譯注亦譯該句作"這時天已黎
明"。當是。然以之釋路史,則扞格不通,當由羅氏理解不同,引文變味所致。

〔一五五〕夫以洶洶之商,而輔之以三恚:洶洶,形容騷亂不寧。三恚,指恚
恚欲動之三監。

〔一五六〕屬:音zhǔ,囑託,付託。

〔一五七〕玄德:潛蓄之美德。

〔一五八〕踐金阤:猶言登廟堂。金阤(shì),金砌的臺階,借指朝廷。　俾天下後世知吾心之不利商,則雖三聖之授受,不是過矣:不利商,謂不以商爲己利。三聖,指堯、舜、禹。董仲舒賢良策三:“是以禹繼舜,舜繼堯,三聖相受而守一道。”不是過,不能過此。

〔一五九〕武王之志荒也:志,心思。荒,糊塗。史記樂書:“如非有司失其傳,則武王之志荒矣。”

〔一六〇〕武王勝商殺紂:見書洪範序,原文作“武王勝殷殺受”。

〔一六一〕武王殺紂於宣室:見淮南子本經,原文作:“武王甲卒三千,破紂牧野,殺之于宣室。”宣室,殷宫殿名。

〔一六二〕武王伐紂,選馬而進,厭旦散之,而紂卒易鄉,遂乘商人而進誅紂:見荀子儒效。此但撮取其意。選馬,謂並駕齊驅。選,齊。俞樾曰:“詩猗嗟篇曰:‘舞則選兮。’毛傳曰:‘選,齊也。’此‘選’字亦當訓‘齊’。車攻篇曰:‘我馬既同’,傳曰:‘同,齊也。’然則‘選馬而進’,蓋戎事齊力之義。”(見諸子平議荀子一)厭旦,黎明。散,荀子原文作“鼓”,疑此爲“鼓”字之譌。易鄉,掉轉方嚮,謂倒戈。鄉,古“嚮”字。乘,追逐。　是以爲商人毀之:毀,四庫本作“殺”,備要本作“煞”。

〔一六三〕武王誅紂,斷其首,懸之赤斾:見荀子正論。赤斾,紅旗。

〔一六四〕周人尚赤:見禮記檀弓上。　所謂大赤:禮記明堂位:“殷之大白,周之大赤。”孔穎達疏:“殷之大白,謂白色旗;周之大赤者,赤色旗。”

〔一六五〕太史徒見書言“右秉白旄”:太史,指太史公司馬遷。旄,牦牛尾。書牧誓:“王左杖黄鉞,右秉白旄以麾。”　因謂懸之太白尒:史記周本紀:“武王……以黄鉞斬紂頭,縣大白之旗。”

〔一六六〕書洪範序“武王勝殷,殺受,立武庚”孔氏傳:“不放而殺,紂自焚也。”

〔一六七〕史遷本紀謂武王以戎車馳商師:喬本、洪本“史”字爲墨丁,今據餘諸本訂補。馳,追逐。彦按:此下至“懸之太白”,所撮引武王伐紂文字,實見於逸周書克殷解。至史遷周本紀所記,内容雖略同,文字則頗異。羅氏乃歸之史遷本紀,未妥。

〔一六八〕帝辛奔内,登廩臺,屏遮自燔于火:帝辛,即紂。廩臺,即鹿臺。

屏遮,遮蔽,此謂圍裹。史記該句作"蒙衣其珠玉,自燔于火而死"。

〔一六九〕武王手太白麾:手,謂手持。太白,旗名。麾,同"揮",搖動。

〔一七〇〕擊以輕劍,折之,懸之太白:輕劍,劍名。史記周本紀"武王……以輕劍擊之"張守節正義:"周書作'輕吕擊之'。輕吕,劍名也。"折之,謂斷其首。太白,洪本"太"作"大"。

〔一七一〕故穎達以爲死而斬之;且死而斬之,則生必不釋之矣:見書洪範序正義。穎達,喬本"穎"譌"穎",今據餘諸本改。釋,放,謂放逐。

〔一七二〕殷紂有三説:喬本、洪本"殷紂"之上有一墨丁,備要本則空一字之位,疑其原爲"誅"字。　罪浮于桀:書泰誓中,武王徇師而誓曰:"惟受罪浮于桀"孔氏傳:"浮,過。"　不共戴天:謂不共存於人世間。

〔一七三〕武王親射惡來之目,斬商紂之頭,手汙於血,不温而食:目,洪本作"口",與荀子仲尼篇楊倞注引尸子(下簡稱荀子注)同;備要本譌"日"。斬,荀子注作"親斫"。商紂之頭,荀子注作"殷紂之頸"。汙,喬本、洪本譌"汗",今據餘諸本改。不温而食,吴本、四庫脱此四字。彦按:"不温而食"承上"手汙於血"而言,"温"疑"盥"字之誤。　當此之時,猶猛獸者:荀子注句末有"也"字。

〔一七四〕邵雝:即邵雍。字堯夫,謚康節,宋卜士。宋史卷四二七有傳。下放一等,則至於殺:下,低於。放,喬本、洪本譌"故",此據餘本訂正。宋林之奇尚書全解卷一四仲虺之誥"成湯放桀于南巢,……仲虺乃作誥"云:"邵康節曰:'下放一等,則至於殺矣。'其意以湯能容桀而放之;武王則不能放紂而殺之,則降於湯一等。失其旨矣。"

〔一七五〕武未盡善:武,周樂舞名,以頌揚周武王戰勝商紂王爲主旨。論語八佾:"子謂韶'盡美矣,又盡善也';謂武'盡美矣,未盡善也'。"彦按:路史引此,語帶雙關,"武"又隱指周武王。

〔一七六〕義士猶或誹之:左傳桓公二年載臧哀伯之語曰:"武王克商,遷九鼎于雒邑,義士猶或非之。"

〔一七七〕所尸:猶言其人,當事者。尸,主。

〔一七八〕孔子,殷人也:史記孔子世家"其先宋人也"司馬貞索隱引家語曰:"孔子,宋微子之後。"又宋微子世家:"微子開者,殷帝乙之首子而帝紂之庶兄也。”而禮記檀弓上:“而丘也,殷人也。”　於武王猶有憾:憾,怨恨。　然而居周也,故於夷齊數致意焉:夷齊,見後紀十二帝舜有虞氏注〔九〇三〕。致意,謂表達敬意。論語公冶長:“子曰:‘伯夷、叔齊不念舊惡,怨是用希。’”又述而:“(子貢)入,曰:‘伯夷、叔齊何人也?’曰:‘古之賢人也。’曰:‘怨乎?’曰:‘求仁而得仁,又何怨?’”又季氏:“齊景公有馬千駟,死之日,民無德而稱焉。伯夷、叔齊餓于首陽之下,民到于今稱之。”又微子:“逸民:伯夷、叔齊、虞仲、夷逸、朱張、柳下惠、少連。子曰:‘不降其志,不辱其身,伯夷、叔齊與!’”

〔一七九〕是無義、無命也:是,指武王誅紂而立武庚。無命,謂非天命,不合天意。

〔一八〇〕漢武帝時,既封周子南君,求殷之後,絕不能紀:吳本、四庫本“紀”譌“祀”。彥按:自此而下至“録其後世爲殷紹嘉公”,撮取自漢書梅福傳。傳文本作:“初,武帝時,始封周後姬嘉爲周子南君,至元帝時,尊周子南君爲周承休侯,位次諸侯王。使諸大夫博士求殷後,分散爲十餘姓,郡國往往得其大家,推求子孫,絕不能紀。”顏師古注:“不自知其昭穆之數也。”

〔一八一〕衡:匡衡。　王者存二後,所以尊先王、通三統也:二後,指殷、周二王之後。三統,見前紀八祝誦氏注〔七〇〕。漢書梅福傳作:“王者存二王後,所以尊其先王而通三統也。”

〔一八二〕其罪絕者,更封它親以承其始:罪絕者,因罪誅絕而無後者。它,四庫本作“他”。始,指始祖。漢書梅福傳作:“其犯誅絕之罪者絕,而更封他親爲始封君,上承其王者之始祖。”

〔一八三〕今宋已失統,宜立殷後,非當繼宋:失統,謂喪失殷王正統地位。宋始自殷紂王庶兄微子啓,周成王所封,自非殷王嫡系。漢書梅福傳作:“今宋國已不守其統而失國矣,則宜更立殷後爲始封君,而上承湯統,非當繼宋之絕侯也,宜明得殷後而已。”

〔一八四〕乞以孔子世爲湯後:世,後嗣,後人。漢書梅福傳作:“今之故宋,推求其嫡,久遠不可得;雖得其嫡,嫡之先已絕,不當得立。禮記孔子曰:‘丘,殷人也。’先師所共傳,宜以孔子世爲湯後。”

〔一八五〕九江梅福更以爲言:梅福,西漢九江壽春人,明尚書、穀梁春秋,曾官南昌尉,後去官歸家,而常上書言政。漢書梅福傳:“至成帝時,梅福復言宜封孔子後以奉湯祀。綏和元年,立二王後,推迹古文,以左氏、穀梁、世本、禮記相明,遂下詔封孔子世爲殷紹嘉公。"

〔一八六〕扶風郃陽:郃陽,縣名,治所在今陝西合陽縣東南。彦按:扶風當作馮翊。今作扶風,蓋羅氏一時誤記。漢書地理志上、後漢書郡國志一,郃陽縣均屬左馮翊。又,隋書地理志上,郃陽縣屬馮翊郡;新唐書地理志一,郃陽縣屬同州馮翊郡。均可爲證。

〔一八七〕岐之郿縣:岐,州名。郿縣,治所在今陝西眉縣。

〔一八八〕聊城:縣名,治所在今山東聊城市東昌府區。

〔一八九〕潞:此指潞城縣(治所在今山西潞城市)。

〔一九〇〕微子城在潞東北三十里:見太平寰宇記卷四五潞州潞城縣。潞,喬本、洪本、吳本、備要本均譌"路",今從四庫本改。三十里,今本寰宇記作"二十里"。

〔一九一〕博州有微子城:博州,治所在今山東聊城市東昌府區。

〔一九二〕徐沛:徐,州名。沛,縣名,治所即今江蘇沛縣。彦按:本條記述頗亂。"岐之郿縣"之微,爲殷、周時方國,乃書牧誓所載從周武王伐紂八國之一,與宋微子封地之微不同,而路史混爲一談,謬矣。又,微子封地,其初在潞,後經紂徙,方至聊城,路史所敍,先後失次,亦讓人迷惘。

〔一九三〕莊築郿:左氏春秋莊公二十八年:"冬,築郿。"　微子國,東平壽張西北三十有微鄉:見水經注卷八濟水引京相璠曰,原文作:"東平壽張縣西北三十里有故微鄉,魯邑也。"東平,侯國名。壽張縣,治所在今山東東平縣西南。

〔一九四〕本條與本書國名紀三高辛氏後商(隱元)條大同,可互參。　商丘:四庫本"丘"作"邱"。

〔一九五〕五隕石:春秋僖公十六年:"春,王正月戊申朔,隕石于宋五。"

〔一九六〕滄之清池:滄,州名。清池,縣名,治所在今河北滄縣舊州鎮。衛鱄所託:衛鱄,春秋衛獻公弟。託,寄居。

〔一九七〕春秋襄公二十七年:"衛侯之弟鱄出奔晉。"同年左傳:"(鱄)遂出奔晉。……託於木門,不鄉衛國而坐。"

〔一九八〕見後紀十高辛紀下注〔五九七〕。

〔一九九〕今祕之即墨西有漢不其故城:不其,縣名。其音jī。彦按:"祕"

字誤。即墨,宋隸萊州,況州名亦無稱"祕"者。本書國名紀一炎帝後姜姓國棠曰:"今萊之即墨有棠鄉。"當以彼説爲是。疑此羅氏誤隸即墨於密州(萊、密二州鄰近),而傳本又因音近譌"密"爲"祕"。

〔二〇〇〕海之懷仁:海,州名。懷仁,縣名,治所在今江蘇連雲港市贛榆區西北。

〔二〇一〕宋之汋陵城:宋,春秋國名。汋陵城,在今河南寧陵縣南。

〔二〇二〕鞏縣東坎宮聚:宮,"欿"字俗體,亦作"埳"。左傳僖公二十四年:"王遂出,及坎欿,國人納之。"杜預注:"坎欿,周地,在河南鞏縣東。"

〔二〇三〕服:指東漢經學家服虔。

〔二〇四〕許之長社:許,州名。長社,縣名,治所在今河南許昌市魏都區。

〔二〇五〕見是年左傳。

〔二〇六〕尉氏西五十向城:尉氏,縣名,今屬河南省。彦按:"西"疑當作"西南"。太平寰宇記卷一開封府尉氏縣云:"向城,在縣西南五十里。"又路史本卷下文向(五)條"尉氏"羅苹注亦云:"西南五十見有向城。"

〔二〇七〕亳之臨渙:亳,州名。臨渙,縣名,治所在今安徽濉溪縣臨渙鎮。

〔二〇八〕州犂:見後紀十高辛紀下。

〔二〇九〕左傳襄公二十六年:"涉於樂氏。"杜預注:"樂氏,津名。"楊伯峻注:"樂氏亦在新鄭縣境,洧水濟渡口之名。"新鄭縣,即今河南新鄭市。

〔二一〇〕華子:即宋華子,春秋齊桓公妾。見左傳僖公十七年。

〔二一一〕鄭十邑:指虢、鄶、鄢、蔽、補、丹、依、疇、歷、華。見鄭玄毛詩譜鄭譜。

〔二一二〕皇瑗之子般邑鄭,曰鄭般:皇瑗,春秋宋國大夫。鄭,春秋宋地,確切地址不詳。左傳哀公十七年:"宋皇瑗之子麇有友曰田丙,而奪其兄酁般邑以與之。"楊伯峻注:"其兄當是麇之兄,……則般封于鄭,故曰鄭般也。"

〔二一三〕甾:同"畱"。喬本、備要本"甾"字原脱,今據餘本補。

〔二一四〕甾也:洪本、吴本、四庫本"甾"作"甾"。

〔二一五〕博雅:即魏張揖所撰廣雅。隋曹憲撰音釋,避煬帝楊廣諱,改稱博雅。　𥞵,耕也:各本均作"稰,析也"。彦按:"稰"當作"𥞵","析"則"耕"之誤。集韻之韻:"𥞵,博雅:'耕也。'或作載、戜、稰、藉,通作藉。"蓋即羅氏所本,今據改。

〔二一六〕或作“载”、“戜”、“稻”、“藕”:载,各本均作“戴”。稻,洪本、吴本、四庫本作“檔”。藕,各本均作“菑”。今據集韻之韻稻改。参見上注。

〔二一七〕考城今隸開封:洪本、吴本“今”誤“於”。

〔二一八〕隱十鄭伐取之:喬本、備要本“伐”誤“代”,今據餘本訂正。春秋隱公十年:“宋人、蔡人、衞人伐戴,鄭伯伐取之。”杜預注:“三國伐戴,鄭伯因其不和,伐而取之。”

〔二一九〕劉傳:指宋劉敞春秋傳。　附庸,故曰取:春秋隱公十年:“秋,……宋人、蔡人、衞人伐戴,鄭伯伐取之。”敞傳曰:“戴者何? 附庸之國也。何用知其附庸之國也? 以其不言滅之,而言取之。曷爲不言滅之而言取之? 附庸者不成國也。滅國曰滅,取附庸曰取。”

〔二二〇〕楚威宋,曰榖:彦按:元和郡縣圖志卷一一曹州考城縣曰:“古戴國也。春秋隱公十年‘宋人、蔡人、衞人伐戴’。後屬宋。楚滅宋,改名曰榖。漢以爲菑縣。”蓋即羅氏所本。然元和郡縣圖志“(戴)後屬宋”之説於史無據,疑割斷春秋隱公十年“宋人、蔡人、衞人伐戴”而臆斷也。参見上注〔二一八〕。

〔二二一〕秦謂之榖:見興地廣記卷七拱州考城縣。榖,縣名。

〔二二二〕甾縣:備要本“甾”作“甾”。下羅苹注之“甾”字同。

〔二二三〕應氏甾、戴聲近,故詩箋以“俶载”爲“熾甾”:俶载,洪本、吴本、四庫本“载”誤“戴”。彦按:羅氏此注當本春秋隱公十年孔穎達疏。然所謂“應氏甾、戴聲近”者,以斷句錯誤而張冠李戴也。孔氏之疏曰:“地理志云:‘梁國甾縣,故戴國。’應劭曰:‘章帝改曰考城。’古者甾、戴聲相近,故鄭玄詩箋讀‘俶载’爲‘熾菑’,是其音大同。”考漢書地理志下梁國“甾,故戴國”顏師古注引應劭曰,但有“章帝改曰考城”語,知孔疏“古者甾、戴聲相近”者,乃孔氏自道,已非應氏説矣。羅氏之誤,實由轉引他書而未覈對原文所致。所謂“詩箋以‘俶载’爲‘熾甾’”者,見詩小雅大田“以我覃耜,俶载南畝”鄭箋:“俶讀爲熾,载讀爲菑栗之菑。”

〔二二四〕楚漢兵起,邑多災而名:見興地廣記卷七拱州考城縣,原文作:“楚漢兵起,邑多遇災,因名甾縣。”

〔二二五〕章帝:指漢章帝劉烜,公元75—88年在位。

〔二二六〕東巡詔，取光烈考之義：詔，喬本譌“詡”，今據餘諸本訂正。光，顯揚。烈考，功業顯赫的先父，對亡父之美稱。水經注卷二三汳水云：“考城縣，周之采邑也，于春秋爲戴國矣。……陳留風俗傳曰：秦之穀縣也。後遭漢兵起，邑多災年，故改曰葘縣。王莽更名嘉穀。章帝東巡，過縣，詔曰：‘陳留葘縣，其名不善。高祖鄗柏人之邑，世宗休聞喜而顯獲嘉。應亨吉之符，嘉皇靈之(故)賜，越乃光列考武皇，其改葘縣曰考城。’”

〔二二七〕隨爲戴州：隨，通“隋”，四庫本作“隋”。

〔二二八〕國都城記：考城西南有戴水——今戴陂，戴國：戴國，備要本“戴”譌“載”。彥按：元和郡縣圖志卷一一曹州考城縣云：“古戴國也，……國都城記曰：‘縣西南有戴水，今名戴陂，周迴可百餘里。’蓋本戴國取此陂、水爲名也。”羅注此處似有脱文。

〔二二九〕左傳昭公二十六年：“丙子，王宿于褚氏。”

〔二三〇〕子段：“段”字喬本作“叚”，洪本、吳本作“叚”。此從四庫本及備要本。

〔二三一〕共公：春秋宋共公子瑕。新唐書宰相世系表二下褚氏：“褚氏出自子姓。宋共公子段，字子石，食采於褚。”

〔二三二〕今洛縣南有褚氏亭、褚氏聚：彥按：洛縣當作洛陽縣。左傳昭公二十六年“王宿于褚氏”杜預注：“洛陽縣南有褚氏亭。”又後漢書郡國志一河南尹雒陽云：“有褚氏聚。”

〔二三三〕向戌曰合左師：向戌，春秋宋國大夫。官位左師，封邑在合，故稱合左師。

〔二三四〕同之郃陽：同，州名。郃陽，縣名，治所在今陝西合陽縣。

〔二三五〕徐史音郃陽國：徐史音，指晉徐廣史記音義。水經注卷四河水：“故徐廣史記音義曰：‘郃陽，國名也。’” 近龍川：彥按：郃陽國近龍川，史籍無徵。龍川當是龍門之誤。據水經注卷四河水酈元所述，郃陽國正與龍門地近。龍門在今陝西韓城市東北。

〔二三六〕向魋邑：向魋，春秋宋國大夫。魋，音 tuí。左傳哀公十四年：“魋先謀公，請以鞌易薄。”杜預注：“鞌，向魋邑。薄，公邑。”“鞌”同“鞍”。

〔二三七〕春秋成公二年：“六月癸酉，季孫行父、臧孫許、叔孫僑如、公孫嬰齊帥師會晉郤克、衛孫良夫、曹公子首及齊侯戰于鞌。”

〔二三八〕穀梁傳成公二年:“鞌去國五百里。”范甯注:“國,齊國也。”

〔二三九〕樵云:不得如許遠,大言也:吳本、四庫本、備要本無此十字注文。洪本“樵”作“譙”,誤。

〔二四〇〕今單州有古西防城:單州,治所在今山東單縣南。西防城,在今單縣東北。

〔二四一〕隱九“取防”,杜云“高平昌邑西南有西防城”者:吳本、四庫本無“者”字。彥按:此文見於春秋隱公十年及注,“昌邑”作“昌邑縣”。今作“隱九”,蓋羅氏誤記。高平,侯國名。昌邑,縣名,治所在今山東巨野縣大謝集鎮。

〔二四二〕單父:縣名,治所在今山東單縣南。

〔二四三〕見國名紀五周氏防。

〔二四四〕襄四:彥按:春秋、左傳襄公四年均未見有耶。“四”當作“十”,蓋羅氏誤記其年。左傳襄公十年有“縣門發,耶人紇抉之以出門者”語。

〔二四五〕兗之魯縣:兗,州名。魯縣,治所在今山東曲阜市東北。喬本、洪本、吳本、四庫本作“魯孫”。彥按:當作魯縣,蓋因“縣”字草書作[圖],與“孫”形近而譌。備要本未誤,今據以訂正。

〔二四六〕魯縣東南莝城是:莝城,各本“莝”均譌“垂”,今據左傳襄公十年杜預注改。

〔二四七〕樵未詳孔子之生處與孟軻之鄒異:孔子之生處,指耶。左傳襄公十年之耶人紇,即孔子父叔梁紇。鄒,孟軻之生處,在今山東鄒城市。史記孟子列傳:“孟軻,騶人也。”司馬貞索隱本、張守節正義本“騶”作“鄒”。鄭樵通志氏族略三以邑爲氏魯邑鄒氏云:“子姓。宋湣公之後正考父食邑於鄒,生叔梁紇,遂爲鄒氏。其地今兗州鄒縣是也。”

〔二四八〕武王既勝商毀紂,即武庚而立之:毀,四庫本作“殺”,備要本作“煞”。即,尋求。

〔二四九〕弔其民:弔,慰問。　它日之將不利:四庫本“它”作“他”。

〔二五〇〕至於周公謖使管、蔡二叔監商:謖使,起用。　所以制止其沈湎淫奔之俗而納之道尒:沈湎,沈溺。淫奔,謂男女淫亂私奔。納,使進入。

〔二五一〕如宇文之於蕭氏也:宇文,指隋末右屯衛將軍宇文化及。蕭氏,隋煬帝皇后。化及於義寧二年(公元 618 年)作亂,縊殺煬帝,入據六宮,建國號許,稱帝魏縣,而納蕭氏。

〔二五二〕周之事亦洶矣:洶,水騰涌貌,比喻局勢動蕩不安。

〔二五三〕周公於是濯征龕伐:濯,喬本譌"灌",今據餘諸本改。詩大雅常武:"濯征徐國。"毛亨傳:"濯,大也。"龕,通"戡"。

〔二五四〕兹宜深監武庚之事:監,借鑒,參考。

〔二五五〕亦非周矣:亦,各本均作"恪"。彥按:"恪非周矣",文義難通。元金履祥資治通鑑綱目前編卷七殺武庚封微子啓于宋爲殷後條、明黃淳耀陶菴全集卷四史記評論宋微子世家,引路史,"恪"並作"亦",今據改。

〔二五六〕而成王、周公方且晏然命之統承先王,脩其禮物,不少爲疑,而宋之臣人卒以按堵:方且,猶尚且。晏然,猶安然,心情安定貌。統承,謂繼承傳統。脩,遵循。禮物,禮制文物。書微子之命:"王若曰:'猷!殷王元子。惟稽古崇德象賢,統承先王,修其禮物。'"按堵,安居。漢書高帝紀上:"吏民皆按堵如故。"柳宗元非國語上輕幣:"君得以有其國,人得以安其堵。"

〔二五七〕予以是知立國惟在於賢:予,各本均作"于"。彥按:"于"當"予"字形譌。路史書中以"予以是知"發表感想者時見,作"于"則費解,今訂正。

〔二五八〕不原仁義而徒汲汲以防虞天下爲心:原,推求。汲汲,心情急切貌。防虞,防範,防備。

〔二五九〕曼伯:即春秋鄭國君姬嬰。字子儀,鄭莊公子,鄭厲公弟。

〔二六〇〕昭十一:吴本、四庫本作"昭十二",誤。 鄭京、櫟實殺曼伯:京,春秋鄭邑,在今河南滎陽市東南。櫟,春秋鄭別都,在今河南禹州市。實,四庫本作"寔"。殺,四庫本作"殺",備要本作"煞"。彥按:此爲楚大夫申無宇答楚靈王所問"國有大城,何如"語。鄭厲公不滿大夫祭仲專政,欲殺之而謀泄出奔,居櫟。鄭子嬰十四年(前 680),厲公自櫟侵鄭,俘大夫傅瑕,盟而赦之。瑕因殺鄭子嬰及其二子,厲公遂入鄭復辟。事載於左傳莊公十四年,傳文未言及京。杜預於傳"鄭京、櫟實殺曼伯"注曰:"厲公得櫟,又幷京。"孔穎達正義:"厲公幷京,傳無其事。正以京、櫟連言,故云'又幷京'。"

〔二六一〕王符作"曼":王符,四庫本"王"譌"玉"。曼,洪本字迹漶漫,吴本作“蔓也”。

〔二六二〕成三:吳本此二字脱,四庫本“三”譌“二”。左傳成公三年有“鄭公子偃……使東鄙覆諸鄾”語。

〔二六三〕鄉在廣漢:參見國名紀三高陽氏後蔓。

〔二六四〕蔓:各本均作“薆”,蓋爲“蔓”譌字。直音篇艸部:“蔓,同蔓。”今訂作“蔓”。下“一出蔓”之“蔓”同。

〔二六五〕穆傳蔓柏:柏,通“伯”。吳本譌“相”,四庫本、備要本作“伯”。一出蔓:吳本自此三字而下注文並脱。

〔二六六〕見集韻吻韻。

〔二六七〕見集韻願韻。

〔二六八〕左更錯:左更,秦漢爵位名,第十二級。錯,戰國秦名將司馬錯。

〔二六九〕公子悝:秦昭襄王弟。悝音 kuī。史記秦本紀昭襄王十六年:“左更錯取軹及鄧。……封公子市宛,公子悝鄧,魏冉陶,爲諸侯。”

〔二七〇〕鄾城:在今湖北襄陽市襄州區張灣鎮。

〔二七一〕而蔡、鄭盟處則蔡地,乃今鄧州:鄧州,治所在今河南鄧州市。春秋桓公二年:“蔡侯、鄭伯會于鄧。”

〔二七二〕左傳哀公十八年:“巴人伐楚,圍鄾。”

〔二七三〕哀十八:吳本作“尅十一”,誤。

〔二七四〕楚併之:吳本、備要本“併”譌“奔”。

〔二七五〕傳云鄧之南鄙鄾人,是已:已,猶“矣”。喬本、洪本譌“巴”,今據餘諸本訂正。左傳桓公九年:“楚子使道朔將巴客以聘於鄧,鄧南鄙鄾人攻而奪之幣。”

〔二七六〕光武言“宛最彊,鄾次之”者:宛,在今河南南陽市宛城區。太平御覽卷一九二引盛弘之荊州記曰:“樊城西北有鄾城,即春秋所稱鄾子之國。光武云‘宛最强,鄾次之’,即謂此。”　范謂“安養有鄾聚”是:彦按:“安養”二字疑誤。後漢書郡國志四荊州南陽郡曰:“鄧有鄾聚。”蓋即羅氏所本。然郡國志爲晉司馬彪所撰,羅氏歸之范曄,亦一時失誤也。

〔二七七〕爲平、去二聲,非:謂此“苑”宜讀上聲,即廣韻阮韻於阮切,今音 wǎn。而不讀平聲,即集韻於袁切,今音 yuān;亦不讀去聲,即集韻紆願切,今音 yuàn。

〔二七八〕權二:四庫本脱"二"字。

〔二七九〕荆門當陽:荆門,指荆門軍。當陽,縣名,治所即今湖北當陽市。

〔二八〇〕參見後紀十高辛紀下注〔五六二〕。

〔二八一〕參見後紀十高辛紀下注〔五六二〕、〔五六四〕。

〔二八二〕非定之權:彦按:定當作真定,指真定縣(治所在今河北正定縣)。

〔二八三〕古犍鄉也:各本"犍鄉"均作"捷鄉"。彦按:"捷"當"犍"字之譌。元和郡縣圖志卷一七恒州真定縣曰:"故犍城,即古之犍鄉也,縣北二十里。後漢建武元年賈復破青犢於射犬,追戰於真定之犍鄉,大破之,即此地也。"今據改。

〔二八四〕御叔:春秋魯御邑大夫。

〔二八五〕相之湯陰:相,州名。湯陰,縣名,今屬河南省。

〔二八六〕桓王十六年,秦寧公伐蕩氏,取之:秦寧公,學者以爲乃秦憲公,史記秦本紀及十二諸侯年表誤作寧公。春秋秦國國君,公元前715—前704年在位。史記秦本紀寧公十二年:"伐蕩氏,取之。"彦按:秦(寧)〔憲〕公十二年,時當周桓王十六年,即公元前704年。

〔二八七〕淮南子氾論:"陽侯殺蓼侯而竊其夫人。"高誘注:"陽侯,陽陵國侯也。"

〔二八八〕史夫差取番者:史記吴太伯世家吴王闔廬十一年:"吴王使太子夫差伐楚,取番。"

〔二八九〕饒之番陽:饒,州名。番陽,即鄱陽,縣名,治所即今江西鄱陽縣。

〔二九〇〕陳勝傳"番盜":陳勝傳,指史記陳涉世家。其文有"鄱盜當陽君黥布",今本作"鄱盜"。

〔二九一〕錫時子:周文王師。彦按:韓詩外傳卷五有錫疇子斯,新序雜事五有鉸時子斯,荀子大略楊倞注有時子思,當同一人。

〔二九二〕今均之鄖鄉有錫穴:參見國名紀三高陽氏後麇。　漢之中錫:彦按:漢地名無中錫,此文有誤。水經注卷二七沔水云:"漢水又東逕魏興郡之錫縣故城北,爲白石灘。縣,故春秋之錫穴地也,故屬漢中。"又太平寰宇記卷一四三均州鄖鄉縣云："按地記云：'漢中郡之東界有錫縣，即古之錫穴也。'漢志錫縣屬漢中郡。"疑路史原文作"漢漢中之錫"，今"中之"二字誤倒，又上奪一"漢"字耳。

〔二九三〕漢縣，今在冀：漢堂陽縣治所在今河北新河縣西北。冀，冀州。

〔二九四〕春秋之時來：春秋隱公十一年："夏，公會鄭伯于時來。"杜預注："時來，郲也。滎陽縣東有釐城，鄭地也。"

〔二九五〕預以爲滎陽之釐城：見上注。滎陽，縣名，治所在今河南鄭州市惠濟區古滎鎮。　璠云"滎陽東四十釐城"：見水經注卷七濟水，所引京相璠語作："今滎陽縣東四十里有故釐城也。"

〔二九六〕見潛夫論志氏姓。

〔二九七〕郃陽郖城：郃陽，縣名，治所即今陝西合陽縣。郖城，在今合陽縣東。

〔二九八〕今朝之共城：共城，縣名，治所在今河南輝縣市。彥按："朝"字蓋誤。依路史例，凡"今某之某地"，大抵前"某"字爲州名，如本卷"今鄆之平陰"、"今定之新樂"、"今蔡之遂平"、"今徐之留城鎮"、"今汝之魯山"、"今濮之范"、"今晉之霍邑"等等，莫不如此。則此"朝"字似當作"衛"，以共城於宋屬衛州也。　文王侵阮徂恭者：吳本"徂"譌"阻"。"侵阮徂恭"見詩大雅皇矣，而"恭"作"共"。彥按：字當作"共"而讀"恭"音。阮、共，商代二國名。程俊英詩經譯註云："阮，古國名。在今甘肅涇川縣。共，古國名，在今甘肅涇川縣北。"史爲樂中國歷史地名大辭典共亦以其地"在今甘肅涇川縣北五里"。與羅氏之認識不同。又，詩原文爲："密人不恭，敢距大邦，侵阮徂共。王赫斯怒，爰整其旅，以按徂旅。"是"侵阮徂恭（共）"者爲密人，"赫斯怒，爰整其旅，以按徂旅"者方爲文王。路史乃稱"文王侵阮徂恭"，如此斷章截句，殊爲不妥。

〔二九九〕共伯：春秋衛僖侯世子、衛武公兄。

〔三〇〇〕非叔段邑：叔段，即共叔段，春秋鄭武公子、鄭莊公弟。喬本"段"作"叚"，洪本、吳本則作"叚"，均譌字。此從四庫本、備要本。彥按：叔段邑之共，左傳隱公元年杜預注以爲在晉代之汲郡共縣，則亦共伯國、漢共縣、今河南輝縣市地。路史以爲叔段邑不在此地，蓋從太平寰宇記說，以其在孟州汜水縣之虎牢城也。參見國名紀五周氏注〔五五六〕。

〔三〇一〕詳路史發揮共和辨：見發揮二，“辨”作“辯”。吳本、四庫本“路史”作“略史”，誤。

〔三〇二〕梅伯國：見太平寰宇記卷一二亳州譙縣。梅伯，見後紀十高辛紀下注〔五八一〕。

〔三〇三〕九域志云，段伯：段伯，各本均譌“殷伯”，今訂正。九域志卷五亳州：“梅城，段伯所封也。”

〔三〇四〕今譙南四十有故梅城，河南密縣有梅山：彥按：譙謂譙縣，今安徽亳州市譙城區地；河南密縣，在今河南新密市：二地相距甚遠。蓋羅氏不能定一是，故並提之，以供參考。

〔三〇五〕史記商後有稚氏：見史記殷本紀太史公曰。

〔三〇六〕渭水有定城是：定城，在今陝西華陰市東。彥按：水經注卷一九渭水云：“渭水又東逕定城北，……述征記曰：定城去潼關三十里。”蓋即路史所本，今乃記述如此，頗疑文有脫誤。

〔三〇七〕郭述征：即晉郭緣生述征記。

〔三〇八〕夫人定子：夫，指示代詞，猶“彼”。定子，未詳。左傳哀公二十六年有褚師定子，爲衛大夫，不知可指此人？若然，則恐未妥。

〔三〇九〕南陽棘陽：南陽，郡名。棘陽，縣名。治所在今河南南陽市臥龍區。　吳人伐巢克棘者：伐，喬本譌“代”，今據餘本訂正。棘，春秋楚邑，在今河南永城市西北。左傳襄公二十六年：“吳於是伐巢、取駕、克棘、入州來。”

〔三一〇〕衛巢：春秋衛邑，在今河南睢縣南。

〔三一一〕大叔疾：春秋衛大夫。左傳哀公十一年：“城鉏人攻大叔疾，衛莊公復之，使處巢。”

〔三一二〕春秋地圖謂今同州爲同國：春秋地圖，佚書，撰者不詳。謂，喬本、備要本譌“渭”，今據餘本訂正。

〔三一三〕服虔氏云：吳本、四庫本無此四字。

〔三一四〕宣十五，酆舒奪黎氏地，後荀林父滅潞，立黎侯而還：酆舒，春秋時赤狄潞國之相。喬本、洪本、吳本“酆”作“鄷”，此從四庫本及備要本。左傳宣公十五年：“六月癸卯，晉荀林父敗赤狄于曲梁。辛亥，滅潞。……（七月）

壬午,晉侯治兵于稷,以略狄土,立黎侯而還。"杜預注:"狄奪其地,故晉復立之。"

〔三一五〕文王所戡者:書有西伯戡黎之篇,西伯即周文王。　紂都:謂朝歌,在今河南淇縣朝歌鎮。

〔三一六〕今潞城東十八有故黎侯城、黎亭:潞城,縣名,治所在今山西潞城市。黎侯城、黎亭,當在今山西黎城縣黎侯鎮。

〔三一七〕水經注卷五河水:"今黎山之東北故城,蓋黎陽縣之故城也。"

〔三一八〕班志上黨壺關東北有黎亭:彦按:黎亭不見於班志,而見於顏注,或者羅氏誤記。漢書地理志上上黨郡"壺關(縣)"顏師古注引應劭曰:"黎侯國也,今黎亭是。"亦未言在東北。而書西伯戡黎"西伯既戡黎",毛氏傳:"近王圻之諸侯,在上黨東北。"則羅氏蓋雜糅他書爲説也。

〔三一九〕見元豐九域志卷四河東路潞州古迹。

〔三二〇〕毛詩序邶風式微:"式微,黎侯寓于衛,其臣勸以歸也。"

〔三二一〕古今山川記:南齊劉澄之撰。

〔三二二〕以中路、泥中二邑處之:中路,吳本、四庫本作"中潞",太平寰宇記卷五七通利軍黎陽縣引劉澄[之]山川記則作"中露"。泥中,洪本"泥"字殘缺,喬本作"㳲",蓋"泥"字譌體。今據餘諸本改。彦按:毛詩序邶風式微鄭玄箋云:"黎侯爲狄人所逐,棄其國而寄於衛。衛處之以二邑,因安之。"又式微詩曰:"微君之故,胡爲乎中露?""微君之故躬,胡爲乎泥中?"毛亨傳曰:"中露,衛邑也。""泥中,衛邑也。"山川記實本於此。然毛傳之説恐不可信。宋蘇轍詩集傳曰:"中露、泥中,言其暴露而無覆藉之者也。"朱熹詩集傳亦曰:"中露,露中也,言有霑濡之辱而無所芘覆也。""泥中,言有陷溺之難而不見拯救也。"當是。

〔三二三〕馬融:喬本"馬"譌"馮",今據餘諸本訂正。

〔三二四〕唐之比陽:唐,州名。比陽,縣名,治所在今河南泌陽縣。各本均作"北陽"。彦按:據宋史地理志一京西路,唐州無北陽而有比陽,此"北陽"之"北"當"比"字形譌,今訂正。下文"比干"喬本譌作"北干",與此相類。

〔三二五〕後魏爲殷州:自此而下至萊條"萊蕪,俱非"之"萊蕪",所據天津圖書館藏洪本掃描圖片闕頁,不得其詳。

〔三二六〕見太平寰宇記卷五六衛州汲縣。　殷大夫比干之墓：吴本、四庫本脱“殷”字。比干，喬本“比”譌“北”，今據餘諸本訂正。

〔三二七〕魏孝文吊之：北史魏本紀三高祖孝文帝太和十八年：“（正月）戊辰，經殷比干墓，祭以太牢。”又：“（十一月）甲申，經比干墓，親爲吊文，樹碑刊之。”

〔三二八〕云比干煞于此：煞，吴本作“殺”，四庫本作“殺”。　即名上陽三山：上陽，各本均作“止陽”。彦按：太平寰宇記卷五七通利軍黎陽縣曰：“枉人山，在縣西北三十里，俗名上陽三山。或云紂殺比干于此山，因得名。”今據以訂正。又據清胡渭禹貢錐指卷一三中之上，上陽三山實包括同山、白祀山及枉人山。

〔三二九〕滑：指滑州，治所在今河南滑縣城關鎮。

〔三三〇〕唐太宗謚太師：事在貞觀十九年。見舊唐書太宗紀下、新唐書太宗紀。

〔三三一〕又汾之西河縣北百二十有比干山：汾，州名。西河縣，治所在今山西汾陽市。百二十，元和郡縣圖志卷一三汾州西河縣、太平寰宇記卷四一汾州西河縣並作“一百一十里”。

〔三三二〕見元豐九域志卷四河東路石州古迹。　石州：治所在今山西吕梁市離石區。

〔三三三〕姓書複姓有比旄：彦按：比旄不詳所出。今考古今姓氏書辯證卷四〇德韻有北旄，疑即路史此處所指。“比”“北”形近，兩書之中，蓋有一誤。　重誤：謂“比旄”乃重合比、旄二氏而誤。

〔三三四〕漢平原有枎縣：平原，郡名。枎縣，治所在今山東商河縣東北。

〔三三五〕世本朷：喬本“朷”作“枎”。彦按：作“枎”則與上無異，必非是。今據餘諸本改。

〔三三六〕劉辟彊：彦按：劉辟彊當劉辟光之誤。史記惠景間侯者年表、漢書王子侯表上，枎侯並爲劉辟光，水經注卷五河水云“商河又東逕枎縣故城南，高后八年，封齊悼惠王子劉辟光爲侯國”是也。

〔三三七〕段：喬本、吴本譌“叚”，今據四庫本、備要本訂正。下“段干”之“段”同。

〔三三八〕芮城：縣名，今屬山西省。喬本、吳本、備要本"芮"譌"芮"，今據四庫本訂正。

〔三三九〕郱：各本均作"邘"。彦按：此乃"郱"字譌體，今訂正。下"郱亭"之"郱"同。

〔三四〇〕春秋定公八年："公會晉師于瓦。"

〔三四一〕燕縣：治所在今河南延津縣東北。

〔三四二〕成紀：縣名，治所在今甘肅秦安縣西北。

〔三四三〕秦之隴城：秦，州名。隴城，縣名。

〔三四四〕春秋哀公二年："秋，八月甲戌，晉趙鞅帥師及鄭罕達帥師戰于鐵。"

〔三四五〕今衛州有鐵丘：衛州，治所在今河南衛輝市。鐵丘，在今河南濮陽市經濟技術開發區王助鎮。

〔三四六〕預云："在戚城南"：見春秋哀公二年"戰于鐵"注。戚城，在今河南濮陽市北。四庫本"城"譌"地"。

〔三四七〕見太平寰宇記卷二〇登州黃縣。

〔三四八〕今文登東北八十不夜城也：八十，元和郡縣圖志卷一一登州文登縣作"八十五"，云："不夜故城，在縣東北八十五里，屬東萊郡，春秋時萊子所置。"

〔三四九〕齊人遷之郳：左傳襄公六年："十一月，齊侯滅萊，……遷萊于郳。"參見後紀十高辛紀下。

〔三五〇〕昔晏弱城東陽以逼萊：東陽，春秋齊邑，在今山東臨朐縣東。各本"以"譌"川"，吳本、備要本"逼"譌"通"。彦按：左傳襄公二年："齊侯……召萊子。萊子不會，故晏弱城東陽以偪之。"今據以訂正。　青之臨朐：青，州名。臨朐，縣名，今屬山東省。

〔三五一〕隨：通"隋"。

〔三五二〕春秋宣公七年："夏，公會齊侯伐萊。秋，公至自伐萊。"

〔三五三〕襄七："齊人以郲寄衛侯"：彦按："七"當作"十四"，"齊人以郲寄衛侯"句見於左傳襄公十四年。此蓋涉上文"宣七"而誤。

〔三五四〕萊蕪：喬本"蕪"作"無"，今據餘諸本及下注文改"蕪"。

〔三五五〕萊、柞:二山名,在今山東萊蕪市境。四庫本"萊"譌"菜"。

〔三五六〕竇苹云"萊人流播,邑落荒蕪而名",妄:流播,吳本、備要本"流"譌"洗"。彥按:此説並非竇氏首創。水經注卷二六淄水引從征記即曰:"舊説云,齊靈公滅萊,萊民播流此谷,邑落荒蕪,故曰萊蕪。"可知其説由來甚遠。而早於竇苹之李吉甫元和郡縣圖志(見卷一〇兗州萊蕪縣)、樂史太平寰宇記(見卷一九淄州淄川縣)亦皆襲取此説。今獨指斥竇氏,不合道理。

〔三五七〕淄川:縣名,治所在今山東淄博市淄川區。四庫本"川"譌"非"。

〔三五八〕哀二十六:景公卒,大尹奉公以入空桐:景公,指春秋宋景公。大尹,春秋、戰國時宋國官名,由近官有寵者擔任。奉公,杜預注:"奉公尸也。"彥按:左傳哀公二十六年原文作"大尹……奉公自空桐入如沃宮(宋都内宮名)",羅氏引文完全走樣。

〔三五九〕一在舒城,詳三皇時國:三皇,洪本、吳本"三"譌"二"。彥按:此所謂"詳三皇時國"者,詳見國名紀六三皇之世桐也。其文曰:"今舒之桐城。"舒謂舒州,因疑此所謂"一在舒城"者,乃"一在舒州"或"一在桐城"之誤。

〔三六〇〕扶溝:縣名,宋代屬開封府,治所即今河南扶溝縣。

〔三六一〕一曲沃西南;聞喜西南八里桐,有桐鄉故城:曲沃,西周晉都;聞喜,漢置縣名:均在今山西聞喜縣。

〔三六二〕皆云放太甲處:洪本"處"譌"放",吳本"處"脱文。

〔三六三〕按湯葬在今尸鄉,乃放處在偃,非此:尸鄉,在今河南偃師市西。偃,指偃師縣(今河南偃師市)。彥按:此上羅氏注文大抵撮取自元和郡縣圖志及太平寰宇記。寰宇記卷四六解州聞喜縣曰:"桐鄉故城,漢聞喜縣也,在縣西南八里。隋圖經云:'俗以此城爲伊尹放太甲于桐宮之所。'孔注尚書曰:'桐,湯葬地也。'按:今尸鄉有放太甲處,在偃師縣界,非此也。"元和志卷一二絳州聞喜縣所載,除無"隋圖經云"四字外,餘文全同。

〔三六四〕皇甫作都:皇甫,即詩之皇父,周幽王卿士。詩小雅十月之交:"皇父孔聖,作都于向。" 沛國之向:向,縣名,治所在今安徽懷遠縣西北。

〔三六五〕漢屬龍亢,今入穀孰:龍亢,縣名,治所即今安徽懷遠縣龍亢鎮。

〔三六六〕見國名紀一炎帝後姜姓國向。

〔三六七〕見有向城:見,"現"之古字,今。

〔三六八〕沂:指沂州。

〔三六九〕許:指許州。

〔三七〇〕襄十年向,鄭地:彦按:襄十年未見向地,“十年”當作“十一年”。參見本卷上文向(二)條。

〔三七一〕商人六族:指條氏、徐氏、蕭氏、索氏、長勺氏、尾勺氏。見左傳定公四年。

〔三七二〕王符云,殷氏姓也:彦按:今本潛夫論志氏姓曰:“及徐氏、蕭氏、索氏、長勺氏、陶氏、繁氏、騎氏、饑氏、樊氏、荼氏,皆殷氏舊姓也。”疑脱條氏。

〔三七三〕喬本、備要本脱“二”字,今據餘本補。

〔三七四〕澶之清豐:澶,州名。清豐,縣名,今屬河南省。喬本、洪本、吳本、備要本“豐”作“豊”,此從四庫本。　　臨河:縣名,宋屬澶州,治所在今河南濬縣東北。

〔三七五〕後漢書郡國志三陳留郡外黃云:“有繁陽城。”

〔三七六〕有繁陽亭:彦按:後漢書郡國志二,繁陽亭在汝南郡宋公國(治今安徽太和縣倪邱鎮附近),與繁陽城不同地。羅氏敍述混亂。

〔三七七〕見通典卷一七八州郡八相州内黃縣。

〔三七八〕見漢書地理志上魏郡“繁陽(縣)”顔師古注引應劭曰。

〔三七九〕漢强占爲繁侯者:彦按:强占,史記高祖功臣侯者年表作彊瞻。“强”、“彊”同字,“占”當“瞻”字音譌。

〔三八〇〕杜云,繁陽亭在汝陰鮦陽南:見春秋釋例卷六土地名第四十四之二楚地襄四年繁陽。汝陰,郡名。鮦陽,縣名,治所在今安徽臨泉縣鮦城鎮。鮦,舊音 zhòu,今讀 tóng。

〔三八一〕潁州:治所在今安徽阜陽市潁州區。

〔三八二〕嬉:妹嬉(亦作妹喜),有施氏女,夏桀寵妃。

〔三八三〕紂伐有施,有施以嬉進:彦按:紂當作桀,蓋誤記。參見後紀十四夏帝履癸。今路史既誤桀爲紂,乃置施於商氏後中,大謬。又,本書國名紀六夏世侯伯,另立有有施條而下闕釋文,足見其亂。

〔三八四〕施州:治所在今湖北恩施市。

〔三八五〕漢之樊縣:治所在今山東濟寧市兗州區黃屯街道。

〔三八六〕見太平寰宇記卷一四二鄧州南陽縣。

〔三八七〕仲山父:即仲山甫。四庫本作仲山甫。參見國名紀三高辛氏後樊。

〔三八八〕泰伯後國:見國名紀三高辛氏後。

〔三八九〕樊村鎮在宜城:見元豐九域志卷一京西南路襄州宜城縣。

〔三九〇〕魏孝文帥十萬攻樊城不下者:南齊書曹虎傳:“永泰元年,……元宏率十萬衆,從羽儀華蓋,圍樊城。虎閉門固守。虜去城數里立營頓,設氊屋,復再圍樊城,臨沔水,望襄陽岸乃去。虎遣軍主田安之等十餘軍出逐之,頗相傷殺。”元宏即北魏孝文帝。

〔三九一〕曹虎:南齊給事中、右衛將軍。

〔三九二〕周亞夫:西漢名將,景帝時官至丞相。　冀之蓚縣:冀,州名。蓚縣,治所在今河北景縣。

〔三九三〕見太平寰宇記卷六三冀州蓚縣。

〔三九四〕左傳桓公二年:“初,晉穆侯之夫人姜氏以條之役生大子,命之曰仇。”杜預注:“條,晉地。”

〔三九五〕昭五年鄭勞叔向處:左傳昭公五年:“晉韓宣子如楚送女,叔向爲介。鄭子皮、子大叔勞諸索氏。”杜預注:“河南成皋縣東有大索城。”楊伯峻注:“索氏在今河南滎陽縣(屬鄭州市)稍西。”彦按:滎陽縣,今稱滎陽市。

〔三九六〕隋書地理志中豫州滎陽郡汜水縣:“舊曰成皋,即武牢也。……(開皇)十八年,改成皋曰汜水。”

〔三九七〕孟:孟州。

〔三九八〕鄭之滎陽:鄭,州名。滎陽,縣名,治所在今河南滎陽市。

〔三九九〕續志云:子姓國,鮮虞子,中山新市也:中山,漢王國名。新市,縣名,治所在今河北正定縣新城鋪鎮。彦按:“鮮虞子”,“子”疑“亭”字之譌。此所引續志見後漢書郡國志二冀州中山國,原文作:“新市有鮮虞亭,故國,子姓。”

〔四〇〇〕春秋昭公十五年:“秋,晉荀吳帥師伐鮮虞。”又定公四年:“晉士鞅、衛孔圉帥師伐鮮虞。”又哀公六年:“晉趙鞅帥師伐鮮虞。”

〔四〇一〕定之新樂:定,州名。新樂,縣名,治所在今河北新樂市承安鎮。

〔四〇二〕見通典卷一七八州郡八定州新樂縣。

〔四〇三〕盧奴:縣名,西漢爲中山國治,治所在今河北定州市。

〔四〇四〕應氏:指東漢應劭。　左人城:在今河北唐縣西。

〔四〇五〕姚子:春秋鄭穆公妃。見左傳昭公二十八年。

〔四〇六〕莊十二大心毅南宮牛,始封爲附庸:十二,四庫本如此,是,今從之。餘諸本均譌“十一”。大心,春秋宋蕭邑大夫。南宮牛,春秋宋臣,南宮長萬(又稱宋萬)弟。喬本、洪本作“南宮宮牛”,吳本作“南定宮牛”,並誤,今據四庫本、備要本訂正。左傳莊公十二年:“秋,宋萬弑閔公于蒙澤。……冬十月,蕭叔大心及戴、武、宣、穆、莊之族以曹師伐之。殺南宮牛于師。”新唐書宰相世系表一下:“蕭氏出自姬姓,帝嚳之後。商帝乙庶子微子,周封爲宋公,弟仲衍八世孫戴公生子衎,字樂父,裔孫大心平南宮長萬有功,封於蕭,以爲附庸,今徐州蕭縣是也。”

〔四〇七〕寰宇記,周封子宋之別爲庸,後并爲邑:吳本、四庫本“後”作“后”。彦按:此句頗費解,疑有譌脱。所引太平寰宇記見該書卷一五徐州蕭縣,原文爲:“古之蕭國,春秋時爲宋邑。周以封子姓之國,別爲附庸。”

〔四〇八〕宋高哀爲蕭封人:左傳文公十四年:“宋高哀爲蕭封人,以爲卿,不義宋公而出。”杜預注:“蕭,宋附庸。仕附庸還,升爲卿。”　云仕於附庸,非:此針對杜預注言。

〔四〇九〕春秋宣公十二年:“冬十有二月戊寅,楚子滅蕭。”

〔四一〇〕定王十:備要本“王”譌“五”。

〔四一一〕沔水:喬本、洪本譌“污水”,今據餘諸本訂正。參見國名紀二少昊後嬴姓國蕭。

〔四一二〕檟書待子:晏子春秋内篇雜下:“晏子病將死,鑿楹納書焉,謂其妻曰:‘楹語也,子壯而示之。’及壯,發,書之言曰:‘布帛不可窮,窮不可飾;牛馬不可窮,窮不可服;士不可窮,窮不可任;國不可窮,窮不可竊也。’”　櫝硯貽孫:櫝,謂放入櫝(櫃子或匣子)中收藏。太平御覽卷五一九引陳留志曰:“范喬字伯孫,年二歲,祖父馨臨終執其手曰:‘恨不見汝成人!’因以所用硯留與之。後家人告喬,喬執其硯涕泣。”

〔四一三〕是故,諸侯有國,以處其子孫;大夫有采,以處其子孫:處,安置,安頓。采,采地,食邑。禮記禮運:"故天子有田以處其子孫,諸侯有國以處其子孫,大夫有采以處其子孫,是謂制度。"

〔四一四〕采者,服事之稱也:服事,謂五服内所封諸侯各依服數定期朝貢,以事天子。爾雅釋詁:"采,事也。"

〔四一五〕亮采:輔佐政事。書舜典:"舜曰:咨,四岳!有能奮庸熙帝之載,使宅百揆亮采,惠疇?"又皋陶謨:"日嚴祇敬六德,亮采有邦。"

〔四一六〕猶備食菜:食菜,糧食菜蔬,泛稱食物。

〔四一七〕字書又作"採":採,各本均作"㴱"。彦按:"㴱"不見於集韻。據下"集韻音'菜',云'臣食邑'"云云,"㴱"當"採"字(見於集韻代韻)之誤,今訂正。 俗:謂作"採"者爲俗體。備要本"俗"字脱文。

〔四一八〕内諸侯禄,有采者也;外諸侯嗣,有國者也:内,謂畿内(亦稱縣内)。禄,謂食俸。外,謂畿外。嗣,謂世襲。禮記王制:"天子之縣内諸侯,禄也;外諸侯,嗣也。"

〔四一九〕惟嫌紛變:嫌,避忌。紛變,變亂。 世禄:世代享受俸禄。

〔四二〇〕亦有采地以嗣其子:嗣其子,讓其子繼承。嗣,繼承。 所謂"官有世功,有官族者,邑亦如之":世功,累代的功績。左傳隱公八年:"官有世功,則有官族。邑亦如之。"杜預注:"謂取其舊官、舊邑之稱以爲族,皆禀之時君。"又楊伯峻注上句曰:"謂以先世有功之官名爲族姓,如司馬氏、司空氏、司徒氏、宋之司城氏、晉之士氏、中行氏之類。"注下句曰:"謂以先世所食之采邑以爲族姓,如晉韓氏、趙氏、魏氏之屬。"彦按:杜、楊二氏注是。然路史似非如此理解,蓋以"邑亦如之"爲邑亦有如官族,即以"則有邑"視之矣,故下文曰"所以處子孫也"。

〔四二一〕五十里諸侯以十五里:韓詩外傳卷八"以十五里"作"以十里"。

〔四二二〕此之謂"興滅國,繼絶世":論語堯曰:"興滅國,繼絶世,舉逸民,天下之民歸心焉。"

〔四二三〕兹予大享于先王,爾祖其從與享之:見書盤庚上。大享,古稱合祀先王之祭禮。"享之"之"享",享用(祭品)。

〔四二四〕漢追何後:何,指漢朝開國元勛、相國、酇侯蕭何。漢書蕭何傳曰:"孝惠二年,何薨,謚曰文終侯。子禄嗣,薨,無子。高后乃封何夫人同爲酇侯,小子延爲筑陽侯。孝文元年,罷同,更封延爲鄲侯。薨,子遺嗣。薨,無子。文帝復以遺弟則嗣,有罪免。景帝二年,制詔御史:'故相國蕭何,高皇帝大功臣,所與爲天下也。今其祀絕,朕甚憐之。其以武陽縣户二千封何孫嘉爲列侯。'嘉,則弟也。薨,子勝嗣,後有罪免。武帝元狩中,復下詔御史:'以鄲户二千四百封何曾孫慶爲鄲侯,布告天下,令明知朕報蕭相國德也。'慶,則子也。薨,子壽成嗣,坐爲太常犧牲瘦免。宣帝時,詔丞相御史求問蕭相國後在者,得玄孫建世等十二人,復下詔以鄲户二千封建世爲鄲侯。傳子至孫獲,坐使奴殺人減死論。成帝時,復封何玄孫之子南䜌長喜爲鄲侯。傳子至曾孫,王莽敗乃絕。"　魏録縣世:縣,指三國魏三公、太傅鍾縣。四庫本作"由",誤。三國志魏志鍾會傳載,鍾縣小子鍾會以反被殺,"會兄子邕,隨會與俱死。會所養兄子毅及峻、辿等下獄,當伏誅。司馬文王表天子下詔曰:'峻等祖父縣,三祖之世,極位台司,佐命立勳,饗食廟庭。父毓,歷職内外,幹事有績。昔楚思子文之治,不滅鬬氏之祀。晉録成宣之忠,用存趙氏之後。以會、邕之罪而絕縣、毓之類,吾有愍然!峻、辿兄弟特原,有官爵者如故。惟毅及邕息伏法。'"　縱其不肖,猶當十世宥,以勸能者:左傳襄公二十一年載,晉大夫叔向因弟羊舌虎與欒盈同黨,爲正卿范宣子所囚,大夫祁奚乘馹往見宣子,語曰:"夫謀而鮮過,惠訓不倦者,叔向有焉,社稷之固也,猶將十世宥之,以勸能者。今壹不免其身,以棄社稷,不亦惑乎?"

〔四二五〕亦猶是也:猶,通"由"。

〔四二六〕見孟子梁惠王下。　喬木:高大的樹木。　世臣:累世修德之舊臣。

〔四二七〕成季之勳,宣孟之烈:成季,春秋晉文公大夫趙衰字。晉文公初逃亡在外十九年,後返國爲君,乃至成爲諸侯霸主,趙衰輔佐之功獨多。宣孟,趙衰子趙盾謚號。趙盾歷仕晉襄公、靈公、成公三世,主持國政,政績卓著,孔子稱之爲"良大夫"。烈,功業。

〔四二八〕韓厥:春秋晉國卿大夫。左傳成公八年:"六月,晉討趙同、趙括。武從姬氏畜于公宫。以其田與祁奚。韓厥言於晉侯曰:'成季之勳,宣孟之忠,而無後,爲善者其懼矣。三代之令王皆數百年保天之禄。夫豈無辟王?賴前哲以免也。周書曰"不敢侮鰥寡",所以明德也。'乃立武,而反其田焉。"

趙同、趙括爲趙盾異母弟，武爲趙朔子、趙盾孫，晉侯指晉景公。

〔四二九〕苟有先祀，何廢二勳：春秋魯國大夫臧武仲被誣作亂，逃至封邑防後使人告魯執政曰："苟守先祀，無廢二勳，敢不辟邑?"見左傳襄公二十三年。其中，二勳指臧武仲祖文仲、父宣叔，二人先後爲春秋魯國卿大夫，有功於魯室。

〔四三〇〕若子文而無後，奚以勸善：子文，春秋楚成王令尹。左傳宣公四年載：子文姪子越作亂，率若敖氏家族攻楚莊王，反爲莊王所滅。其時子文孫箴尹克黃使齊歸來，"復命，而自拘於司敗。王思子文之治楚國也，曰：'子文無後，何以勸善?'使復其所，改命曰生。"

〔四三一〕官人以世，雖紂之粃政：粃政，不良的政治。書泰誓上載周武王曰："今商王受，弗敬上天，降災下民，沈湎冒色，敢行暴虐。罪人以族，官人以世。"孔氏傳："官人不以賢才而以父兄，所以政亂。" 然賞延于世者，奉陶之訓：書大禹謨載皋陶曰："帝德罔愆，臨下以簡，御衆以寬，罰弗及嗣，賞延于世。"孔氏傳："嗣亦世，俱謂子。延，及也。父子罪不相及，而及其賞，道德之政。" 仕者世禄，亦文王所緜興也：四庫本"緜"作"由"。孟子梁惠王下載孟子對齊宣王曰："昔者文王之治岐也，耕者九一，仕者世禄。"趙岐注："仕者世禄，賢者子孫必有土地。"

〔四三二〕伊陟：商王太戊大臣，伊尹之子。 春秋胡爲譏世卿哉：世卿，世代承襲爲卿大夫。公羊春秋隱公三年："夏四月辛卯，尹氏卒。"傳曰："尹氏者何? 天子之大夫也。其稱尹氏何? 貶。曷爲貶? 譏世卿。世卿非禮也。"又宣公十年："齊崔氏出奔衛。"傳曰："崔氏者何? 齊大夫也。其稱崔氏何? 貶。曷爲貶? 譏世卿。世卿非禮也。"路史不認同公羊傳之觀點，故發此問。

〔四三三〕八元八凱，世濟其美：八凱，亦作"八愷"。左傳文公十八年："昔高陽氏有才子八人：蒼舒、隤敳、檮戭、大臨、尨降、庭堅、仲容、叔達、齊、聖、廣、淵、明、允、篤、誠，天下之民謂之八愷。高辛氏有才子八人：伯奮、仲堪、叔獻、季仲、伯虎、仲熊、叔豹、季貍，忠、肅、共、懿、宣、慈、惠、和，天下之民謂之八元。此十六族也，世濟其美，不隕其名。"杜預注："濟，成也。" 尹、單、甘、劉，代食厥地：尹，古今姓氏書辯證卷二五準韻尹曰："周宣王時，尹吉甫爲天子三公。東遷之後，世掌其職。尹武公、尹文公、尹言多、尹固、尹辛、尹圉，皆爲卿大夫。"單,元和姓纂卷四寒韻單曰:"周成王封少子臻於單邑,爲甸内侯,因氏焉。襄公、穆公、靖公二十餘代爲周卿士。"甘,古今姓氏書辯證卷二〇談韻甘曰:"姬姓。周惠王少子太叔帶食采於甘,謂之甘昭公。生成公。成公生簡公及悼公甘過。成公孫平公鰌。鰌生桓公。又有甘歂,——敗戎于邥垂——,及甘大夫襄,皆其族。"劉,通志卷五上前漢紀第五上曰:"劉氏者,成王封王季之季子食采于劉,是爲劉康公,劉氏受氏實由此始。自康公之後,有劉定公、劉獻公、劉宣公、劉文公,世爲周卿士,故劉氏爲著族。"彦按:左傳宣公十年"秋,劉康公來報聘"杜預注:"即王季子也。其後食采於劉。"同年春秋經"秋,天王使王季子來聘"杜預注:"王季子者,公羊以爲天王之母弟。"天王指周定王。據之可知,劉康公名季子,爲周頃王子,周定王弟。通志乃以爲王季之季子,受成王之封,大謬。蓋誤解杜注"即王季子也"之義矣。然所言劉康公之後世爲周卿士,則誠有其事,故引之以爲路史證。 豈非繼世象賢則以興,鮮克繇禮者以亡,而非繫於世不世乎:象賢,謂能效法先人賢德。繇禮,遵循禮教。四庫本"繇"作"由"。繫,拘束,糾纏。

〔四三四〕公羊以爲春秋譏世卿:見上注〔四三二〕。 漢許伯、張敞、何休之徒每持此論:許伯,漢平恩侯。張敞,漢山陽太守。漢書魏相傳曰:"大將軍霍光薨,上思其功德,以其子禹爲右將軍,兄子樂平侯山復領尚書事。相因平恩侯許伯奏封事,言:'春秋譏世卿,惡宋三世爲大夫及魯季孫之專權,皆危亂國家。'"同書張敞傳曰:"大將軍霍光薨,宣帝始親政事,封光兄孫山、雲皆爲列侯,以光子禹爲大司馬。頃之,山、雲以過歸第,霍氏諸壻親屬頗出補吏。敞聞之,上封事曰:'臣聞公子季友有功於魯,大夫趙衰有功於晉,大夫田完有功於齊,皆疇其庸,延及子孫,終後田氏篡齊,趙氏分晉,季氏顓魯。故仲尼作春秋,迹盛衰,譏世卿最甚。'"公羊傳隱公三年"世卿,非禮也"何休解詁曰:"禮,公卿大夫、士皆選賢而用之。卿大夫任重職大,不當世,爲其秉政久,恩德廣大。小人居之,必奪君之威權,故尹氏世立王子朝,齊崔氏世弑其君光。君子疾其末則正其本。"又宣公十年"世卿,非禮也"何休解詁曰:"復見譏者,嫌尹氏王者大夫,職重不當世,諸侯大夫任輕可世也。因齊大國,禍著故就,可以爲法戒。明王者尊莫大於周室,彊莫大於齊國,世卿猶能危之。"

〔四三五〕詩大雅文王:"凡周之士,不顯亦世。"鄭玄箋:"凡周之士,謂其臣有光明之德者,亦得世世在位,重其功也。"孔穎達正義曰:"左氏説卿大夫得世禄,不得世位。父爲大夫,死,子得食其故采;而有賢才,則復升父故位。故傳曰:'官有世功,則有官族。'"

〔四三六〕昔蘇軾論夏:彦按:蘇軾當作蘇轍。自此而下至"使之父子相繼而無相陵",見蘇轍夏論,文字不盡相同。　有得焉而欲與其子孫:各本"焉"均作"爲"。彦按:"爲"乃"焉"字形譌。蘇轍夏論原文作"有得焉而思以與其子孫",今據以訂正。

〔四三七〕使之父子相繼而無相陵:陵,亂。蘇文本作"亂"。

〔四三八〕深盡:猶深至、深遠。

〔四三九〕然至海外之説,乃大不然:海外之説,指蘇軾於宋紹聖四年(1097)被貶昌化軍(今海南儋州市)後在彼地所作之文。彦按:朱熹對蘇氏海外歸來所作之文,頗有微辭,如云:"人老氣衰文亦衰。……東坡晚年,文雖健不衰,然亦疏魯,如南安軍學記,海外歸作,而有'弟子揚觶序點者三'之語!'序點'是人姓名,其疏如此!"(見朱子語類卷一三九論文上)又云:"東坡南安學記,説古人井田、封建不可行,今只有箇學校而已。……又説古人於射時,因觀者羣聚,遂行選士之法,此似今之聚場相撲相戲一般,可謂無稽之論。自海外歸來,大率立論皆如此。"(見朱子語類卷一三〇本朝四自熙寧至靖康用人)後説所云"東坡南安學記,説古人井田、封建不可行",蓋即路史所本。然考軾南安軍學記文,但曰:"古之爲國者四:井田也,肉刑也,封建也,學校也。今亡矣,獨學校僅存耳。"本言封建不行於今,非謂"封建不可行"也。姑不論封建可否行於後世,僅據實言,則朱子已曲解原意矣。而路史前既轍冠而軾戴,今又耳食而不覈,復變"海外歸作"(軾文落款爲"建中靖國元年三月四日",朱氏稱"海外歸作"不誤)爲"海外之説",粗疏如此,令人唏噓!　豈非以蚌異於蛤……者乎:吴本、四庫本"非"作"作",當由形近而譌。廣韻講韻:"蚌,蛤也。"又合韻:"蛤,蚌蛤。"

〔四四〇〕宋景文傳宗室,謂李百藥"帝王之興,自有天命。歷祚之短長,不緣封建"爲臆論:宋景文,即宋宋祁。祁所撰新唐書宗室傳贊曰:"百藥稱帝王自有命,曆祚之短長,不緣封建。……若乃百藥推天命,(杜)佑言郡縣利百姓而主祚促,乃臆論也。"　及十一宗諸子之傳,乃以爲"歷數短長,自有底止。

漢七國、晉八王,不皆常得其效":十一宗諸子之傳,指新唐書十一宗諸子贊,"之傳"宜作"贊"。原文作:"然則曆數短長,自有底止。彼漢七國、晉八王,不得其效,愈速禍云。"漢七國,指漢景帝時吳、楚、趙、膠西、濟南、菑川、膠東七個劉姓宗室諸侯國。晉八王,即晉惠帝時之汝南王亮、楚王瑋、趙王倫、齊王冏、長沙王乂、成都王穎、河間王顒、東海王越。彥按:路史此説實襲取自宋吳縝新唐書糾謬。該書卷一八有論封建事一條,在引述了新唐書宗室傳贊之語後曰:"今案:此贊意蓋短百藥以爲國祚短長,本諸天命,不在乎封建之與郡縣,以爲臆論,不足取也。然至於十一宗諸子贊,則曰:'曆數短長,自有底止。彼漢七國、晉八王,不得其效,愈速禍云。'斯言也,亦何異於百藥之論歟?"

〔四四一〕特知識之未昭爾:昭,明白。

〔四四二〕蓋亦習於百藥、宗元衆楚之咻而未晰其致者歟:習,熟悉。宗元,指唐柳宗元。柳氏有封建論,文曰:"故封建非聖人意也,勢也。"又曰:"封建者,爲之也,豈聖人之制使至於是乎!"咻,喧嘩,喧嚷。衆楚之咻,典出孟子滕文公下:"一齊人傅之,衆楚人咻之,雖日撻而求其齊也,不可得矣。"晰,清楚,明白。致,事理。

〔四四三〕土蕃設官,父死子代;非其種類,汔不相伏:土蕃,即吐蕃。中國古代藏族所建政權。汔,終竟,始終。伏,通"服",服從。通志卷一九五四夷傳二西戎上吐蕃云:"設官,父死子代,絕嗣即近親襲焉。非其種類,輒不相伏。"

〔四四四〕屈茨之法,國酋首領,相承不絕;它姓別系,決不得而處之:屈茨,即龜兹。它,四庫本作"他"。太平寰宇記卷一五六安西大都護府龜兹都督府云:"本龜兹國。……國法,王及大首領相承不絕,他姓不得居之。"

〔四四五〕燕、吳禪亂:禪,謂禪讓。史記燕召公世家載:燕王噲大信其相子之。鹿毛壽勸燕王以國讓,因屬國於子之。子之南面行王事,而噲老不聽政,顧爲臣,國事皆決於子之。三年,國大亂,百姓恫恐。太子平因要黨聚衆,使將軍市被圍公宫,攻子之。乃搆難數月,死者數萬,衆人恫恐,百姓離志。齊王乘機伐燕,燕士卒不戰,城門不閉,燕君噲死,而子之亡。又吳太伯世家載:吳王壽夢有子四人,長曰諸樊,次曰餘祭,次曰餘眛,次曰季札。季札賢,而壽夢欲立之。季札讓不可,於是乃立長子諸樊。諸樊卒,有命授弟餘祭,欲傳以次,必致國於季札而止。餘眛卒,欲授弟季札。季札讓,逃去。吳人因立王餘昧子僚爲王。而王諸樊子公子光常以爲"吾父兄弟四人,當傳至季子。即不傳季子,光父先立,亦當立光"。王僚十三年四月丙子,光伏甲士於窟室,而謁王僚飲,使勇士專諸置匕首於炙魚之中以進食,遂手匕首刺殺王僚。公子光竟立爲王,是爲吳王闔廬。　　葉、白爭滅:葉,指春秋楚大夫諸梁,因食采於葉,稱葉公。白,指春秋楚平王太子建子白公勝。史記伍子胥列傳:"伍子胥初所與俱亡、故楚太子建之子勝者,在於吳。吳王夫差之時,楚惠王欲召勝歸楚。葉公諫曰:'勝好勇而陰求死士,殆有私乎!'惠王不聽。遂召勝,使居楚之邊邑鄢,號爲白公。……白公勝既歸楚,怨鄭之殺其父,乃陰養死士求報鄭。歸楚五年,請伐鄭,楚令尹子西許之。兵未發而晉伐鄭,鄭請救於楚。楚使子西往救,與盟而還。白公勝怒曰:'非鄭之仇,乃子西也。'……其後四歲,白公勝與石乞襲殺楚令尹子西、司馬子綦於朝。……葉公聞白公爲亂,率其國人攻白公。白公之徒敗,亡走山中,自殺。"其事又詳見楚世家及魯哀公十六年左傳。

〔四四六〕膠擾:擾亂,攪擾。膠音 jiǎo。

〔四四七〕決擇:選擇。決,通"抉"。

路史卷二十八

國名紀五

周氏

虢郭　仲之封,爲西虢,在岐[一]。今鳳翔虢縣[二]。通典云,岐州虢縣,西虢也[三]。東遷之際,自此之上陽,爲南虢矣[四]。或云叔自此之上陽,妄[五]。其處者爲小虢,秦滅之[六]。秦武公十一年,魯莊七年。亦俱曰郭。公羊曰"虞郭",郭究碑言"郭叔",禮記注:虢,或爲郭[七]。在武都南百里,有虢城[八]。集韻引傳"攻郭",音虢[九]。

東虢　叔之封,制也[一〇]。今鄭之滎陽有虢亭,世紀以成皋爲東虢,叔之封。故通典以洛之汜水爲東虢國,即制邑[一一]。左傳云:"制,巖邑也,虢叔死焉[一二]。"制今在孟之汜水,漢之成皋[一三]。臺、冢在焉。水經:濟水南歷虢公臺,皇覽云基址及冢尚在[一四]。或云仲封者,非。左疏亦云東虢,制也[一五]。賈逵、虞翻等謂虢爲西虢,仲爲東虢,誤[一六]。

南虢　上陽是。上陽城在陝縣之硤石鎮西三十六里,常陽驛之東南[一七]。下陽即今同之夏陽,服氏亦云在此[一八]。下、夏字通。杜謂河東大陽,亦非[一九]。馬融云:叔封上陽,仲封下陽[二〇]。疏謂二地皆虢邑,不得二人分封其處[二一]。今虢之虢略,正曰南虢,以其仲後所都,故亦號西[二二]。九域志"周封虢仲",非。世紀三虢,仲爲西虢,不在此[二三]。春秋公子譜:上陽,虢叔之後。亦非。

北虢　男爵,今陝理西四十五里故虢城是[二四]。漢志弘農陝,故虢〔二五〕。世一以州治城爲即古虢國。是爲大陽。漢志:北虢在大陽,東虢在滎陽,西虢在雍〔二六〕。今按:陝、平陸皆漢之大陽地〔二七〕。天寶元年,守李齊物開漕得古鐘,有"平陸"字,改焉〔二八〕。佑以此爲仲邑,仲後也〔二九〕。

盧氏　　地道記、郡國志皆云西虢之別。詳商世侯國〔三〇〕。

夏陽　　序之封,晉滅之〔三一〕。僖二年〔三二〕。今陝之平陸。見歐忞廣記〔三三〕。漢夏陽城又在韓城東北百三十〔三四〕。

甄〔三五〕　康公邑,在緱氏〔三六〕。杜云,緱氏西北舊有甄亭〔三七〕。緱氏,熙寧入偃師〔三八〕。或云魯地,非也〔三九〕。襄公十五年"盟于甄",地不在周〔四〇〕。世作"劉",繆。故説文惟有"鎦",然古亦無之。詳字經〔四一〕。

岑　　渠之封,文王異弟之子〔四二〕。今梁國北岑亭〔四三〕。風俗通云,古岑子國。

　　右王季之穆。

　齊桓公游於郊,見亡國之城焉〔四四〕。訪諸野老,郭氏之虚也〔四五〕。公曰:"曷其虚?"對曰:"善善惡惡。"公曰:"善善惡惡,固政之媺也,奚而虚〔四六〕?"曰:"惟善善而不用,惡惡而不去也。"公歸,告管仲。仲曰:"若人者爲誰?"惟弗知也。曰:"然則君亦一郭矣。"公退,招野老而進之〔四七〕。故春秋書郭亡猶梁亡者,言其所取亡也〔四八〕。夫亡國之亡也,未嘗不以其取亡者也。今郭之亡,所善不善,而所惡不惡也。所善不善則無貴於知善,所惡不惡則無貴於知惡矣,奚其在?

　始郭君之出也,徑諸澤,語馭者渴,馭者進清酒;語飢欲食,馭者進梁肉脯糗〔四九〕。君曰:"何給〔五〇〕?"對曰:"臣昔儲之,爲君之將出亡,道飢渴也。"曰:"然則若知吾且亡乎〔五一〕?"曰:"然。""然則孰不告?"對曰:"君喜道諛而難至言,誠恐先君之亡也〔五二〕。”君怒。馭者辭焉，曰：“今天下之君無賢，而吾君以獨賢，大賢，此其所以不之存而之亡〔五三〕。”郭君於是伏軾而咭，曰：“賢固若是難邪？”〔五四〕舍車躇山中，居飢力解，枕馭者而寐〔五五〕。馭者易之凷，疎行而亡之〔五六〕。郭君餒死中野〔五七〕。詩云：“聽言則對，誦言如醉〔五八〕。”郭君之謂也。惠王七年〔五九〕。詩外傳云，爲狼所食〔六〇〕。

齊湣居衛，謂公王丹曰〔六一〕：“吾之所以亡，何也？”公王丹曰：“主之所以亡，賢也。天下之主不肖，而惡主之賢也。”湣慨然曰：“賢固若是苦邪〔六二〕？”此亦不知其所以亡而亡者，公王丹之所過也。

若宋昭之出也，俯謂馭者：“吾今知所亡矣。被服而立，侍者無不曰‘吾君麗’者；發言舉事，朝者無不曰‘吾君聖’者。内外不見其過，兹吾所以至於此也。”〔六三〕宋公於是革心易行，安幾行道〔六四〕。居二載，宋人逆而復之〔六五〕。死，謚曰昭〔六六〕。故君子莫大乎自克。吴語曰：楚靈無道，其民不忍飢勞之殃，三軍叛之乾溪〔六七〕。屏營山中，見涓人疇而呼之，曰：“余不食三日矣〔六八〕。”疇進。枕之股，及寐，易之以塊去之。比覺，無見〔六九〕。入棘闈，弗納〔七〇〕。乃入于申亥氏，縊焉〔七一〕。此事相似。

余稽四虢先後、南北，知郭公之非是。而代莫之明也，故并及。按：此郭乃莊二十四年之所書者〔七二〕。賈誼書作虢君，亦曰郭〔七三〕。新序乃北燕之地。寰宇記云，聊城今有郭城，博州圖經云“亡國郭氏之虚”〔七四〕。是也。管子亦言桓公之郭，問郭父老何以亡〔七五〕。春秋地名云：虢，北燕之地，與齊接境。與四虢不相及。諸家皆不知郭公繆文。

魯　　鹵也，曲阜少昊之虚，曲阜，小地名，在魯城中，委虵七八里。古城十二門。魯國記：七門，有鹿、萊、石、稷、上東、子駒等〔七六〕。大中祥符間曰仙源，隸兗〔七七〕。

管　　今鄭治管城，古中牟〔七八〕，自漢爲中牟。開皇管州〔七九〕，十六年。即楚子次于管者〔八〇〕。大業三爲鄭。武德三復爲管，貞觀元復爲鄭〔八一〕。

蔡　今蔡治上蔡〔八二〕,漢縣,迄今。伯爵。仲子蔡伯〔八三〕。括地圖云:豫州北七十里上蔡,古蔡國。縣西南十里有故蔡城、蔡山岡,故國也。

曹〔八四〕　侯爵。穆傳:“邢侯、曹侯來弔〔八五〕。”紲爲伯。毛、駬、雝、霍皆伯〔八六〕。祝駝言文王子,惟曹爲伯——左,妄〔八七〕。興仁之濟陰,漢之定陶,東北四十七濟陰界有定陶故城,即古曹國〔八八〕。南二十有曹城,有曹南山。周爲曹州〔八九〕。今興仁府。

成　郕是也。伯爵。濮之雷澤北三十故城是。漢屬濟北,晉屬東平〔九○〕。隱五年衛入成,杜云:東平剛父西南成鄉〔九一〕。後漢志濟北成縣“本國”,劉昭引爲証〔九二〕。然濟北乃和帝分泰山郡置,有剛縣,晉爲東平國之剛平,無剛父〔九三〕。後遷其陽,曰成陽〔九四〕。漢隸濟陰。京相璠云,東郡廩丘南故郕都〔九五〕。故寰宇記:雷澤古郕伯姬姓國,縣北有郕都故城〔九六〕。誤也。按漢止有城都,屬山陽,非此之郕與成陽,樂氏妄爾〔九七〕。與周、成十三年成乃周地〔九八〕。魯〔九九〕、公圍郕,魯邑〔一○○〕。蘇之郕異。隰郕,蘇忿生邑,在河內〔一○一〕。

霍　伯爵,僅也。始亦侯。穆天子傳:霍侯麰〔一○二〕。今晉之霍邑。有霍泰山、霍水。郭璞云,平陽永安西南汾水之西有霍城;非六安之霍〔一○三〕。壽之六安霍山,天監、貞觀爲霍州〔一○四〕。

衛　侯爵,故朝歌。本衛州衛縣,周爲州,隨爲縣。熙寧六年省爲鎮,入黎陽。天聖四年,以衛隸通利軍〔一○五〕。熙寧三年廢,復隸衛州;六年,省爲鎮〔一○六〕。餘詳商後朝歌下〔一○七〕。

毛　伯爵。原父得毛伯敦蓋於扶風,文稱“伯”〔一○八〕。河南籍水傍有毛泉,近上邽〔一○九〕。

駬　伯爵,陃也。“郍”同。本作肉。駬龍字,亦音染〔一一○〕。京兆今有陃亭,世繆爲聃〔一一一〕。僖二年“鬭章囚鄭聃伯”,又異〔一一二〕。集韻珊、那、冄同,音男,益失〔一一三〕。

告〔一一四〕　子爵,僖二十年來朝〔一一五〕。郜也。今登封有廢郜城,是爲南郜,與晉郜異〔一一六〕。太原今有郜城,所謂箕郜者〔一一七〕。

雔〔一一八〕　伯爵。今懷之修武有故雔城〔一一八〕。范志云,山陽有雔城〔一一九〕。杜云,雍城在河内山陽西〔一二〇〕。周罌有雔公緘鼎。非秦之雔。岐之雔縣,今鳳翔之天興墮倉城,秦之都〔一二一〕。

滕〔一二二〕　侯爵。僖十九年滕子,在貶〔一二三〕。本徐屬縣,詳黄帝後國〔一二四〕。後遷公丘,而地爲小邾〔一二五〕。故兖之龔丘有古滕城〔一二六〕。今滕縣西南十四里,城在〔一二七〕。字一從水〔一二八〕。亦作“勝”。

畢〔一二九〕　周世居。泰王、王季皆都〔一三〇〕。今京兆咸陽有畢原、畢陌〔一三一〕。關中記云:高陵北有畢原、畢陌,南北數十里,東西二三百里,無山川陂池,井深五十丈〔一三二〕。詹桓伯曰:我自夏以魏、駘、芮、岐、畢,吾西土也〔一三三〕。畢、芮、岐、魏,自昔爲周邑矣。原、畢皆三公。

原　　伯爵。今澤之沁水縣西北有故原城〔一三四〕。晉伐原者〔一三五〕。後趙同爲原大夫,即此〔一三六〕。或云忿生邑〔一三七〕。或云濟源。水經云:濟有二源,東源出原城,即晉伐者〔一三八〕。今孟州濟源西北九里有古原城〔一三九〕。

豐〔一四〇〕　侯爵。初,文王作邑,以治南國。今永興鄠北二十豐水之西有豐故城〔一四一〕。寶苹云,在長安縣之靈臺鄉。通典,鄉在長安西北〔一四二〕。

荀　　侯爵,詩云荀伯,謂諸侯“伯”〔一四三〕。珣、郇也,今猗氏西南古郇城是〔一四四〕。佑云:猗氏,古珣國〔一四五〕。元和志:西南四里,絳之正平西十五。竹紀年“次于郇”者〔一四六〕。徐鉉云荀姓,郇侯後,宜用“郇”字,不嫌本同〔一四七〕。鄧名世云:今河東多此姓,不作荀音。或云邠之三水枸邑,非也〔一四八〕。晉伐荀,以賜原氏,則河東矣,汾水所經荀城也〔一四九〕。應以枸爲伐晉之郇侯,誤〔一五〇〕。

右文王之昭〔一五一〕。

唐虞稽古,列爵爲五,分土惟三:公、侯百里,伯七十里,子、男五十里〔一五二〕。縣夏達商,未之有改〔一五三〕。至于武王,雖曰反商,政則縣舊,故班志云"周爵五等,其土三等",弗可改也〔一五四〕。孟軻曰:天子之制,地方千里,——不千里不足以待諸侯;公侯百里,——不百里不足守宗廟之典籍〔一五五〕。子思子云:"天子封圻千里,公、侯百里,伯七十里,子、男五十里,虞夏殷周之常制也。"〔一五六〕而子產亦謂天子一圻,列國一同,自是以衰〔一五七〕。古之言封建,無以異者。王制之書,州建之國,亦不過乎五十若七十與百里,正有合於子思、孟子〔一五八〕。先王之制,斷可識矣。

獨周禮書諸公之地,方五百里;侯、伯、子、男,率百里而差之〔一五九〕。果周制乎?夫以男國百里,食四之一爲五十里;餘爲所比之封,附庸土也〔一六○〕。然子、伯、侯、公,地乃大異。諸公之地,乃至二千五百,縱食其半,猶當千二百有五十〔一六一〕。如千二百五十則以多,如五十則以少,其果然邪〔一六二〕?顧魯,侯也,而百伯之地,豈治世法哉〔一六三〕?

粤自周襄,上失其御,諸侯無政,謾相侵併〔一六四〕。而後土宇逾越,燕、越之壇,埒于王圻;而齊末稇所刺,方二千有餘里;秦地爲方千里者五;鄢楚且以六千而爲人役〔一六五〕。故子產曰:今之大國,兼數圻矣〔一六六〕。此諸侯所以惡其議己而圮其籍,又從而羼之制曰"上公之地,方五百里"〔一六七〕。且謂成王以周公爲有勳勞,故特加之四等之上,使兼二十四附庸者,益以罔矣〔一六八〕。職方封國,以千里爲率,一州惟可四公;爲侯可六;以伯則可七;一有半爲子,亦止二十有五;惟男百里,則可百男;不過四百四十有六國,而五州盡矣〔一六九〕。故康成以爲周之九州方七千里,爲方千里者四十九,一爲王圻。八州各爲千里者六。州建四公、六侯、十一伯、二十五子、百男。餘方百里者四十一,以爲附庸〔一七○〕。凡州百四十有六國,附庸皆在。然王制州二百一十國,諸侯之附庸不與〔一七一〕。舛繆不合,則又以爲商爵三等,周初復爲五等,增以子、男〔一七二〕。夫武王之時,何國不服?而云尚陋,公侯止於百里。周公東征,備見書傳,作何所併,而云斥地千里,五等皆益其地〔一七三〕?且以大國在古百里,今一增爲五百,是遽增之二十四倍,豈理也耶?若曰武王封之,周公大之,則其勢必至於併徙。是則纔大一公之封，而子、男之國爲併徙者百九十有六；不數大國，而天下以盡。擾雖十始皇，不能爲矣。而曰設法以待侯伯有功者，大其封，果足信歟？説益不通，則又以爲周制“有爵尊而國小，爵卑而國大者”。然而圻內有限，不可附會，則又以爲“圻內不增，以禄羣臣”。俱不足信。

夫太公之封齊，周公之封魯，地非不足也，而儉於百里[一七四]。此孟子爲魯人言者。於百里猶曰儉，則周公、太公何嘗越百里哉？今魯爲方百里者四十九，有王者作，則果在損乎，在所益乎[一七五]？徒取諸彼以與此，然且仁者不爲，況殺人而求之乎[一七六]？

形方氏制邦國，正其封壇，無有華離之地，正使小國事大，大國比小，是先王之意也[一七七]。公、侯、伯、子，誠使咸依司徒之數，則職方所率千里，惟可四公，鼇禹所正八州，不過三十二公；侯、伯以降，已不容屓設；以盡爲男邦，亦不能八百國[一七八]。王制之千八百，豈三千所容哉[一七九]？説者以周九州方七千里，州得千里者六。以千里封四公，又以千里封六侯，又以千里封十一伯，一千里爲二十五子，一千里爲百男，凡百四十有六國，不及二百一十之數。猶一千里，取之以封五十九男；六侯之方餘二百里，以封四男；十一伯之方餘百里，以封一男：凡六十有四男[一八〇]。合一百四十六，爲二百有一十。儒之無特見至此[一八一]！且魯方七百里，爲公侯地百里者四十九，爲伯地七十里者百，云十伯之地，尤疎。

臧

郚

秦　　乾時之戰有秦子[一八二]。莊公所臺處[一八三]。三十一年。

柳　　展禽邑[一八四]。地理風俗記：高城縣東北五十有柳亭故縣，世謂辟亭[一八五]。

成　　桓六年城[一八六]。預云，泰山鉅平東南[一八七]。

郈[一八八]　厚也。厚成叔瘠[一八九]。郚之須城東三十六有郈城、郈亭，酈氏云缺其南面，叔孫所隳也[一九〇]。

費二　　鄪也。僖公以鄪賜季友[一九一]。李利涉編古命氏云：費氏出魯桓少子季友，有勳，邑于費[一九二]。今沂之費西北二十有故城。臨沂東三十六。一作"桒"。古文書費誓或作"桒"，誤[一九三]。桒音背，惡米也[一九四]。非河南費[一九五]。

顔

郎　　預云，高平方與東南郁郎城[一九六]。方輿，今單之魚臺。

防　　臧氏邑，魯東邑[一九七]。昭公五年莒牟夷以來[一九八]，以防、兹來。即齊、魯會處[一九九]。今密之安丘，有莒城、莒亭。

瑕丘二　桓庶子菜[二〇〇]。漢隸泰山[二〇一]。公叔文子升瑕丘[二〇二]。項羽紀有瑕丘申陽，申陽蓋名[二〇三]。孟康以爲瑕丘人，姓申，名陽。姓纂自爲一姓，因文穎之説[二〇四]。今兗治瑕丘，瑕丘在其西南，與衛之瑕丘別[二〇五]。衛瑕丘在今濮陽東南三十[二〇六]。因邾子負瑕也[二〇七]。

穀梁　鄘氏云，博陵有穀梁城[二〇八]。

陰下陰　襄之穀城東北有陰城[二〇九]。師古云，古陰國乃故鄖地[二一〇]。又有下陰，在陰城之西，後之所遷。昭十九年，公子赤遷陰于下陰[二一一]。今光化乾德[二一二]。漢，陰縣；隋，陰城。

穀

新蔡　平侯都，今蔡之屬[二一三]。忞云：平侯自上蔡徙都此[二一四]。或云黄梅。開皇，新蔡；今，黄梅[二一五]。有名蔡山，出大龜，在廣濟[二一六]。並蘄[二一七]。

州來　昭侯徙此，號下蔡[二一八]。今壽治，唐屬潁[二一九]。春秋時有蔡成公，輿地記：成公徙此[二二〇]。樂史云：下蔡有二處，水經"淮水東岸一城，即下蔡新城。二城對據"，是也[二二一]。

卞　　季武子以自封者[二二二]。今兗之泗水，開皇中以故卞城置[二二三]。十六年。

牟　　登之牟平，在牟山陽而夷平[二二四]。開皇之牟州[二二五]。三年。

康　　姓書,康叔故城在潁川〔二二六〕。孔安國、宋衷以爲畿
　　　内國。

漕　　本曰曹,戴公居〔二二七〕。宋桓公立之,廬于曹〔二二八〕。泉水、載馳
　　　皆言衛地〔二二九〕。今滑之白馬,衛之下邑。西征記:今白馬
　　　城,古衛之曹邑,戴公東渡河處此〔二三〇〕。文公遷楚丘,今衛南縣〔二三一〕。
　　　成公遷帝丘,今濮陽〔二三二〕。

楚丘　郡國志,成武有楚丘亭〔二三三〕。城冢記:齊桓公築,衛文公居,僖
　　　二年所城〔二三四〕。杜云:在成武西南〔二三五〕。今澶之衛南西北四里
　　　楚丘城也,非拱之楚丘〔二三六〕。今楚丘縣,戎州之邑,即戎伐凡伯
　　　處〔二三七〕。酈氏以爲文公徙此,——寰宇記北三十有楚丘亭,非也〔二三八〕。
　　　曹在滑,楚丘在澶,不出衛之邦内,不得在拱。然今楚丘縣有景山、京山,
　　　殆後人之附會也〔二三九〕。九域志南京有楚丘,晉文公作〔二四〇〕。

石　　碏邑〔二四一〕。周有石尚〔二四二〕。姓書云王父字爲氏,非〔二四三〕。

匡〔二四四〕　文八年晉解揚歸匡、戚之田于衛者〔二四五〕。

儀

裴　　仇也。柳莊采,裴氏地〔二四六〕。

彌

戚　　俶也。衛附庸。在河上。文元年注,相之臨河東有戚城〔二四七〕。世
　　　家以爲宿。"如宿"、"舍于宿",左皆作"戚"〔二四八〕。河流北過元
　　　城,而戚在河外,故陽虎從晉伐戚,曰"右河而南,必至
　　　焉"〔二四九〕。襄二十六,晉伐衛取戚〔二五〇〕。今在衛縣之南。預
　　　云:戚,頓丘衛縣西〔二五一〕。今戚城,在枯河之東〔二五二〕。春秋之時,河與今
　　　異〔二五三〕。由晉而言,河西爲内,東爲外,故云戚在河外〔二五四〕。春秋時,在
　　　河東也。集韻並音鏚。

元　　咺邑〔二五五〕。今大名之元城〔二五六〕。應云:魏武侯公子
　　　元邑〔二五七〕。

甯　　陽處父聘衛過甯者〔二五八〕。一作"寧"。今拱之寧陵,古

信陵,故魏安僖封弟於信陵,號信陵君[二五九]。然甯城在獲嘉,而武陟亦故甯[二六○]。

沈　聃叔初封[二六一]。預云:平輿有沈亭[二六二]。平輿城在今蔡之汝陽東、汝水南[二六三]。通典云,古沈子國[二六四]。

北郜　宋併之。桓二年,取郜鼎[二六五]。今曹之考城東南有北郜城[二六六]。鄭樵云:南、北二郜城,在單之成武[二六七]。

鄑[二六八]　滕叔初采,今沛之公丘[二六九]。

潘番　魏土地記云下洛城西南四十潘城是[二七○]。畢分[二七一]。十三州志潘在廣平城東北十里[二七二]。

龐　畢之分,龐鄉[二七三]。越世家所謂"讎、龐、長沙"者[二七四]。

馮　唐韻:鄢,姬姓國。本説文[二七五]。今范陽李澤中有馮水,即古馮池,故馮夷國[二七六]。

魏　在安邑芮近[二七七]。寰宇記,芮城北五有魏城,即萬所封[二七八]。周八里。樵云,河中河西縣[二七九]。河西,熙寧三省入河東縣[二八○]。

大梁　魏惠六年,自安邑徙大梁,遂曰梁[二八一]。孟子見梁惠者[二八二]。今開封祥符,昔之浚儀。而汴城西有故魏城,魏惠所築[二八三]。九域志:古梁城,畢公高築。謬。張儀所謂四平,無名山大川之阻者[二八四]。東魏爲梁州。

令狐　魏顆邑,晉惠公"濟河,圍令狐"者[二八五]。僖二十四。今猗氏西十五有故令狐城。

智　

懷　寰宇記懷州云:管、蔡廢紂,封康叔爲懷侯于此,即爲衞[二八六]。後遷河内,晉於是啓南陽[二八七]。狄伐晉圍懷者,覃懷也[二八八]。宣六。紀年"秦伐鄭,圍懷、殷",或云"隤、懷",忿生之邑[二八九]。今懷之武陟西有故懷城。

恒　康叔孫封。楚有恒思公[二九○]。世本云,後有恒氏。

右文昭之分〔二九一〕。

周監二代，封爵五列；子弟、勳、賢，必參封之〔二九二〕。

秦除五等，設爵二十；身稱皇帝，而子弟爲匹夫；徹侯、關內，一至無廟可立；二世國絶〔二九三〕。

漢祖龍興，創其孤立，奮然封建〔二九四〕。然而襲秦、戰國先王綱紀掃地之後，莫究其事，忽忽啓土，設爵二等，大王小侯，——張耳、吳芮、韓信、彭越、臧荼、黥布、韓信、盧綰，異姓之王者八，蓋時求安，反仄不得不爾〔二九五〕。而王之號，遂爲臣下常稱。二年立韓太尉信爲韓王，四年遣良操印立韓信爲齊王〔二九六〕。高帝之約，異姓非功不王〔二九七〕。至吕后，遂破約，王台、禄、産，自兹不改〔二九八〕。洎建武初，尚襲二等，皇子爲王，而其餘以列侯。及是，朱祐持議：“天無二日，人臣之爵，無過于公”，於是正爲郡公〔二九九〕。十五年。已復稱之，識者蚩焉〔三〇〇〕。十七年。

曹氏始列郡王〔三〇一〕。晉且封國，皇子稱王，而王之子爲侯。泰始元年，子弟王者二十餘人〔三〇二〕。

宋、齊以降，爰復列郡，陳室即有郡、嗣、藩之三等〔三〇三〕。逮乎元魏，王、公、侯、子，分爵爲四——皇子若元功異姓稱王，皇族若始藩爲公，王大郡，公小郡，于是王者十——，旋爲六等〔三〇四〕。北齊因之〔三〇五〕。大氐於晉、宋若梁靡異〔三〇六〕。

開皇國、郡王分等九，煬帝謾以王、公、侯爲三等〔三〇七〕。

李唐之起，務廣宗藩，自從昆弟，郡王數十，孩提並列〔三〇八〕。及文皇墾封彝説，疏悉降公，時惟數有功王而止〔三〇九〕。貞觀之十一年，即前詔元景等二十一王，督刺代襲；後復制：皇兄弟若皇子，爲王，皆國親王；太子男，爲郡王；庶姓卿士，功業特盛，亦得郡王〔三一〇〕。繇是異姓畢王，侵尋戰國五季之事〔三一一〕。至德之元，迄大歷三，異姓王者至百一十有二，不亦異乎〔三一二〕！比後之世，更以王子兼師保官,果何爲耶〔三一三〕?

夫以此號既立既久,而不可易耶?則世祖固嘗改,文皇固嘗降矣〔三一四〕。以吾之子弟非王其號,不足以貴之重之耶?則文、武、成、康之親子弟,管、蔡、成、霍、盂、晉之徒,止于侯伯;一適之外,其子不過守其故土或食卿采,——公且無有,未始不貴且重〔三一五〕。漢、魏而下,蠻酋泠伯,王稱且不勝計,其果重乎〔三一六〕?南粵尉陀若閩粵亡諸、四夷酋長,固不得同中國〔三一七〕。如呼韓賜之璽綬,南粵元鼎即賜之相及内史、中尉、太傅印,得自置賜,非矣〔三一八〕。然漢王子曰諸侯王,徒以名王,而其實則諸侯〔三一九〕。言之不順,而有此目,則名浮之無益,辨矣。聖人復起,果將奚先?亦惟名之必可言而已〔三二〇〕。季札辤國〔三二一〕,胡翼之以爲見父兄之王號難乎革也:革而不用,則左右、國人習於僭擬之久,有所不順;因而不革,則非季子之心。自度有不足以辨此,故辤之以全操〔三二二〕。使有伊周材具,則不辤而爲之矣〔三二三〕。水惟就下,人惟從是,安有習於僭擬之久而不順者?

晉唐〔三二四〕　故唐都鄂,夏虚也〔三二五〕。世本云:叔虞居鄂。鄂,今大夏,故云唐,本堯封,在夏虚晉陽。後曰晉,以水名。今并之陽曲,故平晉,西南十六有叔虞祠、墓〔三二六〕。故詩止曰唐〔三二七〕。

韓　　同之韓城南十八有故韓城,韓原也,秦、晉戰處〔三二八〕。古今地名曰:"韓武子食菜韓原。"〔三二九〕一曰宗丘。與臨晉近,謂之少梁。

于　　邘也,今懷治〔三三〇〕。河内故邘縣,有邘臺、邘城〔三三一〕。京相云:河内野王西北三十有古邘城、邘亭、邘臺〔三三二〕。水經云,"故邘國"。一云:祁氏邑,在陽曲東七十,即爲邘者〔三三三〕。周以與鄭,後圖晉〔三三四〕。或作"邗",誤。袁淑俳諧文"應邘"叶"堅",高郵魯議作"邘、晉"〔三三五〕。

雁　　今作"應",古應侯,敦作"雁"〔三三六〕。侯爵。韓詩:應侯范雎,增世爲應侯,請五苑果後〔三三七〕。盟會圖云,汝之魯山有故應城。

今在葉〔三三八〕,隸汝。有應鄉。

翟　　孝伯封,狄城也〔三三九〕。續志,臨濟本狄國〔三四〇〕。唐韻
　　　云:春秋時狄國也。

寒　　侯爵。定公三年有寒氏,晉地,一曰五氏〔三四一〕。南宫中
　　　鼎云“王在寒師”,即此〔三四二〕。字書“鄭”。以爲“邯”。

右武王之穆。

武之穆四:唐爲長,後曰晉;次桓叔,韓是也;邘三;雁
四〔三四三〕。而狄、寒亦其別者〔三四四〕。富辰曰邘、晉、雁、韓,吾知其
説無推次也〔三四五〕。

惡戲!聖人之經畫大略,爲世長慮,豈後世腐爛之儒苟目前
者之所知耶?昔者周公弔二叔之不咸,於是封文之昭、武之穆者
二十有餘國〔三四六〕。二叔不咸,周公宜戒同姓彊大之禍而弱宗國
矣,乃復大封同姓焉,此可與腐儒苟目前者言與〔三四七〕?先漢孝
武懲七國彊大之禍,於是務削宗支,逮元、成時,宗國蔑矣;而移漢
者,王家也〔三四八〕。孰爲來哉?孰爲來哉?

凡四國之分封者,今復條于下方。

曲沃　成侯之居,以封桓叔〔三四九〕。故地有晉先君之廟。獻公
　　　城之居申生,曰新城〔三五〇〕。漢爲曲沃,今隸絳。潘岳云
　　　陜之曲沃,是也〔三五一〕。

絳　　穆侯居〔三五二〕。見詩譜〔三五三〕。莊公二十六年,士蒍城之〔三五四〕。二
　　　漢爲縣,今隸絳〔三五五〕。有絳山、絳水。有故絳城在翼城
　　　東南曲沃南二里〔三五六〕。元和志:周勃邑,今號絳邑故城〔三五七〕。
　　　景公遷新田,又曰絳,乃以翼爲故絳云〔三五八〕。後魏北絳縣
　　　在翼城,南絳在絳。

翼　　孝侯居,因曰翼侯〔三五九〕。蓋與絳近。今翼城東十五有
　　　翼故城,絳邑之東八十。隱五年伐翼者〔三六〇〕。集韻云,國名。云

即絳改,非〔三六一〕。

鄂　翼九宗嘉父逆晉侯于隨,納之鄂,曰鄂侯〔三六二〕。晉地。隱六。

端氏　澤之屬縣〔三六三〕。西北三十有端氏故城。

郤　叔虎邑〔三六四〕。俗作"郄"。

絺　郗也〔三六五〕。預云,野王西南有絺城〔三六六〕。今在懷之河内。隱十一年,王以絺、樊、欑茅等十二邑與鄭易鄔、劉、蒍、邘田〔三六七〕。後復歸周,以賜晉文公,故又屬晉。

畜　俖、郤也,邢侯邑〔三六八〕。曲沃南二里有故郤城;雒子奔晉,與之郤者〔三六九〕。姓書有畜氏、郤氏,云因非子畜養,安〔三七〇〕。

涉　涉佗邑〔三七一〕。漢之涉,今隸潞〔三七二〕。

苦　苦成也。王符云:郤犨采于苦,曰苦成〔三七三〕。故城在鹽池東北〔三七四〕。後或爲"枯",齊人改曰"庫成"〔三七五〕。又作"古城",繆。

冀　芮城西三里有郤芮墓〔三七六〕。芮死,文公命缺下軍大夫,復與之冀〔三七七〕。今晉之冀氏,芮故邑〔三七八〕。

張　晉分。漢張縣,今邢之任是〔三七九〕。郡縣志:縣西南二十七,即渚陽城〔三八〇〕。王符云:河東解邑有張城、西張城〔三八一〕。呂春秋云魏之分,非〔三八二〕。

解　唐叔後。今河中臨晉東南故解城,在桑泉之南虞鄉東三十〔三八三〕。城猶屬解〔三八四〕。僖十五解梁,以略秦者;非昭二十二之解〔三八五〕。後魏爲二。南解,虞鄉;北解,臨晉。以蚩尤體解名。集韻音蟹,繆。

揚　一曰揚氏〔三八六〕。寰宇記:趙州之寧晉,春秋楊氏〔三八七〕。説文:"揚,舉也。"〔三八八〕二漢揚縣〔三八九〕。今晉之洪洞南十八有故揚城,地道記:揚侯國〔三九〇〕。云晉滅賜肸〔三九一〕。郡縣志同[三九二]。

續　　狐鞫居采,謂之續簡伯[三九三]。

溫　　叔虞後封,在河内。狄滅之。僖十年,溫子奔衛[三九四]。襄王
　　　以賜晉,郤至采焉,曰溫季[三九五]。狐溱、陽處父亦采此[三九六]。

祁　　太原祁縣有祁奚墓[三九七]。寰宇記,在聞喜東二十二里[三九八]。

介

步　　郤步揚邑[三九九]。玉篇作“郫”,云:“亭名。”

孟　　孟丙,孟大夫,祁氏[四〇〇]。漢縣,隸太原;唐,邢[四〇一]。
　　　今陽曲東北八十故孟城,劉子伐盂[四〇二],定八。續志云國。
　　　非衛東盂也[四〇三],定十四年劓瞶獻齊者[四〇四]。又哀四年盂,周
　　　地[四〇五]。若宋盂[四〇六]。僖二十一。公作“霍”;穀作“雩”,一作
　　　“宇”[四〇七]。

駒　　郤克采[四〇八]。鄧名世姓辨誤[四〇九]。與子錡皆謂駒伯。上[四一〇]。

原　　先軫封,曰原軫[四一一]。後封彘。

彘

霍　　汝之梁縣西南七十霍陽山,漢爲霍陽縣,有霍故城。
　　　“一夕之期,襲梁及霍”,在是[四一二]。哀四。周地[四一三]。

箕　　箕鄭采[四一四]。晉語,鄭爲箕大夫[四一五]。

欒　　賓邑[四一六],靖侯孫。真定欒城[四一七]。漢爲平棘,開皇欒
　　　州。十六年。今趙之平棘西北十六有故欒城。近柏鄉
　　　鎮[四一八]。及國夏取欒,遂南徙,曰南欒[四一九]。漢南欒故
　　　城在鉅鹿[四二〇]。邢州。

屈　　夷吾采[四二一]。麗姬曰:蒲、屈,君之壃也[四二二]。今隰州
　　　有故屈城,南屈也,翟章救鄭次南屈者[四二三]。汲古
　　　文[四二四]。北屈見後。古國中[四二五]。

犫　　臨汾有犫氏亭,樂史云郤犫采,非魯山之犫[四二六]。楚有
　　　中犫[四二七]。昭元年犫,乃南陽之犫,本鄭地入楚,漢犫縣[四二八]。今汝之

魯山南十九有古犨城。

荀　　逝遨采,本鄭地;重耳軍盧柳,濕次于郇者〔四二九〕。晉語:狐
　　　偃盟于郇〔四三〇〕。韋云:鄭地〔四三一〕。非河東郇〔四三二〕。

銅鞮　羊舌邑〔四三三〕。漢縣,今隸威勝〔四三四〕。本屬路,太平興國三置
　　　軍〔四三五〕。有銅鞮山、銅鞮水。南十五,銅鞮故城宮址存焉。
　　　子產云,銅鞮之宮數里〔四三六〕。南六十,有銅鞮伯華墓〔四三七〕。

揚干

戎氏　唐叔後在狄者。有大戎氏、小戎氏〔四三八〕。

桓　　按桓叔封韓,蓋初封桓〔四三九〕。竹紀年有桓侯,非謚
　　　也〔四四〇〕。漢梁孝子明封桓邑侯,是也〔四四一〕。

韓西〔四四二〕王肅云涿郡方城縣有韓城,是〔四四三〕。

趙藺〔四四四〕漢西河屬縣。

平　　代之雁門〔四四五〕。故平縣,東漢之平城〔四四六〕。紀在晉烈
　　　公四年,趙城平邑〔四四七〕。今魏之南樂縣圖云:平邑在
　　　縣城東界〔四四八〕。

　　　右武穆之分。

　　虞、虢、焦、滑、霍、揚、韓、魏,姬姓也,八國皆爲晉所威〔四四九〕。
　　昔者,晉假道於虞以伐虢,宮之奇曰:泰伯、虞仲,泰王之昭
也;虢仲、虢叔,王季之穆也,爲文王卿士,勳在王室,臧在盟
府〔四五〇〕。將虢是滅,何愛於虞?且虞能親於桓、莊乎〔四五一〕?桓、
莊之族何罪,而且害之〔四五二〕?晉可謂不仁矣。
　　方文公威曹也,以其地賜宋人〔四五三〕。文公有疾,曹伯之寺儒
貨筮之史,使誨之以曹爲解,曰:"昔齊桓公爲會而封異姓,今君
爲會而威同姓。曹叔振鐸,文之昭也;先君唐叔,武之穆也。而君
滅之,能無及此乎?且合諸侯而滅兄弟,非禮也。"〔四五四〕公悅,復
曹伯。及霍之威,霍公求奔於齊。晉國大旱,卜之,霍泰山之爲

也;使趙夙召霍公而復之[四五五]。齊景公之伐宋,過泰山,夢二丈
夫怒甚巀[四五六]。晏子曰:"湯、伊尹也。"語其狀,信。公曰:"何
如?"對曰:"夫湯、太甲、武丁、祖乙,天下之盛君也,不可以無後。
今惟宋矣,而君伐之。請散師而平之[四五七]。"公不從。再舍,鼓
毀將殨[四五八]。公辭乎晏子,乃散師[四五九]。晏子一[四六〇]。商頌曰:
"不僭不濫,不敢怠皇。命于下國,封建厥福[四六一]。"此湯之所以
獲天福也。襄二十六聲子云[四六二]。

　　虞、虢之威,惜乎無以三者之事沃晉侯者[四六三]。晉威魏、耿、霍,
皆不見經,當訂[四六四]。

凡二　　邘,伯爵。衛之共城西南二十二,凡故城也[四六五]。杜云
共縣東南有凡城,袁山松云西南[四六六]。郡國志,共有汎亭[四六七]。詩凡伯
國,隱七年戎伐凡伯者[四六八]。又臨朐東陽城亦曰凡,而益都有
凡山[四六九]。並隷青。

蔣　　　初伯,後侯。班志云:汝南期思理蔣鄉,古蔣國[四七〇]。
楚威爲期思[四七一]。今尉氏西五十故蔣城是。新鄭界。杜
云,在弋陽期思[四七二]。期思故城在固始西七十[四七三]。

邢　　　侯爵。邢治龍岡城内西南隅小城也[四七四]。秦之信都,
莽之襄國,隨爲州[四七五]。漢、項作,爲邢侯[四七六]。穆傳"邢侯"
注:廣平襄邑縣[四七七]。應形邗,從井[四七八]。說文戶經切,乃
作"邢",故字書妄以"邗"爲"井",而邗、邢爲二[四七九]。
玉篇:邢,輕干切[四八〇]。韻:邗在河内;邢在鄭,邢侯國[四八一]。

夷儀　　范志東郡聊城有夷儀聚[四八二]。瓚云:夷儀城在襄國西
百[四八三]。劭云:邢侯自襄國徙此,曰邢丘[四八四]。通典:龍
岡北百四十有夷儀城,西百五十七有夷儀嶺[四八五]。元和志:龍岡西百四
十有故城,俗呼隨宜[四八六]。有邢夫人冢[四八七]。在河之臯,曰平臯,
有平臯城[四八八]。狄圍邢丘、晉送女邢丘者[四八九]。紀年梁惠成三,
城邢丘[四九〇]。彪後志云:縣有邢丘,故邢國,周公子

封〔四九一〕。非也。平皋邢丘,非始國也。

祭〔四九二〕　伯爵,商代國,後爲周圻内。樵云,在河南〔四九三〕。甄傳云,寰内諸
　　　　侯〔四九四〕。穆傳,正公郊父〔四九五〕。説文:郑,周公後〔四九六〕。城在
　　　　開封長垣。今管城東北十五有古祭城也。

胙　　　　今滑之胙城。燕併之,故曰南燕〔四九七〕。後漢燕縣,屬東郡,
　　　　本南燕國。有胙城,古胙國。杜云:城在西南〔四九八〕。本屬酸棗〔四九九〕。有
　　　　胙亭。然晉元東郡〔五〇〇〕。武德胙州。二年。

茅　　　　"殖綽伐茅氏"也〔五〇一〕。襄二十六。戚之東鄙,本衛邑〔五〇二〕。
　　　　茅盈,系云姬胄之分〔五〇三〕。漢有東茅侯〔五〇四〕。預云,高
　　　　平昌邑西有茅鄉城〔五〇五〕。今金鄉,西北四十二有昌邑故城。
　　　　非修武之茅〔五〇六〕。

甾　　　　有二:西甾在濰;詳見前〔五〇七〕。東甾在鞏西,有故城,屬周,
　　　　單子取之〔五〇八〕。昭二十三年,取甾〔五〇九〕。姓苑云,此本出
　　　　祭氏。

周

兗〔五一〇〕　盟會圖云:兗國,周公後所封。疑即魯之謂。

　　　　右周公之祚〔五一一〕。本亦文之昭,弟國多,故别出,亦以别其
　　祖禰之所自出云〔五一二〕。伯邑考亡,管叔誅,周公爲禰也〔五一三〕。

　　　　惡戲! 人之可痛,未有如族姓之不睦者也。"雖有兄弟,不
　　如友生",豈惟後世之愚然哉〔五一四〕!

　　　　晉文公之出亡也,歷者七國。齊桓女之,楚成享之,宋襄公贈
　　之馬,而秦穆公乘送之,卒以得國〔五一五〕。此四國者,皆異姓也,而
　　能維之若此〔五一六〕。衛成公、曹共公、鄭文公皆同姓也,而皆不禮
　　焉,是所謂"不如我同姓"邪〔五一七〕!

　　　　昔者,晏子患齊之公室卑,子華子曰〔五一八〕:云云。"詩亦有云
　　'不如我同姓',何以是踽踽臨于人上〔五一九〕? 將卑是取,何懼而

不獲?"兄弟之不協,焉能協諸侯之不睦?

　　邢與衞,同姓之國也〔五二〇〕。狄伐邢,莊三十二。齊救之,閔元、僖元。暨遷夷儀,乃從而爲之城;並僖元年。狄入衞,閔二。則爲之城楚丘〔五二一〕。僖二年正。二國者,俱齊侯所存之亡國,其患難正相同也。齊桓卒,十七年。明年而宋、衞遂伐齊〔五二二〕。狄救之,故邢與狄冬伐衞〔五二三〕。又明年,衞伐邢;二十有五年,遂滅邢〔五二四〕。一書狄救齊,有以見諸侯之罪;再書狄伐衞,于有以見救齊之美也。方狄人之迫黎侯,黎侯寓衞,衞不能修其職〔五二五〕。及戎之伐凡伯,衞且不救,致王臣之無援〔五二六〕。逮爲狄滅,齊復爲之城以居之;衞人忘亡,可謂飲其德矣〔五二七〕。今也,卒再朔則遽起而伐之,況王在難,而乃稱兵威人之國,絶先祖之支體,無人類矣〔五二八〕!故聖人書曰:"衞侯燬威邢〔五二九〕。"夫春秋,國君未有生名之者,今曰燬,蓋甚責其無人類也。禮云:"諸侯不生名。失地,名;威同姓,名〔五三〇〕。"此以一節而測經者,其説未然〔五三一〕。書稱吕伋、君奭,詩言召虎,生名也〔五三二〕。楚子威虁,蔡威沈,晉威下陽、虞、虢,威同姓也;衞侯奔楚,邢伯徠奔,失地也:而皆不名〔五三三〕。采地之大夫,附庸之君,未爵命于天子,則不盈乎君道;不盈乎君道,而猶異乎列臣,故平居則字,有所降則名〔五三四〕。諸侯之大夫,平居則族而名之,有所降則舍族。惟天子尹宰與公之孤特貴,故又以官加之,異列臣也〔五三五〕。姓有同異,其所以威之,貪土地,利人民,上絶王命,下絶人紀,其惡一也〔五三六〕。楚子虔誘殺蔡侯,豈同姓哉〔五三七〕?杜諤、黎錞更以"燬"字爲因下文"燬卒"而誤增之,不知文、宣之前威國皆人,無稱爵者〔五三八〕。此將名之,不可曰"衞人燬",故特加爵,正如"楚子虔"者,豈二爵亦誤耶〔五三九〕?胡以名爲常,不名爲變,陋矣〔五四〇〕。

翟〔五四一〕　侯爵,成王次子。云翟,今洛陽城中太倉西南池也〔五四二〕。
　　　　　世紀:景王葬翟泉〔五四三〕。在今東陽門内大街北太倉中,北眺翟泉〔五四四〕。戴延之云太子宫東,今無水〔五四五〕。
肜〔五四六〕　伯爵,成王子。唐韻作"肜",云成支庶。
單　　　成王子,單子國。單襄,單伯子也〔五四七〕。今單之單父,非魯之單伯〔五四八〕。

鄭　伯爵,屬王子。初采咸林。載言作棫林,國語、元和志、通典、寰宇記皆作"咸"。襄十六年棫林,許地〔五四九〕。今華陰鄭縣西北三里古鄭城,縣道記云:古城連接今州城。天保中,官路其中,東西連三小城〔五五〇〕。宇文朝移於西南九里故鄭城,開皇三又移理州北故鄭城〔五五一〕。屬京兆。蓋未爲國,國語,桓公采地咸林〔五五二〕。乃"初縣杜、鄭"者〔五五三〕。秦武公十一年。班志,宣王弟桓公封〔五五四〕。劭云:"母弟友所封。子與平王東遷,更稱新鄭〔五五五〕。"瓚云:"穆王以下都西鄭,不得以封桓公。公爲周司徒,王室將亂,謀於史伯,寄孥賄於虢、鄶間。幽王敗,一年咸鄶,四年咸虢,居於鄭父之丘,是以爲鄭桓公。無封京兆之文〔五五六〕。"師古亦非之〔五五七〕。蓋是采於彼,今因其名以來此,非至此始有鄭名。京兆畿内,自不妨於王都。"晉、鄭焉依",謂武公、文侯爾,固不爲新鄭〔五五八〕。

新鄭　幽王敗,武公徙河南,併虢、鄶十邑居之,曰新鄭,故莊公曰"吾先君新邑於此",若新豐者〔五五九〕。今鄭之新鄭,祝融之虛〔五六〇〕。

南鄭　今興元。耆舊傳云:桓公死於犬戎,其民南奔漢中,爲南鄭〔五六一〕。

櫟　鄭别都,屬公居,後屬楚。王隱云:翟也〔五六二〕。今許之陽翟。莊公城櫟,真子元〔五六三〕。

制　此制虢,東虢也,本滎陽〔五六四〕。隱元年。而北制虎牢,乃成皋〔五六五〕。五年。今孟之汜水有制氏。成十六制田,鄭地,滎陽制澤,今宛陵東〔五六六〕。

共　共叔邑〔五六七〕。杜云汲縣,非〔五六八〕。

京　太叔封,所謂京索,鄭詩"叔出于京"者〔五六九〕。今滎陽東南二十有故京城。故京,漢縣,齊廢〔五七〇〕。

成

楊　侯也。宣王子,幽王封之,曰楊侯〔五七一〕。其地平陽楊氏縣,漢之河東楊縣也[五七二]。

陸　宣王支子。陸氏譜云:封陸鄉,爲陸侯[五七三]。

謝　宣王支子。是爲謝丘,盟會圖云[五七四]。謝城,兖之龔丘,與姜、任二謝異[五七五]。

縱　平王子精封[五七六]。英賢録云,因爲精縱氏。

梁　平王子唐封,南梁也。今汝治梁縣。有梁山。梁故城在承休西南四十[五七七]。哀四年梁,云河南梁縣[五七八]。縣道記云:梁縣西南十五,古梁國城[五七九]。十三州志云,周南鄙邑[五八〇]。國事云:南梁,楚襲之[五八一]。安定梁氏出此[五八二]。

周　平王子秀封,在汝川;秦威之,爲汝南郡[五八三]。光武封姬常爲周承休公,居麻城,今在汝之梁縣[五八四]。

甘　惠王子叔帶封,即昭公[五八五]。生成公。成公生簡公及悼公過。酈元云:河南城西二十五有故甘城,俗曰鑒洛城,在甘水東十里[五八六]。洛陽南,北對河南故城。佑云,城在潁之潁上[五八七]。

陽樊　景王後,河陽濟源東南三十八皮子城是[五八八]。即皮氏城。水經,溴逕陽城,即樊氏邑[五八九]。

無終　薊之玉田,故無終縣[五九〇]。萬歲通天二爲玉田[五九一]。陽氏譜云:春秋之末,爰宅無終[五九二]。仙傳拾遺:陽翁伯適北燕,葬父母無終山,有天祚玉田事。亦見干寶記[五九三]。范通燕書云,後有雝於無終山獲玉,是也[五九四]。

鄄　敬王子柏所封[五九五]。或作"甄",非。劉子盟處,周地[五九六]。與元和志云濮州理故鄄城中、曹植爲鄄侯者異[五九七]。

氾　襄王居,鄭邑[五九八]。括地象云:氾城在許之襄城南[五九九]。韻云國名,音凡[六〇〇]。有氾水,在濟陰[六〇一]。

皇　王猛居,鄩也[六〇二]。今鞏西南有皇亭。記多作"黄",非。京相云:訾城北三里有黄亭[六〇三]。黄陌、黄水[六〇四]。訾城今隸鞏。

陽人

中山　東周封[六〇五]。釋例云:"鮮虞地。中山國治盧奴。"[六〇六]佑云:常山靈壽,中山國,有故城在西北[六〇七]。靈壽今隸真定[六〇八]。張曜中山記云:郡謂中人城,城中有山,故號中山[六〇九]。其山仄而銳上若委粟[六一〇]。漢中山靖始移郡出山,居盧奴[六一一]。隋圖經云中山城在今唐昌東北三十一,中山故城是[六一二]。中山故宫在安喜[六一三]。釣臺、戲馬[六一四]。

膚施　今隸延安,即漢之靈壽。世本:中山武公居顧,桓公徙靈壽[六一五]。

右周氏世封可見者。

公侯百里,伯七十里,子、男五十里。百里,大國;七十里,次國;五十里,小國。此三土也,唐、虞、三代以莫不然[六一六]。周官、武成、王制之言,成王、周公經世之制,率此不越[六一七]。

然在行人、司儀儐禮,皆以公爲一等,侯、伯一等,子、男一等,故世遂以公爲上國,侯、伯中國,子、男爲小[六一八]。典命注、夏官序更以公、侯、伯爲一,子、男爲一,則侯、伯俱爲大國,子、男小國,徒二等矣[六一九]。公羊説者復以伯、子、男同稱子,謂春秋書變周從商質,皆從子[六二〇]。此特國語師旅之説[六二一]。蓋因子産一時自解之言,尤無足據。子産當時特以鄭伯班次許男,有所不平而爲之語,故曰:"鄭,伯男也,而共公侯之貢[六二二]!"正亦以是爲辭,且欲下其貢於諸男而已,豈得視爲品之成邪[六二三]? 乃若白虎通義、禮記外傳謂商爵三等而無子、男,武王增之,始爲五等;董繁露言周爵五等,士三品,春秋三等,合伯子男爲一爵,士二品;康成定謂箕子、微子爲是畿内,因乎夏制,且謂質家爵用三等,文家乃用五等,——微所取[六二四]。

南宮　武王時有南宮仲。見宣和博古圖〔六二五〕。春秋時周大夫南宮極，其裔也〔六二六〕。即冀之南宮縣。盟會圖。吕后封張偃爲侯國〔六二七〕。

密　盟會圖云：周圻内國，宣王威之。此河南密。齊桓公密妃國〔六二八〕。然密康公墓在靈臺，故説者以爲涇近也〔六二九〕。

榮　榮伯采〔六三〇〕。榮叔也。説爲榮錡，今河南鞏西之榮錡澗〔六三一〕。子朝之亂，景王崩於榮錡氏，大夫食其地者〔六三二〕。然榮成伯駕鷥，魯出，聲伯、肵之后也〔六三三〕。

萇

瑕　周之支。酈氏云：山桑縣有瑕城，晉使詹嘉處瑕，燭之武所言焦、瑕〔六三四〕。即唐改蒙城，今隸亳。晉惠臣賂秦者，各一國〔六三五〕。

桃　僖二十四年桃叔采〔六三六〕。

尹　子朝入尹，周地〔六三七〕，昭二十三。尹氏采。杜謂鞏西南偃師〔六三八〕。今汾州有吉甫墓，記即其邑。

鞏　鞏伯國。晉鞏朔亦曰鞏伯〔六三九〕。今河南鞏縣，西周故居，酈氏云有鞏故城〔六四〇〕。洛地圖云："在洛之間，四面山。鞏，固也〔六四一〕。"

康　見前。

仍　仍叔采〔六四二〕。

暴　暴新公采，鄭邑也〔六四三〕。一曰隧。世本云，周圻内國。文公八年，會雒戎盟于暴〔六四四〕。鄭詩謂周圻内無暴邑，失之〔六四五〕。箋云：爲卿士者，皆食圻内，故有周、召、毛、原、莊、祭、尹、樊、鄎、成、單、甘、劉、南宮，而無暴〔六四六〕。

單

巷　巷伯采〔六四七〕。姓纂云，巷伯後氏〔六四八〕。

頹　頹叔采，爲頹氏〔六四九〕。邵氏姓解云，頹人姓〔六五〇〕。

方　　　　方叔采^[六五一]。許説文云"邡，廣漢縣"，乃什邡，非此^[六五二]。周書武王命伐方，乃商圻内^[六五三]。

卭^[六五四]　卭叔采，山陽卭成縣^[六五五]。

富　　　　大夫富辰采^[六五六]。

鄸　　　　子朝之亂，郊、鄸皆爲之邑^[六五七]。故有上鄸、下鄸、北鄸、南鄸之名^[六五八]。今鞏西南有地名鄸中，有鄸谷水，故鄸城即大夫鄸肸采^[六五九]。

詹　　　　詹桓伯采^[六六〇]。昭九年。大夫詹父後。詹嘉爲晉瑕大夫^[六六一]。非楚詹尹^[六六二]。

家　　　　家伯采^[六六三]。後有大夫家父^[六六四]。幽王太宰。

右周氏族，卿之采。

日爲君，月、星爲臣。是故月近日則朒，遠日而盈；星近日則伏，遠日而疾^[六六五]。臣之於君，則近厭而遠申^[六六六]。是故外以邦國，内以都鄙；外侯射三，内侯射二^[六六七]；司裘。外守節以玉，内以角^[六六八]；掌節。外達節以金，内以管^[六六九]；小行人。外之城制以隅，内以門阿；外經途以環法，内以野法^[六七〇]：匠人。天之道也。車攻之諸侯會王，則赤芾而不以絲；覲禮之侯氏朝王，則墨車而不以輅^[六七一]。會王畋獵，則王者不合圍，諸侯不掩羣；在國畋獵，則國君不合圍，大夫不掩羣^[六七二]。王賓射，則公執璧，卿執羔；諸侯賓射，則卿執羔，大夫執鴈^[六七三]。王視朝，孤卿特揖，大夫旅揖；諸侯視朝，則大夫特，士旅之^[六七四]。蓋諸侯之在國，則南面制節以存君道，而有以與王同；徠朝則北面謹度以全臣道，而必以與王異：此禮之大辨也^[六七五]。

雖然公、侯伯、子男命數五、七、九，而公、卿、大夫命數八、六、四，或奇或偶，説者以爲在國陽爵，居日下者陰爵，則有不然^[六七六]。五等之命非無六、八，公、卿、大夫非無五、七、九也，特五等以尊言,而公、卿、大夫以卑言〔六七七〕。尊言奇,卑言偶,從其辨,順也〔六七八〕。三禮義宗雖云公、卿、大夫以四、六、八,然亦有七命卿若五命之大夫,如公作伯則亦九命,故云元士三命,則陰爵非特偶也四、六、八,此而上爾〔六七九〕。公、侯、伯、子、男五等,正矣,故以附庸四命,則陽爵非特奇也九、七、五,此而下爾〔六八〇〕。云公八命,卿六命,大夫四命,此與内夫人、嬪、世婦相應言之〔六八一〕。公、侯、伯、子、男五等,而妻皆曰夫人,則其命爲可下;上大夫,卿,中、下大夫四等,而妻皆曰世婦,則其命爲可上矣。以四命大夫視伯,六命之卿視侯,則知侯八命矣。

　　周之諸侯,實惟八命。非王後不爲公,避九命也。困之九二:"絑紱方來,利用享祀〔六八二〕。"九五:"赤紱,……利用祭祀〔六八三〕。"絑紱爲君,赤紱爲臣;祭祀祭帝,而享祀則人鬼矣:是故絑紱爲降〔六八四〕。

　　漢代丞相東西曹掾比四百石,餘掾比三百石,屬比二百石,故曰公府掾比古元士三命者〔六八五〕。其儀爲可知矣。正曰掾,副曰屬。漢舊儀注。

召　　邵也。預云:扶風雝東南有召亭〔六八六〕。雝,今鳳翔天興〔六八七〕。東遷後采於垣,則今縣東北六十召原也〔六八八〕。有康公廟。廟在王屋西三十五,原在縣西四十〔六八九〕。寰宇。實爲奭〔六九〇〕。又記,垣之古棠,爲公分陜之地〔六九一〕。非也。説文"邵,晉邑",謂郫邵,齊師所戍〔六九二〕。皇興元置邵郡,大統爲邵州,義寧元爲邵原郡〔六九三〕。然易縣故淶水縣城在州北四十二,亦曰邵,云周封邵公于此,蓋歸老之地〔六九四〕。興國六年併入易〔六九五〕。

燕　　召公初封,春秋之燕、亳〔六九六〕。以其僻遠,有寢丘留侯之意〔六九七〕。地逼山戎〔六九八〕。六國時寖大,置漁陽、上谷、右北平、遼東西郡地〔六九九〕。秦威之,爲上谷郡。漢立,燕國;昭帝爲廣陽國、廣陽郡〔七〇〇〕。武德元年爲燕州。今幽治薊〔七〇一〕。國史云,今范陽縣〔七〇二〕。

北燕 燕之分。燕地廣矣,北燕伯云,亦姞姓者〔七〇三〕。以燕而名。予初謂爾。按張浮休使遼録云:中京牛山館北去,羣燕飛翔,大如鳩、鴿〔七〇四〕。其燕州,乃隋遼西郡,以處諸部内附事〔七〇五〕。詳隋北蕃風俗記〔七〇六〕。

陽 燕之分。本曰唐。併之大谷,漢之陽邑,今定之唐縣〔七〇七〕。班志云,燕之别邑〔七〇八〕。昭十二,高偃納北燕伯。齊人遷之〔七〇九〕。閔二年。

盛 盛伯國,亦曰成。續志云:濟北成,本國〔七一〇〕。預謂東平剛父西南有盛鄉〔七一一〕。竇苹云:鄉今在鄆,即晉之剛父〔七一二〕。公羊云:成者何? 盛也。盛降于齊,諱其滅同姓,書曰“成”〔七一三〕。

右燕召之屬〔七一四〕。

治國之道,牧民而已。牧民猶牧馬,必人安其馬,馬習其人〔七一五〕。胡爲而數易之? 嘗試語來:建康一會府爾,而史氏之所志,自開寶八年盡乾道之三,二百載中,牧民之使已百二十有五易〔七一六〕。其罷去若祠去與夫致仕而去者咸六,不禄若憂去者五,不見其去之期者二十一,召去者十有五,而即除者五十有六,其得滿而替者二十有一而已〔七一七〕。或一年,或半年;或一月,或二三月。若王益柔之至,俯六日而迢迢應天府矣〔七一八〕。再任,俯七。而馬亮乃四受部,然亦未嘗一因〔七一九〕。任者區區徠往,俗安得不啙窳,民安得不罷敝哉〔七二〇〕? 府之邑屬,正可知矣〔七二一〕。府與邑屬宰牧若此,天下又可知矣。史正志書〔七二二〕。

方太平興國之八年,日本僧奝徠朝,噭其國主相襲者六十有四世矣,文武僚吏悉以世官〔七二三〕。上顧鼎臣,喟然歎曰:“是夷虜者,而世嗣乃如此! 臣下世爵,能有古道。中國即自唐季,海内分裂；<u>五代</u>世數，尤以淺促；而大臣之子孫，亦鮮克繼父祖基業。朕雖不逮往聖，然孳孳願治，未嘗自佚。所冀運祚隆永，諸臣世襲祿位，罔俾遠夷擅享斯美^{〔七二四〕}。"繇此語之，持久不動之爲美，可知矣^{〔七二五〕}。句麗國主高姓，故<u>漢書</u>、<u>國志</u>皆曰<u>高句麗</u>，<u>隋</u>始去"句"字，然<u>五代史同光</u>元年<u>韓申</u>來，其王尚姓<u>高</u>，則<u>秦</u>、<u>漢</u>至是，亦止傳一姓也^{〔七二六〕}。<u>孟軻</u>曰：所謂故國者，有世臣之謂也^{〔七二七〕}。<u>武</u>有天下，卜年七百；而<u>魯</u>、<u>衞</u>、<u>燕</u>、<u>宋</u>皆垂千祀，<u>周</u>、<u>召</u>、<u>毛</u>、<u>原</u>、<u>尹</u>、<u>劉</u>、<u>榮</u>、<u>單</u>布滿朝著，悉世其禄，與<u>周</u>匹休^{〔七二八〕}。有天下者，固將君臣相與守其家法，以保其禄於無窮焉而已矣^{〔七二九〕}。海邦千數，羈縻八百，莫匪世襲，不可得易^{〔七三〇〕}。此有天地生民以徠，自然之道也，何至朝恟莫縱，一虁十甯，爲黔首尤哉^{〔七三一〕}？嗟乎！天語重開，可謂百世幸矣^{〔七三二〕}。而當時在廷，莫有成其美者，豈識學之未詣哉，天時之未猒哉^{〔七三三〕}？<u>王嘉</u>曰：<u>孝文帝</u>時，居官者長子孫，以官爲氏，其二千石長吏亦皆安官樂職，然後上下相望，莫有苟且之意^{〔七三四〕}。及<u>孝宣</u>親政，以爲：太守，吏民之本，數變易則下不安；民知其將久，不可欺罔，乃服從其教化^{〔七三五〕}。故侍中、尚書功勞當遷及有異善，至于子孫，終不改易^{〔七三六〕}。<u>黃霸</u>亦云：數易長吏，送故迎新之費及姦吏緣絶簿書盜財物，公私耗費甚多，皆當出於民^{〔七三七〕}。<u>至和</u>三年，諫官<u>范鎮</u>言："<u>恩州</u>自<u>皇祐</u>五年秋至去年冬，知州事凡七换。<u>河北</u>諸州，大率如此。欲望兵馬練習，固不可得。伏見<u>雄州</u>馬懷德</u>、<u>恩州</u><u>劉渙</u>、<u>冀州</u><u>王德恭</u>，材勇智慮，可責之以辨治，乞令久任。"^{〔七三八〕}任之不久而欲其成事，不可得也。<u>李牧</u>爲<u>趙</u>將，功以久而成^{〔七三九〕}。<u>李勣</u>守<u>并州</u>，威以久而伸^{〔七四〇〕}。而<u>晉</u>人陰計中<u>吴</u>，則使其將帥屢易，議故<u>渾</u>、<u>濬</u>得以收功^{〔七四一〕}。蓋責任之不久，則不足以有爲而卒功業也^{〔七四二〕}。

<u>穀</u>　　伯爵。<u>預</u>：在<u>筑陽</u>^{〔七四三〕}。今<u>襄陽</u><u>穀城</u>西北五里有故<u>穀城</u>、有<u>穀</u>伯廟^{〔七四四〕}。

<u>小穀</u>　　<u>齊</u>、<u>魯</u>城<u>小穀</u>，以爲<u>管仲</u>私邑^{〔七四五〕}。<u>莊</u>三十二。城中有<u>夷吾</u>井^{〔七四六〕}。即<u>管仲</u>井。本曰<u>穀</u>，<u>景公</u>曰"<u>桓公</u>以<u>仲</u>爲有力，邑<u>狐</u>與<u>穀</u>"者，乃<u>姜</u>會<u>齊</u>侯處^{〔七四七〕}。<u>後漢</u>置<u>穀城</u>

縣,屬東郡。晉廢,入東阿。故城在縣東。小穀,魯邑^{〔七四八〕}孫明復云,曲阜西北有小穀城^{〔七四九〕}。有穀城山。張良得黃石處^{〔七五〇〕}。或曰陽穀。僖三^{〔七五一〕}。東阿南東四十二有陽穀亭^{〔七五二〕}。

息　侯爵。楚文威之^{〔七五三〕}。莊十四,釐王二年^{〔七五四〕}。今蔡之新息北三十有古息城^{〔七五五〕},孟康云:後東徙,加"新"字^{〔七五六〕}。西十有息侯廟^{〔七五七〕}。周息州也^{〔七五八〕}。説文:新郪,郪,姬姓^{〔七五九〕}。按:春秋別有郪,齊南鄙^{〔七六〇〕}。

滑　伯爵。鄭入而秦威之。襄王十二年,鄭入滑^{〔七六一〕}。十六年,伐之^{〔七六二〕}。二十五,威于秦^{〔七六三〕}。後晉取之^{〔七六四〕}。今拱之襄邑西北有滑亭^{〔七六五〕},鄭地。爲周、秦、晉、鄭更邑。本水名。宣八,楚子及滑汭^{〔七六六〕}。後遷于費,曰費滑^{〔七六七〕}。今偃師緱氏鎮有古滑城、在緱氏東十八^{〔七六八〕}。滑臺、滑伯廟。九域志,在滑之白^{〔七六九〕}。非滑州。去州四百里。

養　繇基先邑。今汝之郟城有養水。楚子逆吳公子使居養,在此^{〔七七〇〕}。

極　魯附庸,無駭入之^{〔七七一〕}。隱二年。穀梁子云:威同姓也^{〔七七二〕}。

隨　世本云:姬姓,楚威之。桓六年,楚侵隨^{〔七七三〕}。八年,伐之,隨侯逸^{〔七七四〕}。莊四,又伐之。僖二十年,以漢東諸侯叛。今隨之隨縣,晉之隨郡^{〔七七五〕}。有魱丘,隨侯臺、墓^{〔七七六〕}。

丹

逢^{〔七七七〕}　楚屬。春秋時有逢伯^{〔七七八〕}。或作"逄",誤^{〔七七九〕}。

舮　涇之鶉舮^{〔七八〇〕}。

鱗　見潛夫論^{〔七八一〕}。春秋時有鱗朱^{〔七八二〕}。

主

頓　子爵,昭四^{〔七八三〕}。楚威之^{〔七八四〕}。定十四。今陳之南頓,故頓縣,有故頓城〔七八五〕。_{十三州志云:南頓西三十故頓子城,在潁水}_{之南,故號潁陰城。}劭云:迫於陳,後南徙,曰南頓。_{後魏爲南}_{頓郡。}

鼓　子爵,白翟別,鳶鞮國〔七八六〕。_{中行穆伯攻之,經年不能}_{下;荀吴滅之〔七八七〕。}傳昭十五圍鼓,二十二滅之〔七八八〕。今祁之鼓城〔七八九〕。_{唐屬定〔七九〇〕。}有鼓聚,在定之藁城〔七九一〕。_漢_{下曲陽〔七九二〕。}

肥　子爵。本白翟地,晉威之。_{傳昭十二:八月,以肥子緜皋歸〔七九三〕。}真定之肥纍城也,在藁城西南七里。_{漢下曲陽,後齊廢入藁}_{城,今屬真定〔七九四〕。}肥子後歸燕,封之肥如〔七九五〕,_{如,歸也。漢}_{故縣。今平之盧龍〔七九六〕。}或作邯鄲。有故肥鄉縣城。_{紀年:}_{梁惠王八年,伐邯鄲,取肥〔七九七〕。}_{地道:東太康八年立,隷廣平〔七九八〕。}

宮　之奇之先國〔七九九〕。玉篇鄁國爲徒冬切,非。

宾〔八〇〇〕鄭也〔八〇一〕。_{冀爲不道,伐鄭三門,乃虞地〔八〇二〕。}_{僖二。}_{杜闕。}今陝之平陸東北二十有鄭城,周四里。又有上鄭〔八〇三〕。_{成二年會晉師處〔八〇四〕。}_{説文:晉邑〔八〇五〕。}

麗　麗姬家,商時國。_{盟會圖、元和志。}一作"驪"。男國也。_集_{韻作"孋",非。}秦曰驪邑。今臨潼東二十四有故麗城〔八〇六〕。_{道里記云:高一丈五尺〔八〇七〕。}_{盟會圖在雒之新豐〔八〇八〕。}_{漢之新豐,唐之昭應,祥符改曰臨潼。元和志作"驪戎",故城在昭應東二}_{十四里。}非驪戎之國。

載　左傳有載國〔八〇九〕。_{風俗通云:姬姓後。}陳留外黄是〔八一〇〕。韻作"戴",云"古國"〔八一一〕。

紀　今緱氏,故紀縣〔八一二〕。

胡　子爵,楚威之。_{昭二十三,吴敗胡師,胡子髠威;定十五,楚方威胡,以}_{胡子豹歸:相去二十五年〔八一三〕。}蓋楚之所立。姬國也〔八一四〕。_{哀六。}_{平王二十六年,鄭伐胡,武公曰:"胡,兄弟之國也〔八一五〕。"越世家云:析、}

酅、宗胡。索隱云"宗胡，邑，爲胡姓宗"，非，乃宗姓胡爾。今潁治汝陰西二里有胡故城。范史云："汝陰本胡國[八一六]。"杜在汝陰西北[八一七]。盟會圖在豫州酈城。故有胡陰、胡陽。胡陰本山陽胡陵，章帝改之[八一八]。胡陽縣，隸南陽[八一九]。與胡公之國異[八二〇]。

隗

運

冀　冀子、冀戎國[八二一]。今秦之清水故伏羌城，秦漢之冀縣也[八二二]。秦武公十年伐冀戎，爲縣[八二三]。隗囂據此稱西伯[八二四]。

賈　伯爵。華之蒲城西南十八有故城、賈大夫冢[八二五]。非賈伯。伐曲沃者。左傳：芮伯、梁伯、賈伯伐曲沃[八二六]。又臨汾有賈鄉。

芮[八二七]　伯爵。今陝之芮城西二十有芮故城[八二八]、水經："河水自河北城南，東逕芮城[八二九]。"芮君祠。九域志。商代國[八三〇]。西伯初，虞、芮訟[八三一]。今平陸西六十閑原者，所爭田也[八三二]。東西七里，南北十二[八三三]。周爲司徒。書注：周同姓圻內國，爲大夫[八三四]。寰宇記："周司徒封芮，爲附庸"，非[八三五]。杜云，馮翊臨晉芮鄉[八三六]。臨晉城在朝邑西南二里。秦滅梁、芮，繆公二十年[八三七]。唐爲芮州。武德二年。集韻儒劣切，非[八三八]。

魏　今陝治平陸。有古魏城，在河北縣[八三九]。在河之東北，南、西去河各二十餘里，北拒首山十里所，故魏風著十畝之詩[八四〇]。詩敘言魏君儉嗇褊急；近秦、晉，日見侵削；平、桓之世，變風始作[八四一]。事無所見，此依詩以意爲之言爾。晉獻咸之，以賜畢萬[八四二]。閔元[八四三]。芮萬奔魏，故或以魏爲萬邑[八四四]，紀年：晉武公七年，芮伯萬之母芮姜逐萬，萬奔魏[八四五]。八年，周師、虢師圍魏，取芮伯而東之[八四六]。九年，戎人逆之郊[八四七]。又云：桓王十二年秋，秦侵芮；冬，王師、秦師圍魏，取芮伯而東之[八四八]。萬見左氏桓三年。

同姓也。傳:"魏,姬姓國[八四九]。"郡國志:陝州魏城,昔芮伯萬母惡子,逐之于魏處。非其國。

焦[八五〇] 弘農陝是[八五一]。本北虢之上陽,晉威之[八五二]。惠公以賂秦[八五三]。紀年:魏襄王六年,秦取我焦[八五四]。其大城中小城,故焦也[八五五]。云召公子譙侯之舊國。樵云:焦故城在陝州東北百步[八五六]。非亳之焦[八五七]。梁載言云:姬姓,與亳之姜姓焦別。酈元以爲神農之後,歐炎亦謂武封炎後在此,非也[八五八]。按傳:虞、虢、焦、滑,皆姬姓也,晉是以大[八五九]。後十五年,燭之武説秦,亦以焦、瑕[八六〇]。

巴 巴姬之國。楚靈妃[八六一]。晉文公西伐巴蜀,此也。吕氏春秋[八六二]。今果之南充[八六三]。預云,巴之江州縣[八六四]。江州,今恭之巴縣。紀年:桓王十七年,楚及巴伐鄧[八六五]。

項 子爵,齊滅之。僖十七年左云魯滅之,非也。公、穀以爲齊,得之,此蒙上"伐英氏"文[八六六]。内不言滅[八六七]。漢之西華,後曰項城[八六八]。今縣隸陳,東北一里有故項城。楚襄徙陳,以項爲別都[八六九]。楚考烈威魯,封其將於項,爲項氏[八七〇]。晉諺"堅不過項"者[八七一]。史:項梁父項燕,世楚將,封于項[八七二]。

徐 徐姬國。齊桓妃[八七三]。穆王時滅偃,以封姬姓[八七四]。

鮮虞 本子姓國,詳見商後[八七五]。以處姬姓[八七六]。子爵,翟也,種地最廣[八七七]。白狄也。晉語有蒲人、翟人,中行穆子伐翟,乃鮮虞也[八七八]。春秋昭十二年,晉伐鮮虞。十五年,荀吴又伐。定四年士鞅、哀六年趙鞅又伐之[八七九]。列子:襄子攻翟,取左人、中人[八八〇]。未嘗滅也。應劭地理記:中人城西北四十有左人城,左人之故邑[八八一]。左人即今定之唐縣。

昔陽 子爵,本肥馬[八八二]。肥子後遷昔陽。今平定之樂平東五十有昔陽故城[八八三]。杜云樂平沾縣東有昔陽城,是[八八四]。晉滅之。昭十二年。九域志,趙鞅晉陽[八八五]。寰宇記:荀吴假道於鮮虞,遂入昔陽[八八六]。鮮虞在北,昔陽在南,晉恐肥爲備,故從北僞東南行往會齊師,乃先還,假道鮮虞,遂入昔陽也。故鉅鹿境[八八七]。一日夕陽。開皇置昔陽，於下曲陽置。今祁之鼓城〔八八八〕。

夏陽　下陽也。僖公二年：“虞師、晉師滅下陽。”書“滅”，國矣。或曰虢邑，非也。滅國曰滅，君死其位曰滅〔八八九〕。虞、虢之亡不書〔八九〇〕，五年。而書下陽之滅于此，罪虞也。下陽，虞、虢之所恃。下陽滅而虢去，虢去而虞舉矣〔八九一〕。滅下陽者晉，而以虞首兵，賄也〔八九二〕。虞之賄，孟子、三傳詳矣〔八九三〕。

右周之餘族可見者。

烏乎，姬周之國楸矣〔八九四〕！方其晟時，述職朝覲，會于明堂；日省月攷，時享歲貢；來有湛露之燕，去有彤弓之送；怡怡偲偲，以藩屏周〔八九五〕。及其衰也，召穆公思周德之不類，故糾合宗族于成周而作詩，曰：“棠棣之華，萼不煒煒。凡今之人，莫如兄弟。”〔八九六〕周之有懿德也，猶曰“莫如兄弟”，故封建之；其懷柔天下也，猶懼有外侮，故以親屏周〔八九七〕。是以楚子疆梁心張問鼎，而猶畏迫宗周，不敢竊發〔八九八〕。不幸後世，上失其道，宗國恣橫，諸侯相併，王官不討〔八九九〕。陵徒至于三四，然後枝葉相扶，觖降爲庶尚四十年，而後秦得而挹之〔九〇〇〕。宣王以降，世乏令王，然如齊、晉勤王，世有能者，故猶五百歷年，數極德盡而後位去，則磐石之宗可賴也〔九〇一〕。

一自東遷，宗國恣橫，諛相侵伐，以至于滅。禽父一國〔九〇二〕，當春秋，伐侵國者十，入國者六，圍者十三，取者十四，而伐人之國者四十九，會伐十九，及伐者三；而公之伐者又十，伐若以某師伐者咸一，大夫伐九，而會伐者又六。公之伐十，而邾居其六。大夫伐九，而邾居其七。公會伐十有五，而鄭居十二。人之侵我五，伐我者二十一，而齊居十五。追、戰、敗、滅，不與存焉，其諸爲可知矣〔九〇三〕。鄉使宗國循良，不躪外姓，以穆諸姬，則周室至今存可也〔九〇四〕。詩云：“騂騂角弓，扁其反矣。兄弟婚姻，無胥遠矣。

爾之遠矣，民胥然矣〔九○五〕。”魯弃同姓，從而伐之，其爲反也，不
已甚乎！齊之見伐，其爲然也，不已洵乎〔九○六〕？

　　或曰：諸侯之吞，威勢之必至。楚莊威陳而以爲縣，樂毅下城
七十皆郡縣之，是破滅諸侯，不可復封建矣〔九○七〕。曰：不然。楚
之不縣陳，當時之論，亦已明矣〔九○八〕。而燕之郡齊城，亦孰見其
安且利哉？伊昔先王所以立之九伐之法者，凡以禁其相吞〔九○九〕。
景風至而利建〔九一○〕。建德策勳，存亡繼絶者，所以爲不滅之
道〔九一一〕。而今諸姬恃親，强恣陵蔑外姓，循至尋鈇，此秦、楚所以
自爲計；不然，則亦俱杞、宋而弊矣〔九一二〕。嗟乎！王法不行，使秦
得志，盡絶先王之世，豈惟秦之罪哉〔九一三〕？蓋縣諸姬自賊之所
致也〔九一四〕。

【校注】

　　〔一〕仲：虢仲，周文王異母弟，王季次子。西周初，周武王封之於今陝西
寶雞市陳倉區一帶，稱西虢。　　岐：岐州。

　　〔二〕鳳翔虢縣：鳳翔，府名。虢縣，治所在今陝西寶雞市陳倉區虢鎮。

　　〔三〕通典卷一七三州郡三岐州虢縣：“古虢國。魏之西虢。”

　　〔四〕東遷之際，自此之上陽，爲南虢矣：東遷，指公元前770年周平王由鎬
京遷都雒邑事。參見後紀十高辛紀下〔二七四〕。

　　〔五〕或云叔自此之上陽，妄：吳本、四庫本無此九字注文。叔，虢叔。

　　〔六〕史記秦本紀武公十一年：“滅小虢。”

　　〔七〕公羊曰“虞郭”：見公羊傳僖公二年。　　郭究碑言“郭叔”：郭究，東漢
末官司隸從事。其碑文云：“其先出自郭叔。”見宋洪适隸釋卷一○。　　禮記
注：虢，或爲郭：今本禮記鄭注未見有此，或者誤記。

　　〔八〕武都：地名。在今甘肅鎮原縣境。

　　〔九〕集韻卷一○陌韻郭云：“國名。春秋傳：‘攻郭，則虞救之。’通作虢。”
音與虢同爲郭攫切。

　　〔一○〕制：地名，在今河南滎陽市汜水鎮西。

　　〔一一〕見通典卷一七七州郡七洛州汜水縣。　　洛之汜水：洛，州名。汜

水,縣名,治所即今河南滎陽市汜水鎮。

〔一二〕見左傳隱公元年。　嚴:險要。

〔一三〕孟:州名。　成皋:縣名。

〔一四〕見水經注卷七濟水。

〔一五〕左傳隱公元年"制,嚴邑也,虢叔死焉"孔穎達疏:"僖五年傳曰'虢仲、虢叔,王季之穆也',晉語稱文王'敬友二虢',則虢國本有二也。晉所滅者,其國在西,故謂此爲東虢也。"

〔一六〕賈逵、虞翻等謂叔爲西虢,仲爲東虢:仲爲東虢,四庫本"爲"作"謂"。彦按:賈逵説見左傳僖公五年"虢仲、虢叔,王季之穆也"孔穎達疏引賈逵云:"虢仲封東虢,制是也。虢叔封西虢,虢公是也。"虞翻説出處不詳。

〔一七〕陝縣之硤石鎮:見國名紀四夏后氏後注〔四七〕。

〔一八〕下陽即今同之夏陽:同,州名。夏陽,各本均作下陽。彦按:後一下陽,當作夏陽。宋史無下陽,而有夏陽,五行志一上:"(咸平)四年七月,同州洿谷水溢夏陽縣",又地理志三同州郃陽縣注:"熙寧四年,省夏陽縣爲鎮入焉。"則宋時夏陽初爲縣,後爲鎮,在同州,是也。且此處唯有作夏陽,下文"下、夏字通"方爲有的放矢,亦與服氏之説相符。今訂正。　服氏亦云在此:水經注卷四河水引服虔曰:"夏陽,虢邑也。"

〔一九〕杜謂河東大陽:春秋僖公二年"虞師、晉師滅下陽"杜預注:"下陽,虢邑,在河東大陽縣。"

〔二〇〕見左傳僖公五年"虢仲、虢叔,王季之穆也"孔穎達疏引馬融云,原文作:"虢仲封下陽,虢叔封上陽。"

〔二一〕見同上注。原文作:"案傳,上陽、下陽同是虢國之邑,不得分封二人也。"

〔二二〕虢之虢略:虢,州名。虢略,縣名,治所在今河南靈寶市。

〔二三〕世紀三虢,仲爲西虢:太平寰宇記卷六虢州引帝王世紀云:"故虢有三焉。周興,封虢仲于西虢,此其地也。"

〔二四〕陝理:陝,州名。理,即治,指治所。陝州治所在今河南三門峽市陝州區。

〔二五〕漢書地理志上弘農郡陝縣云:"故虢國。"

〔二六〕北虢在大陽，東虢在滎陽，西虢在雍：見漢書地理志上弘農郡陝縣注，“雍”作“雍州”。“雍”與“雍”通。喬本、洪本、吳本“滎陽”之“滎”形譌作“榮”。此從四庫本、備要本。

〔二七〕陝、平陸：二縣名。

〔二八〕天寶元年，守李齊物開漕得古鑷，有“平陸”字，改焉：漕，人工挖掘或疏濬的主要用於漕運的河道。喬本作“曹”，今據餘諸本改。鑷，即鍬。彥按：新唐書地理志二陝州陝郡平陸縣曰：“本河北，隸蒲州，貞觀元年來屬。天寶元年，太守李齊物開三門以利漕運，得古刃，有篆文曰‘平陸’，因更名。”蓋即羅氏所本。然所云“古刃”，非“古鑷”也。舊唐書地理志一陝州大都督府平陸縣載其事，在天寶三載，與新唐書不同；而曰“石下得戟，大刃，有‘平陸’篆字，因改爲平陸縣”，則乃戟矣。

〔二九〕佑以此爲仲邑：見通典卷一七七州郡七陝州。

〔三〇〕詳商世侯國：彥按：“商”當作“夏”。參見國名紀六夏世侯伯盧氏。

〔三一〕序之封，晉滅之：序，虢叔裔孫。本書後紀十高辛紀下：“虢仲、虢叔，文王敬友二卿。……叔爲東虢。平王奪其地與鄭，楚莊責王，乃求其裔孫序，封之陽曲，曰郭公。晉滅之。”

〔三二〕左氏春秋經僖公二年：“虞師、晉師滅下陽。”公羊、穀梁經“下陽”並作“夏陽”。

〔三三〕歐忞廣記：吳本、四庫本、備要本“忞”作“志”，誤。彥按：此廣記指輿地廣記，作者爲宋歐陽忞，路史但稱“歐忞”，不妥。至“忞”或作“志”，則因刻寫形譌。

〔三四〕漢夏陽城又在韓城東北百三十：韓城，在今陝西韓城市。百三十，喬本作“三十”，餘諸本皆作“百三十”。彥按：太平寰宇記卷二八同州韓城縣曰：“夏陽城，漢縣名。唐初廢縣，後復置。今在縣東北一百三十里。”與餘諸本同，今從之。

〔三五〕斲：古“劉”字。

〔三六〕康公：周頃王子，周定王弟，又稱王季子（見春秋宣公十年）。彥按：路史列康公於王季之穆中，甚是不妥。蓋誤解春秋宣公十年“王季子”義。魯宣公時距王季四百多年，王季之子豈得見於魯宣公世！

〔三七〕杜云,緱氏西北舊有劉亭:見左傳隱公十一年"王取鄔、劉"注,文曰:"二邑在河南緱氏縣。西南有鄔聚,西北有劉亭。"

〔三八〕緱氏,熙寧入偃師:熙寧,各本皆作"西寧"。彥按:"西寧"當"熙寧"之音譌。宋史地理志一京西路偃師縣云:"畿。慶曆三年廢,四年復;熙寧五年,省入緱氏;八年,復置,省緱氏縣爲鎮隸焉。"今據以訂正。

〔三九〕或云魯地:春秋襄公十五年"及向戌盟于劉"孔穎達疏:"釋例劉地闕,蓋魯城外之近地也。"

〔四〇〕盟于劉:傳世本春秋"劉"字作"劉"。

〔四一〕字經:佚書,撰人不詳。

〔四二〕本書後紀十高辛紀下曰:"文王之異弟煇之子渠,封岑,爲岑氏。"

〔四三〕梁國:治所在今河南商丘市睢陽區。

〔四四〕自此而下至"招野老而進之",見新序雜事四,此但撮取其大意。

〔四五〕訪諸野老,郭氏之虛也:野老,洪本、吳本、四庫本作"野叟",新序作"野人"。下"野老"同。虛,"墟"之古字。

〔四六〕善善惡惡,固政之媺也:媺,同"美"。新序作:"善善而惡惡,人之善行也。"

〔四七〕新序作:"於是桓公招野人而賞焉。"

〔四八〕故春秋書郭亡猶梁亡者,言其所取亡也:春秋僖公十九年:"梁亡。"杜預注:"以自亡爲文,非取者之罪,所以惡梁。"同年左傳:"梁亡,不書其主,自取之也。初,梁伯好土功,亟城而弗處。民罷而弗堪,則曰'某寇將至'。乃溝公宮,曰:'秦將襲我。'民懼而潰,秦遂取梁。"是梁之亡,咎由自取也。而左傳莊公三十二年云:"秋七月,有神降于莘,……内史過往,聞虢請命,反曰:'虢必亡矣。虐而聽於神。'神居莘六月,虢公使祝應、宗區、史嚚享焉。神賜之土田。史嚚曰:'虢其亡乎!吾聞之:國將興,聽於民;將亡,聽於神。神,聰明正直而壹者也,依人而行。虢多涼德,其何土之能得?'"又閔公二年云:"春,虢公敗犬戎于渭汭。舟之僑曰:'無德而祿,殃也。殃將至矣。'遂奔晉。"又僖公二年云:"虢公敗戎于桑田。晉卜偃曰:'虢必亡矣。亡下陽不懼,而又有功,是天奪之鑒,而益其疾也。必易晉而不撫其民矣。不可以五稔。'"又僖公五年云:"八月甲午,晉侯圍上陽。問於卜偃曰:'吾其濟乎?'對曰:'克之。'公

曰：‘何時？’對曰：‘童謠云：“丙之晨，龍尾伏辰；均服振振，取<u>虢</u>之旂。鶉之賁
賁，天策焞焞，火中成軍，<u>虢公</u>其奔。”其九月、十月之交乎！丙子旦，日在尾，月
在策，鶉火中，必是時也。’冬，十二月丙子，朔，<u>晉</u>滅<u>虢</u>。<u>虢公醜</u>奔京師。”則<u>虢</u>
之亡，亦咎由自取也，故言“猶<u>梁</u>亡者”。

〔四九〕始郭君之出也，……馭者進梁肉脯糗：自此而下至“誦言如醉”，見
<u>韓詩外傳</u>卷六第十一章及<u>賈子新書先醒</u>，文字不盡相同。梁肉，泛指精美的飯
食。梁，通“粱”，小米之優良品種，借指精糧、細糧。脯糗（qiǔ），乾肉和乾糧。
糗，炒熟的米麥，泛指乾糧。

〔五〇〕給：音 jǐ，供給。

〔五一〕然則若知吾且亡乎：若，第二人稱代詞，你。且，將。亡，逃亡。

〔五二〕君喜道諛而難至言：道諛，阿諛奉承。道（dǎo），諂媚。諛，<u>吳</u>本、
<u>四庫</u>本、<u>備要</u>本作“腴”，誤。難，厭惡，不喜歡。至言，謂直言、真話。

〔五三〕馭者辭焉：辭，解說，辯解。<u>韓詩外傳</u>作“御轉其辭”。　大賢，此
其所以不之存而之亡：大，<u>喬</u>本作“夫”，餘諸本並作“泰”。<u>彥</u>按：“夫”當“大”
字之誤。“大”爲“太”之古字，而與“泰”通。<u>韓詩外傳</u>作“君之所以亡者，太
賢”，<u>賈子新書</u>作“君之所以亡者，以大賢也”，“太”“大”同。今訂正。

〔五四〕郭君於是伏軾而咥：伏軾，俯身靠在車前的橫木上。咥（xī），笑。
<u>洪</u>本、<u>吳</u>本、<u>備要</u>本如此，<u>喬</u>本、<u>四庫</u>本作“詰”。<u>彥</u>按：此當以作“咥”爲是；作
“詰”者，字之譌也。<u>賈子新書</u>作“<u>虢</u>君喜，據式而笑”，意正相同。　賢固若是
難邪：<u>洪</u>本、<u>吳</u>本、<u>四庫</u>本“固”作“顧”。

〔五五〕舍車躇山中，居飢力解：躇，謂躇足，歇腳。解，“懈”之古字，疲憊。
<u>韓詩外傳</u>作：“於是身倦力解。”<u>賈子新書</u>作：“遂徒行而於山中居，饑倦。”　枕
馭者而寐：<u>韓詩外傳</u>、<u>賈子新書</u>並作“枕御膝而臥”。

〔五六〕馭者易之凷，疏行而亡之：凷，土塊。<u>洪</u>本作“凶”，<u>喬</u>本作“凶”，餘
諸本皆作“塊”。<u>彥</u>按：“凶”“凶”當“凷”字形譌，凷、塊一字異體，今訂正。疏
行，猶潛行。<u>許維遹韓詩外傳集釋</u>引<u>周廷寀</u>云：“疏行，間行也。”

〔五七〕郭君餒死中野：<u>韓詩外傳</u>作：“身死中野，爲虎狼所食。”<u>賈子新書</u>
作：“君遂餓死，爲禽獸食。”

〔五八〕聽言則對，誦言如醉：見<u>詩大雅桑柔</u>。聽言，聽從之言，即順從的

話。對,應答。誦言,勸告的話。誦,諷諫。如醉,謂裝糊塗。

〔五九〕惠王七年:彥按:周惠王七年時當魯莊公二十四年,春秋於是年出"郭公"二字而無傳,杜注以爲"蓋經闕誤也"。羅氏以郭公死中野於是年,未知何據。

〔六〇〕爲狼所食:"狼"上疑脱"虎"字。見上注〔五七〕。

〔六一〕齊潛居衛,謂公王丹曰:自此而下至"公王丹之所過也",見吕氏春秋審己及新序雜事五,文字不盡相同。齊潛,即戰國齊潛王田地。公王丹,齊潛王臣。吕氏春秋、新序作公玉丹,史記孝武本紀司馬貞索隱引風俗通作公王丹,實一人,皆因字形相近而譌混。本字蓋當作"玉",姓書以公玉爲複姓。

〔六二〕賢固若是苦邪:吴本、四庫本"邪"作"耶"。

〔六三〕自此"若宋昭之出也"而下至"謚曰昭",見韓詩外傳卷六第十一章、賈子新書先醒及新序雜事五,文字不盡相同。　宋昭:指春秋宋昭公子特。　被服:穿戴。被,"披"之古字。

〔六四〕安幾行道:韓詩外傳作"安義行道",許維遹集釋云:"各本皆同,元本'義'作'幾',誤。"彥按:"安義"與"行道"爲對文;作"安幾",則失對。蓋路史所據,已爲誤本。

〔六五〕逆:迎接。

〔六六〕謚曰昭:逸周書謚法解:"昭德有勞曰昭。聖文周達曰昭。"

〔六七〕自此"楚靈無道"至下"縊焉",見國語吴語,文字不盡相同。　吴語曰:洪本、吴本、四庫本"曰"作"云"。國語吴語:"昔楚靈王不君,其臣箴諫以不入。乃築臺於章華之上,闕爲石郭,陂漢,以象帝舜。罷弊楚國,以閒陳、蔡。不修方城之内,踰諸夏而圖東國,三歲於沮、汾以服吴、越。其民不忍饑勞之殃,三軍叛王於乾谿。王親獨行,屏營仿偟於山林之中,三日乃見其涓人疇。王呼之曰:'余不食三日矣。'疇趨而進,王枕其股以寢於地。王寐,疇枕王以璞而去之。王覺而無見也,乃匍匐將入於棘闈,棘闈不納,乃入芊尹申亥氏焉。王縊。"參見後紀五黄帝有熊氏紀跋文注〔一二〕。

〔六八〕屏營:彷徨,徘徊。屏音 bīng。　涓人:古代宫中擔任灑掃清潔的人,泛指親近的内侍。

〔六九〕比覺:洪本"覺"作"㝟",俗體。

〔七〇〕棘闈：棘，春秋楚邑，在今河南永城市西北。闈，門。

〔七一〕申亥氏：楚大夫。

〔七二〕莊二十四年之所書者：見上注〔五九〕。

〔七三〕賈誼書作虢君：見新書先醒。

〔七四〕見太平寰宇記卷五四博州聊城縣。原文爲：“郭城。隋圖經云：‘郭城，即亡國郭氏之墟。’”

〔七五〕管子亦言桓公之郭，問郭父老何以亡：今本管子無此，蓋佚文。問，洪本、吳本譌“間”。

〔七六〕太平寰宇記卷二一兖州曲阜縣：“古魯城門。魯城，伯禽邑也。西五門，第一曰鹿門，即臧孫紇斬鹿門關以出；第三曰稷門，即圉人犖能投蓋于稷門。按魯國記云：‘古城凡有七門，東西有三門，最北者名萊門，左傳哀公六年：“公子陽生請與南郭且于乘，出萊門而告之故。”注云：“魯郭門也。”次南第二門，名石門，按論語：“子路宿于石門。”注云：“魯城外門。”吕氏春秋云：“宋有桐門右師，魯有石門歸父。”即此門也。南面有一門，未詳其名。北面有三門，最西者名子駒門，按左傳文公十一年，“獲長狄僑如，埋其首于子駒之門”。注云：“子駒，魯郭門。”次東二門，無名。’”

〔七七〕大中祥符間曰仙源，隸兖：仙源，縣名。兖，州名。

〔七八〕鄭治管城：鄭，州名。管城，縣名，治所在今河南鄭州市管城區。

〔七九〕開皇：洪本、吳本“開”譌“間”。

〔八〇〕楚子次于管：見左傳宣公十二年。

〔八一〕武德三復爲管：彥按：“三”當作“四”。舊唐書地理志一河南道鄭州、地理志二河東道嵐州下，新唐書地理志二河南道河南採訪使、地理志三河東道，並以管州置於武德四年。

〔八二〕蔡治上蔡：蔡，州名。上蔡，縣名，今屬河南省。

〔八三〕仲：周武王同母弟蔡叔子蔡仲，名胡。

〔八四〕曺：“曹”字俗體。

〔八五〕邢侯、曺侯來弔：見穆天子傳卷六古文。

〔八六〕毛、駒、雝、霍：四國並見下文。駒（rǎn），四庫本、備要本作“駣”，同；喬本作“𩤦”，吳本作“𩣡”，誤，今訂正。

〔八七〕祝駝言文王子,惟酆爲伯——左:祝駝,即祝佗,春秋衛國太祝。左傳定公四年載祝佗之言曰:"武王之母弟八人,周公爲大宰,康叔爲司寇,聃季爲司空,五叔無官,豈尚年哉?曹,文之昭也;晉,武之穆也。曹爲伯甸,非尚年也。"杜預注:"以伯爵居甸服,言小。"孔穎達正義:"於昭穆,曹是晉之叔父也。晉爲大國,多受分物;曹爲伯爵,而在甸服:非是尊尚年長也。桓二年傳云:'晉,甸侯也。'晉亦在甸,唯侯伯之爵異耳。"

〔八八〕見國名紀三高陽氏後注〔一四一〕。

〔八九〕周:指北周。

〔九〇〕漢屬濟北,晉屬東平:濟北、東平,並封國名。

〔九一〕隱五年衛入成:自此"隱五年衛入成"至下"無剛父"整段注文,均吳本、四庫本所無,蓋脫。彥按:春秋隱公五年:"秋,衛師入郕。"同年左傳:"故衛師入郕。"字並作"郕"。　杜云:東平剛父西南成鄉:杜注原文作:"東平剛父縣西南有郕鄉。"

〔九二〕後漢書郡國志三濟北國成縣曰:"本國。"梁劉昭注:"左傳'衛師入郕',杜預曰:'東平剛父縣西南有郕鄉。'"

〔九三〕和帝:東漢和帝劉肇,公元88—105年在位。　剛縣:治所在今山東寧陽縣堽城鎮。

〔九四〕後遷其陽:陽,南。

〔九五〕京相璠云,東郡廩丘南故郕都:東郡,各本"郡"均作"即"。彥按:"即"當"郡"字形譌。水經注卷二四瓠子河云:"春秋隱公五年:郕侵衛。京相璠曰:東郡廩丘縣南三十里有郕都故城。"今據以訂正。

〔九六〕見太平寰宇記卷一四濮州雷澤縣。原文作:"雷澤縣,本漢郕陽縣也,古郕伯,姬姓之國。……今縣北三十里郕都故城是也。"

〔九七〕漢止有城都,屬山陽:洪本"止"譌"上"。城都,侯國名,治所在今山東鄄城縣東南。山陽,郡名。

〔九八〕成十三年成:指左傳成公十三年成肅公之封國。

〔九九〕魯:各本皆譌"層",今據下羅苹注訂正。

〔一〇〇〕公圍郕:見春秋昭公二十六年,"郕"作"成"。圍,備要本如此,是,今從之。餘諸本均譌"圍"。

〔一〇一〕隰郕,蘇忿生邑,在河內:河內,郡名,治所在今河南沁陽市。左傳隱公十一年:"王取鄔、劉、蒍、邘之田于鄭,而與鄭人蘇忿生之田——溫、原、絺、樊、隰郕、欑茅、向、盟、州、陘、隤、懷。"杜預注:"凡十二邑,皆蘇忿生之田。欑茅、隤屬汲郡,餘皆屬河內。"

〔一〇二〕見穆天子傳卷五古文。原文作:"霍侯舊告薨。"

〔一〇三〕郭璞云,平陽永安西南汾水之西有霍城:平陽,郡名。永安,縣名,治所在今山西霍州市。彥按:穆天子傳卷五"霍侯舊告薨"郭璞注:"霍國,今在平陽永安縣西南,有城。"未言"汾水之西"。然水經注卷六汾水云:"汾水又南,逕霍城東,故霍國也。"則霍城誠在汾水之西矣,唯不出郭璞云耳。　非六安之霍:六安,縣名,治所在今安徽六安市。

〔一〇四〕天監、貞觀爲霍州:彥按:此文當有譌脱,疑原作"天監爲霍州,貞觀爲壽州"。太平寰宇記卷一二九壽州六安縣云:"廢霍山縣,去縣五十里。……漢爲灊縣,屬廬江郡。梁天監四年于灊縣改置霍州。"又舊唐書地理志三淮南道壽州中云:"霍山,漢灊縣,屬廬江郡。隋置霍山、應城三縣。貞觀元年,廢霍州,省應城、灊城二縣,以霍山屬壽州。"

〔一〇五〕天聖四年,以衞隷通利軍:通利軍,治所在今河南濬縣東。彥按:通利軍宜作安利軍。宋史地理志二河北路濬州云:"本通利軍,……天聖元年,改通利爲安利。四年,以衞州衞縣隷軍。"

〔一〇六〕熙寧三年:洪本"年"譌"軍"。

〔一〇七〕餘詳商後朝歌下:吳本、四庫本無此七字。商後朝歌,見國名紀四商氏後朝歌。

〔一〇八〕見後紀十高辛紀下注〔一一一〕。

〔一〇九〕河南籍水傍有毛泉,近上邽:籍水,即水經注卷一七渭水所稱之藉水,在今甘肅天水市南。"籍"通"藉"。清徐文靖管城碩記卷一〇春秋二云:"按漢志,上邽縣屬隴西郡。應劭曰:'史記故邽,戎邑也。'其地爲今鞏昌府秦州清水縣也。河南安得近之?嘗見宋本水經注於穀水注中'藥草翳蔽'下,錯以渭水注中'渭水又東得歷泉'至'即洋水也'三百二十有二字,列於其下,内有云:'藉水又東合毛泉谷水,又東逕上邽城南。'路史不審其誤,遂謂河南毛泉近上邽,謬矣。"

〔一一〇〕駹龍:蓋龍之一種。備要本"駹"譌"駒"。

〔一一一〕世繆爲聏:繆,通"謬",喬本、洪本譌"漻",今據餘諸本訂正。
聏,各本均作"聑",今據下羅苹注引左傳及集韻訂"聏"。

〔一一二〕鬭章囚鄭聏伯:見僖二年左傳。鬭章,春秋楚大夫。聏伯,春秋
鄭臣。各本"聏"均作"聑",今據傳本左傳文改。

〔一一三〕集韻聏、那、冄同:見集韻覃韻。聏,同"聏",各本均作"聑",又
"冄"譌"丹",今並據集韻訂正。

〔一一四〕告:各本均作"吿",乃"告"字變體,今訂作"告"。下諸"郜"字,
除備要本外,餘本亦皆作"郜",今並訂作"郜"。同樣情況,此後不煩一一
指出。

〔一一五〕春秋僖公二十年:"夏,郜子來朝。"作"郜"。

〔一一六〕晉郜:晉地之郜,即下羅苹注所稱太原之郜城。

〔一一七〕太原今有郜城:太原,府名,治所即今山西太原市。所謂箕郜
者:箕,在今山西太谷縣陽邑鄉南。左傳成公十三年:"入我河縣,焚我
箕、郜。"

〔一一八〕懷之修武:懷,州名。修武,縣名,治所即今河南修武縣。

〔一一九〕范志云,山陽有雝城:見後漢書郡國志一河內郡,"雝城"作"雍
城"。此"雝"通"雍"。

〔一二〇〕春秋釋例卷七土地名第四十四之三小國地僖公二十四年雍云:
"河內山陽縣西有雍城。"

〔一二一〕岐之雝縣:岐,州名。雝縣,即雍縣,治所在今陝西鳳翔縣。
今鳳翔之天興墮倉城:鳳翔,府名。天興,縣名。彦按:據太平寰宇記卷三〇鳳
翔府,陳倉城當在寶雞縣而非天興。

〔一二二〕本條下所舉例,其中之"縢",他書皆作"滕",而羅氏作"縢"(下
文云:"字一從水",知此從糸,非因轉寫翻刻之誤),不知何故。

〔一二三〕僖十九年縢子,在貶:春秋僖公十九年:"春,王三月,宋人執縢
子嬰齊。"穀梁無傳,楊士勛疏曰:"傳(法)〔注〕並不解稱名之意,蓋罪賤
之也。"

〔一二四〕詳黃帝後國:見國名紀一黃帝之宗縢。

〔一二五〕後遷公丘，而地爲小邾：公丘，漢侯國名，治所在今山東滕州市西南。通志卷四一都邑略周諸侯都則曰：“滕都小邾，遷于公邱。”

〔一二六〕故兗之龔丘有古滕城：彦按：據元和郡縣圖志（卷九）、太平寰宇記（卷一五）、元豐九域志（卷一）等書所載，滕城於唐宋不屬兗州而屬徐州。杜預春秋釋例卷七土地名第四十四之三小國地隱公七年滕曰：“沛國公丘縣東南有滕城。”其説是。公丘爲漢縣，其地在今山東滕州市。龔丘爲隋縣，其地在今山東寧陽縣。路史以龔丘當公丘，大謬。

〔一二七〕元和郡縣圖志卷九徐州滕縣、太平寰宇記卷一五徐州滕縣並云：“古滕國，在縣西南十四里滕城是也。”

〔一二八〕字一從水：即書作“滕”。

〔一二九〕畢：喬本、吳本、四庫本作“畢”，此從備要本。下諸“畢”同。“畢”者，“畢”字俗體。

〔一三〇〕泰王：四庫本作“太王”。

〔一三一〕京兆咸陽有畢原、畢陌：京兆，府名。咸陽，縣名，治所在今陝西咸陽市渭城區。彦按：據太平寰宇記，畢原、畢陌爲同地異名（詳下注），路史視爲兩地，蓋誤。

〔一三二〕關中記：晉潘岳撰。　高陵北有畢原、畢陌，南北數十里，東西二三百里，無山川陂池，井深五十丈：高陵，縣名，治所即今陝西西安市高陵區。彦按：太平寰宇記卷二六雍州二咸陽縣云：“關中記：高陵北有畢原。原南北數十里，東西二三百里，無山川陂湖，井深五十丈。亦謂之畢陌。”是畢原、畢陌，一地之異稱也。畢原，庫本作“畢原陌”。宋宋敏求長安志卷一三咸陽縣亦稱：“關中記曰：‘高陵北有畢原陌。’謂此原之陌也。”疑羅氏所見本即作“畢原陌”，而又誤以爲畢原、畢陌，以二地視之矣。

〔一三三〕詹桓伯曰：我自夏以魏、駘、芮、岐、畢，吾西土也：見左傳昭公九年。左傳記詹桓伯語原作：“我自夏以后稷、魏、駘、芮、岐、畢，吾西土也。”杜預注：“在夏世以后稷功，受此五國，爲西土之長。”楊伯峻注：“據毛詩魏譜，‘其封域南枕河曲，北涉汾水’，孔疏亦引汾沮洳‘彼汾一曲’及伐檀‘寘之河之干兮’以證之，則其地當在汾水之南，黃河之北，大概當今山西芮城縣至萬榮縣之間。駘即邰，詩大雅生民‘即有邰家室’，蓋后稷始封地，今陝西武功縣西南。

芮,見桓三年,今山西芮城縣西二十里。岐,今陝西岐山縣。畢,亦見僖二十四年,今陝西咸陽市北。"芮,喬本、洪本、吳本譌"芮",今據四庫本、備要本訂正。下"芮"字同。

〔一三四〕澤之沁水縣:澤,州名。沁水縣,今屬山西省。

〔一三五〕晉伐原者:左傳僖公二十五年:"冬,晉侯圍原,命三日之糧。原不降,命去之。諜出,曰:'原將降矣。'軍吏曰:'請待之。'公曰:'信,國之寶也,民之所庇也。得原失信,何以庇之? 所亡滋多。'退一舍而原降。遷原伯貫于冀。"又僖公二十七年:"晉侯……於是乎伐原以示之信。"

〔一三六〕趙同:春秋晉大夫。

〔一三七〕忿生:指周武王時司寇蘇忿生。

〔一三八〕見水經注卷七濟水。

〔一三九〕古原城:吳本、四庫本"古"作"故"。

〔一四〇〕豐:吳本作"豐"。

〔一四一〕今永興鄠北二十豐水之西有豐故城:豐水、豐故城,洪本、吳本"豐"作"豐"。

〔一四二〕見通典卷一七三州郡三雍州長安縣。

〔一四三〕詩云荀伯,謂諸侯"伯":荀伯,今詩作"郇伯",見曹風下泉"四國有王,郇伯勞之"。毛亨傳:"郇伯,郇侯也。"

〔一四四〕猗氏:縣名,治所在今山西臨猗縣。

〔一四五〕佑云:猗氏,古珣國:見通典卷一七九州郡九蒲州猗氏縣,"珣"字作"郇"。

〔一四六〕次于郇:見竹書紀年卷下周襄王十五年。

〔一四七〕徐鉉云荀姓,郇侯後,宜用"郇"字:見說文解字艸部荀篆下徐鉉案語。原文爲:"臣鉉等案:今人姓荀氏,本郇侯之後,宜用'郇'字。" 不嫌本同:吳本、四庫本連下"鄧名"凡六字脱文。

〔一四八〕邠之三水枸邑:參見國名紀三高辛氏後豳。

〔一四九〕晉伐荀,以賜原氏:水經注卷六汾水:"(汾水)又西逕荀城東,古荀國也。汲郡古文:晉武公滅荀,以賜大夫原氏也。" 汾水所經荀城也:荀城,即上文所稱"今猗氏西南古郇城是"之郇城。

〔一五〇〕應以枸爲伐晉之郇侯：見漢書地理志上右扶風枸邑顏師古注引應劭曰。枸，喬本譌“枸”，吳本、四庫本、備要本作“荀”，此從洪本。

〔一五一〕昭：洪本作“招”非。

〔一五二〕唐虞稽古：見書周官。　列爵爲五，分土惟三：見書武成，“爲”作“惟”；四庫本路史同。孔氏傳云：“爵五等，公、侯、伯、子、男。”又云：“列地封國，公、侯方百里，伯七十里，子、男五十里，爲三品。”彥按：路史自此而下一段議論，大抵本於蘇軾書傳卷九武成第五“分土惟三”傳而有所敷衍。

〔一五三〕繇夏達商：四庫本“繇”作“由”。下“政則繇舊”之“繇”同。

〔一五四〕故班志云“周爵五等，其土三等”：見漢書地理志上，“其”作“而”。

〔一五五〕見孟子告子下。

〔一五六〕子思子：各本均作“子惠子”。彥按：“惠”當“思”字譌文。其下所云與孔叢子巡狩子思之語全同，而不見於他書所引惠子語中，又下文曰：“王制之書，州建之國，亦不過乎五十若七十與百里，正有合於子思、孟子”，稱子思而不及惠子，尤足爲證。今訂正。　封圻：疆土。

〔一五七〕而子產亦謂天子一圻，列國一同，自是以衰：見左傳襄公二十五年。圻，地方千里。同，地方百里。衰，差降，遞減。

〔一五八〕王制之書，州建之國，亦不過乎五十若七十與百里：彥按：州建，費解，“州”疑“周”字音譌。蘇氏書傳云：“公、侯百里，伯七十里，子、男五十里，自孟子、王制皆云爾，此周制也。”　正有合於子思、孟子：吳本、四庫本、備要本“於”作“乎”。

〔一五九〕周禮地官大司徒：“凡建邦國，以土圭土其地而制其域：諸公之地，封疆方五百里，其食者半；諸侯之地，封疆方四百里，其食者參之一；諸伯之地，封疆方三百里，其食者參之一；諸子之地，封疆方二百里，其食者四之一；諸男之地，封疆方百里，其食者四之一。”

〔一六〇〕餘爲所比之封，附庸土也：比，通“庇”，庇護。土，洪本作“且”，當誤；喬本作“國”，餘諸本俱作“土”，後者於義爲勝，今從之。

〔一六一〕諸公之地，乃至二千五百，縱食其半，猶當千二百有五十：彥按：此處計算有誤。“諸公之地，封疆方五百里”，五百里見方的面積應是二十五萬平方里。食其半,則當是一十二萬五千平方里,即方三百五十餘里。

〔一六二〕如千二百五十則以多,如五十則以少:以,通"已",太。

〔一六三〕顧魯,侯也,而百伯之地:據禮記明堂位,成王封周公於曲阜,地方七百里,而伯之封疆但七十里,正好爲百伯之地。

〔一六四〕粵自周襄,上失其御,諸侯無政,諛相侵併:周襄,周襄王姬鄭,公元前651—前619年在位。周襄之"襄",洪本作"衰",當"襄"字俗譌;喬本、備要本作"衰",又"襄"字之譌。此從吳本及四庫本。據史記周本紀載:"(周襄王)十六年,王絀翟后,翟人來誅。……初,惠后欲立王子帶,故以黨開翟人,翟人遂入周。襄王出犇鄭,鄭居王于氾。子帶立爲王,取襄王所絀翟后與居温。十七年,襄王告急于晉,晉文公納王而誅叔帶。襄王乃賜晉文公珪鬯弓矢,爲伯,以河内地與晉。二十年,晉文公召襄王,襄王會之河陽、踐土,諸侯畢朝,書諱曰'天王狩于河陽'。"可見周至襄王,失御已甚。無政,謂無善政。諛,起。

〔一六五〕而後土宇逾越,燕、越之壇,埒于王圻:土宇,疆域,國土。埒,等同。　而齊末耡所刺,方二千有餘里:末耡所刺,指耕種之土地。　秦地爲方千里者五:商君書徠民:"今秦之地,方千里者五。"　郢楚且以六千而爲人役:郢楚,即楚。郢本楚都,亦代稱楚。六千,彦按:資治通鑑卷二周紀二顯王三十六年載蘇秦説楚威王曰:"楚,天下之强國也,地方六千餘里。"蓋即路史所本。然戰國策楚策一載其事,則作"地方五千里";史記蘇秦列傳載其事,又作"地方五千餘里"。蓋皆約略言之,未必實際里數也。役,驅使。

〔一六六〕左傳襄公二十五年:"鄭子産獻捷于晉,……晉人曰:'何故侵小?'對曰:'先王之命,唯罪所在,各致其辟。且昔天子之地一圻,列國一同,自是以衰。今大國多數圻矣,若無侵小,何以至焉?'"

〔一六七〕此諸侯所以惡其議己而圮其籍,又從而羼之制曰"上公之地,方五百里":圮,毀壞,毀滅。籍,典籍。羼(chàn),攙入。制,制度。

〔一六八〕且謂成王以周公爲有勳勞,故特加之四等之上,使兼二十四附庸者:四等,漢書王莽傳上"周爵五等,地四等"顏師古注引蘇林曰:"地四等:公一等,侯、伯二等,子、男三等,附庸四等。"禮記明堂位:"成王以周公爲有勳勞於天下,是以封周公於曲阜,地方七百里。"鄭玄注:"上公之封,地方五百里,加魯以四等之附庸,方百里者二十四,并五五二十五,積四十九,開方之得七百里。” 益以罔矣:罔,誣妄,無中生有。

〔一六九〕職方封國,以千里爲率,一州惟可四公:自此“職方封國”至下“俱不足信”整段注文,皆吳本、四庫本所無。率(lǜ),標準。洪本誤“卒”。彦按:一州千里見方,即爲一百萬平方里之地。公之封疆方五百里,相當於面積二十五萬平方里,故一州之地可封四公。此下計算,宜準此類推。 以伯則可七:彦按:計其數,“七”當作“十一”。蓋下“一”字與上“十”字之竪劃相連而偏右,因誤爲“七”。周禮夏官職方氏:“凡邦國千里,封公以方五百里則四公,方四百里則六侯,方三百里則七伯,方二百里則二十五子,方百里則百男,以周知天下。”鄭玄注:“方千里者,爲方百里者百。以方三百里之積,以九約之,得十一有奇。云‘七伯’者,字之誤也。” 一有半爲子:有,通“又”。伯之封疆方三百里,子之封疆方二百里,就邊長言,三百里正好爲二百里之 1.5 倍,亦即一伯封疆之邊長,可爲一有半子之封疆邊長也。然若論面積,則前者爲後者之 2.25 倍矣。 不過百四十有六國,而五州盡矣:公一州可封四國,侯一州可封六國,伯一州可封十一國,子一州可封二十五國,男一州可封百國,加到一起,就是五州百四十有六國。

〔一七〇〕上引鄭康成語見禮記王制注,而不盡與原意吻合。鄭注原文爲:“周公制禮,九州大界方七千里,七七四十九,方千里者四十有九也。其一爲畿内,餘四十八。八州各有方千里者六,設法:一州封地方五百里者不過四,謂之大國;又封方四百里者不過六,又封方三百里者不過十一,謂之次國;又封方二百里者不過二十五,及餘方百里者,謂之小國。盈上四等之數,并四十六。一州二百一十國,則餘方百里者百六十四也。凡處地方千里者五,方百里者五十九,其餘方百里者四十一,附庸地也。”

〔一七一〕王制州二百一十國,諸侯之附庸不與:禮記王制:“凡四海之内九州,州方千里。州建百里之國三十,七十里之國六十,五十里之國百有二十,凡二百一十國。”

〔一七二〕舜繆不合,則又以爲商爵三等,周初復爲五等,增以子、男:禮記王制:“天子之田方千里,公侯田方百里,伯七十里,子男五十里。不能五十里者,不合於天子,附於諸侯曰附庸。”鄭玄注:“此地,殷所因夏爵三等之制也。……殷爵三等者,公、侯、伯也。……周武王初定天下,更立五等之爵,增以子、男,而猶因殷之地,以九州之界尚狹也。周公攝政致太平,斥大九州之界,制禮成武王之意,封王者之後爲公,及有功之諸侯,大者地方五百里,其次侯四百里,其次伯三百里,其次子二百里,其次男百里。所因殷之諸侯,亦以功黜陟之,其不合者,皆益之地爲百里焉。是以周世有爵尊而國小,爵卑而國大者。唯天子畿内不增,以禄羣臣,不主爲治民。”

〔一七三〕而云斥地千里:斥地,開拓土地。此就王制鄭注“斥大九州之界”言(見上注)。喬本、備要本作“圻”誤,今據洪本訂正。

〔一七四〕夫太公之封齊,周公之封魯,地非不足也,而儉於百里:儉,少。孟子告子下:“周公之封於魯,爲方百里也;地非不足,而儉於百里。太公之封於齊也,亦爲方百里也;地非不足也,而儉於百里。”

〔一七五〕今魯爲方百里者四十九:自此而下至“況殺人而求之乎”,撮引自孟子告子下。四十九,孟子作“五”。彦按:路史改“五”爲“四十九”者,乃據禮記明堂位稱“(成王)封周公於曲阜,地方七百里”言之。　則果在損乎:四庫本“損”作“所損”。

〔一七六〕況殺人而求之乎:洪本“乎”字鑱滅。

〔一七七〕形方氏制邦國,正其封壇,無有華離之地,正使小國事大,大國比小:見周禮夏官形方氏,文字略有異同。形方氏,周禮官名。喬本、洪本“氏”謁“民”,今據餘諸本訂正。制,制訂,裁定。邦國,周禮作“邦國之地域”。華離,零碎分散。華,音 kuā,吳本、四庫本謁“乖”。比,通“庇”,庇護。

〔一七八〕誠使咸依司徒之數,則職方所率千里,惟可四公:司徒,指周禮地官大司徒。司徒之數,見上注〔一五九〕。職方,指周禮夏官職方氏。參見上注〔一六九〕。　馨禹所正八州,不過三十二公:書禹貢序云:“禹別九州。”此稱八州者,其一州之地爲天子封圻,不以封諸侯也。

〔一七九〕王制之千八百,豈三千所容哉:千八百,謂千八百國。禮記王制云:“凡九州,千七百七十三國,天子之元士、諸侯之附庸不與。”此稱“千八百”,約取其整數言之。三千,謂方三千里。王制又云:“凡四海之内,斷長補短,方三千里。”

〔一八〇〕十一伯之方餘百里,以封一男:百里,各本均作“一方”。彦按:

“一方”當作“百里”。伯封疆方三百里，即面積九萬平方里，十一伯凡九十九萬平方里。千里見方之地，面積爲一百萬平方里，封十一伯，尚餘一萬平方里，即百里見方也，正好封一男。今訂正。

〔一八一〕特見：獨立見解。

〔一八二〕乾時之戰有秦子：彦按：左傳莊公九年：“秋，師及齊師戰于乾時，我師敗績。公喪戎路，傳乘而歸。秦子、梁子以公旗辟于下道，是以皆止。”杜預注：“二子，公御及戎右也。”路史乃以秦子爲封君，頗可疑。

〔一八三〕莊公所臺處：春秋莊公三十一年：“秋，築臺于秦。”杜預注：“東平范縣西北有秦亭。”范縣，治所在今山東梁山縣西北。

〔一八四〕展禽：見後紀九帝嚳高辛氏注〔二〇五〕。

〔一八五〕地理風俗記：漢應劭撰。　高城縣：治所在今河北鹽山縣東南。

〔一八六〕桓六年城：彦按：春秋桓公六年未見有城成事，唯云：“夏，四月，公會紀侯于成。”蓋羅氏誤記。

〔一八七〕預云，泰山鉅平東南：見春秋桓公六年注。泰山，郡名。四庫本如此，是，今從之。餘諸本謨“秦山”。

〔一八八〕郈：喬本、洪本缺末筆作“郈”，此從餘諸本。下“郈城”、“郈亭”之“郈”同。

〔一八九〕厚成叔瘠：春秋魯臣。左傳襄公十四年：“公使厚成叔弔于衛，曰：‘寡君使瘠……’”杜預注：“瘠，厚成叔名。”

〔一九〇〕酈氏云缺其南面：四庫本“缺”作“闕”。彦按：酈氏說見水經注卷二四汶水，所云缺其南面者爲郈鄉城。蓋郈鄉城即郈城。　叔孫所隳也：春秋定公十二年：“叔孫州仇帥師墮郈。”叔孫州仇，春秋魯大夫。

〔一九一〕僖公以鄆賜季友：左傳僖公元年：“公賜季友汶陽之田及費。”史記魯周公世家釐公元年載其事，作：“以汶陽鄆封季友。”

〔一九二〕李利涉編古命氏：李利涉，各本“李”均作“季”。彦按：“季”當作“李”，蓋涉上文季友之“季”而誤。新唐書藝文志二、宋史藝文志三及通志藝文略第四所載，編古命氏作者並作李利涉，今據以訂正。

〔一九三〕古文書費誓：古文書，指古文尚書。費誓，尚書篇名。“費”各本均作“柴”，“誓”喬本、洪本、吳本、四庫本謨“讐”，今並訂正。

〔一九四〕粺音背,惡米也:廣韻"粺"同"粺"(見至韻)。説文米部:"粺,惡米也。"惡謂粗劣。

〔一九五〕河南費:見國名紀二少昊後嬴姓國注〔一七〕。

〔一九六〕預云,高平方輿東南郁郎城:見左傳隱公元年"夏,四月,費伯帥師城郎"注。高平,侯國名。方輿,當作方輿,縣名,杜注原文作方輿縣。郁郎城,杜注原文作郁郎亭。

〔一九七〕臧氏邑,魯東晶:臧氏,見後紀十高辛紀下注〔二七〕。晶,"鄙"之古字。喬本、備要本譌"圖",今據餘本訂正。

〔一九八〕見國名紀二少昊後李姓國注〔三六〕。

〔一九九〕即齊、魯會處:春秋隱公九年:"冬,公會齊侯于防。"

〔二〇〇〕桓庶子菜:桓,指春秋魯桓公。菜,通"采",指封邑。吳本、四庫本譌"萊"。古今姓氏書辯證卷一二麻韻瑕丘引風俗通曰:"魯桓公庶子食采瑕丘,子孫氏焉。"

〔二〇一〕漢隸泰山:彦按:漢書地理志上、後漢書郡國志三,瑕丘均隸於山陽郡,不隸泰山郡。路史説誤。

〔二〇二〕公叔文子升瑕丘:見禮記檀弓上。公叔文子,春秋衛大夫,獻公孫,名拔。此瑕丘,山丘名。史爲樂中國歷史地名大辭典以爲"在今河南濮陽縣東南",即路史下文所稱之衛瑕丘,蓋是。羅氏以魯地視之,恐誤。

〔二〇三〕瑕丘申陽:秦末項羽所封河南王。

〔二〇四〕文穎之説:文穎,漢末學者,有漢書注。史記項羽本紀"瑕丘申陽者"裴駰集解引文穎曰:"姓瑕丘,字申陽。"穎,喬本譌"穎",今據餘諸本改。

〔二〇五〕今兗治瑕丘,瑕丘在其西南:前一瑕丘,縣名。後一瑕丘,山丘名。

〔二〇六〕衛瑕丘在今濮陽東南三十:濮陽,各本均作"璞陽"。彦按:地名未見有"璞陽"者,"璞"當"濮"字之誤。太平寰宇記卷五七澶州濮陽縣云:"瑕丘,在縣東南三十里,高三丈。"今據以訂正。

〔二〇七〕囚邾子負瑕也:囚,備要本譌"因"。左傳哀公七年:"以邾子益來,獻于亳社,囚諸負瑕。"杜預注:"負瑕,魯邑。高平南平陽縣西北有瑕丘城。"彦按:南平陽縣治所在今山東鄒城市,此爲魯之瑕丘。

〔二〇八〕酈氏云，博陵有穀梁城：見水經注卷一一滱水，“穀梁城”作“穀梁亭”。博陵，縣名，治所在今河北蠡縣南。

〔二〇九〕襄之穀城：襄，州名。穀城，縣名，今屬湖北省。

〔二一〇〕漢書高帝紀“相國酇侯下諸侯王”顏師古注：“又南陽酇者，本是春秋時陰國，所謂‘遷陰于下陰’者也。”

〔二一一〕昭十九年，公子赤遷陰于下陰：彥按：左傳昭公十九年原文爲：“春，楚工尹赤遷陰于下陰。”此公子赤當“工尹赤”之誤。

〔二一二〕光化乾德：光化，光化軍。乾德，縣名，治所在今湖北老河口市洪山嘴鎮傅家寨村。

〔二一三〕平侯都，今蔡之屬：平侯，指春秋蔡平侯廬。蔡，蔡州。

〔二一四〕見輿地廣記卷九蔡州新蔡縣。

〔二一五〕隋書地理志下蘄春郡黃梅縣：“舊曰永興，開皇初改曰新蔡，十八年改名焉。”

〔二一六〕有名蔡山，出大龜，在廣濟：有，通“又”。名，吳本、備要本如此，喬本、洪本、四庫本作“石”。彥按：作“石”則當以山名爲“石蔡山”，非也，今從吳本及備要本。太平寰宇記卷一二七蘄州廣濟縣曰：“蔡山，山出大龜。”又本書國名紀一黃帝之宗蔡曰：“蘄春江中有蔡山，在廣濟縣。”是山名蔡，而非“石蔡”。

〔二一七〕並蘄：蘄，蘄州。據太平寰宇記卷一二七，黃梅縣及廣濟縣，並屬蘄州。喬本“蘄”譌“靳”，今據餘本訂正。

〔二一八〕昭侯：指春秋蔡昭侯申，公元前 518—前 491 年在位。

〔二一九〕今壽治，唐屬潁：壽、潁，並州名。吳本“潁”譌“穎”。

〔二二〇〕輿地廣記卷二一壽州下蔡縣：“故州來國，爲楚所滅。……後吳取之，以封季札。至夫差時，蔡成公自新蔡徙此，謂之下蔡。”

〔二二一〕見太平寰宇記卷一二九壽州下蔡縣。原文爲：“下蔡故城。水經注云：‘淮水東岸又有一城，即下蔡新城也。二城對據，翼帶淮濆。’是也。故曰：下蔡有二處。”對據，謂相對而處。

〔二二二〕見國名紀一黃帝後姬姓國注〔一六〕。

〔二二三〕輿地廣記卷七兗州泗水縣：“本魯卞邑，……漢屬魯國。後漢、晉因之,其後廢焉。隋開皇十六年,於卞故城置泗水縣,屬魯郡。"

〔二二四〕登之牟平:登,州名。牟平,縣名,治所在今山東煙臺市牟平區寧海街道。　在牟山陽而夷平:元和郡縣圖志卷一一登州牟平縣:"本漢縣也,屬東萊郡。……在牟山之陽,其地夷坦,故曰牟平。"

〔二二五〕開皇之牟州:彥按:以隋開皇三年置牟州者,據太平寰宇記爲説也(見該書卷二〇登州),元和郡縣圖志則以爲在唐武德四年(見該書卷一一登州牟平縣),新唐書地理志二登州東牟郡牟平縣亦曰:"武德四年,以牟平、黄置牟州。"

〔二二六〕康叔故城在潁川:備要本"潁"譌"穎"。古今姓氏書辯證卷一五唐韻康曰:"周文王子封爲衛侯,謚曰康叔,支孫以謚爲氏。或云:康叔初食采於康,故謂之康叔。其地潁川康叔城是也。"

〔二二七〕戴公:指春秋衛戴公申,公元前660年在位。

〔二二八〕左傳閔公二年:"(宋桓公)立戴公以廬于曹。"杜預注:"曹,衛下邑。"

〔二二九〕詩邶風泉水:"思須與漕,我心悠悠。"毛亨傳:"須、漕,衛邑也。"又鄘風載馳:"驅馬悠悠,言至于漕。"毛亨傳:"漕,衛東邑。"

〔二三〇〕西征記:喬本、洪本"征"譌"在",今據餘諸本訂正。

〔二三一〕衛南縣:治所在今河南滑縣東。

〔二三二〕成公遷帝丘,今濮陽:吴本、四庫本無此八字。喬本、洪本、備要本"帝丘"作"帝犰"。彥按:"犰"當"丘"之譌字。漢書地理志下云:"衛本國既爲狄所滅,文公徙封楚丘。三十餘年,子成公徙於帝丘。故春秋經曰'衛遷于帝丘',今之濮陽是也。本顓頊之虚,故謂之帝丘。"今據以訂正。

〔二三三〕郡國志,成武有楚丘亭:郡國志,當作地理志,詳下注〔二三八〕。成武,縣名,今屬山東省。彥按:細讀本條内容,頗覺混亂。詞目之楚丘,蓋指春秋衛地之楚丘,而首稱"成武有楚丘亭",則非衛地之楚丘,可謂是開口便錯。

〔二三四〕齊桓公築,衛文公居,僖二年所城:僖,指春秋魯僖公。彥按:此所言之楚丘,乃衛地之楚丘,在今河南滑縣東,與成武之楚丘非同一地。

〔二三五〕杜云:在成武西南:見春秋隱公七年"戎伐凡伯于楚丘以歸"注。

彦按：此楚丘並非“齊桓公築，衛文公居，僖二年所城”者，羅氏誤混矣。

〔二三六〕今澶之衛南西北四里楚丘城也，非拱之楚丘：彦按：此二句，以釋詞目楚丘（指衛之楚丘）則是，若以承上句“成武有楚丘亭”言則非。澶之衛南楚丘城，地在今河南滑縣東北，與成武楚丘亭相去甚遠；而拱州之楚丘縣，治所在今山東曹縣東南，正與成武鄰接，楚丘亭至宋入拱州境，或然。

〔二三七〕今楚丘縣，戎州之邑，即戎伐凡伯處：戎州，春秋戎己氏居邑。初在今河南濮陽市西南，後己氏東遷至今山東曹縣東南，仍稱戎州己氏。西漢于此置己氏縣。凡伯，春秋凡國國君，周桓王卿士。喬本、洪本、吳本“凡”字譌“几”，今據四庫本、備要本及春秋經文訂正。參見上注〔二三五〕。彦按：此所言之楚丘，乃拱之楚丘。

〔二三八〕酈氏以爲文公徙此，——寰宇記北三十有楚丘亭，非也：自“寰宇記北三十有楚丘亭”而下至“殆後人之附會也”一段文字，吳本、四庫本脱。酈氏説見水經注卷八濟水：“郡國志曰：成武縣有楚丘亭。杜預云，楚丘在成武縣西南。衛懿公爲狄所滅，衛文公東徙渡河，野處曹邑，齊桓公城楚丘以遷之。”楊守敬、熊會貞水經注疏本改郡國志作地理志，云：“守敬按：郡國志無此文。地理志，成武縣有楚亭，今訂。”寰宇記説見該書卷一二宋州楚丘縣，“楚丘亭”作“楚丘城”，文曰：“古楚丘城，在縣北三十里。”彦按：寰宇記所稱之楚丘，即拱之楚丘，戎伐凡伯處，亦即成武之楚丘。衛文公東徙之楚丘，地仍在衛，不在成武，故非。參見下注〔二三九〕。羅氏此句表述頗不清晰，讓人疑惑。

〔二三九〕然今楚丘縣有景山、京山，殆後人之附會也：彦按：拱之楚丘不在衛地，而景山、京山取名於詩鄘風定之方中“升彼虚矣，以望楚矣。望楚與堂，景山與京”。毛亨傳曰：“虚，漕虚也。楚丘有堂邑者。景山，大山。京，高丘也。”又毛詩序稱：“定之方中，美衛文公也。衛爲狄所滅，東徙渡河，野處漕邑。齊桓公攘戎狄而封之。文公徙居楚丘，始建城市而營宮室，得其時制，百姓説之，國家殷富焉。”詩此楚丘，乃澶衛南之楚丘也，故羅氏有此語。然其説實本輿地廣記，其書卷七拱州楚丘縣云：“春秋戎州己氏之邑，蓋昆吾之後别在夷狄者，周衰，入居于此。漢爲己氏縣，屬梁國。後漢屬濟陰郡。晉屬濟陽郡。後魏置北譙郡。北齊並廢之。隋開皇四年復置己氏縣，六年改曰楚丘，屬梁郡。唐屬宋州。皇朝屬應天府，崇寧四年來屬。水經云‘昔衛文公徙居即此’，非也。按衛爲狄所滅，東徙渡河，野處曹邑，文公徙居楚丘。曹邑在今滑之白馬，楚丘在今澶之衛南，二邑相近，且不出邦域之内，宜文公之所徙也。今拱州楚丘在戎州之邑，迫近宋都，春秋所謂‘戎伐凡伯於楚丘’是也，非衛之所遷也。然則今縣有景山、京岡，乃後人附會而名之耳。”

〔二四〇〕九域志南京有楚丘：見元豐九域志卷一四京。南京，即宋之應天府。　晉文公作：今本九城志未見有此。唯卷二澶州古迹有：“楚丘城，春秋時衛文公自漕邑遷于楚丘。”則是澶之楚丘，而非應天府亦即拱之楚丘，又爲衛文公遷，而非晉文公作，蓋羅氏注文有誤也。

〔二四一〕碏：石碏，春秋衛國大夫。

〔二四二〕周有石尚：春秋定公十四年：“天王使石尚來歸脈。”杜預注：“石尚，天子之士。石，氏；尚，名。”

〔二四三〕姓書云王父字爲氏：王父，祖父。古今姓氏書辯證卷三九昔韻石云：“出自衛大夫石碏，其先以王父字爲氏。”

〔二四四〕匡：各本均作“斤”。彦按：字本爲“匡”，因避宋太祖趙匡胤諱缺末兩筆，遂譌作“斤”，今訂正。下“匡”字同。

〔二四五〕文八年晉解揚歸匡、戚之田于衛者：解揚，晉大夫。匡，在今河南長垣縣西南。戚，在今河南濮陽市華龍區北。左傳文公八年：“春，晉侯使解揚歸匡、戚之田于衛。”

〔二四六〕柳莊采，裴氏地：柳莊，春秋衛獻公太史。裴氏，邑名，在今河南通許縣東。禮記檀弓下：“衛有大史曰柳莊，寢疾。公曰：‘若疾革，雖當祭必告。’公再拜稽首，請於尸曰：‘有臣柳莊也者，非寡人之臣，社稷之臣也。聞之死，請往。’不釋服而往，遂以襚之。與之邑裴氏與縣潘氏，書而納諸棺曰：‘世世萬子孫，無變也。’”

〔二四七〕文元年注，相之臨河東有戚城：見春秋釋例卷五土地名第四十四之一衛地文元年戚，文云：“頓丘衛縣西戚城，在枯河東。又相州臨河縣東有戚城也。”

〔二四八〕“如宿”、“舍于宿”，左皆作“戚”：史記衛康叔世家：“二子怒，如宿。”司馬貞索隱：“左傳作‘戚’，此亦音‘戚’也。”又吳太伯世家：“自衛如晉，將舍於宿。”裴駰集解：“左傳曰：‘將宿於戚。’”

〔二四九〕而戚在河外，故陽虎從晉伐戚，曰“右河而南，必至焉”：河外，指黄河以南或以西。陽虎，原爲魯季孫氏家臣，後逃亡晉國，得晉中軍佐趙鞅信任而爲趙氏首輔。左傳哀公二年：“六月乙酉，晉趙鞅納衛大子于戚，宵迷，陽虎曰：‘右河而南，必至焉。’”

〔二五〇〕襄二十六，晉伐衛取戚：彦按：左傳襄公二十六年云：“六月，公會晉趙武、宋向戌、鄭良霄、曹人于澶淵，以討衛，疆戚田。”杜預注：“正戚之封疆。”此謂“晉伐衛取戚”，並不準確。

〔二五一〕預云：戚，頓丘衛縣西：見春秋文公元年“秋，公孫敖會晉侯於戚”注。頓丘，郡名。衛縣，治所在今河南清豐縣東南。

〔二五二〕今戚城，在枯河之東：見上注〔二四七〕。

〔二五三〕春秋之時，河與今異：今，各本均作“晉”。彦按：“晉”當“今”字音譌。此以春秋時之河，與今之河比較而覺其異，作“晉”則費解。今訂正。

〔二五四〕由晉而言，河西爲内，東爲外，故云戚在河外：“戚在河外”，各本皆作“戚在河内”。彦按：“河内”當作“河外”。上正文明言“而戚在河外”，下注文又稱“春秋時，在河東也”，可證。今訂正。

〔二五五〕咺：元咺，春秋衛國大夫。咺音 xuǎn。

〔二五六〕大名之元城：大名，府名。元城，縣名，治所在今河北大名縣大街鄉。

〔二五七〕見漢書地理志上魏郡元城縣顔師古注引應劭曰。　魏武侯：戰國魏國君魏擊，公元前 395—前 370 年在位。

〔二五八〕陽處父聘衛過甯者：左傳文公五年：“晉陽處父聘于衛。反，過甯。”杜預注：“甯，晉邑，汲郡脩武縣也。”汲郡脩武縣，治所在今河南獲嘉縣。

〔二五九〕拱之寧陵：拱，州名。寧陵，縣名，治所在今河南寧陵縣東南。　故魏安僖封弟於信陵，號信陵君：魏安僖，戰國魏安釐王魏圉，公元前 276—前 243 年在位。信陵君，各本均譌作“甯陵君”，今據史記訂正。史記魏公子列傳：“魏公子無忌者，魏昭王少子而魏安釐王異母弟也。昭王薨，安釐王即位，封公子爲信陵君。”

〔二六〇〕獲嘉：縣名，治所在今河南新鄉縣西南。

〔二六一〕聃叔：各本均作“肉叔”。彦按：“肉”當作“聃”。新唐書宰相世系表四上："沈氏出自姬姓。周文王第十子聃叔季，字子揖，食采於沈，汝南平輿沈亭，即其地也。"今據以訂正。

〔二六二〕預云：平輿有沈亭：見春秋文公三年"沈潰"注。

〔二六三〕蔡之汝陽：蔡，州名。汝陽，縣名，治所在今河南汝南縣。

〔二六四〕見通典卷一七七州郡七荆河州平輿縣。

〔二六五〕桓二年，取郜鼎：吳本"桓"譌"相"。喬本、洪本、吳本、備要本"郜"作"告"，非，此從四庫本。春秋、左傳桓公二年並曰："夏四月，取郜大鼎于宋。"

〔二六六〕曹之考城：曹，州名。考城，縣名，治所在今河南民權縣東北。

〔二六七〕鄭樵云：南、北二郜城，在單之成武：見通志卷二六氏族略二以國爲氏周同姓國郜氏。單(shàn)，州名。成武，縣名，治所即今山東成武縣。

〔二六八〕鄑：音cù。字亦省作"錯"。吳本脱文。

〔二六九〕滕叔：即周文王第十四子姬繡。　沛之公丘：沛，郡名。公丘，漢侯國名，治所在今山東滕州市西南。各本均作"公且"。彦按：地名無"公且"，當"公丘"之誤。漢書地理志上沛郡公丘縣："侯國。故滕國，周(懿)〔文〕王子錯叔繡所封。"今據以訂正。

〔二七〇〕魏土地記云下洛城西南四十潘城是：魏土地記，各本"土"均作"王"。彦按：水經注卷一三漯水云："魏土地記曰：下洛城西南四十里有潘城。"當即路史所本，今據以訂正。下洛城，在今河北涿鹿縣涿鹿鎮。潘城，洪本"城"作"城"，蓋俗體。同樣情況，以下不煩一一指出。

〔二七一〕畢分：元和姓纂卷四桓韻潘曰："周文王子畢公高之後，子伯季食采于潘，因氏焉。"

〔二七二〕十三州志潘在廣平城東北十里：廣平城，在今河北雞澤縣吳官營鄉舊城營村。彦按：水經注卷一〇濁漳水引十三州記則曰："廣平城東北百一十里有潘縣。"此作"十里"，疑有脱文。

〔二七三〕畢之分：本書後紀十高辛紀下云："(畢公高)子季孫邑潘，既復分龐。"　龐鄉：在今湖南衡陽市東。

〔二七四〕越世家所謂"讐、龐、長沙"者：史記越王句踐世家："復讐、龐、長沙，楚之粟也。"讎，即讐，在今河南魯山縣東南。

〔二七五〕説文邑部："鄏，姬姓之國。"

〔二七六〕今范陽李澤中有馮水，即古馮池：彦按：范陽疑滎陽之誤。水經注卷七濟水："水出滎陽城西南李澤，澤中有水，即古馮池也。" 故馮夷國：馮夷，夏桀時之智者。參見後紀十四帝履癸注〔一二八〕。

〔二七七〕安邑芮：安邑，縣名，治所在今山西運城市鹽湖區安邑街道。芮，在今山西芮城縣境。

〔二七八〕寰宇記：芮城北五有魏城，即萬所封：見太平寰宇記卷六陝州芮城縣。萬，寰宇記作畢萬，爲周文王庶子畢公高後裔，春秋晉獻公司徒。

〔二七九〕樵云，河中河西縣：河中，府名。河西縣，縣名，治所在今陝西大荔縣朝邑鎮。彦按：此所引樵説出處不詳。今考通志卷二六氏族略二以國爲氏周同姓國魏氏則引杜預曰："魏在河東河北縣。"又曰："河北今爲平陸縣，陝州治。有魏城。"所云河東，爲郡名；河北縣治所在今山西芮城縣北，平陸縣則治今山西平陸縣西南，與河中河西縣地並相近。

〔二八〇〕宋史地理志三河中府河東縣："隋縣。熙寧三年省河西縣……爲鎮入焉。"

〔二八一〕魏惠：即戰國之梁惠王。

〔二八二〕孟子見梁惠者：孟子梁惠王上："孟子見梁惠王。"

〔二八三〕汴城：在今河南開封市。

〔二八四〕張儀所謂四平，無名山大川之阻者：史記張儀列傳，張儀復説魏王曰："魏地方不至千里，卒不過三十萬。地四平，諸侯四通輻湊，無名山大川之限。"

〔二八五〕魏顆：春秋晉國大夫。 晉惠公"濟河，圍令狐"者：喬本、洪本、吳本、備要本"圍"譌"圖"，今從四庫本訂正。彦按："濟河，圍令狐"，見左傳僖公二十四年，爲晉公子重耳事，重耳即後之晉文公，此稱晉惠公者，蓋羅氏誤記。

〔二八六〕見太平寰宇記卷五三。

〔二八七〕後遷河內，晉於是啓南陽：河內，黃河以北地區。寰宇記原文作："衛遷河南，晉文公霸，始啓南陽，又爲晉地。"彦按：左傳僖公二十五年："晉於是始啓南陽。"杜預注："在晉山南、河北，故曰南陽。"則路史作"河內"是，今本寰宇記作“河南”誤。

〔二八八〕狄伐晉圍懷者,覃懷也:覃懷,見書禹貢“覃懷厎績”,在今河南武陟縣以西、孟州市以東地。左傳宣公六年:“秋,赤狄伐晉,圍懷及邢丘。”

〔二八九〕紀年“秦伐鄭,圍懷、殷”:殷,在今河南武陟縣東南。水經注卷九沁水引竹書紀年,作:“秦師伐鄭,次于懷,城殷。”太平寰宇記卷五三懷州引竹書紀年,作:“秦師伐鄭,至于懷、殷。” 或云“隤、懷”,忿生之邑:參見國名紀三高陽氏後注〔四五〕。

〔二九〇〕元和姓纂卷五登韻恒云:“風俗通,楚大夫恒思公之後,見世本。”

〔二九一〕文昭:洪本“昭”作“招”非。

〔二九二〕周監二代,封爵五列:監,通“鑑”,借鑑。二代,指夏、商。五列,猶五等,謂公、侯、伯、子、男。論語八佾:“周監於二代。” 子弟、勳、賢,必參封之:參,通“三”。

〔二九三〕秦除五等,設爵二十:通典卷一九職官一封爵:“秦爵二十等。”注:“最高徹侯,迺得食縣。其次關內侯,食租税於關內。餘十八等,大庶長以下,則如吏職。”

〔二九四〕漢祖龍興,創其孤立,奮然封建:龍興,龍飛騰而上天,比喻王者興起。創,懲,鑑戒。

〔二九五〕然而襲秦、戰國先王綱紀掃地之後,莫究其事,忽忽啓土:綱紀,綱常法度。掃地,喻喪失,丢盡。忽忽,匆遽。 張耳、吳芮、韓信、彭越、臧荼、黥布、韓信、盧綰:皆西漢開國功臣。兩韓信者,一封韓王,史稱韓王信;一初封齊王,次徙楚王,後貶淮陰侯,史稱淮陰侯韓信。 反仄不得不爾:反仄,反側,身體輾轉,比喻動蕩不定。

〔二九六〕二年立韓太尉信爲韓王,四年遣良操印立韓信爲齊王:並見史記高祖本紀。良,張良。

〔二九七〕史記呂太后本紀:“高帝已定天下,與大臣約,曰‘非劉氏王者,天下共擊之’。”

〔二九八〕王台、禄、産:台,呂台,呂后長兄子,封呂王。禄,呂禄,呂后次兄少子,封趙王。産,呂台弟,初於呂台死後封呂王,後徙梁王。

〔二九九〕朱祐持議:“天無二日,人臣之爵,無過于公”,於是正爲郡公:朱祐,東漢建義大將軍。各本“祐”均作“佑”,今依後漢書本傳改“祐”。持議,各本均作“峙議”。彥按:“峙議”無義,“峙”當“持”字形譌。今訂正。過于公,吳本、備要本“于”作“乎”。後漢書朱祐傳:“(建武)十五年,……祐奏古者人臣受封,不加王爵,可改諸王爲公。帝即施行。”又宋高承事物紀原官爵封建郡公曰:“後漢光武建武十三年以土無二王,爵不過公,於是以太原王章爲齊公、魯王興爲魯公,功臣悉爲公。晉始曰開國郡公也。”則以郡公之稱始於晉,蓋是。

〔三〇〇〕已復稱之:後漢書光武帝紀下建武十七年:“冬十月辛巳,……進右翊公輔爲中山王,食常山郡。其餘九國公,皆即舊封進爵爲王。”　蚩:通“嗤”,嘲笑。

〔三〇一〕曹氏始列郡王:曹氏,指三國魏政權。彥按:此謂“曹氏始列郡王”,不知何據。郡王作爲爵位名,於二十四史中,始見於晉書,蓋初置於西晉也。晉書輿服志云:“遠游冠,……皇太子及王者後、帝之兄弟、帝之子封郡王者服之。”

〔三〇二〕泰始元年,子弟王者二十餘人:泰始,各本均作“太始”。彥按:晉武帝年號當作泰始,今訂正。晉書武帝紀泰始元年:“封皇叔祖父孚爲安平王,皇叔父幹爲平原王,亮爲扶風王,伷爲東莞王,駿爲汝陰王,肜爲梁王,倫爲琅邪王,皇弟攸爲齊王,鑒爲樂安王,機爲燕王,皇從伯父望爲義陽王,皇從叔父輔爲渤海王,晃爲下邳王,瓌爲太原王,珪爲高陽王,衡爲常山王,子文爲沛王,泰爲隴西王,權爲彭城王,綏爲范陽王,遂爲濟南王,遜爲譙王,睦爲中山王,陵爲北海王,斌爲陳王,皇從父兄洪爲河間王,皇從父弟楙爲東平王。”

〔三〇三〕宋、齊以降,爰復列郡:列,排列,謂序次,分等級。　陳室即有郡、嗣、藩之三等:彥按:通典卷一九職官一封爵云:“陳有郡王、嗣王、藩王”,蓋即路史此說所本,然頗可疑。陳書所載,但有郡王、嗣王、並無藩王。唯舊本周敷傳有“梁内史始興藩王蕭毅”語,經考又當“梁内史始興王毅”之誤,其中“藩”“蕭”二字爲衍文(見中華書局1972年版陳書校勘記)。蓋通典即據誤本而誤説也。退一步言,即使原文無誤,亦與陳室並不相干。

〔三〇四〕逮乎元魏,王、公、侯、子,分爵爲四——皇子若元功異姓稱王,皇

族若始藩爲公,王大郡,公小郡,于是王者十:若,與。元功,首功,大功。藩,通
“番”,謂番王。十,各本均作“七十”。彥按:魏書作“十”,當是。時封公者方
二十二人,封王之數不當逾此,今據以訂正。魏書官氏志:“(道武帝天賜元
年)九月,減五等之爵,始分爲四,曰王、公、侯、子,除伯、男二號。皇子及異姓
元功上勳者封王,宗室及始蕃王皆降爲公,諸公降爲侯,侯、子亦以此爲差。於
是封王者十人,公者二十二人,侯者七十九人,子者一百三人。王封大郡,公封
小郡,侯封大縣,子封小縣。王第一品,公第二品,侯第三品,子第四品。” 旋
爲六等:六等,即王、公、侯、伯、子、男。彥按:魏書高祖紀下太和十六年云:
“(正月)乙丑,制諸遠屬非太祖子孫及異姓爲王,皆降爲公,公爲侯,侯爲伯,
子、男仍舊,皆除將軍之號。”又太和十八年云:“(十二月)己酉,詔王、公、侯、
伯、子、男開國食邑者:王食半,公三分食一,侯、伯四分食一,子、男五分食一。”
可知時爵已六等矣。

〔三〇五〕通典卷一九職官一封爵云:“北齊有王、公、侯、伯、子、男六等。”

〔三〇六〕大氐於晉、宋若梁靡異:通典卷一九職官一封爵云:“晉亦有王、
公、侯、伯、子、男,又有開國郡公,縣公,郡侯,縣侯、伯、子、男及鄉亭、關内等
侯,凡十五等。”又云:“宋皆因晉制,唯大小國皆三軍。”又云:“梁因前代。”

〔三〇七〕開皇國、郡王分等九,煬帝謨以王、公、侯爲三等:分等九,吳本、
四庫本、備要本作“分九等”。隋書百官志下:“煬帝即位,多所改革。……開
皇中,置國王,郡王,國公,郡公,縣公,侯、伯、子、男爲九等者,至是唯留王、公、
侯三等,餘並廢之。”

〔三〇八〕宗藩:宗室諸侯。　從昆弟:堂兄弟。　孩提:幼兒,兒童。

〔三〇九〕及文皇塈封彝説,疎悉降公,時惟數有功王而止:文皇,即唐太宗
李世民。塈,取。封彝,即封德彝。舊唐書宗室傳:“初,高祖受禪,以天下未
定,廣封宗室以威天下,皇從弟及姪年始孩童者數十人,皆封爲郡王。太宗即
位,因舉宗正屬籍問侍臣曰:‘遍封宗子,於天下便乎?’尚書右僕射封德彝對
曰:‘歷觀往古,封王者今最爲多。兩漢已降,唯封帝子及親兄弟,若宗室疏遠
者,非有大功如周之郇、滕,漢之賈、澤,並不得濫封,所以別親疏也。先朝敦睦
九族,一切封王,爵命既隆,多給力役,蓋以天下爲私,殊非至公馭物之道。’太
宗曰:‘朕理天下,本爲百姓,非欲勞百姓以養己之親也。’於是宗室率以屬疏降

爵爲郡公,唯有功者數人封王。"

〔三一〇〕貞觀之十一年,即前詔元景等二十一王,督刺代襲;後復制:皇兄弟若皇子,爲王,皆國親王;太子男,爲郡王;庶姓卿士,功業特盛,亦得郡王:見通典卷三一職官十三歷代王侯封爵。前詔,各本均作"詔前"。彦按:"詔前"當爲"前詔"倒文。此"前詔"與下"後復制"相呼應,作"詔前"則不辭。今訂正。元景,唐高祖李淵第六子,時任荆州都督、封荆王。督刺,都督、刺史之合稱。代襲,謂子孫世代承襲先人官爵。太子男,太子的兒子。

〔三一一〕繇是異姓畢王,侵尋戰國五季之事:四庫本"繇"作"由",通。喬本"事"作"士",蓋由音譌,今據餘諸本改。侵尋,謂漸次發展而成。戰國,謂國與國相交戰。五季,即後梁、後唐、後晉、後漢、後周五代。

〔三一二〕至德之元,迄大歷三,異姓王者至百一十有二:見通典卷三一職官十三歷代王侯封爵。大歷,當作大曆。　不亦異乎:異,怪異,反常。

〔三一三〕比後之世,更以王子兼師保官:比,及。此之所云,如唐太宗第十子紀王李慎,於睿宗文明元年加授太子太師,唐太宗第三子李恪孫信安郡王李禕,於玄宗天寶初拜太子少師(並見舊唐書卷七六太宗諸子傳),唐睿宗第五子薛王李業,於玄宗開元初歷太子少保,八年又遷太子太保(見舊唐書卷九五睿宗諸子傳),皆其例。又舊唐書高祖二十二子傳韓王元嘉云:"及天后臨朝攝政,欲順物情,乃進授元嘉爲太尉,定州刺史、霍王元軌爲司徒,青州刺史、舒王元名爲司空,隆州刺史、魯王靈夔爲太子太師,蘇州刺史、越王貞爲太子太傅,安州都督、紀王慎爲太子太保,並外示尊崇,實無所綜理。"　果何爲耶:四庫本"耶"作"邪"。下"不可易耶"、"貴之重之耶"之"耶"同。

〔三一四〕則世祖固嘗改:世祖,指東漢世祖光武帝劉秀。參見上注〔二九九〕。　文皇固嘗降矣:參見上注〔三〇九〕。

〔三一五〕文、武、成、康之親子弟,管、蔡、成、霍、盂、晉之徒:文,周文王。武,周武王。成,周成王。康,周康王。管,管叔鮮;蔡,蔡叔度;成,成叔武,"成"亦作"郕";霍,霍叔處:皆周文王子、周武王弟。盂,通"邘",指邘叔,周武王次子(據新唐書宰相世系表二下)。四庫本、備要本譌"孟"。晉,指周武王子、周成王弟唐叔虞。叔虞初雖封唐,然至其子燮則改國號曰晉,故晉實由叔虞之封來也。故左傳僖公二十四年"邘、晉、應、韓,武之穆也"杜預注:"四國皆武王子。"又定公四年"晉,武之穆也"杜預注:"武王子。" 一適之外,其子不過守其故土或食卿采:一,一概,一律。適,通"嫡",指嫡子。洪本誤"適"。

〔三一六〕蠻酋泠伯:泛稱我國古代少數民族政權首領。蠻,我國古代南方少數民族名。泠,即泠支,我國古代北方少數民族名。

〔三一七〕南粵尉陀若閩粵亡諸:南粵,即南越,秦末趙佗在今兩廣地區所建國名。洪本、吳本"粵"作"𩒻",同。尉陀,即趙佗,初於秦末行南海尉事,故又稱尉佗。閩粵,即閩越。各本並作"閩尉粵"。彥按:亡諸爲閩粵王,"閩尉粵"之"尉"字蓋涉上"尉陀"之"尉"而衍,今删。參見國名紀四夏后氏後閩越。

〔三一八〕如呼韓賜之璽綬:呼,喬本作"嘑",洪本、四庫本作"嘷",吳本作"吁"。彥按:各形並爲"呼"字俗體,今從備要本作"呼"。漢書宣帝紀甘露三年:"匈奴呼韓邪單于稽侯狦來朝,贊謁稱藩臣而不名。賜以璽綬、冠帶、衣裳、安車、駟馬、黃金、錦繡、繒絮。" 南粵元鼎即賜之相及内史、中尉、太傅印,得自置賜:事在漢武帝元鼎四年,見漢書南粵傳。太傅,喬本、洪本"太"作"大",此從餘諸本。

〔三一九〕徒以名王:吳本、四庫本無"以"字。

〔三二〇〕論語子路,子曰:"故君子名之必可言也,言之必可行也。"

〔三二一〕季札辭國:見國名紀三高辛氏後注〔二四七〕。

〔三二二〕自度有不足以辨此:辨,通"辦",處理。

〔三二三〕伊周材具:伊周,商伊尹與西周周公旦之合稱。材具,才能,本事。

〔三二四〕晉唐:喬本無"唐"字,今據餘諸本補。

〔三二五〕鄂:在今山西太原市西南。

〔三二六〕今并之陽曲:并,州名。陽曲,縣名,治所在今山西太原市。

〔三二七〕故詩止曰唐:詩國風有唐風,不作"晉風"。

〔三二八〕左傳僖公十五年:"九月,晉侯逆秦師。……壬戌,戰于韓原。"

〔三二九〕古今地名:唐佚名撰。 韓武子:春秋晉國公子,名萬,謚武,封于韓原,爲戰國七雄韓國之先祖。

〔三三〇〕懷:州名,治所在今河南沁陽市。

〔三三一〕河内故邢縣,有邢臺、邢城:河内,郡名。彥按:"故邢縣",當作

“故邘國”。邘非縣名，乃古國名。水經注卷九沁水云：“沁水又東，邘水注
之。……其水南流逕邘城西，故邘國也。城南有邘臺。”當即路史所本。

〔三三二〕河内野王西北三十有古邘城、邘亭、邘臺：野王，縣名，治所在今
河南沁陽市。喬本、洪本作“野三”，吴本、四庫本、備要本作“野山”。彦按：當
作“野王”。蓋“王”奪中筆而變“三”，再經音譌而成“山”。今據水經注卷九
沁水引京相璠曰訂正。後漢書郡國志一河内郡云：“野王有太行山，有射犬聚，
有邘城。”左傳僖公二十四年“邘、晉、應、韓，武之穆也”杜預注亦云：“河内野
王縣西北有邘城。”並可證此當作野王。

〔三三三〕一云：祁氏邑，在陽曲東七十，即爲邘者：彦按：疑此“東”當作
“東北”，“七十”當作“八十”，蓋偶脱譌。太平寰宇記卷四〇并州陽曲縣曰：
“故盂城，漢盂縣也。本春秋晉大夫祁氏邑，在縣東北八十里。左傳曰：晉殺祁
盈，遂滅祁氏，分爲七縣，以盂丙爲盂大夫。漢以爲縣。”元和郡縣圖志卷一三
太原府陽曲縣説大同。而下文武穆之分盂曰：“今陽曲東北八十故盂城”，尤
足證明。

〔三三四〕周以與鄭：彦按：此説誤。似當作“周取于鄭”，左傳隱公十一年
“王取鄔、劉、蒍、邘之田于鄭”，是也。　　後圖晉：圖，洪本、吴本、四庫本作
“啚”，同。彦按：“圖（啚）”疑當作“屬”。通典卷一七八州郡八懷州云：“禹貢
覃懷之地。……周爲畿内及衛、邘、雍三國。春秋時又屬晉。”

〔三三五〕袁淑俳諧文“應邘”叶“堅”：自此“袁淑”而下十六字注文，吴
本、四庫本所無。袁淑，南朝宋大臣。彦按：左傳僖公二十四年：“邘、晉、應、
韓，武之穆也。”杜預注：“四國皆武王子。”此謂袁氏俳諧文武穆國名之字與
“堅”叶韻，則是其字作“邘”而非作“邗”。　　高郢魯議作“邘、晉”：高郢，唐順
宗朝宰相。魯議，喬本、洪本、備要本作“魯儀”。彦按：“儀”乃“議”字之譌。
舊唐書高郢傳曰：“嘗以魯不合用天子禮樂，乃引公羊傳著魯議，見稱於時。”
是也。清徐乾學奉敕編注御選古文淵鑒，卷三四所收高郢魯議，即其篇。今據
以訂正。“邘、晉”，備要本“邘”譌“邦”

〔三三六〕敦作“雁”：敦（duì），古代食器。用以盛黍、稷、稻、粱等。常見
的形狀爲三短足，圓腹，二環耳，有蓋。喬本、四庫本、備要本作“今”，洪本作
“𣪊”，吴本作“敵”。彦按：洪本作“𣪊”，即“敦”字，當是，宋吕大臨考古圖釋文

有雁侯敦。吳本作"敵"，乃"𣪘"字形譌。餘本作"今"，蓋不識"𣪘"字而臆改。然作"今"則與路史正文意思相左，必非。今訂作"敦"。

〔三三七〕韓詩：應侯范雎，增世爲應侯，請五苑果後：吳本、四庫本無"請五苑果後"五字。范雎，戰國政治家、軍事謀略家。本爲魏人，後入秦爲客卿，秦昭襄王拜之爲相，封應侯。喬本、洪本、備要本作"范雎"，吳本作"𢐗雎"，此據四庫本訂改。彥按：韓詩，當作韓子，即韓非子。藝文類聚卷八七，太平御覽卷三五、卷一九六、卷九六四、卷九六五引其事，並作韓子。今考之韓非子，則備載於外儲説右下也。"增世"云云，文不可曉，當有譌脱。今録韓子原文於下，以供參照："秦大饑，應侯請曰：'五苑之草著——蔬菜、橡果、棗栗，足以活民，請發之。'昭襄王曰：'吾秦法，使民有功而受賞，有罪而受誅。今發五苑之蔬果者，使民有功與無功俱賞也。夫使民有功與無功俱賞者，此亂之道也。夫發五苑而亂，不如棄棗蔬而治。'一曰：'令發五苑之蓏蔬棗栗足以活民，是用民有功與無功争取也。夫生而亂，不如死而治。大夫其釋之！'"

〔三三八〕葉：縣名。今屬河南省。

〔三三九〕見後紀十高辛紀下注〔二五〇〕。

〔三四〇〕續志，臨濟本狄國：見後漢書郡國志四樂安國，原文作："臨濟本狄，安帝更名。"臨濟，縣名，治所在今山東高青縣高城鎮西北。

〔三四一〕定公三年有寒氏，晉地，一曰五氏：寒氏，在今河北邯鄲縣西。彥按：春秋、左傳定公三年均未見有寒氏，"三"當作"十"，左傳定公十年："初，衛侯伐邯鄲午於寒氏。"杜預注："寒氏即五氏也。前年，衛人助齊伐五氏。"又春秋定公九年"秋，齊侯、衛侯次于五氏"杜預注："五氏，晉地。"

〔三四二〕南宫中鼎云"王在寒師"：南宫中鼎，出土周代青銅器，此指其銘文，宋薛尚功歷代鐘鼎彝器款識法帖卷一〇周器款識鼎有著録。明王世貞弇州四部稿卷七六文部記十首神鼎閣記云："王在寒師，寒師，地也。"

〔三四三〕次桓叔，韓是也：彥按：此以桓叔爲武王子，蓋非。國語晉語八韋昭注曰："桓叔，韓氏之祖曲沃桓叔也。"曲沃桓叔爲晉穆侯子，乃晉之支庶。史記韓世家亦但曰"韓之先與周同姓，姓姬氏"，未言爲武之穆。羅氏以桓叔爲武王子者，豈誤斷古今地名"韓武子食菜韓原"（見上韓條）作"韓，武子，食采韓原"邪？

〔三四四〕狄:即翟。

〔三四五〕富辰曰邗、晉、雁、韓:見左傳僖公二十四年,"雁"作"應"。 無推次:未曾考慮次序。推,推求。

〔三四六〕昔者周公弔二叔之不咸,於是封文之昭、武之穆者二十有餘國:弔,傷痛。二叔,指管叔、蔡叔。王引之曰:"二叔即管、蔡。而下文封建又有管、蔡者,二叔雖誅,而其國不除,仍封建其後嗣。……管、蔡始封在武王時,至作亂被誅,仍封建其後,親親之道也。"(見經義述聞卷一七春秋左傳上弔二叔之不咸)。咸,終(取楊樹達積微居小學述林詩敦商之旅克咸厥功解説)。二十有餘國,彥按:據左傳僖公二十四年載富辰語,應是二十國,其文曰:"昔周公弔二叔之不咸,故封建親戚以蕃屏周。管、蔡、郕、霍、魯、衛、毛、聃、郜、雍、曹、滕、畢、原、酆、郇,文之昭也。邗、晉、應、韓,武之穆也。"

〔三四七〕宗國:同姓諸侯國。

〔三四八〕逮元、成時,宗國蔑矣;而移漢者,王家也:逮,喬本譌"建",今據餘諸本訂正。元,漢元帝劉奭,公元前48—前33年在位。成,漢成帝劉驁,公元前33—前7年在位。蔑,沒有,消失。王家,謂王莽。

〔三四九〕成侯:周成王母弟叔虞曾孫。 桓叔:周晉穆侯子,春秋晉昭侯叔父,名成師,謚桓。

〔三五〇〕獻公城之居申生:見左傳閔公元年。獻公,指春秋晉獻公詭諸。申生,晉獻公太子。 曰新城:左傳僖公十年"七日,新城西偏將有巫者而見我焉"杜預注:"新城,曲沃也。"

〔三五一〕潘岳云陝之曲沃:潘岳,西晉文學家。陝,縣名,治所在今河南三門峽市陝州區。潘岳有西征賦,文曰:"我徂安陽,言陟陝郊。……升曲沃而惆悵,惜兆亂而兄替。" 是也:彥按:唐顏師古則以潘岳西征賦以陝之曲沃爲桓叔所居之曲沃乃屬疏謬(見漢書高帝紀下"相國鄭侯下諸侯王"注)。顏説當是,蓋桓叔之曲沃在今山西聞喜縣東北也。

〔三五二〕穆侯:指西周晉穆侯弗生,爲周武王子唐叔虞九世孫。

〔三五三〕鄭玄毛詩譜唐譜:"當周公、召公共和之時,成侯曾孫僖侯甚嗇愛物,儉不中禮,國人閔之,唐之變風始作。其孫穆侯又徙於絳云。"

〔三五四〕士蔿城之:士蔿,春秋晉大夫。喬本、洪本、吳本譌"士爲",今從四庫本、備要本訂正。左傳莊公二十六年:"夏,土蒍城絳,以深其宫。"

〔三五五〕今隸絳:絳,州名,治所在今山西新絳縣。

〔三五六〕翼城:縣名,今屬山西省。

〔三五七〕元和志:周勃邑,今號絳邑故城:見元和郡縣圖志卷一二絳州曲沃縣。周勃,西漢開國功臣,歷官太尉、丞相,封絳侯。

〔三五八〕景公遷新田,又曰絳,乃以翼爲故絳云:景公,指春秋晉景公姬獳。新田,在今山西侯馬市西晉國遺址。云,吳本、四庫本譌"二"。左傳成公六年:"(景)公説,從之。夏四月丁丑,晉遷于新田。"又上文曰:"晉人謀去故絳。"杜預注:"晉復命新田爲絳,故謂此故絳。"

〔三五九〕孝侯居,因曰翼侯:孝侯,指春秋晉孝侯姬平,爲晉國第十三任國君。因,洪本作"曰",同。

〔三六〇〕隱五年伐翼者:左傳隱公五年:"曲沃莊伯以鄭人、邢人伐翼。"

〔三六一〕云即絳改:水經注卷六澮水云:"按詩譜言:晉穆侯遷都于絳,暨孫孝侯,改絳爲翼。"又太平御覽卷一六三引圖經曰:"晉穆侯遷都於絳,曾孫孝侯改絳爲翼。"又宋王應麟詩地理攷卷二唐引諸侯譜曰:"晉穆侯遷都於絳,孝侯改絳爲翼。"出處雖異,而説法同。

〔三六二〕翼九宗嘉父逆晉侯于隨,納之鄂,曰鄂侯:翼九宗嘉父,左傳隱公六年作"翼九宗五正頃父之子嘉父",楊伯峻注:"九宗五正,官名,蓋頃父之官職。"當是。蓋如後世宗正之官,爲掌管王族事務者。今路史以"九宗"屬嘉父,似非。晉侯,春秋晉國君姬郄,公元前724—前718年在位。初都翼,因亦稱翼侯。隨,春秋晉邑,在今山西介休市東南。鄂,在今山西鄉寧縣南。彦按:上年"曲沃莊伯以鄭人、邢人伐翼,……翼侯奔隨"(見左傳隱公五年),故至此晉大夫嘉父逆之於隨。

〔三六三〕澤:州名,治所在今山西晉城市。

〔三六四〕叔虎邑:叔虎,即羊舌虎,春秋晉平公大夫,爲晉國政治家叔向之異母弟。其邑在今山西沁水下游一帶。

〔三六五〕鄐也:喬本"鄐"作"郤",誤。今據餘諸本改。

〔三六六〕預云,野王西南有絺城:見春秋釋例卷五土地名第四十四之一周地魯隱公十一年絺。

〔三六七〕王以絺、樊、欑茅等十二邑與鄭易鄔、劉、蔿、邘田：樊，在今河南濟源市西南。喬本、洪本、吳本、四庫本作“租”。彥按：據左傳隱公十一年，王與鄭十二邑中並無租邑，其誤顯然，今據備要本訂正。欑茅，在今河南修武縣西北。欑，喬本、洪本、吳本、四庫本作“攢”，備要本作“攢”，今據左傳訂“欑”。劉，今河南偃師市西南。蔿，在今河南孟津縣東北。

〔三六八〕邢侯：周公第四子，名苴，成王時封邢。

〔三六九〕雝子奔晉，與之鄐者：雝子，即雍子。春秋楚臣，遭譖奔晉。左傳襄公二十六年：“雍子奔晉，晉人與之鄐，以爲謀主。”

〔三七〇〕姓書有畜氏、鄐氏，云因非子畜養：古今姓氏書辯證卷三五屋韻畜曰：“出自非子之後，畜牧汧、渭之間，馬大蕃息，支孫氏焉。”

〔三七一〕涉佗：春秋晉國大夫。

〔三七二〕漢之涉，今隸潞：涉，縣名，今屬河北省。潞，州名。

〔三七三〕王符云：郤犨采于苦，曰苦成：彥按：自此而下至“齊人改曰‘車成’”，見潛夫論志氏姓。郤犨，潛夫論作郤讐。彥按：郤犨，春秋晉臣，字當作“郤”，春秋成公十一年“晉侯使郤犨來聘”作“郤”，同。作“郤”則非是。正字通邑部郤曰：“姓。郤與郤別。黃長睿曰：郤姓爲江左名族，讀如絺繡之絺，俗譌作郤，呼爲郤詵之郤，非也。郤詵，晉大夫郤縠之後。郤鑒，漢御史大夫郤慮之後。姓源既異，音讀各殊，後世因俗書相亂，不復分郤、郤爲二姓。”曰苦成，潛夫論作“號苦成叔”。

〔三七四〕鹽池：在今山西運城市鹽湖區南。

〔三七五〕後或爲“枯”：吳本、四庫本、備要本“枯”作“梏”，與今本潛夫論異。　齊人改曰“庫成”：庫成，各本均作“車成”。彥按：“車”當“庫”字之譌。“庫”與“苦”音近，作“車”則相去甚遠。清汪繼培箋本潛夫論志氏姓此句作“齊人聞其音，則書之曰‘庫成’”。汪氏箋曰：“‘庫成’舊作‘車’一字。按氏族略五引風俗通云：‘苦成，方言音變爲“庫成”。’後紀十有庫成。”今據以訂正。

〔三七六〕芮城西三里有郤芮墓：喬本、洪本“芮城”、“郤芮”之“芮”譌“芮”，今據餘諸本訂正。下“芮死”、“芮故邑”之“芮”同。參見國名紀四陶唐氏後冀。

〔三七七〕文公命缺下軍大夫，復與之冀：見左傳僖公三十三年。文公，指春秋晉文公重耳。缺，郤芮子郤缺。

〔三七八〕晉之冀氏：晉，州名。冀氏，縣名，治所在今山西安澤縣冀氏鎮。

〔三七九〕參見國名紀一黄帝後姬姓國張。

〔三八〇〕郡縣志：縣西南二十七，即渚陽城：見元和郡縣圖志卷一五邢州任縣，其文曰：“張城，一名渚陽城，在縣西南二十七里，漢張縣也。”渚陽城，各本均譌作“濟陽城”，今訂正。

〔三八一〕王符云：河東解邑有張城、西張城：見潛夫論志氏姓。河東，郡名。解邑，邑名，在今山西臨猗縣西南。

〔三八二〕吕春秋云魏之分：彦按：吕氏春秋報更有：“張儀，魏氏餘子也。”蓋即羅氏此語所本。

〔三八三〕今河中臨晉東南故解城，在桑泉之南虞鄉東三十：河中，府名。臨晉，縣名，治所在今陝西大荔縣朝邑鎮。桑泉，縣名，治所在今山西臨猗縣臨晉鎮。虞鄉，縣名，治所在今山西永濟市虞鄉鎮。

〔三八四〕解：縣名，治所在今山西運城市鹽湖區解州鎮。

〔三八五〕僖十五解梁，以賂秦者：左傳僖公十五年：“晉侯許……賂秦伯以河外列城五，東盡虢略，南及華山，内及解梁城，既而不與。”杜預注：“解梁城，今河東解縣也。” 昭二十二之解：左傳昭公二十二年：“王師軍于氾，于解，次于任人。”杜預注：“洛陽西南有大解、小解。”

〔三八六〕一曰揚氏：彦按：“揚”疑當作“楊”，下文引寰宇記即作楊氏。

〔三八七〕寰宇記：趙州之寧晉，春秋楊氏：見太平寰宇記卷六〇趙州寧晉縣，文曰：“漢楊氏縣，屬鉅鹿郡；春秋時晉楊氏邑。”趙州，各本均譌“趙氏”，蓋受上下文“揚（楊）氏”影響所致，今訂正。寧晉，縣名，今屬河北省。

〔三八八〕説文：“揚，舉也”：説文原文“舉”作“飛舉”，此脱“飛”字。

〔三八九〕二漢揚縣：揚縣，彦按：據漢書地理志上河東郡及後漢書郡國志一司隸河東郡，此縣名作“楊”字，非作“揚”。

〔三九〇〕今晉之洪洞南十八有故揚城：晉，州名。洪洞，縣名，今屬山西省。太平寰宇記卷四三晉州洪洞縣“南”作“東南”，“揚城”作“楊城”。元豐九域志卷四亦作“楊城”。 地道記：揚侯國：太平寰宇記卷四三晉州洪洞縣引晉地道記，“揚侯”作“楊侯”。

〔三九一〕云晉滅賜肸：肸，春秋晉大夫羊舌肸，字叔向。各本“肸”譌“肹”，今訂正。

〔三九二〕見元和郡縣圖志卷一二晉州洪洞縣，唯揚縣、揚侯國之“揚”字並作“楊”。

〔三九三〕參見後紀十高辛紀下注〔二〇三〕。

〔三九四〕春秋僖公十年：“狄滅溫，溫子奔衛。”

〔三九五〕襄王以賜晉：左傳僖公二十五年：“（夏四月）戊午，晉侯朝王。……（襄王）與之陽樊、溫、原、欑茅之田。”　郤至采焉，曰溫季：參見後紀十高辛紀下注〔二〇一〕。

〔三九六〕狐溱、陽處父亦采此：狐溱、陽處父，並春秋晉臣。各本狐溱譌作“狄臻”，今訂正。左傳成公十一年：“晉郤至與周爭鄇田，王命劉康公、單襄公訟諸晉。郤至曰：‘溫，吾故也，故不敢失。’劉子、單子曰：‘昔周克商，使諸侯撫封，蘇忿生以溫爲司寇，與檀伯達封于河。蘇氏即狄，又不能於狄而奔衛。襄王勞文公而賜之溫，狐氏、陽氏先處之，而後及子。若治其故，則王官之邑也，子安得之？’”杜預注：“狐溱、陽處父先食溫地。”

〔三九七〕參見國名紀二少昊後李姓國祁。

〔三九八〕寰宇記，在聞喜東二十二里：見太平寰宇記卷四六解州聞喜縣。寰宇記，洪本“宇”譌“字”。

〔三九九〕郤步揚：春秋晉國大夫。

〔四〇〇〕盂丙，盂大夫，祁氏：盂丙，春秋晉國大夫。各本“丙”均譌“内”，今訂正。又今本左傳作盂丙，昭公二十八年云：“魏獻子爲政，分祁氏之田以爲七縣，……盂丙爲盂大夫。”顧炎武左傳杜解補正、王念孫讀漢書雜志並謂當作“盂丙”

〔四〇一〕漢縣，隸太原：太原，郡名。　唐，邢：彥按：“邢”當作“并”。元和郡縣圖志卷一三太原府盂縣云：“（隋）大業二年，改原仇爲盂縣，因漢舊名，屬并州。皇朝因之。武德三年，割并州之盂、壽陽二縣於此置受州。貞觀八年，省受州，盂縣復屬并州。”太平寰宇記卷四〇并州盂縣説同。

〔四〇二〕劉子伐盂：劉子，即劉桓公，春秋周臣。左傳定公八年：“（二月）

辛卯,……<u>劉子</u>伐<u>盂</u>。"

〔四〇三〕<u>衛東盂</u>:<u>衛</u>,指<u>春秋衛國</u>。<u>盂</u>,<u>春秋衛</u>邑,在今<u>河南濮陽縣</u>東南。

〔四〇四〕<u>定</u>十四年<u>蒯瞶</u>獻<u>齊</u>者:<u>蒯瞶</u>,<u>春秋衛莊公</u>,<u>衛靈公</u>太子。<u>備要</u>本"瞶"作"瞆"。<u>左傳定公</u>十四年:"大子<u>蒯瞶</u>獻<u>盂</u>于<u>齊</u>。"

〔四〇五〕又<u>哀</u>四年<u>盂</u>,<u>周</u>地:<u>彦</u>按:"<u>周</u>"當作"<u>晉</u>"。<u>左傳哀公</u>四年:"<u>國夏</u>伐<u>晉</u>,取<u>邢</u>、<u>任</u>、<u>欒</u>、<u>鄗</u>、<u>逆畤</u>、<u>陰人</u>、<u>盂</u>、<u>壺口</u>。"<u>杜預</u>注:"八邑,<u>晉</u>地。"其地即今<u>山西陽曲縣大盂鎮</u>。

〔四〇六〕若<u>宋盂</u>:若,與,以及。<u>左氏春秋僖公</u>二十一年:"秋,<u>宋公</u>、<u>楚子</u>、<u>陳侯</u>、<u>蔡侯</u>、<u>鄭伯</u>、<u>許男</u>、<u>曹伯</u>會于<u>盂</u>。"<u>杜預</u>注:"<u>盂</u>,<u>宋</u>地。"其地在今<u>河南睢縣</u>西北。

〔四〇七〕<u>公</u>:指<u>公羊春秋</u>　<u>穀</u>:指<u>穀梁春秋</u>。

〔四〇八〕<u>郤克</u>:<u>春秋晉國</u>正卿。

〔四〇九〕<u>姓辨</u>:即<u>古今姓氏書辯證</u>。其卷三九陌韻<u>郤</u>曰:"俗作'<u>郄</u>'。自<u>晉</u>大夫<u>郤文</u>生<u>豹</u>,<u>豹</u>生<u>芮</u>,<u>芮</u>生<u>成子缺</u>,皆食邑於<u>冀</u>。<u>缺</u>生<u>獻子克</u>。其後錡曰<u>駒伯</u>,犨曰<u>苦成叔</u>,<u>至</u>曰<u>溫季子</u>,揚曰<u>步揚</u>,皆以所食邑著名。"

〔四一〇〕上:不詳所指。<u>吳</u>本、<u>四庫</u>本、<u>備要</u>本無此注文。

〔四一一〕參見後紀十<u>高辛紀</u>下注〔二〇六〕。

〔四一二〕一夕之期,襲<u>梁</u>及<u>霍</u>:見<u>左傳哀公</u>四年,原文作:"爲一昔之期,襲<u>梁</u>及<u>霍</u>。"<u>楊伯峻</u>注:"<u>梁</u>在今<u>河南臨汝縣</u>(<u>彦</u>按:今稱<u>汝州市</u>)西,……<u>霍</u>在<u>梁</u>之西南,離<u>臨汝縣</u>稍遠。"

〔四一三〕<u>周</u>地:<u>彦</u>按:<u>羅氏</u>以<u>霍</u>爲<u>周</u>地,不知何據。<u>左傳哀公</u>四年"襲<u>梁</u>及<u>霍</u>"<u>杜預</u>注:"<u>梁</u>,<u>河南梁縣</u>西南故城也。<u>梁</u>南有<u>霍陽山</u>,皆<u>蠻子</u>之邑也。"<u>楊伯峻</u>、<u>徐提春秋左傳詞典</u>以爲:"<u>霍</u>,本<u>蠻</u>地,後屬<u>楚</u>。"當是。

〔四一四〕<u>箕鄭</u>:<u>春秋晉國</u>大夫。

〔四一五〕<u>國語晉語</u>四:"<u>晉國</u>饑,(<u>晉文</u>)公問於<u>箕鄭</u>曰:'救饑何以?'對曰:'信。'……公使爲<u>箕</u>。"<u>韋昭</u>注:"爲<u>箕</u>大夫。"

〔四一六〕<u>賓</u>:<u>欒賓</u>,<u>西周晉靖侯宜臼</u>庶孫,爲<u>晉曲沃桓叔</u>相。

〔四一七〕<u>真定欒城</u>:<u>真定</u>,府名。<u>欒城</u>,縣名,治所在今<u>河北石家莊市欒城區欒城鎮</u>。

〔四一八〕柏鄉鎮：彦按："鎮"字疑不當有。<u>欒城</u>之南有<u>柏鄉縣</u>，取古<u>柏鄉</u>以爲縣名，地與<u>欒城</u>相近，然非鎮名。<u>柏鄉鎮</u>則在今<u>河南沁陽市</u>西（今稱<u>柏香鎮</u>），兩地絶相遠。

〔四一九〕國夏取欒：<u>國夏</u>，<u>春秋齊國</u>上卿。氏<u>國</u>，名<u>夏</u>，謚<u>惠</u>，故又稱<u>國惠子</u>。<u>左傳哀公四年</u>："<u>國夏</u>伐<u>晉</u>，取<u>邢</u>、<u>任</u>、<u>欒</u>、<u>鄗</u>、<u>逆畤</u>、<u>陰人</u>、<u>盂</u>、<u>壺口</u>。"

〔四二〇〕漢南欒故城在鉅鹿：<u>喬</u>本、<u>洪</u>本"欒"作"絲"，今從餘諸本改。<u>鉅鹿</u>，縣名，今屬<u>河北省</u>。

〔四二一〕夷吾采：<u>夷吾</u>，<u>春秋晉獻公</u>子。各本均譌"夷邑"，今訂正。<u>左傳莊公二十八年</u>："<u>晉獻公</u>娶于<u>賈</u>，無子。烝於<u>齊姜</u>，生<u>秦穆夫人</u>及太子<u>申生</u>。又娶二女於<u>戎</u>，<u>大戎狐姬</u>生<u>重耳</u>，<u>小戎子</u>生<u>夷吾</u>。<u>晉</u>伐<u>驪戎</u>，<u>驪戎男</u>女以<u>驪姬</u>，歸，生<u>奚齊</u>，其娣生<u>卓子</u>。<u>驪姬</u>嬖，欲立其子，賂外嬖<u>梁五</u>與<u>東關嬖五</u>，使言於公曰：'<u>曲沃</u>，君之宗也；<u>蒲</u>與二<u>屈</u>，君之疆也：不可以無主。宗邑無主，則民不威；疆場無主，則啓<u>戎</u>心；<u>戎</u>之生心，民慢其政，國之患也。若使大子主<u>曲沃</u>，而<u>重耳</u>、<u>夷吾</u>主<u>蒲</u>與<u>屈</u>，則可以威民而懼<u>戎</u>，且旌君伐。'使俱曰：'<u>狄</u>之廣莫，於<u>晉</u>爲都。<u>晉</u>之啓土，不亦宜乎！'<u>晉侯</u>説之。夏，使大子居<u>曲沃</u>，<u>重耳</u>居<u>蒲城</u>，<u>夷吾</u>居<u>屈</u>。"

〔四二二〕麗姬：即<u>驪姬</u>。<u>春秋驪戎</u>國君之女，<u>晉獻公</u>寵妃。參見上注。

〔四二三〕翟章救鄭次南屈者：<u>翟章</u>，<u>戰國魏</u>將。<u>竹書紀年</u>卷下<u>周隱王七年</u>："<u>翟章救鄭</u>，次于<u>南屈</u>。"

〔四二四〕汲古文：<u>吳</u>本無此三字，<u>備要</u>本脱"文"字。

〔四二五〕古國中：詳見<u>國名紀六夏世侯伯屈</u>。

〔四二六〕臨汾有犨氏亭，樂史云郤犨采：見<u>太平寰宇記</u>卷四三<u>晉州臨汾縣</u>。<u>郤犨</u>，即<u>郄犨</u>。見上注〔三七三〕。　<u>魯山</u>之<u>犨</u>：<u>魯山</u>，縣名，今屬<u>河南省</u>。<u>犨</u>在<u>魯山縣</u>治東南。

〔四二七〕楚有中犨：<u>左傳昭公十三年</u>："（楚）王奪<u>鬬韋龜中犨</u>。"<u>杜預</u>注："<u>中犨</u>，邑名。"

〔四二八〕昭元年犨，乃南陽之犨，本鄭地入楚：<u>左傳昭公元年</u>："<u>楚公子圍</u>使<u>公子黑肱</u>、<u>伯州犂</u>城<u>犨</u>、<u>櫟</u>、<u>郟</u>。"<u>杜預</u>注："<u>犨縣</u>屬<u>南陽</u>，<u>郟縣</u>屬<u>襄城</u>，<u>櫟</u>今<u>河南陽翟縣</u>，三邑本<u>鄭</u>地。"

〔四二九〕逝遨采，本鄭地：逝遨，春秋晉大夫。彥按：“本鄭地”之説蓋誤，詳下注〔四三一〕。　重耳軍盧柳，濕次于郇者：盧柳，即廬柳，左傳、國語皆作廬柳。春秋晉邑，在今山西臨猗縣西北。濕，此字突兀於此，與上下文全不相洽，蓋非衍文即爲譌文。郇，在今山西臨猗縣西南。彥按：國語晉語四云：“呂甥、冀芮帥師，甲午，軍于廬柳。秦伯使公子縶如師，師退，次于郇。”左傳僖公二十四年亦云：“二月甲午，晉師軍于廬柳。秦伯使公子縶如晉師。師退，軍于郇。”杜預於“晉師軍于廬柳”下注：“懷公遣軍距重耳。”是則“軍盧柳，次于郇”者，晉懷公所遣以拒重耳之晉軍也，路史乃誤加於重耳，謬亦甚矣。

〔四三〇〕狐偃盟于郇：見國語晉語四，原文作：“狐偃及秦、晉大夫盟于郇。”狐偃，晉文公重耳之舅，一生追隨、輔佐重耳，官至上軍佐。

〔四三一〕韋云：鄭地：彥按：韋云見國語晉語四“師退，次于郇”注，“鄭地”今本多作“晉地”；唯四庫全書本作“鄭地”，與羅氏所見本同，然當有誤，晉懷遣軍以拒重耳入晉，無由屯鄭地也。

〔四三二〕非河東郇：彥按：此説實誤。左傳僖公二十四年“軍于郇”杜預注：“解縣西北有郇城。”解縣於晉正屬河東郡。羅氏以爲非者，輕信誤本韋昭國語注“鄭地”之文也。

〔四三三〕羊舌：複姓。此指春秋晉大夫羊舌赤。史記仲尼弟子列傳：“（孔子）數稱臧文仲、柳下惠、銅鞮伯華、介山子然。”裴駰集解引晉太康地記云：“銅鞮，晉大夫羊舌赤之邑，世號赤曰銅鞮伯華。”

〔四三四〕漢縣，今隸威勝：漢銅鞮縣，治所在今山西沁縣南。威勝，指威勝軍。

〔四三五〕本屬路，太平興國三置軍：路，當作潞，指潞州。宋史地理志二河東路威勝軍云：“太平興國三年，於潞州銅鞮縣亂柳石圍中建爲軍。”又於銅鞮縣下注：“太平興國初，與武鄉自潞州來隸。”

〔四三六〕子產云，銅鞮之宮數里：見左傳襄公三十一年。杜預注：“銅鞮，晉離宮。”

〔四三七〕有銅鞮伯華墓：銅鞮伯華，即春秋晉大夫羊舌赤。孔子十分贊賞銅鞮伯華之所行，以爲“國家有道，其言足以興；國家無道，其默足以容。”見史記仲尼弟子列傳裴駰集解引大戴禮。各本“有銅鞮”三字均入注文。彥按：

此三字注文費解,當由正文誤闌入者,本與下正文"伯華墓"連讀,作"有銅鞮伯華墓"也,今訂正。

〔四三八〕大戎氏、小戎氏:左傳莊公二十八年:"晉獻公……又娶二女於戎,大戎狐姬生重耳,小戎子生夷吾。"杜預注:"大戎,唐叔子孫別在戎狄者。小戎,允姓之戎。"清江永春秋地理考實卷一莊公二十八年釋"大戎"云:"傳:'晉獻公取二女于戎,大戎狐姬生重耳。'杜注:'唐叔子孫別在戎狄者。'彙纂:'當在今陝西延安府境。'今按:太原閻若璩著四書釋地,云:'吾府交城縣爲狄地,舅犯實生於其地。余向久遊寓,其父子兄弟合爲祠廟,祭賽甚盛,非同他志乘之傅會。'然則,舅犯爲狐突之子,即大戎人,其地在交城。今山西太原府交城縣在府西南一百二十里,本漢晉陽縣之西境,非延安府境也。"又釋"小戎"云:"傳:'小戎子生夷吾。'杜注:'允姓之戎。'今按:昭九年傳:'允姓之姦,居于瓜州。'其地在今陝西肅州西五百餘里,獻公豈至此娶女?杜説誤。小戎者,大戎之別,其地當亦近交城耳。"交城縣,今屬山西省。

〔四三九〕桓叔封韓:見上注〔三四三〕。

〔四四〇〕竹紀年有桓侯:竹書紀年卷下周顯王十二年:"魯恭侯、宋桓侯、衛成侯、鄭釐侯來朝。"清徐文靖統箋:"宋桓(公)〔侯〕名辟兵,宋休公子。"

〔四四一〕漢梁孝:指漢文帝子、漢景帝弟梁孝王劉武。

〔四四二〕韓西:彥按:潛夫論志氏姓:"昔周宣王亦有韓侯,其國也近燕,故詩云:'普彼韓城,燕師所完。'其後韓西亦姓韓,爲衛滿所伐,遷居海中。"汪繼培箋:"按韓西蓋即朝鮮。'朝'誤爲'韓';'西'即'鮮'之轉,故尚書大傳以'西方'爲'鮮方'。"

〔四四三〕王肅云涿郡方城縣有韓城:方城縣,治所在今河北固安縣西南。水經注卷一二聖水引王肅曰,"韓城"作"韓侯城"。

〔四四四〕趙藺:彥按:史記周本紀:"秦破韓、魏,扑師武,北取趙藺、離石者,皆白起也。"裴駰集解曰:"地理志曰西河郡有藺、離石二縣。"又張守節正義曰:"藺近離石,皆趙二邑。"據此,則所謂之"趙藺",乃謂趙國之藺邑,非邑名稱"趙藺"也。路史於國名紀乃立"趙藺"之目,甚是不妥。漢藺縣治所在今山西柳林縣孟門鎮。

〔四四五〕代之雁門:代,州名。雁門,縣名,治所在今山西代縣。

〔四四六〕故平縣，東漢之平城：彥按：此謂東漢之平城，是也。東漢平城縣治今山西代縣。至稱“故平縣”，則徧查史傳，未見證據，蓋誤。疑當作平邑縣，漢書地理志下平邑縣屬代郡，治所在今山西大同縣東，正與下文“趙城平邑”相應，與代之雁門地亦相近。

〔四四七〕紀在晉烈公四年，趙城平邑：晉烈公，戰國時晉國君姬止，公元前415—前389年在位。平邑，戰國趙邑，在今山西大同縣東。水經注卷五河水：“竹書紀年：晉烈公四年，趙城平邑。”楊守敬、熊會貞疏：“沈炳巽曰：當作二年。戴改二。會貞按：今本竹書系周威烈王八年。以史表考之，當晉烈公二年。然初學記八引竹書亦作四年。而趙世家稱獻侯十三年城平邑，又當晉烈公之九年。且裴駰以漢代郡之平邑當之，酈氏復敓入灅水注，諸説錯出，當仍原文。”

〔四四八〕今魏之南樂縣圖云：平邑在縣城東界：魏，州名。南樂，縣名，今屬河南省。彥按：太平寰宇記卷五四魏州南樂縣曰：“平邑。竹書記年云：晉烈公四年，趙城平邑。按縣圖云，在縣城東界。”蓋即羅氏所本。然南樂縣城東界之平邑，與代之雁門相去甚遠，乃別一平邑，恐亦非“趙城平邑”之平邑也。

〔四四九〕左傳襄公二十九年載晉司馬叔侯曰：“虞、虢、焦、滑、霍、揚、韓、魏，皆姬姓也，晉是以大。”杜預注：“八國皆晉所滅。”

〔四五〇〕晉假道於虞以伐虢：自此而下至“而且害之”，見於左傳僖公五年。虢，四庫本失落左偏旁作“虎”。　泰王之昭也：四庫本“泰”作“太”，通。洪本“昭”作“招”，非。　臧在盟府：臧，“藏”之古字，四庫本作“藏”。盟府，古代掌管保存盟約文書的官府。

〔四五一〕且虞能親於桓、莊乎：桓，即曲沃桓叔。晉昭侯元年，封叔父成師於曲沃，號桓叔。莊，即曲沃莊伯，桓叔之子。

〔四五二〕桓、莊之族何罪，而且害之：此指晉獻公八年盡誅同族羣公子事（見左傳莊公二十五年）。

〔四五三〕方文公戚曹也，以其地賜宋人：見左傳僖公二十八年。又史記晉世家曰：“楚圍宋，宋復告急晉。文公欲救則攻楚，爲楚嘗有德，不欲伐也；欲釋宋，宋又嘗有德於晉：患之。先軫曰：‘執曹伯，分曹、衛地以與宋，楚急曹、衛，其勢宜釋宋。’於是文公從之，而楚成王乃引兵歸。”司馬貞索隱：“楚初得曹,又新婚於衛,今晉執曹伯而分曹、衛之地與宋,則楚急曹、衛,其勢宜釋宋。”

〔四五四〕文公有疾,曹伯之寺儒貨筮之史,使誨之以曹爲解:自此而下至“復曹伯”,見左傳僖公二十八年。寺,近侍,宦官。左傳作“豎”,義同。儒,左傳作侯獳。貨,賄賂。各本均譌“胥”,今據左傳訂正。筮之史,掌管卜筮之官。吳本“筮”譌“笙”。左傳作“筮史”。使,各本均譌“佚”,今據左傳訂正。誨,開導,誘導。解,謂説辭。　昔齊桓公爲會而封異姓:昔,喬本、洪本、吳本、備要本譌“晉”,今據四庫本訂正。杜預春秋左氏經傳集解曰:“封邢、衛。”彥按:左傳閔公二年:“僖之元年,齊桓公遷邢于夷儀;二年,封衛于楚丘。邢遷如歸,衛國忘亡。”即其事。又楊伯峻春秋左傳注云:“阮芝生杜注拾遺則謂‘凡云同姓異姓,皆從周而言。齊桓封異姓,當指城杞、救鄶、求徐’,亦可備一説。”　曹叔振鐸,文之昭也;先君唐叔,武之穆也:楊伯峻春秋左傳注:“叔振鐸,曹之始封君,文王之子也。唐叔虞,晉之始封君,武王之子。”洪本“昭”譌“招”。

〔四五五〕史記趙世家:“晉獻公之十六年伐霍、魏、耿,而趙夙爲將伐霍。霍公求犇齊。晉大旱,卜之,曰‘霍太山爲祟’。使趙夙召霍君於齊,復之,以奉霍太山之祀,晉復穰。”

〔四五六〕齊景公之伐宋,過泰山,夢二丈夫怒甚㬻:自此而下至“乃散師”,大抵撮取自晏子春秋内篇諫上。丈夫,指成年男子。㬻,不見諸字書,晏子春秋作“盛”。

〔四五七〕湯、太甲、武丁、祖乙:皆商先王。　今惟宋矣:宋爲商後,故有此言。周武王滅商後,封商王紂子武庚於商舊都(今河南商丘市睢陽區)。成王時,武庚叛亂被殺,又以其地封與紂庶兄微子啓,號宋公,爲宋國。　請散師而平之:散,謂撤離。平,媾和,和好。

〔四五八〕再舍:古代行軍以三十里爲一舍,再舍即(行軍)六十里。晏子春秋作“軍進再舍”。　將殣:將,將帥,將領。殣,死。

〔四五九〕公辭乎晏子:辭,謂致歉。

〔四六〇〕晏子一:指晏子春秋卷一。吳本、四庫本無此三字。

〔四六一〕不僭不濫,不敢怠皇。命于下國,封建厥福:見詩商頌殷武。毛亨傳:“不僭不濫,賞不僭,刑不濫也。封,大也。”怠皇,懈怠偷閑。皇,通“遑”,毛詩作“遑”。

〔四六二〕襄二十六聲子云：聲子，又稱公孫歸生，春秋蔡國大夫。左傳襄公二十六年載聲子之言曰："歸生聞之：善爲國者，賞不僭而刑不濫。賞僭，則懼及淫人；刑濫，則懼及善人。若不幸而過，寧僭無濫。與其失善，寧其利淫。無善人，則國從之。"

〔四六三〕沃：灌注，灌輸。

〔四六四〕晉威魏、耿、霍，皆不見經：備要本"魏"譌"虢"。彥按：左傳閔公元年云："晉侯作二軍，公將上軍，大子申生將下軍。趙夙御戎，畢萬爲右，以滅耿、滅霍、滅魏。"此但見於左傳，不載於春秋。

〔四六五〕衛之共城：衛，州名。共城，縣名，治所在今河南輝縣市。

〔四六六〕杜云共縣東南有凡城：見春秋隱公七年"冬，天王使凡伯來聘"注。

〔四六七〕見後漢書郡國志一河内郡。

〔四六八〕詩凡伯國：彥按：詩未見有凡伯，唯毛詩序有之："（大雅）板，凡伯刺厲王也"，"瞻卬，凡伯刺幽王大壞也"，"召旻，凡伯刺幽王大壞也"。　隱七年戎伐凡伯者：隱，吳本譌"陳"。七年，各本均作"十年"。彥按："十"爲"七"字之譌，蓋"七"字末畫鈎筆失落而譌爲"十"。今訂正。春秋隱公七年："戎伐凡伯于楚丘以歸。"

〔四六九〕又臨朐東陽城亦曰凡：太平寰宇記卷一八青州臨朐縣云："東陽城，一名凡城。"　而益都有凡山：太平寰宇記卷一八青州益都縣云："凡山。郡國志云：'黃帝封太山，禪凡山，合符得不死藥。'即此山。"

〔四七〇〕班志云：彥按：此羅氏所稱"班志云"內容不見於漢書地理志，而後漢書郡國志二豫州汝南郡則有："期思有蔣鄉，故蔣國。"蓋誤記。　汝南期思理蔣鄉，古蔣國：期思，縣名，治所在今河南淮濱縣期思鎮。理，各本均作"里"。彥按：期思乃漢縣名，而非里名，"里"當"理"之譌字。理，治也，此指治所。太平寰宇記卷一二七光州固始縣曰："漢期思縣，理蔣鄉，屬汝南。"蓋即路史所本。今據以訂正。

〔四七一〕輿地廣記卷二一光州固始縣云："本蔣國，周公之後。楚滅之，以爲期思縣。"

〔四七二〕杜云，在弋陽期思：見左傳僖公二十四年"凡、蔣、邢、茅、胙、祭，周公之胤也”注。

〔四七三〕參見國名紀三高陽氏後期思。

〔四七四〕邢治龍岡城：邢，州名。龍岡城，在今河北邢臺縣。

〔四七五〕莽之襄國：彦按：此説疑誤。漢書地理志下趙國襄國縣下並無“莽曰襄國”之説。而後漢書郡國志二趙國則曰：“襄國，本邢國，秦爲信都，項羽更名。”是改秦之信都縣爲襄國縣者，乃項羽，非王莽。　隨爲州：隨，通“隋”。

〔四七六〕漢、項作，爲邢侯：彦按：此文費解，疑有誤。爲邢侯，似謂治故邢侯封國之地。史記項羽本紀：“趙相張耳素賢，又從入關，故立耳爲常山王，王趙地。都襄國。”張守節正義：“括地志云：邢州城本漢襄國縣，秦置三十六郡，於此置信都縣，屬鉅鹿郡；項羽改曰襄國，立張耳爲常山王，理信都。地理志云，故邢侯國也。帝王世紀云，邢侯爲紂三公，以忠諫被誅。史記云，周武王封周公旦之子爲邢侯。”

〔四七七〕穆傳“邢侯”注：廣平襄邑縣：見穆天子傳卷二郭璞注。王貽樑、陳建敏匯校集釋：“洪頤煊、翟云升據晉書地理志改‘襄邑’爲‘襄國’。陳逢衡：‘襄國，漢屬趙國，晉屬廣平郡，今直隸順德府邢臺縣，古邢國地。’”

〔四七八〕應形邢，從井：各本“邢”均作“刑”。彦按：“刑”字不從“井”，當有誤，今訂作“邢”。

〔四七九〕故字書妄以“邢”爲“井”：邢，各本均作“邢”。彦按：字書未有以“邢”爲“井”者，“邢”當“邢”字之誤。廣韻静韻邢音同井（子郢切），又説文邑部“邢，鄭地邢亭”段玉裁注“疑即二志常山郡之井陘縣”，蓋即羅氏所謂“以‘邢’爲‘井’”也。今訂正。　而邢、邢爲二：邢、邢，喬本、洪本、吳本作“邢、邢”，四庫本作“邢、邢”，備要本作“邢、邢”，今據下羅苹注比照廣韻，訂作“邢、邢”。

〔四八〇〕玉篇：邢，輕干切：邢，備要本譌“邢”。干，洪本譌“千”，備要本譌“于”。

〔四八一〕韻：指廣韻。　邢在河内：邢，喬本、洪本、吳本、四庫本作“邢”，備要本作“邢”，今據廣韻訂“邢”。廣韻先韻：“邢，地名，在河内。”　邢在鄭，邢侯國：廣韻青韻：“邢，地名，在鄭。亦州名，古邢侯國也。”

〔四八二〕見後漢書郡國志三。

〔四八三〕見漢書地理志上河内郡平皋縣顏師古注引臣瓚曰。

〔四八四〕劭云：見漢書地理志上河内郡平皋縣顏師古注引應劭曰。喬本“劭”作“邵”，今據餘諸本改。

〔四八五〕龍岡北百四十有夷儀城：彥按：今通典未見此文，而太平寰宇記卷五九邢州龍岡縣則曰：“故夷儀城，在縣西一百四十里。”疑路史誤記。　西百五十七有夷儀嶺：彥按：通典卷一七八州郡八邢州龍崗縣云：“夷儀嶺在縣北百五十里。”異於路史之説。倒是元和郡縣圖志卷一五邢州龍岡縣曰“夷儀嶺，在縣西百五十七里”，與路史説合。疑此又羅氏誤記。

〔四八六〕龍岡西百四十有故城，俗呼隨宜：見元和郡縣圖志卷十五邢州龍岡縣，原文作：“夷儀故城，在縣西一百四十里。今俗謂之隨宜城，蓋語訛也。”西百四十，路史各本均作“西四十”。彥按：此蓋以“西”“百”二字形近而誤奪下一字。今訂正。

〔四八七〕有邢夫人冢：見太平寰宇記卷五九邢州龍岡縣。邢夫人，指邢侯夫人。

〔四八八〕在河之皋，曰平皋：皋，岸，水邊之地。平皋，縣名，在今河南温縣東北。漢書地理志上河内郡平皋顏師古注引應劭曰：“以其在河之皋，處勢平夷，故曰平皋。”

〔四八九〕狄圍邢丘、晉送女邢丘者：各本“圍”並譌“國”，今據左傳訂正。左傳宣公六年：“赤狄伐晉，圍懷及邢丘。”杜預注：“邢丘，今河内平皋縣。”又左傳昭公五年：“晉侯送女于邢丘。”

〔四九○〕紀年梁惠成三，城邢丘：四庫本脱“丘”字。水經注卷七濟水引竹書紀年曰：“梁惠成王三年，鄭城邢丘。”

〔四九一〕見後漢書郡國志一河内郡平皋。

〔四九二〕祭：音 zhài。

〔四九三〕河南：指今河南洛陽市一帶。

〔四九四〕敳傳：指宋劉敞撰春秋傳。敳，同“劉”。該書卷一隱公元年曰：“‘冬，十有二月，祭伯來。’祭伯者何，寰内諸侯也。”

〔四九五〕正公郊父：今本穆天子傳卷一作“正公郊父”。郭璞注：“正公，謂三上公,天子所取正者;<u>郊父</u>爲之。”<u>彥</u>按:疑“郊”爲“鄒”譌字。

〔四九六〕說文:<u>鄒</u>,周公後:<u>彥</u>按:說文邑部原文作:“<u>鄒</u>,周邑也。”<u>羅</u>氏引文未免出入過大。

〔四九七〕燕併之:<u>燕</u>,又稱<u>南燕</u>,<u>周</u>代諸侯國名,<u>姞</u>姓,故地在今<u>河南</u> <u>延津縣</u>東北。

〔四九八〕<u>杜</u>云:城在西南:<u>彥</u>按:此蓋指<u>左傳</u> <u>僖公</u>二十四年“凡、<u>蔣</u>、<u>邢</u>、<u>茅</u>、<u>胙</u>、<u>祭</u>,<u>周公</u>之胤也”<u>杜</u>注,原文作:“<u>東郡</u> <u>燕縣</u>西南有<u>胙亭</u>。”

〔四九九〕酸棗:縣名,治所在今<u>河南</u> <u>延津縣</u>西南。

〔五〇〇〕然晉元東郡:元,原來,本。

〔五〇一〕殖綽伐茅氏:見<u>左傳</u> <u>襄公</u>二十六年。<u>殖綽</u>,<u>春秋</u> <u>齊</u>勇士,其時事<u>衛獻公</u>。

〔五〇二〕戚:見上文<u>戚</u>條。

〔五〇三〕茅盈,系云姬冑之分:<u>茅盈</u>,字<u>叔申</u>,<u>漢景帝</u>時人,年十八修道<u>恒山</u>,後隱<u>江南</u> <u>句曲山</u>,與弟<u>固</u>、<u>衷</u>修煉采藥,治病活人,世稱“三茅真君”。系,疑指<u>古今通系</u>(<u>通志</u>卷六五、卷七二並有<u>古今通系圖</u>,<u>魏森</u>撰,蓋同一書)。本書卷十三<u>羅苹</u>注文曾兩引該書;同卷正文亦曾一引該書,而省稱<u>通系</u>。

〔五〇四〕<u>漢書</u> <u>高惠高后文功臣表</u>有<u>東茅敬侯</u> <u>劉到</u>。

〔五〇五〕預云,高平昌邑西有茅鄉城:見<u>左傳</u> <u>僖公</u>二十四年“凡、<u>蔣</u>、<u>邢</u>、<u>茅</u>、<u>胙</u>、<u>祭</u>,<u>周公</u>之胤也”注,原文作:“<u>高平</u> <u>昌邑縣</u>西有<u>茅鄉</u>。”

〔五〇六〕修武之茅:即<u>春秋</u>之<u>欑茅</u>,在今<u>河南</u> <u>修武縣</u>西北。

〔五〇七〕見<u>國名紀</u>三<u>高陽氏</u>後<u>訾</u>。

〔五〇八〕單子:即<u>單穆公</u>,<u>春秋</u> <u>單國</u>國君,名<u>旗</u>。

〔五〇九〕<u>左傳</u> <u>昭公</u>二十三年:“夏,四月乙酉,<u>單子</u>取<u>訾</u>。”<u>杜預</u>注:“<u>訾</u>在<u>河南</u> <u>鞏縣</u>西南。”<u>鞏縣</u>,即今<u>河南</u> <u>鞏義市</u>。

〔五一〇〕兗:<u>吳</u>本、<u>四庫</u>本作“兖”,誤。

〔五一一〕右周公之祚:祚,傳代。<u>洪</u>本,筆畫殘闕,<u>吳</u>本、<u>四庫</u>本、<u>備要</u>本作“族”。

〔五一二〕苐國多:苐,同“第”,但。<u>備要</u>本作“第”。

〔五一三〕見<u>後紀</u>十<u>高辛紀</u>下注〔三〕。

〔五一四〕雖有兄弟，不如友生：詩小雅常棣句。友生，朋友。

〔五一五〕齊桓女之：史記晉世家："（重耳）至齊，齊桓公厚禮，而以宗女妻之。" 楚成享之：楚成，春秋楚成王熊惲，公元前671—前626年在位。享，通"饗"，以酒食款待，宴請。左傳僖公二十三年："（重耳）及楚，楚子饗之。" 宋襄公贈之馬：宋襄公，春秋宋國君，子姓，名茲甫，公元前650—前637年在位。左傳僖公二十三年："（重耳）及宋，宋襄公贈之以馬二十乘。" 而秦穆公乘送之：乘，兵車。洪本作"𥢔"，喬本作"葉"，譌。今據餘諸本訂正。史記晉世家："秦繆公乃發兵與重耳歸晉。"

〔五一六〕而能維之若此：維，通"惟"，考慮，計度。四庫本作"繼"，誤。

〔五一七〕衛成公、曹共公、鄭文公皆同姓也，而皆不禮焉：衛成公，春秋衛國國君姬鄭。公元前634—前600年在位。曹共公，春秋曹國國君姬襄，公元前653—前618年在位。鄭文公，春秋鄭國國君姬踕，公元前672—前628年在位。左傳僖公二十三年："（重耳）過衛，衛文公不禮焉。……及曹，曹共公聞其駢脅，欲觀其裸。浴，薄而觀之。……及鄭，鄭文公亦不禮焉。" 不如我同姓：詩唐風杕杜："獨行睘睘，豈無他人？不如我同姓。"

〔五一八〕見子華子晏子。其文曰："晏子問於子華子曰：'齊之公室懼卑，奈何？'子華子曰：'夫人之有欲也，天必隨之。齊將卑是求，夫何懼而不獲。'"云云。

〔五一九〕踽踽：落落寡合的樣子。踽，音jǔ。

〔五二〇〕邢與衛，同姓之國也：邢與衛，皆姬姓國。邢之始封君爲周公第四子靖淵，衛之始封君爲文王嫡九子康叔。

〔五二一〕春秋僖公二年："春，王正月，城楚丘。"公羊傳："孰城之？城衛也。……然則孰城之？（齊）桓公城之。"

〔五二二〕春秋僖公十八年："春，王正月，宋公、曹伯、衛人、邾人伐齊。"

〔五二三〕春秋僖公十八年："五月，……狄救齊。……冬，邢人、狄人伐衛。"

〔五二四〕春秋僖公十九年："秋，……衛人伐邢。"又二十五年："春，王正月丙午，衛侯燬滅邢。"

〔五二五〕衛不能修其職：毛詩序邶風旄丘："旄丘，責衛伯也。狄人迫逐

黎侯,黎侯寓于衞,衞不能脩方伯連率之職,黎之臣子以責於衞也。"鄭玄箋:
"衞康叔之封,爵稱侯,今曰伯者,時爲州伯也。"孔穎達疏:"此詩之作,責衞
宣公。"

〔五二六〕及戎之伐凡伯,衞且不救,致王臣之無援:春秋隱公七年:"冬,
天王使凡伯來聘。戎伐凡伯于楚丘以歸。"楊伯峻注:"以歸者,戎脅迫凡伯與
之同歸,實執之也。"彦按:杜預注以爲"楚丘,衞地",故路史有此言。而穀梁
傳曰:"凡伯者何也? 天子之大夫也。……戎者,衞也。戎衞者,爲其伐天子之
使,貶而戎之也。楚丘,衞之邑也。"則直以衞爲伐凡伯者,不啻不救而已。

〔五二七〕衞人忘亡,可謂飲其德矣:忘亡,免於滅亡。忘,無。飲其德,謂
受其恩德。

〔五二八〕卒再朔則遽起而伐之:再朔,謂不足兩月。朔,夏曆每月初一之
名。齊桓公之卒在魯僖公十七年十二月,衞伐齊在魯僖公十八年正月。　況
王在難,而乃稱兵威人之國,絶先祖之支體:此謂衞滅邢事。"王在難"者,衞滅
邢在魯僖公二十五年正月,其時周襄王則因異母弟王子帶之亂出奔鄭國,春秋
二十四年載曰:"冬,天王出居于鄭。"先祖之支體,猶言先祖之後裔。古人視後
裔之身體爲先人所遺留,故稱。　無人類:謂喪失人性。

〔五二九〕見春秋僖公二十五年。

〔五三〇〕見禮記曲禮下。彦按:自此而下至"異列臣也",實撮取自宋張
大亨春秋五禮例宗卷二凶禮上喪葬諸侯。　失地,名;威同姓,名:失,吳本譌
"夫"。威,備要本譌"威"。

〔五三一〕一節:比喻事情之一點或事物之一個方面。節,竹節。

〔五三二〕書稱吕伋、君奭:吕伋,即齊丁公,爲齊太公望長子,西周齊國之
第二任國君。吕伋之稱,見書顧命。君奭,對召公奭之尊稱。召公奭爲西周宗
室、大臣,姓姬,名奭,封建燕國,食采於召。君奭之稱,見書君奭。　詩言召
虎:召虎,即召穆公,姓姬,名虎,周代召國國君,宣王重臣。召虎之稱,見詩大
雅江漢。

〔五三三〕楚子滅夔:春秋僖公二十六年:"秋,楚人滅夔,以夔子歸。"杜預
注:"夔,楚同姓國,今建平秭歸縣。"　蔡威沈:春秋定公四年:"夏,四月庚辰,
蔡公孫姓帥師滅沈,以沈子嘉歸,殺之。"蔡、沈並姬姓。蔡,始封君爲周武王弟

蔡叔度。蔡叔作亂遷死，子胡復封于蔡以奉蔡叔之祀。沈爲周文王小兒子季載後裔之封國。　晉威下陽、虞、虢：春秋僖公二年："夏，五月，……虞師、晉師滅下陽。"杜預注："下陽，虢邑。"左傳僖公五年："冬，十二月丙子，朔，晉滅虢。……師還，館于虞，遂襲虞，滅之。"　衛侯奔楚：春秋僖公二十八年："夏四月，……衛侯出奔楚。"　郕伯徠奔：徠，同"來"，喬本譌"狹"，今據餘諸本訂正。春秋文公十二年："春，王正月，郕伯來奔。"

〔五三四〕未爵命于天子，則不盈乎君道：爵命，封爵受職。盈，滿足，够格。

〔五三五〕天子尹宰與公之孤：尹宰，指稱天子大臣中職銜最高的官員，宰相。公，謂諸侯。孤，指稱諸侯臣子中職銜最高的官員。

〔五三六〕上絕王命，下絕人紀：絕，摒棄。人紀，做人之準則。洪本、吴本"下絕"之"絕"譌"紀"。

〔五三七〕楚子虔誘殺蔡侯：洪本、吴本"殺"作"煞"。春秋昭公十一年："夏，四月丁巳，楚子虔誘蔡侯般殺之于申。"

〔五三八〕杜諤、黎錞更以"煨"字爲因下文"煨卒"而誤增之：杜諤，宋皇祐間進士，撰有春秋會議二十六卷。黎錞，宋經學家，歷官至朝議大夫，撰有春秋經解十二卷。　不知文、宣之前威國皆人，無稱爵者：彦按：春秋滅國大抵稱人，不稱爵，於文公時亦如此，如四年："秋，楚人滅江。"五年："秋，楚人滅六。"十六年："秋八月，……楚人、秦人、巴人滅庸。"宣公時初亦稱人，如八年："夏六月，……楚人滅舒蓼。"至十二年始一見稱爵："冬十有二月戊寅，楚子滅蕭。"其後亦未以稱爵爲常態也。

〔五三九〕正如"楚子虔"者：喬本、洪本、吴本、備要本"正"字譌"王"，今據四庫本訂正。

〔五四〇〕胡以名爲常，不名爲變：胡，指宋代經學家胡安國。胡氏春秋傳卷一二於春秋僖公二十五年"衛侯煨滅邢"傳云："衛侯何以名？滅同姓也。春秋之法，諸侯不生名，滅同姓則名者，謂其絕先祖之裔，蔑骨肉之恩，故生而書名，示王法不容誅也。聖人與天地合德，滅人邦國而絕其祀，同姓與異姓奚別焉？而或名或否，何也？……春秋之法，由仁義行而人道立者也，可以無差等乎？然則晉滅虞、楚滅夔，亦同姓也，曷爲不名？曰：諸侯滅同姓則名，其常也。有名有不名，例之變也。"

〔五四一〕翟:喬本脱文,今據餘諸本補。

〔五四二〕云翟,今洛陽城中太倉西南池也:彦按:“云翟”,疑當作“杜云:翟泉”,今本脱“杜”“泉”二字。春秋僖公二十九年:“夏六月,會王人、晉人、宋人、齊人、陳人、蔡人、秦人盟于翟泉。”杜預注:“翟泉,今洛陽城内大倉西南池水也。”

〔五四三〕世紀:景王葬翟泉:世紀,指帝王世紀。景王,謂周景王。

〔五四四〕東陽門:魏晉時洛陽城東面三門之中間一門。太平寰宇記卷三河南府洛陽縣云:“今東陽門内有大街,北有太倉,中有景王陵,西南望步廣里,北眺翟泉,二處相距遠近略均之也。”

〔五四五〕戴延之云太子宮東,今無水:戴延之,晉末西戎太守戴祚(字延之)。太平寰宇記卷三河南府洛陽縣:“戴延之西征記云:‘太子宮東有翟泉。’今乾無水。”

〔五四六〕肜:備要本譌“彤”。

〔五四七〕單襄,單伯子也:見春秋釋例世族譜第四十五之上周。單襄,即單襄公。單伯,周王卿士,食采於單(今河南濟源市東南)。

〔五四八〕今單之單父:單,州名。單父,縣名。　非魯之單伯:見後紀十高辛紀下注〔二九六〕。

〔五四九〕襄十六年棫林,許地:十六年,各本均作“六年”。彦按:襄六年未見棫林,“六年”當作“十六年”,今訂正。左傳襄公十六年:“夏,六月,次于棫林。庚寅,伐許,次于函氏。”杜預注:“棫林、函氏,皆許地。”

〔五五〇〕天保:北齊文宣帝高洋年號。

〔五五一〕開皇三又移理州北故鄭城:各本“理”均譌“里”,今據太平寰宇記卷二九華州鄭縣引郡國縣道記訂正。

〔五五二〕國語,桓公采地咸林:彦按:今本國語未見此文。而太平寰宇記卷二九華州引國語曰:“鄭桓公爲周司徒,采地咸林也。”

〔五五三〕初縣杜、鄭:見史記秦本紀武公十一年。張守節正義:“括地志云:‘下杜故城在雍州長安縣東南九里,古杜伯國。華州鄭縣也。毛詩譜云鄭國者,周畿内之地。宣王封其弟於咸林之地,是爲鄭桓公。’按:秦得皆縣之。”各本“杜”皆譌“在”,今訂正。

〔五五四〕班志,宣王弟桓公封:見漢書地理志上京兆尹。原文作:“鄭,周宣王弟鄭桓公邑。”

〔五五五〕見顏師古注引應劭曰,文字不盡相同。

〔五五六〕見顏師古注引臣瓚曰,文字不盡相同。　穆王以下都西鄭:西鄭,即咸林,以在新鄭之西,故稱。　公爲周司徒,……寄孥賄於虢、鄶間:孥賄,妻兒與財物。參見後紀十高辛紀下注〔三〇一〕。　一年咸鄶:“一”當“二”字之誤。顏注引臣瓚曰,作“二年而滅鄶”。　鄭父之丘:地在今河南新鄭市。

〔五五七〕顏氏曰:“春秋外傳云:‘幽王既敗,鄭桓公死之,其子武公與平王東遷。’故左氏傳云:‘我周之東遷,晉、鄭焉依。’又鄭莊公云‘我先君新邑於此’,蓋道新鄭也。穆王以下無都西鄭之事,瓚説非也。”

〔五五八〕晉、鄭焉依:左傳隱公六年載周桓公告桓王語:“我周之東遷,晉、鄭焉依。”　謂武公、文侯爾,固不爲新鄭:武公,謂鄭武公。文侯,謂晉文侯。爲,通“謂”。

〔五五九〕莊公曰“吾先君新邑於此”:見左傳隱公十一年。莊公,指鄭莊公,鄭武公之子。　若新豐者:豐,增大,擴大。洪本、吳本作“豊”。

〔五六〇〕今鄭之新鄭,祝融之虛:祝融,各本均作祝庸。彦按:祝庸當作祝融,蓋由音譌。祝庸爲炎帝器子、黃帝司徒(見後紀四炎帝器),封地江水,後世稱朱提(見國名紀一炎帝後姜姓國江水),在今雲南之昭通市,並非其地。而本書前紀八祝誦氏曰:“(祝融氏)都于鄶,故鄭爲祝融之墟。”羅苹注:“今新鄭東北三十里有古鄶城,是也。”足證此處當作祝融無疑,今訂正。

〔五六一〕耆舊傳:佚書,作者不詳。

〔五六二〕王隱云:翟也:王隱,晉著作郎。彦按:“翟”當作“陽翟”。水經注卷二二潁水引王隱曰,作:“陽翟,本櫟也。”

〔五六三〕莊公城櫟,寘子元:見左傳昭公十一年。子元,馬宗璉疑即鄭莊公次子厲公之字,楊伯峻云:“此説是也。”(見春秋左傳注)。

〔五六四〕此制虢,東虢也,本滎陽:左傳隱公元年:“及莊公即位,爲之請制。公曰:‘制,巖邑也,虢叔死焉。佗邑唯命。’”杜預注:“虢叔,東虢君也。……虢國,今滎陽縣。”參見上文東虢條。

〔五六五〕而北制虎牢,乃成皋:"北制"之"北",喬本作"此",洪本作"比",俱誤。今據餘諸本訂正。左傳隱公五年:"六月,鄭二公子以制人敗燕師于北制。"杜預注:"北制,鄭邑,今河南成皋縣也。一名虎牢。"

〔五六六〕榮陽制澤,今宛陵東:彥按:"宛陵"當作"苑陵"。宛陵縣屬丹揚郡(見漢書地理志上),在今安徽宣州市境,非其地也;苑陵縣屬河南郡(見漢書地理志上),治所在今河南新鄭市東北,正當其處。左傳成公十六年:"諸侯遷于制田。"杜預注:"榮陽苑陵縣東有制澤。"(四庫全書本如此,他本苑陵縣亦誤宛陵縣矣。)

〔五六七〕共叔:即共叔段。春秋鄭莊公弟,亦稱太叔。

〔五六八〕杜云汲縣,非:左傳隱公元年:"五月辛丑,大叔出奔共。"杜預注:"共國,今汲郡共縣。"彥按:此條羅氏但斥杜非,未言孰是。今考太平寰宇記卷五二孟州汜水縣云:"虎牢城,即共叔段之邑也。"路史一書多從寰宇記中取材,此豈其所據乎?

〔五六九〕太叔:見上注〔五六七〕。　所謂京索:史記項羽本紀:"(楚)與漢戰榮陽南京、索間。"裴駰集解引應劭曰:"京,縣名,屬河南,有索亭。"張守節正義引括地志云:"京縣城在鄭州榮陽縣東南二十里,鄭之京邑也,晉太康地志云鄭太叔段所居邑。榮陽縣即大索城。杜預云成皋東有大索城,又有小索故城,在榮陽縣北四里。京相璠地名云京縣有大索亭、小索亭,大、小氏兄弟居之,故有小大之號。"　鄭詩"叔出于京"者:彥按:"叔出于京",亦見太平寰宇記卷九鄭州榮陽縣引鄭詩,蓋即此路史所本。今考詩文,未見有此,疑即毛詩序鄭風叔于田"叔處于京"之誤也。

〔五七〇〕故京,漢縣,齊廢:縣,各本均作"後"。彥按:"漢後齊廢"文不成義,"後"當"縣"字之譌。輿地廣記卷九鄭州榮陽縣曰:"漢京縣。故城在東,古鄭邑也。莊公弟叔段居之,謂之京城太叔。二漢屬河南郡,晉及後魏屬榮陽郡,北齊省入焉。"今據以訂正。

〔五七一〕宣王子,幽王封之,曰楊侯:參見後紀十高辛紀下。

〔五七二〕平陽楊氏縣:平陽,郡名。楊氏縣,治所在今山西洪洞縣東南。彥按:古今姓氏書辯證卷一三陽韻上楊云:"周宣王少子尚父封為楊侯,其地平陽楊氏縣,即漢之河東楊縣也。"蓋即此路史所本。

〔五七三〕陸氏譜：新唐書藝文志二、宋史藝文志三並著録有陸景獻吳郡陸氏宗系譜一卷，蓋即是書。　陸鄉：彦按：據古今姓氏書辯證卷三五屋韻陸云：“出自嬀姓。田完裔孫齊宣王少子通，字季（逵）〔達〕，封於平原般縣陸鄉，即陸終故地，因以氏焉。”則陸鄉地當在今山東樂陵市境。

〔五七四〕本書後紀十高辛紀下云：“宣之子三：一尚父，爲楊侯；一食陸鄉，曰陸侯；一封謝丘，爲謝丘氏。”羅苹注：“見盟會圖。”

〔五七五〕與姜、任二謝異：姜姓之謝，在“棘陽東北百里謝城”，見國名紀一炎帝後姜姓國謝。任姓之謝，在“南陽之宛”，見國名紀一黃帝之宗謝。

〔五七六〕通志卷二九氏族略五以名氏爲氏精縱氏：“姬姓，周平王子精，別封縱邑，因氏精縱。”

〔五七七〕承休：縣名，治在所今河南汝州市。

〔五七八〕哀四年梁，云河南梁縣：左傳哀公四年：“爲一昔之期，襲梁及霍。”杜預注：“梁，河南梁縣西南故城也。”

〔五七九〕縣道記：喬本、備要本“記”作“紀”，誤。此從餘諸本。

〔五八〇〕周南鄙邑：吳本、備要本“鄙”譌“鄭”。

〔五八一〕國事云：南梁，楚襲之：彦按：今本戰國策未見有此。唯左傳哀公四年稱：“夏，楚人既克夷虎，乃謀北方。……爲一昔之期，襲梁及霍。”蓋即其事。

〔五八二〕安定梁氏出此：安定，郡名，治所在今寧夏固原市原州區。後漢書梁統傳：“梁統字仲寧，安定烏氏人，晉大夫梁益耳即其先也。統高祖父子都自河東遷居北地，子都子橋以貲千萬徙茂陵，至哀、平之末，歸安定。”

〔五八三〕參見後紀十高辛紀下。

〔五八四〕參見國名紀三高辛氏後承休。

〔五八五〕參見後紀十高辛紀下。

〔五八六〕見水經注卷一六甘水。　河南城：故址在今河南洛陽市西澗河東岸。　鑒洛城：各本均脱“洛”字，今據水經注補。

〔五八七〕佑云，城在潁之潁上：見通典卷一七七州郡七潁州。潁，州名。潁上，縣名，治所即今安徽潁上縣。彦按：通典此甘城非酅元彼甘城，但同名耳。

〔五八八〕河陽濟源東南三十八皮子城是：河陽，郡名。濟源，縣名，治所即今河南濟源市。彥按：太平寰宇記卷五二孟州濟源縣云：“皮城在城東南三十八里，即春秋時陽樊邑。”蓋即此路史所本。然嘉慶重修一統志卷二〇三懷慶府引寰宇記，皮城作“波城”。中華書局2007年版王文楚等點校本太平寰宇記據以訂作波城，出校勘記曰：“按漢書地理志上、續漢書郡國志一，河内郡領有波縣，水經濟水注：‘溴水又東北，逕波縣故城北。’此‘皮’爲‘波’字之誤，據改。”似是。

〔五八九〕水經，溴逕陽城，即樊氏邑：見水經注卷七濟水，原文作：“溴水又東南逕陽城東，與南源合，水出陽城南溪。陽亦樊也，一曰陽樊。”溴（jú），各本均譌“淇”，今訂正。陽城，在今河南濟源市西南。

〔五九〇〕薊之玉田：薊，州名。玉田，縣名，今屬河北省。

〔五九一〕萬歲通天二爲玉田：吳本、四庫本無此注文。萬歲通天，武周年號。

〔五九二〕此及下羅苹注參見後紀十高辛紀下。

〔五九三〕干寶記：干，喬本、洪本譌“千”，吳本、四庫本、備要本譌“于”，今訂正。

〔五九四〕後有雝於無終山獲玉：雝，通“雍”，謂伯雍，即陽翁伯。

〔五九五〕敬王子柏所封：“柏所封”三字原位於下文“濮州理故鄄城中”下，不可解讀，當由此處誤移至彼，今訂正。

〔五九六〕劉子盟處，周地：劉子，即劉康公，周簡王臣。左傳成公十一年：“周公楚惡惠、襄之偪也，且與伯與爭政不勝，怒而出。及陽樊，王使劉子復之，盟于鄄而入。”杜預注：“鄄，周邑。”

〔五九七〕與元和志云濮州理故鄄城中、曹植爲鄄侯者異：“濮州理故鄄城中”下，原有“柏所封”三字，當由上文誤移至此者，今移出。見上注〔五九五〕。鄄城，故址在今山東鄄城縣舊城鎮。鄄侯，當作“鄄城侯”。各本原無“異”字，彥按：“與元和志云……者”，語意未完，而作爲濮州治所之鄄城，與周地之鄄又非一地，蓋“者”下脱“異”字，今補之。此所引元和志，見該書卷一一濮州鄄城縣，原文爲：“州理城，在故鄄城中。魏文帝以臨淄侯植爲鄄城侯。”

〔五九八〕襄王居，鄭邑：左傳僖公二十四年：“秋，頹叔、桃子奉大叔以狄

師伐周,大敗周師,……(襄)王出適鄭,處于氾。”杜預注:“鄭南氾也,在襄城
縣南。”

〔五九九〕括地象云:氾城在許之襄城南:括地象,喬本、洪本、吳本、備要本
“括”謁“捨”,四庫本又謁“拾”,今訂正。許,州名。春秋釋例卷七土地名第四
十四之三附盟會圖疏“王居於汜”下引括地象,作“汝州”。彥按:作“許”疑非
括地象之原文。

〔六〇〇〕韻云國名,音凡:各本均作“韻云國云,言凡”。彥按:此當“韻云
國名,音凡”之誤。蓋“音”因與“言”形近致謁,“名”則由上文“韻云”之“云”
走眼而誤抄,遂致不知所云。廣韻凡韻“氾,國名”,音同凡,是也。今訂正。

〔六〇一〕有氾水,在濟陰:濟陰,郡名,治所在今山東菏澤市定陶區西北。
水經注卷七濟水引張晏曰:“氾水在濟陰界,取其氾愛弘大而潤下也。”彥按:在
濟陰之氾水,與襄王居之鄭邑氾,相距甚遠,此連帶言及之耳。

〔六〇二〕參見後紀四小帝注〔一四〕。

〔六〇三〕見水經注卷一五洛水引京相璠曰。　訾城:在今河南鞏義市
西南。

〔六〇四〕黃陌、黃水:彥按:此四字突兀於此,前後文義不能貫串,疑有謁、
脱或錯簡。

〔六〇五〕東周封:洪本、吳本、四庫本、備要本“封”作“分”。

〔六〇六〕釋例云:“鮮虞地。中山國治盧奴”:見杜預春秋釋例卷七土地
名第四十四之三狄地定公四年中山,盧奴作“盧奴縣”。釋例,各本均謁“釋
地”,今訂正。參見國名紀四商氏後鮮虞。

〔六〇七〕佑云:常山靈壽,中山國,有故城在西北:見通典卷一七八州郡八
鎮州靈壽縣,原文爲:“本中山國之都也。漢舊縣,故城在今西北。”

〔六〇八〕真定:府名。

〔六〇九〕太平御覽卷一六一引張曜中山記,作:“郡理中山。以其城中有
山,故謂之中山。又云郡治中人城。”

〔六一〇〕其山仄而銳上若委粟:仄,傾斜。銳,各本均作“欽”。彥按:作
“欽”殊不可解。水經注卷一一滱水云:“(中山)城内有小山,在城西,側而銳
上若委粟焉。”當即此路史所本,彼作“銳”是,今據以訂正。委粟,猶堆粟。

粟,泛指穀類。

〔六一一〕漢中山靖始移郡出山,居盧奴:見太平寰宇記卷六二定州。漢中山靖,指漢景帝子中山靖王劉勝。

〔六一二〕隋圖經云中山城在今唐昌東北三十一:隋圖經,各本均脱“圖”字;三十一,各本均奪“一”字:今並據寰宇記訂補。唐昌,縣名,治所在今河北定州市邢邑鎮。太平寰宇記卷六二定州:“按隋圖經云,中山城在今唐昌縣東北三十一里。”

〔六一三〕安喜:縣名,治所在今河北定州市。

〔六一四〕釣臺、戲馬:喬本、洪本“釣”譌“鈎”,今據餘諸本改。彦按:此疑有脱文。水經注卷一一滱水云:“池水東北,際水有漢中山王故宫處,臺殿觀榭,皆上國之制。簡王尊貴,壯麗有加。始築兩宫,開四門,穿城北累石爲竇,通(涿)唐水流于城中,造魚池、釣臺、戲馬之觀。”蓋即羅氏所本。

〔六一五〕桓公徙靈壽:喬本、洪本“徙”譌“徒”,今據餘諸本訂正。參見後紀十高辛紀下。

〔六一六〕以莫不然:以,通“已”。

〔六一七〕武成:尚書周書篇名。　　率此不越:率,遵循。

〔六一八〕然在行人、司儀儐禮,皆以公爲一等,侯、伯一等,子、男一等:行人,有大行人、小行人,與“司儀”並周禮篇名。儐禮,迎接賓客之禮儀。周禮秋官大行人云:“大行人掌大賓之禮及大客之儀,以親諸侯。……上公之禮,執桓圭九寸,繅藉九寸,冕服九章,建常九斿,樊纓九就,貳車九乘,介九人,禮九牢,其朝位,賓主之間九十步,立當車軹,擯者五人,廟中將幣三享,王禮再祼而酢,饗禮九獻,食禮九舉,出入五積,三問三勞。諸侯之禮,執信圭七寸,繅藉七寸,冕服七章,建常七斿,樊纓七就,貳車七乘,介七人,禮七牢,朝位賓主之間七十步,立當前疾,擯者四人,廟中將幣三享,王禮壹祼而酢,饗禮七獻,食禮七舉,出入四積,再問再勞。諸伯執躬圭,其他皆如諸侯之禮。諸子執穀璧五寸,繅藉五寸,冕服五章,建常五斿,樊纓五就,貳車五乘,介五人,禮五牢,朝位賓主之間五十步,立當車衡,擯者三人,廟中將幣三享,王禮壹祼不酢,饗禮五獻,食禮五舉,出入三積,壹問壹勞。諸男執蒲璧,其他皆如諸子之禮。”又司儀云:“司儀掌九儀之賓客擯相之禮,以詔儀容、辭令、揖讓之節。……及其擯之,各以其禮:公於上等,侯伯於中等,子男於下等。其將幣亦如之,其禮亦如之。"

〔六一九〕典命注、夏官序更以公、侯、伯爲一,子、男爲一:彦按:周禮春官典命賈公彦疏:"又周法:次國五大夫亦與大國五大夫同再命,小國下大夫五人各一命;其士,公、侯、伯之士同一命,子、男之士不命,與夏、殷同。"此蓋羅氏所謂典命注者。至夏官序,經查周禮夏官序官,並未見相關内容,疑爲羅氏誤記。

〔六二〇〕公羊説者復以伯、子、男同稱子,謂春秋書變周從商質,皆從子:質,朴實。各本均作"制"。彦按:"制"當"質"字音譌。公羊傳桓公十一年:"春秋伯子男一也,辭無所貶。"何休解詁:"春秋改周之文,從殷之質,合伯子男爲一。一辭無所貶,皆從子,夷狄進爵稱子是也。"今據以訂正。

〔六二一〕國語師旅之説:喬本、洪本"師旅"二字入注文,今從餘諸本移出爲正文。國語楚語上載伍舉對楚靈王曰:"天子之貴也,唯其以公侯爲官正,而以伯子男爲師旅。"韋昭注:"帥師旅也。"

〔六二二〕鄭伯班次許男:彦按:春秋載諸侯或會、或盟,例許男緊次於鄭伯後,如莊公十六年:"冬十有二月,會齊侯、宋公、陳侯、衛侯、鄭伯、許男、滑伯、滕子同盟于幽。"僖公四年:"春,王正月,公會齊侯、宋公、陳侯、衛侯、鄭伯、許男、曹伯侵蔡。"文公十四年:"六月,公會宋公、陳侯、衛侯、鄭伯、許男、曹伯、晉趙盾。癸酉,同盟于新城。"當據其時盟書所載而書。路史説蓋指此。　鄭,伯男也,而共公侯之貢:共,"供"之古字。左傳昭公十三年:"及盟,子産爭承,曰:'昔天子班貢,輕重以列。卑而貢重者,甸服也。鄭,伯男也,而使從公侯之貢,懼弗給也,敢以爲請。'"杜預注:"言鄭國在甸服外,爵列伯子男,不應出公侯之貢。"

〔六二三〕品之成:品,等級。成,猶形式。

〔六二四〕白虎通義、禮記外傳謂商爵三等而無子、男,武王增之,始爲五等:禮記外傳已佚無考,而白虎通義爵曰:"含文嘉曰:'殷爵三等,周爵五等。'各有宜也。王制曰:'王者之制禄爵,凡五等。'謂公、侯、伯、子、男也。此據周制也。"又曰:"殷爵三等,謂公、侯、伯也。"　董繁露言周爵五等,士三品,春秋三等,合伯子男爲一爵,士二品:士三品,謂上士、中士、下士。士二品,謂上士、下士。春秋繁露爵國云:"故周爵五等,士三品,文多而實少。春秋三等,合伯、子、男爲一爵,士二品,文少而實多。” 康成定謂箕子、微子爲是畿内,因乎夏制,且謂質家爵用三等,文家乃用五等:鄭志卷上:“張逸問:‘殷爵三等——公、侯、伯,尚書有微子、箕子何?’答曰:‘微子、箕子,實是畿内采地之爵,非畿外治民之君,故云子也。’”又鄭玄禮記王制注云:“春秋變周之文,從殷之質,合伯、子、男以爲一,則殷爵三等者,公、侯、伯也,異畿内謂之子。” 微所取:微,非。

〔六二五〕宣和博古圖卷二有南宫中鼎,作“南宫中”。

〔六二六〕春秋時周大夫南宫極:見於左傳昭公二十三年。

〔六二七〕張偃:漢高祖劉邦和吕后的外孫。吕后封之爲魯王,漢文帝時撤銷魯國,改封南宫侯。

〔六二八〕齊桓公密妃:左傳僖公十七年:“齊侯好内,多内寵,内嬖如夫人者六人,……密姬生懿公。”

〔六二九〕然密康公墓在靈臺,故説者以爲涇近也:史記周本紀:“共王游於涇上,密康公從。”裴駰集解引韋昭曰:“康公,密國之君,姬姓也。”張守節正義引括地志云:“陰密故城在涇州鶉觚縣西,東接縣城,故密國也。”參見國名紀一黄帝之宗密須。

〔六三〇〕榮伯:周初同姓畿内諸侯,周成王卿大夫。

〔六三一〕左傳昭公二十二年:“王有心疾,乙丑,崩于榮錡氏。”杜預注:“河南鞏縣西有榮錡澗。”

〔六三二〕子朝之亂,景王崩於榮錡氏:彥按:此説不妥。景王之崩,在子朝之亂前。景王死後,子朝先與子猛(周悼王)争奪王位而失利,後又作亂攻逐悼王之王位繼承人子匄(周敬王)而自立(時人稱之爲“西王”。而敬王逃至狄城,時稱“東王”),但終因晉軍干預而兵敗亡楚,最後爲周人所殺。此所謂子朝之亂。

〔六三三〕榮成伯駕鵞,魯出,聲伯、肸之后也:榮成伯駕鵞,春秋魯大夫。喬本、四庫本“成”作“城”,此從餘諸本。左傳襄公二十八年:“榮成伯曰:‘遠圖者,忠也。’”杜預注:“成伯,榮駕鵞。”聲伯,春秋魯卿。肸,即叔肸,魯文公子,魯宣公同母弟。各本均譌“盻”,今訂正。據春秋釋例卷八世族譜第四十五之上魯,榮駕鵝爲叔肸曾孫,而聲伯則爲叔肸之子。

〔六三四〕酈氏云:山桑縣有瑕城,晉使詹嘉處瑕,燭之武所言焦、瑕:詹嘉,春秋晉大夫。各本均譌詹瑕，今訂正。左傳文公十三年：“春，晉侯使詹嘉處瑕。”燭之武，春秋鄭大夫。焦，在今河南三門峽市陝州區境。左傳僖公三十年載，晉侯、秦伯圍鄭，燭之武往見秦伯以離間秦、晉使之撤軍，曰：“且君嘗爲晉君賜矣，許君焦、瑕，朝濟而夕設版焉。”彥按：酈氏説見水經注卷六涑水，原文爲：“涑水又西南逕解縣故城南。……涑水又西南逕瑕城，晉大夫詹嘉之故邑也。春秋僖公三十年，秦、晉圍鄭，鄭伯使燭之武謂秦穆公曰‘晉許君焦、瑕，朝濟而夕設版’者也。京相璠曰：今河東解縣西南五里有故瑕城。”然則酈氏以爲瑕城在解縣（今山西臨猗縣）西南，路史乃偷樑換柱作山桑縣（今安徽蒙城縣），非其地矣。今謂解縣西南之瑕，於春秋爲晉邑，山桑縣之瑕則爲楚邑，名雖同而實相遠，路史張冠李戴，大謬。

〔六三五〕晉惠臣賂秦者，各一國：晉惠，指春秋晉惠公。彥按：晉惠臣賂秦者，即上文“燭之武所言焦、瑕”之瑕，而據左傳僖公三十年燭之武見秦伯曰：“且君嘗爲晉君（杜預注：“晉君，謂惠公也。”）賜矣，許君焦、瑕，朝濟而夕設版焉”，則衹是口頭許賂而實未賂者。今同一瑕而强分之，以爲“各一國”，謬亦甚矣。

〔六三六〕僖二十四年桃叔采：彥按：“桃叔”當作“桃子”。左傳僖公二十四年有頹叔、桃子（周二大夫），而無桃叔。

〔六三七〕子朝入尹，周地：左傳昭公二十三年：“六月壬午，王子朝入于尹。”杜預注：“自京入尹氏之邑。”

〔六三八〕杜謂鞏西南偃師：彥按：杜氏説見左傳昭公二十六年“五月戊午，劉人敗王城之師于尸氏”注。然所謂之鞏西南偃師，乃指尸，而非尹，羅氏混而同之，不知何據。

〔六三九〕晉鞏朔亦曰鞏伯：左傳文公十七年：“晉鞏朔行成於鄭。”楊伯峻注：“鞏朔，晉大夫，成二年謂之鞏伯。”

〔六四〇〕今河南鞏縣，西周故居，酈氏云有鞏故城：河南，各本均作“河縣”。彥按：“河縣”當作“河南”。太平寰宇記卷五西京三鞏縣曰：“郭緣生述征記云：鞏縣，周之鞏伯邑。春秋左氏傳：晉師克鞏，逐王子朝。杜預注云：周地，河南鞏縣也。”今訂正。彥按：西周，疑當作“東周”。水經注卷一五洛水：“洛水又東逕鞏縣故城南，東周所居也，本周之畿內鞏伯國也。”又，史記周本紀:"威公卒,子惠公代立,乃封其少子於鞏。"張守節正義曰:"郭緣生述征記:鞏縣,周地,鞏伯邑。史記,周顯王二年,西周惠公封少子班於鞏,以奉王室,爲東周惠公也。"

〔六四一〕太平御覽卷一五八引洛陽地圖,作:"鞏在洛水之間。鞏,固也,言四面有山,可以鞏固也。"

〔六四二〕仍叔:周宣王大夫。

〔六四三〕暴新公:周平王時諸侯。

〔六四四〕雒戎:居于雒水一帶之戎。春秋文公八年:"乙酉,公子遂會雒戎盟于暴。"公子遂,魯卿。

〔六四五〕鄭詩謂周圻内無暴邑:鄭詩,蓋指宋鄭樵詩辨妄。宋周孚非詩辨妄引鄭子曰:"何人斯言'維暴之云'者,謂暴虐之人也。且二周畿内皆無暴邑,周何嘗有暴公?"

〔六四六〕箋云:此箋不詳所指,待考。

〔六四七〕巷伯:彦按:巷伯原指宦官,毛詩序小雅巷伯"巷伯,刺幽王也"鄭玄箋:"巷伯,奄官。"路史則以爲周王卿大夫(見後紀十高辛紀下),不知何據,似有捕風捉影之嫌。

〔六四八〕姓纂云,巷伯後氏:見元和姓纂卷八絳韻巷,原文作"毛詩周巷伯之後",林氏恐未以巷伯爲人名稱。

〔六四九〕頽叔:周大夫。見左傳僖公二十四年杜預注。

〔六五〇〕邵氏姓解:吳本、四庫本"氏"譌"云"。 頗人姓:頗人,禿子。姓,吳本譌"邵"。

〔六五一〕方叔:周宣王卿士。見詩小雅采芑毛亨傳。

〔六五二〕許説文云"邡,廣漢縣":説文原文作:"邡,什邡,廣漢縣。"廣漢,郡名。 什邡:縣名,治所即今四川什邡市。

〔六五三〕周書武王命伐方:今逸周書未見有此,蓋佚文。

〔六五四〕邜:潛夫論五德志、本書後紀十高辛紀下均作"卬"。

〔六五五〕邜叔:周王卿大夫。見後紀十高辛紀下。 山陽邜成縣:山陽,郡名。邜成縣,在今山東成武縣東南。邜,同"邛"。説文邑部:"邛,邛(地)[城],在濟陰郡。"朱駿聲通訓定聲:"按漢書外戚侯表,邛成屬濟陰。此'地'

字蓋‘城’字之誤。水經泗水注：‘黄溝又東逕邧城縣。’‘成’‘城’字亦通寫也。”段玉裁注：“今本地理志曰：山陽郡郜成，侯國。宋氏祁云：‘郜當作邧。外戚侯表邧成屬濟陰，與山陽相距不遠。’玉裁按：宋説是也。玉篇‘邧’字下曰：‘山陽邧成縣。’此邧成之確證。”

〔六五六〕富辰：春秋周大夫。見左傳僖公二十二年杜預注。

〔六五七〕子朝之亂，郊、鄩皆爲之邑：郊、鄩，春秋時皆周地，鄩在今河南鞏義市西南，郊當亦在今鞏義市附近。左傳昭公二十三年：“春，王正月壬寅朔，二師圍郊。郊、鄩潰。”杜預注：“二師，王師、晉師也。……河南鞏縣西南有地名鄩中。郊、鄩二邑，皆子朝所得。”

〔六五八〕故有上鄩、下鄩、北鄩、南鄩之名：水經注卷一五洛水：“洛水又北逕偃師城東，東北歷鄩中，水南謂之南鄩，亦曰上鄩也。逕訾城西，司馬彪所謂訾聚也，而鄩水注之。……鄩水又東南，于訾城西北東入洛水，故京相璠曰：今鞏洛渡北有鄩谷水，東入洛，謂之下鄩，故有上鄩、下鄩之名；亦謂之北鄩，于是有南鄩、北鄩之稱矣。”

〔六五九〕故鄩城即大夫鄩肸采：鄩肸，子朝黨。見左傳昭公二十二年“鄩肸伐皇”杜預注。各本“肸”均譌“盻”，今訂正。水經注卷十五洛水：“又有鄩城，蓋周大夫鄩肸之舊邑。”

〔六六〇〕參見國名紀一黄帝後姬姓國詹。

〔六六一〕詹嘉爲晉瑕大夫：左傳文公十三年：“春，晉侯使詹嘉處瑕，以守桃林之塞。”杜預注：“詹嘉，晉大夫。賜其瑕邑，令帥衆守桃林以備秦。”

〔六六二〕參見國名紀一黄帝後姬姓國詹。

〔六六三〕家伯：周屬王冢宰。詩小雅十月之交：“家伯維宰。”

〔六六四〕毛詩序小雅節南山：“節南山，家父刺幽王也。”鄭玄箋：“家父，字，周大夫也。”

〔六六五〕是故月近日則朒，遠日而盈；星近日則伏，遠日而疾：朒，同“朒”，四庫本、備要本作“朒”。伏，謂隱没。疾，爾雅釋言：“壯也。”此謂耀眼。

〔六六六〕近厭而遠申：厭，“壓”之古字，壓抑。申，施展，謂才能得以發揮。

〔六六七〕外以邦國，内以都鄙：邦國，諸侯國。都鄙，公卿、大夫、王子弟的封邑。　外侯射三,内侯射二:外侯,畿外諸侯。内侯,畿内封君。射三,謂射三侯(此侯指用獸皮或布做成的靶子);射二,謂射二侯。彦按:周禮天官司裘但言“王大射,則共虎侯、熊侯、豹侯,設其鵠。諸侯則共熊侯、豹侯,卿大夫則共麋侯,皆設其鵠”,與此所稱“外侯射三,内侯射二”似非一事。然鄭玄注:“諸侯,謂三公及王子弟封於畿内者。”又賈公彦疏:“天子三侯,與彼畿外諸侯同,但用皮別耳”,則外諸侯固射三侯;而司裘所稱“諸侯則共熊侯、豹侯”之諸侯,乃指畿内諸侯。而“共熊侯、豹侯”,正“内侯射二”之謂也。

〔六六八〕外守節以玉,内以角:節,符節,古代用以證明身份的憑證。周禮地官掌節:“守邦國者用玉節,守都鄙者用角節。”

〔六六九〕外達節以金,内以管:外達,謂到達畿外之諸侯國。内,謂内達,即到達畿内封君之領地。周禮秋官小行人:“達天下之六節:山國用虎節,土國用人節,澤國用龍節,皆以金爲之;道路用旌節,門關用符節,都鄙用管節,皆以竹爲之。”

〔六七〇〕外之城制以隅,内以門阿;外經途以環法,内以野法:外,謂畿外諸侯。内,謂畿内封君。隅,此謂天子宮隅(建於宮牆四角的圍屏)之制,即高七雉(七丈)。門阿,此謂王宮門阿(門屋)之制,即高五雉(五丈)。經途,南北嚮主幹道。環法,指京師環涂(環城之道)之制,即七軌(可並行七輛車子)。野法,指王城野涂(郊外道路)之制,即五軌(可並行五輛車子)。周禮考工記匠人:“王宮門阿之制五雉,宮隅之制七雉,城隅之制九雉;經涂九軌,環涂七軌,野涂五軌。門阿之制以爲都城之制,宮隅之制以爲諸侯之城制;環涂以爲諸侯經涂,野涂以爲都經涂。”

〔六七一〕車攻之諸侯會王,則赤芾而不以絑:車攻,詩經小雅篇名。赤芾,赤色蔽膝。芾,通“韍”。絑,純赤色的繒帛。車攻云:“赤芾金舄,會同有繹。”毛亨傳:“言諸侯來會也。諸侯赤芾金舄。”孔穎達疏:“言諸侯赤芾,對天子當朱芾也。”彦按:詩小雅斯干“其泣喤喤,朱芾斯皇,室家君王”鄭玄箋:“芾者,天子純朱,諸侯黄朱。”黄朱,蓋赤芾之色乎?　觀禮之侯氏朝王,則墨車而不以輅:觀禮,儀禮篇名。侯氏,諸侯。墨車,不加文飾的黑色車。輅,帝王乘用的大車。觀禮云:“侯氏……乘墨車,載龍旂、弧韣,乃朝以瑞玉,有繅。”鄭玄注:“墨車,大夫制也。乘之者,入天子之國,車服不可盡同也。”

〔六七二〕會王畋獵，則王者不合圍，諸侯不掩羣；在國畋獵，則國君不合圍，大夫不掩羣：合圍，四面包圍。掩羣，盡取獸羣。禮記王制：“天子、諸侯無事則歲三田。……天子不合圍，諸侯不掩羣。”又曲禮下：“國君春田不圍澤，大夫不掩羣。”彦按：鄭玄王制注曰：“爲盡物也。”是不合圍、不掩羣皆取不將禽獸斬盡殺絶之意，羅氏乃視之爲天子、諸侯因尊卑不同而生發之不同田獵行爲，實違經旨。

〔六七三〕王賓射，則公執璧，卿執羔：賓射，古射禮之一。爲古代天子、諸侯、卿大夫與來朝見之貴賓或故舊朋友一起在射宮射箭時所行之禮儀。璧，洪本作“壁”非。羔，小羊。周禮夏官射人：“射人掌國之三公、孤、卿、大夫之位，三公北面，孤東面，卿、大夫西面。其摯，三公執璧，孤執皮帛，卿執羔，大夫鴈。”鄭玄注：“位，將射始入見君之位。不言士者，此與諸侯之賓射，士不與也。” 諸侯賓射，則卿執羔，大夫執鴈：鴈，鵝。通典卷七五賓禮二天子上公及諸侯卿大夫士等贄云：“射人職云，王將射之時，公卿朝見，三公執璧，卿執羔。……諸侯賓射之時，卿大夫、士亦皆執贄見其君，如天子卿大夫之禮。”

〔六七四〕王視朝，孤卿特揖，大夫旅揖：孤卿，古對少師、少傅、少保三官之泛稱。吴本、四庫本“孤”作“公”，誤。周禮夏官司士：“孤卿特揖，大夫以其等旅揖。”鄭玄注：“特揖，一一揖之。旅，衆也。大夫爵同者衆揖之。公及孤卿、大夫始入門右，皆北面東上，王揖之乃就位。” 諸侯視朝，則大夫特，士旅之：禮記禮器：“諸侯視朝，大夫特，士旅之。”鄭玄注：“‘大夫特，士旅之’，謂君揖之。”

〔六七五〕制節：制定禮節。　謹度：嚴守禮法。　辨：區別，不同。

〔六七六〕雖然公、侯伯、子男命數五、七、九，而公、卿、大夫命數八、六、四，或奇或偶：命數，爵位或官職的品級。奇，音ㄐㄧ，單數。洪本、吴本作“畸”，通。下“尊言奇”、“陽爵非特奇也”之“奇”同。周禮春官典命：“上公九命爲伯，其國家、宮室、車旗、衣服、禮儀皆以九爲節。侯伯七命，其國家、宮室、車旗、衣服、禮儀皆以七爲節。子男五命，其國家、宮室、車旗、衣服、禮儀皆以五爲節。王之三公八命，其卿六命，其大夫四命；及其出封，皆加一等，其國家、宮室、車旗、衣服、禮儀亦如之。” 説者以爲在國陽爵，居日下者陰爵：在國，謂諸侯。陽爵，奇數的爵位等級。居日下者，指王之公卿大夫。日下，喻指天子所在之地,京師。陰爵,偶數的爵位等級。周禮春官典命賈公彥疏:"然公卿大夫以八命、六命、四命爲陰爵者,一則擬出封加爲陽爵,二則在王下爲臣是陰官,不可爲陽爵故也。"

〔六七七〕五等:謂五等爵位,即公、侯、伯、子、男。

〔六七八〕尊言奇,卑言偶,從其辨,順也:奇數屬陽,偶數屬陰,陽尊陰卑,故稱。

〔六七九〕如公作伯則亦九命:公作伯,謂王之三公出封而爲伯爵諸侯。公本八命,以出封加爵一等,故爲九命。　故云元士三命:元士,周代稱天子之士。彥按:後漢書百官志一云:"故曰公府掾,比古元士三命者也。"是古之元士,三命也。據周禮春官典命,公及侯、伯之士,但一命;而子、男之士不命。元士爲天子之士,尊於諸侯之士,故得三命。

〔六八〇〕故以附庸四命:宋劉敞春秋傳卷一隱公云:"不及五十里、附於諸侯曰附庸。公九命,侯、伯七命,子、男五命,附庸四命。"

〔六八一〕云公八命,卿六命,大夫四命:見上注〔六七六〕。　此與内夫人、嬪、世婦相應言之:夫人、嬪、世婦,並天子、諸侯姬妾兼宮廷女官名,而尊卑有所不同。言之,洪本作"言■■■言之",喬本、備要本作"言□□□言之",吳本、四庫本則但作"言"。彥按:此句意思完整,疑洪本占據三個字位之墨條並非闕文,其中但衍一"言"字而已。喬本、備要本蓋誤以墨條爲闕文而留白。至於吳本、四庫本,則脱"之"字。今姑訂作"言之"。禮記曲禮下:"天子有后,有夫人,有世婦,有嬪,有妻,有妾。"

〔六八二〕絑紱方來:絑,今易作"朱"。紱,通"韍"。此謂"天子方賜以朱紱"(據高亨周易大傳今注)。　利用享祀:享祀,祭祀。

〔六八三〕赤紱,……利用祭祀:易原文爲:"困于赤紱,乃徐有説,利用祭祀。"高亨大傳今注:"赤紱,赤色之蔽膝,大夫所服,此赤紱象徵服赤紱之大夫。'困于赤紱',謂受大夫之困迫。説讀爲脱。爻辭言:其人處於危險之境,乃因受大夫之困迫,但可徐徐脱離危險,舉行祭祀,以祈鬼神保佑,則利。"

〔六八四〕絑紱爲君,赤紱爲臣:各本均作"赤紱爲君,絑紱爲臣"。彥按:此當"赤""絑"二字倒置,今訂正。説文市部:"市,韠也。上古衣蔽前而已,市以象之。天子朱市,諸侯赤市。……韍,篆文市从韋,从犮。"參見上〔六七一〕。　　祭祀祭帝,而享祀則人鬼矣:祭祀,針對易困九五“利用祭祀”而言。享祀,針對易困九二“利用享祀”而言。彥按:祭祀、享祀,詞異義同。羅氏以爲“祭祀祭帝,而享祀則人鬼矣”,乃强生分别,不足爲信。　　是故絑絥爲降:蓋謂易困九二爻辭以絑絥而享祀(以人君而祭人鬼),爲降格。並非易之本意。

〔六八五〕見後漢書百官志一。　　漢代丞相東西曹掾比四百石:曹,古代分科辦事的官署。掾(yuàn),官府中佐助官吏之通稱。喬本、洪本、吴本、備要本作“椽”誤,今據四庫本訂正。下“餘掾”、“府掾”、“正曰掾”諸“掾”字同。比,洪本譌“北”。

〔六八六〕預云:扶風雝東南有召亭:見左傳僖公二十四年“召穆公思周德之不類,故糾合宗族于成周而作詩”注,原文“雝”作“雍”,通。

〔六八七〕鳳翔天興:鳳翔,府名。天興,縣名,治所在今陝西鳳翔縣。

〔六八八〕東遷後采於垣,則今縣東北六十召原也:東遷,指周平王將京都自鎬遷至洛邑。垣,縣名,治所在今山西垣曲縣王茅鎮。召原,太平寰宇記作邵原。見下注〔六九一〕。

〔六八九〕廟在王屋西三十五:王屋,縣名,治所在今河南濟源市王屋鎮。三十五,太平寰宇記卷五西京三王屋縣作“十五里”。

〔六九〇〕寔爲奭:寔,通“寔”,是。奭,召康公名(羅苹以爲實字,見後紀十高辛紀下“召康公顅,封燕”注)。

〔六九一〕又記,垣之古棠,爲公分陝之地:棠,棠梨樹。陝,今河南三門峽市陝州區地。相傳周初周公旦、召公奭曾以此爲治界,自陝而東者周公主之,自陝而西者召公主之。太平寰宇記卷四七絳州垣縣云:“其地即周、召分陝之所。今縣東北六十里有邵原、祠廟(于)[與]古棠樹。”

〔六九二〕謂郫邵,齊師所戍:郫邵,在今河南濟源市邵原鎮。備要本“邵”譌“郡”。左傳襄公二十三年:“齊侯遂伐晉,……張武軍於熒庭,戍郫邵”。杜預注:“取晉邑而守之。”

〔六九三〕皇興元置邵郡:皇興,北魏獻文帝拓跋弘年號。彥按:“元”當作“四”。魏書地形志上、太平寰宇記卷四七絳州垣縣並作“四年”。又,邵郡,太平寰宇記同,魏書地形志上作邵上郡,王文楚等點校太平寰宇記出校勘記曰:“此‘邵郡’宜作‘邵上郡’。”　　大統爲邵州:大統,西魏文帝元寶炬年號。　　義寧元爲邵原郡：邵原郡，各本均譌作“邵陽郡”。彥按：“陽”當“原”字之譌。太平寰宇記卷四七絳州垣縣作邵原郡，新唐書地理志三絳州絳郡垣縣亦曰：“義寧元年以垣、王屋置邵原郡。”今據以訂正。

〔六九四〕然易縣故淶水縣城在州北四十二，亦曰邵，云周封邵公于此：易縣，今屬河北省。州，指易州，治所即在易縣。太平寰宇記卷六七易州易縣：“廢淶水縣，在州北四十二里。……按縣地即周封召公于此也。皇朝太平興國六年併入易縣。”

〔六九五〕興國：指太平興國。

〔六九六〕召公初封，春秋之燕、亳：喬本、洪本“亳”譌“毫”，今據餘諸本訂正。彥按：此謂“春秋之燕、亳”，實指左傳昭公九年“肅慎、燕、亳，吾北土也”之燕，亳祇是連帶及之而已。史記燕召公世家曰：“周武王之滅紂，封召公於北燕。”是也。

〔六九七〕寢丘留侯：備要本“侯”譌“俟”。呂氏春秋異寶：“孫叔敖疾將死，戒其子曰：‘王數封我矣，吾不受也。爲我死，王則封汝，必受無利地。楚、越之間，有寢之丘者，此其地不利，而名甚惡。荆人畏鬼而越人信禨，可長有者唯此也。’”

〔六九八〕逼：靠近。

〔六九九〕漁陽、上谷、右北平、遼東西郡：並郡名。漁陽治所在今北京市密雲區西南。上谷治所在今河北懷來縣小南辛堡鎮。右北平治所在今天津市薊州區。遼東郡治所在今遼寧遼陽市老城區。遼西郡治所在今遼寧義縣西。史記匈奴列傳：“燕亦築長城，自造陽至襄平。置上谷、漁陽、右北平、遼西、遼東郡以拒胡。”

〔七〇〇〕漢立，燕國；昭帝爲廣陽國、廣陽郡：彥按：此説有誤，廣陽國實在宣帝時。漢書地理志下廣陽國云：“高帝燕國，昭帝元鳳元年爲廣陽郡，宣帝本始元年更爲國。”

〔七〇一〕今幽治薊：幽，州名。薊，縣名，治所在今北京城西南隅。

〔七〇二〕國史：宋王旦撰。

〔七〇三〕北燕伯云，亦姞姓者：北燕伯，吳本譌“比燕伯”。見國名紀一黃帝之宗注〔一四三〕。

〔七〇四〕張浮休使遼録：張浮休，即北宋文學家、吏部侍郎張舜民，自號浮休居士。喬本、洪本、備要本作“張末”，吳本作“□未”，四庫本作“張采”。清乾隆朝敕撰欽定熱河志卷九五物産四禽之屬燕引羅苹路史注亦作“張采”，其後附按語曰：“宋無張(採)〔采〕使遼事。當是張浮休使遼録，脱一‘休’字，又訛‘浮’爲‘采’耳。”彦按：其説當是。是書郡齋讀書志卷二下、遂初堂書目地理類均有著録，作者即稱浮休居士或張浮休。“末”蓋又“采”字之訛。今據以訂正。使遼録，吳本“遼録”二字潦草失真。　　中京牛山館北去：中京，遼五京之一，故址在今内蒙古寧城縣大明鎮。喬本、洪本、四庫本、備要本“中京”上有“北”字，吳本則作“比”，蓋爲衍文。欽定熱河志無此字，今據以删。牛山館，館驛名。遼置。故址在今河北承德縣三溝鎮附近。喬本、洪本、備要本“牛”訛“半”，今據吳本、四庫本訂正。去，吳本訛“云”

〔七〇五〕燕州：治所在今遼寧義縣張家堡鄉。　　内附：謂歸附朝廷。

〔七〇六〕隋北蕃風俗記：佚書，作者不詳。

〔七〇七〕併之大谷：併，當作“并”，謂并州。州名不作“併”。大谷，即太谷，縣名。

〔七〇八〕班志云，燕之別邑：彦按：漢書地理志未見相關記載。而春秋昭公十二年“春，齊高偃帥師納北燕伯于陽”杜預注曰：“陽，即唐，燕別邑。中山有唐縣。”疑路史誤記。

〔七〇九〕春秋閔公二年：“春，王正月，齊人遷陽。”

〔七一〇〕後漢書郡國志兗州濟北國：“成，本國。”

〔七一一〕預謂東平剛父西南有盛鄉：見左傳隱公五年“郕人侵衛，故衛師入郕”注，原文“盛鄉”作“郕鄉”。彦按：後漢書郡國志兗州濟北國“成，本國”王先謙集解引羅革曰：“郡有剛縣，晉爲東平國之剛平，無剛父。”蓋剛父爲剛平之誤或別稱，治所則在今山東寧陽縣堽城鎮。

〔七一二〕鄆：州名，治所在今山東東平縣。

〔七一三〕見春秋莊公八年“夏，師及齊師圍成，成降于齊師”公羊傳。原文爲：“成者何？盛也。盛則曷爲謂之成？諱滅同姓也。”

〔七一四〕燕召之屬：燕召，謂燕之召公，即姬奭。屬，指族系。

〔七一五〕必人安其馬，馬習其人：安，習慣。習，熟悉。

〔七一六〕建康一會府爾,而史氏之所志,自開寶八年盡乾道之三,二百載中,牧民之使已百二十有五易:建康,府名,治所在今江蘇南京市。會府,都會。開寶,宋太祖趙匡胤年號。乾道,宋孝宗趙昚年號。使,指朝廷委派的官員。

〔七一七〕其罷去若祠去與夫致仕而去者咸六,不禄若憂去者五,不見其去之期者二十一,召去者十有五,而即除者五十有六:罷,謂撤職。祠,指祠禄。宋制,大臣罷職,令管理道教宮觀,以示優禮,無職事,但借名食俸,謂之“祠禄”。不禄,死之婉詞。憂,病之婉詞。即除,謂隨即取消委任,即實未到任。

〔七一八〕若王益柔之至,俯六日而迢迢應天府矣:王益柔,北宋官員,宋史卷二八六有傳。俯,謂俯臨,屈尊下臨。迢迢,高貌。應天府,北宋之南京,治所在今河南商丘市睢陽區。

〔七一九〕而馬亮乃四受部,然亦未嘗一因:馬亮,北宋官員,宋史卷二九八有傳。部,指州府一級行政單位。因,因襲,前後相承。彥按:“乃四受部”之“四”疑當作“十四”,上脱一“十”字。四受部並不算多,何至用“乃”。考宋史亮本傳,亮曾先後知濮州、福州、饒州、潭州、昇州、廣州、虔州、洪州、江陵府、杭州、廬州、江寧府、廬州、亳州,正好十四部。

〔七二〇〕任者區區徠往,俗安得不啙窳,民安得不罷敝哉:區區,猶匆匆。區,通“驅”。啙窳(zǐ yǔ),苟且懶惰。罷敝,疲勞困敝。罷,通“疲”。

〔七二一〕府之邑屬,正可知矣:吳本“邑”作“也”,喬本、洪本“正”作“五”,並誤。今從四庫本、備要本訂正。

〔七二二〕史正志:南宋官員,曾知建康,著有建康志十卷、續志十卷(見郡齋讀書志卷五上地理類)。

〔七二三〕日本僧奝徠朝,噭其國主相襲者六十有四世矣,文武僚吏悉以世官:奝(diāo),據宋史外國列傳七日本國所載,當作奝然。噭,吐露。世官,世襲之官員。

〔七二四〕上顧鼎臣:上,指宋仁宗。鼎臣,重臣,大臣。　夷虜:古代華夏族對異族之蔑稱。　唐季:季,猶末。　五代世數:喬本“世數”作“世俗”,誤,今據餘諸本改。　大臣之子孫:吳本、四庫本無“之”字。　孳孳願治,未嘗自佚:孳孳,同“孜孜”,勤勉,不懈怠。自佚,自圖安逸。　罔俾遠夷擅享斯美:擅,專,獨得。

〔七二五〕繇此語之:四庫本"繇"作"由"。

〔七二六〕故漢書、國志皆曰高句麗:彦按:"國志"蓋指三國志,疑上脱
"三"字。三國志魏志東夷有高句麗傳。　　隋始去"句"字:吳本、四庫本"隋"
作"隨"。　　然五代史同光元年韓申來:同光,後唐莊宗李存勗年號。韓申,據
新五代史卷七四高麗,當作韓申一,此脱"一"字。韓申一爲高麗國廣評侍郎。

〔七二七〕所謂故國者,有世臣之謂也:見孟子梁惠王下。孫奭疏:"世臣,
累世修德之舊臣也。"

〔七二八〕武有天下,卜年七百:武,謂周武王。卜年,本稱占卜預測統治國
家的年數,此但泛指國運之年數。左傳宣公三年:"成王定鼎于郟鄏,卜世三
十,卜年七百。"　　皆垂千祀:垂,將近。祀,年,歲。　　布滿朝著,悉世其禄,與
周匹休:朝著,猶朝班,古指羣臣朝見君主時按官品分班排列的位次。匹休,
比美。

〔七二九〕家法:傳統。

〔七三〇〕海邦千數,羈縻八百,莫匪世襲:海邦,近海之國或海外之國。羈
縻,謂羈縻州,古代在邊遠少數民族地區所置之州。以其情況特殊,故因俗爲
治,有別於一般州縣。匪,通"非"。四庫本作"非"。

〔七三一〕有天地生民以徠:徠,吳本、四庫本、備要本皆作"來"。　　何至
朝恂莫縱,一龔十甯,爲黔首尤哉:恂,相信。莫,"暮"之古字。縱,放縱,隨心
所欲。龔,遵奉。甯,同"寧",静止,謂不遵行。備要本作"寧"。尤,責備,
怪罪。

〔七三二〕天語:天子之語。此指上文所言宋仁宗語。

〔七三三〕豈識學之未詣哉,天時之未猷哉:識學,才識學問。未,吳本譌
"禾"。詣,達到。猷,足。四庫本作"厭"。天時未猷,謂天時未到。

〔七三四〕見漢書王嘉傳。　　王嘉:漢哀帝時丞相。　　居官者長子孫:長,
謂延長(到)。漢書原文作"吏居官者或長子孫"。　　然後上下相望:安平秋、
張傳璽主編漢書全譯譯"相望"爲"勉勵",似可從。

〔七三五〕見漢書循吏傳。　　孝宣:西漢宣帝劉詢,公元前73—前49年在位。

〔七三六〕見漢書宣帝紀。

〔七三七〕見漢書循吏黃霸傳。　　送故迎新之費及姦吏緣絶簿書盗財物:

顏師古漢書注：“緣，因也。因交代之際而棄匿簿書以盜官物也。”　皆當出於
民：各本“當”均譌“常”，今據漢書訂正。

〔七三八〕至和三年：至和，宋仁宗趙禎年號。據宋李燾續資治通鑑長編
卷一七八，范鎮上言事在宋仁宗至和二年二月乙卯。此作“三年”，誤。　恩
州自皇祐五年秋至去年冬，知州事凡七換：恩州，治所在今河北清河縣葛仙莊
鎮。皇祐，宋仁宗趙禎年號。知州事，官名。宋初鑒於五代藩鎮之亂，留居諸
鎮節度於京師，而以朝臣出守列郡，稱“權知某軍州事”，意爲暫行主管某軍州
兵、民政務。簡稱知州事或知州。　河北諸州，大率如此：大率，吳本、四庫本
作“類”，詞異而義同。　欲望兵馬練習：練習，猶熟習。　雄州：治所即今河北
雄縣。　可責之以辨治：辨治，治理。辨，“辦”之古字。續資治通鑑長編作
“辦治”。

〔七三九〕李牧爲趙將，功以久而成：史記李牧傳：“李牧者，趙之北邊良將
也。常居代鴈門，備匈奴。以便宜置吏，市租皆輸入莫府，爲士卒費。日擊數
牛饗士，習射騎，謹烽火，多閒諜，厚遇戰士。爲約曰：‘匈奴即入盜，急入收保，
有敢捕虜者斬。’匈奴每入，烽火謹，輒入收保，不敢戰。如是數歲，亦不亡失。
然匈奴以李牧爲怯，雖趙邊兵亦以爲吾將怯。趙王讓李牧，李牧如故。趙王
怒，召之，使他人代將。歲餘，匈奴每來，出戰。出戰，數不利，失亡多，邊不得
田畜。復請李牧。牧杜門不出，固稱疾。趙王乃復彊起使將兵。牧曰：‘王必
用臣，臣如前，乃敢奉令。’王許之。李牧至，如故約。匈奴數歲無所得。終以
爲怯。邊士日得賞賜而不用，皆願一戰。於是乃具選車得千三百乘，選騎得萬
三千匹，百金之士五萬人，彀者十萬人，悉勒習戰。大縱畜牧，人民滿野。匈奴
小入，詳北不勝，以數千人委之。單于聞之，大率衆來入。李牧多爲奇陳，張左
右翼擊之，大破殺匈奴十餘萬騎。滅襜襤，破東胡，降林胡，單于奔走。其後十
餘歲，匈奴不敢近趙邊城。”

〔七四〇〕李勣守并州，威以久而伸：李勣，唐初名將。本名世勣，後避唐太
宗諱，單名勣。舊唐書李勣傳：“勣在并州凡十六年，令行禁止，號爲稱職。太
宗謂侍臣曰：‘隋煬帝不能精選賢良，安撫邊境，惟解築長城以備突厥，情識之
惑，一至於此。朕今委任李世勣於并州，遂使突厥畏威遁走，塞垣安靜，豈不勝
遠築長城耶？’”并州，治所在今山西太原市晉源區。

〔七四一〕而晉人陰計中吳,則使其將帥屢易:中(zhòng),傷害。晉書杜預傳云:"(預)拜鎮南大將軍、都督荆州諸軍事,……既至鎮,繕甲兵,耀威武,乃簡精鋭,襲吳西陵督張政,大破之。……政,吳之名將也,據要害之地,恥以無備取敗,不以所喪之實告于孫晧。預欲間吳邊將,乃表還其所獲之衆於晧。晧果召政,遣武昌監劉憲代之。故大軍臨至,使其將帥移易,以成傾蕩之勢。"

議故渾、濬得以收功:渾,指晉安東將軍、京陵侯王渾。濬,指晉平東將軍王濬。二王奉命伐吳,而終滅吳。事載晉書二人本傳。

〔七四二〕卒功業:卒,完成,成就。

〔七四三〕預在筑陽:見春秋桓公七年"夏,穀伯綏來朝"注。原文作:"穀國在南鄉筑陽縣北。"筑陽縣,治所在今湖北穀城縣東北。

〔七四四〕襄陽穀城:襄陽,府名。穀城,縣名,今屬湖北省。

〔七四五〕齊、魯城小穀,以爲管仲私邑:小穀,在今山東平陰縣東阿鎮。左傳莊公三十二年:"春,城小穀,爲管仲也。"杜預注:"公感齊桓之德,故爲管仲城私邑。"

〔七四六〕城中有夷吾井:見水經注卷八濟水。春秋莊公三十二年"城小穀"杜預注則稱其井爲管仲井。

〔七四七〕景公曰"桓公以仲爲有力,邑狐與穀"者:狐,在今山東滕州市東南。晏子春秋內篇諫上載齊景公曰:"昔吾先君桓公以管子爲有力,邑狐與穀,以共宗廟之鮮賜其忠臣,則是多忠臣者。" 乃姜會齊侯處:姜,春秋魯桓公夫人姜氏。齊侯,指齊襄公,姜氏異母兄。春秋莊公七年:"冬,夫人姜氏會齊侯于穀。"

〔七四八〕小穀,魯邑:彦按:"魯邑"當作"齊邑"。春秋莊公三十二年"城小穀"杜預注:"小穀,齊邑。"楊伯峻注亦曰:"小穀即穀,齊邑。"羅氏以爲魯邑者,蓋誤解孫明復之説(見下注)。孫氏謂"魯邑曲阜西北有小穀城",乃以曲阜爲魯邑,未謂小穀城爲魯邑也。

〔七四九〕孫明復:即北宋理學家孫復(字明復)。 曲阜西北有小穀城:見孫氏所著春秋尊王發微卷三,原文作:"魯邑曲阜西北有小穀城。"

〔七五〇〕張良得黃石處:得,猶遇。黃石,即黃石公。相傳漢張良曾於下邳遇一老父——黃石公,得其所授兵書黃石公三略。水經注卷八濟水:"濟水側岸有尹卯壘，……是穀城縣界，故春秋之小穀城也。……縣有黃山臺，黃石公與張子房期處也。"

〔七五一〕春秋僖公三年："秋，齊侯、宋公、江人、黃人會于陽穀。"

〔七五二〕東阿南東四十二有陽穀亭：彥按："南東"疑爲"東南"誤倒。元和郡縣圖志卷一〇鄆州東阿縣："陽穀亭，在縣東南四十二里，左傳齊桓公會諸侯於陽穀是也。"

〔七五三〕左傳莊公十四年："楚子如息，以食入享，遂滅息。"

〔七五四〕釐王二年：各本"二年"均作"一年"。彥按：考魯莊公十四年，時當周釐王之二年，且依例帝王即位首年稱"元年"而不稱"一年"，蓋"一年"之"一"，由"二"字奪筆而譌。今訂正。

〔七五五〕今蔡之新息北三十有古息城：蔡，州名。新息，縣名，治所即今河南息縣。太平寰宇記卷一一蔡州新息縣："古息城，在縣北三十里。"

〔七五六〕漢書地理志上汝南郡新息縣顏師古注引孟康曰，作："故息國，其後徙東，故加'新'云。"

〔七五七〕西十有息侯廟：彥按："西"疑當作"西南"。太平寰宇記卷一一蔡州新息縣："息侯廟，在縣西南十里。"息侯，見左傳隱公十一年。

〔七五八〕太平寰宇記卷一一蔡州新息縣："後周宣政元年于此置息州。"

〔七五九〕見說文邑部郎，原文爲："姬姓之國，在淮北。从邑息聲。今汝南新郎。"

〔七六〇〕春秋別有郎，齊南鄙：見國名紀四有虞氏後注〔七三〕。

〔七六一〕襄王十二年，鄭入滑：襄王十二年，各本皆作"襄三十二年"。彥按："鄭人入滑"，見春秋僖公二十年，時當周襄王十二年，據之可知路史"三"字乃"王"之譌，今訂正。鄭入滑，喬本"入"譌"人"，今據餘諸本改。

〔七六二〕十六年，伐之：十六，各本均作"十三"。彥按："三"當作"六"。蓋"六"字上部之"丶"與下部之"八"草書譌變而成橫畫，遂誤爲"三"。左傳僖公二十四年："鄭之入滑也，滑人聽命。師還，又即衛。鄭公子士、洩堵俞彌帥師伐滑。"魯僖公二十四年，即周襄王十六年也。今訂正。

〔七六三〕二十五，威于秦：左傳僖公三十三年載，秦師欲襲鄭，知鄭有備，乃"滅滑而還"。時當周襄王二十五年。

〔七六四〕後晉取之：左傳成公十七年：“春，王正月，鄭子駟侵晉虛、滑。”杜預注：“虛、滑，晉二邑。滑故滑國，爲秦所滅，時屬晉，後屬周。”

〔七六五〕春秋釋例卷五鄭地莊三年滑云：“陳留襄邑縣西北有滑亭。”

〔七六六〕宣八，楚子及滑汭：見左傳。杜預注：“滑，水名。”清高士奇春秋地名攷略以爲：“滑汭當爲今廬州府東境。”（見卷八）廬州府治所在今安徽合肥市。

〔七六七〕後遷于費，曰費滑：左傳成公十三年“殄滅我費滑”杜預注：“費滑，滑國，都于費。今緱氏縣。”

〔七六八〕在緱氏東十八：吳本、四庫本無此六字注文。太平寰宇記卷五西京三緱氏縣：“古滑城，在縣東一十八里。”

〔七六九〕九域志，在滑之白：彥按：白疑當作白馬，今下脱“馬”字。考元豐九域志卷一京西路北路，滑州下轄白馬、韋城、胙城三縣，三縣之下所列古迹即有滑臺及滑伯廟，唯未明言其於三縣中居何縣耳。又，白馬即滑州治所，既不在上稱偃師緱氏鎮境，也與下言“非滑州”不符，蓋此“古滑城”下原不當闌入滑臺、滑伯廟也。

〔七七〇〕楚子逆吳公子使居養：逆，迎接。吳公子，各本均作“吳公”。彥按：此當下脱“子”字。左傳昭公三十年云：“吳子使徐人執掩餘，使鍾吾人執燭庸，二公子奔楚。楚子大封，而定其徙，使監馬尹大心逆吳公子，使居養。”即其事。今據以訂正。

〔七七一〕見後紀十高辛紀下注〔四〇三〕。

〔七七二〕穀梁春秋隱公二年：“無侅帥師入極。”傳曰：“不稱氏者，滅同姓，貶也。”

〔七七三〕此下羅苹注文所記，並出左傳。

〔七七四〕逸：逃跑。

〔七七五〕今隨之隨縣：隨，州名。隨縣，治所在今湖北隨州市曾都區。

〔七七六〕虵丘：彥按：當作斷虵丘，“斷”字似不可省。水經注卷三一溳水：“溠水又東南逕隨縣故城西。……水側有斷蛇丘。隨侯出而見大蛇中斷，因舉而藥之，故謂之斷蛇丘。”太平寰宇記卷一四四隨州隨縣亦作斷蛇丘，並稱“在縣西北一十五里”。

〔七七七〕逢:吳本作"逢"。下"逢伯"之"逢"同。

〔七七八〕逢伯:春秋楚大夫。見左傳僖公六年。

〔七七九〕或作"逢":喬本、洪本"逢"作"逢",文不可通,今據餘諸本改。

〔七八〇〕涇之鶉觚:涇,州名。鶉觚,縣名,治所在今甘肅靈臺縣。

〔七八一〕參見後紀十高辛紀下注〔三九七〕。

〔七八二〕鱗朱:春秋宋少司寇。見左傳成公十五年。

〔七八三〕春秋昭公四年有頓子。

〔七八四〕楚威之:吳本"楚"譌"是"。春秋定公十四年:"二月辛巳,楚公子結、陳公孫佗人帥師滅頓,以頓子牂歸。"

〔七八五〕陳之南頓:陳,州名。南頓,縣名,治所在今河南項城市南頓鎮。

〔七八六〕白翟別,鳶鞮國:白翟,即白狄。鳶鞮,春秋時鼓君之名。見左傳昭公二十二年。

〔七八七〕中行穆伯攻之,經年不能下;荀吳滅之:彥按:中行穆伯即荀吳,春秋晉國大夫。氏荀,名吳。又卒諡穆,爲中行氏四世祖,故亦稱穆子、中行穆子或中行穆伯。春秋昭公元年:"晉荀吳帥師敗狄于大鹵。"左傳則曰:"晉中行穆子敗無終及羣狄于大原。"杜預注:"(大原)即大鹵也。"可證。路史如此行文,似視中行穆伯與荀吳爲二人,非是。

〔七八八〕傳昭十五圍鼓,二十二威之:左傳昭公十五年:"秋八月,……晉荀吳帥師伐鮮虞,圍鼓。"又二十二年:"晉之取鼓也,既獻而反鼓子焉。又叛於鮮虞。六月,荀吳略東陽,使師偽糴者負甲以息於昔陽之門外,遂襲鼓,滅之。"

〔七八九〕祁之鼓城:祁,州名。各本均作"祈",當由音譌,今訂正。下文昔陽條作"祁之鼓城",不誤。鼓城,縣名,治所在今河北晉州市。

〔七九〇〕定:定州。

〔七九一〕定之藁城:定,指真定府。藁城,縣名,治所在今河北石家莊市藁城區。備要本"藁"作"蒿",通。

〔七九二〕下曲陽:縣名,治所在今河北晉州市晉州鎮。

〔七九三〕絲皋:各本"絲"皆譌"縣",今據左傳訂正。

〔七九四〕藁城:喬本、洪本"藁"字譌"羹",吳本、備要本又譌"彚",此從四庫本。

〔七九五〕水經注濡水：“（肥如縣）故城，肥子國。應劭曰：晉滅肥，肥子奔燕，燕封于此，故曰肥如也。”

〔七九六〕今平之盧龍：平，洪本作“年”，喬本作“属”，備要本作“屬”，吳本、四庫本作“牟”。彦按：諸本俱誤。本書國名紀一炎帝後姜姓國孤竹曰：“今平之盧龍東有古孤竹城。”國名紀四有虞氏後朝鮮曰：“今平之盧龍有朝鮮城。”國名紀六周世侯伯零支曰：“今平之盧龍，故零支縣，古離支也。”是盧龍於宋屬平州轄縣。蓋“平”以形近而譌“年”，乃又譌“牟”；喬本但知盧龍不當在“牟”而不知爲“平”譌字，故改作“属”，謂其地今屬盧龍也。備要本以喬本爲底本，故亦作“屬”。今訂正。

〔七九七〕見水經注卷一〇濁漳水引竹書紀年。

〔七九八〕地道：東太康八年立，隸廣平：吳本“八”字闕文。彦按：此句蓋有誤。水經注卷一〇濁漳水引晉書地道記，作“太康中立，以隸廣平也”。頗疑羅氏此注即本於水經注，而“東”字爲“中”字之譌、倒，“八年”二字則由上文“梁惠王八年”而衍。又，他書多以爲肥鄉縣立於魏時，如元和郡縣圖志卷一五洺州肥鄉縣云：“魏黃初二年分邯鄲、列人等縣立肥鄉，屬廣平郡。”太平寰宇記卷五八洺州肥鄉縣亦持魏文帝黃初二年説。舊唐書地理志二、輿地廣記卷一一則曰：“曹魏立（置）肥鄉縣。”

〔七九九〕之奇：宮之奇，春秋虞國賢大夫。事迹見左傳僖公二年、五年。

〔八〇〇〕寞：備要本作“冥”，同。

〔八〇一〕鄇：“鄇”字俗體。備要本作“鄇”。下諸“鄇”字同。

〔八〇二〕冀爲不道，伐鄇三門，乃虞地：左傳僖公二年：“（晉）荀息假道於虞曰：‘冀爲不道，入自顛軨，伐鄇三門。’”杜預注：“鄇，虞邑。”參見國名紀四陶唐氏後冀。

〔八〇三〕上鄇：春秋齊地。在今山東陽穀縣北。

〔八〇四〕左傳成公二年：“公會晉師于上鄇。”

〔八〇五〕説文：晉邑：彦按：説文邑部：“鄇，晉邑也。……春秋傳曰：‘伐鄇三門。’”則其鄇似非指上鄇，故其説亦與杜預不同。

〔八〇六〕臨潼：縣名，治所即今陝西西安市臨潼區。

〔八〇七〕道里記：即兩京道里記。

〔八〇八〕雖之新豐：雖，州名。新豐，縣名，治所在今陝西西安市臨潼區新豐街道。洪本、吳本“豐”作“豊”。下“新豐”之“豐”同。

〔八〇九〕左傳有載國：考左氏春秋經、傳，文實作“戴”，而通於“載”。隱公十年經曰：“宋人、蔡人、衛人伐戴。”同年傳曰：“宋人、衛人入鄭，蔡人從之伐戴。”並作“戴”。然釋文曰：“戴音‘載’。”而公羊春秋、穀梁春秋經文亦皆作“載”。

〔八一〇〕陳留外黃：陳留，郡名。外黃，縣名，治所在今河南民權縣西北。

〔八一一〕見廣韻代韻。

〔八一二〕今緱氏，故紀縣：彥按：此條疑有誤。緱氏稱紀，於史無徵。史書亦未見有稱“紀縣”之縣。

〔八一三〕昭二十三，吳敗胡師，胡子髠威：見是年春秋，文作：“（七月）戊辰，吳敗頓、胡、沈、蔡、陳、許之師于雞父，胡子髠、沈子逞滅。”　定十五，楚方威胡，以胡子豹歸：見是年春秋，文作：“二月辛丑，楚子滅胡，以胡子豹歸。”

〔八一四〕姬國也：姬，胡姬，春秋齊景公妾。見左傳哀公六年“使胡姬以安孺子如賴”杜預注。

〔八一五〕平王二十六年，鄭伐胡：彥按：宋劉恕資治通鑑外紀卷四則列其事於周平王二十七年下。韓非子說難：“昔者鄭武公欲伐胡，故先以其女妻胡君以娛其意。因問於羣臣：‘吾欲用兵，誰可伐者？’大夫關其思對曰：‘胡可伐。’武公怒而戮之，曰：‘胡，兄弟之國也，子言伐之，何也？’胡君聞之，以鄭爲親己，遂不備鄭。鄭人襲胡，取之。”

〔八一六〕見後漢書郡國志二汝南郡。

〔八一七〕杜在汝陰西北：吳本、備要本“西北”譌“之北”。春秋昭公四年杜預注：“胡國，汝陰縣西北有胡城。”

〔八一八〕胡陰本山陽胡陵，章帝改之：胡陰，今史記項羽本紀“秦嘉軍敗走，追之至胡陵”裴駰集解引鄧展曰，作“胡陸”，文云：“今胡陸，屬山陽。漢章帝改曰胡陵。”輿地廣記卷七單州魚臺縣亦作“胡陸”。山陽，郡名。胡陵，縣名，即湖陵，治所在今山東魚臺縣東南。

〔八一九〕胡陽縣，隸南陽：胡陽縣，治所在今河南唐河縣湖陽鎮。南陽，郡名。

〔八二〇〕胡公:見後紀三炎帝神農氏注〔三一四〕。

〔八二一〕冀子、冀戎:冀子,春秋戎族冀國之君。冀戎,見史記秦本紀。

〔八二二〕今秦之清水故伏羌城:秦,州名。清水,縣名,今屬甘肅省。喬本、備要本作"渭水"。彥按:縣名無"渭水",洪本、吳本、四庫本作"清水"是。考輿地廣記卷一五秦州,州下所轄即有清水一縣,而伏羌城正在縣内。今據以訂正。伏羌城,故址在今甘肅甘谷縣。

〔八二三〕史記秦本紀:"(武公)十年,伐邽、冀戎,初縣之。"

〔八二四〕隗囂據此稱西伯:隗囂,東漢初隴右割據勢力首領。水經注卷一七渭水:"其水北逕冀縣城北。秦武公十年伐冀戎,縣之,故天水郡治。……漢明帝永平十七年改曰漢陽郡;城,即隗囂稱西伯所居也。"又元和郡縣圖志卷三九秦州伏羌縣云:"本冀戎地,秦伐冀戎而置縣焉。漢冀縣,屬天水郡。後漢隗囂自稱西伯,都於此。"

〔八二五〕華之蒲城:華,州名。蒲城,縣名,今屬陝西省。　賈大夫冢:彥按:左傳昭公二十八年云:"昔賈大夫惡,娶妻而美,三年不言不笑。御以如皋,射雉,獲之,其妻始笑而言。賈大夫曰:'才之不可以已。我不能射,女遂不言不笑乎!'"宋宋敏求長安志卷一八蒲城縣以爲縣西南一十八里賈大夫冢之賈大夫,即其人。

〔八二六〕見左傳桓公九年。　芮伯:喬本、吳本"芮"譌"芮",今從餘本改。

〔八二七〕芮:喬本、洪本、吳本譌"芮",今從四庫本、備要本改。下"芮城"、"芮故城"、"芮君祠"、"虞、芮訟"、"周司徒封芮"、"芮鄉"、"秦滅梁、芮"、"唐爲芮州"諸"芮",喬本亦皆譌"芮",其中"芮故城"、"芮鄉"洪本同,今並訂正。

〔八二八〕今陝之芮城西二十有芮故城:陝,州名。芮城,縣名,今屬山西省。西二十,吳本、四庫本作"百二十"。彥按:作"百二十"誤。元和郡縣圖志卷六陝州芮城縣即曰:"故芮城,在縣西二十里,古芮伯國也。"

〔八二九〕見水經注卷四河水。　河北城:指河北縣縣城。

〔八三〇〕商代國:喬本、備要本"代"作"伐"。彥按:史未見商伐芮國之文,今從餘諸本訂正。

〔八三一〕西伯初,虞、芮訟:詩大雅緜"虞芮質厥成,文王蹶厥生"毛亨傳:

“虞、芮之君相與爭田,久而不平,乃相謂曰:‘西伯,仁人也,盍往質焉?’乃相與朝周。入其竟,則耕者讓畔,行者讓路。入其邑,男女異路,班白不提挈。入其朝,士讓爲大夫,大夫讓爲卿。二國之君感而相謂曰:‘我等小人,不可以履君子之庭。’乃相讓,以其所爭田爲閒田而退。”

〔八三二〕閑原:四庫本“閑”作“間”。彥按:“間”當“閒”之譌,“閒”、“閑”通用。

〔八三三〕南北十二:四庫本“十二”作“二十”。彥按:太平寰宇記卷六陝州平陸縣作“南北十三里”。

〔八三四〕見書旅巢命序孔氏傳。

〔八三五〕周司徒封芮,爲附庸:見太平寰宇記卷六陝州芮城縣。

〔八三六〕杜云,馮翊臨晉芮鄉:見春秋釋例卷七土地名第四十四之三小國地桓公三年芮。

〔八三七〕繆公二十年:二十年,各本均作“二年”。彥按:“二”下當脱“十”字。秦滅梁、芮事見史記秦本紀繆公二十年。今據以訂正。

〔八三八〕集韻儒劣切:今本集韻薛韻芮作如劣切。

〔八三九〕河北縣:四庫本“北”譌“伯”。

〔八四〇〕故魏風著十畝之詩:十畝之詩,指詩魏風十畝之間。毛詩序云:“十畝之間,刺時也,言其國削小,民無所居焉。”

〔八四一〕詩敍言魏君儉嗇褊急:見毛詩序魏風葛屨,原文作:“魏地陋隘,其民機巧趨利,其君儉嗇褊急,而無德以將之。”洪本、吳本“言”作“音”,吳本“君”作“若”,並誤。儉嗇,吝嗇。褊急,心胸狹隘,性情急躁。　近秦、晉,日見侵削;平、桓之世,變風始作:變風,指詩經國風中作於周王朝政治衰亂時期的作品。以其風格“怨以怒”而有別於“安以樂”之所謂“正風”,故稱。鄭玄毛詩譜魏譜:“其與秦、晉鄰國,日見侵削,國人憂之。當周平、桓之世,魏之變風始作。”

〔八四二〕見後紀十高辛紀下注〔一三五〕。

〔八四三〕閔元:元,各本均作“二”。彥按:事見左傳閔公元年,今訂正。

〔八四四〕芮萬:春秋芮君,名萬。喬本“芮”譌“芮”,今據餘諸本改。下“芮伯萬”、“芮姜”、“芮伯”、“秦侵芮”之“芮”同。

〔八四五〕晉武公七年，芮伯萬之母芮姜逐萬，萬奔魏：自此而下至“戎人逆之郊”，見水經注卷四河水引竹書紀年。又左傳桓公三年云：“芮伯萬之母芮姜惡芮伯之多寵人也，故逐之，出居于魏。”

〔八四六〕取芮伯而東之：喬本、洪本、吳本、備要本“東”譌“柬”，今據四庫本訂正。下“而東之”之“東”同。

〔八四七〕戎人逆之郊：逆，迎接。各本“郊”均譌“郟”，今據水經注卷四河水引竹書紀年訂正。

〔八四八〕桓王十二年秋，秦侵芮；冬，王師、秦師圍魏，取芮伯而東之：左傳桓公四年：“秋，秦師侵芮，敗焉，小之也。冬，王師、秦師圍魏，執芮伯以歸。”彦按：魯桓公四年，時當周桓王十二年。

〔八四九〕魏，姬姓國：見左傳襄公二十九年“爲之歌魏”杜預注。

〔八五〇〕焦：吳本脱文。

〔八五一〕弘農陝：弘農，郡名。陝，縣名，治所在今河南三門峽市陝州區。

〔八五二〕本北虢之上陽，晉威之：彦按：上文虢條云：“東遷之際，自此之上陽，爲南虢矣。”又南虢條云：“上陽是。”則此北虢當作南虢。然太平寰宇記卷六陝州云：“陝州，……春秋時爲北虢上陽城，即今平陸縣是也。”蓋羅氏此處即從寰宇記説，而忘乎己此前之所持。左傳僖公五年：“八月甲午，晉侯圍上陽。……冬十二月丙子，朔，晉滅虢。”杜預注：“上陽，虢國都，在弘農陝縣東南。”

〔八五三〕惠公以賂秦：見上注〔六三五〕。

〔八五四〕魏襄王：戰國魏國國君姬嗣，公元前318—前296年在位。

〔八五五〕水經注卷四河水：“昔周、召分伯，以此城（彦按：謂陝城）爲東、西之别。東城即虢邑之上陽也，虢仲之所都，爲南虢。……其大城中有小城，故焦國也。”

〔八五六〕見通志卷二六氏族略二以國爲氏周同姓國焦氏。

〔八五七〕亳之焦：參見國名紀一炎帝後姜姓國亳。

〔八五八〕酈元以爲神農之後：水經注卷四河水：“其大城中有小城，故焦國也。武王以封神農之後于此。” 歐忞亦謂武封炎後在此：歐忞，吳本、四庫本、備要本並譌“歐志”。輿地廣記卷一三陝州陝縣：“有焦國，周武王封炎帝之後於此。”

〔八五九〕見左傳襄公二十九年。

〔八六〇〕後十五年,燭之武説秦,亦以焦、瑕:瑕,喬本譌“暇”,今據餘本訂正。彦按:燭之武説秦在魯僖公三十年,乃此前八十六年事,此云“後十五年”,非是。或原文有脱誤,未可知也。參見上注〔六三四〕。

〔八六一〕楚靈妃:彦按:楚靈乃楚共之誤。左傳昭公十三年:“初,共王無冢適,有寵子五人,無適立焉。乃大有事于羣望,而祈曰:‘請神擇於五人者,使主社稷。’乃徧以璧見於羣望,曰:‘當璧而拜者,神所立也,誰敢違之?’既,乃與巴姬密埋璧於大室之庭,使五人齊,而長入拜。”杜預注:“巴姬,共王妾。”

〔八六二〕見簡選篇。

〔八六三〕果之南充:果,州名。南充,縣名,治所在今四川南充市區北。

〔八六四〕左傳桓公九年“巴子使韓服告于楚”杜預注:“巴國在巴郡江州縣。”

〔八六五〕紀年:桓王十七年,楚及巴伐鄧:彦按:資治通鑑外紀卷四周桓王十七年載:“夏,楚及巴伐鄧,敗之。”不知羅氏此所引之紀年,爲竹書紀年之佚文,抑或外紀之誤記。

〔八六六〕此蒙上“伐英氏”文:春秋僖公十七年:“春,齊人、徐人伐英氏。夏,滅項。”此謂“滅項”之主語與上文“伐英氏”同,蒙前省略。彦按:楊伯峻春秋左傳注則於“夏,滅項”下曰:“左傳以爲魯滅之,公羊、穀梁以爲齊滅之。左傳敍此事首尾完具,當爲信史。”

〔八六七〕内不言滅:春秋僖公十七年“夏,滅項”公羊傳:“孰滅之? 齊滅之。”何休解詁:“以言滅,知非内也。”徐彦疏:“案經直言滅,不載主名,何知非内滅之? 正以春秋之例,内大惡諱,今言滅,知非内矣。”

〔八六八〕漢之西華,後曰項城:西華,縣名,今屬河南省。項城,縣名,治所在今河南沈丘縣。彦按:通典卷一七七州郡七陳州項城云:“古項子國。漢西華縣,後曰項城。”當即路史所本。然元和郡縣圖志卷八陳州項城縣、太平寰宇記卷一〇陳州項城縣並云:“漢項縣,古項子國。”以項子國在漢之項縣而非西華,似是。

〔八六九〕水經注卷二二潁水云:“潁水又東,右合谷水,⋯⋯又東逕項城中,楚襄王所郭,以爲別都。”又元和郡縣圖志卷八陳州項城縣云:“漢項縣,古項子國。……至楚襄王徙都陳,以項爲別都。”

〔八七〇〕古今姓氏書辯證卷二一講韻項:“楚考烈王滅魯,封其將於項,因以爲氏。”

〔八七一〕晉諺“堅不過項”者:堅,强硬,雙關隱指前秦世祖符堅。項,脖子,雙關隱指項地。晉書符堅載記下:“初,諺言‘堅不出項’,羣臣勸堅停項,爲六軍聲鎮,堅不從,故敗。”元和郡縣圖志卷八陳州項城縣、太平寰宇記卷一〇陳州項城縣均載其事,“堅不出項”作“堅不過項”。

〔八七二〕項梁:項羽叔父,秦末起義軍首領。史記項羽本紀:“梁父即楚將項燕,爲秦將王翦所戮者也。項氏世世爲楚將,封於項,故姓項氏。”

〔八七三〕史記齊太公世家:“齊桓公之夫人三,曰王姬、徐姬、蔡姬,皆無子。”徐姬,左傳僖公十七年作徐嬴。

〔八七四〕偃:謂徐偃王。

〔八七五〕見國名紀四商氏後鮮虞。

〔八七六〕處:安置。

〔八七七〕種地:種族與地域。

〔八七八〕晉語有蒲人、翟人,中行穆子伐翟:分別見國語晉語四及晉語九。“伐翟”之“翟”,今本國語作“狄”,同。

〔八七九〕定四年士鞅、哀六年趙鞅又伐之:士鞅,即范獻子,春秋晉國卿大夫。哀六年,吳本、四庫本、備要本“六”皆作“九”,誤。

〔八八〇〕見列子説符篇。　襄子:指趙襄子,即趙鞅子趙無恤,春秋晉國卿大夫,戰國趙國之創立者。

〔八八一〕應劭:喬本“劭”作“邵”,此從餘諸本。

〔八八二〕本肥馬:彦按:昔陽古無肥馬之稱,“肥馬”疑爲“肥都”之誤。左傳昭公十二年“晉荀吳僞會齊師者,假道於鮮虞,遂入昔陽”杜預注:“昔陽,肥國都。”又昭公二十二年“荀吳略東陽,使師僞羅者負甲以息於昔陽之門外”杜預注:“昔陽,故肥子所都。”而通志卷四一都邑略一周夷國都亦曰:“肥都昔陽。”

〔八八三〕平定之樂平:平定,指平定軍。樂平,縣名,治所在今山西昔陽縣樂平鎮。

〔八八四〕杜云樂平沾縣東有昔陽城：見左傳昭公十二年“遂入昔陽”注。樂平，郡名。沾縣，治所在今山西昔陽縣西寨鄉。各本“沾”均譌“治”，今訂正。

〔八八五〕九域志，趙鞅晉陽：見元豐九域志卷四平定軍古迹。原文爲：“晉陽故城，左氏傳‘晉趙鞅入于晉陽’是也。”彦按：此處説昔陽，乃闌入晉陽，可謂風馬牛不相及，蓋一時粗心糊塗所致。

〔八八六〕荀吴假道於鮮虞，遂入昔陽：見太平寰宇記卷五〇平定軍樂平縣引左傳。鮮虞，各本均脱“鮮”字，今訂補。

〔八八七〕鉅鹿：郡名。

〔八八八〕祁：吴本譌“祈”，四庫本譌“祈”。

〔八八九〕宋劉敞春秋權衡卷四僖公二年云：“‘虞師、晉師滅下陽’，杜氏例云：‘用大師曰滅’，非也。滅國曰滅，君死其位曰滅，非此二者，則不可以滅書之，别國、邑也。”

〔八九〇〕虞、虢之亡不書：左傳僖公五年備載滅虞、滅虢（見上注〔五三三〕），而春秋不及，但稱：“冬，晉人執虞公。”

〔八九一〕下陽滅而虢去，虢去而虞舉矣：去，猶喪，亡。舉，攻取，占領。

〔八九二〕左傳僖公二年：“晉荀息請以屈産之乘與垂棘之璧假道於虞以伐虢。……虞公許之，且請先伐虢。宫之奇諫，不聽，遂起師。夏，晉里克、荀息帥師會虞師，伐虢，滅下陽。先書虞，賄故也。”

〔八九三〕孟子、三傳詳矣：孟子見萬章篇上。

〔八九四〕楙：同“茂”，興盛，興旺。

〔八九五〕方其晟時：晟，同“盛”，興盛。　日省月攷：謂周天子每日每月進行考覈。省，考察，檢查。　時享歲貢：謂諸侯每季每年前來進貢。享，進獻。　來有湛露之燕：湛露，詩小雅篇名。燕，通“宴”，宴會。毛詩序：“湛露，天子燕諸侯也。”鄭玄箋：“諸侯朝覲、會同，天子與之燕，所以示慈惠。”又左傳文公四年：“昔諸侯朝正於王，王宴樂之，於是乎賦湛露。則天子當陽，諸侯用命也。”杜預注：“湛露曰：‘湛湛露斯，匪陽不晞。’晞，乾也。言露見日而乾，猶諸侯稟天子命而行。”　去有彤弓之送：書文侯之命：“用賚爾秬鬯一卣，彤弓一，彤矢百。”孔氏傳：“諸侯有大功，賜弓矢，然後專征伐。彤弓以講德習射，藏示子孫。”又毛詩序小雅彤弓：“彤弓，天子錫有功諸侯也。”鄭玄箋：“諸侯敵王所愾而獻其功，王饗礼之，於是賜彤弓一、彤矢百、旅弓矢千。凡諸侯，賜弓矢然後專征伐。”　怡怡偲偲，以藩屏周：怡怡，和順貌。偲偲（sī sī），相勉勵貌。藩屏，保護捍衛。論語子路：“子路問曰：‘何如斯可謂之士矣？’子曰：‘切切偲偲，怡怡如也，可謂士矣。朋友切切偲偲，兄弟怡怡。”

〔八九六〕召穆公思周德之不類，故糾合宗族于成周而作詩：召穆公，即召虎。參見上注〔五三二〕。類，善。糾合，集合，聚集。吳本、四庫本“糾”作“紏”，乃俗體。而作詩，各本均作“而作文王之詩”。彦按：下所引詩，乃小雅之常棣，而非大雅之文王。此句實出左傳僖公二十四年所載周大夫富辰語，原文無“文王之”三字，今據删。毛詩序云：“常棣，燕兄弟也。閔管、蔡之失道，故作常棣焉。”鄭玄箋：“周公弔二叔之不咸，而使兄弟之恩疏。召公爲作此詩，而歌之以親之。”　棠棣之華，萼不煒煒：棠棣，木名，即郁李。洪本、吳本作“長移”，毛詩作“常棣”。彦按：“棠棣”、“常棠”兩通，作“常移”誤。萼不，花萼和花蒂。萼，毛詩作“鄂”，通“萼”。不（fū），“柎”之古字。洪本、吳本作“柎”。煒煒（wěi wěi），光明華美貌。毛詩作“韡韡”，字異詞同。

〔八九七〕懿德：美德。　屏：庇護，保護。

〔八九八〕是以楚子疆梁心張問鼎，而猶畏迫宗周，不敢竊發：疆梁心，强盜之心。疆，通“彊”，四庫本作“彊”。張，開啓，生發。畏迫，畏懼。竊發，暗中行動。參見後紀七小昊青陽氏注〔四四七〕。

〔八九九〕王官：天子之大臣。此婉指天子。

〔九○○〕陵徙至于三四，然後枝葉相扶，赧降爲庶尚四十年，而後秦得而挹之：陵徙，逐漸衰落。枝葉，枝條與樹葉，比喻同宗的旁支。相扶，相依，相輔。赧，指周赧王，周王朝最後一位君主姬延，公元前314—前256年在位。周赧王五十九年（前256年），秦滅周，赧王降秦，受封周公，居於梁城。挹，取。彦按：秦滅六國取天下，在公元前221年，距周赧王之降不足四十年，此稱“尚四十年”，乃大約言之。

〔九○一〕令王：賢明的天子。　齊、晉勤王：南朝宋顏竣爲武陵王駿移京邑檄：“昔周道告難，齊、晉勤王。”又論語憲問“晉文公譎而不正，齊桓公正而不譖”宋朱熹集注：“二公皆諸侯盟主，攘夷狄以尊周室者也。”　數極德盡：數，天命，天運。

〔九〇二〕禽父一國：謂魯國。禽父，即周公長子伯禽，爲周代魯國始封之君。

〔九〇三〕追、戰、敗、滅，不與存焉，其諸爲可知矣：不與存，猶言不包括。與存，共存。其諸，大概，或者。

〔九〇四〕鄉使宗國循良，不躪外姓，以穆諸姬：循良，從善。躪，蹂躪，摧殘。備要本作“躏”，同。穆，通“睦”，和睦。

〔九〇五〕見小雅角弓。　騂騂角弓，扁其反矣：騂騂（xīng xīng），弓調和後呈彎曲狀。角弓，以獸角作鑲飾之弓。扁其，毛詩作“騙其”，程俊英譯註：“騙，偏字的假借。偏其，偏偏，反過來彎曲的樣子。弓上弦後，兩端向内曲；卸弦後，兩端向反面彎曲。”　兄弟婚姻，無胥遠矣：婚姻，毛詩作“昏姻”。程俊英譯註：“昏姻，指異姓的親戚。”胥，相。遠，疏遠。　爾之遠矣，民胥然矣：鄭玄箋：“胥，皆也。”

〔九〇六〕齊之見伐，其爲然也，不已洵乎：見伐，猶言伐我。洵，通“夐”，遠，謂過分。喬本、洪本、吳本、備要本作“詢”，此從四庫本。

〔九〇七〕楚莊咸陳而以爲縣：見左傳宣公十一年。　樂毅下城七十皆郡縣之：史記樂毅列傳：“樂毅留徇齊五歲，下齊七十餘城，皆爲郡縣以屬燕，唯獨莒、即墨未服。”

〔九〇八〕楚之不縣陳，當時之論，亦已明矣：見國名紀三高陽氏後注〔三七五〕。

〔九〇九〕伊昔先王所以立之九伐之法者，凡以禁其相吞：伊昔，從前。九伐之法，見周禮夏官大司馬：“以九伐之灋正邦國：馮弱犯寡則眚之；賊賢害民則伐之；暴内陵外則壇之；野荒民散則削之；負固不服則侵之；賊殺其親則正之；放弒其君則殘之；犯令陵政則杜之；外内亂、鳥獸行則滅之。”凡，皆。

〔九一〇〕景風至而利建：景風，八風之一，指夏至時節從南方吹來的風。利建，謂利於封建諸侯，典出易屯：“元亨利貞。勿用有攸往，利建侯。”淮南子天文篇：“景風至，則爵有位，賞有功。”又白虎通八風：“景風至，則爵有德，封有功。”

〔九一一〕建德策勛：建德，謂立有德者爲諸侯。策勛，記功勛於策書之上。

〔九一二〕循至尋鈇：循至，發展到。循，沿著。尋鈇，猶尋斧，即用斧，比喻動用武力。左傳文公七年："（宋）昭公將去羣公子，樂豫曰：'不可。公族，公室之枝葉也。若去之，則本根無所庇廕矣。葛藟猶能庇其本根，故君子以爲比，況國君乎？此諺所謂"庇焉而縱尋斧"者也。'"楊伯峻注："孔子家語觀周篇引金人銘云'毫末不扎，將尋斧柯'，晉書庾叟傳云'芘焉而縱尋斧柯者也'，皆以'尋'爲動詞，則'尋'當訓'用'。"　不然，則亦俱杞、宋而弊矣：杞、宋，周封二國名。杞爲夏王室之後，宋爲商王室之後。弊，衰敗。

〔九一三〕盡絕先王之世：世，後嗣，後裔。

〔九一四〕蓋繇諸姬自賊之所致也：繇，四庫本作"由"。賊，破壞，傷害。

路史卷二十九

國名紀六

古國

饒　　嬀姓。今深州有饒河[一]。齊大夫采邑。_{趙孝成拔之,目封弟長安君}[二]。

攘　　嬀姓。宜即穰。穰侯國[三]。_{秦封魏冉}。今鄧之穰縣[四]。

利　　嬀姓。潛夫云:嬀姓饒、利[五]。一作"剂"。

雲陽二[六]　今茶陵西南十里有雲陽山[七]。少昊亦居之。又在甘泉,亦曰雲陽山,在馮翊雲陽縣,今隸耀,非丹徒[八]。

蜀　　今成都。見揚子雲蜀紀等[九]。然蜀山氏女乃在茂,詳後妃后國[一〇]。

蠶　　蠶叢氏國[一一]。今彭之導江有蠶厓[一二]。而漢之蠶陵縣在翼之翼水縣,西有蠶陵山[一三]。

瞿　　今雙流縣南十八里有瞿上城,——益之西南二十;縣北有瞿上鄉[一四]。

導江　魚鳧治[一五]。今眉之彭山縣北東二里有魚鳧津。南北八郡志云[一六]:"犍爲有魚鳧津,廣數百步。"

郫[一七]　杜宇治[一八]。

豨韋[一九]

婁　　石樓也。開山圖云:石樓山在琅邪,昔有巢氏治此。在城陽諸縣,東北有婁鄉是^{〔二〇〕}。然去琅邪遠矣。今隰有隨石樓縣,本曰土京,東南六十有石樓山^{〔二一〕}。水經注,蒲水出石樓下;是也^{〔二二〕}。

容城^{〔二三〕}　許所遷,定四年^{〔二四〕}。楚城,今岳之華容^{〔二五〕}。_{垂拱二以武氏諱,與雄之容成皆,改增"土";天寶復舊^{〔二六〕}。}

陽武

柏^{〔二七〕}　　柏皇後。黃帝臣柏高。春秋之柏子國,楚滅之^{〔二八〕}。今蔡之西平有柏亭。_{寰宇、九域云,古柏國。}

大庭　　魯地。昭五年傳有大庭氏之庫^{〔二九〕}。_{輿地廣記云,在仙源。今隸兖。}

東里　　東里子,諸侯也。_{栗陸臣。}夏后臣有東里槐。

祝宗　　祝融氏後。

祝丘　　祝融氏後祝丘氏。今沂之臨沂東南五十有即丘城,春秋之祝丘也^{〔三〇〕}。_{桓五年,城祝丘^{〔三一〕}。鄭樵云,漢即丘縣。}

彌　　　在益部^{〔三二〕}。詳紀中。

朱襄　　九域志云:南京柘城,古朱襄氏之邑。

　　右上古帝王之世。

　　子曰:"道千乘之國, 敬事而信, 節用而愛人, 使民以時^{〔三三〕}。"_{學而^{〔三四〕}。}爲王者事,其此已矣。千乘,諸侯之謂也。而其所謂"道",道此而已。敬者,所以重事也。信者,所以立政也^{〔三五〕}。節用,所以富國。愛人,所以固本。而使民以時者,所以興財也。五者,治天下之常經,而聖人之所以道有國者^{〔三六〕}。唯有國者從而道之,則君安而國家可保矣^{〔三七〕}。是故道之以敬,而民莫不承聽;道之以信,而民莫不承任;道之以節用,而財不匱;道之以愛人,而民不失于義;使之以時,則穀不可勝食,財不可勝用:而道之之道畢矣^{〔三八〕}。

經曰:"在上不驕,高而不危;制節謹度,滿而不溢。高而不危,所以長守貴也;滿而不溢,所以長守富也。富貴不離其身,然後能保其社稷而和其民人,蓋諸侯之孝也[三九]。"夫不驕則敬事矣,謹度則信行矣,制節則謹用,而不溢則愛民矣,和其民人則又時使之矣,固諸侯之事也。故曰:"古之亡國,皆以無道[四〇]。"

記曰:"國家未道",此撢人所以道國之政事者也[四一]。上失其道,則其散亦久矣,而顧可國乎?詩云:"迨天之未陰雨,徹彼桑土,綢繆牖户。今此下民,或敢侮予[四二]?"孔子曰:"爲此詩者,其知道乎!能治其國家,誰敢侮之[四三]?"乃若"夫子之得邦家,所謂立之斯立,道之斯行",固不外乎此也[四四]。夫夫子顧未始得邦家也,而曰"得邦家"者,上之所以道其君而下之所以道其民者,固所以行之天下而得邦家也。

湯於亳,文王之於岐,因此道爾[四五]。故以亳之政道之天下,則商之王矣;以岐之政道之天下,則周之王矣[四六]。夫子之得邦家,特亦不過推中都之政,道之天下而已矣[四七]。吾固曰:"敬事而信,節用而愛人,使民以時",此治天下之常經,而聖人所以道有國者也。故曰:泉有源,治有本,道者審本而已。徐幹中論[四八]。"齊一變,至於魯;魯一變,至於道",豈惟千乘之國哉[四九]?

【校注】

〔一〕深州:治所在今河北深州市南。

〔二〕趙孝成拔之,且封弟長安君:趙孝成,趙孝成王,戰國趙國國君,名丹。喬本、四庫本、備要本"成"作"城"誤,今據洪本、吳本訂正。彭按:據史記趙世家,封長安君以饒者爲趙孝成王之子悼襄王(在悼襄王六年),而非孝成王,羅氏説有誤。

〔三〕穰侯:即戰國秦相、宣太后弟魏冉。

〔四〕鄧之穰縣:鄧,州名。穰縣,治所在今河南鄧州市。

〔五〕鬼姓饒、利:見潛夫論志氏姓。

〔六〕雲陽二：四庫本“二”字脱文。

〔七〕茶陵：洪本、吴本、四庫本“茶”作“荼”，同。

〔八〕參見前紀三雲陽氏。

〔九〕揚子雲：喬本、洪本、吴本、備要本“揚”作“楊”，此從四庫本。

〔一〇〕然蜀山氏女乃在茂：蜀山氏女，名昌僕，黄帝子昌意妻。茂，茂州。

〔一一〕蠶叢氏：相傳爲蜀國始王，曾教民蠶桑。

〔一二〕彭之導江：彭，州名。導江，縣名，治所在今四川都江堰市聚源鎮導江村。四庫本“導”作“渠”，同。同樣情況，以下不煩一一指出。

〔一三〕翼之翼水縣：翼，州名。翼水縣，治所在今四川茂縣西北岷江東岸兩河口。

〔一四〕益：州名，治所在今四川成都市。

〔一五〕魚鳧：相傳古蜀國之第三位國君，曾教民捕魚。

〔一六〕南北八郡志：疑南中八部志之誤。見前紀四蜀山氏注〔六〕。

〔一七〕郫：在今四川郫縣北。各本均作“䢵”。彦按：“䢵”當“郫”字俗譌，今訂正。

〔一八〕杜宇：相傳古蜀國王名，又號望帝。

〔一九〕豨韋：四庫本“豨”作“韑”，誤。

〔二〇〕城陽諸縣：各本均作“城陽縣”。彦按：“縣”字上當脱“諸”字，今訂補。參見前紀五有巢氏注〔二九〕。

〔二一〕今隰有隨石樓縣，本曰土京：隨，通“隋”。本曰土京，各本均作“隨本曰土京”。彦按：此“隨”字當爲衍文，蓋因上文“隨石樓縣”之“隨”而衍。本書前紀五有巢氏“栖於石婁之顔”羅苹注云：“今隰州有石樓縣，本曰土京，隋文改曰石樓，東南六十有石樓山。”蓋即本路史此文，是“本曰”上不當有“隨”字也，今删去。

〔二二〕水經注，蒲水出石樓下：見水經注卷三河水，原文作“蒲川水出石樓山”。

〔二三〕容城：各本均作“庸城”。彦按：根據下文所記，此當作容城。“容”、“庸”於廣韻並餘封切，蓋因音同而譌。今訂正。

〔二四〕春秋定公四年：“許遷于容城。”

〔二五〕楚城：杜預春秋釋例卷六土地名第四十四之二，列定四年容城於
楚地下，蓋即路史所本。　　今岳之華容：岳，州名。華容，縣名，今屬湖南省。
彦按：此説疑有誤，見國名紀一炎帝後姜姓國注〔五九〕。

〔二六〕垂拱二以武氏諱，與雄之容成皆，改增“土”；天寶復舊：彦按：所言
武氏諱者，武則天祖父名華也。舊唐書地理志三岳州曰：“華容：漢孱陵縣
地，……隋改爲華容。垂拱二年，去‘華’字，曰容城。神龍元年，復爲華容。”
此注脱、倒、譌文，蓋皆有之。疑原文作“垂拱二以武氏諱改。增‘城’，與雄之
容城皆。神龍復舊”。“垂拱二以武氏諱改”者，謂垂拱二年以武則天祖諱改
華容縣爲容城縣也。“增‘城’，與雄之容城皆”者，謂華容諱避“華”字但剩
“容”字，乃下增“城”字而成容城，因而與雄州之容城縣（今縣屬河北保定市）
同名。容成，當作“容城”。皆，宜讀“偕”。“神龍復舊”者，謂神龍元年復稱華
容也。今“改增城”誤爲“改增土”，又錯置於“與雄之容成皆”下，遂不可解讀。
至于“神龍復舊”之“神龍”所以誤爲“天寶”，則蓋由混淆史文所致。太平寰宇
記卷六七雄州容城縣曰：“聖曆二年，契丹入寇，固守得全，改名全忠縣。天寶
元年，改爲容城，復漢舊名也。”此云天寶元年復舊名者，乃雄州之容城，非岳州
之容城也。

〔二七〕柏：備要本脱文。

〔二八〕楚滅之：吳本“滅”譌“城”。元和姓纂卷一〇陌韻柏曰：“柏國在
汝南西平縣，爲楚所滅。”

〔二九〕昭五年傳有大庭氏之庫：彦按：左傳昭公五年：“南遺使國人助豎
牛以攻諸大庫之庭。”杜預注：“魯城内有大庭氏之虚，於其上作庫。”路史蓋指
此。然傳但言“大庫之庭”耳，似不若舉左傳昭公十八年爲愈，其文曰：“宋、
衞、陳、鄭皆火。梓慎登大庭氏之庫以望之，曰：‘宋、衞、陳、鄭也。’”杜預注：
“大庭氏，古國名，在魯城内。”

〔三〇〕沂之臨沂：沂，州名。臨沂，縣名，治所在今山東臨沂市。

〔三一〕桓五年：喬本、洪本“桓”譌“柏”，今據餘諸本改。

〔三二〕益部：即益州。

〔三三〕見論語學而。　　道千乘之國：道，治理。

〔三四〕學而：各本作“學之”，且在正文中。彦按：“學之”二字，無論屬上

文抑屬下文，均不可解。意當爲“學而”之譌，且由注文闌入正文者。上所引孔子語，正見於論語學而篇也。今訂正。

〔三五〕立政：謂樹立好的政治形象。

〔三六〕治天下之常經，而聖人之所以道有國者：常經，常道，永恒規律。道，引導，開導。

〔三七〕唯有國者從而道之：喬本、洪本“唯有國者從而”六字誤入注文，今據餘諸本改作正文。道，行，遵行。

〔三八〕承聽：聽從，接受。　承任：負責任。　而民不失于义：义，“義”字俗體。喬本如此，洪本作“又”，餘本皆作“生”。彦按：“又”乃“义”字形譌。“生”即“性”之古字，謂本性，於義似長，然恐由不知“又”字來歷而臆改者，非路史之舊。

〔三九〕見孝經諸侯章。　制節謹度：制節，克制節儉。謹度，嚴守法度。　高而不危，所以長守貴也；滿而不溢，所以長守富也：喬本、洪本、吳本、備要本“貴”“富”二字誤倒，今據四庫本及孝經本文訂正。　蓋諸侯之孝也：洪本、吳本“孝”譌“學”。

〔四○〕古之亡國，皆以無道：後漢書光武帝紀建武二年載帝之語。

〔四一〕記曰：“國家未道”：見禮記玉藻載孔子語，其文曰：“國家未道，則不充其服焉。”鄭玄注：“未道，未合於道。”　此撢人所以道國之政事者也：撢人，周禮官名，負責宣傳帝王旨意及國家政令。撢音 tàn，喬本、洪本、備要本譌“㩐”，今據吳本、四庫本改。周禮夏官撢人：“撢人掌誦王志，道國之政事，以巡天下邦國而語之；使萬民和説而正王面。”

〔四二〕見詩豳風鴟鴞。　迨天之未陰雨，徹彼桑土，綢繆牖户：迨，及，趁著。徹，剝。桑土，桑樹根。土，通“杜”，根。綢繆，纏繞。牖户，窗户。　今此下民：毛詩“此”作“女”。程俊英譯註：“下民，指人類。”

〔四三〕見孟子公孫丑上。趙岐注：“言此鴟鴞小鳥，猶尚知及天未陰雨而取桑根之皮以纏綿牖户，人君能治其國家，誰敢侮之？……孔子善之，故謂此詩知道也。”

〔四四〕夫子之得邦家，所謂立之斯立，道之斯行：論語子張載子貢語。何晏集解引孔安國曰：“（得邦家）謂爲諸侯若卿大夫。”又曰：“言孔子爲政，其立教則無不立,道之則莫不興行。"道,引導,倡導。

〔四五〕湯於亳,文王之於岐:亳、岐,分别爲商湯、周文王之發祥地。史記殷本紀:"湯始居亳。"儀禮鄉射禮鄭玄注:"昔大王、王季、文王始居岐山之陽。"

〔四六〕以岐之政道之天下,則周之王矣:洪本"周"譌"商"。

〔四七〕中都:春秋魯邑。在今山東汶上縣西。孔子曾擔任過一年左右時間的中都行政長官。史記孔子世家云:"(魯)定公以孔子爲中都宰,一年,四方皆則之。"

〔四八〕徐幹中論:吴本、四庫本無此四字。徐幹,漢末文學家、政論家。上所引語見中論民數篇。

〔四九〕齊一變,至於魯;魯一變,至於道:見論語雍也記孔子語。何晏集解引包咸曰:"言齊、魯有太公、周公之餘化,太公大賢,周公聖人,今其政教雖衰,若有明君興之,齊可使如魯,魯可使如大道行之時。" 豈惟千乘之國哉:彦按:孔子之時,千乘之國祇是小國。此謂若得治本,即如齊、魯之大國亦皆可變而至於道,不限於小國也。

三皇之世

宛〔一〕　　即鬱,鬱華國〔二〕。

金　　　金提國〔三〕。帝堯世,有金道華種蘭〔四〕。唐韻云:周附庸,金州也〔五〕。金氏出此。唐新羅,金姓〔六〕。漢金日磾因祠金人爲姓,非也〔七〕。

紀　　　紀侗國〔八〕。後有紀后,爲虞帝師。

陽　　　陽侯,伏羲臣。許慎云:陵陽國侯也,國近江〔九〕。今宣之涇縣有陵陽山〔一〇〕。

蹇　　　蹇修國〔一一〕。後有蹇氏、寋氏。秦有蹇叔。姓書云,因邑又有寋氏。姓解音"愆"。

　　四者,太昊臣。

共工　　地在弘農。虞帝時,共工或云居此。

赤　　赤奮、赤松，炎帝諸侯。後有赤氏。赤民，高陽師。

邧[一二]　邧夭國[一三]。邧州巨鹿郡[一四]。

巫　　巫咸國[一五]。故巫縣，今夔之巫山。漢巫縣，隋曰巫山[一六]。
　　淮南子云，巫咸在軒丘北[一七]。經在女丑北[一八]。今巫
　　咸山在陝之夏縣。

屏　　屏封、屏翳國[一九]。

白　　白阜國[二〇]。

　　　六者，炎帝臣。

胡　　炎陵廟胡真官者，同遷侍臣也[二一]。按：嬀、歸後，皆有
　　胡。然按世本“胡曹作衣”，當不在五帝後[二二]。攷工
　　“妢胡之笴”云，胡子國，在楚[二三]。

補　　炎帝伐補、遂[二四]。史伯云“鄢、蔽、補、丹”，是也[二五]。
　　姓苑有補氏。通典作輔遂，非[二六]。

遂　　炎帝伐之。吕春秋。易之遂城，古武遂也[二七]。嬀、姬皆
　　有遂。

質沙　帝魁所伐[二八]。世本之夙沙也。後有夙氏、夙沙氏、宿
　　沙氏。齊夙沙衛，鼓子相夙沙鼇[二九]。

吴　　炎臣吴權、黃帝母吴樞國。紂時亦有吴伯。今陝之平陸
　　有吴山。

廣壽

廣成　仙傳云，廣成居空同[三〇]。今汝之梁縣西南四十有空同
　　山、廣成城、廣成澤、廣成子廟[三一]。宣和中，守林時奏
　　其事，立觀其澤[三二]。漢安以賜貧民[三三]。有廣氏。風
　　俗通。

刁　　音彫。道書多作“刁”。仁廟編陰陽書，猶有刁牧地户
　　開曆[三四]。世盡作“力”：白虎通云，黃帝師力牧；晁錯
　　云，帝得力牧而爲五帝先[三五]。姓書：“後有力氏”，

未究。

伍　伃也。伍胥，黃帝臣。見玄女兵法。今慈之伃城〔三六〕。

鄧　黃臣鄧伯温。魯地。隱十年齊、魯盟處〔三七〕。與南陽子姓鄧二〔三八〕。

甯　杜云，汲郡修武〔三九〕。今衛之獲嘉有甯城，故修武也〔四〇〕。詩外傳：武王伐紂，勒兵於甯，改曰修武〔四一〕。魏土地記，大甯城西二十里有小甯城。今在懷戎。

容成　侯國。漢縣，隸涿〔四二〕。本屬易，今隸雄州〔四三〕。燕之西境，徐盧國也〔四四〕。漢匈奴降王封。有容氏、姓纂〔四五〕。容成氏。仙傳，容成公。

恒　恒先國，常也〔四六〕。一作“常先”。衛康叔孫封之。世本云：後有常氏、恒氏。老師常從，楚有恒思公〔四七〕。宜爲恒山〔四八〕。亦作“常”。

鵸　鵸冶，黃帝臣〔四九〕。乃俠也，漢俠侯國〔五〇〕。有俠氏。

闚　闚紀，黃帝臣。

方　方明國〔五一〕。帝堯時有方回〔五二〕。

習　風俗通云：習，國名。傳有少習，哀四年。預云商洛武關〔五三〕。按：此晉禦楚之塞，在商洛東南九十，今永興軍。漢有習響，陳相〔五四〕。

離

浯〔五五〕　浯子，黃帝師臣。

岐　即岐豐。至商，文王爲岐侯。詳高辛後國〔五六〕。

畾　畾伯國〔五七〕。漢有畾侯，屬東海〔五八〕。

鬼　容區國〔五九〕。商有鬼侯，即九侯。今漳浦有鬼侯山，亦曰九侯山〔六〇〕。俗云山魈之居，圖經又謂少康九子之居，皆妄〔六一〕。

霍丘〔六二〕　後漢朱瑒九江壽春記：“金明城西南百二十有黃帝時霍

丘城，楚莊廢爲成〔六三〕。"寰宇記，廢霍丘在霍丘〔六四〕。

庸　庸光，侯國〔六五〕。詳商世侯國〔六六〕。

奢　奢比國〔六七〕。

車　車區國〔六八〕。

泠　泠倫國〔六九〕。衛之泠邑，近魯〔七〇〕。作"冷"非〔七一〕。

冕〔七二〕　宛也。宛侯即冕侯、冤朐是〔七三〕。今曹之宛句〔七四〕。云古冤濮、須句之間〔七五〕。

俞　郰也。俞跗國〔七六〕。今大名夏津西南五十有郰故城，後魏、漢清河之郰縣〔七七〕。田蚡邑〔七八〕。音"輪"。德州平原西南〔七九〕。吕佗爲俞侯〔八〇〕。國有俞氏、喻氏。漢有俞連〔八一〕。勑救切〔八二〕。

盧　俞跗，或作"盧跗"。今鄆之陽穀有故盧城，齊地，久廢，後扁鵲居之〔八三〕。

桐　仙傳桐君〔八四〕。世族譜云，楚東小國。文二年，桐叛楚〔八五〕。地名。九域志云：小國，楚附庸。定二年，楚滅之〔八六〕。今舒之桐城〔八七〕。圖經云，春秋時桐國。蓋桐邑也，漢之樅陽〔八八〕。昭五年，吳敗楚雝岸，注：桐國雝尾渚〔八九〕。西南有桐亭；廬州舒城西南。有漢桐鄉，朱邑所葬〔九〇〕。

榮　榮援國〔九一〕。周之采地。或云榮，鄭地〔九二〕。宣十二乃榮陽榮澤〔九三〕。然閔二年戰榮澤，衛地也〔九四〕。

橋　姓辨書云：黃帝子孫守橋山者。或云喬，非。

沮　沮誦，音"菹"，黃帝史〔九五〕。後有沮氏。

共

茄　黃帝荆茄豐〔九六〕。玄中記。楚地，昔楚城州屈以復茄人，城丘皇以遷訾者〔九七〕。使熊相禖郭巢，季然郭卷〔九八〕。子太叔聞之，曰："楚王將死矣。使民不安其土"云云〔九九〕。昭二十五。記音"加"，張揖以爲"荷"〔一〇〇〕。

雛　　　郡國志：許州雛城，黄帝臣雛父爲杵臼處〔一〇一〕。或作
　　　　“羅”，非。

於　　　於則，作履者〔一〇二〕。今鄧之内鄉東七里有於村，荆州圖
　　　　副〔一〇三〕。與商近，所謂商於〔一〇四〕。説者以商於爲一國，
　　　　失之。裴云：商於在順陽南鄉、丹水二縣，有商城在於中，所謂商
　　　　於〔一〇五〕。劉氏云：商、於二國相去二百里〔一〇六〕。傳言商、於、析、酈四邑，
　　　　近南陽〔一〇七〕。有於氏。袁紹傳有於授〔一〇八〕。

左　　　左徹〔一〇九〕。後有左氏。今聞喜，漢之左邑。

有北　　帝戮蚩尤，遷其民善者于鄒屠，惡者于有北〔一一〇〕。詩
　　　　云：“投畀有北”，惡可知矣〔一一一〕。

　　右三皇時侯伯之國。

　　萬，盈數也〔一一二〕。易之比曰“先王以建萬國”，堯協萬邦，以
其號數之多也〔一一三〕。而塗山之會，贄玉帛且萬數，則古嘗萬國
矣〔一一四〕。粤自黄帝，畫埜分彊，方割萬里，得百里之國萬
區〔一一五〕。而劉恕遽擿其非，謂百里者萬，非方十萬里有不能容
是，殆尺分之也〔一一六〕。尺以一，直爲十寸〔一一七〕。國界之分，直依枰
罫〔一一八〕。枰罫之勢，百里者萬，特方一萬里爾。是故方十里者，
爲方一里者百；方百里者，爲方十里者百；方千里者，爲方百里者
百；方萬里者，爲方千里者百，——方百里者萬矣〔一一九〕。枰一十九
路，方爲三百六十一路〔一二〇〕。雖然，虞、夏之前，四正疆理：東止郎邪之
海，西積石之河，五千而縮；南至衡山，北洎單于府，五千而
贏〔一二一〕。使皆封建百里之國，惟堪二千五百。縱并遼東、勃海，
長城外盡契丹、高句驪積石塞、黑水，靺鞨流沙之地，亦不能五千
國；況古百里當今百二十一里六十步，烏得所謂萬區百里
國哉〔一二二〕？

　　蓋古嘗有萬國之制，而非皆百里也。故吕覽言神農封建，彌

近彌大,彌遠彌小,海上乃有十里之邦〔一二三〕。以大運小,要如臂使指者。而孔子亦曰:"安見方六七十如五六十而非邦者〔一二四〕?"是衰周時,列國雖足强大,猶有不五十者。然則古之萬國,從可知矣。執玉者不皆百里,則執帛者安能皆五十哉〔一二五〕?伯七十里,則百里可二;子、男五十,則百里可四矣。孟子曰:"海内之地,方千里者九〔一二六〕。"古之天下,方三千里,止矣〔一二七〕。五千里者,古今衰盛山川萊藪之通數也〔一二八〕。周世九服,號七千里,而職方藩畿爲方萬里,斯亦末記之敝〔一二九〕。王畿所止,亦曷嘗千里哉〔一三〇〕?宗周八百,成周六百,此以百,同度計言之〔一三一〕。故子思曰:天子封畿千里,公侯百里,伯七十里,子、男五十里,虞、夏、商、周之常制也〔一三二〕。畿,門域也,非所謂王圻者也〔一三三〕。周官、班固蓋因玄鳥之詩而失之,不知玄鳥所云,正以謂門畿内,而其所謂千里者,特徑度三十一里半而强爾〔一三四〕。公、侯之畿,徑度十里;伯畿,八里半而弱;子、男,七里而强。又奚以宗周八八,成周六六,而合於百里者百哉〔一三五〕?

　　田〔一三六〕,九州之分如此。古者九州,特亦以槩率者〔一三七〕。王制之言,"四海之内,斷長補短,方三千里",此概率,約也〔一三八〕。五服之制,王城之外,甸、侯、綏服,面千五百,已盡九州三千里地,要、荒二服,綴九州外,其數然也,而況九州面距不齊〔一三九〕。自恒山距南河,東河抵西河,爲各千里,此則圻内、甸服所建〔一四〇〕。然自東河至東海,西河至流沙,南河至江,亦各千里,南、西二方,侯、綏所建,外爲要、荒可矣;而東距海,要、荒已無容繫;北距恒山,已接邊陲,雖侯、綏有不得而立;惟南自江至于衡山,更越千里,則要、荒二服亦并在九州内;而自衡山南盡揚域,且復千里未汔南海,悉爲荒外〔一四一〕。南爲太贏,北爲太朒,則知先王之制必有圓法,豈至說者之拘哉〔一四二〕!九州之界,濟、河、淮、岱,相去不能千里;荆、河千里而贏,海、岱千里而縮;荆山、衡陽二千而遥,東海、西河二千而近;而壽春之淮,潮陽之海,相去五六千里;<u>龍門</u>之<u>河</u>,<u>屯蝗</u>之<u>黑</u>,相距且四千里;<u>華陽</u>、<u>黑水</u>,窮數千里猶未知其所終;<u>荆</u>、<u>河</u>、<u>淮</u>、<u>濟</u>之間,斷長補短,不能<u>淮</u>、<u>海</u>一州之半:則知所制各有當矣〔一四三〕。

<u>周</u>之西都,今之<u>關中</u>;而東都則<u>洛陽</u>也〔一四四〕。二都地踞<u>南山</u>之陰,<u>北山</u>之陽,東西長,南北短,短長相補,猶不能以千里,今古不變〔一四五〕。而<u>禮</u>王畿四方相距爲方千里,遠郊、近郊,甸地、稍地,小都、大都,率相距爲百里,豈千里之方所能容哉〔一四六〕?固知畿服諸説,有匪圓通,上世必有除補相乘之道,爲疆理之定制者〔一四七〕。

　　方<u>隋</u>盛時,東南並海,西<u>且末</u>,北<u>五原</u>,東西九千三百,南北萬四千八百一十五〔一四八〕。<u>唐文皇</u>時,東極洋海,西抵<u>焉耆</u>,九千五百一十;南盡<u>林州</u>,北延陀,萬六千九百一十八〔一四九〕。兹亦人迹逐曲所計〔一五〇〕。而步畿之法,取之虚空鳥道,揆以日景,而參之乎圭表,其於人迹迂直,大約三而去二,萬五千之折,正亦五千而已〔一五一〕。<u>王制</u>之言,惟其大約也。

【校注】

〔一〕宛:四庫本作“苑”。

〔二〕鬱華:即<u>宛華</u>,<u>伏羲</u>師。見後紀一<u>太昊伏戲氏</u>。

〔三〕金提:<u>伏羲</u>六佐之一,主化俗。見後紀一<u>太昊伏戲氏</u>。

〔四〕帝堯世:四庫本“世”作“時”。

〔五〕金州:治所在今<u>陝西</u><u>安康市</u><u>漢濱區</u>。

〔六〕新羅:國名。故地在今<u>朝鮮半島</u>東南部。

〔七〕漢金日磾因祠金人爲姓:<u>金日磾</u>(jīn mì dī),<u>漢</u>代<u>匈奴</u><u>休屠王</u>太子,降<u>漢</u>,以篤實忠誠受<u>漢武帝</u>信愛,官至侍中。帝崩,受遺詔同<u>霍光</u>輔<u>漢昭帝</u>政。<u>漢書</u><u>金日磾</u>傳:“<u>金日磾</u>,夷狄亡國,羈虜<u>漢</u>庭,……本以<u>休屠</u>作金人爲祭天主,故因賜姓<u>金氏</u>云。”

〔八〕紀侗:<u>伏羲</u>六佐之一,主内職。見後紀一<u>太昊伏戲氏</u>。

〔九〕許慎云:陵陽國侯也,國近江:<u>彦</u>按:<u>淮南子</u><u>覽冥篇</u>“<u>武王</u>伐<u>紂</u>,渡于<u>孟津</u>,<u>陽侯</u>之波,逆流而擊”注云:“<u>陽侯</u>,<u>陵陽國</u>侯也。其國近水,伏水而死。

其神能爲大波,有所傷害,因謂之陽侯之波。"此注舊或題高誘撰,或題許慎撰,後者蓋即路史所本。

〔一〇〕宣之涇縣:宣,州名。涇縣,今屬安徽省。

〔一一〕蹇修:伏羲臣。

〔一二〕邢:"邢"字異體。

〔一三〕邢夭:炎帝神農臣。見後紀三炎帝神農氏。彦按:"夭"疑當作"天",亦猶山海經海外西經所載與帝争神之刑天也。古傳説中,同名而異神、異人,異事者多矣。

〔一四〕巨鹿郡:四庫本"巨"作"鉅"。

〔一五〕巫咸:炎帝神農臣,主筮。見後紀三炎帝神農氏。

〔一六〕漢巫縣,隋曰巫山:巫縣,各本均作"巫咸"。彦按:巫咸非縣名,漢稱巫縣,不稱巫咸。舊唐書地理志二山南東道夔州巫山縣云:"巫山,漢巫縣,屬南郡。隋加'山'字,以巫山硤爲名。"是也。今據以訂正。

〔一七〕淮南子云,巫咸在軒丘北:見淮南子墬形篇。原文爲:"昆吾丘在南方,軒轅丘在西方,巫咸在其北方,立登保之山。"軒轅丘,山海經西山經云:"(嬴母之山)又西三百五十里曰玉山,是西王母所居也。……又西四百八十里曰軒轅之丘。"

〔一八〕經在女丑北:吳本、四庫本"女丑"作"女五",誤。山海經海外西經:"巫咸國在女丑北。"

〔一九〕屏封:炎帝神農臣。見後紀三炎帝神農氏。　屏翳:喬本"翳"譌"醫",今據餘諸本改。彦按:他書多以屏翳爲雲神或風、雨、雷師,路史獨以屏翳爲炎帝神農臣,未知何據。

〔二〇〕白阜:炎帝神農臣。見後紀三炎帝神農氏。

〔二一〕炎陵廟胡真官:彦按:本書後紀三炎帝神農氏"爰即貌祀,時序隆三獻"羅苹注:"廟有胡真官殿,云帝之從臣。"

〔二二〕胡曹:黄帝臣。

〔二三〕攷工"妢胡之笴"云,胡子國,在楚:笴(gǎn),箭桿。周禮考工記:"妢胡之笴。"鄭玄注:"妢胡,胡子之國,在楚旁。"

〔二四〕炎帝伐補、遂:彦按:戰國策秦策一載蘇秦曰:"昔者,神農伐補遂”,高誘注:“神農,炎帝號也,少典之子也。補遂,國名。”似以“補遂”爲一國之名。今路史爲補、遂分別立目,則是以兩國視之,不知何據。

〔二五〕史伯云“鄢、蔽、補、丹”:史伯語見國語鄭語。鄢,文淵閣四庫全書本及公序本國語作“鄔”。黃永堂注:“鄔:公序本作‘鄢’,是。左傳隱公元年:‘鄭伯克段于鄢’,即此地。鄢爲鄭武公所滅,春秋時爲鄭邑,故城在今河南鄢陵縣城。”(國語全譯,貴州人民出版社 1995 年版)蔽,文淵閣四庫全書本國語同,上海古籍出版社 1978 年版國語作“弊”。參見國名紀七雜國下蔽。補,路史各本均脱,今據國語訂補。丹,文淵閣四庫全書本及公序本國語同,上海古籍出版社 1978 年版國語作“舟”。黃永堂注:“公序本作‘丹’,是。陳奇猷吕氏春秋校釋直諫篇:‘(荊文王)得丹之姬’注⑱:‘丹’,地名……丹山即巫山’。鄭武公時屬鄶,戰國時爲楚邑。”

〔二六〕通典作輔遂:中華書局 1988 年版通典卷一四八兵一兵序:“於是有補遂之戰。”王文錦等校勘記:“‘補’北宋本作‘輔’。”

〔二七〕易之遂城:易,州名。遂城,縣名,治所在今河北保定市徐水區遂城鎮。　古武遂:武遂,各本均作“遂武”。彦按:“遂武”當爲“武遂”誤倒。元和郡縣圖志卷一八易州遂城縣云:“按:縣城即戰國時武遂城也。趙將李牧攻燕,拔武遂、方城,即此也。”今據以訂正。

〔二八〕帝魁:路史以爲自炎帝神農而下第六代君。見後紀四炎帝紀下。

〔二九〕鼓子相夙沙釐:鼓子,春秋鼓國君主。國語晉語九:“鼓子之臣曰夙沙釐。”

〔三〇〕仙傳云,廣成居空同:空同,即崆峒。晉葛洪神仙傳卷一廣成子:“廣成子者,古之仙人也,居崆峒山石室之中。”

〔三一〕今汝之梁縣西南四十有空同山、廣成城、廣成澤、廣成子廟:彦按:太平寰宇記卷八汝州梁縣曰:“崆峒山,在縣西南四十里。有廣成子廟,即黃帝問道于廣成子之所也。”又曰:“廣成澤,在縣西四十里。”是則崆峒山、廣成子廟固在梁縣西南,而廣成澤則在梁縣西也。元和郡縣圖志卷六汝州梁縣,太平御覽卷七二引河南圖經,亦皆以爲廣成澤在梁縣西四十里。今路史籠統以“梁縣西南”稱之,非也。

〔三二〕守林時奏其事,立觀其澤:守,地方長官。林時,時官汝州知州。

觀,道教的廟宇,此指廣成觀。

〔三三〕漢安以賜貧民:漢安,東漢孝安皇帝劉祜,公元 106—125 年在位。後漢書孝安帝紀永初元年:"二月丙午,以廣成游獵地及被災郡國公田假與貧民。"又永初三年四月:"己巳,詔上林、廣成苑可墾闢者,賦與貧民。"

〔三四〕仁廟編陰陽書:仁廟,指宋仁宗。陰陽書,關於擇日、占卜、星相一類書。

〔三五〕白虎通云,黄帝師力牧:見白虎通辟雍篇。 晁錯云,帝得力牧而爲五帝先:見漢書晁錯傳。

〔三六〕慈之仵城:慈,州名。仵城,縣名,治所在今山西吉縣東北。

〔三七〕左傳隱公十年:"春,王正月,公會齊侯、鄭伯于中丘。癸丑,盟于鄧。"杜預注:"鄧,魯地。"

〔三八〕與南陽子姓鄧二:二,不同。彦按:"子姓"當作"姒姓"。南陽姒姓鄧見國名紀四夏后氏後鄧條。彼之鄧爲夏仲康子國,夏爲姒姓,非子姓。

〔三九〕杜云,汲郡修武:見左傳文公五年"晉陽處父聘于衛,反過寗,寗嬴從之"注。修武,縣名,治所在今河南獲嘉縣。

〔四〇〕今衛之獲嘉:衛,州名。獲嘉,縣名,今屬河南省。

〔四一〕見韓詩外傳卷三。原文爲:"武王伐紂,到于邢丘,……乃脩武勒兵於寗,更名邢丘曰懷,寗曰脩武,行克紂于牧之野。"

〔四二〕漢縣:漢書地理志上涿郡,縣名作"容城"。治所在今河北容城縣賈光鄉。

〔四三〕本屬易:屬,四庫本譌"蜀"。易,州名。

〔四四〕燕之西境,徐盧國也:燕,漢封國名,地在今北京市及河北廊坊市一帶。徐盧,唯徐盧,漢容成侯。史記惠景閒侯者年表:"(孝景帝)中三年十二月丁丑,侯唯徐盧元年。"司馬貞索隱:"容成侯唯徐盧。"

〔四五〕姓纂:彦按:此二字各本原在正文之中,突兀而致文氣不貫,蓋由注文闌入者,今移出。

〔四六〕恒先:黄帝臣,官司空。見後紀五黄帝有熊氏。

〔四七〕老師常從:老,老子。常從,即常摐。説苑敬慎:"常摐有疾,老子往問焉,曰:'先生疾甚矣,無遺教可以語諸弟子者乎?'" 楚有恒思公:參見國名紀五周氏恒。

〔四八〕宜爲恒山：爲，猶“於”。恒山，郡名，治所在今河北石家莊市東北。

〔四九〕鵊冶：洪本如此，是，今從之。餘諸本“冶”譌“治”。彦按：漢書藝文志兵書略著録有“鵊冶子一篇”，作者當即其人。又，本書後紀五黄帝有熊氏曰“鵊冶決法”，亦作“冶”字。

〔五〇〕漢俠侯國：彦按：漢無俠侯。史記韓世家“列侯三年，聶政殺韓相俠累”司馬貞索隱：“戰國策作‘殺韓傀’，高誘曰：‘韓傀，俠侯累也。’”然俠侯累爲戰國時人，而非漢人，或羅氏誤記之。

〔五一〕方明國：方明，各本均作方回。彦按：方回當作方明，又下文方明當作方回，蓋相誤倒也。方明爲黄帝時人，方回爲堯時人，路史此處所録爲三皇時侯伯之國，其前後封國之君皆黄帝臣，故唯有作方明，方與時代相符，今訂正之。莊子徐无鬼：“黄帝將見大隗乎具茨之山，方明爲御”。

〔五二〕帝堯時有方回：方回，各本均作方明。彦按：方明當作方回，詳上注。今訂正。舊題漢劉向撰列仙傳有方回傳，云：“方回者，堯時隱人也。”

〔五三〕預云商洛武關：商洛，今左傳哀公四年杜注作“商縣”。

〔五四〕漢有習響，陳相：陳，東漢封國名，治所在今河南淮陽縣。元和姓纂卷一〇緝韻習云：“風俗通云：習，國名也。漢習響爲陳相。”

〔五五〕湞：“涓”字俗體。

〔五六〕見國名紀三高辛氏後岐。

〔五七〕靁伯：疑即雷公，黄帝時之名醫。彦按：本書後紀五黄帝有熊氏“命臾蒞占星”羅苹注云：“鬼容丘也。或云即雷伯，未核。”而下文鬼條，以爲容區之國，容區當即彼之臾蒞或鬼容丘，是雷伯不與同矣。

〔五八〕漢有靁侯，屬東海：靁侯，即雷侯豨，見漢書王子侯表上。東海，郡名，治所在今山東郯城縣。

〔五九〕容區：即臾蒞，黄帝相。

〔六〇〕參見後紀十四帝少康“九子”羅苹注。

〔六一〕圖經又謂少康九子之居，皆妄：吳本、四庫本“又”作“容區”，誤。洪本“妄”譌“安”。

〔六二〕霍丘：四庫本作“霍山”，誤。

〔六三〕後漢朱瑒:朱瑒,其人不詳。四庫本作"朱瑒"、太平寰宇記卷一二九壽州霍丘縣作"朱瑒",蓋誤。又王建國以爲其人即南朝梁驃騎府倉曹參軍朱瑒,而非東漢時人(見九江壽春記成書年代小考,文獻 1996 年第 4 期)。楚莊廢爲戍:戍,軍隊駐防之地。

〔六四〕寰宇記,廢霍丘在霍丘:見太平寰宇記卷一二九壽州霍丘縣。在霍丘,四庫本作"在霍山"非。

〔六五〕庸光:黃帝臣,官司馬。見後紀五黃帝有熊氏。

〔六六〕見本卷下文商世侯伯庸。

〔六七〕奢比:黃帝臣,官土師。見後紀五黃帝有熊氏。

〔六八〕車區:黃帝臣,主占風。見後紀五黃帝有熊氏。

〔六九〕泠倫:即伶倫。黃帝臣,主造律。見後紀五黃帝有熊氏。

〔七〇〕衛之泠邑:其地不詳。彥按:左傳成公九年"問其族,對曰:'泠人也。'"孔穎達疏:"詩簡兮序云:'衛之賢者仕於泠官。'鄭玄云:'泠官,樂官也。泠氏世掌樂官而善焉,故後世多號樂官爲泠官。'"頗疑羅氏所謂"衛之泠邑"即據此附會敷衍而來,未必真有其地也。

〔七一〕作"冷"非:洪本、吳本"冷"譌"泠"。

〔七二〕冕:疑當作"宛"。詳下注。

〔七三〕宛侯即冕侯、宛胊是:史記孝武本紀:"黃帝得寶鼎宛侯",同書封禪書作"黃帝得寶鼎宛胊",漢書郊祀志上則作"黃帝得寶鼎冕候"。彥按:古音宛、冤相同,侯、胊相近,故宛侯又作宛胊,或作冤胊。然宛、冕則音相遠,因疑漢書"冕候"之"冕"乃"冤"字形譌。

〔七四〕曹之宛句:曹,州名。宛句,亦作宛胊、冤句,縣名,治所在今山東曹縣西北。

〔七五〕冤濮:即宛濮,春秋衛邑,在今河南長垣縣西南。

〔七六〕俞跗:黃帝時名醫。見後紀五黃帝有熊氏。

〔七七〕大名夏津:大名,謂大名府。夏津,縣名,今屬山東省。　清河:郡名。

〔七八〕田蚡:見後紀五黃帝有熊氏注〔四二七〕。

〔七九〕平原:縣名。今屬山東省。

〔八〇〕吕佗：即吕他，漢高后時太中大夫。史記吕太后本紀：“四年，封……吕他爲俞侯。”

〔八一〕漢有俞連：俞連，各本均作“俞達”。彦按：“達”當“連”字之誤。廣韻卷四宥韻俞云：“姓。漢有司徒掾俞連。”即其人。古今姓氏書辯證卷三四宥韻俞引姓苑，亦曰：“漢有俞連。”今據以訂正。

〔八二〕勅救切：洪本、吴本、四庫本“勅”作“勑”，同。

〔八三〕鄆之陽穀：鄆，州名。陽穀，縣名，今屬山東省。　後扁鵲居之：扁鵲，姓秦氏，名越人，戰國名醫。史記扁鵲列傳：“扁鵲者，勃海郡鄭人也。”張守節正義引黄帝八十一難序云：“秦越人與軒轅時扁鵲相類，仍號之爲扁鵲。又家於盧國，因命之曰盧醫也。”

〔八四〕桐君：黄帝臣，主醫事。見後紀五黄帝有熊氏。

〔八五〕文二年，桐叛楚：彦按：“文”當作“定”。“桐叛楚”見左傳定公二年。

〔八六〕定二年，楚滅之：彦按：春秋、左傳定公二年並無楚滅桐之文，唯有吴偄爲楚伐桐以取媚，實欲擊楚之記載。而古今姓氏書辯證卷一東韻桐乃曰：“謹按：桐氏出自春秋桐國之後。魯定公二年，楚滅桐，子孫以國爲氏。”羅氏說蓋本此，並不足信。

〔八七〕舒之桐城：舒，州名。桐城，縣名，治所即今安徽桐城市。

〔八八〕樅陽：縣名，治所在今安徽樅陽縣樅陽鎮。

〔八九〕雎岸：左傳原文作“鵲岸”，同。　注：桐國雎尾渚：杜注原文作“盧江舒縣有鵲尾渚”，無“桐國”字。

〔九〇〕朱邑：漢宣帝朝大司農。漢書朱邑傳：“初，邑病且死，屬其子曰：‘我故爲桐鄉吏，其民愛我，必葬我桐鄉。後世子孫奉嘗我，不如桐鄉民。’及死，其子葬之桐鄉西郭外。”

〔九一〕榮援：黄帝樂官。或作榮將。吕氏春秋古樂：“黄帝又命伶倫與榮將鑄十二鐘，以和五音，以施英韶。”陳奇猷新校釋：“‘將’‘援’二字古文形近。‘援’本作‘爰’，散盤作‘𤔲’，古文偏旁本不固定，當亦可作‘𢿛’，與‘將’作‘𢿜’形近，故二字多相混。如‘鎄’‘錛’本爲一字，析而爲二（詳羅振玉增訂殷虚書契考釋），即其例。據此，則‘將’‘援’二字必有一誤，未知孰是？”

〔九二〕或云榮:吳本、備要本"榮"作"荣"。

〔九三〕宣十二乃榮陽榮澤:"榮陽榮澤"之"榮",喬本、洪本、吳本、備要本並作"荥",今從四庫本作"榮"。下"戰榮澤"之"榮"同。彥按:左傳宣公十二年原文作"熒澤",杜預注:"熒澤在滎陽縣東。"熒,同"榮"(見集韻清韻)。

〔九四〕左傳閔公二年:"及狄人戰于熒澤。"杜預注:"此熒澤當在河北。"

〔九五〕沮誦,……黄帝史:晉書衛恒傳載恒四體書勢曰:"昔在黄帝,創制造物。有沮誦、倉頡者,始作書契,以代結繩,蓋覩鳥迹以興思也。"又曰:"黄帝之史沮誦、倉頡,眺彼鳥迹,始作書契。紀綱萬事,垂法立制,帝典用宣,質文著世。"

〔九六〕黄帝荆茄豐:荆,同"刑"。喬本譌"荆",今據餘諸本改。參見後紀五黄帝有熊氏。

〔九七〕昔楚城州屈以復茄人,城丘皇以遷訾者:左傳昭公二十五年:"楚子使薳射城州屈,復茄人焉;城丘皇,遷訾人焉。"丘皇,在今河南信陽市。訾,見國名紀三高陽氏後訾。參見後紀五黄帝有熊氏。

〔九八〕使熊相禖郭巢,季然郭卷:自此而下至"使民不安其土",見左傳昭公二十五年。杜預注:"使二大夫爲巢、卷築郭也。"熊相禖,各本"禖"均譌"謀",今訂正。巢,在今安徽巢湖市東北。卷,在今河南葉縣南。

〔九九〕子太叔:即游吉,春秋鄭國正卿。左傳"太"作"大",同。

〔一〇〇〕張揖以爲"荷":張揖,喬本、洪本、吳本、備要本"揖"譌"楫",今據四庫本訂正。漢書揚雄傳反離騷"衿芰茄之緑衣兮"顏師古注:"茄,亦荷字也。見張揖古今字譜。"

〔一〇一〕許州雝城,黄帝臣雝父爲杵曰處:雝城,即雍城,在今河南禹州市東北。黄帝臣雝父,各本均作"黄帝雍又"。彥按:"黄帝雍又",義不可通,當有譌脱。考太平御覽卷一九三引郡國志曰:"許州雍城,即黄帝臣雍父始作杵曰處。"當即路史所本。兩相對照,路史"黄帝"下脱"臣"字,而"又"乃"父"字形譌,極爲顯然。今據以訂補。

〔一〇二〕於則:黄帝臣。初學記卷二六服食部履第七引世本曰:"於則作扉履。"

〔一〇三〕荆州圖副:喬本、洪本、吳本、四庫本"荆"譌"荆",今據備要本訂正。史記越王句踐世家“商、於、析、酈、宗胡之地”張守節正義引括地志：“荆州圖副云‘鄧州内鄉縣東七里於村，即於中地也’。”

〔一〇四〕與商近：商，在今陝西商洛市商州區。

〔一〇五〕見史記楚世家“今使使者從儀西取故秦所分楚商於之地方六百里”裴駰集解。　商於在順陽南鄉、丹水二縣，有商城在於中：順陽，郡名。南鄉縣，治所在今河南淅川縣南丹江口水庫内。丹水縣，治所在今河南淅川縣寺灣鎮。於中，即於。

〔一〇六〕史記張儀列傳“臣請獻商於之地六百里”司馬貞索隱引劉氏云：“商即今之商州，有古商城；其西二百餘里有古於城。”

〔一〇七〕傳言商、於、析、酈四邑，近南陽：析，在今河南西峽縣。酈，在今河南南陽市西北。史記越王句踐世家“商、於、析、酈、宗胡之地”司馬貞索隱：“四邑並屬南陽，楚之西南也。”

〔一〇八〕袁紹傳有於授：彦按：三國志魏志袁紹傳但有沮授而無於授，疑此句爲上文沮條錯簡闌入於此。

〔一〇九〕左徹：黄帝臣。見後紀五黄帝有熊氏。

〔一一〇〕見後紀八帝顓頊高陽氏。

〔一一一〕詩云：“投畀有北”：見詩小雅巷伯，其文曰：“取彼譖人，投畀豺虎。豺虎不食，投畀有北。”彦按：歷來解詩者不以“有北”爲地名。程俊英詩經譯註即曰：“有北：指北方寒冷不毛的地方，‘有’爲名詞詞頭。”路史以爲地名，不足信。

〔一一二〕盈數：猶滿數，謂極大之數。左傳閔公元年：“萬，盈數也。”孔穎達正義：“以筭法，從一至萬，每十則改名，至萬以後稱一萬、十萬、百萬、千萬，萬萬始名億，從是以往，皆以萬爲極。是至萬則數滿也。”

〔一一三〕堯協萬邦：書堯典：“協和萬邦”。　號：稱。

〔一一四〕塗山之會，贊玉帛且萬數：贊，執物以相見。左傳哀公七年作“執”，云：“禹合諸侯於塗山，執玉帛者萬國。”

〔一一五〕畫埜分彊：彊，通“疆”。四庫本作“壃”，備要本作“疆”，同。

〔一一六〕尺分之：尺，以分當之。謂縮小長度單位之實際值。

〔一一七〕直：“值”之古字，謂相當之量。

〔一一八〕枰罫：圍棋盤上之方格。罫，音 guǎi。

〔一一九〕方萬里者，爲方千里者百：萬里，喬本、洪本、備要本譌“百里”，今據吳本、四庫本訂正。

〔一二〇〕枰一十九路，方爲三百六十一路：路，圍棋盤上縱橫之直綫或其交叉點。圍棋盤上有縱橫直綫各十九條，全盤交叉之點凡三百六十一處，雙方落子均在交叉點上。

〔一二一〕四正疆理：東止郎邪之海，西積石之河，五千而縮；南至衡山，北泊單于府，五千而贏：四正，指東西南北四正方。疆理，疆界。郎邪，即琅邪，山名，在今山東諸城市東南海濱。積石，山名，即今青海省東南部之阿尼瑪卿山，地近黃河源頭。縮，短少，不足。泊，至。喬本、洪本譌“泊”，今據餘諸本訂正。贏，充盈，有餘。

〔一二二〕長城外盡契丹、高句驪積石塞、黑水，靺鞨流沙之地：積石塞，其地不詳，要在長城之外、契丹之地。黑水，即今黑龍江省境之黑龍江。靺鞨（mò hé），我國古代民族名，自古生息繁衍在東北地區，是滿族的先祖。流沙，蓋指内蒙古自治區庫倫旗之塔敏查干沙漠。　況古百里當今百二十一里六十步：禮記王制：“古者百里，當今百二十一里六十步四尺二寸二分。”彦按：王制之説未必可信，況其所謂之“今”，與羅泌之時又自不同，路史照搬王制之説，甚是不妥。

〔一二三〕見吕氏春秋慎勢。

〔一二四〕見論語先進。　如：或者。

〔一二五〕參見後紀十三帝禹夏后氏注〔八五二〕。

〔一二六〕見孟子梁惠王上。

〔一二七〕古之天下，方三千里：彦按：此據孟子“海内之地，方千里者九”推算得出。　止矣：止，盡。喬本、洪本作“正”誤，今據餘諸本改。

〔一二八〕五千里者：書益稷：“弼成五服，至于五千。”孔氏傳：“服，五百里。四方相距爲方五千里。”　古今衰盛山川萊藪之通數也：衰盛，四庫本作“盛衰”。萊藪，猶草澤，指低窪積水野草叢生之地帶。

〔一二九〕周世九服，號七千里：九服，王畿以外的九等地區，自内而外爲侯服、甸服、男服、采服、衛服、蠻服、夷服、鎮服、藩服。周禮夏官職方氏鄭玄注：

“周九州之界,方七千里。” 而職方藩畿爲方萬里:職方,猶版圖。藩畿,猶畿服,泛稱天子疆土。書益稷“弼成五服,至于五千”孔穎達疏引鄭玄云:“輔五服而成之,至于面方,各五千里,四面相距爲方萬里。” 斯亦末記之敝:末記,膚淺記載。

〔一三〇〕王畿所止,亦曷嘗千里哉:此針對周禮夏官職方氏“方千里曰王畿”言。

〔一三一〕同度計言之:度計,估量。喬本、洪本“度”譌“衺”,今據餘諸本訂正。

〔一三二〕見子思子外篇魯繆公第七及孔叢子巡狩,“封畿”作“封圻”。彦按:此下羅氏乃據“畿”字立説,又以爲“畿”義“非所謂王圻者”,非是。

〔一三三〕畿,門域也,非所謂王圻者也:門域,猶門限,謂門檻。彦按:畿雖有門限義,然非本義。本義當是王畿,説文田部“畿,天子千里地。以遠近言之,則言畿也”是也。至於圻,本爲“垠”字或體(見説文),其表王畿義,乃屬假借,故朱駿聲云:“圻,叚借爲畿。”(見説文通訓定聲屯部圻)路史此説,正好顛倒了本字、借字之間關係。

〔一三四〕周官、班固蓋因玄鳥之詩而失之:周禮夏官大司馬:“方千里曰國畿。”漢書刑法志:“畿方千里。”詩商頌玄鳥:“邦畿千里,維民所止。” 不知玄鳥所云,正以謂門畿内:彦按:詩玄鳥毛亨傳:“畿,疆也。”古今未有釋此詩之“畿”爲“門畿内”者。唯詩邶風谷風“不遠伊邇,薄送我畿”毛亨傳曰:“畿,門内也。”蓋羅氏誤混之矣。 而其所謂千里者,特徑度三十一里半而强爾:徑,謂圓形之直徑。度,此謂長度。爾,吴本、四庫本作“耳”。

〔一三五〕又奚以宗周八八,成周六六,而合於百里者百哉:漢書地理志下“初,雒邑與宗周通封畿”顔師古注:“宗周,鎬京也,方八百里,八八六十四,爲方百里者六十四也。雒邑,成周也,方六百里,六六三十六,爲方百里者三十六。二都得百里者百,方千里也。故詩云‘邦畿千里’。”

〔一三六〕⊞:此疑非字。囗中劃分成九區域,蓋代表九州耳。

〔一三七〕槩率:大概,大略。率,音 shuài。

〔一三八〕斷長補短:洪本“補短”作“短短”,非。 約:估量。

〔一三九〕面:謂每面,即每個方向。

〔一四〇〕自恒山距南河，東河抵西河，爲各千里：南河，古稱黃河自今潼關以下由西嚮東流的一段河道。東河，古稱黃河自今河南武陟縣以下略呈南北流嚮的一段河道。西河，古稱黃河於今山西、陝西間呈南北流嚮的一段河道。禮記王制：“自恒山至於南河，千里而近。（鄭玄注：“冀州域。”）……自東河至於西河，千里而近。（鄭玄注：“亦冀州域。”）” 圻內：洪本“圻”譌“坼”。

〔一四一〕然自東河至東海，西河至流沙，南河至江，亦各千里：禮記王制：“自南河至於江，千里而近。（鄭玄注：“豫州域。”）……自東河至於東海，千里而遙。（鄭玄注：“徐州域。”）……自西河至於流沙，千里而遙。（鄭玄注：“雍州域。”）” 而自衡山南盡揚域：揚，指揚州，古九州之一，轄地約當今之蘇、皖、贛、浙、閩諸省。喬本、洪本、吳本作“楊”非，今從四庫本及備要本。

〔一四二〕太贏：吳本、備要本“太”作“大”。 圓法：靈活變通之法。

〔一四三〕九州之界，濟、河、淮、岱，相去不能千里：濟，濟水。河，黃河。淮，淮河。岱，泰山。 荆、河千里而贏，海、岱千里而縮：荆，荆山，在今湖北南漳縣西。海，指今渤海。荆、河，指豫州。海、岱，指青州。書禹貢：“荆、河惟豫州。”又：“海、岱惟青州。” 荆山、衡陽二千而遙，東海、西河二千而近：荆山、衡陽，其間之地爲古荆州。書禹貢：“荆及衡陽惟荆州。”東海、西河，其間之地爲古冀州。 而壽春之淮，潮陽之海，相去五六千里：此指古揚州地。書禹貢：“淮、海惟揚州。”潮陽，縣名，治所在今廣東汕頭市潮陽區。吳本、四庫本“潮”作“朝”。 龍門之河，屯蝗之黑，相距且四千里：此指古雍州地。書禹貢：“黑水、西河惟雍州。”龍門，又稱禹門口，在今山西河津市西北和陝西韓城市東北的黃河峽谷中。屯蝗，即敦煌，縣名，治所在今甘肅敦煌市西。 華陽、黑水，窮數千里猶未知其所終：華陽，華山之南。黑水，即今四川、雲南二省間的雅礱江下流及與雅礱江匯合後流至雲南巧家縣的一段金沙江。書禹貢：“華陽、黑水惟梁州。” 荆、河、淮、濟之間，斷長補短，不能淮、海一州之半：荆、河、淮、濟之間，指豫、徐、兗三州之境。淮、海一州，指揚州。

〔一四四〕周之西都：即鎬京，故址在今陝西西安市西南灃水東岸。

〔一四五〕南山之陰，北山之陽：南山，又稱終南山，即今陝西境內秦嶺山脈。北山，泛稱陝西關中平原北面諸山。

〔一四六〕禮王畿四方相距爲方千里，遠郊、近郊，甸地、稍地，小都、大都，率相距爲百里：遠郊，指國都城外五十里外、一百里内之地；近郊，指國都城外五十里内之地。甸地，指國都城外一百里外、二百里内之地；稍地，指國都城外二百里外、三百里内之地。小都，卿之采地；大都，公之采地。

〔一四七〕除補相乘：除補，即所謂“斷長補短”。相乘，相互利用。乘，用。

〔一四八〕方隋盛時，東南並海，西且末，北五原：隋，洪本、吴本、四庫本作“隨”。並(bàng)，挨著。且末，郡名，治所在今新疆且末縣西南。且，音 jū。五原，郡名，治所在今内蒙古烏拉特前旗西小召鎮。隋書地理志上：“(開皇)五年，平定吐谷渾，更置四郡。……東西九千三百里，南北萬四千八百一十五里，東南皆至於海，西至且末，北至五原，隋氏之盛，極於此也。”

〔一四九〕所載備見舊唐書地理志一及新唐書地理志一。　焉耆：唐都督府名，治所在今新疆焉耆回族自治縣四十里城子鎮。　南盡林州，北延陀：林州，治所在今越南義静省境。延陀，即薛延陀，隋、唐鐵勒十五部之一，勢力範圍相當今蒙古國，貞觀二十年(646)爲唐所滅。兩唐書地理志作：“南盡林州南境，北接薛延陀界。”

〔一五〇〕人迹逐曲所計：人迹，人之足迹，人之脚步。逐曲，謂跟隨彎曲的路綫。曲，喬本作“甾”，洪本作“𦥑”，此從餘本。

〔一五一〕而步畿之法，取之虚空鳥道，揆以日景，而參之乎圭表：步畿，測量疆界。虚空鳥道，指兩地間之直綫距離。鳥道，鳥飛的路綫。揆，度量，測量。日景，日影。景，“影”之古字。圭表，古代用於測量日影的儀器，由圭(平臥的尺)與表(直立的標竿)構成。　大約三而去二：各本“三而去二”皆作“三而去三”。彦按：“三而去三”則得零，這是不可能的。據下文“萬五千之折，正亦五千而已”，則是“三而去二”，今訂正。

五帝之世

玄都　　少昊時諸侯。外傳云：玄都氏，黎國[一]。或謂重黎，非也。周書云：昔玄都氏謀臣不用，龜策是從，忠臣無禄，神巫用國，而亡[二]。洪芻志：都夫人，按風俗通出古元都[三]。玄都氏，避聖祖諱，爲元氏、都氏[四]。

淥　　　高陽師淥國。或作淥圖。今湘東澧陵有淥水[五]。或作

“瀝”，非。

鱣　　鱣先國[六]。宜爲澶。古之得姓，俱自其封國，而命其以字者蓋尠[七]。蹇修、鴂冶之類，亦必其封國也[八]。

爽鳩　齊地。昭二十[九]。今之青州[一〇]。季蒯繼之[一一]。晏子之説。杜云，虞夏諸侯。有爽氏。姓苑。爽鳩氏。姓纂。

且鳩[一二]後有且氏。

祝融　僧是[一三]。今鄭州有祝融冢。與祝融氏異。

咸　　高辛臣咸黑宜是[一四]。咸陽有咸水。

柞　　柞卜邑[一五]。

展　　展上公，帝嚳時得道者[一六]。

陰　　唐虞時國。商世陰君，長生之祖[一七]。故長生詩云：“惟予之先，佐命唐虞。”周有陰忌。今濠之定遠有陰陵城，項羽失道處[一八]。管叔後采於陰，則今襄之穀城東北有陰城是[一九]。故鄀地。師古云，古陰國[二〇]。又有下陰，在陰城之西，陰後遷此。左[二一]。今光化乾德，漢陰縣，隨陰城[二二]。春秋時，道、柏、巢、呂、申、息、房、應、胡、陰、桐，與楚比者[二三]。

務　　一作“瞀”。帝堯時務成，商有務光，諸侯也[二四]。後有務氏。一作“牟”，或云即牟。見後。

庚　　帝堯時侯國。春秋時有庚皮[二五]。皮子過邑於緱氏，爲庚氏[二六]。庚公差，姓書以爲帝堯時掌庚大夫之後[二七]。

戎　　戎戕國，齊地[二八]。一曰冒淳[二九]。即朱，故亦作朱戕。有戎氏。

朱　　朱虎國[三〇]。虢之朱陽[三一]。

嚴　　許繇之友嚴僖[三二]。按樗里子傳，嚴君之封在嚴道[三三]。

樊　　帝堯時有樊仲父[三四]。今武昌有樊山。

放　放齊[三五]。後有放氏。

被　齧缺師被衣[三六]。被陽也。今淄之高苑西南八十步有漢被陽侯國故城[三七]。音“皮”。

齧　春秋時有齧桑，衛地[三八]。

狐　狐攻[三九]。定六年狐人，周地[四〇]。僖十六有狐廚[四一]。今晉治臨汾西北有狐谷亭。

鯈余

鴻蒙

有唐[四二]　帝堯、夏桀皆嘗伐之，南陽章陵之上唐鄉也[四三]。班固云：古國[四四]。括地象：唐鄉故地在隨州。

西夏　今鄂，故大夏。有夏水，漢水也。漢水之曲爲夏口，今屬漢陽[四五]。江夏記[四六]。沈尹射奔命于夏汭者[四七]。周書云：西夏仁而去兵，城郭不修，武士無位，堯伐亡之[四八]。

叢　帝堯欲伐叢、枝、胥、敖，四國也[四九]。或云兩國。

枝　春秋傳：戎伐楚，侵訾枝[五〇]。訾枝，楚地。

胥　胥臣，胥氏之先[五一]。一作“須”。舊春秋圖有湑，與檜接，在虢、密之間[五二]。

敖　榮澤西有敖山、有敖倉城[五三]。在榮澤西十五，秦置，在敖山下。舜曰“夫三子者”，是宗、膾爲二，胥敖爲一也[五四]。

宗　帝堯“欲伐宗、膾”者[五五]。按：韓一曰宗[五六]。昔文十二年子孔執宗子，遂圍巢，則在廬江[五七]。預云：“宗、巢二國，羣舒之屬。”

膾　當即會，會人，鄶也[五八]。在河南密縣。

微

道　齊桓之伯，江、黄、道、柏附之[五九]。四國皆弦姻[六〇]。劭云：陽安縣，道國也[六一]。杜云：汝南陽安南有道亭[六二]。楚靈遷之[六三]。今蔡之碻山西南有道故城[六四]。後有道氏。<u>楚</u>有<u>道朔</u>〔六五〕。

闕

三國皆<u>帝堯</u>時。

婁〔六六〕　<u>九江壽春記</u>:<u>金明城</u>西南百二十有<u>雩婁城</u>,<u>堯</u>之<u>婁子城</u>也〔六七〕。<u>寰宇記</u>:<u>雩婁城</u>在<u>霍丘</u>〔六八〕。

臨〔六九〕　<u>帝舜</u>時有<u>臨侯望博</u>〔七〇〕。見<u>春秋運斗樞</u>。注:"<u>臨侯</u>,國氏。"今<u>趙</u>之<u>臨城</u>,<u>漢</u>故縣。

雄　<u>雄陶</u>〔七一〕。或爲"熊",<u>夏</u>有<u>熊髠</u>〔七二〕。

東　<u>東不訾國</u>〔七三〕。或作"陳",非。<u>南</u>,<u>南郡</u>;<u>夏禹</u>南省<u>南</u>〔七四〕。<u>西</u>,<u>西縣</u>;<u>和仲</u>宅<u>西</u>〔七五〕;<u>北</u>,有<u>北</u>:<u>東</u>固爲<u>東國</u>也。

秦　<u>秦不宇</u>,<u>魯</u>地〔七六〕。"臺于<u>秦</u>"者,在<u>濮</u>之<u>范</u>北〔七七〕。<u>莊</u>三十一年。<u>杜</u>云:<u>東平范縣</u>東有<u>秦亭</u>〔七八〕。<u>九域志</u>云西北。今隸<u>鄆</u>。

紀　<u>虞帝</u>師<u>紀后</u>。一作"冀后"。

蒲　<u>長垣</u>東北十里有<u>蒲城</u>。詳有<u>虞後國</u>〔七九〕。<u>春秋</u>有<u>蒲侯氏</u>,<u>莒</u>地。<u>襄</u>二十三年〔八〇〕。

單善　<u>帝舜</u>師<u>單卷</u>。今<u>鄆城</u>有<u>單父城</u>,即<u>善卷</u>也,傳言<u>堯</u>師<u>善卷</u>〔八一〕。或<u>吳</u>之<u>善道</u>也。<u>襄</u>五年〔八二〕。今<u>盱台</u>,<u>阮勝之南徐記</u>:<u>春秋</u>時<u>善道</u>地〔八三〕。

歸　<u>夔</u>之封。一曰<u>夔</u>,<u>杜甫</u>所謂<u>夔子國</u>者〔八四〕。後有<u>憑氏</u>〔八五〕。詳<u>高陽後國</u>〔八六〕。

胡　<u>歸</u>姓。<u>世本</u>、<u>左傳</u>皆云<u>胡子國</u>,<u>歸</u>姓〔八七〕。<u>歸</u>姓,<u>夔</u>出。

有　<u>歸</u>姓。<u>王符</u>云:"<u>歸</u>姓<u>胡</u>、<u>有</u>、<u>何</u>〔八八〕。"<u>有</u>,<u>有子</u>也〔八九〕。<u>有</u>"九委"音〔九〇〕。故本一作"洧"。<u>宛</u>地〔九一〕。今<u>開封扶溝</u>有<u>洧水</u>、有<u>曲洧城</u>。

何　<u>歸</u>姓。<u>虞帝</u>末,<u>何侯</u>得道於<u>九疑</u>〔九二〕。今<u>道</u>之<u>寧遠廣濟鄉</u>有<u>何亭墟</u>〔九三〕。然<u>伯陵</u>同<u>何女緣</u>婦,則<u>何</u>姓<u>黃帝</u>時已見〔九四〕。若"<u>僧伽</u>,<u>何</u>國人",則非此〔九五〕。<u>泗州僧伽傳</u>云:

僧伽,何國人[九六]。世謂不知爲何國人,按:西域有何國,見隋書[九七]。

讙　　濟之乘丘有讙亭,或云讙兜國,今濟治鉅野[九八]。“齊人歸讙”,預云:濟北蛇丘西有下讙亭[九九]。說文作“酄”。

中容　山海經:中容之國,舜之所生[一〇〇]。或云即諸馮[一〇一]。穆天子傳有容氏國,或是。

右五帝時侯伯國。其有先代後者,見逐姓下。

泌嘗謂:古之法,皆可行於今。學者得無笑之?封建、民兵、井田、肉刑,豈惟可行於古,固可行之今。非惟可行之今,亦可行於後。惟通變而已矣。易曰:“通其變,使民不倦[一〇二]。”通變,天下無敝法矣!惟古與今,同此之天,均此之地,又等生乎此人、日、月[一〇三]。

八百率十里爲湯沐於王城,何得此八千里[一〇四]?況以商三千,率十里於泰山之傍乎[一〇五]?商之三千,使率依男爲附庸三,猶應附九千國;況以夏萬國,率九率十於侯伯之邦乎[一〇六]?是備湯沐者固有數,而無附之國滔滔是也[一〇七]。町原防,井衍沃,則衍沃者以井,而原防固以町[一〇八]。是井田不可概施高庳之區矣[一〇九]。數防風,流共工,則宜數者戮,宜流者流,是肉刑不得專用於三五之時矣[一一〇]。是故,外諸侯,嗣有所不必嗣;內諸侯,祿有所謂嗣[一一一]。先聖之法,要必如是,而後可以行之萬世而無敝。專用者,固無時可時,而措之何時而不可哉[一一二]?可井而井,可町而町,何猒乎今田之井[一一三]?可流而流,可戮而戮,何患乎今刑之肉?

而益削之法,堯舜之道,蓋亦設法而時措之者[一一四]。天下之大,萬國之多,惡者何勝削,而善亦何勝益哉?諸侯之疆,有定域也。今日之益曰,“取之閒田”;明日之益,地於何取[一一五]?東西有閒田,南北當益地,將越數百千里而取之乎[一一六]?抑乞之其鄰乎？徒取諸彼以與此，然且仁者不爲，今日削十數，明日削數十，果先王之意邪？吾固曰，此先王之法設而時措之者也。且湯，伯也；文王，伯也：湯以七十里，而文王以百里，自稷、契始也〔一七〕。自契至湯，自稷至於文王，如是久矣，非無賢德也，而地不加舊，是則無益地也。然則禮記、白虎之義，其亦繆而不足徵歟？“錫之山川，土田附庸”，錫魯公也；“錫山土田，于周受命”，錫召虎也：無益地哉〔一八〕？蓋昔先王，三歲而一修封，必其俊異之功，殊偉之德，乃於千百輩中陟其尤者一二而稍益之，故善者以勸；必其敗羣之慝，違命之最，乃於千百輩中絀其一二尤者而稍削之，故不善以沮〔一九〕。時而措之，是所謂益削也。魯公、召虎見之歌頌，惟其希闊而不可易得也〔一二〇〕。乘馬之法：“凡立國都，非於大山之下，則必廣川之上。高無近旱而水用足，下無近水而溝防省。因天之材，就地之利，是故城郭不必用規矩，道路不必中繩準。”〔一二一〕又孰有城、畿、國、服開方引直而可爲者〔一二二〕？益削之法，豈一概之施哉！

【校注】

〔一〕外傳云：玄都氏，黎國：外傳，似指國語，然今國語無此文。

〔二〕見後紀八帝顓頊高陽氏注〔八八〕。

〔三〕洪芻志：洪芻，字駒父，宋欽宗朝諫議大夫。宋史藝文志三録其所著，有豫章職方乘三卷。此所謂志，疑指此書。　按風俗通出古元都：元都，喬本、洪本作“山者”，吳本、備要本作“元者”，均誤，今據四庫本訂正。彥按：今本風俗通無此文，蓋佚。其原文當作“玄都”。作“元都”者，蓋後世避諱改字之遺留耳。

〔四〕聖祖：宋真宗因夢杜撰之趙氏先祖趙玄朗，時追尊爲聖祖皇帝。

〔五〕澧陵：即醴陵，縣名，治所即今湖南醴陵市。

〔六〕鱣先：帝顓頊臣。參見後紀八帝顓頊高陽氏。

〔七〕尟：同“鮮”，少。

〔八〕鳩冶：冶，洪本如此，是，今從之。餘諸本均譌“治”。

〔九〕昭二十：吴本、四庫本“二十”作“十二”，乃誤倒。

〔一〇〕青州：治所即今山東青州市。

〔一一〕季蒯繼之：蒯，音 cè。左傳昭公二十年，晏子對齊景公曰：“昔爽鳩氏始居此地，季蒯因之。”杜預注：“爽鳩氏，少皥氏之司寇也。季蒯，虞夏諸侯，代爽鳩氏者。”

〔一二〕且鳩：參見後紀七小昊青陽氏。

〔一三〕鄫：通“鄶”，在今河南新密市東。下文古之亡國有鄫曰：“玅之潛夫，即祝融後也。今鄶城。”

〔一四〕咸黑：帝嚳臣。參見後紀九帝嚳高辛氏。

〔一五〕柞卜：帝嚳臣。參見後紀九帝嚳高辛氏。

〔一六〕梁陶弘景真誥卷一三稽神樞第三：“昔高辛時有仙人展上公者，於伏龍地植李，彌滿其地。……其常向人説：‘昔在華陽下食白李，味異美。憶之未久，而忽已三千年矣。’”

〔一七〕長生：陰長生，漢代名道士。神仙傳卷五、雲笈七籤卷一〇六均有其傳。

〔一八〕今濠之定遠有陰陵城，項羽失道處：濠，州名。定遠，縣名，今屬安徽省。史記項羽本紀：“項王至陰陵，迷失道，問一田父，田父紿曰‘左’。左，乃陷大澤中。以故漢追及之。”張守節正義引括地志云：“陰陵縣故城在濠州定遠縣西北六十里。”

〔一九〕參見國名紀五周氏陰。

〔二〇〕陰國：喬本“陰”作“音”，當由音譌。今據餘諸本訂正。

〔二一〕左：指左傳。吴本闕文。四庫本作“左白”，非。左傳昭公十九年云：“春，楚工尹赤遷陰于下陰。”

〔二二〕今光化乾德：光化，指光化軍。各本光化均誤倒作“化光”，今訂正。乾德，縣名，治所在今湖北老河口市西北。

〔二三〕春秋時，道、柏、巢、呂、申、息、房、應、胡、陰、桐，與楚比者：上“道”至“桐”，皆國名。道，見下文道。柏，見上文古國柏。巢，見國名紀四夏后氏後巢、商氏後巢。呂、申見國名紀一炎帝後姜姓國呂、申。息，見國名紀五周氏息。房,見國名紀四陶唐氏後房。應,見下文商世侯伯應。胡,見國名紀五周氏胡。桐,見上文三皇之世桐。比,鄰近。

〔二四〕帝堯時務成,商有務光,諸侯也:務成,又稱務成子附、務成子。彥按:韓詩外傳卷五:"堯學乎務成子附。"白虎通辟雍:"帝堯師務成子。"潛夫論讚學:"堯師務成。"又,韓非子説林上:"湯以伐桀,而恐天下言己爲貪也,因乃讓天下於務光。而恐務光之受之也,乃使人説務光曰:'湯殺君,而欲傳惡聲於子,故讓天下於子。'務光因自投於河。"吕氏春秋離俗亦載其事。是務成爲帝堯師,務光爲商時隱士,皆未嘗聞其爲諸侯也,羅氏之説不知何據。

〔二五〕春秋時有庚皮:庚皮,各本均作"庚子皮"。彥按:"子"字蓋涉下文"皮子"之"子"字而衍。左傳昭公十二年"丁酉,殺獻太子之傅庚皮之子過"之庚皮,即其人也。元和姓纂卷六虞韻庚亦作"庚皮"。今據以删訂。

〔二六〕皮子過邑於緺氏:緺氏,各本皆作"維氏"。彥按:"維氏"非地名,今據元和姓纂卷六虞韻庚改訂。

〔二七〕庚公差:春秋衛國神射手。左傳襄公十四年:"初,尹公佗學射於庚公差,庚公差學射於公孫丁。" 姓書以爲帝堯時掌庚大夫之後:庚,糧倉。元和姓纂卷六虞韻庚:"堯時掌庚大夫,以官命氏。至春秋時,……衛有庚公差。"

〔二八〕參見國名紀一炎帝後姜姓國昱。

〔二九〕一曰冒淳:各本"淳"字均譌爲"澤",今訂正。

〔三〇〕朱虎:帝舜臣。見書舜典。

〔三一〕虢之朱陽:虢,州名。朱陽,縣名,治所在今河南靈寶市西南。

〔三二〕嚴僖:四庫本"僖"作"憘"。

〔三三〕按樗里傳,嚴君之封在嚴道:嚴君,即樗里子。嚴道,縣名,治所在今四川滎經縣。史記樗里子傳:"秦封樗里子,號爲嚴君。"司馬貞索隱:"按:嚴君是爵邑之號,當是封之嚴道。"

〔三四〕樊仲父:名竪,字仲父,堯時隱士。各本"父"皆譌"文",今訂正。參見前紀九有巢氏注〔三五〕。

〔三五〕放齊:帝堯臣。見書堯典。

〔三六〕齧缺師被衣:彥按:晉皇甫謐高士傳卷上被衣曰:"被衣者,堯時人也。堯之師曰許由，許由之師曰齧缺，齧缺之師曰王倪，王倪之師曰被衣。”是則此路史齧缺宜作王倪也。

〔三七〕淄之高苑：淄，州名。高苑，縣名，治所在今山東高青縣高城鎮。

〔三八〕春秋時有齧桑，衛地：齧桑，在今山西吉縣西黄河岸。史記晉世家：“（獻公）二十五年，晉伐翟，翟以重耳故，亦擊晉於齧桑。”裴駰集解：“左傳作‘采桑’，服虔曰‘翟地’。”司馬貞索隱：“裴氏云左傳作‘采桑’。按：今平陽曲南七十里河水有采桑津，是晉境。服虔云翟地，亦頗相近。然字作‘齧桑’，齧桑衛地，恐非也。”

〔三九〕狐攻：堯舜時部落首領驩兜嬖臣。

〔四○〕左傳定公六年：“鄭於是乎伐馮、滑、胥靡、負黍、狐人、闕外。”杜預注以滑、狐人等爲周六邑。

〔四一〕僖十六有狐廚：左傳僖公十六年：“秋，狄侵晉，取狐廚、受鐸，涉汾，及昆都”，杜預注：“狐廚、受鐸、昆都，晉三邑。”楊伯峻春秋左傳注則以狐、廚爲兩地，曰：“洪亮吉詁云：‘狐即狐突食邑，廚即廚武子食邑。’是以狐、廚爲兩邑。其地當在今山西省襄陵舊治西（襄陵本置縣，今已併入襄汾縣，但襄汾縣治在汾水之東，此則在汾水之西）。”

〔四二〕有唐：各本均作“育唐”。彦按：古籍中未見國名稱“育唐”者，“育”當“有”字形譌。鶡冠子世兵云：“堯伐有唐。”本書國名紀四陶唐氏後唐云：“桀伐有唐。”又上唐云：“唐之名非一，若帝堯伐有唐，則爲上唐。”此作有唐，正與下文“帝堯、夏桀皆嘗伐之，南陽章陵之上唐鄉也”相應。今訂正。

〔四三〕南陽章陵：南陽，郡名。章陵，縣名，治所在今湖北棗陽市南。

〔四四〕漢書地理志上南陽郡：“上唐鄉，故唐國。”

〔四五〕漢陽：漢陽軍。治所即今湖北武漢市漢陽區。

〔四六〕江夏記：佚書，作者不詳。

〔四七〕沈尹射奔命于夏汭者：夏汭，在今安徽鳳臺縣西南西肥河入淮河處。吳本、四庫本、備要本“汭”作“納”誤。左傳昭公四年：“楚沈尹射奔命於夏汭。”

〔四八〕見逸周書史記解。原文作：“昔者西夏性仁非兵，城郭不脩，武士無位，惠而好賞，屈而無以賞。唐氏伐之，城郭不守，武士不用，西夏以亡。”

〔四九〕帝堯欲伐叢、枝、胥、敖,四國也:莊子人間世:"昔者堯攻叢、枝、胥、敖,禹攻有扈,國爲虚厲,身爲刑戮。"陳鼓應今注今譯:"叢、枝、胥敖,三小國。齊物論作宗、膾、胥敖。"清郭慶藩集釋、王先謙集解則以叢枝、胥敖、有扈爲三國。

〔五〇〕見左傳文公十六年。 胥枝:春秋楚邑,在今湖北枝江市境。

〔五一〕胥臣:見國名紀一黄帝之宗注〔二九〕。

〔五二〕與檜接,在虢、密之間:檜,即鄶,西周封國,在今河南新密市曲梁鎮。虢,此指東虢,西周封國,在今河南滎陽市東北。密,西周封國,在今河南新密市東南。

〔五三〕參見國名紀四商氏後酈。

〔五四〕舜曰"夫三子者":莊子齊物論:"故昔者堯問於舜曰:'我欲伐宗、膾、胥敖,南面而不釋然。其故何也?'舜曰:'夫三子者,猶存乎蓬艾之間。若不釋然,何哉?'" 是宗、膾爲二:各本"二"皆譌"三",今訂正。

〔五五〕見上注。

〔五六〕韓一曰宗:四庫本"韓"作"漢"。彦按:"韓"之作"漢",蓋由音譌。本書國名紀五周氏韓曰:"同之韓城南十八有故韓城,韓原也,一曰宗丘。"

〔五七〕參見國名紀二少昊後偃姓國舒。

〔五八〕當即會,會人,鄶也:會人,帝顓頊玄孫陸終第四子。見史記楚世家。裴駰集解引世本曰:"會人者,鄶是也。"(據文淵閣四庫全書本史記)

〔五九〕齊桓之伯,江、黄、道、柏附之:伯,通"霸"。江、黄、道、柏,並西周封國。江在今河南正陽縣東南。黄在今河南潢川縣隆古鄉。柏在今河南西平縣西。

〔六〇〕四國皆弦姻:弦,見國名紀二少昊後李姓國弦。左傳僖公五年:"楚鬬穀於菟滅弦,弦子奔黄。於是江、黄、道、柏方睦於齊,皆弦姻也。弦子恃之而不事楚,又不設備,故亡。"

〔六一〕劭云:陽安縣,道國也:見漢書地理志上汝南郡陽安縣顔師古注引應劭曰。劭,四庫本作"邵"。陽安縣,治所在今河南駐馬店市驛城區古城鄉。路史各本"陽安"均誤倒作"安陽",今訂正。

〔六二〕杜云:汝南陽安南有道亭:見春秋釋例卷七土地名第四十四之三小

國地僖公五年道。路史各本“陽安南”皆譌“安陽西”，今訂正。

〔六三〕左傳昭公十三年：“楚之滅蔡也，靈王遷許、胡、沈、道、房、申於荊焉。”

〔六四〕蔡之確山：蔡，州名。確山，縣名，治所即今河南確山縣。

〔六五〕道朔：春秋楚大夫。朔，吳本作“翔”，同；四庫本作“翔”，誤。左傳桓公九年：“楚子使道朔將巴客以聘於鄧。”

〔六六〕叟：吳本此字奪。

〔六七〕參見上文三皇之世霍丘。

〔六八〕見太平寰宇記卷一二九壽州霍丘縣。

〔六九〕臨：吳本此字奪。

〔七〇〕帝舜時有臨侯望博：吳本、四庫本“帝舜”作“帝堯”，非。太平御覽卷八一引春秋運斗樞曰：“黃龍五彩，負圖出置舜前，……舜與大司空禹、臨侯望博等三十人集發”，是也。

〔七一〕雄陶：帝舜七友之一。參見後紀十二帝舜有虞氏。

〔七二〕夏有熊髡：熊髡見左傳襄公四年，杜注謂爲后羿賢臣。

〔七三〕東不訾：帝舜七友之一。參見後紀十二帝舜有虞氏。

〔七四〕夏禹南省南：南省，各本均作“西省”。彥按：“西”當作“南”，蓋涉下正文“西，西縣”而誤。南在南方，自是南省，而非西省。本書後紀十三帝禹夏后氏即曰：“（禹）自塗山南省南”。今據以訂正。參見彼處注〔八七〇〕。

〔七五〕參見後紀十一帝堯陶唐氏。

〔七六〕秦不宇：帝舜七友之一。參見後紀十二帝舜有虞氏。

〔七七〕“臺于秦”者：春秋莊公三十一年：“秋，築臺于秦。”　在濮之范北：濮，州名。范，縣名，治所在今河南范縣張莊鄉舊城村。各本均作“苑”。彥按：“苑”當“范”字形譌，據下羅苹注文可以推知。今訂正。

〔七八〕杜云：東平范縣東有秦亭：東平，漢侯國名。彥按：杜注原文“東有”之“東”實作“西北”，此蓋涉上“東平”之“東”字而誤。

〔七九〕見國名紀四有虞氏後蒲。

〔八〇〕襄二十三年：各本“二十三”均作“三十三”。彥按：襄公無三十三年，乃“二十三”之譌。左傳襄公二十三年：“明日，先遇莒子於蒲侯氏。”杜預

注:“蒲侯氏,近莒之邑。”

〔八一〕高士傳卷上:“善卷者,古之賢人也。堯聞得道,乃北面師之。”

〔八二〕春秋襄公五年:“仲孫蔑、衛孫林父會吳于善道。”

〔八三〕盱台:即盱眙。治所在今江蘇盱眙縣。　阮勝之南徐記:彦按:南徐記當作南兗州記,蓋羅氏誤記。太平寰宇記卷一六泗州盱眙縣曰:“本秦舊縣地也。阮昇之南兗州記云:‘春秋時,本善道地。’”太平御覽卷一六九亦引南兗州記曰:“盱眙,本春秋時善道地。”又,阮勝之,太平寰宇記作阮昇之,而新唐書藝文志二著録有南兗州記一卷,作者則爲阮敍之。阮勝之、阮昇之、阮敍之三者關係如何,誰是南兗州記的真正作者,待考。　春秋時善道地:四庫本“地”作“也”,非。

〔八四〕杜甫所謂夔子國者:杜甫大曆二年九月三十日詩曰:“爲客無時了,悲秋向夕終。瘴餘夔子國,霜薄楚王宮。”

〔八五〕後有憑氏:彦按:“憑”疑“歸”字之誤。夔既封歸,後人以封國爲氏,合爲歸氏,無緣爲憑氏也。

〔八六〕見國名紀三高陽氏後夔。

〔八七〕左傳襄公三十一年:“立胡女敬歸之子子野。”杜預注:“胡,歸姓之國。敬歸,襄公妾。”

〔八八〕見潛夫論志氏姓。

〔八九〕有子:孔子弟子有若。

〔九〇〕“九委”音:今音讀 guǐ。

〔九一〕宛:春秋鄭邑,在今河南長葛市東北。

〔九二〕虞帝末,何侯得道於九疑:何侯,傳説中仙人。明董斯張廣博物志卷一二靈異一僊引真仙通鑑云:“何侯者,堯時隱蒼梧山。舜南狩,止何侯家。……至夏禹時,五帝以藥一器與何侯,使投酒中,一家三百餘口飲不竭,以餘酒灑屋宇,拔宅上昇天。”清張英等撰淵鑑類函卷二九地部七九疑山二引神鏡記曰:“九疑山半皆植松竹,夾路有清澗。澗生黃色蓮花,香氣盈谷。又有九井。昔何侯鍊丹于此。”

〔九三〕道之寧遠:道,州名。寧遠,縣名,今屬湖南省。

〔九四〕伯陵同何女緣婦:見後紀四炎帝戲。

〔九五〕僧伽，何國人：僧伽，唐時西域名僧，俗姓何，龍朔初入唐，於泗州建寺，後居薦福寺。世稱其爲觀音大士化身。何國，又稱屈霜你迦國、貴霜匿國，古昭武諸國之一，都城在今烏兹別克斯坦撒馬爾罕西北。

〔九六〕泗州僧伽：全稱唐泗州普光王寺僧伽傳（見宋高僧傳卷一八）。

〔九七〕見隋書：四庫本“隋”作“隨”。東坡志林卷一：“泗洲大聖僧伽傳云：‘和尚何國人也。’又云‘世莫知其所從來’，云不知何國人也。近讀隋書西域傳，乃有何國。”

〔九八〕濟之乘丘：濟，州名。乘丘，故縣名。 讙兜：即驩兜。

〔九九〕齊人歸讙：見春秋哀公八年。 預云：濟北虵丘西有下讙亭：見春秋桓公三年“九月，齊侯送姜氏于讙”注。

〔一〇〇〕中容之國，舜之所生：見山海經大荒東經，原文爲：“有中容之國。帝俊生中容。”郭璞注：“‘俊’亦‘舜’字假借音也。”

〔一〇一〕韓詩外傳卷三：“舜生於諸馮。”

〔一〇二〕見易繫辭下。

〔一〇三〕惟古與今：吳本、四庫本“惟”作“唯”。

〔一〇四〕八百率十里爲湯沐於王城：八百，指八百諸侯。史記殷本紀曰：“周武王之東伐，至盟津，諸侯叛殷會周者八百諸侯。”率，一概，皆。湯沐，指湯沐邑，周代供諸侯朝見天子時住宿及沐浴齋戒的封地。吳本、四庫本“沐”譌“沭”。王城，吳本“王”譌“三”。

〔一〇五〕況以商三千：三千，指三千諸侯。戰國策齊策四：“及湯之時，諸侯三千。” 率十里於泰山之傍乎：十，各本均作“三十”。彥按：“三十”當衍“三”字。依上言，諸侯“率十里爲湯沐”也。今訂正。春秋隱公八年“三月，鄭伯使宛來歸邴”公羊傳：“邴者何？鄭湯沐之邑也。天子有事于泰山，諸侯皆從泰山之下，諸侯皆有湯沐之邑焉。”何休解詁：“有事者，巡守祭天告至之禮也。當沐浴絜齊以致其敬，故謂之湯沐邑也，所以尊待諸侯而共其費也。”

〔一〇六〕商之三千，使率依男爲附庸三，猶應附九千國；況以夏萬國，率九率十於侯伯之邦乎：彥按：“率九率十”乃誇大言之。周禮地官大司徒鄭玄注：“凡諸侯爲牧正帥長及有德者，乃有附庸，爲其有禄者當取焉。公無附庸，侯附庸九同，伯附庸七同，子附庸五同，男附庸三同。”是則侯附庸九，伯附庸七，均未至十也。

〔一〇七〕是備湯沐者固有數,而無附之國滔滔是也:湯沐,四庫本“沐”譌“沭”。附,謂附庸。滔滔,極言多而普遍。

〔一〇八〕町原防,井衍沃:見左傳襄公二十五年。楊伯峻注:“倉頡篇:‘町,田區也。’此作動詞,謂畫分爲小塊田地。……原防同義,俱謂隄防間之狹小耕地。”杜預注:“隄防間地,不得方正如井田,別爲小頃町。……衍沃,平美之地,則如周禮制以爲井田。六尺爲步,步百爲畞,畞百爲夫,九夫爲井。”

〔一〇九〕高厪之區:謂高地與窪地。厪(bì),同“庳”,低窪。喬本、洪本作“屏”,吳本、四庫本作“庰”,並“庳”字之俗寫。此從備要本。

〔一一〇〕數防風:數,同“戮”。吳本、四庫本、備要本作“戮”。下“宜數者”之“數”同。參見後紀十三帝禹夏后氏。　　流共工:參見後紀十二帝舜有虞氏。

〔一一一〕外諸侯,嗣有所不必嗣;内諸侯,禄有所謂嗣:嗣,繼承,世襲。禮記王制:“天子之縣内諸侯,禄也;外諸侯,嗣也。”鄭玄於“禄也”下注:“選賢置之於位,其國之禄如諸侯,不得世。”又於“嗣也”下注:“有功乃封之,使之世也。”

〔一一二〕專用者,固無時可時,而措之何時而不可哉:措,施行,運用。此句謂先聖之法,並非專爲某一特定之時而設,故若以“專用”論,則“無時可以爲用之時”,然卻具有普遍適應性。

〔一一三〕何猒乎今田之井:何猒,謂不限。猒,同“厭”,滿足。四庫本作“厭”。

〔一一四〕蓋亦設法而時措之者:時措,因時而行。禮記中庸:“故時措之宜也。”鄭玄注:“時措,言得其時而用也。”

〔一一五〕閒田:無人耕種的荒地。喬本、洪本、吳本、備要本“閒”作“間”。此從四庫本。下“閒田”之“閒”同。

〔一一六〕南北當益地:洪本“北”譌“甘”。

〔一一七〕且湯,伯也;文王,伯也:伯,通“霸”,諸侯盟主。　　湯以七十里,而文王以百里:韓詩外傳卷四:“湯以七十里,文王百里,皆兼天下一海内。”

〔一一八〕“錫之山川,土田附庸”,錫魯公也:魯公,見前紀七葛天氏注

〔三〇〕。詩魯頌閟宮:“乃命魯公,俾侯于東;錫之山川,土田附庸。”“錫山土田,于周受命”,錫召虎也:召虎,參見國名紀五周氏注〔五三二〕。詩大雅江漢:“錫山土田,于周受命,自召祖命。”鄭玄箋:“宣王欲尊顯召虎,故如岐周,使虎受山川土田之賜命,用其祖召康公受封之禮。”

〔一一九〕三歲而一修封:修封,整治田界。封,疆界,田界。管子乘馬:“三歲修封,五歲修界。” 憝:音 duì,惡人。

〔一二〇〕希闊:稀少,罕見。

〔一二一〕乘馬:管子篇名。此所引管子乘馬,文字與今本管子不盡相同。溝防:溝渠堤防。　道路不必中繩準:中,符合。吳本、四庫本“中”作“用”。繩準,準繩。

〔一二二〕開方引直:開方,謂切割成方形。引直,拉直。

夏世侯伯

西王　　夏后師西王悃[一]。

童　　　童律[二]。一作“僮”。即鄆也,故下邳鄆縣[三]。後有童、僮、鄆氏[四]。姓纂出老童,非[五]。

狂　　　夏后臣童律、狂章[六]。按:經有狂水逕綸氏城,在今陽城[七]。有狂氏。宋大夫狂狡[八]。

鯀余[九]　　錢易記作“由”[一〇]。

兜氏[一一]　今弘農有地名兜[一二]。一作“郖”、“斳”。

盧氏　　今之盧氏縣,有盧氏山[一三]。

章商氏

犂婁氏

鴻蒙氏

　　　　　右五神,夏后所因者[一四]。

烏　　　烏陀、陶臣[一五]。或云,烏陀猶鴻蒙。又,烏木田[一六]。太康地志梁國烏縣,今穀孰西南二十烏城[一七]。

郭　　　郭哀,夏后御。博之聊城有郭水,出東南郭[一八]。商有郭崇子。三一經云:商人,彭真人弟子。以嘗殺人,不得真人[一九]。

范　　今幽之范陽,漢縣[二〇]。有故城在易東南[二一]。有范水。

扶登　扶登氏,典樂之臣。

豎　　豎竢國[二二]。或作“堅亥”[二三]。

杜　　鳳翔普潤,漢杜陽地,有杜水[二四]。

既　　七大夫杜子墨、既子黥[二五]。

孟　　孟涂國[二六]。隱十一年“向、盟”,即孟[二七]。今河南孟津,
　　　偃師西三十一里[二八]。穆傳“至于孟氏”,近河南[二九]。

丹　　涂後封[三〇]。今建平郡有丹陽城[三一]。括地象云:丹陽
　　　故國,歸州巴東縣也。

甘　　鄠西五里甘亭[三二]。水經:在甘水之東[三三]。啓、扈戰
　　　其野[三四]。

屈北屈　隰之吉鄉北二十一里有古屈城,北屈也。晉二屈[三五]。

鷔　　夏后伐屈、鷔。吕覽云啓[三六]。

曹　　潛夫論,曹有姜姓者[三七]。

魏　　夏后攻曹、魏,吕覽亦以爲啓[三八]。詹伯曰:祖自夏以
　　　稷,魏、駘爲吾西土[三九]。盟會圖云,嬴姓。非姬姓魏[四〇]。

西河　后啓征之[四一]。見紀年。

有洛　洛也。

上洛　商州上洛郡治上洛,晉地。紀年晉烈公三年,“楚人伐
　　　我南鄙,至于上洛。”[四二]漢屬弘農,唐洛州。

胤[四三]　侯爵。風俗通云,夏諸侯國。今利之胤山,乾德三年平
　　　蜀,天寶元曰胤山[四四]。出舞衣[四五]。今川錦[四六]。有胤
　　　氏、嗣氏。鄧氏云,國諱改[四七]。

粗　　羿邑。襄四[四八]。澶之衛南縣東十五有故粗城。一曰外
　　　里,哀十一年城粗者,邑界宋、魯[四九]。

窮　　　有窮。羿邑,楚地。今壽之安豐有窮谷、窮水,即窮石[五〇]。故記皆謂刪丹,蓋以淮南子弱出窮石[五一]。窮石山在刪丹,今在張掖,似太遼隔[五二]。楚人救潛,沈尹戌與吳師遇于窮[五三]。潛,今之舒,與寒、過皆相邇[五四]。因夏民代夏政,則此爲近,故得及羹子也[五五]。説文作“窮”[五六]。

寒　　　浞國邑[五七]。樂史云,伯明氏所立本國[五八]。世本云,邳姓。今濰之北海東二十三有寒亭。杜云,在平壽東[五九]。今壽光界。非晉寒[六〇]。晉地五氏,一曰寒氏。

過　　　夏之國,即有過。括地象云,猗姓國。今萊之掖西北二十有過鄉、過亭。地道記:北有過城[六一]。有過氏。

戈仍　　別見。

鬲　　　有鬲氏。夏諸侯,近鬲津[六二]。後有鬲氏。姓書:膠鬲後[六三]。妄[六四]。今德之安德西北有故鬲城,即有隔,世族譜有鬲與有隔爲二,非。漢之鬲縣。應氏以爲偃姓皋後,酈氏以爲有窮后國,俱非[六五]。

武武羅　世本云:夏武羅國[六六]。冀都之武邑[六七]。一云衛北境武父[六八]。陳留有㠯父城[六九]。

厖[七〇]　厖圉國[七一]。莒邑有大厖[七二]。宜出厖降[七三]。

猗　　　河東猗氏縣南二十有猗氏故城[七四]。魯人因陶朱興富於猗氏,因曰猗頓[七五]。

棲　　　猗姓。

疏　　　猗姓。潛夫論:棲、疏,猗姓[七六]。

女　　　女艾國,汝也[七七]。商有女鳩[七八]。今之臨汝[七九]。一云:晉之汝濱,本陸渾地,晉取之[八〇]。集韻㚩,音“如”,偽[八一]。

東海　　后杼征東海,伐王壽[八二]。

王壽　　宜是平壽。衛之下邑，在濰州西南三十里〔八三〕。

有易　　經云：“王亥託于有易、河伯僕牛。有易煞王亥，取僕牛〔八四〕。”竹書云：“殷王子亥賓于有易，淫焉。有易之君綿臣殺而施之。是故殷上甲微假師于河伯伐有易，威之，弑綿臣〔八五〕。”

原　　　后杼居原者〔八六〕。預云，沁水西北有原城〔八七〕。今河内軹。桀以原侯夸帥者〔八八〕。

邗〔八九〕　桀臣干辛〔九〇〕。邗也〔九一〕。説文：“邗，國，屬臨淮。一作邘，吳地〔九二〕。”昔吳城邗溝，今揚州，故廣陵，開皇曰邗江〔九三〕，十八。武德邗州。七年。今作韓江，繆〔九四〕。

蒙山岷山　桀伐蒙山氏，即岷山氏〔九五〕。今蒙州蒙山郡〔九六〕。非晉陽之蒙山〔九七〕。

有施

扈

趙　　　桀世趙梁〔九八〕。

伊　　　摯所尹，陸渾伊川〔九九〕。許氏所云，伊維侯國〔一〇〇〕。

萊　　　湯佐命萊朱國〔一〇一〕。

登　　　湯御登恒〔一〇二〕。有登氏。

慶　　　湯臣慶誧。

湟里　　七大夫有慶誧、湟里沮〔一〇三〕。

潁〔一〇四〕　樵云，鄭地。

卞　　　卞隨，蓋晉卞〔一〇五〕。

漆　　　郂國，乾之永壽，漢之漆縣。今鳳翔之普潤有漆水。昔隗囂攻略陽，上至漆〔一〇六〕。漢之漆，今邠治也〔一〇七〕。寰宇記邠之新平，漢漆縣，有漆水，屬扶風〔一〇八〕。非冤句、長垣之漆〔一〇九〕。舊云防風氏漆姓後，然世本無漆姓，防風姓釐〔一一〇〕。

南巢

　　右夏世侯伯之國。

　　堯襢舜，禹爲司空，平水土，邸成五服，至于五千〔一一〕。堯五服，服五百里。要服之内，方三千里。其外荒服，爲之四海，方五千里〔一二〕。康成謂方萬里，以七千里爲九州，妄也〔一三〕。方以爲國，五國有長，長有師〔一四〕。十長而一師，師五十國，州十有二師。州有牧，牧稟命于上京。此以傳之説裁之。外薄四海，咸建五長。四海，謂千里要荒之内。要荒雖異九州，不盡建侯，亦有五長，五國之長也。一云，每方五長。五百里以爲甸。甸，佃也。爲天子治田，百里賦納總，二百里納銍，三百里納秸服，四百里粟，五百里米，邇重而遠輕〔一五〕。甸服之賦供天子，四方之賦供諸侯。甸之外，率五百以爲侯、綏、要、荒。甸服外即爲侯服〔一六〕。侯者，侯也，惟以射而進退〔一七〕。侯外漸遠，綏之而已；綏者，輭也〔一八〕。綏外益遠，故惟責其要服〔一九〕。之外，則又荒遠邇於夷矣。此唐虞之制也。周之九服，不能如是，——佃服即移侯服之外，采又在男之外，衛乃在采之外；而侯邦、男邦且雜建於天下，無復遠近之别〔一二〇〕。知虞夏之制爲盡善。侯服之内，采、男、諸侯之所隸也。卿大夫采在六百里内；男國小，在七百里内；侯國大，在千里内。以大庇小，故男在内；懼大陵小，故侯在外。周又異於此矣。綏服之内，以揆文教，以奮武衛。千三百里之内，近於侯服，使揆文以教，爲以文治。千三百里之外，逼於要服，使奮武以衛，亦猶今之邊郡尚武略也。要服之内，夷、蔡屬焉。荒服之内，蠻、流屬焉。禹貢。蠻、夷三百里，流、蔡二百里。此言其實與上古侯、甸不同〔一二一〕。夷性近人，蠻性遠人，故夷近而蠻遠〔一二二〕。罪輕則蔡之夷，罪重則流之蠻。先王必因人之惡大，不可以變，而不忍殺，則放之要、荒爾〔一二三〕。左傳“蔡蔡叔”，説文作“癶”，散也，放散之也〔一二四〕。書云因于郭鄰，安國以爲中國之外，非〔一二五〕。侯、綏之内，八州所布，州六百國〔一二六〕；凡四千八百。要、荒之内，惟不悉建，隨地而區。通之，則亦萬國〔一二七〕。甸服親事，時時而見；侯服歲朝；綏服再歲而朝；要三；荒四：四歲而天下諸侯畢一朝〔一二八〕。一朝則天子時巡〔一二九〕。所謂“五載一巡狩，羣后四朝”〔一三〇〕。東漸于海，西被于流沙，朔、南暨聲教，——小大之國，内外之侯，三正所用，蓋七千有餘國〔一三一〕。十二師之制，州六百國，故説者謂十二州爲七千二百國，州擇十二諸侯以爲之師〔一三二〕。以九州則異矣。鄭謂：每州得百里之國二百，七十里之國四百，五十里之國八百，州計千四百國〔一三三〕。以二百爲名山大川不封之地，餘百國立一師，州十二師，八州計九千六百國，以圻内子、男備數爲萬，所謂萬國〔一三四〕。固非必如是。“惟周王撫萬邦”，而幽王且有“萬邦之屏”，周亦何由有萬邦哉〔一三五〕？謂禹邧成，每服加五百里，爲萬國，尤妄〔一三六〕。

嗟乎！塗山之會，贄玉帛者萬國〔一三七〕。其君長世及，不知其幾侯伯也！其可見於國名紀者，如此而已〔一三八〕。令名醜行，均寂威而無餘矣，況流風善政之欲知乎後世之士，蓋不勝朧薄也〔一三九〕。德藝智略曾不足以任建立，而第相粉澤蚕功蚕德，以剗剔金石而蕲取流傳，乃至爭起片文隻字以圖自託於不朽者，其果足以滿戴晉人之一唊邪〔一四〇〕？彼夢者之在寢也，其四肢、鼻、口率故形也，据其旁者未始一見，而若之神游：或羽而僊，或冕而朝；城郭、宫室、興服、臣妾，乃忽富而驟榮；宫偕興乎前，鹵簿陬乎後，若無有極〔一四一〕。逮其既覺，蘧蘧然無毫髮之可攬，夫然後自笑其始之妄而奭然以悲〔一四二〕。然則竊勢希合，次且愒日，專利目封己者，其犬言麁裾未始少變，而且栖然顯大，自智莫之與對，顧不爲尹氏老役哈者鮮矣〔一四三〕！

孔子曰：“禹，吾無間然矣！”夫孔子之功惟見於六經，而自比於禹，夫子於禹若不相似然〔一四四〕。然而後世且曰“生民以倈未有”，則六經之文，比隆堯舜可也，比之於禹，蓋小着矣，宜乎後世之不以爲非也〔一四五〕。

予觀班志，劉略文字固已不勝紀矣，其果皆有益乎？無益也〔一四六〕？而隨唐之書，卷袠之多，動數十百千萬，使後之學士腐唇蔑齒、眵昏雙明而不知其統，豈不悲哉〔一四七〕？古人云：修短隨化，皆期於盡〔一四八〕。予攷古之封君，曾無隻影，而文人詞士，殘窮竹帛，誠不能不以之興懷，從而列之〔一四九〕。焉知後之視今，不猶今之視昔也！

【校注】

〔一〕夏后師西王懨：韓詩外傳卷五“懨”字作“國”，曰：“禹學乎西王國。”

〔二〕童律：夏禹臣。

〔三〕下邳郪縣：下邳，郡國名。郪縣，即僮縣，治所在今安徽泗縣山頭鎮。

〔四〕後有童、僮、郪氏：四庫本“僮”作“郪”，誤。

〔五〕姓纂出老童：喬本、洪本、備要本“老童”二字爲注文，非。此從吳本及四庫本。元和姓纂卷一東韻曰：“童：顓頊生老童，子孫以王父字爲氏。”又曰：“僮：老童之後，或爲僮氏。”

〔六〕夏后臣童律、狂章：童律，洪本、吳本、四庫本“童”字作“章”，末筆失落。喬本、備要本乃譌作“章”。彥按：此即前條之童律也。本書後紀十三帝禹夏后氏曰：“始禹之治水，七年矣，傷功未就，愁然沈思。于是上觀于河，河精授圖，……乃得童律、狂章、鴻蒙之徒，制其水怪。”亦作童律，今訂正。狂章，吳本、四庫本“章”字作“章”，則又受“章律”之影響而譌。

〔七〕經有狂水逕綸氏城：綸氏城，在今河南登封市潁陽鎮。水經注卷一五伊水：“狂水又西逕綸氏縣故城南。”

〔八〕宋大夫狂狡：狂狡，各本“狡”均作“校”。彥按：“校”當“狡”字之譌。左傳宣公二年：“狂狡輅鄭人”，杜預注：“狂狡，宋大夫。”即其人。今訂正。

〔九〕繇余：帝堯臣，佐禹治水，以功封吳。參見餘論七繇余氏墓。

〔一〇〕錢易記作“由”：錢易，字希白，五代吳越王錢倧子，宋真宗時翰林學士，書法家。“易”字洪本爲墨丁，喬本、備要本呈闕文，而吳本、四庫本則脱奪。彥按：“錢”下一字蓋爲“易”。本書餘論七繇余氏墓云“錢公希白特爲之紀”，即此之所謂“錢□記”也。希白名易，今姑訂闕文作“易”。由，喬本、洪本譌“田”，今據餘諸本訂正。

〔一一〕兜氏：“兜”字喬本、洪本、吳本作“晁”，四庫本、備要本作“晁”。彥按：“晁”、“晁”皆“兜”字之譌。路史此條而下至鴻蒙氏條，疑本之太平廣記卷四六七水族四李湯，其文曰：“禹理水，三至桐柏山，驚風走雷，石號木鳴；五百擁川，天老肅兵，不能興。禹怒，召集百靈，搜命夔、龍。桐柏千君長稽首請命，禹因囚鴻蒙氏、章商氏、兜盧氏、犁婁氏。”唯將兜盧氏分拆爲兜氏、盧氏，不知何據。至"兜"之作"晁"及"晁",則蓋刻本之誤,原文當不如此,下云"一作'郖'、'斳'"即爲明證。兜、郖音同,與斳音亦相近;與晁(晁)則相遠,不存在通假之可能性。今訂正。下"今弘農有地名兜"之"兜"同。

〔一二〕弘農:縣名,治所在今河南靈寶市。

〔一三〕盧氏縣:今縣屬河南省。

〔一四〕參見上注〔一一〕。

〔一五〕烏陀、陶臣:並夏禹臣。明朱謀㙔駢雅卷三釋名稱曰:"陶臣、縣余、烏陀,(禹)治涁水之三佐也。"

〔一六〕烏木田:夏禹臣。宋范成大吳郡志卷四五異聞引戎幕閑談曰:"乃獲淮、渦水神名無支祈,……禹授之童律,不能制;授之烏木田,不能制;授之庚辰,能制之。"

〔一七〕穀孰:即穀熟,縣名,治所在今河南虞城縣穀熟鎮。吳本、四庫本"穀"作"國",誤。

〔一八〕博之聊城:博,州名。聊城,縣名,治所在今山東聊城市東昌府區。

〔一九〕以嘗縠人,不得真人:縠,吳本、備要本作"煞",同;四庫本作"殺",通;洪本作"㷔",譌。彥按:羅氏引文,過於含糊。太平御覽卷六六一引三一經,作:"郭崇子,商時人也,彭真人弟子。嘗山行遇盜,崇諸子弟欲追擒之,崇子曰:'縱去!'其盜後仕宦,而崇子譽之數數。往崇子謝曰:'我,昔盜也。不可受大君子之譽。'遂自殺。後崇子得道,太極真人以爲有殺人之罪,不得爲真人。此爲善過當,致人自斃,況爲惡乎!"其事亦載梁陶弘景真誥卷五甄命授第一,文曰:"昔有郭崇子者,殷時人也,彭真人之弟子。嘗兄弟四人俱行,爲惡人所擊,傷其左臂。三弟大怒,欲取治之。崇子曰:'無用。'笑而各去。此人後仕宦,而崇子譽致之,數數非一。此人乃往謝之,而猶譽不止。其人曰:'我惡人也,不可以受君子之施。'乃自殺。後崇子得道,太極真人以爲有殺人之過,不得爲真人。"

〔二〇〕幽之范陽:幽,州名。范陽,縣名,治所在今河北涿州市。

〔二一〕易:縣名,今屬河北省。

〔二二〕豎亥:夏禹臣。參見後紀十三帝禹夏后氏。

〔二三〕或作"堅亥":"堅"吳本作"豎",四庫本作"豎"。

〔二四〕鳳翔普潤：鳳翔，府名。普潤，縣名，治所在今陝西麟游縣西北。

〔二五〕七大夫杜子墨、既子黥：杜子墨，鬻子禹政作杜子業，云：“禹之治天下也，得皋陶，得杜子業，得既子黥，得施子黯，得季子甯，得然子堪，得輕子玉，得七大夫以佐其身，以治天下，而天下治。”

〔二六〕孟涂：夏禹、夏后啓臣。參見後紀十三帝禹夏后氏、後紀十四帝啓。

〔二七〕隱十一年“向、盟”，即孟：此謂左傳隱公十一年“向、盟”之盟，即孟。

〔二八〕河南孟津：河南，府名。孟津，縣名，治所在今河南孟津縣會盟鎮。

〔二九〕至于孟氏：彦按：“至”當作“飲”。穆天子傳卷五：“仲秋丁巳，天子射鹿于林中，乃飲于孟氏。”

〔三〇〕涂後封：彦按：本書後紀十四夏帝啓曰：“孟涂敬職而能禮于神，爰封於丹。”則涂已封丹，其後嗣襲之耳。

〔三一〕丹陽城：在今湖北秭歸縣歸州鎮東南。

〔三二〕鄠：縣名，治所在今陝西户縣。

〔三三〕水經：在甘水之東：水經注卷一九渭水：“渭水又東合甘水，……又北逕甘亭西，在水東鄠縣。昔夏啓伐有扈，作誓于是亭。”

〔三四〕啓、扈戰其野：書甘誓序：“啓與有扈戰于甘之野，作甘誓。”

〔三五〕晉二屈：左傳莊公二十八年：“蒲與二屈，君之疆也。”杜預注：“二屈，今平陽北屈縣。或云，‘二’當爲‘北’。”楊伯峻注：“二屈，北屈、南屈。兩屈蓋毗鄰，故夷吾一人鎮之。北屈在今吉縣（彦按：今隸山西省）東北，南屈當在其南。”

〔三六〕吕覽云啓：彦按：今本吕氏春秋召類：“禹攻曹、魏、屈、驁、有扈，以行其教。”（此據路史之理解標點，後世學者如許維遹集釋、陳奇猷新校釋皆以“曹魏”爲一國、“屈驁”爲一國。）“屈、驁”上有注文“攻伐”二字。陳奇猷新校釋以爲：“‘魏’字下注之‘攻伐’二字，蓋本係正文‘啓伐’二字，‘啓’字壞誤爲‘攻’，後人遂以‘攻伐’二字爲上文‘攻’字之注語。”其説甚辯，正與路史“吕覽云啓”吻合。

〔三七〕潛夫論，曹有姜姓者：清汪繼培以爲此“曹”字乃“會”之誤。見汪氏箋註本潛夫論志氏姓"姜姓會人,則周滅之"箋。

〔三八〕夏后攻曹、魏,吕覽亦以爲啓:彥按:禹攻曹、魏(曹魏),啓伐屈、驁(屈驁),學者或有其説,見上注〔三六〕。至若羅氏此謂吕覽亦以爲啓攻曹、魏,則不知有何根據。

〔三九〕參見國名紀三高辛氏後魏。

〔四〇〕姬姓魏:見國名紀五周氏周之餘族可見者魏。

〔四一〕參見後紀十四帝啓。

〔四二〕紀年晉烈公三年,"楚人伐我南鄙,至于上洛":見水經注卷二〇丹水引竹書紀年。彥按:晉烈公三年,時當公元前 413 年,今本竹書紀年則在周威烈王九年,即公元前 417 年,未知孰是。

〔四三〕胤:洪本作"儩",四庫本闕文。

〔四四〕今利之胤山,乾德三年平蜀,天寶元曰胤山:利,州名。胤山,縣名,治所在今四川廣元市東南。太平寰宇記卷一三五利州平蜀縣:"本漢葭萌縣之地,⋯⋯隋義寧二年改爲義清縣。天寶元年改爲胤山縣。皇朝乾德三年改爲平蜀縣。"

〔四五〕出舞衣:書顧命:"胤之舞衣、大貝、鼖鼓,在西房。"孔氏傳:"胤國所爲舞者之衣,皆中法。"

〔四六〕今川錦:喬本、備要本"錦"字作"綿",當誤。此從餘本。

〔四七〕鄧氏:指古今姓氏書辯證之作者鄧名世。 國諱改:此謂胤氏以避宋太祖趙匡胤諱改稱嗣氏。

〔四八〕左傳襄公四年:"昔有夏之方衰也,后羿自鉏遷于窮石,因夏民以代夏政。"杜預注:"鉏,羿本國名。""粗"作"鉏"(音 xú),通。

〔四九〕哀十一年城粗者:哀,各本均譌"襄",今訂正。左傳哀公十一年:"與之城粗。"杜預注:"城鉏,宋邑。"

〔五〇〕安豐:喬本作"失豐",吴本作"安豐",並誤,今據餘本訂正。

〔五一〕故記皆謂删丹,蓋以淮南子弱出窮石:淮南子墜形云:"弱水出自窮石。"而史記夏本紀"弱水既西"司馬貞索隱引水經又云:"弱水出張掖删丹縣西北。"參見後紀十四夷羿傳注〔二五〕。

〔五二〕參見後紀十四夷羿傳"自鉏遷于窮石"羅苹注。

〔五三〕見左傳昭公二十七年。

〔五四〕潛，今之舒，與寒、過皆相邇：舒，州名，治所在今安徽潛山縣。寒、過，二國名，詳見下文。

〔五五〕因夏民代夏政：見上注〔四八〕。　故得及斟子也：左傳昭公二十八年："昔有仍氏生女，黰黑而甚美，光可以鑑，名曰'玄妻'。樂正后斟取之，生伯封，實有豕心，貪惏無饜，忿纇無期，謂之'封豕'。有窮后羿滅之，斟是以不祀。"

〔五六〕窮：備要本作"窮"，非其舊。

〔五七〕浞：寒浞。詳見後紀十四寒浞傳。

〔五八〕太平寰宇記卷一八濰州北海縣："寒亭，在州東二十三里。……此即寒浞本國，伯明氏之所立也。"

〔五九〕杜云，在平壽東：左傳襄公四年"寒浞，伯明氏之讒子弟也"杜預注："寒，國。北海平壽縣東有寒亭。"

〔六〇〕晉寒：參見國名紀五周氏寒。各本"寒"均譌爲"塞"，今訂正。下羅苹注"一曰寒氏"之"寒"同。

〔六一〕北有過城：洪本"北"作"比"。吳本、四庫本無"北"字。

〔六二〕鬲津：在今山東德州市境。

〔六三〕膠鬲：孟子告子下"膠鬲舉於魚鹽之中"趙岐注："膠鬲，殷之賢臣。遭紂之亂，隱遁爲商。文王於鬻販魚鹽之中得其人，舉之以爲臣也。"

〔六四〕妄：吳本、四庫本作"非"。

〔六五〕應氏以爲偃姓皋後，酈氏以爲有窮后國：皋，指皋陶。水經注卷五河水："大河故瀆又東逕平原縣故城西，而北絶屯氏三瀆，北逕繹幕縣故城東北，西流逕平原鬲縣故城西。地理志曰：鬲津也，王莽名之曰河平亭，故有窮后羿國也。應劭曰：鬲，偃姓，咎繇後。"

〔六六〕武羅：后羿賢臣。

〔六七〕冀都之武邑：冀都，疑爲冀州信都郡之不規範稱法，或當作"冀州"。武邑，縣名，今屬河北省。

〔六八〕衛北境武父：左傳定公四年："封畛土略，自武父以南及圃田之北竟。"杜預注："武父，衛北界。"

〔六九〕陳留有羑父城：彥按：此別一武父也，乃春秋時鄭地，在今山東東明縣西南。四庫本、備要本“羑”作“武”，同。

〔七〇〕厖：吳本、四庫本作“厖圉”。

〔七一〕厖圉：即龙圉，后羿賢臣。

〔七二〕莒邑有大厖：左傳昭公元年：“於是莒務婁、瞀胡及公子滅明以大厖與常儀靡奔齊。”杜預注：“大厖、常儀靡，莒二邑。”楊伯峻注以爲二邑“當在今山東莒縣之西北”。

〔七三〕厖降：亦作龙降、龐降、龐江，帝顓頊八才子之一。

〔七四〕河東猗氏縣：河東，府名。猗氏縣，治所在今山西臨猗縣。

〔七五〕魯人因陶朱興富於猗氏，因曰猗頓：陶朱，即陶朱公，春秋越國大夫范蠡之別稱。蠡既佐越王句踐滅吳，以越王不可共安樂，棄官遠去，居於陶，稱朱公。以經商致巨富。史記貨殖列傳“猗頓用鹽鹽起”裴駰集解引孔叢子曰：“猗頓，魯之窮士也。耕則常飢，桑則常寒。聞朱公富，往而問術焉。朱公告之曰：‘子欲速富，當畜五牸。’於是乃適西河，大畜牛羊于猗氏之南，十年之閒其息不可計，貲擬王公，馳名天下。以興富於猗氏，故曰猗頓。”

〔七六〕潛夫論：樓、疏，猗姓：見潛夫論志氏姓篇，今本“猗”作“掎”，曰：“掎姓樓、疏。”汪繼培箋：“按上云‘黃帝之子’有葴氏、拘氏，此在葴姓下，疑‘掎’即‘拘’之誤。”

〔七七〕女艾：夏帝少康臣。

〔七八〕女鳩：夏賢臣，知夏命將墜，去桀而相商。見後紀十四帝履癸。

〔七九〕臨汝：在今河南汝州市臨汝鎮一帶。

〔八〇〕左傳昭公二十九年：“冬，晉趙鞅、荀寅帥師城汝濱。”杜預注：“汝濱，晉所取陸渾地。”

〔八一〕集韻妠，音“如”，偽：妠，洪本作“𡡥”，喬本、洪本譌“如”，餘諸本並作“妠”。彥按：“𡡥”乃“妠”字末筆下引不足，“如”當“妠”字俗體，今訂作“妠”。偽，通“譌”，錯誤。四庫本作“媷”，非。

〔八二〕后杼征東海，伐王壽：后杼，即夏帝杼。各本“杼”譌“抒”，今訂正。王壽，後紀十四夏帝杼作“三壽”，羅苹注：“本作王壽。”

〔八三〕濰州：治所在今山東濰坊市濰城區。

〔八四〕王亥託于有易、河伯僕牛。有易煞王亥，取僕牛：見山海經大荒東經。王亥，即殷王子亥，契六世孫。煞王亥，“煞”通“殺”，四庫本作“殺”，與今本山海經同；路史各本“王亥”上均有“女”字，當爲衍文，兹據今本山海經删。袁珂山海經校注：“僕牛，天問作‘朴牛’，王逸注：‘朴，大也。’世本作‘服牛’，服牛，馴牛也。……此句當言王亥託寄其所馴養之牛羊於有易與河伯。”

〔八五〕見山海經大荒東經“有易殺王亥，取僕牛”郭璞注引竹書曰，文字略有不同。　殺而施之：施，謂陳尸。今本山海經郭注作“放”。　弒綿臣：四庫本“弒”作“殺”。

〔八六〕后杼居原者：各本“杼”譌“抒”，今訂正。竹書紀年卷上帝杼元年：“己巳，帝即位，居原。”

〔八七〕預云，沁水西北有原城：見春秋釋例卷五土地名第四十四之一周地隱公十一年原，原文爲：“河内沁水縣西北原城。”吴本、四庫本、備要本路史“沁”譌“泌”。參見國名紀五周氏文王之昭原。

〔八八〕桀以原侯夸帥者：各本“帥”均譌“師”，今訂正。本書後紀十四夏帝履癸曰：“申命任威，以原侯夸帥，伐有唐，復伐蒙山，得妹喜焉。”

〔八九〕干：吴本、四庫本譌“千”。下“干辛”之“干”，四庫本同。

〔九〇〕説苑尊賢：“桀用干辛，紂用惡來。”

〔九一〕邗：洪本作“邘”，喬本、洪本、備要本作“邦”，吴本作“邧”（下諸“邗”字多同），並誤，今從四庫本。楊樹達積微居金文説卷七趙孟庎壺：“邗爲國邑之名，字從邑，爲本字。經傳假干爲邗，省形存聲耳。”

〔九二〕一作邘，吴地：彦按：“作”當作“曰”。説文原文爲：“邗，國也，今屬臨淮。從邑干聲。一曰，邗本屬吴。”

〔九三〕昔吴城邗溝：邗溝，地名。所築城稱邗城，亦稱邗溝城。洪本“邗”譌“邦”，下“邗江”、“邗州”之“邗”同。左傳哀公九年：“秋，吴城邗，溝通江、淮。”杜預注：“於邗江築城，穿溝東北通射陽湖，西北至末口入淮，通糧道也。今廣陵韓江是。”阮元校勘記：“監本、毛本‘韓’作‘邗’。”　今揚州，故廣陵，開皇曰邗江：揚州，洪本“揚”作“楊”。廣陵、邗江，並縣名，治所即今江蘇揚州市。

〔九四〕今作韓江：見上注。

〔九五〕參見本書後紀十四夏帝履癸。

〔九六〕今蒙州蒙山郡：即今廣西蒙山縣地。彥按："桀伐蒙山"，見於楚辭天問，舊注均不及蒙山所在，羅氏以爲在蒙州蒙山郡，不知何據，可疑。

〔九七〕晉陽之蒙山：晉陽，縣名，治所在今山西太原市晉源區晉源街道。元和郡縣圖志卷一三太原府晉陽縣云："蒙山，在縣西北十里。"

〔九八〕趙梁：見後紀十四帝履癸注〔一五九〕。

〔九九〕摯所尹：摯，伊摯。尹，治理，管轄。參見後紀四炎帝參盧注〔八三〕。　陸渾伊川：在今河南欒川、嵩縣、伊川三縣境。各本"陸"作"六"，彥按："六"當"陸"字音譌，今訂正。左傳僖公二十二年："秋，秦、晉遷陸渾之戎于伊川。"杜預注："允姓之戎居陸渾，在秦、晉西北。二國誘而徙之伊川，遂從戎號，至今爲陸渾縣也。"

〔一〇〇〕許氏所云，伊維侯國：許氏，蓋指東漢許慎。此說不詳所出，待考。

〔一〇一〕萊朱：見後紀十四帝履癸注〔一五〇〕。

〔一〇二〕登恒：即門尹登恒。參見後紀十四帝履癸注〔一六四〕。

〔一〇三〕七大夫有慶誧、湟里沮：喬本、洪本、備要本"有慶"二字闌入注文，今據吳本、四庫本移出。參見後紀十四帝履癸注〔一六四〕。

〔一〇四〕穎：喬本、洪本、吳本、四庫本作"禎"。彥按：字書無"禎"字，疑譌字，今姑從備要本作"穎"。

〔一〇五〕卞隨：見國名紀一黃帝後姬姓國注〔一一〕。　晉卞：其地不詳。各本"卞"均作"下"。彥按："下"當"卞"字譌文。古今姓氏書辯證卷三二線韻卞曰："莊子湯時有卞隨。又春秋時魯、晉皆有卞邑。"羅氏"蓋晉卞"之說，蓋即針對此言。今訂正。

〔一〇六〕昔隗囂攻略陽，上至漆：隗囂，見國名紀五周氏注〔八二四〕。略陽，道名，治所在今甘肅秦安縣隴城鎮。上，指東漢光武皇帝劉秀。太平御覽卷一六四引後漢書曰："建武八年，隗囂攻略陽，上至漆。"

〔一〇七〕邠：州名，治所在今陝西彬縣。

〔一〇八〕見太平寰宇記卷三四邠州。　邠之新平：邠，州名。新平，縣名，治所即邠州治。

〔一〇九〕非冤句、長垣之漆：冤句之漆，傳説或以爲即莊周漆園，在今山東菏澤市。長垣之漆，即漆城，又稱宛濮，在今河南長垣縣西南。

〔一一〇〕舊云防風氏漆姓後：喬本“氏”作“民”，誤，今據餘諸本訂正。防風氏，夏禹時諸侯。古今姓氏書辯證卷一四陽韻下防風：“出自漆姓，古諸侯汪芒氏之君。其後有防風者，强狠不順。”　防風姓釐：吳本、四庫本、備要本“釐”作“黎”。彦按：作“黎”蓋誤。本書國名紀二帝鴻後釐姓國亦曰：“防風，釐姓。”

〔一一一〕見後紀十三帝禹夏后氏注〔四三一〕。

〔一一二〕其外荒服，爲之四海：荒，喬本譌“莣”，今據餘諸本訂正。爲，通“謂”。

〔一一三〕康成謂方萬里，以七千里爲九州：見後紀十三帝禹夏后氏注〔四三八〕。

〔一一四〕此下一段文字大抵已見於後紀十三帝禹夏后氏，可互參。

〔一一五〕百里賦納總：各本均脱“百”字，今據書禹貢文補。

〔一一六〕甸服外即爲侯服：侯服，各本均作“諸侯”。彦按：“諸侯”乃“侯服”之誤，今訂正。

〔一一七〕侯者，侯也，惟以射而進退：“侯也”之“侯”，洪本作“睺”，餘本均作“喉”。彦按：“睺”、“喉”字於義不洽，當爲“侯”字之譌；“侯”即“射侯”之“侯”，箭靶也。今訂正。退，喬本、洪本作“迗”，俗體；此從餘本。同樣情況，以下不煩一一指出。禮記射義曰：“故天子之大射謂之射侯。射侯者，射爲諸侯也。射中，則得爲諸侯；射不中，則不得爲諸侯。天子將祭，必先習射於澤。澤者，所以擇士也。已射於澤，而後射於射宮。射中者，得與於祭；不中者，不得與於祭。不得與於祭者有讓，削以地；得與於祭者有慶，益以地。進爵絀地是也。”故此云“惟以射而進退”也。

〔一一八〕輨：籠絡。

〔一一九〕責其要服：要服，謂知約束而服從。書禹貢“五百里要服”孔氏傳：“綏服外之五百里，要束以文教。”

〔一二〇〕佃服即移侯服之外，采又在男之外：佃服，即甸服。佃，通“甸”。在，喬本、洪本、吳本、備要本作“有”，誤，今據四庫本訂正。

〔一二一〕此言其實與上古侯、甸不同:言,喬本作"音",吳本作"苦",誤,此從洪本。四庫本、備要本作"言",同。古,洪本作"舌",吳本作"咅",非。同,喬本譌"囘",今據餘諸本訂正。

〔一二二〕夷性近人,蠻性遠人:喬本兩"性"字作"姓",非是。今據餘諸本訂正。

〔一二三〕先王必因人之惡大:備要本如此,喬本、洪本"因"作"臣"。吳本、四庫本脱"先王必因人之惡"七字。彦按:備要本作"因"是。"臣"當"因"字之誤。蓋"因"字或作"曰",中間部份稍往右邊伸展則與"臣"字相近,因致譌。　而不忍殺:洪本、吳本"殺"作"煞"。

〔一二四〕左傳"蔡蔡叔",説文作"槃":左傳,吳本"左"譌"在"。蔡蔡叔,見左傳昭公元年。陸德明音義:"上'蔡'字音素葛反,説文作'槃',音同,字從'殺'下'米',云:'穄槃,散之也。'"槃,洪本作"桼",喬本、備要本作"槃",吳本作"槃",並誤,今據四庫本訂正。

〔一二五〕書云因于郭鄰,安國以爲中國之外:吳本"云"作"内",誤。書蔡仲之命:"囚蔡叔于郭鄰。"孔氏傳:"郭鄰,中國之外地名。"

〔一二六〕侯、綏之内:喬本"綏"譌"緒",今據餘諸本訂正。

〔一二七〕通:合計,總計。

〔一二八〕甸服親事:親事,謂親自奉事天子。

〔一二九〕時巡:指帝王依時而行之巡狩。

〔一三〇〕五載一巡狩,羣后四朝:見書舜典,今書"狩"作"守"。吳本"朝"字闕文。

〔一三一〕朔、南暨聲教:吳本"教"譌"數"。　蓋七千有餘國:四庫本"七千"作"七十",誤。本書後紀十三帝禹夏后氏作"蓋七千矣"。

〔一三二〕故説者謂十二州爲七千二百國:吳本"説者"作"説之","十二州"作"十一州",皆誤。

〔一三三〕每州得百里之國二百:二百,備要本作"三百",誤。

〔一三四〕上引鄭説,蓋出自鄭玄古文尚書注。毛詩序小雅蓼蕭"蓼蕭,澤及四海也"孔穎達疏亦引之。　州十二師:州,吳本譌"川";十,喬本譌"六",今據餘本訂正。

〔一三五〕惟周王撫萬邦：見書周官。　而幽王且有"萬邦之屏"：屏，保障。詩小雅桑扈："君子樂胥，萬邦之屏。"彥按：毛詩序曰："桑扈，刺幽王也。"是幽王時詩也，故羅氏有此語。

〔一三六〕謂禹邸成，每服加五百里，爲萬國，尤妄：喬本、備要本"成"譌"城"，今據餘本訂正。宋陳祥道禮書卷三二周九服曰："鄭康成謂堯之舊制，服五百里。及禹輔而成之，服加五百里，則面相距爲方萬里，故禹會諸侯於塗山，執玉帛者萬國。是不知經傳凡言萬國者，舉盈數也。"

〔一三七〕見上文三皇之世注〔一一四〕。

〔一三八〕其可見於國名紀者，如此而已：喬本、洪本、備要本"紀"作"記"，吳本"如"譌"知"，今並從四庫本。

〔一三九〕膿薄：脆弱單薄。膿，同"脆"。

〔一四〇〕德藝智略曾不足以任建立，而第相粉澤蚕功蚕德，以刻剔金石而蘄取流傳，乃至爭起片文隻字以圖自託於不朽者，其果足以滿戴晉人之一映邪：德藝，喬本、洪本、備要本"藝"譌"蓺"，今據吳本、四庫本訂正。粉澤，粉飾。蚕功蚕德，極言功德之小。刻剔，搜尋。刻，通"搜"。蘄取，求取。蘄，通"祈"。戴晉人，戰國時梁國賢人。映（xuè），以口吹物發出的細小聲音。邪，吳本、四庫本作"耶"。莊子則陽："惠子曰：'夫吹管也，猶有嗃也；吹劍首者，映而已矣。堯舜，人之所譽也；道堯舜於戴晉人之前，譬猶一映也！'"

〔一四一〕或羽而僊：羽，羽化，謂飛昇。　宮偕興乎前，鹵簿㑙乎後，若無有極：宮偕，疑當作"宮階"，猶宮陛，借指宮殿。洪本"偕"作"偕"，吳本、四庫本作"偕"，當誤。前，各本均作"時"。彥按："宮偕"句與下句"鹵簿㑙乎後"爲對文，"時"當"前"字之譌，今訂正。鹵簿，古代帝王以及后妃、太子、王公大臣駕出時扈從的儀仗隊。㑙，同"陳"，陳列。極，謂盡頭。

〔一四二〕逮其既覺，蘧蘧然無毫髮之可攬，夫然後自笑其始之妄而爽然以悲：既，喬本、洪本、吳本、備要本譌"即"，今據四庫本訂正。蘧蘧然，吃驚貌。毫髮，各本均作"毫黻"。彥按：毫黻無義。"黻"當"髮"字形譌，今訂正。夫，吳本、四庫本作"矣"。爽然，喪氣貌。爽，消散。

〔一四三〕然則竊勢希合，次且惕日，專利目封己者，其犬言巇裾未始少變，而且枵然顯大，自智莫之與對，顧不爲尹氏老役咶者鮮矣：竊勢，盜用權勢。希合,迎合趨時。次且(zī jū),即趑趄,畏縮不前,此謂無所作爲。愒日,荒廢時日。愒,音 kài。專利,獨占利益。目,同"以"。喬本、洪本、吴本、備要本譌"臣",今據四庫本訂正。封,通"豐",厚,富足。犬言,喬本、洪本"犬"譌"大",今據餘諸本訂正。裾,衣服的前後襟,借代衣服。洪本、吴本譌"裾"。枵然,虚大貌。顯大,顯盛。自智,自以爲有智慧。對,匹敵,相比。咍(hāi),嗤笑,譏笑。列子周穆王:"周之尹氏大治産,其下趣役者侵晨昏而弗息。有老役夫筋力竭矣,而使之彌勤。晝則呻呼而即事,夜則昏憊而熟寐。精神荒散,昔昔夢爲國君,居人民之上,總一國之事。遊燕宫觀,恣意所欲,其樂無比。覺則復役。人有慰喻其懃者,役夫曰:'人生百年,晝夜各分。吾晝爲僕虜,苦則苦矣;夜爲人君,其樂無比。何所怨哉?'尹氏心營世事,慮鍾家業,心形俱疲,夜亦昏憊而寐。昔昔夢爲人僕,趨走作役,無不爲也;數罵杖撻,無不至也。眠中嘹嚘呻吟,徹旦息焉。尹氏病之,以訪其友。友曰:'若位足榮身,資財有餘,勝人遠矣。夜夢爲僕,苦逸之復,數之常也。若欲覺夢兼之,豈可得邪?'"

〔一四四〕而自比於禹,夫子於禹若不相似然:彦按:對於論語泰伯所載孔子語"禹,吾無間然矣"之解釋,何晏集解引孔安國曰:"孔子推禹功德之盛美,言己不能復間廁其間。"羅氏當取是説,故有此言。而朱熹集注則曰:"間,罅隙也,謂指其罅隙而非議之也。"似於義爲長。

〔一四五〕生民以徠未有:吴本、四庫本"徠"作"來"。孟子公孫丑上載孟子語:"自有生民以來,未有孔子也。" 小着:着(zhāo),着數。

〔一四六〕劉略:删略。

〔一四七〕卷裒:卷帙。裒,音 yuān。 腐脣蔑齒、眵昏雙明:此謂至年老齒豁眼花之時。腐脣,謂嘴脣乾瘲。腐,不鮮活。蔑,無。眵昏,目多眵而昏花。雙明,雙眼。

〔一四八〕修短隨化,皆期於盡:修短,此指人壽命之長短。化,造化,自然。期,終歸。廣雅釋言:"期,卒也。"王羲之蘭亭序:"修短隨化,終期于盡。"

〔一四九〕殘窮竹帛:殘窮,謂用盡。殘,毀壞。 興懷:引起感觸。

商世侯伯

馮　　馮夷國。詳文昭中〔一〕。

應	汲古文云,商時國。寰宇云:故父城,郟城東南四十,故殷之應國[二]。杜云,襄陽城父西南應國也[三]。
隕	史伯云:南有應、鄧,西有虞、隕[四]。
侁	姺也。唐韻,古有姺國。一作"侁"、"邿"。先典切[五]。_{集並穌典切。}説文云,商諸侯爲亂者[六]。或以爲莘,非。_{集小禮切,又音損[七]。}
姺	傳云:"商有姺、邳[八]。"_{昭元。}後有邳氏[九]。云邳也[一〇]。定元年有邳,薛地,今淮陽治下邳[一一]。集同胚[一二]。姓纂、纂要方凡切,姓苑始音鄙,一音玨[一三]。
弊	
緑	
終葵	商時侯國[一四]。後有終葵氏。
高丘[一五]	商有高丘子。見三一經[一六]。
薄姑	商諸侯,即薄丘。一曰蒲姑。在青之博興[一七]。地志有薄姑城,在臨淄西北五十。_{杜云,蒲姑城在樂安[一八]。隨博昌北,唐博興也[一九]。}青圖經云:與四國作亂,成王威之,以封太公[二〇]。按史記,則胡公徙之[二一]。_{按晏子,爽鳩氏始居之,季萴因之,伯陵又因之,薄姑氏又因之,然後太公因之[二二]。爽鳩,大昊時;季萴,夏季;而伯陵、薄姑,商末也[二三]。然太公實居營丘,非此。}
落姑	按春秋傳,落姑,齊地[二四]。_{閔元年。}或云魯地,魯大夫采[二五]。姓書,落姑氏。
蒲侯	襄公與莒子遇蒲侯氏[二六]。二十三年[二七]。預云,邑名[二八]。
蒲如	商侯國,齊地。有蒲如氏。預云:下邳取慮東南有蒲如城[二九]。春秋蒲隧。或云即薄姑,蓋其分也。
姑幕	商侯國。今密之莒東北百六十有姑幕故城。故晉琅邪姑幕縣,後齊併入東莞。晉志、通典、十道記等俱謂即蒲姑,蓋非[三〇]。樂史以爲薄姑氏國,與四國亂,周公滅

之,以封太公[三一]。又云,青之博昌界有薄姑城。是亦一之。按書大傳謂奄君薄姑語禄父舉事,以薄姑非名,誤矣[三二]。傳所謂"薄姑、商奄,吾西土"者,豈惟晏子之言哉[三三]?

| 酈 | 酈山是[三四]。後爲酈氏、食其氏、音"異基"。其孫賜爲氏[三五]。侍其氏。其曾賜氏。 |

| 黃洛 | 寰宇記盧龍有黃洛城、黃洛水,殷諸侯國[三六]。 |

| 貸 | 成湯時有貸子相[三七]。 |

| 邊 | 商國。周有邊伯。莊十八年[三八]。 |

| 膠 | 膠革國,今沛之公丘[三九]。續云:"本膠國[四〇]。"通典則以萊之膠水爲古膠東國[四一]。括地象云,在膠東南六十里即墨城也[四二]。 |

| 錫錫疇 | 商末錫疇子斯[四三]。一云錫疇國。鄭六邑有戈、錫[四四]。錫,宋、鄭之間,鄭人滅之,以處宋元公之孫[四五]。 |

| 瞿 | 商罜有瞿父鼎[四六]。有商瞿氏,宜爲瞿上[四七]。 |

| 陵[四八] | 玉篇:"國名。"宜即䕡,三䕡也,湯伐之[四九]。字書、書傳作"艘",從舟,故雅訓"至"[五〇]。隸從月。史叟、通典䕡,一也[五一]。漢廣川子則封三䕡侯,屬東海[五二]。 |

| 甘 | 甘盤,小乙臣,高宗學焉[五三]。後受遺,有大功[五四]。 |

| 九鬼 | 紂三公,即鬼侯。明堂位,爲紂所毅[五五]。彪云:鄴西,鬼侯國也[五六]。隋圖經,臨水縣九侯城[五七]。今相之滏陽有九侯城[五八]。磁之滏陽西南五十[五九]。誕生音仇[六〇]。故或謂即阬,非[六一]。 |

| 羑[六二] | 羑里,地在相[六三]。音九,或即九。字書音牖,失之。 |

| 鄂 | 史記,九侯、鄂侯爲紂三公[六四]。叔虞所封晉陽,所謂大夏[六五]。有鄂氏。姓書:出晉鄂侯[六六]。或作"邘",非[六七]。 |

| 邢邘 | 邢侯,亦紂三公。昭十四晉施邢侯者,非[六八]。邢,作"邘"訛[六九]。 |

或云即鄠，即云邘侯，俱非[七〇]。按世紀，邘侯事紂，以忠諫死，而邘爲文王所伐，文王豈伐賢哉[七一]？邘見武穆中[七二]。

崇二　崇侯虎，紂佞臣，文王虜之[七三]。今崇有崇城、崇侯墳，九域志云：虎也[七四]。集韻：鄝，猥[七五]。寰宇記：彭城北三十垞城，臨泗水[七六]。輿地志云：垞城，古崇國[七七]。兖人謂實中城曰垞[七八]。直加切。城西南有崇侯廟。廟在山[七九]。與秦崇異。杜云，在扈[八〇]。元和志云“在秦、晉之間”，蓋以宣元趙穿侵崇以求成于秦也[八一]。張子厚疑非一國[八二]。

虞芮別見[八三]　文王質虞、芮之訟，暨師武伐紂，乃收虞師、芮師[八四]。六韜。春秋虞公，虞仲之後。周初封之，小國稱公。今陝州[八五]。

密　文王伐之。詩云“密人不恭”者，事見周書[八六]。蓋與紂有謀周之意。

黎　夏諸侯九黎。預云，東夷國[八七]。晉侯略狄土，立黎侯，非文王所戡矣，故晉志二黎國[八八]。

飢阢、耆　昔文王伐飢。本作“阢”，音祈，即耆，黎也[八九]。周書傳：“五年，伐耆”，而大傳作“戡耆”，故說以爲黎也。周傳：一年，質虞、芮；二年，伐邘；三年，伐密須；四年，伐犬夷；五年，伐耆；六年，伐崇[九〇]。周紀：平虞、芮明年伐犬夷，又明年伐密須，又明年伐耆，又明年伐邘，又明年伐崇侯虎[九一]。字書帆，訛[九二]。阢、飢、帆同。集云：“伊帆，古天子號[九三]。”按：阢有祁音[九四]。兔罝叶逵，趙王歌、龜策傳皆叶之也[九五]。

鄷[九六]　豐也[九七]。韓子云：“文王侵盂、克莒、舉鄷，三舉事而紂惡之。”[九八]春秋徐之豐縣[九九]。又楚地。杜云：析縣南有豐鄉[一〇〇]。

閎　有閎夭，爲閎氏[一〇一]。漢廣陵相閎孺[一〇二]。

散宜[一〇三]　散宜生[一〇四]。後有散氏。

於陵　書大傳散宜生之於陵氏，今淄之長山〔一○五〕。

長子　周史辛甲封〔一○六〕。今潞之長子，晉執衛石買處〔一○七〕。

商蓋　周公勝殷，將攻商蓋，辛甲曰："難攻。請先九夷〔一○八〕。"攻九夷而商蓋服〔一○九〕。

庸　　庸氏，伯爵，助武伐紂〔一一○〕。今房之竹山，漢之上庸〔一一一〕。文十六楚威之〔一一二〕。楚飢，率諸蠻叛楚也〔一一三〕。寰宇記，上庸故城在州西二百五十〔一一四〕。楚子爲庸浦之役者〔一一五〕。襄十三，蜀地〔一一六〕。说文："䣘，南夷國。"寰宇記：金州，周庸國地，戰國時爲楚附庸，後威之〔一一七〕。楚使盧戠黎侵庸〔一一八〕。有裨、鯈、魚三邑〔一一九〕。

髳　　庸、蜀、羌、髳、微、盧、彭、濮，皆西南夷助伐紂者〔一二○〕。
微

瀘　　盧戎也。古文作"纑"〔一二一〕。齊之長清南五十有盧城，齊、鄭尋盧之盟者，然非此〔一二二〕。記每爲"盧"，今襄之中廬〔一二三〕。寰宇云：中廬，盧戎國〔一二四〕。文十六年楚師自廬以往者〔一二五〕。

彭　　黔之彭水縣〔一二六〕。又有彭溪，在忠之臨江，即巴賨彭濮者，非濛陽矣〔一二七〕。

僰　　僰侯國。今戎之僰道〔一二八〕。音撲。一作"僰"，集音棘，云："縣名〔一二九〕。"又音"拍慢"。

麇　　周書世俘云武王伐麇集陳者〔一三○〕。

戲　　武王克商，命吕佗伐戲方，云紂畿内〔一三一〕。按襄九年，戲，鄭地〔一三二〕。

艾　　侯爵。穆鼎有艾侯，作"乂"〔一三三〕。王俅以爲"共"，誤〔一三四〕。并之廣陽，漢之上艾，後漢石艾也〔一三五〕。又吳有艾縣，隋入建昌；有艾城，今在武寧〔一三六〕。

佚　　武王俘艾侯、佚侯小臣四百六，是也〔一三七〕。皆商國。

恭　　姓纂云,商末侯國〔一三八〕。

歷

華　　國,荂〔一三九〕。

思　　康成云:商有思侯、梅伯〔一四〇〕。

霍　　侯爵,武王禽之〔一四一〕。汝之梁縣西南七十有故霍〔一四二〕。
　　　世本云:霍國,真姓。今本作姬姓。知非晉霍〔一四三〕。

臧　　文王觀於臧,遇臧丈人釣者〔一四四〕。近渭。

遲　　商有遲任,賢者〔一四五〕。集韻引書:邌任〔一四六〕。

郿　　吕春秋“湯郿其手”,又“若新郿”,字從邑,借也〔一四七〕。
　　　當邑國〔一四八〕。

　　右商世侯伯之國。

　　王制:四海之内九州。州方千里,建百里之國三十,十三公〔一四九〕。七十里之國六十,十六卿〔一五〇〕。五十里之國百有二十,二十二小卿——坼内大夫〔一五一〕。凡二百一十國。三等,相倍。八州,千六百八十國。大二百四十,次四百八十,小九百六十。名山大澤不以封,與民同財,稅供而已。其餘以爲附庸、閑田〔一五二〕。州餘方百里者十,方十里者六十。若封者,爲附庸;未封者,爲閑田。有功者,取之閑田禄之;其有削地,則歸之閑田〔一五三〕。天子之寰縣内,方百里之國九〔一五四〕,視公、侯者三,爲三公之田〔一五五〕。有致仕者副之,爲六〔一五六〕。餘三,以待封王子弟。其一,大國之命〔一五七〕。七十里之國二十有一,視伯者六,爲六卿之田。致仕者副之,爲十二。又,三爲三孤〔一五八〕。餘六,待封王子弟。其三,次國之命。三孤無副。五十里之國六十有三,視男、子者二十七,爲大夫之田。致仕者副之,爲五十四。餘九,以待封王子弟。此鄭氏説,非必盡爾。然鄭又以王制前所言三公等田爲商制,後言縣内國爲夏制采地,殊不可曉。凡九十有三國。三等而二倍之。名山大澤不以肦〔一五九〕,王以給民,虞人掌之〔一六〇〕。其餘以禄仕、以爲閑田〔一六一〕。畿内無附庸。餘方百里者六十四,方十里者九十六〔一六二〕。周官以大都之田任畺地,公所受地在焉;小都之田任縣地,卿所受地在焉;家邑之田任稍地,大夫受地在焉〔一六三〕。此言縣内,舉中言之。然則公邑之田任甸地，元士於此受地可知〔一六四〕。此其大凡也。其地有餘，有不足，蓋又有通法。故卿或在縣地，取足於封而已。甸、稍、縣、都，無過十二，謂如“百畆而徹”賦民什一，於一之中，又以十分爲率取二也〔一六五〕。畿外諸侯，以歸公上〔一六六〕。大略如此。九州，千七百七十三國，天子之元士、諸侯之附庸不與〔一六七〕。八州餘方百里者八十，方十里者四百八十，附庸、禄仕閑田在焉〔一六八〕。寰内，夏后氏之畿也〔一六九〕。故康成以爲：夏氏之衰，戎狄内侵，諸侯相并，國威數少；商湯承之，更制中國，方三千里以爲九州，建此一千七百七十三國〔一七〇〕。杜佑因之〔一七一〕。蓋失之矣。

夫湯之興，資者三千〔一七二〕。王廙云：湯時諸侯三千〔一七三〕。洛誥傳云：武王伐殷，同國三千〔一七四〕。長育其材，設其禮義，被之文章，使可與事宗廟也〔一七五〕。千八百者，周家之始受也〔一七六〕。九州，州方千里。此於禹服五千里内斷長補短，建國多寡之數，三代同也〔一七七〕。鄭謂湯制中國方三千里；周公復唐虞之舊，爲七千里〔一七八〕。妄也。孝經説云：“周千八百諸侯，布列五千里内。”足相參攷。烏在七千里哉〔一七九〕？夏之萬國，至商湯，至周，逾數百年間，不應所減如此〔一八〇〕。商之去周，又數百年，何得並無減損〔一八一〕？知此周數，商益多矣。書傳云：“退見文武之尸者，千七百七十三諸侯〔一八二〕。”玄謂此周所因商世九州諸侯之數〔一八三〕。所謂萬國，固亦號數，知文武之後制〔一八四〕。千里之内曰甸，千里之外曰采、曰流〔一八五〕。甸者，服治田，出穀税〔一八六〕。采者，采取以當穀税，謂所貢物。上言采，下言流，其中舉矣〔一八七〕。天子百里之内以供官，千里之内以爲御。官，官府所用。御，御府所用〔一八八〕。百里内，謂如納總，皆粗者〔一八九〕。千里内，謂如粟米，皆精者。太府入賦，不以遠物待近，近物待遠；近供官，遠爲御也〔一九〇〕。太宰制國，必合王府之賦爲之調度〔一九一〕。此則王府之所供，止百里；膳服之御，必千里也〔一九二〕。千里之外，設方伯。州伯。五國以爲屬，以屬制名，大事從其長，小事則專達〔一九三〕。屬有長。州四十二長。十國以爲連，以聯制名，言以授邦職，以役國事，如聯也〔一九四〕。連有帥。州二十一帥〔一九五〕。三十國以爲卒，以卒制名，言以比追胥，令貢賦，如卒也〔一九六〕。卒有正〔一九七〕。州七正。連帥比年乘車，卒正三年乘徒，羣牧五年大乘車徒〔一九八〕。二百一十國以爲州，州有伯。牧伯。八州八伯，各以其屬屬於天子之二老，兹商、周之通制也〔一九九〕。八州八伯,五十六正,一百六十八帥,三百三十六長,凡五百六十八^{〔二〇〇〕}。多少雖不同,方伯、連帥一也^{〔二〇一〕}。

　　嗟乎! 置天子,非以優天子,收天下也^{〔二〇二〕}。置諸侯,非以優諸侯,收一國也。諸侯之有方伯、連帥,牧長、卒正,非以優彊大,在小國也^{〔二〇三〕}。故以小事大,大字小,致治之要,春秋之所與也^{〔二〇四〕}。分災救患,濟弱扶傾,是王政之所急。黎侯迫逐,衛宣不救,而旄丘以爲責^{〔二〇五〕}。四國災流,許人不愍,而君子必其亡^{〔二〇六〕}。詩云:"伯也執殳",此州伯也^{〔二〇七〕}。時齊侯亦自謂小伯,見國語^{〔二〇八〕}。是故什伍之法,於州鄉則聯其民,於師畋則聯其徒,於宿衛則聯其官,夫然故能以中國爲一人而無内患^{〔二〇九〕}。爲屬、連、卒、州以聯其國,爲長、帥、正、伯以聯其人,夫然故能以天下爲一家而無外虞^{〔二一〇〕}。此大司馬"比小事大,以和邦國"若職方氏"邦國小大相維"之事也^{〔二一一〕}。先王之建諸侯,豈顧私其力以自衛,使子孫世得王哉? 不如是,有不足以寧天下,而世之治不治,子孫之世不世,無不在乎此也^{〔二一二〕}。

　　世之人徒見三代之能長,則以爲建侯之力;見春秋之紛亂,則以爲建侯之失。夫以禹之功,又非無諸侯也,而世未三易,太康不道,俄失其國。其所以未亡而再集者,幸有窮之顛越,而少康之明賢爾,諸侯何力之有^{〔二一三〕}? 東遷之後,非無彊大也,然而載祚數百;世乏令主,猶克永世,雖危無咎,——則周公之法在而四國不能以相賓也,諸侯亦何罪邪^{〔二一四〕}? 先王之設法,固爲後世之能守者設也。使後之世,果能守邪,安有春秋之末世? 苟不能守,則亂之起有繇矣,豈設法之罪哉^{〔二一五〕}? 謂諸侯之敝有春秋之末世,則司馬氏之季天下裂于夷狄,大業之際天下散于盜賊,其爲禍亦至矣,豈以有諸侯至此極邪^{〔二一六〕}?

【校注】

　　〔一〕詳文昭中:喬本、洪本、備要本"昭"作"招",誤。今據吳本、四庫本訂正。文昭,指本書國名紀五周氏文昭之分,中有馮國。

〔二〕見太平寰宇記卷八汝州郟城縣,原文作:"故父城,在縣東南四十里,故殷時應國也。" 故父城:各本均脱"父"字,今補。

〔三〕杜云,襄陽城父西南應國也:見左傳僖公二十四年"邘、晉、應、韓,武之穆也"注,原文作:"應國在襄陽城父縣西南。"襄陽,郡名。"襄"字洪本作"褒",俗譌;又喬本作"襄",吳本作"宲",四庫本作"褒",備要本作"襄",並誤。今訂正。"陽城父西南應國也"八字,各本均脱"西"字,且闌入注文,而與正文"杜云襄"割裂,今移出,並補"西"字。城父,彦按:當作父城。父城縣,治所在今河南寶豐縣東,西晉屬襄陽郡。城父縣,則治今安徽亳州市譙城區城父鎮,于晉屬譙郡,非其地矣。然傳本左傳杜注亦作城父,則路史蓋襲其誤而已。

〔四〕史伯云:南有應、鄧,西有晉、隗:見國語鄭語。鄧,見國名紀四商氏後鄧。隗,姬姓國,在今湖北秭歸縣東。

〔五〕先典切:今音 xiǎn。

〔六〕説文女部:"姺,殷諸侯爲亂,疑姓也。"

〔七〕集小禮切,又音損:各本"損"均作"韻"。彦按:"姺"作爲國名,於集韻中除見於薺韻小禮切外,又見於混韻與"損"同一小韻,與"韻"則不同音,今訂正。

〔八〕商有姺、妠:今左傳昭公元年"妠"作"邳"。

〔九〕昭元。後有妠氏:各本均作"昭後三有妠氏"。彦按:所引左傳,見於昭公元年,此"三"字當"元"字譌文,又"元後"二字誤倒,遂成"後三"也。今訂正。

〔一〇〕云邳也:喬本、備要本"邳"作"妠",蓋誤,此從洪本、吳本及四庫本。

〔一一〕定元年有邳:左傳定公元年:"奚仲遷于邳。" 薛地,今淮陽治下邳:參見國名紀一黄帝之宗伾。

〔一二〕集同胚:彦按:此當有誤。集韻邳、胚既不同字,即音亦不相同:邳有二音,一攀悲切,一貧悲切,均與僅有鋪枚切一讀之胚不同音。

〔一三〕纂要:不詳。疑非書名全稱。 一音㞑:四庫本"㞑"作"缶",同。

〔一四〕古今姓氏書辯證卷二東韻下終葵云:"春秋左傳魯定公四年,成王封康叔於衛,分以商民七族,其一曰終葵氏。"

〔一五〕高丘:四庫本"丘"譌"平"。下"高丘子"之"丘"同。

〔一六〕太平御覽卷六六一引三一經曰:"高丘子,商時人也。好道,入六景山。積年但讀黄素道經,服餌术。後服鴻丹,得陸仙,遊行五岳。復飲金液,爲中岳真人。"

〔一七〕青之博興:青,州名。博興,縣名,今屬山東省。

〔一八〕杜云,蒲姑城在樂安:見左傳昭公九年"蒲姑、商奄,吾東土也"注,原文爲:"樂安博昌縣北有蒲姑城。"樂安,侯國名,治所在今山東鄒平縣長山鎮。

〔一九〕隨:通"隋"。

〔二〇〕與四國作亂,成王威之,以封太公:四國,詩豳風破斧"周公東征,四國是皇"毛亨傳:"四國,管、蔡、商、奄也。"漢書地理志下齊地亦曰:"殷末有薄姑氏,……至周成王時,薄姑氏與四國共作亂,成王滅之,以封師尚父,是爲太公。"

〔二一〕史記齊太公世家:"哀公時,紀侯譖之周,周烹哀公而立其弟静,是爲胡公。胡公徙都薄姑,而當周夷王之時。"

〔二二〕季蒯因之:蒯(cè),喬本、洪本、吳本作"前",備要本作"剕",並誤。今從四庫本改。下"季蒯"之"蒯"同。晏子春秋外篇上:"景公飲酒,樂。公曰:'古而無死,其樂若何?'晏子對曰:'古而無死,則古之樂也,君何得焉?昔爽鳩氏始居此地,季蒯因之,有逢伯陵因之,蒲姑氏因之,而後太公因之。古若無死,爽鳩氏之樂,非君所願也。'"

〔二三〕大昊時:吳本、四庫本、備要本"大"作"太"。　夏季:季,末。

〔二四〕春秋閔公元年:"秋八月,公及齊侯盟于落姑。"杜預注:"落姑,齊地。"

〔二五〕古今姓氏書辯證卷三八鐸韻落姑:"魯大夫食采落姑,氏焉。"

〔二六〕襄公與莒子遇蒲侯氏:彦按:此文有誤。與莒子遇蒲侯氏者,齊大夫杞殖與華還也。事見左傳襄公二十三年:"齊侯還自晉,不入,遂襲莒。門于且于,傷股而退。明日,將復戰,期于壽舒。杞殖、華還載甲夜入且于之隧,宿於莒郊。明日，先遇莒子於蒲侯氏。”疑此“襄公”二字本爲下之注文（原注文爲“襄公二十三年”）而誤闌入此者。

〔二七〕二十三年：各本均譌作“二十二年”，今訂正。

〔二八〕預云，邑名：杜注原文爲：“蒲侯氏，近莒之邑。”

〔二九〕預云下邳取慮東南有蒲如城：見左傳昭公十六年“二月丙申，齊師至于蒲隧”注，“取慮東南”作“取慮縣東”，“蒲如城”作“蒲如陂”。

〔三〇〕晉志、通典、十道記等俱謂即蒲姑：晉書地理志下青州城陽郡姑幕縣：“古薄姑氏國。”通典卷一八〇州郡十古青州密州莒縣：“又有姑幕縣故城在今縣東北，則古蒲姑氏之國。”

〔三一〕樂史以爲薄姑氏國：見太平寰宇記卷二四密州莒縣漢姑幕城。樂史，吳本、四庫本、備要本俱譌“又史”。

〔三二〕書大傳謂奄君薄姑語禄父舉事：見國名紀四商氏後注〔四九〕。禄父，各本“禄”均譌“録”，今訂正。　以薄姑非名：彥按：非名，疑當作“非國名”。

〔三三〕傳所謂“薄姑、商奄，吾西土”者：傳，指昭公九年左傳。薄姑，今左傳文作“蒲姑”。西土，左傳文實作“東土”，羅氏誤記。　晏子之言：見上注〔二二〕。

〔三四〕酈山：即驪山，在今陝西西安市臨潼區驪山街道轄境。

〔三五〕其孫賜爲氏：其，指秦末劉邦謀士酈食其。古今姓氏書辯證卷二九志韻食其：“漢廣野君酈食其，玄孫賜以食其爲氏。曾孫武，爲侍中，始改爲侍其。”彥按：“玄孫”之“玄”字疑爲衍文。

〔三六〕見太平寰宇記卷七〇平州盧龍縣。

〔三七〕韓詩外傳卷五：“湯學乎貸子相。”

〔三八〕莊十八年：彥按：十八，當作“十九”。左傳莊公十九年：“邊伯之宮近於王宮，王取之。”杜預注：“邊伯，周大夫。”

〔三九〕膠革：即膠鬲，殷賢臣。　今沛之公丘：沛，漢郡國名。公丘，漢晉縣名，治所在今山東滕州市西南。彥按：公丘縣晉後已廢，宋時既無所謂沛郡、沛國，亦無公丘之縣。路史中記敘地名，每每生搬前代史書，而徑稱爲“今”，未必合乎時名，其例不勝枚舉，此其一耳，不可不知。

〔四〇〕本膠國：見後漢書郡國志二豫州沛國公丘，殿本“膠國”作“滕國”，中華書局 1965 年版後漢書亦據殿本訂作“滕國”。

〔四一〕萊之膠水：萊，州名。膠水，縣名，治所在今山東平度市。通典卷一八〇州郡十萊州膠水縣云：“漢膠東國地。”

〔四二〕膠東：漢封國名，治所在今山東平度市。

〔四三〕商末錫疇子斯：韓詩外傳卷五：“文王學乎錫疇子斯。”

〔四四〕鄭六邑有戈、錫：錫，今左傳哀公十二年作“錫”，云：“宋、鄭之間有隙地焉，曰彌作、頃丘、玉暢、嵒、戈、錫。”杜預注：“凡六邑。”陸德明音義：“錫，音羊，一音星歷反。”彥按：一音星歷反，即是作“錫”字，蓋羅氏所見左傳之文如此。

〔四五〕錫，宋、鄭之間，鄭人滅之，以處宋元公之孫：宋元公，春秋宋國國君，姓子名佐，公元前 531—前 517 年在位。左傳哀公十二年：“及宋平、元之族自蕭奔鄭，鄭人爲之城嵒、戈、錫。”杜預注：“城以處平、元之族。”同年左傳：“九月，宋向巢伐鄭，取錫，殺元公之孫。”則鄭確曾城錫以處宋元公孫矣。

〔四六〕商罷：四庫本“罷”作“罟”，當皆“器”字俗體。

〔四七〕商瞿氏：春秋時智者。易乾坤鑿度坤鑿度：“仲尼，魯人。生不知易本，偶筮其命，得旅，請益於商瞿氏。曰：‘子有聖智而無位。’孔子泣而曰：‘天也，命也！鳳鳥不來，河無圖至。嗚呼，天命之也！’嘆訖而後息志停讀，禮止史削，五十究易，作十翼，明也。”　瞿上：地名，在今四川成都市雙流區南與新津縣交界之牧馬山鹽叢祠九道拐一帶。

〔四八〕隯：同“隒”，音 zōng。

〔四九〕三㚇也，湯伐之：三㚇，亦作三㚇、三朡，夏、商時方國，在今山東菏澤市定陶區北。史記殷本紀：“夏師敗績。湯遂伐三㚇，俘厥寶玉。”又書典寶序：“夏師敗績，湯遂從之，遂伐三朡，俘厥寶玉。”孔氏傳：“三朡，國名，桀走保之，今定陶也。”

〔五〇〕艐：“朡”字異體。爾雅釋詁上：“艐，至也。”

〔五一〕史㚇：各本“㚇”均作“夋”。彥按：“夋”乃“㚇”字之譌。史記殷本紀“湯遂伐三夋”，字實作“㚇”，今訂正。　通典㚇：見通典卷一七七州郡七曹州，今本作“朡”。

〔五二〕漢廣川子則封三䤈侯,屬東海:廣川,指漢景帝子廣川惠王劉越。三䤈侯,洪本、吴本、四庫本“䤈”譌“融”,漢書王子侯表上作參䤈侯。東海,郡名,治所在今山東郯城縣。

〔五三〕甘盤,小乙臣,高宗學焉:小乙,商王,殷高宗武丁父。書説命下高宗自稱“台小子舊學于甘盤”。

〔五四〕受遺:古稱大臣接受帝王遺命以輔佐新君執政。小乙將崩,甘盤受遺命輔佐武丁。

〔五五〕爲紂所絮:絮,洪本作“然”,譌;吴本、備要本作“煞”,同;四庫本作“殺”,通。禮記明堂位:“昔殷紂亂天下,脯鬼侯以饗諸侯。”

〔五六〕彪云:鄴西,鬼侯國也:太平寰宇記卷五六磁州滏陽縣云:“九侯城,亦名鬼侯城,在縣西南五十里。……按隋圖經云:‘臨水縣九侯城也。’司馬彪注云:‘鄴西有九侯城,蓋鬼侯國。’是也。”

〔五七〕隋圖經:吴本、四庫本“隋”作“隨”。　臨水縣:治所在今河北邯鄲市峯峯礦區臨水鎮。

〔五八〕今相之滏陽有九侯城:相,州名。滏陽,縣名,治所在今河北磁縣。滏,洪本、四庫本、備要本作“隆”,喬本作“隆”,吴本作“隆”。彦按:隆、隆即隆字俗體,並爲“滏”字形譌。今訂正。

〔五九〕磁:州名。

〔六〇〕誕生音“仇”:誕生,南朝梁輕車録事參軍鄒誕生,撰有史記音(一作史記音義)三卷。史記殷本紀“以西伯昌、九侯、鄂侯爲三公”司馬貞索隱:“九,亦依字讀。鄒誕生音仇也。”

〔六一〕故或謂即阢:吴本“阢”作“𨙹”,誤。

〔六二〕羑:喬本、洪本作“羌”,吴本作“羑”,備要本作“羑”,皆誤,今從四庫本。下“羑里”之“羑”同。

〔六三〕羑里,地在相:羑里,在今河南湯陰縣北。相,州名。

〔六四〕史記,九侯、鄂侯爲紂三公:見史記魯仲連傳,原文作:“昔者九侯、鄂侯、文王,紂之三公也。”

〔六五〕叔虞所封晉陽,所謂大夏:各本“叔虞”作“紂虞”,“晉陽”作“南陽”。彦按:“紂虞”無解。史記晉世家“晉唐叔虞者,周武王子而成王弟”司馬

貞索隱:"唐本堯後,封在夏墟,而都於鄂。鄂,今在大夏是也。"可知"紂虞"當
"叔虞"之誤。又,南陽非晉地,叔虞所封不當在此。考鄭玄毛詩譜唐譜曰:
"唐者,帝堯舊都之地,今曰太原晉陽是。……成王封母弟叔虞於堯之故墟,曰
唐侯。"是知"南陽"乃"晉陽"之誤。今並據以訂正。

　　〔六六〕姓書:出晉鄂侯:姓書,吳本"姓"譌"如"。晉鄂侯,春秋晉國國君,
名郄,公元前723—前718年在位。元和姓纂卷一〇鐸韻鄂:"晉鄂侯之後,子
孫以邑氏焉。"

　　〔六七〕或作"邘":邘,吳本、四庫本作"邗",備要本作"邘",非。史記殷
本紀"以西伯昌、九侯、鄂侯爲三公"裴駰集解引徐廣曰:"一作'邘',音'于'。
野王縣有邘城。"

　　〔六八〕昭十四晉施邢侯者,非:各本"者"作"音",無"非"字。彥按:"音"
當"者"字形譌。作"音"則無論屬上讀或屬下讀,均費解。又,此邢侯乃春秋
晉臣,與正文作爲紂三公之一之邢侯非同一人,故注文"者"下當有"非"字,蓋
脫文。今並據文意訂補。

　　〔六九〕邢,作"邘"訛:喬本、洪本"邢"作"邘",不可解。此從餘諸本。

　　〔七〇〕即云邘侯:吳本、四庫本"邘"字譌"邗"。下"邘爲文王所伐"之
"邘",四庫本同。彥按:"即云"疑"云即"倒文。此句爲並列句,作"或云
即……,云即……"於文爲順。

　　〔七一〕按世紀,邢侯事紂,以忠諫死:太平寰宇記卷五九邢州引帝王世紀
云:"邢侯爲紂三公,忠諫被誅。"　邘爲文王所伐:見史記周本紀。

　　〔七二〕邘見武穆中:見國名紀五周氏武王之穆于。吳本、四庫本、備要本
"邘"譌"邗"。

　　〔七三〕元和郡縣圖志卷二京兆府下鄠縣:"崇侯無道,文王伐之,命無殺
人,無壞室。崇人聞之,如歸父母,遂虜崇侯。"

　　〔七四〕今崇有崇城、崇侯墳,九域志云:虎也:崇,其地不詳。然據元豐九
域志卷一,濮州古迹有崇侯城、崇墳,濮州治所在今山東鄄城縣舊城鎮,則崇地
宜在鄄城一帶。

　　〔七五〕集韻:酅,猥:今查集韻,未見"酅"字,姑存疑待考。猥,蓋取積聚
之義。

〔七六〕彭城北三十垞城：自此而下至"城西南有崇侯廟"，見太平寰宇記卷十五徐州彭城縣。垞，音chá。

〔七七〕輿地志：各本均譌"秦地志"，今據太平寰宇記訂正。

〔七八〕兖人謂實中城曰垞：兖，謂兖州。實中城，蓋謂城内中間爲土丘之城。垞之本義爲土丘，"實中城"之義乃爲其引申義。

〔七九〕廟在山：各本均作"在廟山"。彦按：其地無所謂"廟山"，此當"廟""在"二字誤倒。廟在山者，謂廟在垞上也。今訂正。

〔八〇〕杜云在扈：各本"在"均譌"杜"，今訂正。春秋釋例卷七土地名第四十四之三附盟會圖疏崇國："在雍州西南鄠縣東故鄷宫是。"彦按：説文邑部曰："扈，夏后同姓所封，戰於甘者，在鄠。有扈谷、甘亭。"是則在鄠縣亦即在扈也。

〔八一〕元和志云"在秦、晉之間"：元和志，各本"元"均譌"永"，今訂正。元和郡縣圖志卷二京兆府下鄠縣曰："崇國在秦、晉之間。"　宣元趙穿侵崇以求成于秦：左傳宣公元年："晉欲求成於秦。趙穿曰：'我侵崇，秦急崇，必救之。吾以求成焉。'冬，趙穿侵崇。"

〔八二〕張子厚：即北宋理學家張載，載字子厚。

〔八三〕芮别見：喬本、備要本"芮"譌"芮"，今據餘本訂正。下"虞、芮之訟"、"芮師"之"芮"同。

〔八四〕文王質虞、芮之訟：質，評斷。尚書大傳曰："虞人與芮人質其成於文王。"又曰："文王受命，一年斷虞、芮之訟。"　暨師武伐紂，乃收虞師、芮師：彦按："師武"不辭，疑爲"武師"倒文，謂周武王之軍隊（此"師"字義"軍隊"，與下"虞師、芮師"之"師"義"衆"不同）。本書國名紀三高辛氏後豐作"武王"。

〔八五〕今陝州：治所在今河南三門峽市陝州區。

〔八六〕詩云"密人不恭"者：詩大雅皇矣："密人不恭，敢距大邦，侵阮徂共。"密地在今甘肅靈臺縣百里鄉。　事見周書：逸周書大開武："維王一祀二月，王在鄷，密命。"孔晁注："密人及商紂謀周大命。"劉師培周書補正："案：（孫詒讓）斠補謂高氏史略引作'聞密命'，今本誤挩。其説是也。據孔注，似正文作'聞密謀周命'，今本所挩，匪僅'聞'字。"

〔八七〕預云,東夷國:見左傳昭公四年"商紂爲黎之蒐,東夷叛之"注。

〔八八〕晉侯略狄土,立黎侯:黎侯,春秋黎國國君,其國在今山西黎城縣東北。左傳宣公十五年:"秋,七月……壬午,晉侯治兵于稷,以略狄土,立黎侯而還。"　非文王所戡:文王所戡黎國爲殷商古國,地在今山西長治市西北。書有西伯戡黎之篇,西伯即周文王。　晉志二黎國:見晉書地理志上總敍。

〔八九〕本作"阢":阢,同"飢"。史記殷本紀:"及西伯伐飢國,滅之。"裴駰集解引徐廣曰:"飢,一作'阢',又作'耆'。"

〔九〇〕一年,質虞、芮;二年,伐邘;三年,伐密須;四年,伐犬夷;五年,伐耆;六年,伐崇:見毛詩大雅文王傳孔穎達正義引尚書周傳,"質虞、芮"作"斷虞、芮之訟";亦見於書西伯戡黎序孔穎達正義引伏生書傳,而作"斷虞、芮之質"。質虞、芮,喬本、備要本"芮"譌"芮",今據餘本訂正。下"平虞、芮"之"芮"同。伐邘,吳本、四庫本"邘"譌"邗"。犬夷,即犬戎。

〔九一〕周紀:指史記周本紀。　平虞、芮明年伐犬夷:史記原文"犬夷"作"犬戎"。　又明年伐邘:喬本、洪本、吳本、四庫本"邘"譌"邗",此從備要本。

〔九二〕字書帆:帆,喬本、備要本作"帆",洪本、吳本作"帆",皆非,此從四庫本。

〔九三〕伊帆,古天子號:見集韻脂韻帆。伊帆,吳本、四庫本、備要本"帆"作"阢"。天子,吳本、四庫本譌作"瓜子"。

〔九四〕阢有祁音:阢,四庫本如此,喬本、洪本、備要本作"仇",吳本作"𠈃"。彥按:上文未言及"仇",此無緣作"仇"字,且仇亦無祁音,今從四庫本。祁,洪本、吳本、四庫本作"祈",非是。集韻脂韻,阢、祁同音渠伊切。

〔九五〕兔罝叶迲:喬本、洪本、備要本作"兔罝叶達",吳本作"兔豐千達",並誤。今據四庫本訂正。詩周南兔罝:"肅肅兔罝,施于中迲。赳赳武夫,公侯好仇。"是則仇與迲韻。　趙王歌、龜策傳皆叶之也:吳本"趙"字譌"超"。史記呂后本紀:"七年正月,太后召趙王友。……趙王至,置邸不見,令衛圍守之,弗與食。其羣臣或竊饋,輒捕論之。趙王餓,乃歌曰:'……爲王而餓死兮,誰者憐之!呂氏絶理兮,託天報仇。'"仇與之韻。又龜策列傳載衛平諫宋元王遣龜曰:"王雖遣之,江河必怒,務求報仇。自以爲侵,因神與謀。淫雨不霽,水不可治。若爲枯旱,風而揚埃,蝗蟲暴生,百姓失時。王行仁義,其罰必來。"仇與謀、治、埃、時、來韻，而謀、治、埃、來亦之韻也。彦按：上二句論"仇"字之音，與本條内容風馬牛不相及，豈因上文"阬有祁音"之"阬"譌"仇"而起，然仍令人費解也，疑此文有譌脱。

〔九六〕鄲：吴本作"鄆"。下"舉鄲"之"鄲"同。

〔九七〕酆也：吴本"酆"作"豊"。下"豊縣"之"豊"同。

〔九八〕韓子云："文王侵盂、克莒、舉酆，三舉事而紂惡之"：盂，即邘，在今河南沁陽市西北。莒，在今山西祁縣東南（據清洪飴孫世本輯補）。前"舉"字，謂攻克，占領。喬本、洪本作"事而紂惡之。韓子云：文王侵盂、克莒、舉酆，三舉"。吴本、四庫本、備要本"而"作"周"，餘同喬、洪二本。彦按：所引文見韓非子難二。"事而紂惡之"五字原在"三舉"二字之下，今本路史誤置句首，遂不可解，故或又改"而"爲"周"，然酆既事周，而文王又舉酆，以文王爲何人哉！且以"三舉"煞句，亦文不成義也。今訂正。

〔九九〕春秋徐之豊縣：徐，州名。豊縣，今屬江蘇省。彦按："春秋"二字似不當有。據史爲樂中國歷史地名大辭典，豊縣乃"秦後期置"；又據元和郡縣圖志卷九徐州豊縣及太平寰宇記卷一五徐州豊縣，至隋始改屬徐州。

〔一〇〇〕杜云：析縣南有豐鄉：見左傳哀公四年"司馬起豐、析與狄戎"注。析縣，治所在今河南西峽縣。路史各本"析"字譌"祈"，今訂正。豐鄉，洪本、吴本"豐"作"豊"。

〔一〇一〕閎夭：周文王臣。

〔一〇二〕漢廣陵相閎孺：各本"閎"譌"侯"，今訂正。彦按：漢書尹翁歸傳"而閎孺亦至廣陵相"是也。

〔一〇三〕散宜：洪本"散"作"㪔"，喬本乃譌"枝"，今據餘諸本訂正。

〔一〇四〕散宜生：周文王臣。

〔一〇五〕書大傳散宜生之於陵氏：之，往，至。宋聶崇義三禮圖集注卷一一白琥："尚書大傳説散宜生等之於陵氏取怪獸，尾倍其身，名曰虞。"　淄之長山：淄，州名。長山，縣名，治所在今山東鄒平縣長山鎮。

〔一〇六〕辛甲：參見後紀十三帝禹夏后氏。

〔一〇七〕左傳襄公十八年："夏，晉人執衞行人石買于長子。"

〔一〇八〕見韓非子説林上。　商蓋：即商奄，在今山東曲阜市附近。

〔一○九〕韓非子原文作:“周公旦已勝殷,將攻商蓋,辛公甲曰:‘大難攻,小易服,不如服衆小以劫大。’乃攻九夷而商蓋服矣。”

〔一一○〕參見書牧誓、史記周本紀。

〔一一一〕房之竹山:房,州名。竹山,縣名,今屬湖北省。

〔一一二〕春秋文公十六年:“楚人、秦人、巴人滅庸。”

〔一一三〕左傳文公十六年:“楚大饑,……庸人帥羣蠻以叛楚。”

〔一一四〕見太平寰宇記卷一四三房州竹山縣。

〔一一五〕楚子爲庸浦之役者:庸浦,春秋楚地,在今安徽無爲縣西南長江北岸。左傳襄公十四年:“秋,楚子爲庸浦之役故,子囊師于棠,以伐吴。”彦按:“楚子爲庸浦之役者”八字,疑爲正文闌入注文。

〔一一六〕襄十三,蜀地:各本“襄十三”上有“説”字。彦按:“説”字當在“蜀地”二字下,各本誤倒,遂使書名説文身首異處,今訂正。又,“蜀地”疑爲“楚地”之誤。左傳襄公十三年:“戰于庸浦。”杜預注:“庸浦,楚地。”又,“襄十三,(蜀)[楚]地”五字疑爲注文闌入正文,本爲“楚子爲庸浦之役者”注也。今正文、注文互混,遂不可解。

〔一一七〕見太平寰宇記卷一四一金州。

〔一一八〕楚使盧戢黎侵庸:見左傳文公十六年,“戢黎”作“戢棃”,杜預注:“戢棃,盧大夫。”

〔一一九〕有裨、儵、魚三邑:裨,喬本、洪本、吴本、四庫本譌“禈”,此從備要本。儵(chóu),洪本作“脩”,喬本、吴本、備要本作“修”,四庫本作“儵”,俱誤,今訂正。左傳文公十六年:“又與之遇,七遇皆北,唯裨、儵、魚人實逐之。”杜預注:“裨、儵、魚,庸三邑。”楊伯峻注:“裨、儵、魚恐俱是庸人所帥‘羣蠻’之部落名,杜注不可信。裨、儵所在之地,今已不得知。魚則當在今四川省奉節縣(彦按:奉節縣今屬重慶市)東五里。”

〔一二○〕見書牧誓。孔氏傳:“八國皆蠻夷戎狄屬文王者國名。羌在西。蜀,叟。髳、微在巴蜀。盧、彭在西北。庸、濮在江漢之南。”

〔一二一〕古文作“鑪”:史記周本紀亦作“鑪”。

〔一二二〕齊之長清:齊,州名。長清,縣名,治所在今山東濟南市長清區。齊、鄭尋盧之盟者:尋,重温,重申。左傳隱公三年:“冬,齊、鄭盟于石門,尋盧之盟也。"

〔一二三〕襄之中盧:襄,州名。中盧,縣名,治所在今湖北南漳縣東北。

〔一二四〕見太平寰宇記卷一四五襄州中盧縣。

〔一二五〕文十六年楚師自盧以往者:左傳文公十六年:"(楚)乃出師。……自盧以往,振廩同食。"

〔一二六〕彭水縣:洪本、吳本"彭"譌"鼓"。

〔一二七〕忠之臨江:忠,州名。臨江,縣名,治所在今重慶市忠縣。 即巴賨彭濮者:見國名紀一太昊後風姓國注〔四七〕。洪本、吳本"巴"字作"叱"。濛陽:郡名。唐天寶元年(742)改彭州置,乾元元年(758)復改彭州。治所在今四川彭州市。

〔一二八〕戎之僰道:戎,州名。僰道,縣名,治所在今四川宜賓市翠屏區安阜街道。

〔一二九〕見集韻職韻僰。

〔一三○〕周書世俘云武王伐靡集陳者:集,各本均作"及",當由音譌。今訂正。逸周書原文爲:"侯來命伐靡,集於陳。"孔晁注:"侯來,亦將也。靡、陳,紂二邑也。"

〔一三一〕武王克商,命吕佗伐戲方:吕佗,周武王將,逸周書作吕他。伐,吳本譌"作"。逸周書世俘解:"吕他命伐越、戲方。"莊述祖校刪"越"字。

〔一三二〕春秋襄公九年:"十有二月己亥,同盟于戲。"杜預注:"戲,鄭地。"

〔一三三〕穆鼎有艾侯,作"𢦏":穆鼎,即周穆公鼎,見嘯堂集古録卷上之上。𢦏,備要本作"𢦏",失真。

〔一三四〕王俅以爲"共":見俅撰嘯堂集古録卷上之上周穆公鼎。王俅,北宋古文字學家。

〔一三五〕并之廣陽:并,州名。廣陽,縣名,治所在今山西平定縣。

〔一三六〕吳有艾縣,隋入建昌:參見國名紀三高陽氏後艾。 武寧:縣名,今屬江西省。

〔一三七〕武王俘艾侯、佚侯小臣四百六:今本逸周書世俘解作:"俘艾、佚侯小臣四十有六。"

〔一三八〕姓纂云,商末侯國:見元和姓纂卷一鍾韻恭,原文"商"作"殷",同。

〔一三九〕國,莘:國語鄭語:"前華後河",韋昭注:"華,華國也。"太平寰宇記卷九鄭州管城縣引國語及韋注,"華"作"莘"。彥按:華或作莘,蓋因字形譌混,而非一地異稱,路史之説恐誤。參見國名紀一黃帝之宗注〔二三〕。

〔一四〇〕康成云:商有思侯、梅伯:彥按:思侯當鬼侯之誤。康成語見禮記王制"天子之元士視附庸"注,原文實作"殷有鬼侯、梅伯"。蓋"鬼"字形譌而爲"思",路史乃據立思國之目,謬之甚矣!

〔一四一〕武王禽之:禽,"擒"之古字。逸周書世俘解:"告禽霍侯。"

〔一四二〕參見國名紀五周氏武穆之分霍。

〔一四三〕晉霍:參見國名紀五周氏文王之昭霍。

〔一四四〕莊子田子方:"文王觀於臧,見一丈人釣,而其釣莫釣。"陳鼓應今注今譯:"臧,地名,近渭水,即西安附近。"

〔一四五〕商有遲任,賢者:書盤庚上:"遲任有言曰:'人惟求舊;器非求舊,惟新。'"孔氏傳:"遲任,古賢。"

〔一四六〕集韻引書:迡任:各本"迡"均作"遲",誤。今據集韻脂韻迡訂正。

〔一四七〕湯鄜其手:喬本、洪本作"揚鄜其本",吳本、四庫本、備要本作"揚鄜世本"。彥按:路史所引呂氏春秋見順民篇,今其文曰:"昔者湯克夏而正天下,天大旱,五年不收,湯乃以身禱於桑林。……於是翦其髮,鄜其手,以身爲犧牲,用祈福於上帝。"據之可知,今之所見各本路史,"揚"乃"湯"字形譌,"世"乃"其"字之譌,"本"乃"手"字之譌也。今訂正。又,今本呂氏之"鄜",實亦譌字。俞樾云:"鄜未詳何字。畢校云:'李善注文選應休璉與廣川長書引此,亦作鄜,音酈。似當從歷得聲。善又注劉孝標辨命論,引此作磨,恐是歷字之誤。'今按:畢説是也。呂氏原文本作'歷',後人音歷爲鄜,遂并正文歷字亦誤加阝旁,而歷又誤作磨,於是其字益非矣。歷者,櫪之叚字。説文木部:'櫪,櫪𣏭,椑指也。'韻會引繫傳曰:'謂以木枑十指而縛之也。'亦通作'歷',莊子天地篇'罪人交臂歷指',是也。此云'歷其手',於義正合。"(見諸子平議呂氏春秋一)　若新鄜:各本"若"字皆作"君"。彥按:此之所引,見呂氏春秋精通篇,其文曰:"宋之庖丁好解牛,所見無非死牛者,三年而不見生牛;用刀十九年,刃若新廳研,順其理,誠乎牛也。"今據以訂正。陳奇猷吕氏春秋新校釋云:"吕氏書多用古文,不見於今字書者甚多。此'廳'字當亦是古文,即'礳'字。説文云'研,礳也',是'研礳'爲轉注聯綿詞,亦即'礳研'。'礳'與'廳'皆从麻聲,則廳、礳同聲,吕氏之'廳研'即'礳研',亦即今字'磨研'。"

〔一四八〕當邑國:邑國,古代大夫、諸侯的封地。彦按:羅氏別無他證,僅憑廳字從邑而遽定其"當邑國",可謂武斷之極。

〔一四九〕十三公:謂十倍於三公之封地。鄭玄注王制該句曰:"建,立也。立大國三十,十三公也。"孔穎達正義:"云'立大國三十,十三公也'者,鄭以天子縣内三公之國亦百里,今畿外大國亦百里,是準擬畿内三公之地,故云'十三公也'。每十箇國則準一公,是三十國準於三公也。"

〔一五〇〕十六卿:謂十倍於六卿之封地。鄭玄注王制該句曰:"立次國六十,十六卿也。"孔穎達正義:"云'立次國六十,十六卿也'者,亦以畿内六卿之地方七十里,今畿外次國亦七十里,故知準擬六卿,言十於六卿,六十也。"

〔一五一〕十二小卿:謂十倍於十二小卿之封。各本前"十"字譌"三",今訂正。鄭玄注王制該句曰:"立小國百二十,十二小卿也。"孔穎達正義:"云'立小國百二十,十二小卿也'者,小卿則天子畿内大夫,國方五十里,今畿外小國亦五十里,是準擬大夫,當十於十二小卿也。"

〔一五二〕其餘以爲附庸、閑田:孔穎達疏:"若封人,附於大國,謂之附庸。若未封人,謂之閑田。"

〔一五三〕有功者,取之閑田禄之;其有削地,則歸之閑田:吴本、四庫本"禄"譌"録"。彦按:此亦取自王制,文字略有不同。

〔一五四〕天子之寰縣内:寰縣,指王畿。今王制但作"縣",無"寰"字,鄭玄注:"縣内,夏時天子所居州界名也。殷曰畿,……周亦曰畿。"

〔一五五〕視:比照。

〔一五六〕副:相稱,相當。

〔一五七〕命:猶封。

〔一五八〕三孤:指少師、少傅、少保三職官。

〔一五九〕肦:同"頒",謂頒賜。

〔一六〇〕虞人：主管山澤苑囿之官。

〔一六一〕其餘以禄仕：仕，通“士”。王制原文作“士”。

〔一六二〕餘方百里者六十四：六十四，各本均作“六十”，脱“四”字，今據禮記王制訂補。

〔一六三〕周官以大都之田任畺地，公所受地在焉；小都之田任縣地，卿所受地在焉；家邑之田任稍地，大夫受地在焉：任，用。畺地，距王城四百里外、五百里内之地。縣地，距王城三百里外、四百里内之地。家邑，大夫之采地。周禮地官載師：“以公邑之田任甸地，以家邑之田任稍地，以小都之田任縣地，以大都之田任畺地。”參見本卷上文三皇之世注〔一四六〕。

〔一六四〕然則公邑之田任甸地，元士於此受地可知：公邑，國君直轄，交由大夫管理之地。周禮地官載師：“以公邑之田任甸地。”

〔一六五〕甸、稍、縣、都，無過十二：此謂甸、稍、縣、都四種土地征税之標準。十二，十分之二。周禮地官載師：“凡任地，國宅無征，園廛二十而一，近郊十一，遠郊二十而三，甸、稍、縣、都皆無過十二。”　謂如“百畝而徹”賦民什一：徹，周代的田税制度，十税其一。什，吴本作“十”，同。孟子滕文公上：“夏后氏五十而貢，殷人七十而助，周人百畝而徹。其實皆什一也。”　於一之中，又以十分爲率取二也：又，吴本譌“之”。率（lǜ），計算標準。

〔一六六〕以歸公上：歸，謂交納（田賦）。公上，朝廷。

〔一六七〕千七百七十三國：千七百，喬本、洪本、吴本、備要本並誤倒作“七千百”，今據四庫本及禮記王制訂正。

〔一六八〕八州餘方百里者八十：八十，各本均作“百八十”。彦按：上文“其餘以爲附庸、閑田”羅苹注：“州餘方百里者十，方十里者六十”，與禮記王制合，是也。則“州餘方百里者十”，八州餘方百里者當爲“八十”，而非“百八十”，“百”字乃衍文，今删。　禄仕閑田：洪本、吴本“仕”作“士”。

〔一六九〕寰内，夏后氏之畿也：見上注〔一五四〕。

〔一七〇〕夏氏之衰，戎狄内侵，諸侯相并，國威數少；商湯承之，更制中國，方三千里以爲九州，建此一千七百七十三國：見禮記王制“凡九州，千七百七十三國。天子之元士、諸侯之附庸不與”注，文字略有異同。

〔一七一〕見通典卷三一職官十三歷代王侯封爵。

〔一七二〕資：助。

〔一七三〕王斶：吳本作“王獨”。彦按：當作顔斶。參見後紀十二帝舜有虞氏注〔一三三〕。戰國策齊策四載顔斶對齊宣王曰：“及湯之時，諸侯三千。”

〔一七四〕洛誥傳云：武王伐殷，同國三千：蓋尚書大傳佚文。

〔一七五〕長育其材，設其禮義，被之文章，使可與事宗廟也：長育其材，喬本作“長百其村”，費解，今從餘諸本改。彦按：此四句與上下文不相關聯，突兀於此，疑由別處錯簡而來。

〔一七六〕千八百者，周家之始受也：孝經説稱：“周千八百諸侯，布列五千里内。”（見禮記王制鄭玄注引）

〔一七七〕此於禹服五千里内斷長補短：禹服，謂夏禹五服，即夏時疆土。書益稷：“弼成五服，至于五千。”　三代同也：洪本“代”譌“伐”。

〔一七八〕周公復唐虞之舊，爲七千里：喬本、洪本、吳本“七千”譌“七十”，今據四庫本、備要本訂正。禮記王制鄭注：“夏末既衰，夷狄内侵，諸侯相并，土地減，國數少。殷湯承之，更制中國方三千里之界，亦分爲九州，而建此千七百七十三國焉。周公復唐虞之舊域，分其五服爲九，其要服之内亦方七千里，而因殷諸侯之數廣其土，增其爵耳。”

〔一七九〕烏在七千里哉：洪本“在”譌“杜”。

〔一八〇〕夏之萬國，至商湯，至周，逾數百年間，不應所減如此：彦按：此但言夏之至商湯，下文方言商之去周，“至周”二字蓋爲衍文。

〔一八一〕商之去周，又數百年：洪本“之去周又”四字爲闕文，吳本則脱奪。

〔一八二〕書傳云：洪本、吳本“云”譌“去”。　退見文武之尸者，千七百七十三諸侯：見禮記王制孔穎達疏引洛誥傳，其文曰：“天下諸侯之來，進受命於周[公]，退見文武尸者，千七百七十三諸侯。”尸，神主，神像。

〔一八三〕玄謂此周所因商世九州諸侯之數：見上注〔一七八〕。

〔一八四〕號數：宣稱之數。

〔一八五〕千里之外曰采、曰流：鄭玄注：“（采，）九州之内地，取其美物，以當穀税。”又曰：“（流，）謂九州之外也，夷狄流移，或貢或不。”

〔一八六〕服治田：服，致力，從事。治田，耕田。

〔一八七〕上言采，下言流，其中舉矣：上，吴本作"二"（"上"字之古文如此，但更可能是刻錯了字）。舉，猶得。

〔一八八〕御府：帝王的府庫。

〔一八九〕參見後紀十一帝堯陶唐氏注〔一二六〕。

〔一九〇〕太府入賦：太府，周禮主管府藏之官。入，喬本、洪本、備要本譌"八"，今據吴本、四庫本訂正。

〔一九一〕王府：猶官府，指公家的府庫。

〔一九二〕御：進用，進獻。

〔一九三〕以屬制名，大事從其長，小事則專達：專達，不經稟報自行上達，典出周禮天官小宰："以官府之六屬舉邦治：一曰天官，其屬六十，掌邦治，大事則從其長，小事則專達；二曰地官，其屬六十，掌邦教，大事則從其長，小事則專達；三曰春官，其屬六十，掌邦禮，大事則從其長，小事則專達；四曰夏官，其屬六十，掌邦政，大事則從其長，小事則專達；五曰秋官，其屬六十，掌邦刑，大事則從其長，小事則專達；六曰冬官，其屬六十，掌邦事，大事則從其長，小事則專達。""專達"之"達"，洪本作"逹"，即"達"字；吴本作"𨗁"，已譌；餘本作"遠"，尤誤。今訂正。彦按：此蓋以"五國以爲屬"之"屬"音 zhǔ，取託付、委託義。又，羅氏之説實本北宋陸佃（陸説見宋衛湜禮記集説卷二六）。下關於"連"、"卒"之釋義同。

〔一九四〕如聯也：聯，特指官府協同處理事務。周禮天官太宰"三曰官聯，以會官治"鄭玄注："聯謂連事通職，相佐助也。"孫詒讓正義："謂連聚數官，旁通它職，互相佐助，以合治一事。"

〔一九五〕州二十一帥：吴本、四庫本"二十一"作"二十二"，誤。

〔一九六〕言以比追胥，令貢賦，如卒也：言，喬本、洪本、吴本作"苦"，蓋由"言"字篆書楷化而誤，今從四庫本、備要本。令，喬本譌"今"，今據餘諸本改。"以比追胥，以令貢賦"，語出周禮地官小司徒。比，考覈評比。追胥，林尹周禮今註今譯："鄭注云：追，逐寇也；胥，伺捕盜賊也。按追謂抵禦外侮之正規軍隊，胥猶今之保安部隊及警察。"令，謂推行政令。貢賦，土貢和賦税。彦按：卒，差役。比追胥、令貢賦皆非卒之事，疑陸氏未必以周禮中義視之也。比有"如同"之義，追胥於宋代有"追租之公差"義，令有"使令"義，貢賦亦可視爲動賓結構,陸氏豈以此解之乎？

〔一九七〕卒有正：正,官名。

〔一九八〕連帥比年柬車,卒正三年柬徒,羣牧五年大柬車徒：比年,每年。柬,亦作“簡”,選擇,選用。喬本上諸“柬”字均譌作“東”,今據餘諸本訂正。徒,人衆。大柬,吳本“大”譌“六”。班固漢書刑法志：“五國爲屬,屬有長;十國爲連,連有帥;三十國爲卒,卒有正;二百一十國爲州,州有牧。連帥比年簡車,卒正三年簡徒,羣牧五載大簡車徒,此先王爲國立武足兵之大略也。”

〔一九九〕各以其屬屬於天子之二老：禮記王制作“各以其屬屬於天子之老二人”。鄭玄注：“老謂上公。……春秋傳曰：‘自陝以東,周公主之;自陝以西,召公主之。’”

〔二〇〇〕八州八伯,五十六正：吳本作“八州八百六十六正”,誤。　一百六十八帥：喬本、洪本、吳本“十”譌“千”,今據四庫本、備要本改。

〔二〇一〕方伯：洪本“伯”譌“伯”。

〔二〇二〕收天下也：收,聚攏,謂團結。洪本“天”譌“犬”。

〔二〇三〕在小國也：在,在乎,在意。

〔二〇四〕大字小：字,撫愛,愛護。　春秋之所與也：與,贊許,贊賞。左傳昭公三十年：“禮也者,小事大、大字小之謂。”

〔二〇五〕黎侯迫逐,衛宣不救,而旄丘以爲責：四庫本“丘”作“邱”。見國名紀五周氏注〔五二五〕。

〔二〇六〕許人不弔：四庫本“弔”作“吊”,同。春秋昭公十八年：“夏,五月壬午,宋、衛、陳、鄭災。”同年左傳：“(鄭)使行人告於諸侯。宋、衛皆如是。陳不救火,許不弔災,君子是以知陳、許之先亡也。”

〔二〇七〕詩云：“伯也執殳”,此州伯也：殳,杖類兵器,頂端有棱。洪本作“叟”。詩衛風伯兮：“伯也執殳,爲王前驅。”彦按：毛詩序云：“伯兮,刺時也。言君子行役,爲王前驅,過時而不反焉。”鄭玄箋：“衛宣公之時,蔡人、衛人、陳人從王伐鄭。伯也爲王前驅久,故家人思之。”朱熹集傳云：“伯,婦人目其夫之字也。”甚是。羅氏以爲州伯衛宣公,大謬。

〔二〇八〕時齊侯亦自謂小伯：小伯,諸侯中的小盟主。伯,通“霸”。國語鄭語：“齊莊、僖於是乎小伯。”韋昭注：“小伯,小主諸侯盟會。”

〔二○九〕是故什伍之法,於州鄉則聯其民,於師畋則聯其徒,於宿衞則聯其官:自此而下至“夫然故能以天下爲一家而無外虞”,乃襲取宋陳祥道禮書卷三三方伯連帥之職説。什伍之法,謂户籍管理之法。古代户籍編制,五家爲伍,十户爲什,相聯相保。師畋,謂征伐與田獵。徒,謂兵卒。宿衞,在宫禁中值宿,擔任警衞。官,長官。

〔二一○〕虞:憂患,憂慮。

〔二一一〕此大司馬“比小事大,以和邦國”若職方氏“邦國小大相維”之事也:若,與,及。周禮夏官大司馬:“比小事大,以和邦國。”鄭玄注:“比,猶親。使大國親小國,小國事大國,相合和也。”周禮夏官職方氏:“凡邦國,小大相維。”鄭玄注:“(維,)相維聯也。”

〔二一二〕而世之治不治,子孫之世不世,無不在乎此也:“世不世”之“世”,繼承。無,各本均作“有”。彦按:據文意,此“有”當作“無”;作“有”,則意思全然相反。蓋涉上文“有不足以寧天下”之“有”而譌,今訂正。

〔二一三〕其所以未亡而再集者,幸有窮之顛越,而少康之明賢爾:集,安定。顛越,墜落,栽跟頭。明賢,賢明。

〔二一四〕非無彊大也,然而載祚數百:無彊,無窮。彊,通“疆”,四庫本作“疆”。載祚,猶年祚,謂享有的年數。　世乏令主,猶克永世,雖危無咎,——則周公之法在而四國不能以相賓也:令主,賢德之君。克,能。永世,世代長久。四國,四方諸侯國。不能以相賓,謂不能以賓客視之,即祇能以主人視之。相賓,猶言賓之。

〔二一五〕則亂之起有繇矣,豈設法之罪哉:繇,通“由”,因由。設法,喬本、洪本、吳本、備要本作“法設”,今從四庫本,以與上文“先王之設法”相應。

〔二一六〕司馬氏之季天下裂于夷狄:此謂晉末天下分裂,是由於少數民族政權之軍事入侵。　大業之際天下散于盜賊:此謂隋末農民起義,導致了隋王朝之崩潰。盜賊,古代對采取反抗行動、發動叛亂者之貶稱。　其爲禍亦至矣:洪本“禍”作“祸”,同。

周世侯伯[一]

丁　　　武王時丁侯,叛者[二]。

羑[三]　　羑侯。今武功縣界有羑陽故城[四]。或云湯陰者，非。湯陰北六里有羑城、羑水。城北臨水，周二百五十步，即羑里城，史言牖里[五]。元和志：牖里一名羑城，湯陰北九里[六]。通典，相州湯陰羑里城[七]。隋圖經：湯陰有防城；紂囚文王，築此防之[八]。

濁　　有濁氏、元后傳有濁賢[九]。濯氏。鄭有子濯孺子[一○]。風俗通云，濯輯之後[一一]。説文：濁水出齊郡屬鉅山東北[一二]。

紂　　穆王伐之，大起九師，東至九江，蚖蟬爲梁[一三]。在江東矣[一四]。紀年四十七年[一五]。

因　　穆王西征，至因氏。郭云：國也[一六]。近河。

房　　穆王里圃田之路，東至于房[一七]。郭云：房子國，趙地，有嶵山[一八]。紀年作“魴”。即高邑之地[一九]。十道志云：高邑，趙房子也。通典云：趙臨城，舊房邑也[二○]。寰宇有房子城。漢之鄗邑，後漢之高邑[二一]。

郲[二二]　　穆天子傳有郲子，郭云：“夷國。有德者稱子。”[二三]

㓉[二四]　　㓉，㑃也，㓉伯綮國。穆天子西征，至于㓉，河宗之子孫㓉柏綮逆天子[二五]。郭：“叵肯切。柏，爵；綮，名[二六]。”廣韻上聲引之，云：漢有㓉城侯[二七]。又步登切，故楚漢春秋作憑城[二八]。又作“馮”，馮、朋通也。地記陳倉有㓉城，云河宗之子孫則宜在此，非沛之䣄[二九]。姓纂作䣄伯綮。穆傳今作䣄伯絮，訛。

䣄　　説文：“沛城父有䣄鄉[三○]。”玉篇蒲梅切。蘇林、廣韻爲薄回切，云：“鄉名，在右扶風。”[三一]集一作“㓉”，又音浮[三二]。顔爲薄肯切，則又誤矣[三三]。姓纂䣄氏，以爲出伯綮國，在虞、芮間者，妄[三四]。或作“邙”，非[三五]。諸㓉、䣄、㑃、㓉字，並詳字經[三六]。

劀[三七]　　䣄是。春秋劀得之先[三八]。訛爲㓉，苦怪切。括地志：河南縣西四十有㓉亭[三九]。縣今有㓉鄉。玉篇、説文邙從畝省,汝南安陽鄉名^{〔四〇〕}。或作"賷"^{〔四一〕}。

穆天子^{〔四二〕}。

詩邿　邿也。魯取之。襄十三。預云:亢父有邿亭^{〔四三〕}。亢父隸濟^{〔四四〕}。説文:"附庸國^{〔四五〕}。"漢志:詩亭,詩國^{〔四六〕}。水經云:春秋詩國也^{〔四七〕}。在任城界。欒盈克邿,乃齊地^{〔四八〕}。例云:"平陰城西有邿山^{〔四九〕}。"

鄆　成六年,取鄆^{〔五〇〕}。外紀云,附庸^{〔五一〕}。

枸　邠之三水東北二十五枸原上有古枸城^{〔五二〕}。見寰宇記。郡縣志云:安定縣界有三水故城^{〔五三〕}。周鼎銘云"王命尸臣:'官此枸邑'"者,班固以爲文昭,元和志從之,非也^{〔五四〕}。應云:郇侯,伐晉者^{〔五五〕}。今渭水南一里有故城^{〔五六〕}。武德元爲郇州,三年廢^{〔五七〕}。皆因固誤^{〔五八〕}。城今在鄜。

淖　楚淖國,先爲淖氏^{〔五九〕}。集韻音"卓"。魯共王淖姬^{〔六〇〕}。

福^{〔六一〕}　周器南宮中鼎云"福人"是^{〔六二〕}。説文有"祓"^{〔六三〕}。

賴^{〔六四〕}　子爵。蔡之褒信有賴亭。楚滅之。昭四年。非炎帝後賴^{〔六五〕}。春秋"威賴",古本作"厲",故世以爲即厲,非也^{〔六六〕}。晉志,厲、賴二國^{〔六七〕}。又哀六安孺子如賴,乃齊地^{〔六八〕}。

郵^{〔六九〕}　王良邑,爲郵氏^{〔七〇〕}。

庫^{〔七一〕}　吕覽晉文之霸,東伐庫盧者^{〔七二〕}。

渠　畿内國,周大夫渠伯糾^{〔七三〕}。後有渠氏。昭二十六渠,周地^{〔七四〕}。

昔　周大夫所封。見風俗通。通作"夕",故有夕侯。後有昔氏、夕氏。鉅鹿故昔陽城。一云貝丘,今恩之清河,有鄈亭^{〔七五〕}。乃音"藉"^{〔七六〕}。清河乃秦厝縣,貝州也。或云臨邛有鄈鄉,非^{〔七七〕}。

用　風俗通云:古用國,見毛詩^{〔七八〕}。在高唐,乃用地,故有用姓^{〔七九〕}。名士録有用羽之^{〔八〇〕}。

吕^{〔八一〕}　徐之彭城東有吕梁城,五十九里^{〔八二〕}。春秋爲宋地,漢吕縣。

郙 甫也。汝南上蔡有郙鄉、郙亭。或云即吕,非也。孝經偶引吕刑爲“甫”尒[八三]。

鄅 在潁川。玉篇云“甫侯所封”,非。按鄭世家有鄅公,本許云[八四]。

鄚 鄭地。今滎陽有鄚水城。鄚水,溱也。而故鄚城在襄邑東南,有故城,襄元年次鄚者[八五],隸拱州[八六]。非妣姓鄚[八七]。故晉志有二鄚國[八八]。

宋 春秋有宋子,乃小國。今趙之平棘有宋子故城,漢之宋子縣。非微子封國[八九]。

鄭[九○] 奥。一作郁。有郁氏。姓苑。

慎潰 魯有慎潰氏,奢侈逾法敗。家語[九一]。

沈猶 古附庸後,魯沈猶氏。孟子有沈猶行[九二]。姓苑云,太山人[九三]。漢劉歲爲沈猶侯,地在千乘[九四]。韻直忱切。師古音“審”,云“沈亭是”[九五]。

無終 無終子,翟國。今薊之玉田[九六]。漁陽亦其地[九七]。晉咸之。燕爲右北平[九八]。有無終山,故無終縣在右北平城西三十[九九]。萬歲通天二爲玉田[一○○]。以蔽北燕之路[一○一]。亦春秋之山戎[一○二]。

零支 齊桓公北制零支[一○三]。今平之盧龍,故零支縣,古離支也[一○四]。

皋虞 故侯國,漢郎邪皋虞縣[一○五]。

中牟 佛肸邑[一○六]。今縣,隸開封,開皇之内牟,北十二有中牟故城[一○七]。又河北有中牟,在溼之北,趙獻侯徙治者,晉地[一○八]。瓚説詳矣[一○九]。班固、杜佑以爲滎陽中牟縣,故樂史以爲河南有肸墓,因年表誤之[一一○]。衛侯如晉,過中牟,不在趙之東也[一一一]。定九年“晉車千乘在中牟”,預嘗疑之,吳曾云:當在溫水之上[一二]。迨疑年表趙都中牟,謂新鄭恐趙嘗都,亦繆矣[一三]。

東牟　文登西北百一十有東牟古城[一一四]。

堂陽　九域記,漢縣[一一五]。今隸冀。城冢記:商之太子封母弟才爲堂陽侯[一一六]。在堂水之陽[一一七]。

闕鞏　國也。昭十五年傳有“闕鞏之甲”[一一八]。

郇瑕　預云:郇瑕,古國[一一九]。僖二十四郇,郇瑕氏[一二○]。伏氏云:在解東郇瑕氏之虛也[一二一]。地薄水淺,近於鹽,謂鹽澤也[一二二]。然郇與瑕二。郇音環,詳周國中[一二三]。瑕見卷末[一二四]。

析成　今鄧之內鄉。

介根　東夷。預云:黔陬東北計基城即介根國[一二五]。漢之計斤,今密東南四十計斤故城[一二六]。廣記:密之膠西,介葛廬國;黔陬隋省入膠西[一二七]。故城在今諸城東北百一十。

徐吾[一二八]　徐吾氏,茅戎之別[一二九]。後有徐吾氏。今潞之屯留西北三十有故漢餘吾城[一三○]。

閼與[一三一]　通典:儀之和順,韓之閼與[一三二]。趙奢破秦軍處[一三三]。和順,今隸遼[一三四]。寰宇記:今名烏蘇城,銅鞮西北二十[一三五]。今潞之銅鞮,故閼與城,漢梁榆也[一三六]。九域志:一曰榆城[一三七]。盧諶征艱賦云:“訪梁榆之虛郭,弔閼與之舊都”,謂此[一三八]。

安陵　國事云,小國侯[一三九]。其後氏。安陵纏爲楚王妃父[一四○]。

卑梁　吳之邊國。卑梁氏,卑梁人也,楚威之[一四一]。今濠之鐘離[一四二]。吳世家:昔卑梁女與鐘離人爭桑相攻,遂滅卑梁[一四三]。吳世家。左無之[一四四]。

曲梁[一四五]　晉伐之[一四六]。宣十五。今之潞[一四七]。預云,廣平曲梁縣[一四八]。今洺之雞澤,漢曲陽地[一四九]。

仇吾　一曰仇繇。韓子云:仇繇小國,爲智伯所威[一五○]。後有仇吾氏。吕春秋:中山國有厹繇之君,智伯伐亡之〔一五一〕。即“厹”之誤〔一五二〕。一作“厹猶”,非。國事云:智伯欲伐之,遺以大鍾〔一五三〕。韓子:智伯以大鐘遺仇繇。見二十卷〔一五四〕。二十六卷又云:遺以廣車〔一五五〕。按河東孟縣有原仇城,元和志以爲仇繇,樂云:即孟之外城,仇繇城俗名原仇〔一五六〕。九域志亦在太原并〔一五七〕。

厹猶　班志屬臨淮,今泗之漣水〔一五八〕。代以爲即仇繇,非,智伯所伐不在是〔一五九〕。

鍾吾　一作鍾吳。春秋鍾吳子國,昭二十七〔一六〇〕。吳威之〔一六一〕。預云:泗之宿遷西北十里司吾故城是〔一六二〕。寰宇“峒峿”,俗〔一六三〕。爲鐘吾氏。漢尉氏令鍾吾蒼〔一六四〕。

餘丘　於餘丘也。莊二慶父伐之〔一六五〕。預云爲邾所併,故二傳云邾邑〔一六六〕。經不繫邾,魯附庸也,邑不言伐〔一六七〕。

沙隨　春秋地名云,本國也。今南京寧陵西北七有沙隨亭〔一六八〕。成十六,預云北〔一六九〕。

浮來　即邳來,紀邑〔一七〇〕。今東莞北有邳鄉,邳鄉之西有公來山——邳來澗〔一七一〕。

彭戲　秦武公元年,伐彭戲氏于華山〔一七二〕。地近華陰。

蚳丘　音“移”。封者爲氏。泰山蚳丘縣〔一七三〕。

葵丘　外黃東有葵丘,大夫邑食者氏焉〔一七四〕。英賢傳有葵丘欣。

潁　春秋圖有潁國。樂云,潁侯國〔一七五〕。通典以爲洛之潁陽〔一七六〕。考叔邑,即城潁〔一七七〕。許之長葛西一里有故潁城、潁谷。考叔冢在汝,廟在許〔一七八〕。亦有周潁。昭九年潁,周地〔一七九〕。

蘧　伯玉先國〔一八〇〕。陳留傳云,長垣有蘧伯鄉——一曰新鄉、伯玉之冢〔一八一〕。

單	單伯，魯孤〔一八二〕。與周之單子別〔一八三〕。
介	之推先國，即汾之介休〔一八四〕。有介山——縣上山，地今沁之縣上〔一八五〕。竇苹以爲密界〔一八六〕。晉黔陬，乃介根也〔一八七〕。
駕	楚附庸。吳圍巢，伐駕，圍釐、虺者〔一八八〕。成十七年。
湯	
亳	秦寧公二年，伐湯；三年，與亳戰〔一八九〕。蓋京兆杜亳〔一九〇〕。
豐〔一九一〕	秦襄公以弟穆嬴爲豐王妻〔一九二〕。地蓋豐水之西〔一九三〕。一作“酆”〔一九四〕。昔文王侵盂、克莒、舉酆，三舉而紂惡之〔一九五〕。韓子。預云，南鄉析縣南有酆亭〔一九六〕。哀四。
譚	
儲	齊大夫有儲子〔一九七〕。姓源云：“儲人後”，繆。
酁	春秋酁、闡，一作“讙”，在鉅平〔一九八〕。今濟北蛇丘西下讙亭，唐入鉅野〔一九九〕。今濟治。然此爲聞喜之酁，有酁亭，自音“圈”〔二〇〇〕。水經：虵水逕下讙城南〔二〇一〕。即灌水也〔二〇二〕。今龔丘。
析	所謂“析、酈”，楚附邑，白羽之地〔二〇三〕。“秦人過析隈”，今鄧之内鄉〔二〇四〕。有淅水〔二〇五〕。魏淅州，故漢南陽淅縣。
聊〔二〇六〕	聊、莒、即墨，皆齊東界〔二〇七〕。今博之聊城，漢屬東郡。
攝昭二十	晏子云：“聊、攝以東”，故博平是〔二〇八〕。今聊城東北三十有故攝城〔二〇九〕。博平西南二十〔二一〇〕。或以“聊攝”爲一，誤。
博	兗之奉符，漢之博縣，隋爲博城〔二一一〕。
涓	齊有涓子，涓蜀良之先〔二一二〕。荀子涓蜀良，“濁良”非〔二一三〕。
離	本舒鳩地〔二一四〕。今通利軍之黎陽有故東離城，漢鄧弱

爲離侯於此。史表或云黎，非[二一五]。

儀 “儀封人”，儀之封人也[二一六]。注：衛邑。今開封東明西北二十有儀城[二一七]。

后 宜即郈[二一八]。有后氏。弟子后處[二一九]。云出后土，妄[二二〇]。

牟 牟子國。楚威之，爲附庸。預云，泰山牟縣[二二一]。今奉符[二二二]。廣記：奉符，漢牟縣，故牟國。樵云登之牟平，非[二二三]。

鄄 莊十四[二二四]衛縣大夫鄄子士[二二五]。音“眷”。“衛侯自鄄入”，哀十七[二二六]。本齊豹邑[二二七]。曹植之封[二二八]。晉八王故事云：東海王越治鄄城，城無故壞[二二九]。今濮之鄄城，漢屬濟陰[二三〇]。

邧 本紀邑。有邧故城，在青之臨朐東南。

鄑 莊十一年鄑，魯地[二三一]。舊云都昌西之訾城。詳楚後訾[二三二]。

郚 密之安丘西南六十故郚城，漢郚縣[二三三]。杜云：卞縣南，又朱虚東南有郚城[二三四]。隨之郚縣，縣武德中併[二三五]。文七年五梧，紀邑，後屬魯，南與邾境[二三六]。莊元，齊遷紀邧、鄑、郚[二三七]。凡書“遷”者，自是威矣。

崇 春秋之箕、崇，小國，趙穿侵崇者，非崇侯國[二三八]。

盧 九域志：盧州，古盧子國[二三九]。劫[二四〇]。有盧氏。

郲 鄭地，時來也。預云，滎陽東釐城[二四一]。

吕 河東永安。博物、古今地名記有吕鄉，吕甥之邑[二四二]。郡縣志云，霍邑西南十里有吕城。紀聞云：霍邑，古吕州，即麁也[二四三]。唐爲吕州。麁即永安。其城甚固。紀年：“晉獻公十九年，會虞師伐虢，威夏陽，虢公醜奔衛。乃命瑕父吕甥邑于虢都[二四四]。”志云，北虢也[二四五]。非彭城。樵云：彭城東五十九里吕梁，漢吕縣[二四六]。

肥二 漢故肥城，今在鄆之平陰[二四七]。志：肥子國，屬泰山[二四八]。

唐隸濟。然菑川劇自有肥亭，志亦云肥子國，蓋二邦云〔二四九〕。

魚　魚人逐楚師者，文十九〔二五〇〕。長楊之魚城也〔二五一〕，長楊西北五十，四面險絕〔二五二〕。舊云魚復。通典：夔州，春秋魚國也〔二五三〕。然魚復之名，始於漢世，即魏之人復〔二五四〕。故城在州西十五沔河東十五。裨、儵、魚，庸之三邑〔二五五〕。

裨〔二五六〕

儵　文十七年："待于儵〔二五七〕。"樵云，晉、鄭之境〔二五八〕。

漆　從征記：高平南平陽東北有漆鄉〔二五九〕。杜同〔二六〇〕。定十五年"城漆"，邾庶其以徠奔者〔二六一〕。襄二十一。今兗有古漆城。

宛　即有宛。長垣西南有宛亭，近濮水，衛宛濮也〔二六二〕。

戎　戎州己氏邑，今宋之楚丘〔二六三〕。九州記云：己氏，戎君之姓，混吾之後〔二六四〕。漢己氏縣。哀十七〔二六五〕。預云濟陽東南有戎城，此會潛、伐凡伯者〔二六六〕。隱二。又，山戎在漁陽，國都城記云：燕北通山戎。莊三十：公及齊侯遇于濟，謀山戎，以其病燕也〔二六七〕。今幽州東二百十三漁陽縣〔二六八〕。茅戎在陝〔二六九〕，杜云：大陽西有茅亭〔二七〇〕。亭今在弘農陝〔二七一〕。有茅城，樵在陳留〔二七二〕。襄戎在秦〔二七三〕，九域記：秦州有平襄城，古襄戎邑漢陽〔二七四〕。驪戎在新豐〔二七五〕，莊二十八〔二七六〕。瀘戎〔二七七〕，桓十三〔二七八〕。姜戎，僖三十三〔二七九〕。陰戎。昭九。

蠻　哀四年，蠻氏潰，蠻子赤奔晉〔二八〇〕。今河東伊陽伊闕鎮，即古戎蠻子國〔二八一〕。漢新城，唐伊闕也〔二八二〕。寰宇以梁縣西南蠻中聚爲其國，今謂麻城〔二八三〕。

夷　紀所伐夷國也〔二八四〕，隱元〔二八五〕。城陽壯武，治夷安〔二八六〕，漢壯武城在即墨西。非魯地之夷閔二煞哀姜處〔二八七〕。若皋夷、蕪湖東。淮夷。僖十三。東夷居淮上者。安國以爲徐夷之屬，非也〔二八八〕。

閟宫詩與昭四年春秋,淮夷、徐明爲二〔二八九〕。

狄　　　翟也,晉語“蒲人、翟人”〔二九〇〕。狄類非一,居中國者,
　　　　若白狄,僖三十三、宣八〔二九一〕。與秦同州〔二九二〕。預云:故西
　　　　河地有白狄部胡〔二九三〕。神異記,白狄先〔二九四〕。今鄜、坊、綏、
　　　　延間,皆其地〔二九五〕。一云:白翟居乃秦高奴;故董翳爲翟王,都高
　　　　奴〔二九六〕。今膚施。中行穆子伐翟,乃鮮虞;列子言襄子攻
　　　　翟,取左人、中人,則鮮虞矣〔二九七〕。

开〔二九八〕　开羌,居金城,今蘭之五泉〔二九九〕。

逯　　　風俗通云:逯,秦邑。集韻音“錄”。有录氏、逯氏。漢有
　　　　逯並〔三〇〇〕。高騈將逯並〔三〇一〕。

　　右周世侯伯之國〔三〇二〕。

　　事之宏遠,固有不得盡計於其始而有俟於後之人者〔三〇三〕。
封建之事,非一世之利,固非一旦之可爲;非一朝之事,亦非一日
之可計。要必因其平時,漸而爲之,則何事而不立? 是故古先哲
王,擇明賢,比勳德,年增而歲益之,所以成爪牙之勢者,固非一旦
而衆建之也〔三〇四〕。修禮法,謀連帥〔三〇五〕,朝屬而夕勉之,所以爲
長久之計者,固非一日而驟爲之也。規模者,本之前善,善者存乎
後〔三〇六〕。是故羲炎以來,歷載千百,而封建之設,猶有遺利。則
凡事之立,固不在乎始謀之善不善者。

　　漢封諸侯,初本率意,事微周度,是以土宇過制,歲未幾何而
叛九起,則其始謀者既不善矣〔三〇七〕。誠使惠、文、景、武而徠,克
原其故,修方伯,謀連帥,明君臣、父子之恩,正疏戚尊卑之分,漸
而維之,使安其樂,絀貪殘,寵賢德,崇惠而涵養之,則三代之緒,
將復見矣〔三〇八〕。奈何吹齏過計,一饐廢膳〔三〇九〕,遂使成功頓毀,
美惡俱盡,而不可以復起,豈不惜諸? 是故成久長之業者,必非一
旦之可爲也。

　　周有天下,商之諸侯存者猶千八百,因而崇之,故爲勢易。而
説者謂周之興也,八百之侯同會伐紂,故不得而不封;且以爲一旦
封之〔三一〇〕。此皆書生嘽嘤嘗試,疏闊譚也〔三一一〕。

　　暴長者,云云〔三一二〕。摧久長之業,造速成之功,此非陛下之
福〔三一三〕。天下非一時之用,海内非一旦之功。云云。朱
浮云〔三一四〕。

【校注】

　　〔一〕周世侯伯:此四字章目原在後文詩條之前。然此下所述即爲周世侯
伯,可知其爲錯簡,今訂正移此。

　　〔二〕藝文類聚卷五九引太公金匱曰:“武王伐殷,丁侯不朝,尚父乃畫丁
侯射之。丁侯病,遣使請臣。尚父乃以甲乙日拔其頭箭,丙丁日拔目箭,戊己
日拔腹箭,庚辛日拔股箭,壬癸日拔足箭,丁侯病乃愈。四夷聞,乃懼,越裳氏
獻白雉。”

　　〔三〕羑:四庫本如此,餘諸本均作“羗”。彦按:據下羅苹注文稱湯陰北六
里有同名之城及水,又云“即羑里城”,則字當作“羑”,蓋作“羗”者形譌。今姑
從四庫本。下“羑侯”、“羑陽”、“羑城”、“羑水”之“羑”同。

　　〔四〕今武功縣界有羑陽故城:彦按:“羑陽”當“美陽”之誤。元和郡縣圖
志卷三涇州云:“漢分北地郡置安定郡,即此是也。……後漢安帝永初五年,
徙其人於美陽以避羌寇,郡寄理美陽,在今武功縣界美陽故城是也。”美陽故城
在武功界,亦見於太平寰宇記卷三二涇州。今考史籍,未見其地另有稱“羑陽”
者,是“羑”當“美”字之譌。頗疑路史因據史籍譌字而立此條,實則子虛烏
有也。

　　〔五〕史言牖里:各本“言”均作“音”。彦按:“音”字於此費解,當是“言”
字形譌,今訂正。史記魯仲連傳有“文王聞之,喟然而歎,故拘之牖里之庫百
日”語。

　　〔六〕元和志:牖里一名羑城,湯陰北九里:見元和郡縣圖志卷一六相州湯
陰縣,今中華書局 1983 年版賀次君點校本“羑城”作“羑里”,文淵閣四庫全書
本則作“羑城”。

〔七〕見通典卷一七八州郡八相州湯陰縣。

〔八〕隋圖經:洪本"圖"作"国",餘本均作"國"。彥按:"国"、"國"當"圖"字之譌。太平寰宇記卷五五相州湯陰縣云:"防城,隋圖經云:'湯陰縣有防城,即紂囚文王于羑里,築此城以防之,後因曰防城。'"今據以訂正。

〔九〕元后傳有濁賢:元后傳,漢書篇名。濁賢,吳本、備要本作"濯賢",誤。

〔一○〕鄭有子濯孺子:有,喬本、洪本、吳本、備要本譌"自",今據四庫本訂正。子濯孺子,春秋鄭大夫,善射。見孟子離婁下。

〔一一〕濯輯:古賢人。

〔一二〕説文:濁水出齊郡厲鉅山東北:彥按:路史此文有誤。考説文水部濁篆,今本文作:"水。出齊郡厲嫣山,東北入鉅定。"段玉裁注:"'厲'當作'廣','嫣'當作'爲',皆字之誤。齊郡廣見前志,後志作齊國廣。今山東青州府益都縣,縣西南四里有廣縣故城是也。前志廣下曰:'爲山,濁水所出,東北至廣饒入鉅定。'"廣縣,治所在今山東青州市西南。爲山,即今青州市西之九回山。鉅定,澤名。

〔一三〕蚖蟬爲梁:蚖蟬,同"黿鼉",即大鱉與揚子鰐。梁,橋。竹書紀年卷下周穆王三十七年:"大起九師,東至于九江,架黿鼉以爲梁,遂伐越,至于紆。"

〔一四〕江東:指今安徽蕪湖市至江蘇南京市間長江河段以東區。

〔一五〕紀年四十七年:四十七,當作"三十七"。見上注〔一三〕。

〔一六〕穆天子傳卷六:"仲冬甲戌,天子西征,至於因氏。"郭璞注:"國名。"王貽樑匯校集釋以爲其地"在五鹿之南、黃河邊上"。五鹿,在今河北大名縣東。

〔一七〕穆王里圃田之路,東至于房:里,測算里程。圃田,澤藪名,故址在今河南中牟縣西。穆天子傳卷五:"丁丑,天子里圃田之路,東至于房。"郭璞注:"房子,屬趙國。地有嶽山。"彥按:趙國房子在今河北高邑縣地,居圃田澤之北,且相距絶遠,與穆天子傳所稱"東至于房"方位不符,當非其地。故酈元云:"(濟水)又東逕房城北。穆天子傳曰:天子里甫田之路,東至于房。疑即斯城也。郭注以爲趙郡房子也。余謂穆王里鄭圃而郭以趙之房邑爲疆,更爲非矣。”（見水經注卷七濟水）所稱房城，熊會貞水經注疏以爲“當在今封邱縣西南”，即今河南封丘縣西南，地當圃田澤之東偏北，似可從。

〔一八〕有巎山：清洪頤煊校云：“漢書地理志，房子有贊皇山，不聞巎山。歐陽修集古録周穆王吉日癸巳文跋引穆天子傳‘登贊皇山，以望臨城’。太平寰宇記六十引穆天子傳云‘至房子，登贊皇山’，今本無此文。（郭）注‘巎山’即贊皇山之譌。”

〔一九〕即高邑之地：高邑，縣名，今屬河北省。彦按：此説蓋誤。見上注〔一七〕。

〔二〇〕趙臨城，舊房邑也：見通典卷一七八州郡八趙州臨城縣。洪本、吳本、四庫本無“也”字。

〔二一〕漢之鄗邑：鄗邑，即鄗縣。

〔二二〕郇：音 jùn。

〔二三〕穆天子傳有郇子：見穆天子傳卷五，今本“郇”作“陵”，同。　　夷國：郭注原文作“夷狄”。

〔二四〕𩏼：音 pěng，字亦作“郦”。集韻等韻：“郦，國名。……或作𩏼。”

〔二五〕穆天子西征，至于𩏼，河宗之子孫𩏼柏綮逆天子：見穆天子傳卷一。𩏼，穆天子傳原文作“郦人”。丁謙穆天子傳地理攷證卷一云：“郦人爲河宗氏分封之國。地在滲澤以北，今土爾扈特西南二旗境。”于省吾穆天子傳新證以爲郦人即馮夷（之族），郦人爲馮夷之後。王貽樑然之，以爲：“推其地望，自平魯、井坪間西行兩日，則大致當在今内蒙黑城至托克托間。”河宗，王天海穆天子傳全譯注：“古人稱黄河爲四瀆之宗。此指主祭黄河的河宗氏，即河伯馮夷。”𩏼柏綮，“柏”通“伯”，四庫本作“𩏼伯綮”。今本穆天子傳作“郦柏絮”。

〔二六〕柏，爵；綮，名：今本穆天子傳郭注作：“伯，爵。絮，名。古伯字多從木。”

〔二七〕漢有𩏼城侯：見廣韻上聲等韻郦，原文爲：“穆天子傳云：西征至郦。郭璞云：國名也。前漢書有郦成侯。”

〔二八〕楚漢春秋：漢陸賈撰。

〔二九〕地記陳倉有𩏼城：𩏼城，吳本、四庫本“𩏼”譌“𩏼”。　　沛之郦：見下郦條。

〔三〇〕沛城父：<u>沛</u>，郡名。<u>城父</u>，縣名，治所在今<u>安徽 亳州市 譙城區 城父鎮</u>。

〔三一〕蘇林、廣韻爲薄回切：<u>漢書周緤傳</u>“更封緤爲<u>郿</u>城侯”<u>顏師古注</u>引<u>蘇林</u>曰：“（<u>郿</u>）音簿催反。”<u>彦</u>按：簿催反與薄回切音同，今讀 péi。　鄉名，在<u>右扶風</u>：見<u>廣韻灰韻郿</u>，原文無“右”字。

〔三二〕集一作“<u>郮</u>”，又音浮：各本“<u>郮</u>”均作“<u>郿</u>”。<u>彦</u>按：作“<u>郿</u>”文不可通。<u>集韻灰韻郿</u>曰：“鄉名，在<u>右扶風</u>，在<u>沛 城父</u>。或作郮。”音同浮，房尤切。今據以訂正。

〔三三〕顔爲薄肯切：<u>顔</u>，指<u>顏師古</u>。薄肯，當作“普肯”。<u>漢書周緤傳</u>“更封緤爲<u>郿</u>城侯”<u>顏師古注</u>：“又音普肯反。”同書<u>司馬遷傳</u>“傅靳<u>郿</u>成侯列傳第三十八”<u>顏師古注</u>：“<u>郿</u>，音普肯反。”

〔三四〕虞、芮間：<u>喬</u>本、<u>備要</u>本“芮”誤“芮”，今據餘本訂正。

〔三五〕郮：同“郮”。

〔三六〕諸郮、郿、儞、郮字：<u>喬</u>本、<u>洪</u>本、<u>備要</u>本“<u>郿</u>”作“<u>郮</u>”，與前一字重複，當誤。此從<u>吳</u>本及<u>四庫</u>本。

〔三七〕郮：<u>備要</u>本作“<u>郿</u>”，非。

〔三八〕春秋郮得之先：<u>郮得</u>，<u>春秋晉國</u>大夫。郮，<u>吳</u>本作“<u>郿</u>”，<u>四庫</u>本作“<u>郮</u>”，<u>左傳文公</u>八年作“<u>郮</u>”。

〔三九〕括地志：河南縣西四十有郮亭：<u>彦</u>按：“四十”疑爲“十四”倒文。<u>史記郮成傳</u>“<u>郮成侯緤者</u>”<u>張守節正義</u>引<u>括地志</u>，作：“<u>郮亭</u>在<u>河南</u>西十四里苑中。”

〔四〇〕玉篇、説文郮從菽省，汝南安陽鄉名：菽，<u>喬</u>本作“菽”，今從餘諸本改。<u>彦</u>按：此引<u>玉篇</u>、<u>説文</u>，表述並不準確。<u>宋</u>本<u>玉篇邑部郮</u>原文但有：“苦怪切。<u>説文</u>云：<u>汝南 安陽</u>鄉。”又<u>説文邑部郮大徐</u>本文作：“<u>汝南 安陽</u>鄉。從邑，菽省聲。”<u>桂馥義證</u>以爲“菽”當作“叔”，<u>段玉裁</u>注本亦改作“叔”，當是。

〔四一〕簀：<u>四庫</u>本作“簀”，誤。

〔四二〕穆天子：<u>四庫</u>本無此三字。

〔四三〕預云：亢父有邿亭：見<u>春秋襄公</u>十三年“夏，取<u>邿</u>”注。原文作：“<u>邿</u>，小國也。<u>任城亢父縣</u>有<u>邿亭</u>。”

〔四四〕濟:濟州。

〔四五〕見説文邑部,文曰:"郹,附庸國。在東平亢父郹亭。"

〔四六〕漢志:詩亭,詩國:彥按:漢志當作漢志注。漢書地理志下東平國亢父縣顏師古注:"詩亭,故詩國。"

〔四七〕水經云:春秋詩國也:見水經注卷八濟水。原文作:"(亢父)縣有詩亭,春秋之詩國也。"

〔四八〕欒盈克郹:左傳襄公十八年:"乙酉,魏絳、欒盈以下軍克郹。"

〔四九〕見春秋釋例卷六土地名第四十四之二齊地襄公十八年郹。

〔五〇〕取鄆:春秋經文。

〔五一〕見資治通鑑外紀卷六周紀四簡王。

〔五二〕郇之三水東北二十五栒原上有古栒城:見太平寰宇記卷三四邠州三水縣,原文"栒原"作"邠邑原","古栒城"作"栒邑故城"。

〔五三〕郡縣志云:安定縣界有三水故城:見元和郡縣圖志卷三涇州良原縣。原文爲:"本漢三水縣地,屬安定郡,今安定縣界三水故城是也。"安定縣,治所在今甘肅涇川縣北。

〔五四〕周鼎銘云"王命尸臣:'官此栒邑'"者,班固以爲文昭:見漢書郊祀志下。尸臣,主事之臣。文昭,喬本、洪本、備要本"昭"譌"招",此從吳本及四庫本。　元和志從之:吳本"元"譌"云"。元和郡縣圖志卷三邠州三水縣:"栒邑故城,在縣東二十五里,即漢栒邑縣,屬右扶風,古郇國也。左傳云:'畢、原、豐、郇,文之昭也。'"

〔五五〕應云:郇侯,伐晉者:漢書地理志上右扶風"栒邑"顏師古注引應劭曰:"左氏傳曰'畢、原、酆、郇,文之昭也',郇侯、賈伯伐晉是也。"彥按:所謂郇侯、賈伯伐晉,指左傳桓公九年"秋,虢仲、芮伯、梁伯、荀侯、賈伯伐曲沃"事,左傳作荀侯。

〔五六〕今渭水南一里有故城:吳本、四庫本"渭"作"謂",誤。

〔五七〕武德元爲郇州,三年廢:武德元,各本均譌作"建德二",今訂正。參見國名紀三高辛氏後注〔二四〕。郇州,四庫本作"栒州",非。

〔五八〕皆因固誤:固,指班固。各本均譌"國",今訂正。

〔五九〕戰國策有楚將淖齒。

〔六〇〕魯共王淖姬：魯共王，漢景帝子劉餘。姬，各本均作"俎"。彦按：俎字不見於字書，當"姬"之譌字。通志氏族略五去聲淖氏云："魯共王有淖姬。"蓋即羅氏所本。然其説實誤。淖姬乃漢景帝子江都易王劉非所寵美人（見史記五宗世家及漢書景十三王傳），而非魯共王姬。

〔六一〕禑：備要本如此，餘本均作"禑"。彦按：禑字不見於字書，下既稱説文"襭"，則字當作"禑"（參見下注〔六三〕），今姑從備要本。下"禑人"之"禑"同。禑音 kè。

〔六二〕周器南宫中鼎云"禑人"是：周，備要本譌"眉"。禑，宋薛尚功歷代鐘鼎彝器款識法帖卷一〇周器款識南宫中鼎一摹作⿵冂，釋爲"懷"字。路史蓋非。

〔六三〕説文有"襭"：見説文衣部。玉篇衣部："禑，衺裏也。或作襭。"

〔六四〕賴：備要本譌"頓"。

〔六五〕炎帝後賴：賴，即厲。見國名紀一炎帝後姜姓國厲。

〔六六〕春秋"威賴"：見春秋昭公四年。

〔六七〕晉志，厲、賴二國：見晉書地理志上總敍。彼文稱"春秋之初，尚有千二百國，迄獲麟之末，二百四十二年，弑君三十六，亡國五十二，諸侯奔走不得保其社稷者不可勝數，而見於春秋經傳者百有七十國焉。百三十九知其所居"，其中即有厲、賴二國。

〔六八〕哀六安孺子如賴：安孺子，齊景公子吕荼。景公死後，荼幼即位，大臣田乞發動宫廷政變，擁立荼異母兄公子陽生（齊悼公），因逐荼往賴，左傳哀公六年云："使胡姬以安孺子如賴。"杜預注："賴，齊邑。"

〔六九〕郵：吴本脱。

〔七〇〕古今姓氏書辯證卷一八尤韻上郵云："出自王良，字無卹，爲晉趙簡子御，食邑於郵，子孫以邑爲氏。"

〔七一〕庫：吴本脱。

〔七二〕吕覽晉文之霸，東伐庫廬者：彦按：今本吕氏春秋查無此文。而簡選篇云："吴闔廬選多力者五百人，利趾者三千人，以爲前陣，與荆戰，五戰五勝，遂有郢。東征至于庫廬，西伐至于巴、蜀，北迫齊、晉，令行中國。"則東伐庫廬者，乃吴王闔廬，無關晉文之事，疑路史誤記。"庫廬"，高誘注："國名也。"

洪亮吉以爲即漢書地理志琅邪郡（捭）〔椑〕，亦即春秋時之向國（見曉讀書齋雜録二録卷上），陳奇猷然之（見呂氏春秋新校釋），則其地在今山東莒南縣東北。

〔七三〕周大夫渠伯糾：春秋桓公四年“夏，天王使宰渠伯糾來聘”，即其人。

〔七四〕左傳昭公二十六年：“庚午，次于渠。”杜預注：“渠，周地。”

〔七五〕一云貝丘，今恩之清河：貝丘，縣名，治所在今山東臨清市東北。恩，州名。清河，縣名，治所在今河北清河縣葛仙莊鎮。

〔七六〕乃音“藉”：四庫本“藉”作“籍”。

〔七七〕或云臨邛有鄃鄉：臨邛，縣名，治所在今四川邛崍市。吳本、四庫本作“臨清”，誤。集韻昔韻：“鄃，鄉名，在臨邛。”

〔七八〕風俗通云：古用國，見毛詩：王利器風俗通義校注佚文用氏引陳漢章曰：“風俗通所謂‘古有用國，見毛詩’者，即毛詩鄘國也。古鄘與庸通，漢書地理志：‘詩風邶、庸、衛國。’師古注：‘“庸”字或作“鄘”。’説文：‘鄘从邑庸聲。庸从用从庚。’故庸又與用通，堯典‘徵庸’，疏：‘庸聲近用，故爲用。’皋陶謨：‘帝庸作歌。’史記夏本紀作‘帝用作此歌’，又‘五刑五用哉’，後漢書梁純傳作‘五庸’，皆其證也。鄘國之爲用姓，正猶雝國之變爲雍姓矣。”彦按：其説可從。若然，則地在今河南新鄉縣西南。

〔七九〕高唐：縣名，治所在今山東禹城市西南。

〔八〇〕名士録有用羽之：名士録，佚書，作者不詳。用羽之，宋章定名賢氏族言行類稿卷四二用引名士録，作“高士用羽”，無“之”字。

〔八一〕呂：吳本脱。

〔八二〕徐之彭城東有吕梁城，五十九里：五十九里，太平寰宇記卷一五徐州彭城縣則云：“吕梁城，在縣東五十里。”

〔八三〕孝經偶引吕刑爲“甫”尒：各本“刑”字謁“邢”，今訂正。孝經天子章：“甫刑云：‘一人有慶，兆民賴之。’”唐明皇注：“甫刑，即尚書吕刑也。”

〔八四〕按鄭世家有鄇公，本許云：鄇公，即春秋許靈公姜寧。史記鄭世家：“（鄭）悼公元年，鄇公惡鄭於楚。”裴駰集解引徐廣曰：“鄇音許。許公，靈公也。”

〔八五〕而故鄧城在襄邑東南：自此“城在襄邑東南”而下至卑梁條之前文字，所據天津圖書館藏洪本掃描圖片闕頁，不得其詳。　襄元年次鄧者：見國名紀四夏后氏後注〔八二〕。

〔八六〕隸拱州：吳本、四庫本無此三字。

〔八七〕姒姓鄧：見國名紀四夏后氏後繒。

〔八八〕故晉志有二鄧國：彥按：今本晉書地理志上總敍所載見於春秋經傳諸國，但一鄧國，未見有二，與羅氏所見者不同。

〔八九〕非微子封國：各本“封國”均作“國封”。彥按：“微子國封”不辭，“國封”當“封國”倒文。今訂正。微子所封宋國，地在今河南商丘市睢陽區。

〔九〇〕鄖：音 yù。

〔九一〕見相魯篇。

〔九二〕孟子有沈猶行：見孟子離婁下。沈猶行，曾子弟子。

〔九三〕太山人：吳本“太”作“大”。

〔九四〕漢劉歲爲沈猶侯：劉歲，各本均作“劉穢”。彥按：“穢”當作“歲”。漢書楚元王傳：“景帝即位，以親親封元王寵子五人：子禮爲平陸侯，富爲休侯，歲爲沈猶侯，埶爲宛朐侯，調爲棘樂侯。”今據以訂正。　地在千乘：千乘，郡名，治所在今山東高青縣高城鎮北。彥按：據漢書楚元王傳“歲爲沈猶侯”顏注引晉灼曰：“王子侯表屬千乘高宛。”則地在今山東鄒平縣長山鎮一帶。

〔九五〕師古音“審”：漢書楚元王傳“景帝即位，以親親封……歲爲沈猶侯”顏師古注引晉灼曰：“沈音審。”　云“沈亭是”：彥按：“沈亭是”並非顏氏用於注沈猶侯封地之文，乃別見於漢書地理志上汝南郡“平輿（縣）”注，其文云：“應劭曰：‘故沈子國。今沈亭是也。’”是彼沈子國在漢之汝南郡平輿縣，此沈猶侯之封國在漢之千乘郡高宛縣，羅注亂點鴛鴦，甚謬。

〔九六〕參見國名紀五周氏無終。

〔九七〕漁陽亦其地：漁陽，各本均作“渙陽”。彥按：“渙”當“漁”字形譌。太平寰宇記卷七〇薊州漁陽縣曰：“本漢舊縣，古北戎無終子國也。”今據以訂正。

〔九八〕燕爲右北平：燕，周代諸侯國，戰國時爲七雄之一。彥按：此説有誤。太平寰宇記卷七〇薊州漁陽縣曰：“本漢舊縣，古北戎無終子國也。……

其後晉滅山戎,即爲晉境。七國時屬燕,後以爲右北平郡。"寰宇記謂燕之後以爲右北平郡耳,非謂燕時爲右北平也,蓋羅氏誤會其意矣。水經注卷一四鮑丘水云:"(藍水)逕無終縣故城東。故城,無終子國也。……故燕地矣。秦始皇二十二年,滅燕,置右北平郡,治此。"又漢書地理志下右北平郡、後漢書郡國志五右北平郡並曰:"秦置。"是右北平郡之置,在秦滅燕後,非燕所爲也。

〔九九〕故無終縣在右北平城西三十:右北平城,故址在今天津市薊州區。喬本、吳本、備要本"右"譌"有",今據四庫本訂正。彦按:"西三十"疑當作"西北百三十"。水經注卷一四鮑丘水引魏土地記曰:"右北平城西北百三十里有無終城。"

〔一〇〇〕萬歲通天二爲玉田:玉田,備要本譌"王田"。舊唐書地理志二河北道薊州玉田縣云:"漢無終縣,屬右北平郡。乾封二年,於廢無終縣置,名無終,屬幽州。萬歲通天二年,改爲玉田縣。"

〔一〇一〕以蔽北燕之路:蔽,遮擋。北燕,即周封國燕,後世爲與南方之燕(南燕,亦周封國,在今河南延津縣東北)相區別,故稱。無終山在北燕之北。

〔一〇二〕亦春秋之山戎:左傳襄公四年"無終子嘉父使孟樂如晉"杜預注:"無終,山戎國名。"

〔一〇三〕齊桓公北制零支:零支,史記作"離枝"。齊太公世家:"於是桓公稱曰:'寡人南伐至召陵,望熊山;北伐山戎、離枝、孤竹'。"司馬貞索隱:"離枝音'零支'。……離枝、孤竹,皆古國名。"

〔一〇四〕故零支縣,古離支也:零支縣,即今支縣。離支,史籍多作離枝。

〔一〇五〕漢郎邪皋虞縣:郎邪,即琅邪,郡名。皋虞縣,彦按:皋虞爲漢侯國名,膠東康王子劉建所封,治所在今山東即墨市東北。路史以爲縣名,非是。

〔一〇六〕佛肸:春秋晉國大夫。肸,同"肸",喬本、吳本、備要本譌"肹",今據四庫本訂正。下"肸墓"之"肸"同。

〔一〇七〕開皇之内牟:隋開皇初因避文帝父楊忠嫌名,改中牟縣爲内牟縣。　北十二有中牟故城:彦按:據太平寰宇記卷二開封府中牟縣云:"中牟臺,在縣北十二里。一名官渡臺,又名曹公臺。故基在河南,是爲官渡城,即曹公與袁紹相持于此。"又水經注卷二二渠水云:"渠水又左逕陽武縣故城南,東爲官渡水,又逕曹太祖壘北,有高臺,謂之官渡臺。渡在中牟,故世又謂之中牟臺。”則中牟縣北十二里處爲中牟臺，疑非中牟故城所在，路史之説蓋誤。

〔一〇八〕在濕之北，趙獻侯徙治者：濕，同“漯”，即漯水。趙獻侯，戰國趙國國君趙浣，公元前 423—前 409 年在位。徙，喬本譌“徒”，今據餘諸本訂正。

〔一〇九〕瓚説詳矣：瓚説見史記趙世家“獻侯少即位，治中牟”裴駰集解：“瓚曰：‘中牟在春秋之時是鄭之疆内也，及三卿分晉，則在魏之邦土也。趙界自漳水以北，不及此。春秋傳曰“衛侯如晉過中牟”，按中牟非衛適晉之次也。汲郡古文曰“齊師伐趙東鄙，圍中牟”，此中牟不在趙之東也。按中牟當漯水之北。’”

〔一一〇〕班固、杜佑以爲滎陽中牟縣：滎陽中牟縣，即上文所説“今縣，隸開封”之中牟縣，治所在今河南中牟縣東。漢書地理志上河南郡中牟縣、通典卷一七七州郡七鄭州中牟縣並云：“趙獻侯自耿徙此。” 故樂史以爲河南有胐墓：太平寰宇記卷二開封府中牟縣：“佛胐墓，有二：一在縣南一里，一在縣北一里。”彦按：佛胐墓當在河北晉地之中牟，寰宇記之説固誤。然路史此條敍述頗不清晰，首言“佛胐邑。今縣，隸開封”，後稱“又河北有中牟”，則似佛胐邑在河南開封之中牟者，亦甚不妥。 因年表誤之：史記高祖功臣侯者年表侯國名有中牟，司馬貞索隱：“縣名，屬河南。”羅氏蓋指此。

〔一一一〕衛侯如晉，過中牟：左傳定公九年：“晉車千乘在中牟，衛侯將如五氏，卜過之。”五氏，晉地。

〔一一二〕定九年“晉車千乘在中牟”，預嘗疑之：預之注曰：“今滎陽有中牟縣，迴遠，疑非也。” 吴曾云：當在温水之上：見曾撰能改齋漫録卷九有二中牟條。吴曾，南宋筆記文作家。彦按：温水乃漯水之誤。曾所云“中牟當在温水之上”者，乃轉引臣瓚漢書音義語，裴駰史記集解引作“中牟當漯水之北”（見上注〔一〇九〕）是也，温水在今河北秦皇島市撫寧區東，並非其地。此蓋“漯”字又作“濕”，“濕”“温”形近而譌。羅氏未辨其誤，又傳其謬。

〔一一三〕逈疑年表趙都中牟，謂新鄭恐趙嘗都：逈，指董逈。上説出處不詳，待考。彦按：年表，疑當作世家。所云“趙都中牟”，即史記趙世家“獻侯少即位，治中牟”也。

〔一一四〕文登西北百一十有東牟古城：元和郡縣圖志卷一一登州文登縣亦曰：“東牟故城，在縣西北一百一十里。”太平寰宇記作：“東牟故城，在縣西北十里。”王文楚等校勘記云：“按唐宋文登縣，即今文登縣；漢東牟故城，即今牟平縣，東南距文登縣里數，正合李書（彥按：指元和郡縣圖志）記載，此‘十’上蓋脱‘一百’二字。”

〔一一五〕九域記，漢縣：彥按：“記”當作“志”。所引見元豐九域志卷二河北路東路冀州古迹。

〔一一六〕商之太子封母弟才爲堂陽侯：商之太子，元豐九域志卷二河北路東路冀州古迹引城冢記，作“商王太子”。彥按：封侯之權不在太子，“太子”疑“太丁”之誤。本書後紀十高辛紀下云：“太丁侯母弟堂陽”，是也。參見彼處注〔五六五〕。

〔一一七〕堂水：又稱長蘆水，在今河北新河縣南。

〔一一八〕甲：鎧甲。

〔一一九〕預云：郇瑕，古國：左傳成公六年：“諸大夫皆曰：‘必居郇、瑕氏之地，沃饒而近鹽，國利君樂，不可失也。”杜預注：“郇瑕，古國名。河東解縣西北有郇城。”楊伯峻注以郇、瑕爲二地，云：“郇在解池西北，瑕在解池南。……杜注以郇瑕爲古國，誤。方濬益綴遺齋彝器考釋卷九已駁之。”當是。解池在今山西運城市南。

〔一二〇〕僖二十四郇，郇瑕氏：見杜預春秋釋例卷六土地名第四十四之二晉地僖公二十四年，其文曰：“郇、郇瑕，二名，古國名。”

〔一二一〕伏氏云：在解東郇瑕氏之虚也：伏氏，彥按；“伏”當作“服”，指服虔。解，縣名，治所在今山西臨猗縣西南。水經注卷六涑水：“服虔曰：郇國在解縣東，郇瑕氏之墟也。”

〔一二二〕近於鹽：鹽，吴本作“塩”、四庫本、備要本作“鹽”，俱誤。左傳成公六年“必居郇、瑕氏之地，沃饒而近鹽”楊伯峻注：“鹽即鹽池，今曰解池。”謂鹽澤也：吴本“鹽”作“監”，譌。

〔一二三〕郇音環：見廣韻删韻。　詳周國中：見國名紀五周氏文王之昭荀。

〔一二四〕瑕見卷末：見卷三十國名紀七雜國下瑕。

〔一二五〕預云：黔陬東北計基城即介根國：見左傳襄公二十四年“侵介根”注。原文作：“介根，莒邑，今城陽黔陬縣東北計基城是也。”黔陬縣治所在今山東膠州市鋪集鎮。

〔一二六〕漢之計斤：吳本“漢”譌“美”。　今密東南四十計斤故城：密，密州，隋唐時或稱高密郡。本書國名紀二少昊後李姓國計云：“計斤爾。樂史云：兹輿始都，今高密東南四十。”

〔一二七〕廣記：密之膠西，介葛盧國；黔陬隋省入膠西：見輿地廣記卷六密州膠西縣。介葛盧，介爲春秋時東夷小國，葛盧乃介君名。今本輿地廣記“盧”作“盧”，文曰：“春秋介葛盧國。二漢爲黔陬縣，屬琅邪郡。晉屬城陽郡。元魏屬高密郡，後置平昌郡。隋開皇初郡廢，十六年置縣，曰膠西。大業初省黔陬入焉，屬高密郡。”

〔一二八〕徐吾：備要本作“徐山”，誤。

〔一二九〕左傳成公元年：“三月癸未，敗績于徐吾氏。”杜預注：“徐吾氏，茅戎之別也。”

〔一三〇〕今潞之屯留西北三十有故漢餘吾城：餘吾，即余吾。輿地廣記卷一八潞州屯留縣云：“有漢余吾縣故城，在縣西北三十里。”

〔一三一〕閼與：閼，音 yù。

〔一三二〕通典：儀之和順，韓之閼與：儀，州名。和順，縣名，今屬山西省。韓，指戰國七雄之一之韓國。通典卷一七九州郡九儀州和順縣：“漢沾縣地，即韓之閼與邑。”

〔一三三〕趙奢破秦軍處：史記趙世家：“（惠文王）二十九年，秦、韓相攻，而圍閼與。趙使趙奢將，擊秦，大破秦軍閼與下，賜號爲馬服君。”

〔一三四〕遼：遼州。

〔一三五〕見太平寰宇記卷五〇威勝軍銅鞮縣閼與城。　烏蘇城：“烏”，喬本、備要本作“曷”，吳本、四庫本作“鳥”，並誤。今據寰宇記訂正。

〔一三六〕今潞之銅鞮，故閼與城，漢梁榆也：潞，州名。銅鞮，縣名，治所在今山西沁縣。水經注卷一〇清漳水云：清漳水又南，得梁榆水口，水有二源，其南水“東逕文當城北，又東北逕梁榆城南，即閼與故城也。……盧諶征艱賦曰：‘訪梁榆之虛郭，弔閼與之舊都。’桓亦云：閼與，今梁榆城。是也。”

〔一三七〕榆城：備要本作“愉城”。

〔一三八〕盧諶：晉代文學家。　弔閼與之舊都：弔，各本均譌“乃”，今據水經注(見上注〔一三六〕)訂正。

〔一三九〕國事云,小國侯:戰國策魏策四:"安陵君曰:'安陵,小國也,不能必使其民。'"

〔一四〇〕安陵纏爲楚王妃父:各本均作"安陵經爲楚王妃"。彥按:"經"當"纏"字之誤,又"妃"下脱"父"字。安陵纏見於説苑權謀,其文曰:"安陵纏以顏色美壯得幸於楚共王。"是則爲楚共王幸臣。事亦載戰國策楚策一,作"安陵君"。而古今姓氏書辯證卷八寒韻安陵曰:"戰國策安陵纏,楚王妃之父。"蓋即路史所本,今據以訂正。

〔一四一〕卑梁氏,卑梁人也,楚威之:卑梁氏,四庫本"卑"譌"吳"。史記楚世家:"初,吳之邊邑卑梁與楚邊邑鍾離小童爭桑,兩家交怒相攻,滅卑梁人。卑梁大夫怒,發邑兵攻鍾離。楚王聞之怒,發國兵滅卑梁。"

〔一四二〕濠之鍾離:濠,州名。鍾離,縣名,治所在今安徽鳳陽縣臨淮關鎮。

〔一四三〕吳世家:喬本、洪本、備要本脱"家"字,吳本"家"譌"象",此從四庫本。　昔卑梁女與鍾離人爭桑相攻,遂滅卑梁:史記吳世家原文爲:"(王僚)九年,公子光伐楚,拔居巢、鍾離。初,楚邊邑卑梁氏之處女與吳邊邑之女爭桑,二女家怒相滅,兩國邊邑長聞之,怒而相攻,滅吳之邊邑。吳王怒,故遂伐楚,取兩都而去。"

〔一四四〕吳世家。左無之:吳本、四庫本無此六字注文,蓋脱。喬本、洪本、備要本"左"作"右"。彥按:"右"當作"左",謂左傳也,蓋形近致譌。吳世家"初,楚邊邑卑梁氏之處女與吳邊邑之女爭桑"司馬貞索隱:"左傳無其事。"是也。今訂正。

〔一四五〕曲梁:喬本"曲"字爲墨丁,此從餘諸本。

〔一四六〕晉伐之:左傳宣公十五年:"六月癸卯,晉荀林父敗赤狄于曲梁。"彥按:據左傳文,曲梁但爲赤狄之地,路史列入周世侯伯之國,似無根據。

〔一四七〕潞:州名,治所在今山西長治市。

〔一四八〕預云,廣平曲梁縣:見左傳宣公十五年"晉荀林父敗赤狄于曲梁"注。廣平,郡名。曲梁縣,治所在今河北邯鄲市永年區廣府鎮。路史各本均譌"曲陽",今訂正。

〔一四九〕今洺之雞澤,漢曲陽地:彦按:洺之雞澤,即今河北雞澤縣。漢曲陽,當謂上曲陽縣,即今河北曲陽縣。兩地相去甚遠。今謂此之曲陽,當亦曲梁之誤。輿地廣記卷一一洺州雞澤縣云:"漢爲曲梁縣地。"是也。

〔一五〇〕韓子云:仇繇小國,爲智伯所威:見韓非子説林下,"仇繇"作"仇由"。智伯,見後紀二共工氏傳注〔一五〕。

〔一五一〕吕春秋:中山國有風繇之君,智伯伐亡之:見吕氏春秋權勳篇。風繇,舊本吕氏春秋"風"作"夙",學者多以爲"厹"字之誤,畢沅、陳奇猷校本均已改"厹"。

〔一五二〕即"厹"之誤:各本均作"即厹一之誤"。彦按:"一"字當爲衍文,蓋涉下"一作"而衍,今删去。

〔一五三〕國事云:智伯欲伐之,遺以大鍾:國事,備要本作"國策",蓋由竄改,非路史原文。戰國策西周策:"昔智伯欲伐厹由,遺之大鍾,載以廣車,因隨入以兵。厹由卒亡,無備故也。"

〔一五四〕見二十卷:今本韓非子見于卷八説林下。

〔一五五〕二十六卷又云:遺以廣車:今本韓非子見於卷七喻老。廣車,大車。

〔一五六〕河東盂縣:河東,謂河東路。盂縣,今屬山西省。　元和志以爲仇繇:元和郡縣圖志卷一三太原府盂縣云:"縣城本名原仇城,亦名仇由城。"

樂云:即盂之外城,仇繇城俗名原仇:太平寰宇記卷四〇并州盂縣云:"仇由城,即縣之外城也,俗名原仇城。"

〔一五七〕九域志亦在太原并:太原,府名。各本均作"九原"。彦按:"九原"當作"太原",蓋涉上文九域志之"九"字而譌,今訂正。并,州名,治所在今山西太原市。今考元豐九域志卷四河東路太原府,盂縣有原仇山,古迹有仇猶城,是也。

〔一五八〕班志屬臨淮:見漢書地理志上。臨淮,郡名。　今泗之漣水:泗,州名。漣水,縣名,今屬江蘇省。

〔一五九〕代以爲即仇繇:代,世。喬本、洪本譌"伐",今據餘諸本訂正。

〔一六〇〕左傳昭公二十七年:"(吳)公子燭庸奔鍾吾。"杜預注:"鍾吾,小國。"

〔一六一〕吳威之：左傳昭公三十年：“吳子使徐人執掩餘，使鍾吾人執燭庸，二公子奔楚。楚子大封而定其徙。……吳子怒。冬十二月，吳子執鍾吾子。”

〔一六二〕預云泗之宿遷西北十里司吾故城是：泗，州名。宿遷，縣名，治所在今江蘇宿遷市宿城區。彥按：此引杜預説查無出處，且宿遷名縣，始於唐寶應元年（762），以避代宗李豫嫌名而改宿預縣置，路史蓋誤記。太平寰宇記卷一七淮陽軍宿遷縣云：“峒峿，在今縣西北七十里，司吾故城是也。即古鍾吾子國，吳滅之。”或引自此也。“七十里”，舊本作“十里”，中華書局 2007 年版王文楚等點校本據嘉慶重修一統志兩引寰宇記均作“七十里”而補“七”字。

〔一六三〕寰宇“峒峿”：各本“峒”均譌“峒”，今訂正。

〔一六四〕漢尉氏令鍾吾蒼：並見於古今姓氏書辯證卷三鍾韻鍾吾、通志卷二八氏族略四名字未辨鍾吾氏。

〔一六五〕莊二慶父伐之：慶父，春秋魯莊公弟。四庫本如此，餘諸本“父”譌“文”，今訂正。

〔一六六〕預云爲邾所併：彥按：預但云“國名也”，不言“爲邾所併”（見下注），路史此文有誤。　故二傳云邾邑：二傳，指公羊傳及穀梁傳。公羊傳曰：“於餘丘者何？邾婁之邑也。”穀梁傳曰：“於餘丘，邾之邑也。”

〔一六七〕魯附庸也：喬本、洪本、備要本“附”譌“叛”，今據吳本、四庫本訂正。　邑不言伐：春秋莊公二年“夏，公子慶父帥師伐於餘丘”杜預注：“於餘丘，國名也。”孔穎達正義：“公羊、穀梁皆以於餘丘爲邾之別邑，左氏無傳。正以春秋之旨，未有伐人之邑而不繫國者，此無所繫，故知是國。釋例注‘闕’，不知其處。蓋近魯小國也。”

〔一六八〕今南京寧陵西北七有沙隨亭：南京，指北宋南京，即今河南商丘市地。寧陵，縣名，今屬河南省。彥按：太平寰宇記卷一二宋州寧陵縣云：“沙隨城，在縣西北七十里。左傳成公十六年：公會晉、齊、衛、宋、邾人于沙隨。杜注云：‘宋地。梁國寧陵縣北有沙隨亭。’”中華書局 2007 年版王文楚等點校本寰宇記文字如此。而文淵閣四庫全書本寰宇記“七十里”作“七里”，與路史同，羅氏蓋有所據。

〔一六九〕成十六，預云北：北，喬本、洪本譌“比”，今據餘諸本訂正。參見上注。

〔一七〇〕紀:春秋國名,故城在今山東壽光市紀臺鎮。

〔一七一〕今東莞北有邳鄉,邳鄉之西有公來山——邳來澗:春秋隱公八年“九月辛卯,公及莒人盟于浮來”杜預注:“浮來,紀邑。東莞縣北有邳鄉。邳鄉西有公來山,號曰邳來間。”東莞縣,治所在今山東沂水縣。

〔一七二〕秦武公元年,伐彭戲氏于華山:見史記秦本紀。彭戲氏,戎族名。

〔一七三〕泰山盰丘縣:泰山,郡名。盰丘縣,治所在今山東肥城市東南。

〔一七四〕外黃東有葵丘,大夫邑食者氏焉:春秋僖公九年“夏,公會宰周公、齊侯、宋子、衞侯、鄭伯、許男、曹伯于葵丘”杜預注:“陳留外黃縣東有葵丘。”古今姓氏書辯證卷三脂韻葵丘云:“春秋陳留外黃縣東有葵丘,大夫食其邑者氏焉。英賢傳,古有葵丘欣。”

〔一七五〕樂云,潁侯國:查太平寰宇記,未見有此,疑爲佚文。

〔一七六〕通典以爲洛之潁陽:今本通典未見此説,待考。洛,州名。潁陽,縣名,治所在今河南登封市潁陽鎮。

〔一七七〕考叔:即潁考叔,春秋鄭國潁谷封人(典守封疆之官)。見左傳隱公元年。　城潁:春秋鄭邑,在今河南臨潁縣西北。

〔一七八〕考叔冢在汝,廟在許:汝、許,並州名。

〔一七九〕昭九年潁,周地:左傳昭公九年:“晉梁丙、張趯率陰戎伐潁。”杜預注:“潁,周邑。”地在今河南登封市東南。

〔一八〇〕伯玉:蘧伯玉,春秋衞國賢大夫。

〔一八一〕水經注卷八濟水:“陳留風俗傳曰:長垣縣有蘧伯鄉,一名新鄉;有蘧亭、伯玉祠、伯玉冢。”

〔一八二〕單伯,魯孤:單音 shàn。孤,謂孤卿,泛稱少師、少傅、少保。春秋莊公元年“單伯逆王姬”公羊傳、穀梁傳並曰:“單伯者何? 吾大夫之命乎天子者也。”

〔一八三〕周之單子:指周王卿士單襄公。春秋成公十七年:“夏,公會尹子、單子、晉侯、齊侯、宋公、衞侯、曹伯、邾人伐鄭。”杜預注:“晉未能服鄭,故假天子威,周使二卿會之。晉爲兵主,而猶先尹、單,尊王命也。單伯稱子,蓋降爵。”楊伯峻春秋左傳詞典以此單子爲單襄公。

〔一八四〕之推：<u>介之推</u>，<u>春秋</u><u>晉國</u>人，追隨<u>晉</u>公子<u>重耳</u>流亡國外十九年，<u>重耳</u>後回國爲君（即<u>晉文公</u>），賞從亡者，<u>介之推</u>不言禄，禄亦不及。遂與母隱于<u>綿山</u>而終。　　<u>汾</u>之<u>介休</u>：<u>汾</u>，州名。<u>介休</u>，縣名，治所即今<u>山西</u><u>介休市</u>。

〔一八五〕<u>沁</u>之<u>緜上</u>：<u>沁</u>，州名。<u>緜上</u>，縣名，治所在今<u>山西</u><u>沁源縣</u>北。

〔一八六〕<u>密</u>：州名，治所在今<u>山東</u><u>諸城市</u>。

〔一八七〕<u>晉</u><u>黔陬</u>，乃<u>介根</u>也：<u>彦</u>按：<u>黔陬</u>不在<u>晉</u>地。“<u>晉</u>”字可疑，或當作“即”。參見上文<u>介根</u>條。

〔一八八〕<u>吳</u><u>圍巢</u>，伐<u>駕</u>，<u>圍釐</u>、<u>虺</u>者：見<u>國名紀一</u><u>黄帝</u>之宗注〔一六〕。

〔一八九〕見<u>前紀八</u><u>尊盧氏</u>注〔二九〕。

〔一九〇〕<u>京兆</u><u>杜亳</u>：<u>京兆</u>，郡名。<u>杜</u>，縣名，治所在今<u>陝西</u><u>西安市</u>南郊<u>杜陵</u>南。<u>亳</u>，地在<u>杜</u>南。

〔一九一〕<u>豐</u>：<u>吳</u>本作“<u>豊</u>”。下“<u>豐亭</u>”、“<u>豐水</u>”之“<u>豐</u>”同。

〔一九二〕<u>秦襄公</u>以弟<u>穆嬴</u>爲<u>豐王</u>妻：<u>秦襄公</u>，<u>春秋</u><u>秦國</u>國君，名失傳，公元前777—前766年在位。弟，指女弟，即妹。<u>穆嬴</u>，<u>史記</u>作“<u>繆嬴</u>”，<u>秦本紀</u>曰：“<u>襄公</u>元年，以女弟<u>繆嬴</u>爲<u>豐王</u>妻。”

〔一九三〕<u>豐水</u>：即今<u>陝西</u><u>長安縣</u>和<u>咸陽市</u>境内之<u>灃河</u>。

〔一九四〕一作“<u>鄷</u>”：<u>吳</u>本“<u>鄷</u>”作“<u>酆</u>”。此下原有注文“<u>哀四</u>”二字。<u>彦</u>按：注文“<u>哀四</u>”二字於此無的放矢，原當在下文“<u>預</u>云，<u>南鄉</u><u>析縣</u>南有<u>鄷亭</u>”之下，而誤移至此。彼<u>預</u>之所云，正是<u>左傳</u><u>哀公</u>四年“司馬起<u>豐</u>、<u>析</u>與狄戎”之注文也。今訂正。

〔一九五〕昔文王侵<u>盂</u>、克<u>莒</u>、舉<u>鄷</u>，三舉而紂惡之：<u>洪</u>本、<u>吳</u>本“<u>鄷</u>”作“<u>酆</u>”。下“<u>鄷亭</u>”之“<u>鄷</u>”同。見上文<u>商世侯伯</u>注〔九八〕。

〔一九六〕<u>預</u>云，<u>南鄉</u><u>析縣</u>南有<u>鄷亭</u>：見<u>左傳</u><u>哀公</u>四年<u>杜</u>注，“<u>鄷亭</u>”作“<u>豐鄉</u>”，云：“<u>析縣</u>屬<u>南鄉郡</u>。<u>析</u>南有<u>豐鄉</u>，皆<u>楚</u>邑。”<u>析縣</u>，治所在今<u>河南</u><u>西峽縣</u>。

〔一九七〕<u>儲子</u>：<u>戰國</u><u>齊</u>相。見<u>孟子</u><u>告子下</u><u>趙岐</u>注。

〔一九八〕見<u>國名紀二</u><u>少昊</u>後<u>偃姓國</u>注〔八七〕。

〔一九九〕參見上文<u>五帝</u>之世譜條。

〔二〇〇〕然此爲<u>聞喜</u>之<u>酇</u>，有<u>酇亭</u>，自音“圈”：<u>酇亭</u>，<u>洪</u>本、<u>吳</u>本作“<u>劃亭</u>”，誤。<u>類篇</u>邑部<u>酇</u>云：“<u>酇</u>又驅圓切，鄉名，在<u>聞喜縣</u>。”

〔二〇一〕水經：虵水逕下讙城南：見水經注卷二四汶水，“南”作“西”。

〔二〇二〕即灌水也：其説不詳，待考。

〔二〇三〕所謂“析、酈”，楚附邑，白羽之地：史記越王句踐世家：“商、於、析、酈、宗胡之地”。參見國名紀四有虞氏後注〔三七〕、國名紀一炎帝後姜姓國析。

〔二〇四〕秦人過析隈：左傳僖公二十五年：“秦人過析，隈入而係輿人。”杜預注：“析，楚邑，一名白羽，今南鄉析縣。隈，隱蔽之處。”

〔二〇五〕淅水：喬本、洪本、吳本“淅”譌“浙”。下“淅州”、“淅縣”之“淅”，吳本亦譌爲“浙”。今並從四庫本及備要本訂正。

〔二〇六〕聊：喬本、洪本、四庫本作“聇”，俗字，今訂作“聊”，以與下文一致。下“聊莒”、“聊城”之“聊”，四庫本亦作“聇”。

〔二〇七〕聊、莒、即墨，皆齊東界：彦按：此文當有誤。莒與即墨，皆濱海，謂齊東界，可也。聊即今山東聊城，豈得爲齊東界。左傳昭公二十年，晏子曰：“聊、攝以東，姑、尤以西，其爲人也多矣。”杜預注：“聊、攝，齊西界也。姑、尤，齊東界也。”以聊爲齊西界，是也。

〔二〇八〕晏子云：“聊、攝以東”：見上注。　博平：縣名，治所在今山東茌平縣博平鎮。

〔二〇九〕水經注卷五河水：“京相璠曰：聊城縣東北三十里有故攝城。今此城西去聊城二十五六里許，即攝城者也。”

〔二一〇〕元和郡縣圖志卷一六博州博平縣：“故攝城，在縣西南二十里。晏子曰‘聊、攝以東，其爲人多矣’，即此城也。”

〔二一一〕兗之奉符：兗，州名。奉符，縣名，治所在今山東泰安市。　隋爲博城：吳本、四庫本“隋”作“隨”。

〔二一二〕涓子：見後紀五黄帝有熊氏注〔一二八〕。　涓蜀良：各本均作“涓蜀艮”。彦按：“艮”當“良”字形譌。涓蜀良，即荀子解蔽“夏首之南有人焉，曰涓蜀梁”之涓蜀梁。路史書“梁”作“良”，蓋以同音字相代替。今訂作“良”。

〔二一三〕荀子涓蜀良，“濁良”非：涓蜀良，喬本作“消蜀以”，洪本、吳本、備要本作“消蜀吕”，四庫本作“涓蜀吕”。彦按：“消”當“涓”字形譌。“吕”蓋

“目”字形譌，“目”則“艮”字形譌，而“以”即由“目”而來也。今訂正。“濁
艮”，各本均作“濁艮”。彦按：“艮”當“良”之譌字，今訂正。又，荀子之涓蜀
梁，他書“蜀”字或書作“濁”，如元和姓纂卷五先韻涓濁引吕氏春秋、太平御覽
卷四九九引孫卿子，即是。羅氏此言，並非無的放矢。

〔二一四〕舒鳩：見國名紀二少昊後偃姓國舒鳩。

〔二一五〕史表或云黎：今本史記高祖功臣侯者年表作“離”不作“黎”。

〔二一六〕儀封人：見論語八佾。何晏集解：“鄭曰：儀，蓋衛邑。封人，
官名。”

〔二一七〕今開封東明西北二十有儀城：開封，府名。東明，縣名，治所在今
河南蘭考縣東北。太平寰宇記卷二開封府東明縣：“儀城，在縣西北二十里。”

〔二一八〕邘：參見國名紀五周氏邘。

〔二一九〕后處：孔子弟子，字子里。見史記仲尼弟子列傳。

〔二二〇〕云出后土：后土，掌管土地事務之官。古今姓氏書辯證卷二八厚
韻后云：“出自共工氏之子曰句龍，爲后土。”

〔二二一〕預云，泰山牟縣：見春秋桓公十五年“邾人、牟人、葛人來朝”注。

〔二二二〕參見國名紀三高陽氏後牟及注。

〔二二三〕樵云登之牟平：樵，指宋鄭樵。其説出處不詳，待考。

〔二二四〕春秋莊公十四年：“冬，單伯會齊侯、宋公、衛侯、鄭伯于鄄。”杜
預注：“鄄，衛地，今東郡鄄城也。”鄄城在今山東鄄城縣舊城鎮。

〔二二五〕衛縣大夫鄄子士：縣大夫，春秋官名，爲掌一縣政令之長官。彦
按：左傳哀公二十五年“鄄子士請禦之”杜預注：“鄄子士，衛大夫。”羅氏以爲
縣大夫，不知何據。

〔二二六〕見左傳。

〔二二七〕本齊豹邑：齊豹，春秋衛司寇。左傳昭公二十年：“衛公孟縶狎
齊豹，奪之司寇與鄄。”杜預注：“鄄，豹邑。”

〔二二八〕曹植之封：三國志魏志文帝紀黄初三年：“夏四月戊申，立鄄城
侯植爲鄄城王。”

〔二二九〕晉八王故事云：東海王越治鄄城，城無故壞：晉八王故事，晉廷尉
盧綝撰。治，各本均作“洎”。彦按：作“洎”費解，水經注卷五河水引晉八王故

事作"治",是也。"洎"當"治"字之誤,今訂正。

〔二三〇〕濟陰:郡名。

〔二三一〕莊十一年鄑,魯地:各本"莊"均譌"昭",今訂正。春秋莊公十一年:"夏,五月戊寅,公敗宋師于鄑。"杜預注:"鄑,魯地。"

〔二三二〕詳楚後訾:見國名紀三高陽氏後楚之分訾。

〔二三三〕太平寰宇記卷二四密州安丘縣云:"郚城,今在縣西南六十里古郚城。即春秋所謂'遷紀郱、鄑、郚',注云'朱虚縣東南郚城'是也。"

〔二三四〕杜云:卞縣南,又朱虚東南有郚城:春秋文公七年"遂城郚"杜預注:"郚,魯邑。卞縣南有郚城。"又春秋莊公元年"齊師遷紀郱、鄑、郚"杜預注:"郚在朱虚縣東南。"

〔二三五〕隨之郚縣,縣武德中併:彦按:下"縣"字疑衍。新唐書地理志二河南道密州高密郡輔唐縣云:"本安丘。武德六年省郚城縣入焉。乾元二年更名。"

〔二三六〕文七年五梧:彦按:五梧於春秋、左傳所見者三:一在左傳哀公八年"吴師克東陽而進,舍於五梧",二在左傳哀公二十五年"六月,公至自越,季康子、孟武伯逆於五梧",三在同年左傳"公宴於五梧";而文七年未見。考杜預春秋釋例卷五土地名第四十四之一魯地,文七年有郚、五梧條,釋曰:"二名。卞縣南有郚鄉城。"其意本釋郚,因一地異名而附五梧其下,非五梧亦見於文七年也。路史蓋未明其意而誤襲。

〔二三七〕齊遷紀郱、鄑、郚:各本"紀"譌"莒",今據春秋莊公元年文改。

〔二三八〕春秋之箕、崇,小國,趙穿侵崇者:侵,各本均作"尋"。蓋由音譌,今訂正。參見國名紀四有虞氏後箕及夏后氏後注〔四〕。 崇侯:指商紂王佞臣崇侯虎。

〔二三九〕見元豐九域志卷五淮南西路廬州古迹。

〔二四〇〕漢書地理志上廬江郡,顔師古注引應劭曰:"故廬子國。"

〔二四一〕參見國名紀四商氏後時。

〔二四二〕博物、古今地名記有吕鄉,吕甥之邑:博物,蓋指晉張華博物志。古今地名記,佚書,作者不詳。吕鄉,吴本"鄉"譌"卿"。吕甥,春秋晉國大夫。以先食采於瑕,故又稱瑕父吕甥。太平寰宇記卷四三晉州霍邑縣:"古今地名記曰：‘永安縣有吕鄉，晉大夫吕甥之邑也。’”

　　〔二四三〕堯：參見國名紀四陶唐氏後堯。

　　〔二四四〕見水經注卷四河水引竹書紀年，文字略有出入。

　　〔二四五〕志云，北虢也：志云，水經注卷四河水作：“地理志曰”。北虢，參見國名紀五周氏北虢。

　　〔二四六〕樵云：彭城東五十九里吕梁，漢吕縣：此所引鄭樵説，出處不詳，待考。東五十九里，元和郡縣圖志卷九徐州彭城縣作“東五十七里”，云：“吕梁故城，在縣東五十七里。春秋時，宋之吕邑，至漢以爲吕縣。”太平寰宇記卷一五徐州彭城縣作“東南五十七里”，云：“吕梁在縣東南五十七里，……漢爲吕縣。”

　　〔二四七〕漢故肥城：肥城，漢書地理志上泰山郡、水經注卷二四汶水並作“肥成”，縣名，治所在今山東肥城市北老城。

　　〔二四八〕志：肥子國，屬泰山：漢書地理志上泰山郡“肥成（縣）”，顏師古注引應劭曰：“肥子國。”

　　〔二四九〕然菑川劇自有肥亭，志亦云肥子國：菑川，漢封國名。亦作“甾川”。漢書地理志下甾川國“劇（縣）”，顏師古注引應劭曰：“故肥國，今肥亭是。”

　　〔二五〇〕文十九：彦按：魚人逐楚師，事見於左傳文公十六年，此作“十九”誤。

　　〔二五一〕長楊：隋縣名，唐改稱長陽，治所在今湖北長陽土家族自治縣。

　　〔二五二〕太平寰宇記卷一四七峽州長陽縣：“魚城，在今縣西北五十里。四面險絶，有林木池水，爲守禦之要。”

　　〔二五三〕見通典卷一七五州郡五襄州。

　　〔二五四〕魚復之名，始於漢世，即魏之人復：四庫本“世”譌“也”。隋書地理志上梁州巴東郡人復縣：“舊置巴東郡，縣曰魚復。西魏改曰人復。”

　　〔二五五〕䳵、儵、魚，庸之三邑：䳵，喬本、洪本、吴本、四庫本譌“裨”，今據備要本訂正。儵（chóu），備要本作“儵”誤。庸，殷、周國名。在今湖北竹山縣西南。左傳文公十六年：“唯䳵、儵、魚人實逐之。”杜預注：“䳵、儵、魚，庸三邑。”馬宗璉補注云：“水經江水‘又東逕魚復縣故城南’，酈元曰，‘故魚國也’，是魚乃羣蠻之一,非庸地。"楊伯峻注曰:"馬説是。裨、鯈、魚恐俱是庸人所帥'羣蠻'之部落名,杜注不可信。裨、鯈所在之地,今已不得知。魚則當在今四川省奉節縣(彥按:奉節縣今屬重慶市)東五里。"又清顧祖禹讀史方輿紀要四川四奉節縣云:"裨、鯈二邑,與魚近也。"

〔二五六〕裨:備要本如此。餘諸本均作"神",今不從。

〔二五七〕見是年左傳。

〔二五八〕樵云,晉、鄭之境:彥按:查通志無此文,而見於杜預之注("境"作"竟"),疑"樵"爲"杜"字之譌。

〔二五九〕參見國名紀三高陽氏後注〔一八八〕。

〔二六〇〕春秋襄公二十一年"邾庶其以漆、閭丘來奔"杜預注:"二邑在高平南平陽縣。東北有漆鄉,西北有顯閭亭。"

〔二六一〕定十五年"城漆":見是年春秋經。

〔二六二〕長垣西南有宛亭,近濮水,衛宛濮也:左傳僖公二十八年:"甯武子與衛人盟于宛濮。"杜預注:"陳留長垣縣西南有宛亭,近濮水。"

〔二六三〕宋之楚丘:宋,州名。楚丘,縣名,治所在今山東曹縣安蔡樓鎮。

〔二六四〕混吾:即昆吾,混音 kūn。參見國名紀三高陽氏後昆吾。

〔二六五〕左傳哀公十七年:"公入于戎州己氏。"杜預注:"己氏,戎人姓。"

〔二六六〕預云濟陽東南有戎城:濟陽,縣名,治所在今河南蘭考縣堌陽鎮。春秋隱公二年"春,公會戎于潛"杜預注:"陳留濟陽縣東南有戎城。" 此會潛、伐凡伯者:會潛,謂會戎於潛,見上。伐凡伯,見春秋隱公七年:"戎伐凡伯于楚丘以歸。"

〔二六七〕春秋莊公三十年:"冬,公及齊侯遇于魯濟。"杜預注:"濟水歷齊、魯界,在齊界爲齊濟,在魯界爲魯濟,蓋魯地。"同年左傳:"冬,遇于魯濟,謀山戎也,以其病燕故也。"杜預注:"齊桓行霸,故欲爲燕謀難。"楊伯峻注:"此燕是北燕,召公奭之後。……齊世家云:'桓公二十三年,山戎伐燕,燕告急於齊。齊桓公救燕,遂伐山戎,至于孤竹而還。'"

〔二六八〕太平寰宇記卷六九幽州云:"按山戎國,今州東二百一十三里漁陽縣也。"

〔二六九〕陝:縣名,治所在今河南三門峽市湖濱區。

〔二七〇〕杜云:大陽西有茅亭:見春秋釋例卷七土地名第四十四之三戎地成公元年茅戎,原文作:"河東大陽縣西有茅亭。"

〔二七一〕弘農陝:弘農,郡名。陝,縣名。

〔二七二〕有茅城,樵在陳留:其説出處不詳,待考。"樵在",吳本、備要本作"今在",四庫本作"樵云"。

〔二七三〕秦:州名,治所在今甘肅天水市秦州區。

〔二七四〕九域記:秦州有平襄城,古襄戎邑漢陽:彦按:九域記當作九域志。所引見元豐九域志卷三陝西路秦鳳路秦州古迹,其文曰:"平襄城,本漢縣,屬漢陽郡,故襄戎之邑。"平襄城,在今甘肅通渭縣。

〔二七五〕新豐:洪本、吳本"豐"作"豊"。

〔二七六〕左傳莊公二十八年:"晉伐驪戎,驪戎男女以驪姬。"杜預注:"驪戎在京兆新豐縣。"

〔二七七〕瀘戎:左傳桓公十三年作"盧戎"。楊伯峻注:"據顧棟高大事表,今湖北省南漳縣東北五十里有中廬鎮,當即其地。"彦按:中廬鎮,治今南漳縣九集鎮舊縣鋪村。

〔二七八〕桓十三:桓,喬本、洪本、吳本譌"柏"。十三,四庫本譌"十二"。今並訂正。

〔二七九〕僖三十三:三十三,各本均作"三十二",誤。今訂正。

〔二八〇〕哀四年,蠻氏潰,蠻子赤奔晉:見是年左傳,原文爲:"(楚大夫)單浮餘圍蠻氏,蠻氏潰。蠻子赤奔晉陰地。"

〔二八一〕今河東伊陽伊闕鎮,即古戎蠻子國:伊陽,縣名,治所在今河南嵩縣舊縣鎮。伊闕鎮,在今河南伊川縣西南。彦按:河東當作河南。元和郡縣圖志、太平寰宇記、輿地廣記(並見於卷五),伊陽縣均在河南府。

〔二八二〕漢新城,唐伊闕也:輿地廣記卷五河南府伊陽縣:"伊闕鎮,本戎蠻子國。漢惠帝置新城縣,屬河南郡。東漢、晉因之。東魏置新城郡。隋開皇初郡廢,屬河南郡,十八年改縣曰伊闕。……皇朝熙寧五年省入伊陽。"

〔二八三〕寰宇以梁縣西南蠻中聚爲其國,今謂麻城:太平寰宇記卷八汝州云:"汝州,臨汝郡。今理梁縣。"又梁縣云:"蠻中聚,即戎蠻子國,在今郡西南,俗謂麻城是也。"

〔二八四〕紀所伐夷國也：四庫本“伐”譌“戎”。

〔二八五〕隱元：各本“元”均譌“二”，今訂正。左傳隱公元年：“八月，紀人伐夷。”杜預注：“夷國在城陽壯武縣，紀國在東莞劇縣。”

〔二八六〕城陽壯武，治夷安：城陽，郡名。壯武，縣名，治所在今山東即墨市西。夷安，縣名，治所在今山東高密市。通志都邑略一周夷狄都云：“夷都夷安。”注：“杜預云：‘在城陽莊武縣。’所治夷安縣是也。”

〔二八七〕閔二煞哀姜處：閔，吳本譌“閑”。煞，洪本作“然”，吳本作“然”，俱誤；四庫本作“殺”，通。哀姜，春秋魯莊公夫人。左傳閔公二年：“共仲通於哀姜，哀姜欲立之。閔公之死也，哀姜與知之，故孫于邾。齊人取而殺之于夷。”杜預注：“夷，魯地。”楊伯峻注則曰：“夷疑即隱元年傳‘紀人伐夷’之夷，杜注以爲魯地，誤。説詳王夫之稗疏。”

〔二八八〕安國以爲徐夷之屬：書大誥序“武王崩，三監及淮夷叛”孔氏傳：“淮夷，徐、奄之屬，皆叛周。”

〔二八九〕閟宫詩與昭四年春秋，淮夷、徐明爲二：彦按：詩魯頌閟宫曰：“保有鳧繹，遂荒徐宅，至于海邦。淮夷蠻貊，及彼南夷，莫不率從。”又春秋昭公四年曰：“夏，楚子、蔡侯、陳侯、鄭伯、許男、徐子、滕子、頓子、胡子、沈子、小邾子、宋世子佐、淮夷會于申。”皆徐與淮夷並見，故羅氏有是語。

〔二九〇〕見國語晉語四。

〔二九一〕左傳僖公三十三年：“郤缺獲白狄子。”春秋宣公八年：“晉師、白狄伐秦。”

〔二九二〕左傳成公十三年，晉侯使吕相絶秦，曰：“白狄及君同州，君之仇讎而我之昏姻也。”

〔二九三〕預云：故西河地有白狄部胡：見春秋釋例卷七土地名第四十四之三狄地僖公三十三年白狄，“西河”作“西河郡”，“白狄部胡”作“白部胡”。西河郡治所在今山西吕梁市離石區。

〔二九四〕元和姓纂卷一〇陌韻白狄引神異記：“白狄先生，馮翊人。”

〔二九五〕鄜、坊、綏、延：鄜，吳本、四庫本、備要本作“鄘”，同。見國名紀三高陽氏後注〔五三五〕。

〔二九六〕一云：四庫本作“一曰”。　白翟居乃秦高奴；故董翳爲翟王，都高奴:高奴,縣名,秦置,屬上郡,治所在今陝西延安市寶塔區。董翳,秦末都尉,降楚,封翟王。見史記項羽本紀。

〔二九七〕中行穆子伐翟,乃鮮虞:國語晉語九:"中行穆子帥師伐狄,圍鼓。"韋昭注:"穆子,晉卿,中行偃之子荀吴中行伯也。狄,鮮虞也。鼓,白狄别邑。"　列子言襄子攻翟,取左人、中人,則鮮虞矣:列子説符:"趙襄子使新穉穆子攻翟,勝之,取左人、中人。"晉張湛注:"翟,鮮虞也。"參見國名紀五周氏鮮虞。

〔二九八〕开:音 qiān。各本均譌"开",今訂正。下"开羌"之"开"同。

〔二九九〕开羌,居金城,今蘭之五泉:开羌,我國古代羌族之一支。金城,漢縣,治所在今甘肅蘭州市西固區。蘭,州名。五泉,縣名,各本均作"五原"。彦按:"原"當"泉"字形譌。太平寰宇記卷一五一蘭州五泉縣云:"本漢金城縣地,屬金城郡,昭帝始元元年置。隋置五泉縣。"元和郡縣圖志卷三九亦稱蘭州五泉縣"本漢金城縣地",又新、舊唐書地理志,蘭州轄縣亦但有五泉而無五原,可證。今據以訂正。

〔三〇〇〕漢有逯並:逯並,王莽時官大司馬。見漢書王莽傳中。

〔三〇一〕高駢將逯並:見新唐書叛臣傳下高駢。高駢,唐揚州大都督府長史、淮南節度副大使知節度事。"駢"洪本作"𩦺",餘本均譌"駢",今訂正。

〔三〇二〕右周世侯伯之國:洪本、吴本、四庫本如此,喬本、備要本"世"作"氏"。作"世"於義爲長,今從之。

〔三〇三〕事之宏遠:四庫本"宏"作"弘"。

〔三〇四〕是故古先哲王:吴本、四庫本如此,於義爲長,今從之。喬本、洪本、備要本"古"作"吾"。　所以成爪牙之勢者:洪本、吴本"爪牙"作"犬牙",非是。

〔三〇五〕修禮法,謀連帥:修,謂遵行。謀,謂謀立。

〔三〇六〕規模:取法。

〔三〇七〕漢封諸侯,初本率意,事微周度,是以土宇過制:率意,輕率隨意。微,没有。周度,周密考慮。土宇,國土,此謂封地。

〔三〇八〕惠、文、景、武:謂漢惠帝、漢文帝、漢景帝、漢武帝。　修方伯,謀連帥:修,謂設立。帥,喬本、洪本譌"師",今據餘本訂正。　正疏戚尊卑之分:

疏戚,親疏。　崇惠而涵養之:崇惠,推崇仁愛。涵養,培育。　三代之緒:緒,事業,功業。

〔三〇九〕吹齏過計:吹齏,謂吹冷齏,比喻因受挫折而過分小心。典出楚辭九章惜誦:"懲於羹者而吹齏兮,何不變此志也?"王逸注:"言人有歠羹而中熱,心中懲忿,見齏則恐而吹之。"齏,用醋、醬拌和,切成碎末的菜或肉。字亦作"鼇",各本均譌作"藋",今訂正。過計,考慮過度。　一饐廢膳:饐,通"噎",食物堵塞咽喉。

〔三一〇〕一旦:一天之間,謂極短時間內,一下子。

〔三一一〕此皆書生嘷嘮嘗試,疏闊譚也:嘷嘮(cǎo lǎo),草率。嘮,通"嘐"。嘗試,猶假設。譚,通"談",言論。

〔三一二〕云云:吳本、四庫本此二字爲正文。下注文"云云"同。

〔三一三〕摧久長之業:各本均作"推久長之策"。彦按:此所引朱浮語見後漢書朱浮傳,其原文爲:"夫物暴長者必夭折,功卒成者必亟壞,如摧長久之業,而造速成之功,非陛下之福也。天下非一時之用也,海內非一旦之功也。"是今本路史"推"當"摧"字之譌,"策"當"業"字之譌,今並訂正之。

〔三一四〕朱浮:東漢朝臣,官執金吾,封父城侯。

上世妃后之國

華胥　伏戲母國,在閬中。列子云:華胥氏之國,在弇州之西,台州之北〔一〕。

娥陵　女媧氏之臣有娥陵氏〔二〕。

少典　黃帝父大叢〔三〕。少典氏則其後襲封者。有典氏。姓纂又有少氏,妄〔四〕。

有喬　僑也。一作"橋"。少典取有僑氏。傳作有蟜,賈云諸侯〔五〕。集云:"古諸侯。"〔六〕又云:上世國名〔七〕。國語有矯,故玉篇爲居兆切〔八〕。後有喬氏、橋氏、蟜氏。春秋有蟜固,漢有蟜彥沖,姓纂以爲蟜牛後〔九〕。

承桑　神農取承桑氏。一曰桑水。陝之靈寶有桑里亭〔一〇〕。晉桑田〔一〕。今朗陵有桑里〔二〕。

西陵　黃帝元妃嫘姓國,作"儡"同。今江夏、安陸間〔一三〕。故
　　　吳以安陵爲西陵〔一四〕。有嫘氏、西陵氏。春秋有西陵羔,見
　　　世本。

方纍　黃帝次妃方儡氏。一曰方靁。靁、纍聲注〔一五〕。靁祖、方
　　　靁用字每相犯,故世以方靁即靁祖,誤〔一六〕。有靁氏、纍氏、儡
　　　氏〔一七〕。累、雷、傫、嫘單從田,皆非字。

肜魚〔一八〕　黃帝三妃肜魚氏國。固表作"彤",非〔一九〕。

干類〔二〇〕　青陽取干類氏,生少昊〔二一〕。後有類氏。

蜀山　昌意取蜀山氏。益土也〔二二〕。詳前紀〔二三〕。今濟有蜀山,
　　　或其分也〔二四〕。

鄒屠　高陽取鄒屠氏者〔二五〕。昔黃帝戮蚩尤,遷民善者于
　　　鄒屠。

勝潰　勝奔也。高陽元妃勝奔氏國〔二六〕。帝系注,宋衷云:國名。或
　　　作"騰隍",誤〔二七〕。

根水　卷章取根水氏〔二八〕。今土軍縣有根水是。史多作即
　　　水,非〔二九〕。

鬼方　陸終取鬼方氏〔三〇〕。殷高宗伐鬼方,或此〔三一〕。

陳豐〔三二〕　一作"鋒"。酆也〔三三〕。僑極取陳豐氏,生帝嚳〔三四〕。
　　　嚳復取陳氏,生帝堯〔三五〕。齊之豐丘,陳氏邑也〔三六〕。

有娀　帝嚳次妃國。譌作"嵩"。殷武疏:簡狄國〔三七〕。桀敗有娀之
　　　虛,蓋陝、虢間〔三八〕。故世紀、晉志:桀敗于焦〔三九〕。淮南子有娀在
　　　不周北,遠〔四〇〕。有娀氏、嵩氏。

有陬　帝嚳三妃之國。音輒。史作訾陬,或作陬訾,俱非。姓
　　　書:訾陬,三皇時諸侯〔四一〕。

富宜　帝堯取富宜氏。史記、班表作散宜〔四二〕。散宜爲二〔四三〕。
　　　許慎言二名,有文武賢臣散宜生,非也〔四四〕。

登北　　帝舜之三妃。傳多作癸北^{〔四五〕}。姓纂又作癸比。經云：國在鉅燕之南，倭之北，屬燕^{〔四六〕}。

有㜪　　縣納有㜪氏，生伯禹。唐韻云，國名。帝繫作有莘。今陳留有莘城，國語之莘虛^{〔四七〕}。

土敬　　縣妻土敬氏，見山海經^{〔四八〕}。

塗山　　太康地記：塗山，故當塗國。固云，九江當塗^{〔四九〕}。今壽春東北塗山也。山在濠之鍾離西百十七里^{〔五〇〕}。當塗故城，州西九十六^{〔五一〕}。有禹廟、塗山神祠山頂。漢魏不害、劉聖公爲當塗侯國^{〔五二〕}。應以爲會諸侯處，非塗山侯國，大誤^{〔五三〕}。

酈山　　戎胥軒取酈山氏，蓋即驪侯^{〔五四〕}。

契和　　老子祖理徵，取契和氏^{〔五五〕}。後有契氏。

純狐　　后羿妻純狐氏，浞納之^{〔五六〕}。

有仍　　見商世國^{〔五七〕}。

州山　　南岳取州山氏曰女虔^{〔五八〕}。

　　右上世帝王妃后之國。

　　子曰："周監于二代，郁郁乎文哉^{〔五九〕}！"文者，禮文加詳之謂也^{〔六〇〕}。夏、商氏非不文也，以周而視之，則猶質也^{〔六一〕}。方封建之行也，豈惟利其私哉！予之所嘉，亦正以其文也。

　　且姑以大婚一事言之：王妃取於諸侯，而王女下嫁於國君之世子，不過下一等爾；逆送之，有文以相接，丙丙乎不可尚矣^{〔六二〕}。自其郡縣，而兩勢懸，后妃遂取於齊民，而王女下嬪於匹庶矣，豈不異夫^{〔六三〕}！桓二年："紀侯徠朝。"^{〔六四〕}何休以爲稱侯者，天子將娶于紀，故封之以百里；謂天子得娶庶人女，以其得專封^{〔六五〕}。非也。劉原父云：天子養天下之民，居天下之尊，守天下之法，能刑人，能爵人^{〔六六〕}。然刑人當以罪，爵人當以德，豈以得專而妄刑人、爵人哉^{〔六七〕}？又況橈以情愛，捐百里之命於匹庶，輕宗廟，褻社稷，使後代庸君欲以下里之女共天地之事，豈不失^{〔六八〕}？觀諸六典云：兩漢皆列侯尚主，自魏晉來，尚主者皆駙馬都尉^{〔六九〕}。駙馬都尉，鄙矣^{〔七〇〕}。然兩漢亦不專列侯也。

　　或曰:何傷乎? 是所以爲無私也。嗟乎,亦不究其本矣! 天下多故,人非齊聖,敵則敬,其相泊者,未有不生於不等者也〔七一〕。秦、漢而徠,不原其本,脱先王之意,務以尊君抑臣爲治〔七二〕。列侯尚主帥,使男事其女〔七三〕。而公卿婿天子者,一至舅姑屈跪其婦〔七四〕。以故王陽條奏,原以爲失〔七五〕。長樂王回亦首其敝,謂父母至不敢畜其子,而舅姑且不敢有其婦;人倫悖於上,風俗頹于下〔七六〕。則不等而已矣。惟不等,故不敬;不敬,故相泊〔七七〕。相泊不敬,失伉儷之義矣〔七八〕。失伉失儷,又烏足以言之封建之代哉?

【校注】

　　〔一〕華胥氏之國,在弇州之西,台州之北:見列子黄帝篇。張湛注:“淮南云:正西曰弇州,西北曰台州。”

　　〔二〕女媧氏:喬本“氏”作“世”,誤。今據餘諸本改。

　　〔三〕黄帝父大叢:彦按:諸書如史記五帝本紀、大戴禮記五帝德,皆言黄帝爲少典之子,本書後紀五黄帝有熊氏“少典”作“小典氏”,然皆不言少典有大叢之稱,疑此“大叢”二字爲衍文。

　　〔四〕姓纂又有少氏:備要本“氏”譌“民”。元和姓纂卷九笑韻少云:“少昊氏之後。一云,少典之後。禮記:少連善居喪,東夷之子。”

　　〔五〕國語晉語四:“昔少典娶于有蟜氏,生黄帝、炎帝。”韋昭注引賈侍中(逵)云:“少典,黄帝、炎帝之先。有蟜,諸侯也。”

　　〔六〕集云:“古諸侯”:見集韻宵韻蟜。

　　〔七〕上世國名:今考集韻小韻蟜,作:“亦國名。”

　　〔八〕國語有蟜:今本國語晉語四作“有蟜”。　故玉篇爲居兆切:見玉篇虫部蟜。

　　〔九〕春秋有蟜固:蟜固,春秋魯臣。見禮記檀弓下。　漢有蟜彦沖:史籍無徵,疑有誤。彦按:元和姓纂卷六語韻褚載:唐褚遂良有子彦甫、彦沖,“彦甫,祕書郎,生僑、休。彦沖,城門郎,生倫、儼。”頗疑羅氏所謂之漢蟜彦沖,即由姓纂此文誤斷誤記(或者兼有譌脱、錯簡)而來。即:誤斷“生僑休彦沖”爲句且脱“休”字,又誤記唐爲漢耳。　　姓纂以爲蟜牛後:元和姓纂卷七小韻蟜云:“顓頊元孫蟜牛之後,舜祖也。”

〔一〇〕陝之靈寶:陝,州名。靈寶,縣名,治所在今河南靈寶市東北。

〔一一〕晉桑田:左傳成公十年:“公覺,召桑田巫。”杜預注:“桑田,晉邑。”

〔一二〕今朗陵有桑里:朗陵,縣名,治所在今河南確山縣任店鎮。各本均作“即陵”。彦按:“即”當“朗”字形譌。左傳成公六年“禦諸桑隧”杜預注:“汝南朗陵縣東有桑里,在上蔡西南。”當即羅氏所本。今訂正。

〔一三〕今江夏、安陸間:江夏,縣名,治所在今湖北武漢市武昌區。安陸,縣名,治所在今湖北安陸市。

〔一四〕故吳以安陵爲西陵:彦按:“安陵”當作“夷陵”。三國志吳志孫權傳黃武元年云:“是歲,改夷陵爲西陵。”是也。又據史爲樂中國歷史地名大辭典,此西陵縣治所在今湖北宜昌市東南長江北岸,與江夏、安陸間之西陵並非一地。

〔一五〕注:猶“通”。

〔一六〕靁祖、方靁用字每相犯:靁祖,即嫘祖,黃帝正妃。犯,撞,謂不約而同。

〔一七〕有靁氏、纍氏、儽氏:各本“儽”下均無“氏”字。彦按:據文當有“氏”字,蓋偶脱,今補之。

〔一八〕肜魚:四庫本如此,餘本“肜”字作“彤”。彦按:作“彤”者誤。本書後紀五黃帝有熊氏稱“(黃帝)次妃肜魚氏”,亦作“肜”。今從四庫本。下“肜魚氏”之“肜”同。

〔一九〕固表作“彤”:固表,指漢書古今人表。彤,路史各本均作“肜”,誤。今據古今人表訂正。

〔二〇〕干類:備要本“干”譌“千”。下“干類氏”之“干”同。

〔二一〕參見後紀七小昊青陽氏。

〔二二〕益:謂益州。

〔二三〕見後紀八帝顓頊高陽氏。

〔二四〕濟:謂濟州。治所在今山東巨野縣。

〔二五〕參見後紀八帝顓頊高陽氏。

〔二六〕高陽元妃勝奔氏國：元妃，各本均作"允妃"，彥按："允妃"不辭，"允"當"元"字形譌。本書後紀八帝顓頊高陽氏"勝奔氏曰娽"羅苹注引坤蒼云："娽，顓帝之妻名。"妻即元妃。今訂正。

〔二七〕或作"騰隍"：楚辭屈原離騷"帝高陽之苗裔兮"宋洪興祖補注本錄王逸注："帝繫曰：顓頊娶于騰隍氏女而生老僮，是爲楚先。"

〔二八〕同上注〔二五〕。

〔二九〕史多作即水：吳本、四庫本如此。洪本"即"作"郎"，喬本乃作"郍"，備要本又作"郍"。彥按：本書後紀八帝顓頊高陽氏"卷章取根水氏曰嬌"羅苹注亦稱"（根水）一作即水"，今姑從吳本及四庫本。

〔三〇〕同上注〔二五〕。

〔三一〕殷高宗伐鬼方：殷高宗，喬本作"𣪊商宗"（"𣪊"爲"殷"字俗體），洪本作"音商宗"，吳本作"音商宗"，皆有誤，今從四庫本及備要本。竹書紀年卷上殷武丁三十二年："伐鬼方。"殷武丁即殷高宗。又周易既濟九三："高宗伐鬼方，三年克之。"

〔三二〕陳豐：吳本"豐"作"豊"。下"陳豐氏"、"豐丘"之"豐"同。

〔三三〕酆：洪本、吳本作"鄷"。

〔三四〕參見後紀九帝嚳高辛氏。

〔三五〕嚳復取陳氏：洪本"取"作"取取"，衍一"取"字。

〔三六〕齊之豐丘：齊，指春秋之齊國。左傳哀公十四年："（子我）適豐丘。"杜預注："豐丘，陳氏邑。"

〔三七〕殷武疏：簡狄國：殷武，詩經商頌篇名。彥按：此所引疏，見於詩商頌長發"有娀方將，帝立子生商"鄭箋"帝，黑帝也。禹敷下土之時，有娀氏之國亦始廣大"孔穎達疏。原文爲："以有娀是簡狄國名，非簡狄之身，言'有娀方將'，不得爲簡狄長大，故以爲禹敷下土之時，有娀氏之國亦始廣大也。"羅氏蓋因殷武篇緊接長發而誤認也。

〔三八〕桀敗有娀之虛：有娀，備要本如此，是，今從之。餘諸本均譌"有娥"。史記殷本紀："桀敗於有娀之虛"。　　蓋陝、虢間：陝，陝州，治所在今河南三門峽市陝州區。虢，虢州，治所在今河南靈寶市。喬本、洪本、吳本作"虤"，乃"虢"字俗譌。

〔三九〕故世紀、晉志：桀敗于焦：焦，在今河南三門峽市陝州區。太平御覽卷八二引帝王世紀曰：“桀未戰而敗績。湯追至大涉，遂禽桀於焦。”晉書地理志上：“成湯敗桀於焦。”

〔四〇〕淮南子有娀在不周北：見淮南子墜形篇。不周，指不周山，傳說在崑崙山西北。

〔四一〕古今姓氏書辯證卷三支韻訾陬：“三皇時諸侯，以國爲姓。帝嚳妃訾陬氏女是也。”

〔四二〕史記、班表作散宜：彦按：史記宜作世紀，即皇甫謐帝王世紀。史記五帝本紀“嗣子丹朱開明”張守節正義引帝王世紀云：“堯娶散宜氏女，曰女皇，生丹朱。”同篇“堯知子丹朱之不肖”司馬貞索隱引皇甫謐云：“堯娶散宜氏之女，曰女皇，生丹朱。”是見于帝王世紀，而史記全書不見有此。班表，指漢書古今人表，中云：“女皇，堯妃，散宜氏女。”

〔四三〕散宜爲二：二，謂另外一人。

〔四四〕許慎言二名，有文武賢臣散宜生，非也：吳本、四庫本無此十五字注文。許慎，洪本“慎”譌“𥘉”，喬本、備要本又譌“直”，今訂正。許慎説見所撰五經異義二名。二名，由兩個字組成的人名。文武，謂周文王、周武王。

〔四五〕傳多作癸北：癸北，喬本、洪本作“癸比”。彦按：作“癸比”則下注文“姓纂又作癸比”不可解，今從餘諸本。

〔四六〕經云：國在鉅燕之南，倭之北，屬燕：彦按：此所引經，指山海經海內北經。然經文原爲：“舜妻登比氏，……一曰登北氏。蓋國在鉅燕南，倭北。倭屬燕。”今學者多以“蓋”爲國名，視“舜妻登比氏，……一曰登北氏”與“蓋國在鉅燕南，倭北。倭屬燕”爲兩事，各自成條，當是。羅氏所論實誤。

〔四七〕今陳留有莘城，國語之莘虛：陳留，縣名。有莘城，在今河南開封市東南。太平寰宇記卷一開封府陳留縣云：“本古有莘城，國語謂之莘墟。”

〔四八〕縣妻土敬氏，見山海經：今本山海經大荒南經“土敬”作“士敬”。

〔四九〕固云，九江當塗：彦按：漢書地理志上九江郡當塗縣云：“侯國。莽曰山聚。”顏師古注引應劭曰：“禹所娶塗山侯國也。有禹虛。”路史蓋指此，然表述不清。

〔五〇〕山在濠之鍾離西百十七里：西，四庫本作“四”；“百”，吳本作

“伯”：並誤。彥按：元和郡縣圖志卷九濠州鍾離縣、太平寰宇記卷一二八濠州鍾離縣並云：“塗山，在縣西九十五里。”此云“在濠之鍾離西百十七里”者，非塗山，乃當塗縣故城，或稱當塗山城也。元和郡縣圖志卷九濠州鍾離縣又云：“當塗縣故城，本塗山氏國，在縣西南一百一十七里。禹娶於塗山，即此也。”又太平寰宇記卷一二八濠州鍾離縣云：“古當塗山城，在州（彥按：濠州治所即在鍾離縣）西一百一十七里。”今羅注稱“山在”云云，蓋疏忽之誤。

〔五一〕當塗故城，州西九十六：彥按：此説與元和志、寰宇記所載不同，疑有誤。參見上注。

〔五二〕漢魏不害、劉聖公爲當塗侯國：魏不害爲當塗侯，見史記建元以來侯者年表當塗：“魏不害，以圍守尉捕淮陽反者公孫勇等侯。”劉聖公，即西漢末之更始帝劉玄。此謂劉聖公爲當塗侯，蓋據太平寰宇記卷一〇五太平州當塗縣所載：“本漢丹陽縣地，漢已來爲侯國，即漢書劉聖公爲當塗侯是也。”然考漢書，並無“劉聖公爲當塗侯”之説。王文楚於此寰宇記文有校勘記曰：“按漢書卷一七景武昭宣元成功臣表：‘當塗康侯魏不害，以圍守尉捕反者淮陽胡倩侯，侯聖與議定策，益封。’則魏不害以功封當塗侯，其子以定策功益封，此言‘劉聖公爲當塗侯’，誤。”是則路史以譌傳譌矣。

〔五三〕應以爲會諸侯處，非塗山侯國：應，當指應劭。此説出處不詳，待考。

〔五四〕戎胥軒取酈山氏：參見後紀七小昊青陽氏。　　蓋即驪侯：四庫本“驪”作“酈”。

〔五五〕祖：祖先。

〔五六〕浞：寒浞。參見後紀十四夷羿傳。

〔五七〕見商世國：彥按：上文商世侯伯未見有仍，不知是否存在佚文。

〔五八〕南岳取州山氏曰女虔：南岳，黃帝裔帝鴻之子，名嘻。見後紀六帝鴻氏及注。女虔，各本均作“女厬”。彥按：“厬”當“虔”字之譌。山海經大荒西經作“女虔”，本書後紀六帝鴻氏“嘻生季格”羅苹注引西荒經，亦作“女虔”，今據以訂正。

〔五九〕周監于二代，郁郁乎文哉：見論語八佾。監，通“鑒”，借鑒。二代，謂夏、商。郁郁，美盛貌。

〔六〇〕禮文:指禮樂儀制。

〔六一〕質:質樸,粗糙。

〔六二〕且姑以大婚一事言之:大婚,指天子或諸侯的婚娶。洪本、吳本“婚”作“昏”。　逆送之,有文以相接,丙丙乎不可尚矣:逆送,迎送。文,謂禮文,即禮節。接,銜接,對應。丙丙,猶炳炳,文彩鮮明貌。尚,通“上”,謂逾越。

〔六三〕自其郡縣:謂自從實行郡縣制。　而兩勢懸:兩勢,雙方地位。懸,懸殊。　后妃遂取於齊民,而王女下嬪於匹庶矣:齊民,平民。嬪,嫁。匹庶,平民百姓。

〔六四〕桓二年:吳本“二”譌“一”。　紀侯徠朝:吳本、四庫本“徠”作“來”,與春秋同。

〔六五〕見公羊春秋桓公二年“秋七月,紀侯來朝”何休解詁。原文爲:“稱侯者,天子將娶於紀,與之奉宗廟,傳之無窮,重莫大焉,故封之百里。……蓋以爲天子得娶庶人女,以其得專封也。”

〔六六〕自此“天子養天下之民”至下“豈不失”,撮引自劉敞春秋權衡卷九桓公二年。　劉原父:喬本、洪本、吳本、備要本作“劉原輔”,四庫本作“劉元輔”。彥按:劉敞字原父。蓋“父”先音譌而作“輔”,“原”又依義臆改而成“元”。今訂正。

〔六七〕豈以得專而妄刑人:吳本“人”譌“久”。

〔六八〕又況橈以情愛:橈,曲從。吳本作“撓”,四庫本作“撓”。彥按:“橈”、“撓”可通用,“撓”則爲譌字。　捐百里之命於匹庶:捐,拋棄。各本均作“援”。彥按:作“援”於義不協,當誤。今從原父本文改。　襮社稷:襮,襮瀆。此從備要本。餘本作“襲”,乃“襮”字形譌。　使後代庸君欲以下里之女共天地之事:庸君,洪本“君”譌“居”。下里,鄉野,謂民間。各本均作“百里”。彥按:“百里之女”費解,蓋涉上文“百里之命”而譌。原父原文作“下里賤人之女”,今據以訂正。

〔六九〕六典:即大唐六典(後世但稱唐六典),舊題唐玄宗撰、李林甫等注,實編纂者乃爲張説、張九齡等。　兩漢皆列侯尚主,自魏晉來,尚主者皆駙馬都尉:見唐六典卷二尚書吏部司封郎中“外命婦之制:……王之女封縣主,視正二品”注,末句作“尚主皆拜駙馬都尉”。自魏晉來,吳本“魏”譌“衛”。駙馬都尉,官名。<u>漢武帝</u>始置,爲侍從近臣,皇帝出行時掌副車,故名。自<u>三國魏何晏</u>以公主丈夫拜駙馬都尉後,駙馬都尉多作爲加官稱號,加於尚公主者。

〔七〇〕鄙:低賤,謂地位低微。

〔七一〕天下多故,人非齊聖,敵則敬,其相泊者,未有不生於不等者也:故,變故,禍患。齊聖,聰明睿智。齊,敏捷,明智。敵,匹敵,謂地位相當。泊,通“薄”,鄙薄,輕視。<u>吳本</u>、<u>四庫本</u>作“洎”,當以形近而誤。

〔七二〕脱:失去。

〔七三〕列侯尚主帥,使男事其女:<u>彥</u>按:“帥”疑爲衍文。上稱“務以尊君抑臣爲治”,主即君也,與主帥無涉。此即<u>白孔六帖</u>卷三七公主所謂“列侯尚主,夫詘於婦”是也。

〔七四〕舅姑:夫之父母,公婆。

〔七五〕王陽條奏,原以爲失:<u>王陽</u>,指<u>漢宣帝</u>諫大夫<u>王吉</u>。<u>吉</u>字<u>子陽</u>,故亦稱<u>王陽</u>。條奏,本謂逐條上奏,此但泛稱陳奏。<u>漢書王吉傳</u>載<u>吉</u>上疏言得失,曰:“<u>漢</u>家列侯尚公主,諸侯則國人承翁主,使男事女,夫詘於婦,逆陰陽之位,故多女亂。”

〔七六〕長樂王回亦首其敝,……人倫悖於上,風俗頹于下:見<u>宋文鑑</u>卷一三〇題跋<u>王回</u>書<u>襄城公主</u>事。<u>長樂</u>,府名。<u>五代</u>時治所在今<u>福建福州市</u>。此借前代地名以稱後世之地。<u>王回</u>,北宋<u>福州侯官</u>(今<u>福州市</u>)人,<u>嘉祐</u>進士,退居不仕,其學宗<u>歐陽修</u>。悖,<u>洪本</u>、<u>吳本</u>作“誖”,字異詞同。

〔七七〕不敬,故相泊:<u>洪本</u>、<u>吳本</u>、<u>四庫本</u>“泊”譌“洎”。下“相泊不敬”之“泊”同。

〔七八〕失伉儷之義矣:伉儷,夫婦。<u>洪本</u>、<u>吳本</u>“儷”作“麗”。

古之亡國

<u>皮氏</u>　信不行,義不立,哲士陵君政,禁之生亂,而亡<u>皮氏</u>^{〔一〕}。詳雜國中^{〔二〕}。

<u>華氏</u>　方正日遠,邪人專政,禁之生亂而亡^{〔三〕}。六韜作辛氏^{〔四〕}。又博物志。

<u>平林</u>　挾德責數,賢能日疏,位均而争,遂亡^{〔五〕}。<u>詩</u>“曾伐<u>平</u>

林", 後漢平林盜起者〔六〕。按:平林在隨縣東北。九域志。

史記有平林老〔七〕。引見姓纂〔八〕。

三鐃　美言聞於内,惡言聞於外,内外不相聞而亡〔九〕。或云三

苗。昭元〔一〇〕。

義渠　二子異母,皆重;君病,大臣分黨以爭,而亡〔一一〕。春秋

之義渠戎,秦昭威之爲北地,今慶州〔一二〕。

平州二　功大而不賞,諂臣日賞,功臣怒而生變,平州出奔〔一三〕。

盟會圖疏,平州在汾州介休西。若齊之平州,漢平州

國,在梁父〔一四〕。宣元平州,杜云:泰山牟縣西有平州鄉〔一五〕。

有林　召離戎君,朝之而不親禮,逃而誅之,天下叛之,林氏以

亡〔一六〕。六韜:林氏國出騶虞,與鳥鼠近〔一七〕。預云中

牟林亭,非〔一八〕。今開封,春秋之北林〔一九〕。

曲集　自伐其智,廢仁義,事疆力,賢良伏匿,君孤無使,榆州伐

之而亡〔二〇〕。今符陽郡有集,云萬山所集〔二一〕。六韜作

西譙,"州氏伐之"〔二二〕。

榆州　孤而無使,曲沃伐之而亡〔二三〕。見博物志。當亦周書文,今不見。

儀之榆社〔二四〕。或云魏榆〔二五〕。晉之離榆,亦曰魏榆〔二六〕。預

云:朝歌東有離榆城〔二七〕。今衛縣,隨改。

有酆　蔑爵損禄,後君少弱,禁罰不行,重氏伐之而亡〔二八〕。攷

之潛夫,即祝融後也〔二九〕。今酆城。六韜曰會氏。

重氏　伐有酆者,宜句芒國〔三〇〕。滄之南皮有千童城,年表云

故重,是也〔三一〕。城在今無棣,漢縣也〔三二〕。云因徐福,妄〔三三〕。

上衡　與林氏爭權,林氏再戰弗克,上衡爲義弗克,俱亡〔三四〕。

有果　好以新易故,故者興怨,新故不和,内外不附,而亡〔三五〕。

今果州〔三六〕。

畢程　損禄增爵,羣臣貌匿,而亡〔三七〕。文王卒於畢程,長安志引

孟子。今作畢郢〔三八〕。而武王嘗窮於畢程〔三九〕。吕十八。地今

　　　　　咸陽。

陽氏　　自伐而好改作,事無故業,官無定位,民運于下,而亡^{〔四〇〕}。
　　　　夫國以"陽"名者多矣,如陝有<u>上陽</u>、<u>下陽</u>,<u>晉</u>、<u>魯</u>、<u>鄧</u>、<u>越</u>
　　　　皆有<u>東陽</u>、<u>南陽</u>,難可悉數^{〔四一〕}。

縠平　　慢類無親,破國弗克,業刑用國,內外相援,而亡^{〔四二〕}。
　　　　一作<u>平氏</u>。

縣宗　　很而無親,執事不從,守職者疑,羣臣解體,國無立功,而
　　　　亡^{〔四三〕}。<u>六韜</u>作<u>懸原</u>。

扈氏二　<u>鄭</u>地。<u>預</u>云:<u>滎陽</u>故<u>卷</u>有<u>扈城亭</u>^{〔四四〕}。<u>卷</u>後<u>齊</u>入<u>滎陽</u>。
　　　　故<u>卷城</u>在<u>原武</u>西北。

洛氏　　宮室無常,池囿廣大,工巧日進,失其民時,民人匱竭,飢
　　　　饉不食,<u>商</u>伐亡之^{〔四五〕}。即有<u>雒</u>。_{雒以邑音}^{〔四六〕}。<u>魚豢</u>云:_漢
　　　　_{火行,忌水,故去"水"加"隹"}^{〔四七〕}。_{妄也。按"漢"字從"水"不改。}<u>師古</u>
　　　　_{云光武後改,亦非}^{〔四八〕}。<u>史記</u>已用之。<u>六韜</u>作有<u>熊</u>,誤。

重丘二　以美女遺<u>青陽</u>者^{〔四九〕}。<u>括地象</u>云,<u>曹州城武</u>有<u>重丘</u>故
　　　　城^{〔五〇〕}。今在<u>濟陰</u>東北三十一^{〔五一〕}。_{亦曰廩城。}<u>孫蒯</u>飲
　　　　馬<u>重丘</u>,遂伐<u>曹</u>,取<u>重丘</u>者^{〔五二〕}。_{襄十七。}<u>寰宇</u>以<u>乘氏</u>東北三十
　　　　七古<u>重丘城</u>是^{〔五三〕}。與<u>德</u>之<u>重丘</u>異^{〔五四〕}。_{二十五年盟處,乃齊}
　　　　_地^{〔五五〕}。<u>劭</u>云:<u>平原安德</u>北有<u>重丘鄉</u>^{〔五六〕}。_{今有故重丘城,在德治安德}
　　　　_北^{〔五七〕}。<u>樂史</u>云:_{故城在博之聊城東南}^{〔五八〕}。

　　右古亡國,見<u>周書</u>·<u>史記解</u>及<u>六韜</u>·<u>周志</u>,凡國三十,皆敍其所
以致亡之道,以詔徠世者^{〔五九〕}。_{二書俱云二十八國,然文止二十有二,今以張}
_{華等記參綜得此}^{〔六〇〕}。其有<u>夏后居殷</u>、<u>商</u>、<u>有虞</u>、<u>質沙</u>、<u>有巢</u>、<u>共工</u>、<u>南氏</u>、<u>阪泉</u>、<u>玄都</u>、<u>西</u>
<u>夏</u>十國,已別見^{〔六一〕}。

　　嗚呼^{〔六二〕}!謀人則智,謀己則愚,謀末則獲,謀大則疎,此天
下之通患也。彼有宗社者,莫不欲安也,俄而危矣;莫不欲存也,
俄而亡矣。<u>虞</u>、<u>夏</u>不可言矣。<u>商</u>之三千,<u>周</u>之千八百,至<u>秦</u>、<u>漢</u>之

世者不千一,莫不失於是也[六三]。有一裘褐,必即良工;有一羊豕,必資良宰[六四]。人主欲善射中微而及遠也,則張貴爵厚賞以招之,内不阿其子弟,外不隱於遠人,惟能中者取之,雖有骨肉之親、便媚之好不之使,誠以不能是也[六五]。至於治國御民,調壹上下,内以固其城,外以拒其難,治則制人而不制於人,亂則危亡削威可立而待,然而求卿相俌佐,不如是之公,惟便僻説己之庸,是豈不獨過歟[六六]?

是故明主有私人以百金、良珠玉,而無私以官職、事業[六七]。國無常疆,無常弱,奉法者以疆,而不奉法者以弱[六八]。荆莊併國二十六,開地三千,猶荆莊之氓、社稷,而荆已亡[六九]。齊桓併國三十,開地三千,猶齊桓之氓、社稷,而齊以威[七〇]。燕襄以河爲境,以薊爲國,殘齊而平中山,有燕者重,無燕者輕;魏安釐攻趙破荆,私都平陸,攻韓拔管,兵四布於天下,——而尋皆亡者,羣臣官吏務其所以亂,而不務其所以治也[七一]。戈盾異用,刀劍殊施,易位而用之,則俱廢矣[七二]。三公九卿,人之司命,今也不惟其人,而惟親戚便佞之與,無故而處,豈非大不智歟[七三]? 韓嬰子云:"彼不能而主使之,是闇主也。臣不能而妄爲之,是詐臣也。主闇於上,臣詐於下,威亡無日,俱亂之道。故惟明主能愛其所愛,闇主則危其所愛矣[七四]。"

予讀周志而益信:國之亡,未有不自己以求者。後之取亡,亦未有不出此。而君人者尚不知戒,豈不悲哉[七五]!

【校注】

〔一〕哲士:智士,有智謀之人。逸周書史記解:"信不行,義不立,則哲士凌君政。禁而生亂,皮氏以亡。"孔晁注:"皮氏,古諸侯也。"

〔二〕詳雜國中:彦按:今考路史卷三十國名紀七雜國,不及皮氏,此稱"詳雜國中",豈初曾擬於雜國中詳述之,而後未果行乎? 抑存在佚文乎?

〔三〕逸周書史記解:"諂諛日近,方正日遠,則邪人專國政。禁而生亂,華氏以亡。”

〔四〕六韜作辛氏：四庫本“辛”作“莘”。

〔五〕挾德責數，賢能日疏，位均而爭，遂亡：德，恩德，功勞。責，求取，索取。數(shuò)，頻繁。疏，備要本作“疎”。位，勢位。均，相等。逸周書史記解：“挾德而責數，日疏，位均而爭，平林以亡。”

〔六〕詩“會伐平林”：見詩大雅生民。伐，砍伐。羅氏蓋以“攻伐、討伐”視之。彥按：此詩之“平林”，亦猶小雅車舝“依彼平林”之“平林”，毛傳曰：“平林，林木之在平地者也。”羅氏以爲國名，甚誤。　後漢平林盜起者：王莽末，新市人王匡、王鳳等聚衆起事。地皇三年(22)七月，“平林人陳牧、廖湛復聚衆千餘人，號平林兵，以應之。”(見後漢書劉玄傳)此即所謂“後漢平林盜起”也。

〔七〕史記有平林老：今史記未見，而漢書古今人表則作“平陵老”。

〔八〕考元和姓纂卷五庚韻平陵曰：“史記平陵老之後，氏焉。”則亦作“平陵老”。

〔九〕美言聞於内：蓋謂近臣阿諛。　惡言聞於外：蓋謂百姓不滿。　内外不相聞：蓋謂耳目閉塞，視聽隔絶。

〔一〇〕左傳昭公元年：“於是乎虞有三苗。”

〔一一〕重：尊貴，權力大。逸周書史記解：“嬖子兩重者亡。昔者義渠氏有兩子，異母，皆重。君疾，大臣分黨而爭，義渠以亡。”

〔一二〕春秋之義渠戎，秦昭威之爲北地：北地，郡名，治所在今甘肅慶陽市西峯區。漢書匈奴傳：“秦昭王時，義渠戎王與宣太后亂，有二子。宣太后詐而殺義渠戎王於甘泉，遂起兵伐滅義渠。”又後漢書西羌傳：“及(秦)昭王立，義渠王朝秦，遂與昭王母宣太后通，生二子。至王赧四十三年，宣太后誘殺義渠王於甘泉宮，因起兵滅之，始置隴西、北地、上郡焉。”

〔一三〕逸周書史記解：“功大不賞者危。昔平州之〔臣〕功大而不賞，詔臣日賞貴，功(日)〔臣〕怒而生變，平州之君以走出。”

〔一四〕齊之平州：齊，指春秋齊國。

〔一五〕杜云：泰山牟縣西有平州鄉：見春秋釋例卷六土地名第四十四之二齊地宣元年平州，原文無“有”字。

〔一六〕逸周書史記解：“召遠不親者危。昔有林氏召離戎之君而朝之，至而不禮,留而弗親,離戎逃而去之。林氏誅之,天下叛林氏。"

〔一七〕林氏國出騶虞,與鳥鼠近:騶虞,亦作騶吾,傳説中的義獸名。各本"虞"作"經"。彦按:"經"當作"虞"。山海經海内北經"林氏國有珍獸,大若虎,五彩畢具,尾長于身,名曰騶吾"吴任臣廣注引國名記,正作"林氏國出騶虞"。今訂正。鳥鼠,即鳥鼠同穴山。在今甘肅渭源縣西南。各本均作"葛鼠"。彦按:"葛鼠"不見於典籍,當爲"鳥鼠"之誤。佩文韻府卷七之一上平聲虞韻一騶虞、駢字類編卷二一六鳥獸門十三騶騶虞並云:"山海經:林氏國有珍獸,名曰騶虞。出孟山,亦出鳥鼠同穴山。"當有所本,而正可證明林氏國與鳥鼠近也。今訂正。

〔一八〕預云中牟林亭,非:預説見左傳宣公元年"遇于北林"注。原文作:"滎陽中牟縣西南有林亭,在鄭北。"彦按:杜注所釋爲春秋鄭地北林,而不言爲林氏國,路史批評無的放矢。

〔一九〕春秋之北林:吴本"北"譌"比"。

〔二〇〕自伐其智,廢仁義,事疆力,賢良伏匿,君孤無使,榆州伐之而亡:見逸周書史記解。自伐,自誇。疆,通"彊"。四庫本作"彊"。伏匿,謂隱居不仕。榆州,見下條。逸周書作"愉州氏"。黄懷信等集注引陳漢章云:"俞山即岐山,亦即西山經㻏次之山。古字㻏、俞與愉通,州與周通,則愉州國即岐周,其立國在古公亶父未自邠遷岐之前。"

〔二一〕符陽郡有集:符陽郡,治所在今四川南江縣。集,集州。彦按:符陽郡與集州實爲同地異時之稱,並非統屬關係,路史説法欠妥。

〔二二〕六韜作西譙,"州氏伐之":黄懷信等逸周書彙校集注引陳漢章云:"西山經西次四經又有中曲之山,當即愉州所伐曲集之國。……北堂書鈔(四二)引'曲集'作'典焦',路史引六韜周志又作'西譙',皆形近字譌。"

〔二三〕孤而無使,曲沃伐之而亡:晉張華博物志卷九雜説上作:"榆烔氏之君孤而無使,曲沃進伐之以亡。"范寧校證以爲"'烔'是'州'誤,'沃'乃'集'譌"。彦按:范説似是。然上條曲集稱"榆州伐之而亡",而此條榆州又稱"曲集伐之而亡",未免牴牾。蓋傳聞不同,各記所聞,乃有此,未可以信史視之也。

〔二四〕儀之榆社:儀,州名。榆社,縣名,今屬山西省。

〔二五〕魏榆:春秋晉邑,左傳昭公八年“春,石言于晉魏榆”楊伯峻注以爲:“在今山西榆次市西北。”彥按:榆次市,今爲晉中市榆次區。

〔二六〕晉之雝榆,亦曰魏榆:晉,指春秋晉國。之,吳本、四庫本作“曰”誤。雝榆,即雍榆,在今河南浚縣小河鎮。彥按:魏榆與榆社地相近,而與雍榆則相去甚遠,當另一地,羅氏言及者,當由左傳昭公八年“春,石言于晉魏榆”孔穎達正義:“襄二十三年叔孫豹‘次于雍榆’。雍榆,地名,知魏榆亦地名也。”至稱晉之雝榆“亦曰魏榆”,則不知何據,豈因誤解孔疏意乎?

〔二七〕預云:朝歌東有雝榆城:見春秋襄公二十三年“叔孫豹帥師救晉,次于雍榆”注。原文作:“汲郡朝歌縣東有雍城。”

〔二八〕蔑爵損禄,後君少弱,禁罰不行,重氏伐之而亡:見逸周書史記解,文云:“斧小不勝柯者亡。昔有鄶君嗇儉,滅爵損禄,羣臣卑讓,上下不臨。後□小弱,禁罰不行,重氏伐之,鄶君以亡。”蔑,棄除。逸周書作“滅”,義同。潛夫論志氏姓作“減”(見下注)。彥按:作“減”義長,“減爵”與“損禄”爲對文。疑逸周書原作“減”,形近而譌“滅”,音近又譌“蔑”。禁罰,路史各本均作“禁伐”。彥按:“禁伐”費解,“伐”當“罰”字音譌,今據逸周書訂正。重氏,見下條。

〔二九〕攷之潛夫,即祝融後也:潛夫論志氏姓云:“祝融之孫,分爲八姓:己、秃、彭、姜、妘、曹、斯、羋。……妘姓之後,封於鄔、會、路、偪陽。……會在河、伊之間,其君驕貪嗇儉,減爵損禄,羣臣卑讓,上下不臨。詩人憂之,故作羔裘,閔其痛悼也;匪風,冀君先教也。會仲不悟,重氏伐之,上下不能相使,禁罰不行,遂以見亡。”彥按:此潛夫論所稱之會,即路史所謂鄶也。

〔三〇〕句芒國:指少皞氏子孫重之國。“句芒”本是古五行官中之木正,重曾任此職,因以借代重。參見後紀八帝顓頊高陽氏。

〔三一〕滄之南皮有千童:千童城,在今河北鹽山縣千童鎮。彥按:千童城,元和郡縣圖志在滄州饒安縣(見卷一八),云:“饒安縣,本漢千童縣,即秦千童城,始皇遣徐福將童男女千人入海求蓬萊,置此城以居之,故名。”太平寰宇記則在滄州無棣縣(見卷六五),並於其後之饒安縣曰:“本漢千童縣,屬渤海郡。後漢改爲饒安縣,隋因之。唐武德元年,移治故千童城,仍移州治于此;六年,州移胡蘇。貞觀十二年,移縣治故浮水城,即今理。”舊唐書地理志二河北道滄州上饒安縣記載相同。據此，則千童城於唐貞觀十二年前屬饒安縣，其後則屬無棣縣。下羅苹注謂"城在今無棣"，是也。路史謂在南皮，當誤。今考太平寰宇記，南皮縣後緊連無棣縣，頗疑羅氏粗心而誤引之。　年表云故重：水經注卷九淇水："（無棣溝）又東南逕千童縣故城東，史記建元以來王子侯者年表曰：故重也。一作千鍾。"彦按：今本史記作"千鍾"，裴駰集解引徐廣曰："一作'重'。"

〔三二〕城在今無棣：吳本、四庫本"棣"作"隸"，誤。

〔三三〕云因徐福：見上注〔三一〕。因，吳本作"目"，四庫本作"曰"，備要本作"自"。彦按："曰"同"因"，"目"蓋"曰"字形譌，"自"疑由"目"所改。徐福，秦方士。

〔三四〕與林氏爭權，林氏再戰弗克，上衡爲義弗克，俱亡：逸周書史記解："犯難爭權，疑者死。昔有林氏、上衡氏爭權，林氏再戰弗勝，上衡氏偽義弗克，俱身死國亡。"王念孫讀"偽"爲"爲"，戴望讀"疑"爲"擬"（見黃懷信等逸周書彙校集注），並是。"爲義"猶"行義"，"擬者"謂力相匹敵者。弗克，猶弗勝。

〔三五〕好以新易故，故者興怨，新故不和：易，替換。興，生。和，四庫本作"合"。逸周書史記解："昔有果氏好以新易故，故者疾怨，新故不和，内爭朋黨，陰事外權，有果氏以亡。"

〔三六〕果州：治所在今四川南充市嘉陵區。

〔三七〕逸周書史記解："爵重禄輕，比□不成者亡。昔有畢程氏，損禄增爵，羣臣貌匱，比而戾民，畢程氏以亡。"潘振云："昔畢程氏損禄增爵，羣臣外有體貌，内實窮匱，從而横徵厚斂，以罪其民。民散，故國亡也。"（見黃懷信等逸周書彙校集注）

〔三八〕今作畢郢：見孟子離婁下："文王生於岐周，卒於畢郢。"

〔三九〕而武王嘗窮於畢程：見吕氏春秋卷十八具備，"畢程"作"畢裎"。

〔四〇〕逸周書史記解："好變故易常者亡。昔陽氏之君自伐而好變，事無故業，官無定位，民運於下，陽氏以亡。"孔晁注："運，亂移也。"

〔四一〕陝有上陽、下陽：陝，指陝州。上陽，即南虢，見國名紀五周氏南虢。下陽，即夏陽，見國名紀五周氏兩夏陽條。　晉、魯、鄧、越皆有東陽、南陽：晉、魯、鄧、越，皆周代國名。彦按：古今姓氏書辯證卷二東韻下東陽云："謹按春秋左氏傳：魯、齊、晉皆有東陽。魯之東陽在泰山南，齊之東陽近萊，晉之東陽在魏郡廣平以北。今婺州屬縣亦有東陽。必其先列國大夫有以邑爲氏者。”然此謂晉、魯、鄧、越四國皆有東陽、南陽，不詳，待考。

〔四二〕慢類無親，破國弗克，業刑用國：逸周書史記解“慢”作“愎”，“刑”作“形”。孔晁注：“愎，佷；類，戾也。國不勝（彼）〔破〕，以刑爲業也。”路史“慢”當“愎”字之譌。又“刑”字喬本作“邢”，洪本、吳本作“荆”，四庫本、備要本作“荆”。彦按：字蓋初作“荆”，即“刑”字。形近而譌“荆”若“邢”。逸周書作“形”，亦當讀“刑”。　內外相援，而亡：逸周書作：“外內相援，榖平以亡。”劉師培補正：“案：‘援’疑‘擾’訛。路史國名紀亦作‘援’，則宋本已然。”

〔四三〕佷而無親，執事不從，守職者疑，羣臣解體，國無立功，而亡：佷，剛愎執拗。吳本、四庫本作“狠”，通。逸周書史記解：“狠而無親者亡。昔者縣宗之君狠而無聽，執事不從，宗職者疑，發大事，羣臣解體，國無立功，縣宗以亡。”潘振云：“執事，秉政之大臣。不從，不順也。宗職，主職之衆臣也。疑，二心也。發，興舉也。大事，戎事也。”（見黃懷信等逸周書彙校集注）

〔四四〕預云：滎陽故卷有扈城亭：見春秋文公七年“秋八月，公會諸侯、晉大夫盟于扈”注。原文爲：“扈，鄭地。滎陽卷縣西北有扈亭。”參見國名紀四夏后氏後扈。

〔四五〕逸周書史記解：“宮室破國。昔者有洛氏宮室無常，池囿廣大，工功日進，以後更前，民不得休，農失其時，饑饉無食，成湯伐之，有洛以亡。”彦按：據竹書紀年卷上，“商師征有洛，克之”，在帝癸（夏桀）二十一年。

〔四六〕雜以邑言：邑，各本均作“色”。彦按：作“色”無解，當“邑”字形譌，今訂作“邑”。言，同“言”。吳本、四庫作“言”誤。

〔四七〕魚豢：三國魏郎中，史學家，撰有魏略。水經注卷一五洛水引魏略曰：“漢火行，忌水，故去其‘水’而加‘佳’。”

〔四八〕師古云光武後改：見漢書地理志上河南郡雒陽注，其文曰：“魚豢云漢火行忌水，故去‘洛’‘水’而加‘佳’。如魚氏説，則光武以後改爲‘雒’字也。”

〔四九〕以美女遺青陽者：參見後紀七小昊青陽氏。青陽，逸周書作“繢陽”，曰：“美女破國。昔者繢陽彊力四征，重丘遺之美女，繢陽之君悦之，熒惑不治,大臣爭權,遠近不相聽,國分爲二。"

〔五〇〕曹州城武:城武,縣名,治所在今山東成武縣。各本均誤倒作"武城"。今據春秋釋例卷七土地名第四十四之三附盟會圖疏重丘引括地象訂正。

〔五一〕今在濟陰東北三十一:濟陰,縣名,治所在今山東曹縣西北。吳本"北"譌"比"。彥按:今考太平寰宇記卷一三曹州乘氏縣云:"重丘故城,一名廩丘,在縣東北三十一里。"何其相似乃爾,疑此濟陰當作乘氏。寰宇記曹州領縣凡四,濟陰爲首,乘氏第三,或羅氏一時疏忽而誤將重丘故城套於濟陰名下也。乘氏縣治所在今山東菏澤市牡丹區。

〔五二〕孫蒯飲馬重丘,遂伐曹,取重丘者:孫蒯,春秋衛臣。喬本、洪本"蒯"作"蕑",吳本作"前",俱誤,此從四庫本及備要本。左傳襄公十七年:"衛孫蒯田于曹隧,飲馬于重丘,毀其瓶。重丘人閉門而詢之。……夏,衛石買、孫蒯伐曹,取重丘。"

〔五三〕寰宇以乘氏東北三十七古重丘城是:吳本"北"譌"比",喬本"丘"譌"兵",今並從四庫本、備要本訂正。彥按:三十七,今寰宇記作"三十一"。見上注〔五一〕。

〔五四〕德之重丘:德,州名。重丘,縣名,治所在今山東德州市陵城區神頭鎮。

〔五五〕二十五年盟處,乃齊地:春秋襄公二十五年:"秋,(八)〔七〕月己巳,諸侯同盟于重丘。"杜預注:"重丘,齊地。"

〔五六〕劭云:平原安德北有重丘鄉:劭,指應劭。各本均譌"邵",今訂正。平原,郡名。安德,縣名,漢時治所在今山東平原縣東北。水經注卷五河水引應劭曰,作:"安德縣北五十里有重丘鄉,故縣也。"

〔五七〕德治安德:德,州名。安德,縣名,宋時治所在今山東德州市陵城區。

〔五八〕樂史云:故城在博之聊城東南:見太平寰宇記卷五四博州聊城縣,文曰:"重丘,在縣東南。"

〔五九〕六韜周志:參見前紀一初三皇紀注〔二八〕。 以詔徠世者:詔,告知。徠世,後世。

〔六〇〕二書俱云……參綜得此:彥按:自此"二書"至下"已別見"整段注

文,從口吻看,當是泌自注語,而非出於羅苹。參綜,綜合。

〔六一〕其有夏后居殷、商、有虞、質沙、有巢、共工、南氏、阪泉、玄都、西夏十國,已別見:后,通“後”。居,存在。彥按:此所稱十國,除南氏未見外,餘皆見國名紀。其中,殷作郼,云“殷也”(見卷二七國名紀四商氏後);有虞作虞(見卷二七國名紀四有虞氏後);有巢作巢(見卷二七國名紀四商氏後)。

〔六二〕嗚呼:四庫本“呼”作“乎”。

〔六三〕商之三千:逸周書殷祝解:“湯放桀而復薄,三千諸侯大會。”　周之千八百:禮記王制鄭玄注引孝經説:“周千八百諸侯,布列五千里内。”

〔六四〕有一裘褐,必即良工;有一羊豕,必資良宰:裘褐,泛指皮革布料。即,尋求。資,利用。宰,宰殺牲畜的人。

〔六五〕人主欲善射中微而及遠也,則張貴爵厚賞以招之,内不阿其子弟,外不隱於遠人,惟能中者取之,雖有骨肉之親、便媚之好不之使:自此“人主欲善射”而下至“而無私以官職、事業”,撮引自荀子君道及韓詩外傳卷四。阿(ē),徇私,偏袒。隱,埋没。便媚,體態輕盈、姿容嫵媚。好,美好,善。

〔六六〕調壹上下:調壹,協調統一。　内以固其城:喬本、備要本“城”作“誠”誤,此從餘本。　治則制人而不制於人:喬本、備要本“不制”作“不治”,誤,今據餘本改。　亂則危亡削滅可立而待:削滅,消除。　然而求卿相傅佐,不如是之公,惟便僻説己之庸:傅佐,輔佐。四庫本“傅”作“輔”。便僻,指諂媚逢迎之人。便,音pián。説己,指能讓我喜悦者,也即我所喜悦者。説,“悦”之古字。庸,用,任用。

〔六七〕私:謂私予、私贈。

〔六八〕國無常疆:自此而下至“而不務其所以治也”,撮引自韓非子有度。疆,通“彊”。洪本、備要本作“彊”,吳本、四庫本作“强”。

〔六九〕荆莊併國二十六,開地三千,猶荆莊之氓、社稷,而荆已亡:荆莊,即春秋之楚莊王。開地,開拓疆土。氓,人民,百姓。

〔七〇〕而齊以威:以,通“已”,四庫本作“已”。

〔七一〕燕襄以河爲境,以薊爲國,殘齊而平中山:燕襄,即戰國燕昭襄王(亦稱燕昭王)姬職,公元前311—前279年在位。薊,故址在今北京城西南隅。國,國都。殘齊,指燕昭王二十八年(前284)以樂毅爲上將軍,與秦、楚、三晉同伐齊事。是時"齊兵敗,湣王出亡於外。燕兵獨追北,入至臨淄,盡取齊寶,燒其宮室宗廟。齊城之不下者,獨唯聊、莒、即墨,其餘皆屬燕"(見史記燕召公世家)。平中山,指燕昭王十七年(前295)與齊、趙共滅中山國事(見史記六國年表)。 有燕者重,無燕者輕:清王先慎韓非子集解:"謂鄰國得燕爲黨者則重,反是者則輕也。" 魏安釐攻趙破荆:魏安釐,即戰國魏安釐王姬圉,公元前276—前243年在位。攻趙破荆,韓非子有度作"攻趙救燕",顧廣圻曰:"當云'攻燕救趙'。年表:五年擊燕,二十年救邯鄲,二十一年救趙。又世家二十年云:'趙得全也。'"(見王先慎韓非子集解) 私都平陸:各本"私"作"利"。彥按:"利"當"私"字之譌。韓非子有度此句作"私平陸之都",可證。今訂正。 攻韓拔管:洪本、吳本"拔"譌"板"。管,韓邑,在今河南鄭州市東北。戰國策魏策四載及"魏攻管"事。

〔七二〕刀劍殊施:刀,喬本、洪本譌"力",今據餘諸本改。劍,各本均作"鑑"。彥按:刀、鑑不類,"鑑"當"劍"字音譌,今以意訂正。施,用。

〔七三〕人之司命:人,民。司命,掌管命運者。 而惟親戚便佞之與:吳本"便"譌"使"。

〔七四〕見韓詩外傳卷四。亦見於荀子君道,文字略有異同。 臣不能而妄爲之:今本韓詩外傳無"妄"字,疑脱文。 威亡無日,俱亂之道:韓詩外傳作:"滅亡無日矣,俱害之道也。" 故惟明主能愛其所愛:各本"惟明主"均倒置作"明主惟",今據韓詩外傳訂改。 闇主則危其所愛矣:韓詩外傳作"闇主則必危其所愛"。

〔七五〕而君人者尚不知戒,豈不悲哉:吳本"者尚不知戒豈不悲哉"九字以雙行小字注文出現,蓋至頁末,不欲另闢新頁也。